Andreas Alffermann, Claudia Füchsl, Helmut Karg, Bernhardt Lange, Elisabeth Salzberger

Herausgeber: Helmut Karg

Deutsch für die Berufliche Oberschule

Ausgabe Bayern

3. Auflage

Bestellnummer 39000

Bildungsverlag EINS
westermann

Dieses Werk folgt der reformierten Rechtschreibung und Zeichensetzung. Ausnahmen bilden Texte, bei denen künstlerische, philologische oder lizenzrechtliche Gründe einer Änderung entgegenstehen.

Aus Gründen der besseren Lesbarkeit wird auf die gleichzeitige Verwendung männlicher und weiblicher Sprachformen verzichtet.

service@bv-1.de
www.bildungsverlag1.de

Bildungsverlag EINS GmbH
Ettore-Bugatti-Straße 6-14, 51149 Köln

ISBN 978-3-427-**39000-8**

westermann GRUPPE

Vorwort

„Deutsch ist ein Leitfach der Beruflichen Oberschule, denn Sprache ist das zentrale Mittel der Verständigung. Da Sprache und Denken untrennbar miteinander verbunden sind, leistet das Fach Deutsch einen wesentlichen Beitrag zur Umsetzung der Bildungsziele sowie zur Kompetenzentwicklung bis zur Fachhochschulreife bzw. bis zur fachgebundenen oder allgemeinen Hochschulreife." (Auszug aus dem Fachprofil des bayerischen Lehrplans für das Fach Deutsch)

Das neu überarbeitete Schulbuch „Deutsch für die Berufliche Oberschule" mit seinem reichhaltigen Textangebot sowie einer Vielzahl kompetenzorientierter Arbeitsaufträge bietet die Grundlage dafür, diese grundsätzliche Zielsetzung des Lehrplans in einem inhaltlich und methodisch abwechslungsreichen Unterricht zu realisieren. Die ganzheitliche und jahrgangsübergreifende Konzeption des Buches regt dazu an, Querverbindungen zwischen den einzelnen Kapiteln zu nutzen, was dem integrativen Charakter des Lehrplans entspricht.

Neben einigen bewährten inhaltlichen und methodischen Strukturen werden zahlreiche neue Akzente in der Neuauflage gesetzt. Im Vordergrund steht dabei unter anderem das materialgestützte Verfassen von informierenden und argumentierenden Texten. Eng damit verknüpft ist die Anregung, den eigenen Schreibprozess zu reflektieren. Ferner sind im Buch schülergerechte Hinweise zu kreativen Schreibformen, zur Filmanalyse und zum szenischen Interpretieren enthalten.

Kapitel 1 führt in wesentliche Arbeitstechniken ein und gibt vielfältige Hilfen für die Erschließung von Texten.

Praxisbezogene Beispiele zur Analyse von Kommunikationsstrategien werden in **Kapitel 2** mit theoretischen Überlegungen zum mündlichen Sprachgebrauch verknüpft.

Die Inhalte des **Kapitels 3** beziehen sich auf die zentralen schriftlichen Arbeitsformen. Neben der Textanalyse werden vor allem auch prüfungsrelevante Schreibformate anhand einführender Passagen zur Methodik erklärt und erläutert; es folgen die Vorstellung und die Einübung der einzelnen Arbeitsschritte anhand von Basistexten. Neben dem Planen und Schreiben von Texten soll auch der Überarbeitungsprozess intensiviert werden. Die konkreten Lösungsvorschläge zu relevanten Aufgabenstellungen sind oftmals mit methodischen Hinweisen versehen und bieten zudem auch Denk- und Formulierungshilfen. Am Ende einiger Teilkapitel finden sich weitere Textbeispiele mit Aufgaben zur Übung, Vertiefung, Überarbeitung und zum Transfer.

Das **Kapitel 4** leistet einen Beitrag zur Medienbildung und will anhand kontroverser Positionen zu modernen Medien ein kritisches Bewusstsein wecken für die Wechselwirkungen zwischen einer komplexen Medienwelt und dem digitalen Ich.

Der ersten gesamtgeschichtlichen Einordnung der Literatur in **Kapitel 5** folgt ein chronologischer Abriss der literaturgeschichtlichen Epochen bis hin zur Gegenwart.

Die **Kapitel 6 bis 8** verfolgen die Hauptgattungen Epik, Dramatik und Lyrik in ihrem Wandel im Laufe der Jahrhunderte. Dabei werden die unterschiedlichen Gattungsformen und deren Entwicklung anhand von thematisch abwechslungsreichen Textauszügen vorgestellt, wobei besonderer Wert auf gegenwartsnahe Texte gelegt wird. Die drei Kapitel bieten abschließend facettenreiche Anregungen zum Erwerb verschiedenartiger Kompetenzen innerhalb eines schüler- und projektorientierten Deutschunterrichts.

Ein besonderer Dank gilt dem Autorenteam mit Andreas Alffermann, Claudia Füchsl, Bernhardt Lange und Lisa Salzberger für die sehr konstruktive Zusammenarbeit. Die einzelnen Kapitel sind von ihren vielfältigen Unterrichtserfahrungen geprägt.

Die vorliegende Neuauflage ist Dr. Walter Eschenbacher, Siegfried Kaulfersch und Monika Müller gewidmet, die mit einem großen fachlichen und persönlichen Engagement die beiden vorherigen Auflagen erarbeitet haben.

Memmingen, den 01.06.2018

Helmut Karg
Herausgeber

Inhaltsverzeichnis

Kapitel 3: Texte verfassen

Kapitel 4: Mit Medien umgehen

Kapitel 5: Literaturgeschichtliche Epochen kennenlernen

Anhang

Epische und dramatische Texte der Kapitel 3, 6 und 7 werden entsprechend ihrem Anforderungsniveau folgendermaßen eingeteilt:

* leicht

** mittel

*** gehoben

Diese vorgeschlagene Unterteilung stellt eine Hilfe für das selbstständige Arbeiten mit dem Buch dar.

Arbeitstechniken anwenden und Methoden nutzen

1

- I Informationsbeschaffung
- II Informationsverwendung und Informationsspeicherung
- III Präsentationstechniken
- IV Unterrichtsspezifische Arbeitsformen

I Informationsbeschaffung

1 Informationsquellen

Fundierte Kenntnisse und Fähigkeiten im Bereich der Arbeitstechniken und Lernmethoden sind die Grundlage für die Entwicklung von Kompetenzen. Schlüsselqualifikationen wie Informieren, Rezipieren, Markieren, Strukturieren sowie Ergebnisse visualisieren und präsentieren bestimmen den Alltag in Schule, Studium und Beruf gleichermaßen.

Wie jedes andere Fach verlangt auch das Fach Deutsch den Umgang mit spezifischen Hilfsmitteln und die Anwendung besonderer Arbeitstechniken. So ist es in vielen Fällen (z. B. Referat, Seminararbeit) notwendig, sich Informationen zu beschaffen.

Zugang zu Informationen findet man einerseits über die herkömmlich gedruckten Medien aus Bibliotheken (Universitäts-, Stadt-, Schulbibliotheken). Andererseits ist das Internet mittlerweile als Informationsquelle nicht mehr wegzudenken.

Übersicht über die Möglichkeiten der Informationsbeschaffung

- Wörterbuch (zur reinen Begriffserklärung): z. B. Duden, Wahrig
- Konversationslexikon (allgemeines Nachschlagewerk zur Erstinformation): z. B. Brockhaus (online), Wikipedia
- Fachlexikon (spezielles Nachschlagewerk): z. B. Kritisches Lexikon zur deutschsprachigen Gegenwartsliteratur (KLG – Loseblattsammlung und online), Literaturwissenschaftliche Begriffe online (LiGo)
- Fachzeitschrift: z. B. Praxis Deutsch, Der Deutschunterricht
- Spezielle Literatur: z. B. Literaturgeschichten
- Internet
- Onlinedienste, Mediatheken: z. B. Rundfunk- und Fernsehanstalten, Zeitungen und Zeitschriften

2 Internetrecherche und WebQuest

Internetrecherche

Ungeachtet zahlreicher Vorzüge der Informationsbeschaffung im Internet (schnell, vielfältig, global, kostengünstig) sind bei einer überlegten Internetrecherche auch problematische Aspekte im Auge zu behalten:

- Informationsüberflutung
- Nebeneinander von Informationen höchst unterschiedlicher Qualität und Herkunft
- Fehlen einer fachkundigen Hilfestellung (im Vergleich zu Bibliotheken)
- Unsicherheit über Optimierungsmöglichkeiten der Suchergebnisse
- intransparente Algorithmen bei Internetsuchmaschinen

Wer aus dem Internet Informationen gewinnen will, muss die Informationssuche planen bzw. eine **Suchstrategie** entwickeln:

Orientierungsphase
- Abwägung zwischen Internetrecherche und Recherche in herkömmlichen Informationsquellen wie Büchern, Zeitschriften usw.
- Überblick über die Anforderungen des Themas (Themaerschließung)

Vorbereitungsphase
- Sammlung aufgabenrelevanter Gedanken, Begriffe etc.
- Erstellung einer Stichwortliste zu wesentlichen Inhalten in Bezug auf mögliche Suchbegriffe
- Berücksichtigung der Präsentationsvorgabe: (Fach-)Referat, Flyer, Schaubild, Wandzeitung, Seminararbeit usw.
- Überblick über hilfreiche Institutionen (Universitäten, Ministerien, Firmen etc.)

Suchphase
- Auswahl geeigneter Suchbegriffe und Eingabe in mehrere Suchmaschinen
- Starten mehrerer Suchanfragen, evtl. Änderung der Reihenfolge
- Nutzung des Links „Erweiterte Suche" und zusätzlicher Suchwerkzeuge (Webkatalog, Meta-Suchmaschinen, Portale usw.)
- Verknüpfung mehrerer Begriffe (+/AND) bzw. Ausschluss von Begriffen (–/NOT)
- Anlegen von Linksammlungen zum Thema
- Kritische Distanz gegenüber privaten Seiten
- Bevorzugung von offiziellen Seiten von Institutionen (Universitäten, Bibliotheken, wissenschaftlichen Instituten etc.) und staatlichen Stellen (Ministerien, Behörden usw.)
- Auffinden des Autors bzw. der Organisation, der die Website gehört, mithilfe des Impressums der Homepage

Auswertungs- und Verwaltungsphase

- Sortieren und Archivieren der aufgabenrelevanten Links mit Inhalten (vollständige URL: Uniform Resource Locator)
- Vergleichen der gefundenen Seiten, evtl. Löschen von Unbrauchbarem
- Anlegen eines Suchprotokolls zur Suchphase mit Suchbegriff – Suchwerkzeug – URL – Inhalt der Website – Zugriffsdatum
- Ausdrucken/Archivieren der Seiten

Für die **Bewertung** der Internetquellen gelten folgende Prinzipien:

Qualität der Quelle

Internetseiten unterscheiden sich hinsichtlich ihrer Qualität. Nichtwissenschaftliche Quellen sind Seiten von Privatpersonen oder nichtinstitutionellen Quellen. Als Faustregel zur Qualitätssicherung kann gelten: Eine hochwertige Internetquelle wird von einer Institution vertreten, hat ein Impressum bzw. einen Ansprechpartner und ist deshalb auch in der realen Welt nachverfolgbar.

Konsistenz der Quelle

Internetseiten können sich ändern und Internetadressen sind nicht gleichbleibend, weil sich die Inhalte physikalisch verändern (neuer Serverplatz, neuer Speicherplatz, neue URL). Um die Dynamik der Quelle zu dokumentieren, ist es zwingend notwendig, zusätzlich zur Internetadresse das Datum des Zugriffs im Literaturverzeichnis festzuhalten.

Überprüfbarkeit der Quelle

Dies ist eine Grundregel des wissenschaftlichen Arbeitens und ermöglicht Dritten das Nachvollziehen der wissenschaftlichen Arbeitsschritte durch die Überprüfung der Quellen. Deshalb müssen gerade auch Internetquellen bei einer wissenschaftlichen Arbeit korrekt angegeben werden. Sinnvoll ist zudem auch das Speichern der Quelle als Datei auf einem Datenträger.

WebQuest

Wie die „normale“ Internetrecherche streben WebQuests (Quest = gelenkte, anspruchsvolle Suche, Nachforschung, Recherche) die Bewältigung von Aufgaben mithilfe von Informationen aus dem Internet an. Darüber hinaus geht es bei der WebQuest-Methode jedoch um eine grundsätzliche Verbesserung der Lernkultur mittels der Einbeziehung des Internets.

Ganz wesentlich für die Verwirklichung dieser Zielsetzungen ist dabei die Aufgabenstellung. Nach Bernie Dodge[1] beinhaltet die Beschreibung eines WebQuests sechs Aspekte:

- Einführung in das Thema
- Formulierung der Aufgabenstellung
- Hinweise auf Internetseiten und weitere Materialien
- Beschreibung des Arbeitsprozesses
- Präsentation der Arbeitsergebnisse
- Angaben zur Evaluation (und Hinweise zur Bewertung)

1 Nach Dodge, Bernie, Some Thoughts About WebQuests, online unter: www.webquest.org/sdsu/about_webquests.html, Stand 1997, zugegriffen am 10.01.2017

Die **Einführung in das Thema** beschränkt sich nicht auf die bloße Formulierung der Aufgabe, sondern enthält die Beschreibung der Ausgangssituation und bemüht sich um die Einbettung der Aufgabe in eine Problemstellung. Eine problemorientierte Einführung ist motivierender; zudem erfordern viele WebQuests weiter die Zuweisung unterschiedlicher Rollen und Teilaufgaben (Expertenteams). Grundsätzlich soll die Einführung interessant, anschaulich und motivierend sein.

Die **Formulierung der Aufgabenstellung** sollte im Idealfall so komplex sein, dass ein arbeitsteiliges Vorgehen sinnvoll bzw. notwendig wird. Weiterhin hat sie zu berücksichtigen, dass Form und Wortlaut des Suchberichts sich klar von den übernommenen Informationen unterscheiden müssen. In Bezug auf Auswahl und Präsentation der Informationen besitzt der Lernende genügend Spielraum. Fähigkeiten zur aufgabenbezogenen und zielgerichteten Auswahl, zur abstrahierenden Zusammenfassung und Strukturierung sowie zur sinnvollen Präsentation werden durch die Aufgabenstellung ebenso gefördert wie die Denkfähigkeiten Vergleichen und Klassifizieren, Analysieren und Argumentieren.

Die WebQuest-Methode basiert zwar auf einer konsequenten Nutzung des Internets, jedoch steht die Förderung der Internetkompetenz nicht an erster Stelle. Deshalb enthält der WebQuest neben **Hinweisen auf Internetseiten** auch eine **Sammlung weiteren Materials** (Multimedia, Fachbücher, Lexika, Expertenauskünfte per E-Mail etc.).

Aus der Zielsetzung von WebQuests, zum selbstständigen Lernen anzuleiten, ergibt sich, dass die **Beschreibung des Arbeitsprozesses** einschließlich der Hinweise auf Hilfsmittel sowie der Angaben zur Evaluation ausführlich und detailliert ausfallen muss. Auch angesichts der Zielsetzung eines selbstständigen und eigenverantwortlichen Lernens werden die Schüler nicht allein gelassen, sondern sie erhalten konkrete Hinweise, z.B. auf die Arbeitsschritte, die zur Bewältigung der Aufgabe nötig sind (Fragenkataloge, Verfahrensvorschläge zur Entwicklung von Leitfragen durch die Gruppenmitglieder usw.). Ein sorgfältig konzipierter WebQuest hat unter dem Aspekt „Arbeitsprozess" klare Angaben zu Instrumenten und Strategien zu liefern, die die Schüler zur selbstständigen Lösung von Aufgaben befähigen.

Die Lehrkraft begleitet die Schüler auch bei der **Präsentation der Arbeitsergebnisse**. Dies kann in Form von Vereinbarungen/Festlegungen zu Medien (Tafel, Plakat, Wandzeitung, moderne Präsentationsprogramme, Flyer etc.) geschehen, in Form der Vorgaben zum mündlichen Vortrag, in Bezug auf Textverarbeitungsprogramme (Formatierungen) bzw. ganz grundsätzlich auf relevante Methoden und Arbeitstechniken.

Zur Beschreibung von WebQuests gehören schließlich auch differenzierte bzw. detaillierte **Angaben zur Evaluation**. Im Hinblick auf die Bewertung des Arbeitsprozesses wird zwischen Fragen zur Selbstevaluation und zur Evaluation des Gruppenprozesses unterschieden. Die Evaluation dient dazu, sowohl über die Planung des Lernwegs und über das Arbeitsergebnis nachzudenken als auch über die individuelle Leistung und Gruppenergebnisse sowie über soziale Prozesse zu reflektieren. Hilfreich für die Schüler ist schließlich die Bekanntgabe der Beurteilungskriterien im WebQuest.

Beispiel: WebQuest zum Thema „Kinderarbeit“

Recherchieren Sie in Kleingruppen im Internet zur Problematik von Kinderarbeit.

Bei den nachfolgenden Institutionen finden Sie Informationen und Materialien für die Bearbeitung der Arbeitsaufträge. Geben Sie jeweils im Suchfeld der Website den Begriff „Kinderarbeit“ ein.

Arbeitsgruppe 1: Informieren Sie sich bei der **Bundeszentrale für politische Bildung**:
1. Sammeln Sie Beispiele, in welchen Formen Kinderarbeit stattfindet.
2. Suchen Sie statistisches Material, das den Umfang von Kinderarbeit thematisiert.
3. Veranschaulichen Sie das Ausmaß von Kinderarbeit anhand konkreter Zahlen für eine Region bzw. ein Land.
4. Differenzieren Sie die Problematik von Kinderarbeit im Hinblick auf Alter und Geschlecht.
5. Stellen Sie den Teufelskreis dar, in dem sich Kinder in Entwicklungsländern aufgrund von Kinderarbeit befinden.
6. Welche Wechselwirkungen zwischen Kinderarbeit und dem Konsumentenverhalten in Industrienationen sind feststellbar?

Arbeitsgruppe 2: Informieren Sie sich beim **Kinderhilfswerk der Vereinten Nationen (UNICEF)**:
1. Zeigen Sie anhand von zwei Beispielen auf, welche Aktionen am „Welttag gegen Kinderarbeit“ stattfinden.
2. Welche Ziele verfolgt der alljährliche Aktionstag?
3. Inwiefern lassen sich Erfolge dieser Aktionen beobachten?
4. Welche verschiedenen Institutionen arbeiten gegenwärtig zusammen, um Kinderarbeit abzubauen?

Arbeitsgruppe 3: Informieren Sie sich bei der Kinderhilfsorganisation **terre des hommes**:
1. In welchen Branchen ist Kinderarbeit weit verbreitet?
2. Erklären Sie, inwiefern sich Globalisierung auf die Kinderarbeit auswirkt.
3. Erläutern Sie die Bedeutung von fairem Handel für den Abbau von Kinderarbeit.
4. Stellen Sie ein konkretes Hilfsprojekt vor, das die Problematik der Kinderarbeit erfolgreich bekämpft.

Arbeitsgruppe 4: Informieren Sie sich bei kirchlichen Hilfswerken wie **Misereor** und **Adveniat**:
1. Sammeln Sie Schlüsselbegriffe, die im Zusammenhang mit Kinderarbeit stehen.
2. Stellen Sie einige zentrale Positionen der kirchlichen Hilfswerke zum Thema „Kinderarbeit“ dar.
3. Was versteht man unter „Hilfe zur Selbsthilfe“?
4. Warum zerstört Kinderarbeit Bildungschancen?
5. Welche konkreten Entwicklungshilfemaßnahmen leisten einen nachhaltigen Beitrag zum Rückgang von Kinderarbeit?
6. Erläutern Sie Projekte, die kirchliche Hilfswerke zum Schutz von Kindern unterstützen.

Arbeitsgruppe 5: Informieren Sie sich bei dem Medienangebot von **Planet Wissen**:
1. Stellen Sie die wesentlichen Ursachen von Kinderarbeit zusammen.

2. Anhand welcher Kriterien definiert das Kinderhilfswerk UNICEF Kinderarbeit als „schädliche Ausbeutung“?
3. Informieren Sie sich über das Schicksal der „Schwabenkinder“ und die Geschichte der Kinderarbeit in Europa.
4. Klären Sie den Zusammenhang zwischen fehlender Bildung und Kinderarbeit/Kinderprostitution am Beispiel Osteuropas.
5. Zeigen Sie am Beispiel Portugals, dass Kinderarbeit nach wie vor auch in Europa als Problem vorhanden ist.
6. Fassen Sie die Hauptaussagen des Art. 32 der Kinderrechtskonvention der Vereinten Nationen zum Schutz vor wirtschaftlicher Ausbeutung zusammen.
7. Kann das Verbot von Kinderarbeit das Problem lösen?
8. Welche Möglichkeiten besitzt der (europäische) Verbraucher im Kampf gegen Kinderarbeit?

Arbeitsgruppe 6: Informieren Sie sich bei der Hilfsorganisation **„Brot für die Welt“**:
1. Wie definiert die Internationale Arbeitsorganisation (ILO) Kinderarbeit?
2. Fassen Sie die wesentlichen Bestimmungen der Kinderechtskonvention der Vereinten Nationen und der ILO-Konvention zum Schutz von Kindern zusammen.
3. Stellen Sie die Bereiche dar, in denen Kinderarbeit besonders häufig vorkommt, und berücksichtigen Sie dabei die besondere Rolle der Mädchen.
4. Erläutern Sie grundsätzliche Schritte zur Überwindung ausbeuterischer Kinderarbeit.
5. Welche Bedeutung im Kampf gegen Kinderarbeit besitzen Nichtregierungsorganisationen und Kirchen?

Arbeitsgruppe 7: Informieren Sie sich in der Wochenzeitung **„Die Zeit“**:
1. Beschreiben Sie die Umstände der Kinderarbeit auf den Kakaoplantagen an der Elfenbeinküste.
2. Legen Sie den Zusammenhang zwischen den dort beschriebenen Missständen und dem Kakaomarkt dar.
3. Vergleichen Sie die Situation der am Kakao- und der am Schokoladenmarkt-Beteiligten.
4. Erläutern Sie Inhalt und Folgen des sogenannten Harkin-Engel-Protokolls.
5. Stellen Sie das unterschiedliche Verhalten einzelner Schokoladenproduzenten gegenüber.

Arbeitsgruppen 1–7:
Recherchieren Sie im Internet nach Bildmaterial zum Thema „Kinderarbeit“.

Präsentieren Sie die jeweils in der Gruppe erarbeiteten Ergebnisse informativ und ansprechend (siehe S. 29 ff., z. B. in Form eines Plakats oder einer Mindmap).

1. Bearbeiten Sie gruppenweise das Thema „Kinderarbeit“ wie im Beispiel-WebQuest.
2. Erstellen Sie WebQuests zu folgenden Aufgabenstellungen:
   - Digitale Revolution
   - Tourismus in meiner Region
   - Flucht und Migration
   - Jugendkultur nach 1945
   - Der 9. November in der deutschen Geschichte
   - Bundeswehreinsätze in Krisengebieten
   - Entwicklung der Elektromobilität

3 Bibliotheksnutzung

Das Internet ersetzt nicht den Gang zur Bibliothek. Für wissenschaftliche Arbeiten, also auch für Fach- und Seminararbeiten sowie Referate in der Sekundarstufe II, ist man weiterhin auf Bibliotheken und Mediotheken angewiesen. Die umfangreichen Bestände sind systematisch geordnet. Systematische Ordnung bedeutet eine Trennung nach Sachgebieten und eine Kennzeichnung durch Signaturen (Kennbuchstaben und -ziffern).

In vielen Bibliotheken sind die Buchbestände für den Benutzer frei zugänglich. Während die meisten Bände ausgeliehen werden können **(Ausleihbibliothek)**, darf ein Teil nur in der Bibliothek benutzt werden **(Präsenzbibliothek)**. Darüber hinaus besteht die Möglichkeit, Bücher und andere Medien, die in der örtlichen Bibliothek nicht vorhanden sind, über **Fernleihe** zu bestellen, was für das Erstellen von Seminararbeiten sehr nützlich und zeitsparend sein kann.

Ein uneingeschränktes kostenloses Rechercheangebot steht dem Nutzer über den elektronischen Verbund wissenschaftlicher Bibliotheken in Deutschland **OPAC** (Online Public Access Catalogue) zur Verfügung. Die Katalogsuche erfolgt dabei weitgehend über ein Webportal. Diese Portale können auch verteilte Suchdienste über mehrere Bibliothekskataloge anbieten wie beispielsweise den Karlsruher Virtuellen Katalog (KVK). Standardmäßig stehen meist folgende **Sucheinstiege** zur Verfügung:

- Autor
- Titel
- Körperschaft
- Schlagwort
- ISBN
- Verlag
- Erscheinungsjahr

Die Bibliothek ist weiterhin ein wichtiger Ort für die Recherche von Informationen.

1. Besuchen Sie die örtliche Bibliothek und informieren Sie sich über deren Bestand und Aufbau.
2. Nutzen Sie die Fernleihe Ihrer örtlichen Bibliothek zur Informationsbeschaffung für die Seminararbeit.
3. Erläutern und diskutieren Sie folgende Aussage: „Bibliotheken rechnen sich nicht, aber sie zahlen sich aus."

II Informationsverwendung und Informationsspeicherung

1 Arbeitsplanung und Zeitmanagement

Eine zielgerichtete Arbeitsplanung und ein realistisches Zeitmanagement erleichtern nicht nur die Vorbereitung auf Klausuren, Prüfungen, Referate und Seminararbeiten, sondern sind für ein erfolgreiches Berufsleben, das immer mehr in Teams und Projekten stattfindet, zentrale Voraussetzungen.

Zur Verbesserung des Zeitmanagements dient die ALPEN-Methode:

Aufgaben, Aktivitäten und Termine in einer Tabelle präzise aufschreiben

Länge (Dauer) der verschiedenen schulischen und privaten Aktivitäten schätzen

Pufferzeit für Unerwartetes und Spontanes in ausreichendem Maß reservieren

Entscheidungen zielgerichtet treffen und Prioritäten setzen

Nachkontrolle der absolvierten und noch nicht erledigten, vertagten Aktivitäten

Anregungen für eine inhaltliche und zeitliche Arbeitsplanung (z. B. Fachreferat, Seminararbeit, Projektarbeit etc.)

Arbeitsschritte	Konkrete Aufgabenstellungen	Zeitleiste
Thema eingrenzen	• Aufgabenstellung (auch hinsichtlich der Zielgruppe) und eigene Zielsetzung klären • Thema hinsichtlich Aufgabenstellung, Umfang, Arbeits- bzw. Vortragszeit eingrenzen	1. Woche
Informationen und Literatur suchen	• Relevante Suchbegriffe überlegen • Internetrecherche mithilfe von speziellen Suchhilfen (Portale, Expertennetzwerke, Spezialsuchmaschinen)	

Arbeitsschritte	Konkrete Aufgabenstellungen	Zeitleiste
Material beschaffen	• Geeignete Texte herunterladen • Bibliotheken (Benutzung der Präsenzbibliothek – Auswahl der Ausleihbücher) und Buchhandlungen nutzen • Kontakte zu Institutionen, Firmen, Behörden etc. herstellen	2. Woche
Material sichten, lesen und auswerten	• Gesammelte Unterlagen auf Qualität und Relevanz prüfen und gewichten • Exzerpte anfertigen und Quellenprotokoll anlegen (am PC)	3. Woche
Struktur festlegen	• Fragestellungen präzisieren • Gliederungsentwurf erstellen	4. Woche
Informationen aufbereiten	• Wichtige Inhalte aus den gesammelten Unterlagen verdichten, strukturieren und evtl. belegen (z. B. Zitate) • Ergänzungsbedarf abklären • Zusammenhänge herstellen und visualisieren	
Konzeptbausteine ausarbeiten	• Gliederungsentwurf kontinuierlich präzisieren und differenzieren hin zu einer Feingliederung • Einzelne Textpassagen (Einleitung, Hauptteil, Schluss) ausformulieren • Argumentationen mit Zitaten stützen • Überleitungen und Zusammenfassungen berücksichtigen • Anmerkungen (Fußnoten) festhalten und Literaturverzeichnis anlegen • Medieneinsatz planen und gestalten • Thesenpapier verfassen • Stichwortzettel anfertigen	5. Woche
Endfassung überarbeiten und korrigieren	• Ausdruck, Rechtschreibung und Grammatik kontrollieren • Literaturverzeichnis und Fußnoten überprüfen • Texte formatieren, speichern und drucken • Vortragsweise üben	6. Woche

Setzen Sie sich mit Ihrer individuellen Zeitplanung auseinander, indem Sie mithilfe der ALPEN-Methode Ihr persönliches Zeitmanagement überdenken und optimieren.

2 Aktiv-Lesetechnik in sechs Schritten

Für die fundierte Erschließung von Texten, d.h. das lernende Durcharbeiten, Verstehen und Behalten wesentlicher Inhalte, hat sich die die Aktiv-Lesetechnik in sechs Schritten bewährt:

Wesentliche Inhalte können beim Lesen markiert werden.

Schritt 1: Überfliegen

Hier soll mithilfe kursorischen Lesens ein grober Überblick über Autor, Titel, Thema, Absicht, Inhalte und Struktur des Textes oder mithilfe des Inhaltsverzeichnisses, Klappentextes, Vorwortes über Inhalt und Aufbau eines Buches erlangt werden.

Schritt 2: Fragen

Durch Fragenstellen (W-Fragen; gedanklich und/oder schriftlich) erkennt man das wirklich Wesentliche im Text besser und kann dabei auch dessen Inhalte gezielter für die praktische Anwendung herausarbeiten.

Schritt 3: Lesen und Markieren

Der Text wird abschnittsweise, gründlich und zielgerichtet unter Berücksichtigung der Fragen gelesen. Dabei findet über das gleichzeitige Markieren (s. u.) eine Konzentrierung auf aufgabenrelevante Inhalte statt. Mithilfe von Notizen sowie durch Skizzen und Lernposter können Zusammenhänge dargestellt und Wesentliches gespeichert werden.

Schritt 4: Nachdenken

Pausen und das Überdenken des Inhaltes des jeweiligen Abschnitts dienen der Einprägung der Kerngedanken und der kritischen Auseinandersetzung mit ihnen.

Schritt 5: Zusammenfassen

Die wichtigen Aussagen werden aus dem Gedächtnis in Form knapper Zusammenfassungen (schriftlich/mündlich) festgehalten.

Schritt 6: Wiederholen

Anhand eines Vergleichs von Text und eigenen Aufzeichnungen erfolgt eine Überprüfung auf Richtigkeit und Vollständigkeit. Mittels einer verdichteten Zusammenfassung oder einer Visualisierung wird Wesentliches abschließend gespeichert.

3 Markieren

Eine wesentliche Unterstützung für das gründliche verstehende Lesen ist das Markieren. Dabei kann es sich ganz allgemein um die Hervorhebung von wesentlichen Inhalten oder aber um eine Auswahl unter einem bestimmten Gesichtspunkt handeln. In beiden Fällen wird der Text konzentriert, d.h. verdichtet und verkürzt, sodass im Idealfall bei einer erneuten Lektüre die Beschränkung auf die markierten Stellen ausreicht. Diese Technik ist sowohl eine Lernhilfe als auch ein Arbeitsschritt bei der Verwendung des Gelesenen für eigene Arbeiten.

Ziffern dienen dazu, den Text einzuteilen, zu strukturieren oder womöglich zu gliedern. Stichworte setzt man ein, um eigene Ergänzungen, Verweise, Kommentare und Zusammenfassungen anzumerken. Jeder muss hier für die Handhabung dieser Techniken seinen eigenen Stil finden, den individuellen Weg zwischen zu vielen und zu wenigen Markierungen. Markierungen in geliehenen Büchern verbieten sich selbstverständlich grundsätzlich.

Die Art und Weise des Markierens kann unterschiedlich sein:

Ein- oder mehrfarbige Textmarkierungen	Randmarkierungen
• durch Unterstreichen bzw. Unterringeln	• mit Symbolen
• durch Einrahmen bzw. Einkreisen	• mit Ziffern
• mit Textmarkern	• mit Stichworten

Zu den Symbolen gehören:

- Randbalken oder Kreise
- Fragezeichen, Ausrufezeichen

  erstaunlich !

  fragwürdig ?
- Gleich- oder Ungleichzeichen = ≠
- Verweispfeile
- führt zu ⟶
- kommt von ⟵
- steht im Widerspruch zu ⟶⟵
- steht in Beziehung mit ⟷
- ist vergleichbar mit //
- gut +
- schlecht –

Inhaltliche Strukturhilfen

- Th (These)
- Arg (Argument)
- Def (Definition)
- Log? (Logik) Widersprüche in der Argumentation
- Bsp (Beispiel)

4 Exzerpieren

Beim **Exzerpieren** (lat. *excerpere* = herausklauben, auswählen) wird der wesentliche Gedankengang in eigenen Worten verdichtet wiedergegeben bzw. umschrieben (Paraphrase) und festgehalten. Dazu werden Texte in Abschnitte eingeteilt und deren Kernaussagen ermittelt. Kapitelüberschriften und zentrale Aussagen werden wörtlich übernommen; letztere müssen als Zitat gekennzeichnet sein. Grundsätzlich unterscheidet man zwischen einer vollständigen Zusammenfassung oder einer teilweisen, die von einer besonderen Aufgabenstellung ausgeht. Exzerpte sollten vor allem im Zusammenhang mit Seminar- oder Facharbeiten und (Fach-)Referaten angefertigt werden, um auf wesentliche Inhalte eines gelesenen Textes schnell zurückgreifen zu können. Im Hinblick auf eine effektive Prüfungsvorbereitung erleichtern sie auch die Wiederholung und Vertiefung des Gelernten. Zu den formalen Vorgaben gehören eine standardisierte äußere Form sowie das Festhalten bibliografischer Angaben. Beim Exzerpt kann man auch Anmerkungen, Ergänzungen und Querverweise etc. einbeziehen, muss diese aber als solche stets kenntlich machen.

5 Clustering

Diese Methode (engl. *cluster* = Büschel, Gruppe, Anhäufung) eignet sich vor allem für die Ideenfindung und der Visualisierung von Gedanken. Sie lässt sich ohne große Vorbereitung anwenden. Ziel dieser Arbeitstechnik ist es, Vorwissen zu bestimmten Begriffen, Sätzen oder Themenbereichen zu aktualisieren, d. h. Vernetzungen von Gedanken wieder bewusst zu machen und zu erneuern. Im Unterricht kann das Clustering im Zusammenhang mit dem Argumentieren als ausgezeichnete Methode zur Stoffsammlung angewendet werden. Aber auch für vorbereitende Arbeitsschritte bei Gruppen-, Projekt-, Fach- oder Seminararbeiten leistet diese Technik wertvolle Dienste.

Vorgehensweise beim Clustern:

1. Auf ein leeres, unliniertes Blatt Papier wird in die Mitte ein Begriff oder ein Satz geschrieben und eingekreist.
2. Gedanken und Ideen schreibt man um den Kern herum, kreist sie wiederum ein und verbindet sie mit dem Kern oder untereinander. Die Gedanken sollen spontan und ohne Kommentierung oder gar Ablehnung formuliert werden.
3. Jeder neue Gedanke bildet einen neuen Kern, von dem aus wieder neue Assoziationen ausgehen. Auf diese Weise entstehen Assoziationsketten.
4. Das Clustering wird erst dann beendet, wenn die Einfälle ausgehen.
5. Mithilfe des fertigen Clusters kann nun im Falle des Argumentierens eine geordnete Stoffsammlung entstehen. Zudem kann die Ideensammlung im Rahmen von Projekten oder Gruppenarbeiten als Grundlage für Suchbegriffe dienen, um z. B. eine strukturierte Internetrecherche zu beginnen (siehe S. 13 ff.).

Beispiel für einen Cluster zum Thema „Zeit"
Quelle: Reich, K. (Hg.): Methodenpool. In: www.methodenpool.uni-koeln.de, online unter: http://methodenpool.uni-koeln.de/clustering/clustering_beispiel.html, zugegriffen am 12.03.2017

6 Mindmapping

Im Unterschied zum Clustering dient die Mindmapping-Methode (Mindmap = „Gedankenlandkarte") der strukturierten und geordneten Darstellung und Visualisierung von Informationen. Sie folgt also auf die Methode des Clustering, mit der Ideen assoziativ gesammelt werden. Beim Mindmapping werden daher Teilaspekte Sachverhalten und Begriffen systematisch zugeordnet. Eine Mindmap kann bei der Erarbeitung, Strukturierung und Wiederholung von Stoff- und Themengebieten eingesetzt werden, ebenso bei der Planung und Durchführung von Projekten.

Grundregeln für die Anfertigung einer Mindmap:

1. Verwenden Sie weißes, unliniertes, glattes Papier im Format DIN A4 oder größer.
2. Legen Sie sich mindestens drei Farbstifte zurecht. Farben regen das Gehirn an und beeinflussen die Vorstellungskraft positiv.
3. Beginnen Sie in der Mitte, arbeiten Sie von innen nach außen und dann im Uhrzeigersinn von oben (Mitte) nach rechts unten.
4. Tragen Sie in die Mitte des Blattes die zentrale Aufgaben- oder Fragestellung (Blockschrift) ein, am besten in Form eines Bildes oder einer Skizze.
5. Die Hauptäste führen vom zentralen Bild weg. Auf ihnen stehen in Blockschrift die Schlüsselwörter. Die Äste sind nie länger als das Schlüsselwort. Der erste Ast wird rechts oben angesetzt, die anderen folgen (in jeweils einer anderen Farbe) im Uhrzeigersinn.
6. Von den Hauptästen weg führen (dünnere) Nebenäste. Auf ihnen stehen Stichwörter, für die auch Kleinbuchstaben verwendet werden dürfen. Sie bilden die weiteren Gedankenebenen und führen „in die Tiefe".
7. Verwenden Sie zur Verdeutlichung der Stich- oder Schlüsselwörter Bilder, Symbole, Markierungen und Rahmen. Die strukturiert gestaltete Mindmap gleicht dann eher einer Landkarte oder einem Baum. Bemühen Sie sich darum, jede Mindmap fantasievoll und farbig zu gestalten. Die Lesbarkeit darf aber darunter nicht leiden.

Gerade im schulischen Bereich weist die Mindmap **vielfältige Anwendungsgebiete** sowie Vorzüge auf:

- Mindmaps unterstützen eine strukturierende Notiztechnik (Informationsverarbeitung/ Lernen mit Schul- und Fachbüchern; Mitschriften in Vorlesungen; Redemanuskript; Projekt- und Sitzungsprotokoll; Visualisierung bei Präsentationen).
- Mindmaps tragen zur Problemlösung sowie zur Planung und Visualisierung von Arbeitsprozessen (z. B. Projektarbeit) bei.
- Mindmaps unterstützen das schnelle Erfassen, Festhalten und Einprägen eines Grundproblems und der damit zusammenhängenden komplexen Sachverhalte durch die Reduzierung der Komplexität und die Konzentration auf das Wesentliche (z. B. Prüfungsvorbereitung).
- Mindmaps, die mithilfe von Kreativ-Software am PC entwickelt worden sind, bieten vielfältige gestalterische Möglichkeiten. Neben der größeren Übersichtlichkeit eröffnen PC-Maps vor allem die Möglichkeit zu einfacher Umstrukturierung, zum Hinterlegen von Begriffen mit Erklärungen, zu kreativer farblicher und grafischer Gestaltung und Präsentation.

Beispiel für eine Mindmap

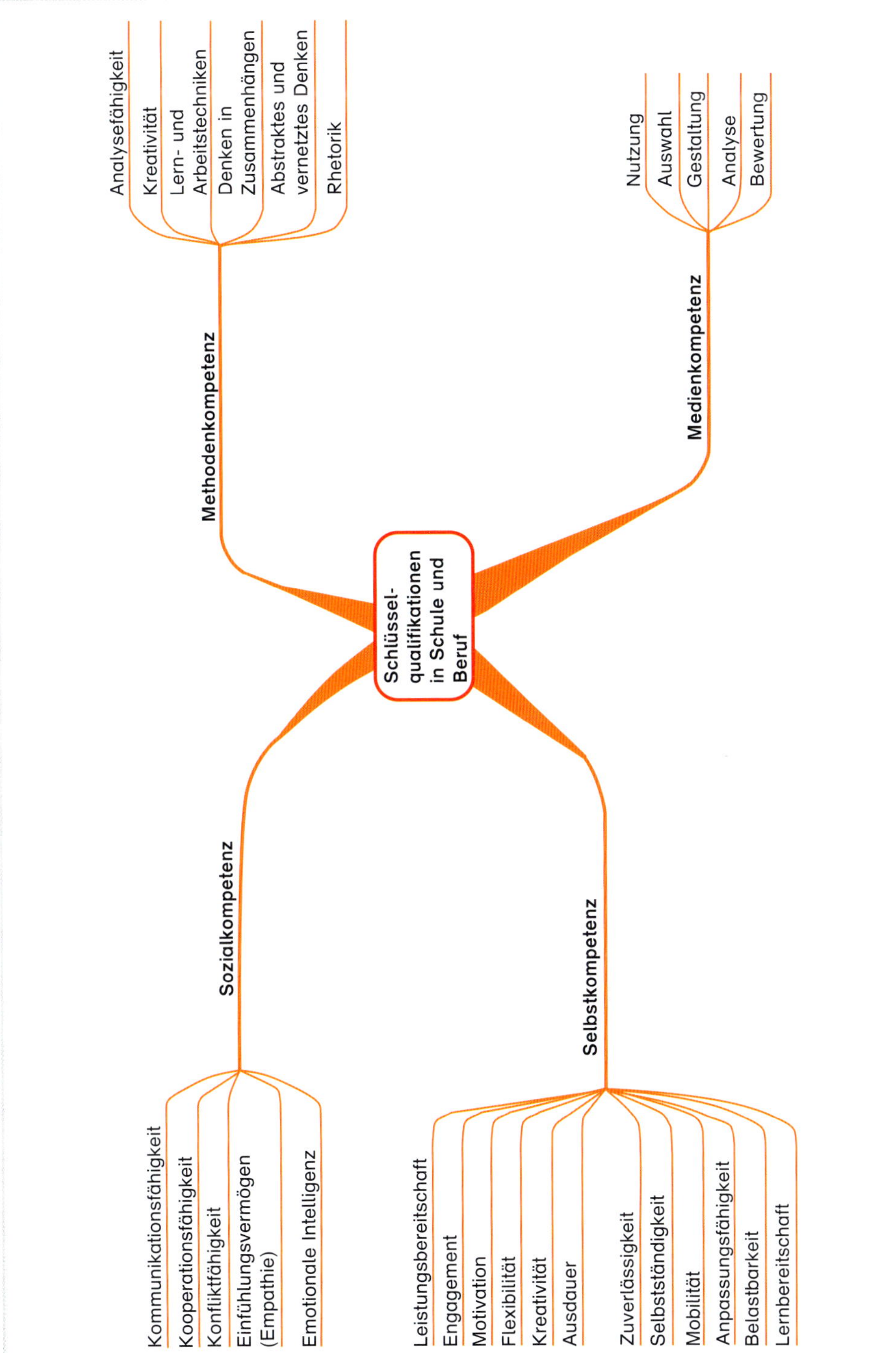

7 Strukturieren

Methode BUWE

Der Name BUWE steht für eine hilfreiche Methode der Strukturierung und setzt sich zusammen aus den Anfangsbuchstaben:

Beschaffenheit
Ursache
Wirkung
Endzweck

Die Kinder sind schuld
von Jürgen Kaube

Nein, die Killerspiele sind es nicht. Die Wissenschaft hat's nachgewiesen, oder besser: kann's nicht nachweisen. Nein, vier, fünf Stunden Fernsehen am Tag sind es auch nicht. Die Dauerpopbeschallung aus Kopfhörern? Wer wollte behaupten, daran liege es? Das sind doch auch nur fiktionale Welten. Dass Zwölfjährige in Filme für Achtzehnjährige gehen, das heißt: gelassen werden – was soll das schon ausmachen? Dass sie umfangreich telefonieren – 1,6 Millionen Mobiltelefone waren 2004 im Besitz deutscher Kinder –, downloaden, surfen, das ist eben modern. So ist das nun mal, sie gehen etwa 10.000 Stunden ihres Lebens zur Schule und konsumieren währenddessen im Durchschnitt 12.000 Stunden lang Bildmedien und Musik. Das ist doch bloß gelebte Binnenkonjunktur, wenn die Hälfte von ihnen einen eigenen Fernseher hat. Da muss doch eigentlich nur noch Medienkompetenz her, am besten von den Medienwissenschaftlern, die sich bei den Killerspielen – was für ein gemeiner Name für so ein Gesamtkunstwerk – oder in der Horrorfilmfolgenentwarnungsforschung auskennen. Apropos Kompetenz: Siebzig Prozent der Kinder zwischen sechs und dreizehn entscheiden selber, was sie anziehen. Und wenn ihre Mode sich dann an der Popwelt und diese sich an Praktiken aus der Exklusionszone – Tätowieren, Piercen, Gefangenenhosen, Animierkostüme – orientiert, was wäre denn harmloser? Sie wollen doch

LÖSUNG

Textzitate	Methode BUWE
	B Erscheinungsformen problematischer Entwicklungen
„Killerspiele“ „vier, fünf Stunden Fernsehen“ „Dauerpopbeschallung“ „Zwölfjährige in Filme[n] für Achtzehnjährige“ „1,6 Millionen Mobiltelefone“ „downloaden, surfen“ „12.000 Stunden lang Bildmedien und Musik“ „Alkohol bei Feiern“ „Tätowieren, Piercen, Gefangenenhosen, Animierkostüme“	Intensiver und nicht altersgemäßer (Unterhaltungs-)Medienkonsum; ausgeprägte und unreflektierte Handy- und Internetnutzung Abhängigkeit von Modetrends und Spaßkultur
	U Ursachen der Fehlentwicklungen
„Das sind doch auch nur fiktionale Welten“ „was soll das schon ausmachen“ „das ist eben modern“ „Das ist doch bloß gelebte Binnenkonjunktur“ „was wäre denn harmloser? Sie wollen doch nur spielen. Das war doch schon immer so“	Verharmlosung, Gleichgültigkeit, Verantwortungslosigkeit oder Ignoranz gegenüber den oben genannten Einflüssen bei Eltern und Medien, in Gesellschaft, Wissenschaft und Wirtschaft

nur spielen. Das war doch schon immer so. Und an dem bisschen Alkohol bei Feiern, daran kann es ja nun wirklich nicht liegen, wie sollten denn ausgerechnet Eltern daran Anstoß nehmen, die selbst gehascht haben? Und, hat es ihnen geschadet? Spaß muss sein. Und wenn sie nun einmal nicht gern frühstücken. Und mit sieben eben um Pokemon quengeln. Und mit zwölf stundenlang auf virtuelle Puppen ballern. Und es mit vierzehn uncool finden, vor Mitternacht wiederzukommen. Und wenn sie dann beim stillen Lesen nervös werden, weil das Buch selbst nicht flimmert. Und darum das Lesen einstellen, bis hinauf ins Studium. Und andere sich folgerichtig auch beim Sprechen auf die paar Signale einschränken, mit denen man durchkommt, ey Alter, du verstehst schon. Wenn überhaupt alles entweder gleich passiert oder blöd ist. Und wenn sie darum glauben, am besten sei es, wenn einem das gute Leben in Form von Geld und Bräuten senkrecht vor die Füße fällt wie dem Popstar, weil es ja eh nur einen Klick weit entfernt ist. Und denken, Erfolg sei eine Funktion von Reaktionsgeschwindigkeit. Und Kopieren praktischer finden als Nachschlagen, -lesen, -denken. Und wenn die Wirklichkeit für sie ein Glücksspiel ist, mit ein paar Drahtziehern hinter der Benutzeroberfläche, auf der weder Naturgesetze gelten noch andere. Wenn das alles geschieht – und jeder Lehrer weiß, dass es geschieht –, dann sind sie es alle nicht gewesen: McDonald's und Nintendo nicht, die Eltern nicht, die Schulen nicht und nicht die Universitäten, das Fernsehen nicht und nicht die Pop- und nicht die Filmindustrie, weder die Erziehungs- noch die Medienwissenschaftler […]. Niemand von ihnen ist's gewesen, und alles ist ganz normal, Ballern ist folgenlos, Fernsehen auch, und die nervösen Kinder und die Schulabbrecher und die Jugendgewalt und die leseunfähigen Fünfzehnjährigen, die bringt der Storch.

„Und an dem bisschen Alkohol bei Feiern, daran kann es ja nun wirklich nicht liegen"
„Und, hat es ihnen geschadet?"

„Lesen einstellen, bis hinauf ins Studium"
„Kopieren praktischer finden als Nachschlagen, -lesen, -denken"
„das gute Leben […] senkrecht vor die Füße fällt"
„die nervösen Kinder und die Schulabbrecher und die Jugendgewalt und die leseunfähigen Fünfzehnjährigen"

W Wirkung der Fehlentwicklungen

Gewaltbereitschaft, Bildungsferne, Passivität und Konsumorientierung, Manipulierbarkeit zu einem Leben in Scheinwelten, falsche Vorbilder, Verkennung der Anforderungen des täglichen Lebens

„McDonald's und Nintendo nicht, die Eltern nicht, die Schulen nicht und nicht die Universitäten, das Fernsehen nicht und nicht die Pop- und nicht die Filmindustrie, weder die Erziehungs- noch die Medienwissenschaftler […]. Niemand von ihnen ist's gewesen"

E Endzweck

Bewusstseins- und Verhaltensänderung im Hinblick auf eine werteorientierte und zeitgemäße Erziehung

Kaube, Jürgen, Die Kinder sind schuld, in: Frankfurter Allgemeine Zeitung, 18.11.2005, online unter: www.faz.net/aktuell/feuilleton/debatten/medienkonsum-die-kinder-sind-schuld-1277166.html, zugegriffen am 06.04.2017

Auch für zahlreiche Aspekte einer Themenanalyse bietet die **Methode BUWE** eine Hilfestellung. Das gilt z. B. für Referate und Seminararbeiten, unabhängig davon, ob diese Sachprobleme aufgreifen oder literarische Themen behandeln.

Das hierfür notwendige problemlösende Denken verlangt ebenfalls eine bestimmte gedankliche Strategie, die ein umfassendes und logisches sowie zielgerichtetes und prägnantes Strukturierungsraster erfordert.

		Hilfsfragen	Funktion	Formulierungshilfen
B	Beschaffenheit	Worin besteht das Problem? Welche Charakteristika liegen vor? Welche Merkmale sind erkennbar? Welche Erscheinungsformen kommen vor?	Klärung des Ist-Zustands	Charakteristische Merkmale von ... Erscheinungsformen von ... Erkennungsmerkmale für ... Probleme des ... Kennzeichen von ...
U	Ursache	Welche Ursachen gibt es? Welche Gründe liegen vor? Welche Voraussetzungen sind gegeben? Welche Motive sind wirksam?	Klärung des Vorausgegangenen (bezogen auf den Ist-Zustand)	Ursachen, Gründe für ... Hintergründe von ... Motive für ... Vorliegende Voraussetzungen für ...
W	Wirkung	Welche Folgen gibt es? Welche Resultate sind zu erwarten? Welche Wirkungen sind abzusehen?	Klärung des Nachfolgenden (bezogen auf den Ist-Zustand)	Konsequenzen, Wirkungen von ... Folgen aus ... Resultate
E	Endzweck Sachproblem	Was ist zu tun, zu lassen, zu ändern? Welche Ziele sind anzustreben? Was soll erreicht werden? Welche Lösungsansätze gibt es?	Klärung des Soll-Zustands	Zielvorstellungen Notwendige Änderungen Zukunftsvorstellungen für ...
	Literarisches Problem	Welche Absichten verfolgt der Autor?	Gedanken zum Gehalt	

Wenden Sie die Methode BUWE im Rahmen einer Erschließung folgender Themenbereiche an: Kinderarbeit, Arbeitslosigkeit, Globalisierung, Digitalisierung, Technikfeindlichkeit, Migration.

III Präsentationstechniken

1 Referieren

Der Schulung mündlicher Sprachkompetenz dienen sämtliche Formen des Referierens – und zwar in allen Unterrichtsfächern. Dies kann von einem mündlichen Wochenbericht über ein Kurzreferat und eine Buchvorstellung bis hin zum Fachreferat reichen. Auch im Zusammenhang mit gruppenspezifischen Arbeitsformen wie zum Beispiel Lernzirkel und Projektarbeit ergeben sich weitere Übungsfelder für das Referieren.

Die Visualisierung spielt eine wichtige Rolle bei der Präsentation.

Bei einem freien mündlichen Vortrag ist Folgendes zu beachten:

- angemessene Anrede der Zuhörer zu Beginn
- motivierender Einstieg in die Thematik
- Angabe und Abgrenzung des Themas, Benennung des Ziels sowie des Referataufbaus, eventuell methodische Vorbemerkungen (benutzte Literatur, Schwierigkeiten etc.)
- bewusster Einsatz von Körpersprache (Haltung, Gestik, Mimik)
- durchgängige Bemühungen um lebendigen Blickkontakt zu allen Hörern
- Variation von Sprechtempo, Lautstärke, Stimmlage
- bewusste Wiederholungen und Zusammenfassungen als Mittel der Hervorhebung und als Gedächtnisstütze für den Zuhörer
- Beachtung der besonderen Notwendigkeit von Anschaulichkeit (Beispiele, Zitate, Vergleiche)
- Einbau wörtlicher Zitate mit der Anfangsformel (Ich zitiere: „...) und der Endformel (..." Zitatende)
- Vermeidung von Dialekt, Umgangssprache, abgedroschenen Redewendungen, Redefloskeln und Lieblingswörtern
- Wahrnehmung und u. U. Einbeziehung von Zuhörerreaktionen
- Notwendigkeit einer Zusammenfassung und Abrundung zum Schluss

Freies Sprechen über ein Thema erreicht man am sichersten dadurch, dass man schon in der Vorbereitungsphase auf eine schriftliche Formulierung im Wortlaut verzichtet. Stattdessen empfiehlt sich ein optisch klar strukturierter Stichwortzettel, der die Funktion einer Gedankenstütze erfüllt. Der Zuhörer wird unmittelbar angesprochen, wenn er das Gefühl hat, dass der Redner spontan spricht und nicht Auswendiggelerntes wie ein Schauspieler vorträgt.

Beispiel für einen Stichwortzettel im DIN-A5-Format

Mauerbau 1961		Gestaltungshinweise
Hintergrund: anhaltende Fluchtwelle in den Westen neg. Konsequenzen für DDR-Wirtschaft (vgl. Facharbeitermangel)		Verständliche Abkürzungen
Haltung der UdSSR: Nachdenken über Möglichkeiten der Verdrängung der Westalliierten aus Berlin (Blockade-Politik!?) Forderung nach Entmilitarisierung Berlins (Verhandlungsultimatum!?): „freie, entmilitarisierte Stadt"		Gezielte Hervorhebungen Schlüssel- und Fachbegriffe
Haltung der USA:	Kein Nachgeben gegenüber sowj. Druck	Leicht verständliche Strukturen
Folgen:	Angst der Bevölk. vor Konflikten, Anschwellen der Flüchtl.ströme (mind. 1.000 Flüchtlinge pro Werktag) Reakt. der DDR: Bau der Mauer aber: kein Widerstand d. Westmächte	Zitate
Kennedy:	„Die Mauer ist zwar keine schöne Lösung, aber immer noch besser als Krieg."	Prägnante Kernaussagen
Berlin – Symbol f. Ost-West-Konfl.		

Nicht nur der Referent sollte sich nach bestimmten Regeln richten, auch der Zuhörer beeinflusst mit seinem Verhalten den Erfolg des Vortrags/Referats. Er sollte deshalb ein aufmerksamer, interessierter und kritisch-solidarischer Zuhörer sein. Während der Redezeit sollten störende Kommentare und Zwischenrufe ebenso unterlassen werden wie die Bekundung von Missfallen oder Langeweile. Eine Ausnahme können Zwischenfragen darstellen, aber nur, wenn sie ausdrücklich zugelassen oder sogar gewünscht wurden.

2 Visualisieren

Bei der Präsentation ist darauf zu achten, dass die inhaltlichen Aussagen anschaulich und zugleich anregend gestaltet werden. Die überlegte Auswahl der zu visualisierenden Inhalte hilft dem Zuhörer, Kernaussagen leichter zu verstehen und auch besser zu behalten. Mittel der Visualisierung müssen stets Aufgabenstellung, Zielrichtung und Gliederung des Vortrags im Auge behalten, dürfen nie zum bloßen Selbstzweck werden. Die Planung des Medieneinsatzes muss sowohl den Zeitrahmen des Referats als auch das Auffassungsvermögen des Publikums berücksichtigen. Eine Visualisierung sollte den Vortrag sinnvoll unterstützen und der Persönlichkeit des Referenten genügend Raum zur Entfaltung lassen.

Beispiele für

Medien	Nutzungsmöglichkeiten
• Fernsehgerät • DVD-Player • Laptop • Beamer • Flipchart • Pinnwand • Tafel	• Film- bzw. Videoausschnitte • Moderne Präsentationsprogramme • Mindmaps • Bilder und Fotos • Plakate und Collagen • Modelle • Anschauungsobjekte • Schriftliche Unterlagen und Dokumente • Musik • Sprechtexte • Eigene Notizen

Um den Erfolg der Visualisierung, z. B. mithilfe von Plakaten oder im Rahmen eines modernen Präsentationsprogramms zu gewährleisten, ist auf Folgendes zu achten:

Vorbereitung	Durchführung
• Organisation und Abstimmung des gesamten Medieneinsatzes • Berücksichtigung der räumlichen Verhältnisse • Rechtzeitige Reservierung technischer Hilfsmittel und Überprüfung auf Funktionstüchtigkeit • Überlegungen zum Adressatenkreis	• Übersichtliche Anordnung der Kerninformationen und Schlüsselbegriffe (z. B. einheitliches Layout, gut lesbare Schriftart und -größe, Abstimmung von Schrift und Hintergrund) • Nutzung der Visualisierungsvielfalt (themabezogene, verständliche Bilder, Diagramme, Grafiken, Organigramme, Tabellen, Videoausschnitte ...) • Verwendung anregender Impulse (z. B. funktionale Farbverwendung, Symbole, witzige Elemente in Form von Karikaturen etc.) • Verzicht auf störende Gestaltungsmittel (z. B. zu viele Spezialeffekte)

Hinweise zur Plakatgestaltung

Titel:
- aus einer Distanz von fünf Metern lesbar
- eindeutig und Interesse weckend formuliert

Visuelle Gestaltung:
- Platzverteilung: 50 % Text, 50 % Bilder, Grafiken, Fotos
- sinnvoller Einsatz von Farben zur Unterstützung der Hauptaussagen
- klare Struktur und abgetrennte Bereiche, bis zu drei Spalten
- deutlich durch Farben abgegrenzte Einheiten unterschiedlicher Inhalte
- Hervorhebung der Schlussfolgerungen und Ergebnisse (Farben, Grafiken, Position usw.)
- Positionierung der Quellenangaben am unteren Rand des Plakats
- mögliche Ergänzung durch haptisch wahrnehmbare Gegenstände, z. B. Steinchen, Stoff, Pflanzen etc.

Text:
- geringe Textdichte, Verzicht auf Fließtext
- Bevorzugung von Schlüsselwörtern
- Motto: „Need to know" statt „Nice to know"!

Gestaltungsvorschlag:

Titelbereich: Inklusive Name und Institution / Seminar		
Bester	**Lese-**	**Bereich**
weniger	**wichtige**	**Information**
Quellenangaben		Hinweis auf zusätzliche Information

Institut für Bildungswissenschaft (Hg.), Universität Heidelberg, Hinweise zu Posterpräsentationen, S. 3, online unter: http://www2.ibw.uni-heidelberg.de/~aeschule/Posterpraesentationen.pdf, zugegriffen am 01.08.2017

Beispiel für ein Lernplakat

1. Untersuchen Sie das vorliegende Plakat im Hinblick auf folgende Gestaltungselemente:
   - Schriftart (groß/klein/kursiv/unterstrichen)
   - Farben (zur Verdeutlichung von Inhalten)
   - Bilder (Fotos/Karikaturen/Collagen)
   - Symbole (Pfeile/Piktogramme/Satzzeichen)
   - Übersichtlichkeit (Tabellen/Diagramme/Schaubilder)
   - Verhältnis Text zu Bild
2. Entwerfen Sie zum Thema „Kinderarbeit" (siehe S. 16 f.) ein informatives Plakat.
3. Gestalten Sie eine Wandzeitung bzw. eine Präsentation am PC zum Thema „Migration".

IV Unterrichtsspezifische Arbeitsformen

1 Thesenpapier

Inhalt und Form des Thesenpapiers sind im Wesentlichen abhängig von Thema und Aufgabenstellung. Es stellt mehr dar als eine bloß formale Gliederung; vielmehr bedeutet es eine prägnante Zusammenfassung der wichtigsten Ergebnisse. Entscheidend ist dabei das richtige Verhältnis von Abstrahierung und Konkretisierung, damit sich Referat und Thesenpapier sinnvoll ergänzen und nicht überschneiden. Das Thesenpapier soll dem Referenten dazu dienen, Kernaussagen seines Vortrags klar und übersichtlich, d. h. in Form von Thesen zu bündeln. Für das Publikum erleichtert es die Nachvollziehbarkeit von Aufbau und Inhalt eines Vortrags. Ferner kann es als Impuls und Grundlage einer anschließenden Diskussion dienen.

Bei der Erstellung eines Thesenpapiers ist Folgendes zu berücksichtigen:

- Umfang: ca. zwei Seiten
- Einhaltung formaler Vorgaben
- sinnvoller und übersichtlicher Aufbau
- Strukturierung in Ober- und Unterpunkten mit Überschriften
- komplexe und präzise Formulierungen
- begrenzter Einsatz von Zahlen-, Daten- und Bildmaterial
- Berücksichtigung fachspezifischer Erfordernisse
- Nutzung kreativer Gestaltungsmöglichkeiten
- korrekte Wiedergabe und Nachweis von Zitaten
- exaktes Literaturverzeichnis

Beispiel für ein Thesenpapier

Staatliche Fachoberschule und Berufsoberschule Memmingen
Thema des Fachreferats:

Die Darstellung des Ersten Weltkriegs im Roman „Im Westen nichts Neues"
Melissa Meier Klasse 12 BWB 08.03.2017

Thesenpapier

Der Erste Weltkrieg fand von 1914 bis 1918 in Europa, dem Nahen Osten, Afrika und Ostasien statt. Er forderte ca. 17 Millionen Menschenleben. Die moderne Kriegsführung mit Giftgas und schwerer Artillerie sorgte für großes Leid bei den Kriegsbeteiligten und zerstörte das damals vorherrschende Bild vom heldenhaften Soldaten.[1]

1. Kurzbiografie von Erich Maria Remarque
Remarque wird als Erich Paul Remark am 22. Juni 1898 in Osnabrück geboren. 1916 wird er zum Kriegsdienst eingezogen und bereits nach sechs Wochen an der Westfront schwer verwundet. Zwölf Jahre später verarbeitet er seine Kriegserlebnisse im Roman „Im Westen nichts Neues". Dieser wurde bis heute mehr als 20 Millionen Mal verkauft und diente als Vorlage für mehrere Verfilmungen. In der NS-Zeit erkennt man Remarque die deutsche Staatbürgerschaft ab und verbrennt 1933 seine Bücher. Er wandert in die Schweiz und dann in die USA aus. Remarque stirbt am 25. September 1970.[2]

2. Inhalt von „Im Westen nichts Neues"
Die Handlung des Antikriegsromans wird aus der Sicht des Abiturienten Paul Bäumer erzählt.
Der Protagonist meldet sich mit seiner ganzen Klasse freiwillig zum Wehrdienst. Nach der Grundausbildung muss er mit seinen Freunden die leidvolle Realität des Frontsoldaten im Ersten Weltkrieg erleben. Nahezu alle seine Kameraden sterben im Krieg. Nach einem Heimaturlaub und der Genesung einer Verletzung stirbt Paul Bäumer kurz vor Kriegsende an der Front.[3]

3. Ausgewählte Aspekte der Kriegsdarstellung im Roman
3.1 Psychische Belastungen der Soldaten
Die Soldaten müssen an der Front tagtäglich in Todesangst leben und Entscheidungen treffen. Diese Lage führt bei den Protagonisten zu psychisch belastenden Extremsitua-

tionen. Im Buch verdeutlicht eine längere Szene diese Problematik. Bäumer wird bei einer Patrouille von einem Angriff überrascht und ersticht in seiner Hilflosigkeit einen französischen Soldaten. Der Protagonist trägt in dieser Textstelle einen bewegenden inneren Konflikt aus.[4]

3.2 Darstellung der Kameradschaft
Im Gegensatz zur Grausamkeit des Kriegsgeschehens wird das Zusammengehörigkeitsgefühl der jugendlichen Soldaten eher beschönigend dargestellt. Für den Erzähler Bäumer steigert sich diese Verbundenheit „zum Besten [...] was der Krieg hervorbrachte: zur Kameradschaft!"[5]

3.3 Die verlorene und manipulierte Jugendgeneration
Die Beeinflussbarkeit der Jugend wurde durch kriegsbegeisterte Eltern und im Buch insbesondere durch den Lehrer Kantorek ausgenutzt. Er bringt seine Schützlinge zur freiwilligen Meldung für den Kriegsdienst trotz des zu dem Zeitpunkt längst bekannten Wissens in der Bevölkerung von einem „verlustreichen Stellungskrieg"[6]. Im Heimaturlaub bei seiner Familie erfährt Bäumer den Verlust des Gefühls von Geborgenheit. Die Kriegshandlungen entfremden ihn von seinem zivilen Alltag und Leben: „Ich finde mich hier nicht mehr zurecht, es ist eine fremde Welt."[7]
Die Kriegserfahrungen führen bei den Romanfiguren zu einer Orientierungslosigkeit vor allem im Hinblick auf ihre berufliche Zukunft. Da sie bislang nur das Kriegshandwerk gelernt haben, sehen sie keine Perspektive nach Kriegsende einen zivilen Beruf auszuüben.[8]

4. Unterschiede zwischen Kriegsrealität und Roman
4.1 Umgang mit militärischen Befehlen
Im Roman befolgen die Soldaten Befehle unhinterfragt. In der Realität sollen sich „Gehorsam- und Befehlsverweigerungen"[9] besonders am Ende des Krieges häufen.

4.2 Verhältnis zu feindlichen Soldaten
Die großen Verluste auf beiden Seiten veranlassten zumindest zeitweilig einen Kriegsalltag nach dem Prinzip des leben und leben lassen. Im Buch gibt es in Bezug auf ein gegenseitiges Verständnis eines Waffenstillstands keinerlei Hinweise.[10]

5. Fazit
Erich Maria Remarques „Im Westen nichts Neues" problematisiert die Auswirkungen des Krieges auf seine Generation und kann daher als kritische Auseinandersetzung mit dem Ersten Weltkrieg gedeutet werden. Allerdings enthält die Darstellung des Krieges im Buch auch beschönigende Elemente. Der Roman darf deshalb nicht mit einem realistischen Kriegsbericht gleichgesetzt werden.

Anmerkungen
Anm. 1: Vgl. Hirschfeld, Gerhard/Krumeich, Gerd/Renz, Irina (Hrsg.), Enzyklopädie Erster Weltkrieg, Paderborn, [2]2014, S. 664 f.
Anm. 2: Vgl. Wetzel, Hubert, Sechs Wochen in der Hölle, online unter: www.sueddeutsche.de/politik/erich-maria-remarque-im-ersten-weltkrieg-sechs-wochen-in-der-hoelle-1.1921119., [Stand: 25. März 2014], zugegriffen am 10.02.2017
Anm. 3: Vgl. Remarque, Erich Maria, Im Westen nichts Neues, Köln [37]2013
Anm. 4: Vgl. Remarque, 2013, S. 145 ff.

Anm. 5: Remarque, 2013, S. 27
Anm. 6: Becker, Jean-Jacques/Krumeich, Gerd, Der große Krieg. Deutschland und Frankreich 1914–1918, Essen 2010, S. 202 ff.
Anm. 7: Remarque, 2013, S. 120 f.
Anm. 8: Vgl. Remarque, 2013, S. 66 f.
Anm. 9: Ulrich, Bernd, Soldatische Kriegserfahrungen im industrialisierten Krieg, online unter: http://www.bpb.de/geschichte/deutsche-geschichte/ersterweltkrieg/155307/soldatische-kriegserfahrungen-im-industrialisierten-krieg, [Stand: 06.05.2013], zugegriffen am 03.02.2017
Anm. 10: Vgl. Ulrich, [Stand: 06.05.2013], zugegriffen am 03.02.2017

Literaturverzeichnis

Becker, Jean-Jacques/Krumeich, Gerd, Der große Krieg. Deutschland und Frankreich 1914–1918, Essen 2010

Hirschfeld, Gerhard/Krumeich, Gerd/Renz, Irina (Hrsg.), Enzyklopädie Erster Weltkrieg, Paderborn ²2014

Remarque, Erich Maria, Im Westen nichts Neues, Köln ³⁷2013

Ulrich, Bernd, Soldatische Kriegserfahrungen im industrialisierten Krieg, online unter: http://www.bpb.de/geschichte/deutsche-geschichte/ersterweltkrieg/155307/soldatische-kriegserfahrungen-im-industrialisierten-krieg, [Stand: 06.05.2013], zugegriffen am 03.02.2017

Wetzel, Hubert, Sechs Wochen in der Hölle, online unter: www.sueddeutsche.de/politik/erich-maria-remarque-im-ersten-weltkrieg-sechs-wochen-in-der-hoelle-1.1921119., [Stand: 25. März 2014], zugegriffen am 10.02.2017

1. Diskutieren Sie inhaltliche und formale Verbesserungsmöglichkeiten des Thesenpapiers.
2. Überlegen Sie sich Möglichkeiten einer kreativen Gestaltung des Thesenpapiers.

2 Fachreferat

Neben anderen Formen gesprochener Sprache soll vor allem das Fachreferat einen wichtigen Beitrag dazu leisten, dass Schüler gezielt ihre mündliche Sprachkompetenz verbessern. Das Fachreferat ist ein umfangreicherer Schülervortrag, der ungefähr 20 Minuten dauern soll. Es bietet eine gute Grundlage für eine anschließende Diskussion, bei der einzelne inhaltliche Aspekte des Referatthemas noch zusätzlich vertieft werden können. Auf der Basis erlernter Informations- und Verarbeitungstechniken stellt das Fachreferat zudem eine konkrete Möglichkeit dar, bereits im Rahmen der Vorbereitung wissenschaftliches Arbeiten exemplarisch zu erproben. So gehört zu dem mündlichen Vortrag ein Thesenpapier im Umfang von ein bis zwei Seiten (siehe S. 33 ff.).

Beim Vortrag selbst besteht die Möglichkeit, die unterschiedlichen Zitierweisen (wörtliches Zitat, sinngemäße Wiedergabe) zu verwenden und verbal kenntlich zu machen (siehe S. 192 f.).

Strukturierung des Fachreferats

Eröffnung
- Anrede, Begrüßung
- Thema, Ziele, Ablauf
- Aufhänger, Motivation

Durchführung
- Logische Gliederung für den Zuhörer (z. B. BUWE)
- Aufrechterhaltung der Motivation
- Visualisierung

Abrundung
- Zusammenfassung der wesentlichen Aspekte
- Persönliche Erfahrungen und Wertungen
- Ausblick und Eröffnung der Diskussion

Hilfreiche Tipps für einen gelungenen Vortrag
- Positive Grundeinstellung zum Thema und zum Publikum auf der Basis einer sorgfältigen Vorbereitung
- Bewusstwerden der Bedeutung eines motivierenden Einstiegs
- Engagement während der Präsentation
- Aussenden positiver Beziehungsbotschaften (offene Gestik, freundliche Mimik, ruhiger Blick)
- Lebendigkeit des Vortrags (z. B. wirkungsvolles Sprechen, Standortwechsel, Blickkontakt zum Publikum, Aufnahme von Publikumsreaktionen etc.)
- Sichern der Aufmerksamkeit der Zuhörer (z. B. mithilfe ansprechender Medien, erzählerischer Elemente etc.)
- Notwendigkeit eines verständlichen Vortrags (z. B. kürzere Sätze, überlegter Einsatz technischer Hilfsmittel etc.)
- Souveräner Umgang mit dem Stichwortzettel
- Übung in Form eines Probevortrags (z. B. vor Freunden)

Eine Diskussion in der Klasse über **Kriterien der Bewertung** kann eine wertvolle Hilfestellung für eine Erfolg versprechende Vorbereitung und Durchführung sein.

Inhalt
- Bearbeitung des Themas
- Themenerfassung, Abgrenzung, Zielangabe
- Sachliche Richtigkeit
- Vollständigkeit, Begründung für Einschränkungen
- Materialauswertung
- Problematisierung, eigenes Urteil
- Klarheit der Darstellung
- Gedanklicher Aufbau

- Sprachliche Korrektheit
- Sprachlich-stilistisches Niveau

Präsentation

- Zielgruppe/Hörerbezug
- Interesse weckender, motivierender Einstieg
- Verständlichkeit für Adressatengruppe
- Sicherung von Zwischenergebnissen
- Kommentierung von Quellen und Hilfsmitteln
- Blickkontakt/Eingehen auf Hörerreaktionen
- Souveränität des Vortrags
- Sicheres Auftreten, Körpersprache
- Freies, deutliches, lebendiges Sprechen
- Eingehen auf Zusatzfragen, Bewährung in der anschließenden Diskussion
- Anschauungsmittel
- Hilfreiche Visualisierungen
- Sinnvoller Medieneinsatz
- Einhaltung der vorgegebenen Redezeit

Thesenpapier

- Aufbau des Thesenpapiers
  - Klare, einprägsame Formulierung von Kernaussagen
  - Übersichtliche Gestaltung
- Bibliografie und Zitiertechnik
  - Konkrete und korrekte Quellenangaben
  - Sinnvolle Verwendung von klar abgegrenzten Zitaten und Verweisen

1. Überlegen Sie sich jeweils einen motivierenden Einstieg sowie einen abrundenden Schluss zu den Themen Kinderarbeit, Arbeitslosigkeit, Globalisierung, Digitalisierung, Technikfeindlichkeit, Migration.
2. Zeichnen Sie ein Schülerreferat auf und besprechen Sie es auf der Grundlage der einzelnen Bewertungskriterien.
3. Diskutieren Sie Vorzüge und Schwächen unterschiedlicher Einzelmedien: z. B. Präsentationsprogramm, Plakat, Film, Tafel.

3 Projektarbeit

Als offene und problemorientierte Lehrform setzt Projektarbeit auf starken Praxisbezug und fördert mittels Teamarbeit die Kommunikations- und Kooperationsfähigkeit. Projektaufgaben bringen das schulische Lernen der Arbeitswelt näher, vor allem dann, wenn dies fächerübergreifend geschieht. Eine realitätsnahe Aufgabenstellung, selbst gewählt oder vorgegeben, wird vollständig im Team bearbeitet. Die Projektarbeit wird zunehmend als Ergänzung und Alternative zu traditionellen Arbeits- und Prüfungsformen angeboten. Sie zielt auf eine aktive Beteiligung der Schüler ab, wodurch auch bessere Lernergebnisse erwartet werden. Allerdings stellt sie hohe Anforderungen an die selbstverantwortete Gestaltung des Lern- und Arbeitsprozesses und setzt die Bereitschaft zur Auseinandersetzung mit einer vergleichsweise komplexen Problemstellung voraus.

Im Rahmen einer Projektarbeit – Komplexität und zeitlicher Umfang können sehr unterschiedlich sein – sollen die Schüler lernen, in Gruppen vielschichtige Probleme kritisch zu analysieren, gemeinsame Lösungen zu erarbeiten und zu dokumentieren. Bei dieser Arbeit werden die in den vorangegangenen Kapiteln bereits behandelten Methoden und Techniken praktisch angewandt.

Fahrplan der Projektarbeit

- **Organisation und Planung der Gruppe**
  - Zusammenstellung der Gruppe (z. B. mittels Losverfahren)
  - Gerechte Verteilung der individuellen Arbeitsleistung
  - Festhalten der individuellen Verantwortlichkeit für den Projekterfolg der Gruppe (z. B. mithilfe eines selbst entworfenen Gruppenvertrags mit Regeln)
  - Einhalten der Termine und zuverlässige Erledigung der Arbeit
  - Rechtzeitige Information bei Verhinderung
  - Nutzung moderner Kommunikationsmittel beim Austausch von Ergebnissen
  - Zuständigkeit des Teamleiters für die jeweilige Teamsitzung und Kontakt mit der Lehrkraft
  - Austausch und Festhalten des gegenwärtigen Arbeitsstandes
  - Notwendigkeit außerschulischen Engagements
  - Reservierung schuleigener Hilfsmittel
- **Festlegung von Thema und Ziel**
  - Entscheidung für spezielle Thematik und Überlegungen zu Teilaufgaben
  - Berücksichtigung individueller Interessen/Vorkenntnisse/Fähigkeiten für Teilbereiche des Projekts
  - Festlegung eines gruppeninternen Zeitplans in Bezug auf die Realisierung der Arbeitsschritte
  - Einsatz projektrelevanter Arbeitstechniken
  - Stete Vergegenwärtigung der Zielsetzung des Projekts
- **Auswertung und Strukturierung des Materials**
  - Überlegungen zum projektbezogenen Informationsbedarf
  - Organisation und Durchführung der Recherche (Was? Wer? Wann? Wo? Wie?)
  - Aufteilung und gegenseitige Überprüfung der Informationsauswertung
  - Arbeitsteilige Strukturierung des Materials
  - Vorbereitung auf die individuelle Leistungsüberprüfung (z. B. Fachgespräch, Zwischenpräsentation, Protokoll)
- **Zusammenfassung und Präsentation des Projekts**
  - Diskussion und Verbesserung bzw. Erweiterung des Rohentwurfs
  - Erarbeitung einer projektgerechten Präsentation (Aufbau/Inhalt/Medien)
  - Vorbereitung, Abstimmung und Endkontrolle der Einzelbausteine der Präsentation
  - Durchführung der Präsentation
  - Nachbesprechung der Präsentation bzw. des Projekts

Hinweise auf ein mögliches Literaturprojekt: „Werte – Wertewandel“

Die Konzeption des folgenden Projekts verfolgt die Ziele einer vertiefenden Auseinandersetzung mit der literarischen Gestaltung des Wertewandels einerseits und der Vermittlung von inhaltlich-methodischen Qualifikationen für die Analyse poetischer Texte andererseits.

a) Klären Sie in den jeweiligen Projektgruppen die grundlegenden Begriffe: Wert, Wertewandel, Wertediskussion, Wertekonservativismus, Werterelativismus, Wertezerfall.
b) Entwickeln Sie einen kurzen Fragebogen für Interviews zum Stichwort „Werte – Wertewandel“.
c) Führen Sie diese Interviews mit einem möglichst repräsentativen Personenkreis durch und werten Sie die Ergebnisse aus.
d) Bearbeiten Sie in der Gruppe eines der folgenden Werke:

Werte im Hinblick auf:	Literarisches Werk:
Beziehung	Walser, Martin, Ein fliehendes Pferd Frisch, Max, Homo faber Treichel, Hans-Ulrich, Der Verlorene Dirks, Liane, Vier Arten meinen Vater zu beerdigen Düffel, John von, Houwelandt Hahn, Ulla, Unscharfe Bilder
Jugend	Remarque, Erich Maria, Im Westen nichts Neues Delius, Friedrich Christian, Der Sonntag, an dem ich Weltmeister wurde Walter, Otto F., Wie wird Beton zu Gras Torberg, Friedrich, Der Schüler Gerber Horváth, Ödön von, Jugend ohne Gott Lenz, Siegfried, Die Deutschstunde Niemann, Norbert, Schule der Gewalt Ossowski, Leonie, Die große Flatter Werner, Markus, Zündels Abgang Grass, Günter, Katz und Maus
Religion/Ethik, Sinnsuche	Hesse, Hermann, Narziß und Goldmund Hesse, Hermann, Steppenwolf Suter, Martin, Die dunkle Seite des Mondes Woelk, Ulrich, Freigang
Gesellschaft	Dürrenmatt, Friedrich, Besuch der alten Dame Düffel, John von, Ego Grän, Christine, Hurenkind Hein, Christoph, Der fremde Freund/Drachenblut Rehmann, Ruth, Die Leute im Tal Böll, Heinrich, Ansichten eines Clowns Mann, Heinrich, Der Untertan Hilsenrath, Edgar, Der Nazi & der Friseur Pehnt, Annette, Mobbing

Minderheiten	Becker, Jurek, Jakob der Lügner Hackl, Erich, Abschied von Sidonie Demski, Eva, Afra Nadolny, Sten, Die Entdeckung der Langsamkeit Zoderer, Joseph, Die Walsche
Nation, Staat, politische Systeme	Brecht, Bertolt, Der aufhaltsame Aufstieg des Arturo Ui Timm, Uwe, Am Beispiel meines Bruders Schneider, Peter, Mauerspringer Maron, Monika, Flugasche Harig, Ludwig, Ordnung ist das ganze Lesen Hein, Christoph, Horns Ende
Frau/Emanzipation	Mlynkec, Kerstin, Drachentochter Franck, Julia, Die Mittagsfrau Hackl, Erich, Auroras Anlaß Haushofer, Marlen, Die Wand Duwe, Karin, Dies ist kein Liebeslied
Fortschritt, Wissenschaft	Kehlmann, Daniel, Die Vermessung der Welt Beyer, Marcel, Flughunde Süskind, Patrick, Das Parfum Kerner, Charlotte, Blueprint

e) Nutzen Sie die folgenden Leitfragen als Anregung für die Analyse und Interpretation des jeweiligen Werkes.

B	**Beschaffenheit**	Welche Werte werden im literarischen Werk thematisiert? Welche Bedeutung haben die thematisierten Werte für die Gesellschaft, für den Einzelnen? Wie kommt es zu einer Konfrontation unterschiedlicher Werte? Welche Faktoren (z. B. Zeithintergrund, politisches System, Emanzipation, Pluralismus) prägen besonders die Entwicklung/Veränderung von Werten? Was sind die Wurzeln dieser Werte?
U	**Ursache**	Worin zeigen sich Ursachen eines Wertewandels? Worin lassen sich die Folgen eines Wertewandels erkennen?
W	**Wirkung**	Welche Chancen und Risiken sind im Zusammenhang mit diesen Werten erkennbar? Welche Folgen haben die Werte für die literarischen Figuren?
E	**Endzweck**	Welche Absicht verfolgt der Autor mit der Darstellung der Werte? Welche Zukunftsvisionen sind denkbar?

f) Nutzen Sie zur Selbstkontrolle der Gruppenarbeit eine der folgenden Möglichkeiten:
   - Protokoll über eine ausgewählte Teamsitzung
   - Zwischenpräsentation
   - Fachgespräch mit dem Lehrer

g) Berücksichtigen Sie in der Präsentation der literarischen Projektarbeit folgende inhaltliche bzw. formale Elemente:
   - aufgabenbezogene Personenkonstellation, Inhaltsangabe, Charakterisierung, Interpretation eines äußeren/inneren Konflikts auf der Basis von BUWE, Interpretation auf der Basis einer gezielten Auswertung von Sekundärliteratur, biografische Deutung, Sprachanalyse
   - zwei Seiten Thesenpapier, kreatives Plakat
   - Auswertung eines Interviews über das Thema „Wertewandel" (kleiner Fragebogen/mündliche Befragungen)
   - weitere zweckmäßige Medien, z. B. PowerPoint-Präsentation
   - Literaturverzeichnis
   - kreative Zusatzaufgabe (z. B. dramatische Umsetzung einer Szene, Videoclip, künstlerische oder gestalterische Umsetzung der Botschaft des Werkes in Form einer Zeichnung, einer Grafik, einer Collage, eines Drucks, eines Fotos usw.)
   - Schaufenster, Zusammenarbeit mit Theater, lokalen Medien, Bibliothek, Literaturtag an der Schule

4 Grafik- und Karikaturenbeschreibung

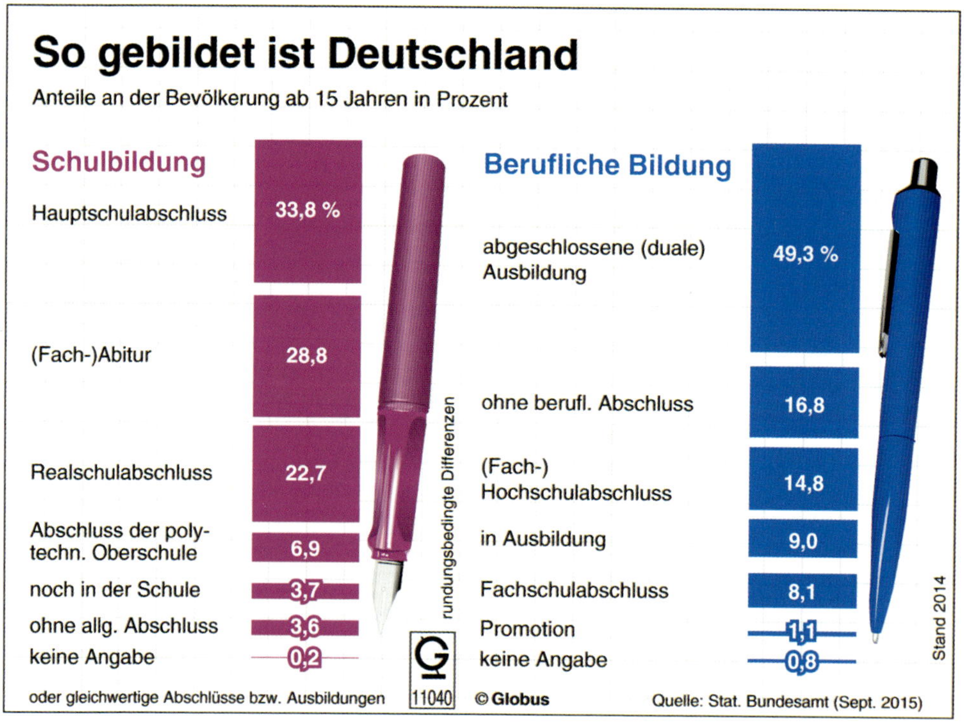

Infografik vom September 2015 zum Thema „Bildungsstand in Deutschland"

Bausteine einer Grafikbeschreibung

- Angabe des Titels und des Gesamtthemas
- Genaue Quellenangabe und Quellenverweis
- Benennung von Format, Größe, Rand
- Beschreibung der Grafikinhalte und der Einzelergebnisse
- Beschreibung der Gestaltung: Symbole, Koordinaten, Kurven, Größenverhältnisse, Farben, Texte, Flächen- und Linienattribute, Zahlen
- Eventuelle Wiedergabe der Legende
- Auswertung und Interpretation der Grafik
- Einordnung in einen größeren Zusammenhang

Karikaturenbeschreibung

Karikatur von NEL zum demografischen Wandel

Im Vergleich zu Grafiken ist bei der Beschreibung einer **Karikatur** zusätzlich deren verschlüsselter Charakter zu berücksichtigen. Als Wesensmerkmal einer Karikatur gilt, dass sie ein Problem **zuspitzt** und dabei in Form und Inhalt übertreibend, verzerrend, verkürzend direkt oder indirekt **Kritik** an Personen, Institutionen oder an gesellschaftlichen Vorgängen übt. Bei der Beschreibung gilt es also, besonders auf die Mittel der Stilisierung, Übertreibung, Andeutung etc. zu achten und diese in die Gesamtdeutung der Aussageabsicht einzubeziehen.

Analyseraster auf der Basis von Leitfragen:

- Darstellung
  - Welche Personen, Gegenstände und Hintergründe enthält die Karikatur?
  - Welches Detail ist besonders auffällig?
  - Welche Symbole werden verwendet?
- Deutung
  - Was ist mit den Textteilen gemeint?
  - Um welches Problem oder Thema geht es in der Karikatur?
  - Welche Aussage beinhalten die Symbole?
  - Welche Meinung vertritt der Karikaturist?
  - Welche Absicht verfolgt er mit seiner Darstellung?
- Beurteilung
  - Inwiefern liegen Unter- bzw. Übertreibungen vor?
  - Wie wirkt die Gestaltung der Karikatur auf den Betrachter?
  - Gibt es Übereinstimmungen bzw. Diskrepanzen zwischen der eigenen Position und der des Karikaturisten?

1. Beschreiben und kommentieren Sie das Grafikbeispiel „So gebildet ist Deutschland" (siehe S. 42).
2. Analysieren Sie die Karikatur von NEL (siehe S. 43) nach dem oben vorgegebenen methodischen Dreischritt von Darstellung, Deutung, Beurteilung.
3. Suchen Sie zwei aktuelle Karikaturen zum selben Thema/Problem und vergleichen Sie diese im Hinblick auf
   - die erkennbare Kernaussage und inhaltliche Position,
   - verwendete Metaphern, Symbole und Stilmittel.

5 Überarbeitung von Texten

Das Überarbeiten von Texten ist ein **fester Bestandteil jedes Schreibprozesses**. Journalisten überarbeiten ihre Zeitungsartikel, Schriftsteller ihre literarischen Werke, Schüler und Studenten unterziehen ihre Seminar- bzw. Bachelorarbeiten vor der Abgabe immer wieder einer Revision. Die Textüberarbeitung stellt daher eine wesentliche Schreibkompetenz dar, die auf dem nachschulischen Lebensweg, sei es in der Ausbildung, im Studium, im Berufs- sowie Privatleben immer gefordert sein wird.

Beim Überarbeitungsprozess geht es darum, dass die Schüler **Distanz zu ihrem eigenen Text** gewinnen, um den Unterschied zwischen dem verfassten Text und der damit verbundenen Absicht wahrzunehmen. Sie sollen ihre **Lösungswege beurteilen** und **Verbesserungsvorschläge** erarbeiten.

Schreibkonferenz

Ein **kooperatives Verfahren** zur Überarbeitung von Texten ist die Schreibkonferenz. Sie eignet sich vor allem zur Verbesserung von Texten, die auf eine „Veröffentlichung" abzielen, wie z. B. Leserbriefe und Kommentare. Die Methode kann aber auch auf alle Aufsatzarten angewendet werden. Die Schüler schreiben zunächst zu einem vorgegebenen Thema einen eigenen Text. Im Unterricht überarbeiten sie dann in Gruppen mit **max. vier Schülern** ihre selbstproduzierten Schreiben.

Die Schreibkonferenz besteht aus zwei Teilen:
1. Überarbeitungsphase
2. Präsentation

Möglicher Verlauf

1. **Lesen und erstes Besprechen der Texte**
   - Jeder liest die Texte aller Gruppenmitglieder.
   - Anschließend wird jeder Text laut vorgelesen. Die Gruppenmitglieder tauschen ihre ersten Eindrücke aus.
     Leitfragen: Welche Wirkung hat der Text auf den Leser? Was ist die zentrale Aussage? Gibt es Verständnisschwierigkeiten? Wo und weshalb?
   - Der Autor geht auf die Anmerkungen ein und klärt Verständnisfragen.
     Wichtig: In dieser Phase unterlassen die Kommentatoren jede Angriffshaltung, die Autoren nehmen keine Verteidigungshaltung ein.
2. **Überarbeitung und Kommentierung**
   - Jedes Konferenzmitglied bearbeitet jeden fremden Text. Auffällige Textstellen werden markiert, kommentiert und mit Verbesserungsvorschlägen versehen. Folgende Gesichtspunkte können dabei untersucht werden.
     - Thema und Inhalt
     - Aufbau und Argumentationsstruktur
     - Sprache: Stil, Wortwahl, Sprachbilder usw.
     - Rechtschreibung, Zeichensetzung, Grammatik

     Anschließend fasst jeder Teilnehmer seine Beobachtungen in einem kurzen Kommentar zusammen.
3. **Besprechung der Kommentare**
   Die Anmerkungen und Kommentare zum eigenen Text werden gelesen. Es können Nachfragen gestellt werden. Abschließend besteht die Möglichkeit, die Kommentare in der Gruppe zu diskutieren.
4. **Überarbeitung der eigenen Texte**
   Der Verfasser überarbeitet den eigenen Text und entscheidet, welche Anregungen aufgegriffen werden.
5. **Veröffentlichung**
   Der überarbeitete Text wird nun für eine Veröffentlichung vorbereitet. Dies kann im Rahmen eines größeren Projekts, einer Ausstellung, einer Klassen- oder Schülerzeitung geschehen. Die Gruppe kann dabei entscheiden, welcher Text präsentiert werden soll. Aufschlussreich ist auch eine Veröffentlichung aller Texte sowohl in der End- als auch in der Erstfassung mit den jeweiligen Kommentierungen zur Veranschaulichung des Überarbeitungsprozesses.

Textlupe

Eine weitere kooperative Methode, die mit einem **zeitlich geringeren Aufwand** durchführbar ist, stellt die Textlupe dar. Die Textlupe ist ein **strukturierter Kommentarbogen**, der zur Lenkung der Blickrichtung auf einen Text dient. Dieses Verfahren eignet sich für **Gruppen mit drei bis fünf Mitgliedern**.

- Jedes Gruppenmitglied liest einen Text eines anderen Gruppenmitglieds.
- Jeder Teilnehmer untersucht den Text mit der Textlupe:

Beispiel

Das hat mir besonders gut gefallen	Das fällt mir auf	Hier habe ich eine Frage
die Einleitung	*Du machst viele Kommafehler.*	*In Zeile 13 verstehe ich den logischen Zusammenhang nicht.*
?	?	?

- Je nach Textlänge erhält jeder Teilnehmer nach dem Lesen mindestens fünf Minuten Zeit, um die eigenen Beobachtungen einzutragen.
- Anschließend wird die Textlupe weitergereicht und die Kommentare werden ergänzt.
- Der Autor erhält den Beobachtungsbogen und entscheidet, welche Anregungen aufgegriffen werden.

6 Szenisches Interpretieren

Das szenische Interpretieren stellt ein **handlungs- und produktionsorientiertes Verfahren** vor allem zur Analyse und Deutung literarischer Texte (Epik, Drama, Lyrik) dar. Diese **Form der Texterschließung** beinhaltet die **spielerische Darstellung** von bedeutungstragenden Textstellen aus literarischen Werken, mit der z. B. die Handlung, der Dialog der Figuren, deren Beziehung zueinander, deren Umgang mit Konflikten etc. durch Körperausdruck und Sprache erarbeitet und verlebendigt werden. Dabei muss berücksichtigt werden, dass das szenische Verfahren nicht schon ein Wert an sich ist, sondern zusätzlich den **Gehalt eines Textes erfasst und deutet**. Daher soll zum szenischen Spiel die **Entscheidung** über die Darstellung bestimmter Figuren, Haltungen, Sprechweisen usw. immer **mit dem Text begründet** und dargelegt werden.

Übungen

Ohne großen Aufwand lassen sich Übungen zum szenischen Spiel in den Unterricht im Rahmen aller Sozialformen integrieren. Als Ausgangspunkt dieser Übungen eignen sich besonders konkrete Textausschnitte wie **Werbesprüche**, **Lautgedichte**, **Anfangsverse** bekannter Balladen, **konkrete Poesie**, Redewendungen und Zeitungsüberschriften. Mimik und Artikulation können z. B. durch Lockerung des Kiefers, der Lippen und Gesichtsmuskeln trainiert werden: Weites Öffnen des Mundes, Zeigen der Zähne, Spielen mit der Zunge in der Mundhöhle beim Vortragen eines Textes, Ausprobieren von Konsonanten und Vokalen in verschiedenen Lautstärken sowie Imitieren unterschiedlicher Geräusche sind weitere Möglichkeiten, das szenische Spiel einzuüben.

Um **Bewegung und Köperhaltung** bewusst einzusetzen, kann man als ersten Schritt beim Lesen und Sprechen den **Standort wechseln**: sich vornüberbeugen, sich zurücklehnen, unterschiedliche Beinstellungen beachten, mit dem Rücken zum Publikum sprechen, sich hinknien, aus dem Fenster sprechen, Arme und Hände einsetzen. Grundsätzlich gilt auch bei allen kleineren Übungen, Übertreibungen zu vermeiden und die Wirkung des Körpereinsatzes von Stimme und Mimik zu **reflektieren**.

Standbild

Ein klassisches Verfahren der szenischen Interpretation ist das Standbild. Mit einem Standbild werden insbesondere **Figurenkonstellationen** und Haltungen einzelner Figuren nur mithilfe von **Köperhaltung, Gesichtsausdruck** und **der Position im Raum** dargestellt. Es ist eine **Momentaufnahme** z. B. einer Schlüsselszene aus einem Drama oder einer Passage eines epischen Textes. Eine Erweiterung dieses Verfahrens ist die **Standbildfolge**, die z. B. beim Lesen einer Ganzschrift die **Entwicklung der Figuren** über mehrere Akte bzw. Kapitel oder eine Entwicklung innerhalb einer Szene zum Ausdruck bringen kann.

- Ein Regisseur oder ein Regietandem baut mit ausgewählten Mitspielern das Bild schrittweise auf. Er bestimmt die Position der Figuren, deren Körperhaltung und Mimik (Gesichtsausdruck). Die Mitspieler müssen sich völlig passiv verhalten.
- Während der Bauphase wird nicht gesprochen.
- Sobald das Standbild fertig ist, erstarren alle Mitspieler für 30 bis 60 Sekunden in der eingenommenen Haltung. Idealerweise sollte das Bild fotografisch festgehalten werden.
- Anschließend beschreiben und interpretieren die Beobachter das Standbild.
- Danach formulieren die Mitspieler ihre Gefühle und Erfahrungen.
- Der Regisseur erläutert seine Absichten beim Bau des Standbildes und bewertet deren Verwirklichung mit Bezugnahme auf den Text.
- Die Beobachtergruppe kann abschließend auch Vorschläge zur Veränderung des Standbildes an den Regisseur richten. Auch sie argumentieren mit dem Text.

Heißer Stuhl

Der „Heiße Stuhl" ist aus der Psychologie und dem Privatfernsehen bekannt. Diese Methode eignet sich insbesondere zur **Erschließung von Konflikten** zwischen literarischen Figuren, indem ein Schüler **in der Rolle einer Figur** von einer Gruppe zu einem bestimmten Aspekt befragt wird.

- In einer Gruppe übernimmt ein Mitglied möglichst freiwillig die Rolle der jeweiligen literarischen Figur und bereitet sich auf diese durch genaues Textstudium vor. Zur Vereinfachung kann die Lehrkraft einen bestimmten Aspekt, der analysiert werden soll, vorgeben.
- Die restlichen Gruppenmitglieder erarbeiten anhand der Textvorlage Fragen, die sie an die Figur stellen wollen. Hierbei beziehen sie sich z. B. auf bestimmte Aussagen oder Verhaltensweisen der Figur. Nach dieser Erarbeitungsphase versammeln sich die Fragesteller um die auf einem Stuhl sitzende Person, die die Rolle der Figur übernimmt, und stellen ihre vorbereiteten Fragen.
- Der Rollenspieler antwortet aus der Rolle heraus mit Bezugnahme auf den Text.
- Trotz der kontroversen Anlage dieser Methode dürfen die Fragen und Antworten nie persönlich angreifend formuliert werden.

Rollenbiografie/Rollenprofil

Eine Rollenbiografie ermöglicht es, vom Text ausgehend zu einem vertieften Verständnis über eine literarische Figur zu gelangen. Inhaltlich orientiert sich dieses Verfahren an der herkömmlichen **Figurencharakterisierung**, da in einer Rollenbiografie Fragen zu allgemeinen Angaben, der äußeren Erscheinung, den Wertvorstellungen, der Sprechweise, der Beziehung zu anderen etc. beantwortet werden. Im Unterschied zur Aufsatzform der Charakterisierung wird die Rollenbiografie **aus der Perspektive der jeweiligen Figur** in der **Ich-Form** und als zusammenhängender Text im Umfang von einer halben bis ganzen DIN-A4-Seite geschrieben. Zusätzlich sollte man versuchen, die Sprechweise der Figur in der Rollenbiografie zu imitieren. Auf der Grundlage der Rollenbiografie können dann wiederum Mimik, Gestik, Bewegung im Raum sowie Stimme und Sprechweise der Figur szenisch dargestellt werden.

Kennt man eine Figur nicht aus einer Ganzschrift, sondern nur aus einem Szenenausschnitt, eignet sich die kürzere Variante der Rollenbiografie: **das Rollenprofil**. Die Methode ist dieselbe, nur inhaltlich beschränkt sich die Annäherung an die Figur auf deren **augenblickliche Situation**.

Rezitation

Rezitation (lat. *recitatio* = das Vorlesen) bezeichnet die **Interpretation** von Werken der Lyrik und Prosa mithilfe von **Sprache und Darstellung**. Ziel ist es, literarische Werke hörbar zu machen. Es kann dabei um einen Solisten oder auch eine Gruppe von Vortragenden gehen. Zu den Kriterien einer gelungenen Rezitation zählen die **bewusste Artikulation** und **die Veränderung von Tonhöhe und Tempo** je nach Aussage, Inhalt oder Stimmung des Textes. Hier sind vor allem **Pausen als elementares Strukturprinzip** zum Steuern von Spannung und Entspannung einzusetzen.

Neben dem Einteilen in Sinnabschnitte lohnen sich zusätzliche Markierungen im Text zu Mimik, Hand- und Armbewegungen, Blickänderungen, Tempo etc. Teile von Texten oder kurze Texte auswendig zu lernen und zu sprechen oder die Vorlage nur als Gedächtnisstütze zu nutzen, erhöht zum einen die Sicherheit beim Vortrag, ermöglicht zum anderen Freiräume für Interpretation.

Markierungshilfen für eine Rezitation:

→ schneller sprechen
⇝ langsamer sprechen
|| Pause
↑ höher sprechen
↓ tiefer sprechen
< lauter
> leiser
pp flüstern
O schreien (wie offener Mund)

7 Filmanalyse

Die **Analyse spezieller filmischer Mittel,** d.h. der **Filmsprache**, kann sich auf eine Fülle von Gestaltungsmöglichkeiten in oftmals sehr unterschiedlicher Ausprägung beziehen:

Kamera

- **Kameraführung**
  Neigen (vertikale Bewegung der Kamera)
  Schwenken (horizontale Kameraführung)
  Rollen (Bewegung um die Kameraachse)
  Kamerafahrt (echt auf Rollwagen oder Veränderung der Brennweite)
- **Kameraeinstellung**
  Einstellgrößen im Film

1. Weit (W)
Zumeist Einführung in Handlungsort

2. Total (T)
Überblick über das Geschehen

3. Halbtotal (HT)
Veranschaulichung handelnder Personen

4. Halbnah (HN)
Einsatz v. a. bei Dialogen

5. Amerikanisch (A)
Stärkere Fokussierung auf Person

6. Nah (N)
Schwerpunkt auf Mimik und Gestik

7. Groß (G)
Betonung von Emotionen

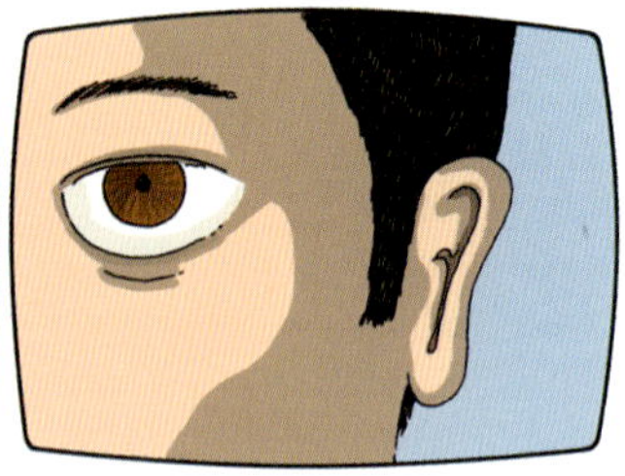

8. Detail (D)
Hervorrufen intensiver Wirkung

- **Kameraperspektive**
  Normalsicht (Kamera in Augen- bzw. Objekthöhe als Signal für Gleichberechtigung und Dialogbereitschaft)
  Unter- oder Froschsicht (Kamera von unten; Wirkungsabsicht: z. B. bedrohlich, entlarvend, bedeutungssteigernd, mächtig, selbstbewusst)
  Auf- oder Vogelsicht (Kamera von weiter oben; Wirkungsabsicht: z. B. einsam, verlassen, verängstigt, geringgeschätzt)
- **Bildschärfe** (u. a. Weichzeichner zum Dämpfen der Konturen, z. B. zur Verdeutlichung von Traumerfahrung)

Schnitt

- **Montage** (Aneinanderfügen der einzelnen Einstellungen)
- **Schnitttechnik** (Zurechtkürzen des Filmrohmaterials)
- **Schnitthäufigkeit** (Tempo des Bildwechsels bzw. Länge der Einstellungen)
- **Schuss – Gegenschuss** (Großaufnahmen von Personen oder Gegenständen werden unmittelbar hintereinander montiert)
- **Showdown** (zeitliche und räumliche Zusammenführung zweier paralleler Handlungsstränge)
- **Montagearten**
  Kontrastmontage (Aneinanderfügen von Gegensätzen), Analogiemontage (Aneinanderfügen von Vergleichbarem), Parallelmontage (Nacheinander von Gleichzeitigem), Rückblende (Einblendung von zeitlich Früherem, eventuell mit Überblendung oder Farbveränderung als Übergang)
- **Trickaufnahmen**
- **Filmtempo**
  Zeitlupe
  Raffung
  Normale Filmgeschwindigkeit

Licht und Farbe

- **Naturlicht/Kunstlicht**
- **Hell/Dunkel** (Wirkung: von bedrohlich zu fröhlich)
- **Schwarz-Weiß/Farbe/Tönung** (Wirkung: von warm bis kalt)
- **Schatteneffekte/Kontrast** (Wirkung: von sanft zu hart und streng)

Ton

- **Sprache**
  Dialogsprache
  Erzähler bzw. Kommentator, Gedankenstimme
  Synchronisation
- **Geräuschkulisse** (synthetisch bzw. real)
- **Filmmusik** (Eigen- bzw. Auftragskomposition oder Verwendung bereits vorhandener Kompositionen; Hervorrufung und Betonung von Emotionen)

Setting

- **Ausstattung** (eventuell inhaltliche Begründung)
- **Mobiliar** (atmosphärischer Einsatz)
- **Kleidung** (möglicher symbolischer Einsatz)

Analyse einer Filmszene

Bei der Analyse eines Films bzw. einer Filmszene gilt es nun, die genannten filmischen Mittel zu untersuchen und zu deuten. Eine Vollständigkeit der zuvor genannten Elemente ist dabei nicht das vorrangige Ziel, sondern die Verdeutlichung von Besonderheiten und Auffälligkeiten des Films bzw. der Szene.

Soll der Film mit der Romanvorlage verglichen werden, so reicht es nicht, Unterschiede nur zu benennen, denn Veränderungen sind zumeist dem Besonderen des jeweiligen Mediums geschuldet und daraufhin zu untersuchen.

LÖSUNGSVORSCHLAG ZUR FILMANALYSE ANHAND VON „FRAU MÜLLER MUSS WEG"

Frau Müller, Lehrerin einer Grundschulklasse, soll aufgrund eines Elternbeschlusses die Klassenleitung abgeben, da die übertrieben besorgten Eltern Nachteile für ihre Kinder bezüglich des Übertritts auf das Gymnasium befürchten. Die Szene thematisiert das Gespräch der Eltern mit der Lehrerin, in welchem sie ihr eine Unterschriftenliste überreichen. Mit dieser unterstreichen sie ihre Forderung nach einem Rücktritt.

Beispielhaft seien im Folgenden anhand eines Screenshots mögliche Ergebnisse stichpunktartig dargestellt:

Screenshot 1

- **Einstellgröße:** halbnah
  - Darstellung aller Beteiligten; dabei Kenntlichmachung der Mimik und Gestik der Eltern
  - Von links nach rechts:
    - 1. Vater: stehend, gespannte, aber noch offene Körperhaltung, beobachtender Blick, abwartend, jedoch alarmbereit → Unterstützung der vor ihm stehenden Mutter
    - 1. Mutter: aufrechte Körperhaltung, geneigte Kopfhaltung und durchdringender Blick, Unterschriftenliste selbstbewusst präsentierend → Verdeutlichung der Entschlossenheit und Konfliktbereitschaft
    - 2. Mutter: sitzend, zur Seite geneigter Kopf; beobachtende Haltung → Darstellung der aufmerksamen Teilnahme am Geschehen
    - 2. Vater: lässig an Tisch lehnend, Hände in Jackentaschen → Veranschaulichung einer eher reservierten und unbeteiligten Haltung
    - 3. Mutter: sitzend, hinter Stuhl versteckend → Kenntlichmachung der Unsicherheit
    - Lehrerin: verschränkte Arme; gespannter Blick → Darstellung der Habachtstellung und Abwehrhaltung
- **Kameraperspektive:** Normalsicht mit etwas Aufsicht → Verdeutlichung der stärkeren Position des 1. Vaters und der 1. Mutter gegenüber der Lehrerin; Angriffslust und Kampfbereitschaft der beiden Eltern
- **Licht:** Tageslicht, prägnantes Spiel von Licht und Schatten → Veranschaulichung des drohenden Konflikts
- **Setting:** Mobiliar reduziert und unstrukturiert, jedoch aufgrund der Dekoration freundlich → Kenntlichmachung einer Klassenzimmeratmosphäre und Widerspiegelung der konfliktreichen und schwierigen Gesprächsinhalte; Kleidung der Eltern dunkel gehalten; Lehrerin warmes Rot tragend → Verdeutlichung der Eltern als Fremdkörper im Klassenzimmer; Darstellung der Zugehörigkeit der Lehrerin zur schulischen Atmosphäre

Selbstverständlich sollten für eine umfassende Analyse einer Filmszene auch **Ton** und **Schnitt** Berücksichtigung finden.

1. Analysieren Sie die Screenshots 2, 3 und 4 unter Berücksichtigung des vorangegangenen Lösungsvorschlags.
2. Finden Sie zur Aussage der Screenshots passende Musiktitel. Vergleichen Sie die Wirkung Ihrer Ergebnisse mit der Ihrer Mitschüler und reflektieren Sie kritisch, ob und inwiefern die Musik die Aussage unterstützt oder verändert.
3. Vergleichen Sie Screenshot 1 und 2.
4. Verfassen Sie zu Screenshot 3 einen Dialog zwischen dem Vater und der Lehrerin und stellen Sie diesen szenisch dar.
5. Dem Drama wurde im Film eine Schlussszene hinzugefügt (ab 1:16:40). Welche möglichen Absichten verfolgt der Regisseur? Setzen Sie sich in diesem Kontext mit den unterschiedlichen Zielen und Erwartungen an eine Theatervorstellung und einen Kinobesuch auseinander.

Screenshot 2

Screenshot 3

6. Verfassen Sie zu Screenshot 4 eine Szene (Dialog, Regieanweisungen), in welcher die einzelnen Charaktere durch ihre Sprech- und Handlungsweise deutlich werden. Setzen Sie diese szenisch um.
7. Gestalten Sie zu dieser Szene einen Videoclip. Experimentieren Sie dabei mit den Möglichkeiten des Films, z. B. Kameraeinstellung, Setting.
8. Vergleichen Sie das Setting dieser Szene mit dem ersten Screenshot (S. 52) und gehen Sie auf deren unterschiedliche Wirkung ein.

Screenshot 4

Sprechen und Zuhören

2

- I Sprache und Kommunikation
- II Kommunikationsmodelle
- III Kommunikationsformen
- IV Kommunikationsstrategien
- V Übungen

I Sprache und Kommunikation

Sprachebenen

Sprachvarietäten				
Standardsprache	**Dialekt**	**Umgangssprache**	**Soziolekt**	**Idiolekt**
Überregionale Sprache	Regionale und lokale Sprachvarietät	Gesprochene Sprache im Alltag	Sprachvarietät einer sozialen Gruppe	Sprache einer einzelnen Person
Sprachnorm des öffentlichen Sprachgebrauchs	Abweichungen gegenüber der Standardsprache bei Aussprache, Wortschatz und Grammatik	Aufweichung grammatischer Strukturen; besteht aus Elementen der Standardsprache und des Dialekts	Spezifischer Sprachgebrauch in Abhängigkeit von Alter, Bildungsgrad, Herkunft, Berufsgruppe und Interessen	Persönliche Art des Sprechens und Schreibens in Abhängigkeit von Herkunft, Bildung und Sprechgruppe
Merkmale	**Merkmale**	**Merkmale**	**Merkmale**	**Merkmale**
überwiegende Verwendung als Schriftsprache; mündliche Sprachform in den Medien (Nachrichtensprecher); Sprachnorm des Deutschen	z. B. **Niederdeutsch** z. B. Ostfriesisch (schnacken) Westfälisch (küren) **Oberdeutsch** z. B. Bairisch (reden) Schwäbisch (schwätzen)	z. B. Satzabbrüche; Partikel (nämlich, eigentlich, wohl); Interjektionen (o weh!); Allerweltswörter (machen, tun, Ding)	z. B. **restringierter (eingeschränkter) Code** (geringer Wortschatz; kurze, unvollständige Sätze) **elaborierter (ausgearbeiteter) Code** (umfassender Wortschatz, komplexe Satzstrukturen) **Fachsprache** z. B. Programmiersprachen, Medizin (Bronchitis, Fraktur) **Jugendsprache** (geil, krass, fett, enz-, mega-) Sonderformen: Kanak Sprak (Migrationshintergrund); Vong Sprache (Internet)	z. B. Sprechweise (Stimmhöhe, Sprechtempo, Stimmqualität); Lieblingswörter/-phrasen; bestimmte Satzbaumuster **Sprachstörungen** z. B. Aphasie, Logorrhö, Mutismus, Stottern

Wie der Tabelle zu entnehmen ist, lässt sich die deutsche Sprache hinsichtlich der regionalen (Dialekt), der gesellschaftlichen (Soziolekt) und der personenspezifischen Besonderheiten (Idiolekt) unterscheiden. Bedeutsam ist aber auch, dass man aufgrund der Sprache auch auf den emotionalen und psychischen Zustand einer Person rückschließen kann (Psycholekt).

1. Analysieren Sie die einzelnen Sprachvarietäten in der tabellarischen Übersicht und zeigen Sie anhand selbstgewählter Beispiele auf, wie sich diese in Sachtexten und literarischen Werken widerspiegeln.
2. Hören Sie sich den Song „S'brennt" von Mordechaj Gebirtig (1877–1942) auf einer Musikstreaming-Plattform an und recherchieren Sie anhand des Lebens und des Werks des Schriftstellers, welche Bedeutung bis heute das Jiddische für die deutsche Alltagssprache hat.
3. Zeigen Sie am Beispiel von Songtexten auf, wodurch sich der ober- und niederdeutsche Dialekt unterscheiden. Vergleichen Sie dabei Songs von BAP und von Hubert von Goisern (siehe S. 135).
4. Analysieren Sie im Internet, wie die beiden Autoren Feridun Zaimoglu („Kanak Sprak") und Zé do Rock („Ultradoitsh") als Vertreter der Migrationsliteratur eigene Sprachvarianten entwickelt haben, um ihre Gedanken und Gefühle sprachlich umsetzen zu können.
5. In vielen gesellschaftlichen Bereichen wird die Zahl der Abkürzungen immer größer. Zeigen Sie anhand des Textes des Songs „MfG" von den Fantastischen Vier auf, welche Bereiche davon betroffen sind.
6. Die aus Japan stammenden „Emoij" (= Bildschriftzeichen) haben die Kommunikation vor allem der Jugendlichen sehr stark beeinflusst. Verfassen Sie für Ihre Schüler-/Abiturzeitung einen Artikel in Emoijs, in dem Sie Ihre Schulzeit reflektieren.
7. Der Autor Shahak Shapira verfasst im Juli 2017 die Bibel in der Vong-Sprache („Holyge Bimbel: Storys vong Gott u s1 Crew"). Zeigen Sie auf, wie sich diese Internetsprache in den sozialen Medien verbreitet hat. Warum dürfte sie bei vielen jugendlichen Usern im Netz so beliebt sein?

Thaddäus Troll: Rotkäppchen auf amtsdeutsch

Im Kinderanfall unserer Stadtgemeinde ist eine hierorts wohnhafte, noch unbeschulte Minderjährige aktenkundig, welche durch ihre unübliche Kopfbekleidung gewohnheitsmäßig Rotkäppchen genannt zu werden pflegt. Der Mutter besagter R. wurde seitens ihrer Mutter ein Schreiben zustellig gemacht, in welchem dieselbe Mitteilung ihrer Krankheit und Pflegebedürftigkeit machte, worauf die Mutter der R. dieser die Auflage machte, der Großmutter eine Sendung von Nahrungs- und Genußmitteln zu Genesungszwecken zuzustellen.

Vor ihrer Inmarschsetzung wurde die R. seitens ihrer Mutter über das Verbot betreffs Verlassens der Waldwege auf Kreisebene belehrt. Dieselbe machte sich infolge Nichtbeachtung dieser Vorschrift straffällig und begegnete beim Übertreten des amtlichen Blumenpflückverbotes einem polizeilich nicht gemeldeten Wolf ohne festen Wohnsitz. Dieser verlangte in gesetzwidriger Amtsanmaßung Einsichtnahme in das zu Transportzwecken von Konsumgütern dienende Korbbehältnis und traf in Tötungsabsicht die Feststellung, daß die R. zu ihrer verschwägerten und verwandten, im Baumbestand angemieteten Großmutter eilend war.

Da seitens des Wolfes Verknappungen auf dem Ernährungssektor vorherrschend waren, faßte er den Entschluß, bei der Großmutter der R.

unter Vorlage falscher Papiere vorsprachig zu werden. Weil dieselbe wegen Augenleidens krankgeschrieben war, gelang dem in Freßvorbereitung befindlichen Untier die diesfallsige Täuschungsabsicht, worauf es unter Verschlingung der Bettlägerigen einen strafbaren Mundraub zur Durchführung brachte.

Ferner täuschte das Tier bei der später eintreffenden R. seine Identität mit der Großmutter vor, stellte ersterer nach und in der Folge durch Zweitverschlingung der R. seinen Tötungsvorsatz erneut unter Beweis.

Der sich auf einem Dienstgang befindliche und im Forstwesen zuständige Waldbeamte B. vernahm Schnarchgeräusche und stellte deren Urheberschaft seitens des Tiermaules fest. Er reichte bei seiner vorgesetzten Dienststelle ein Tötungsgesuch ein, das dortseits zuschlägig beschieden und pro Schuß bezuschußt wurde. Nach Beschaffung einer Pulverschießvorrichtung zu Jagdzwecken gab er in wahrgenommener Einflußnahme auf das Raubwesen einen Schuß ab.

Dieses wurde in Fortführung der Raubtiervernichtungsaktion auf Kreisebene nach Empfangnahme des Geschosses ablebig. Die gespreizte Beinhaltung des Totgutes weckte in dem Schußgeber die Vermutung, daß der Leichnam Menschenmaterial beinhalte. Zwecks diesbezüglicher Feststellung öffnete er unter Zuhilfenahme eines Messers den Kadaver zur Totvermarktung und stieß hierbei auf die noch lebhafte R. nebst beigehefteter Großmutter. Durch die unverhoffte Wiederbelebung bemächtigte sich beider Personen ein gesteigertes, amtlich nicht zulässiges Lebensgefühl, dem sie durch groben Unfug, öffentliches Ärgernis erregenden Lärm und Nichtbeachtung anderer Polizeiverordnungen Ausdruck verliehen, was ihre Haftpflichtigmachung zur Folge hatte. Der Vorfall wurde von den kulturschaffenden Gebrüdern Grimm zu Protokoll genommen und starkbekinderten Familien in Märchenform zustellig gemacht. Wenn die Beteiligten nicht durch Hinschied abgegangen und in Fortfall gekommen sind, sind dieselben derzeitig noch lebhaft.

Troll, Thaddäus, Rotkäppchen auf Amtsdeutsch, in: Die Zeit 52, 21.12.1984, online unter: www.zeit.de/1984/52/rotkaeppchen-auf-amtsdeutsch, zugegriffen am 30.03.2017

CUS: Mit dem Teh-Scheh-Weh zur Ei-es-es

Unser Sprachkolumnist untersucht die kuriose Welt der Abkürzungen – und entdeckt dabei das einzige Kürzel, das länger ist als der Begriff, den es verkürzen soll.

Haben Sie den letzten Tatort gesehen? Ging um Künstliche Intelligenz. Der Krimi verortete das Ringen um die letzte Bastion menschlicher Überlegenheit in Bremen. Das Pentagon verortet es eher im Silicon Valley – den Generälen gilt Artificial Intelligence als das Schlachtfeld der Zukunft.

Was mich wundert: Statt wie üblich die Sprache des Silicon Valley zu übernehmen, haben wir doch tatsächlich eine deutsche Bezeichnung gefunden: *Künstliche Intelligenz* statt Artificial Intelligence. Bremen statt Silicon Valley. Haben Sie noch den Tatort im Ohr? Das KI-Modul war da wichtig. KI für Künstliche Intelligenz. Himmel, eine deutsche Abkürzung, was ist nur geschehen? Englische Abkürzungen überraschen mich lange nicht mehr, aber deutsche? Mutierte doch etwa die Erbinformation *DNS* im Lauf der Jahre zur englischen *DNA* – ohne Not, niemand weiß recht wie, einfach so. Aus der *Säure* wurde also *Acid*, wie schön.

Immerhin dürfen wir DNA mit etwas gutem Willen noch deutsch aussprechen, ebenso den USB-Anschluss. Oft klappt das aber nicht mehr. Eine Menge englischer Abkürzungen sprechen wir längst englisch aus. Wer zu *GPS* nicht Dschi-Pi-Ess zu sagen weiß, erntet mitleidige Blicke. Die Internationale Raumstation *ISS* ist eine Ei-es-es. Die Kultserie *Game of Thrones* verkürzt sich auch hierzulande zu Dschi-ou-Ti. Nicht entschieden ist der Fall bei *IBM*. In deutschen Ohren besonders hässlich klingt der *Nähsdähk* für NASDAQ. Der US-Börse stülpen deutsche Aktiengurus überdies den gehörigen Chicago-Twang über.

Immerhin ein gängiges Kürzel aus der IT-Welt sprechen wir deutsch aus, weil es auf Englisch nun wirklich zu dämlich klänge: *www*. Ausgesprochen hat www ebenso viele Silben wie world wide web. Kurioserweise ist das englische Kürzel mit neun Silben dreimal so lange wie die Langform: dabbeljuh dabbeljuh dabbeljuh.

Nahezu unausweichlich ist die englische Aussprache bei abgekürzten Vornamen: George Dabbeljuh Bush war stets ein Highlight. Die Marotte begann bei uns nicht erst mit dem TV-Fiesling J.R. Ewing (kurz: Dschäi Ahr) ab 1981. Franklin D. Roosevelt (kurz: Eff-Di-Ahr) liegt uns schon lange in den Ohren. Später folgte der Film *JFK* (für John F. Kennedy). New York Buffs landen ohnehin stets auf dem Airport Dschäi-Äf-Käi.

Besonders penetrant kommen die abgekürzten Vornamen britischer Schriftsteller rüber: T.E. Lawrence, J.K. Rowling, J.R.R. Tolkien. Warum wir im Gegenzug Agatha Christie treudeutsch aussprechen? Niemand weiß es zu sagen. Ist ja auch kein Kürzel. Es ging schon mal anders. Auftritt James Bond, als der im Jahr 1964 Bösewicht Goldfinger Knox-out schlagen musste: Seinen Waffenmeister Q spricht Bond in der deutschen Version glatt mit »K« an. Hey, warum nicht? Das später populär gewordene Kürzel Q wollte man unseren Ohren 1964 nicht zumuten – weder in der deutschen Aussprache »Kuh«, noch in der heute üblichen englischen Form »Kju«. Sie haben Goldfinger schon ein halbes Dutzend mal gesehen und nie ist Ihnen das »K« aufgefallen? Es ist ja auch nicht Ihr Job, die kleinen Perlen am Wegesrande zu bemerken. Meiner schon.

Gibt es eigentlich Kürzel aus anderen Sprachen, die wir mitsamt ihrer Aussprache übernommen haben? Da fällt mir nur ein einziges allgemein bekanntes Beispiel ein: Frankreichs Paradezug *TGV* (Teh-scheh-weh).

CUS, Mit dem Teh-Scheh-Weh zur Ei-es-es, in: SZ Magazin, 04.11.2016, online unter: http://sz-magazin.sueddeutsche.de/texte/anzeigen/45196, zugegriffen am 30.03.2017

1. Zeigen Sie anhand des sprachlichen und inhaltlichen Befunds auf, welche Auswüchse der deutschen Sprache von den beiden Verfassern glossiert werden.
2. Verfassen Sie einen Praxisbericht in Amtsdeutsch, in dem Sie den wöchentlichen Tagesablauf schildern.
3. Immer wieder wird kritisiert, dass mit behördenspezifischen Abkürzungen latente Vorurteile, vor allem gegen einzelne Randgruppen, legitimiert würden. Diskutieren Sie die daraus resultierende Forderung nach einer „politisch korrekten Sprache", der zufolge selbst Fahndungsaufrufe „neutral" verfasst werden sollten.

Neben der Forderung einer politisch korrekten Sprache wird in den letzten Jahren auch auf eine gendergerechte Ausdrucksweise geachtet, um nicht gegen den Geist des Gleichstellungsgesetzes zu verstoßen.

Emanzipation – übertriebener Feminismus oder dringende Notwendigkeit?

Nur wer von Frauen spricht, meint sie auch

[…] Als die Universität Leipzig im vergangenen Sommer beschloss, ihre Grundordnung im generischen Femininum zu verfassen, also anstatt männlicher ausschließlich weibliche Bezeichnungen wie „Professorinnen" und „Studentinnen" zu verwenden, schlug das hohe Wogen. Der Beschluss wurde heftig kritisiert und verspottet. Dabei ist das Konzept in unserem Alltag üblich – wenn auch umgekehrt: häufig verwenden wir nur die männliche Form und weisen darauf hin, dass Frauen „mitgemeint" seien.

Doch genau das sind sie nicht, sagt Evelyn Ferstl, Professorin für Kognitionswissenschaft an der Universität Freiburg, bei einem Vortrag an der Uni Stuttgart: „Beim generischen Maskulinum stellt man sich eine männliche Gruppe vor." Evelyn Ferstl arbeitet im Bereich Genderforschung, eine Forschungsrichtung, die sich mit dem Verhältnis zwischen Geschlecht auf der einen sowie Kultur, Gesellschaft und Wissenschaft auf der anderen Seite beschäftigt. Auch Sprache beeinflusst die Gleichberechtigung der Geschlechter, so ihr Ansatz. Und wenn Frauen nicht explizit genannt werden, werden sie auch nicht mitgedacht.

Sie belegt ihre These mit zahlreichen Studien, angefangen mit der experimentellen Psychologie rund um die Jahrtausendwende. Egal ob Probandinnen und Probanden eine Geschichte über Vegetarier zu Ende erzählen oder ihre Lieblingssportler nennen sollten: sobald diese in der Aufgabenstellung als „VegetarierInnen" oder „SportlerInnen" bezeichnet wurden, stieg der Frauenanteil in den Erzählungen signifikant an. Wurde die Aufgabenstellung hingegen im Maskulinum formuliert, tauchten in den Antworten deutlich mehr Männer auf – übrigens ohne dass die Testpersonen wussten, dass es sich um eine Studie zum Thema Geschlechter in der Sprache handelt. Das sogenannte Binnen-I hat in den vergangenen Jahren an Beliebtheit verloren, trägt aber offenbar zu einer geschlechtergerechteren Sprache bei.

[…] Auch implizite Maße wie das Verfolgen der Augenbewegungen beim Lesen (Eyetracking) oder die Messung von Hirnaktivitäten bestätigen die These, dass Frauen bei der männlichen Form nicht mitgemeint sind: so blieben Testpersonen länger an Textpassagen hängen, in denen beispielsweise von einem „weiblichen Chirurgen" die Rede war. „Männliche Chirurgen" hingegen lösten keine Irritationen aus. Die männliche Berufsbezeichnung wird also auch als männlich verstanden. „Das Gehirn hat eine Verarbeitungsschwierigkeit, wenn Stereotypen verletzt werden", sagt die Kognitionswissenschaftlerin. Dass sich diese konsequent auch in den verschiedenen Experimenten zeigte, weist darauf hin, dass Frauen nicht mitgemeint sind.

Das ergab auch eine noch nicht veröffentlichte Studie von Ferstl selbst, bei der sie 18 Testpersonen Sätze vorlegte wie „Jack saw the mechanic, because she looked out of the window" und deren Hirnaktivitäten mittels Magnetresonanztomografie (MRT) beobachtete. Dieses Beispiel von einem Mechaniker oder einer Mechanikerin, der/die aus dem Fenster schaut und dabei von Jack gesehen wird, lässt sich schwierig ins Deutsche übersetzen, da „the mechanic" im Englischen vom Geschlecht her unbestimmt ist. Obwohl der Satz also grammatikalisch korrekt ist, sah Ferstl im MRT ähnliche Aktivierungen des Gehirns wie bei objektiv falschen Sätzen wie: „Die Frau war beliebt, weil er attraktiv war." Ein Zeichen, dass Frauen nicht mitgemeint sind, sagt Ferstl: „Eine Verletzung der stereotypen Geschlechtszuordnung löst ähnliche Aktivierungen aus wie Sätze mit Pronomenfehler." Offenbar ist in unserem Unterbewusstsein „the mechanic" ein Mann. Zu verstehen, dass es sich hier um eine Frau handelt, irritiert das Gehirn.

Ähnlich ergeht es uns im Deutschen, wenn von Vegetariern oder Sportlern die Rede ist: Das Gehirn geht von Männern aus. Auch das Argument vieler Frauen, sie fühlten sich nicht ausgeschlossen, hält den Untersuchungen nicht stand. Selbst wenn diese versicherten, sich mitgemeint zu fühlen, zeigten sie im MRT die oben beschriebenen Gehirnaktivierungen.

[...] Was also spricht gegen eine geschlechtergerechtere Sprache, fragt Ferstl. „Unsere Sprache beeinflusst schließlich unser Denken." Viele wehren sich dagegen mit dem Argument, Sprache lasse sich nicht so leicht verändern. „Das ist natürlich Unsinn", sagt Ferstl, „Sprache wandelt sich immer." Schließlich sei „googeln" ebenso wie „simsen" inzwischen Teil der deutschen Sprache, und das „Fräulein" glücklicherweise abgeschafft.

Und auch das letzte Argument gegen eine geschlechtergerechtere Sprache nimmt Ferstl ihren Kritikern: „Es ist nicht nachgewiesen, dass die Lesbarkeit von Texten gefährdet wird." Im Gegenteil: In einer Studie bekamen Testpersonen verschiedene Versionen eines Artikels vorgelegt – im generischen Maskulinum, mit Binnen-I und mit jeweils beiden Geschlechternennungen. Die Lesbarkeit wurde in allen drei Fällen gleich gut eingestuft.

Wolfangel, Eva, Nur wer von Frauen spricht, meint sie auch, in: Stuttgarter Zeitung Online, 14.01.2015, online unter: www.stuttgarter-zeitung.de/inhalt.gleichberechtigung-in-der-sprache-nur-wer-von-frauen-spricht-meint-sie-auch.39a3ca8e-d760-4eac-a9ad-c50ca1e64966.html, zugegriffen am 01.06.2018

1. Geben Sie Inhalt und Aufbau des Zeitungsartikels wieder.
2. Bewerten Sie folgende Aussage der Professorin für Kognitionswissenschaft: „Unsere Sprache beeinflusst [...] unser Denken." (Z. 98 f.).
3. Diskutieren Sie die Forderungen, im Sinne einer „gendergerechten" Sprache im Nachhinein Kinderbücher und Märchen zu überarbeiten.

II Kommunikationsmodelle

Neben dem semantischen, auf die Einzelwörter bezogenen Bedeutungsaspekt gibt es eine syntaktische (Wortverknüpfungen, Satzbau) und eine pragmatische Dimension (Verhältnis der Mitteilung zum Verhalten) des Zeichensystems. Mündliches Verstehen hängt aber auch von außersprachlichen Verständigungszeichen (Gestik, Mimik, Zeichensprache usw.) ab. Für jede Art von Verständigung und Mitteilung – aber auch Übermittlung von Information – hat sich der Begriff **„Kommunikation"** eingebürgert.

Dabei wird zwischen **verbaler Kommunikation** (sprachliche Verständigung) und **nonverbaler Kommunikation** (nicht sprachliche Verständigung) unterschieden. Weil die technischen Mittel der Kommunikation unser Jahrhundert verändert haben und noch weiter verändern, wird unsere Industriegesellschaft häufig auch **Kommunikationsgesellschaft** oder **Massenkommunikationsgesellschaft** genannt.

Die moderne Kommunikationswissenschaft unterscheidet **drei Formen der Kommunikation**:

1. „Intrapersonale Kommunikation" bezeichnet die Aufnahme und Verarbeitung von Inhalten aus der Umwelt, die **innerhalb** eines Individuums erfolgen.
2. „Interpersonale Kommunikation" bezeichnet den „normalen" Austausch von Inhalten **zwischen** mindestens zwei Einzelpersonen (Gesprächspartnern).
3. „Mediengebundene Kommunikation" (Massenkommunikation) bezeichnet die **Nutzung von Medien** zum Austausch von Inhalten zwischen den beteiligten Personen.

Zur Veranschaulichung des Kommunikationsvorgangs wird in vielen Fachgebieten mit Kommunikationsmodellen unterschiedlicher Ausprägung gearbeitet.

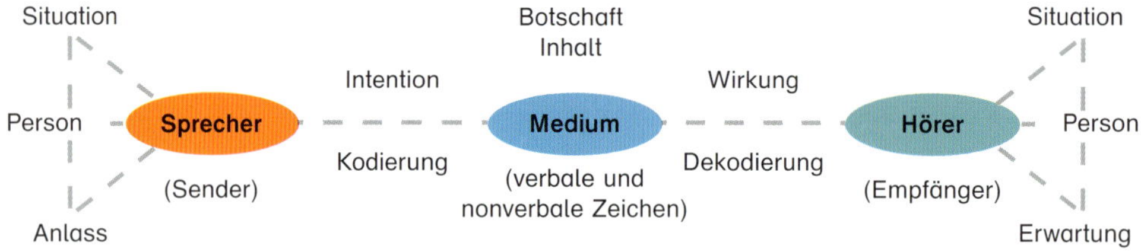

Kommunikationsmodell nach Friedemann Schulz von Thun

Friedemann Schulz von Thun hat das Organon-Modell von Karl Bühler (1879–1963) um eine vierte Komponente, die der (zwischenmenschlichen) Beziehung zwischen Sprecher und Hörer, erweitert. Er behält Karl Bühlers Begriff **„Appell"** bei, benennt jedoch **„Ausdruck"** in **„Selbstkundgabe"** und **„Darstellung"** in **„Sachinhalt"** um, sodass folgendes Modell entsteht:

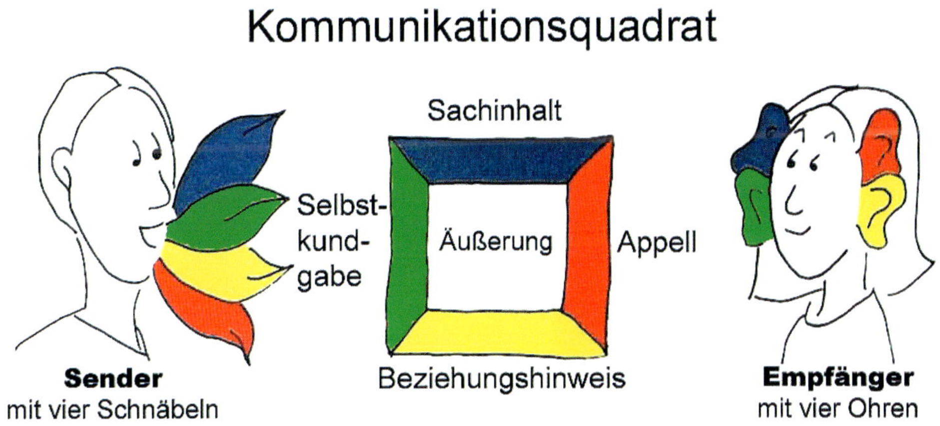

Friedemann Schulz von Thun, Miteinander reden 1. Störungen und Klärungen. Allgemeine Psychologie der Kommunikation. Copyright © 1981 Rowohlt Taschenbuch Verlag GmbH, Reinbek bei Hamburg

Nach Schulz von Thun gilt:

- Sachinhalt: Welche Sachinformationen werden mitgeteilt?
- Selbstkundgabe: Was gebe ich von mir zu erkennen?
- Beziehungshinweis: Was halte ich als Sender vom Empfänger?
  Wie stehen wir zueinander?
- Appell: Was möchte ich bei meinem Gesprächspartner bewirken?

Alle Nachrichten enthalten explizite und implizite Botschaften. Nur wenn die verschiedenen Ebenen richtig vermittelt und dabei vom Zuhörer entsprechend interpretiert werden, kann von einer gelungenen Kommunikation gesprochen werden. Missverständnisse entstehen durch das Senden bzw. Empfangen auf unterschiedlichen Kanälen.

1 Sprecher: Person – Situation – Anlass – Intention

Die mündliche Kommunikation wird zunächst vom **Sprecher** bestimmt, d. h. einer individuellen Person. Dabei ist die **Person** des Sprechers durch Geschlecht und Alter, Erziehung und Bildungsgrad, Milieu und Beruf, Rolle und Status, Aussehen und Charakter, Lebensgeschichte und aktuelle Verfassung geprägt. Der Sprecher ist aber nicht nur personell festgelegt, sondern befindet sich auch in einer jeweils spezifischen **Situation**, die seine Sprechweise beeinflusst. Im privaten Gespräch wird man sich anders äußern als bei einer Dienstbesprechung, bei einer Geschäftsverhandlung anders als bei einer politischen Diskussion. Ausgehend von dieser Situation ergibt sich ein fließender Übergang zum konkreten **Anlass**, der bereits im Zusammenhang mit der **Intention** (Absicht) zu sehen ist. Das Verhältnis zwischen Anlass und Intention kann an folgendem Beispiel erläutert werden: *Anlässlich* einer bestandenen Prüfung beglückwünsche ich eine Mitschülerin mit der Intention; dass sie weiß, dass ich ihre Leistung bewundere und mich mit ihr über den Erfolg freue. Intentionen können umgekehrt aber auch Anlässe suchen: Wenn ein Lehrer schon längere Zeit die Klasse wegen häufiger Verspätungen ermahnen möchte (Intention), wartet er vielleicht den nächsten konkreten Einzelfall ab (Anlass).

2 Botschaft – Medium – Kodierung – Dekodierung

Die **Botschaft** ist die Information, die der Sprecher dem Hörer mitteilen will, also der Inhalt der mündlichen Rede einschließlich ihrer Wirkungsabsicht – das, was der Sprecher mitteilen will. Das **Medium** ist das jeweilige Mittel, das diese Botschaft, die sogenannte **Message**, transportiert. Beim Gespräch übernehmen das verbale Zeichensystem (gesprochene Sprache) und das nonverbale Zeichensystem (Mimik, Gestik) diese Aufgabe. Informationsträger sind also nicht die Wörter allein, sondern auch die Stimmführung (z. B. Betonung, Tempo, Lautstärke) und die begleitende Körpersprache. Die Übertragung der Information durch den Sprecher in das Medium nennt man **Kodierung**, die Entschlüsselung des Kodes durch den Hörer nennt man **Dekodierung**.

Eine gelingende Kommunikation hängt von der Menge des gemeinsamen Zeichenvorrats ab. Richtig verstanden können nur die Zeichen werden, über die Sprecher und Hörer gemeinsam verfügen und die der Hörer wahrnimmt. Aber auch die optischen Signale, die in den ersten Millisekunden wahrgenommen werden (der berühmte „erste Eindruck"), bestimmen das Gelingen eines Gesprächs.

Till Eckert: Was wir durch unsere Mimik bewirken können

Wir kommunizieren ständig. Durch Worte, aber vor allem durch Mimik. Wenn wir ihre Macht verstehen, werden wir uns künftig besser verständigen können.

[…] Es gibt da diesen kurzen Moment der Wahrheit in einem Gespräch. Er dauert nicht länger als ein Wimpernschlag. Eine Millisekunde, in der wir offenbaren, was wir wirklich denken. Ob wir wollen oder nicht.

Schuld daran ist eine faszinierende Region in unserem Gehirn, das Emotionszentrum. Es arbeitet schneller als alle anderen informationsverarbeitenden Teile des Gehirns und sendet unmittelbar Signale an unsere Gesichtsmuskulatur. Wenn wir also gefragt werden, ob wir es okay fänden, ein Date zu verschieben, das uns in Wahrheit wirklich wichtig ist, wird unser Gesichtsausdruck die Antwort geben, noch bevor wir auch nur einen Ton sagen können. Man nennt das Mikroexpression.

Es ist der Grund, wieso wir stutzig über die wahren Absichten unserer Gesprächspartner*innen werden, wenn das gesprochene Wort nicht mit der Mimik übereinzustimmen scheint. Wir nehmen die Diskrepanz intuitiv wahr.

Während wir in fremden Gesichtern quasi ununterbrochen deuten, senden auch wir selbst mit unserem Gesichtsausdruck ständig Informationen an unsere Mitmenschen. Das Wissen darüber kann ein mächtiges Instrument für unsere künftige Kommunikation werden. Denn Mimik verrät mehr über unsere Gefühle, als Worte es je könnten. […]

Der Anthropologe und Psychologe Paul Ekman fand in seinen jahrzehntelangen Forschungen zur nonverbalen Kommunikation heraus, dass es sieben Basisemotionen gibt, die jeder Mensch weltweit erkennt und ausdrückt, völlig egal, wie er aufwuchs und welchem Kulturkreis er angehört. Fröhlichkeit, Wut, Ekel, Furcht, Verachtung, Traurigkeit und Überraschung.

Durch die Mimik zeigen wir anderen unbewusst, was wir fühlen, welche Ursache dieses Gefühl möglicherweise hat, und was wir vermutlich als nächstes tun werden. Gerade mit Unbekannten ist diese Art der Verständigung von Vorteil. Auch, wenn wir jemanden nicht kennen und deshalb kaum einschätzen können, reagieren wir doch instinktiv auf dessen Miene. Vieles deutet darauf hin, dass unsere Mimik ein evolutionär entwickeltes Mittel für Interaktion ist. In früheren Zeiten war sie überlebenswichtig für die Menschen. Sie warnte sie vor Gefahren und machte ein Miteinander erst möglich.

Das Lächeln, als Ausdruck der Fröhlichkeit, gilt als der mächtigste nonverbale Ausdruck. Babys sind nach wenigen Monaten bereits in der Lage zu lächeln. Sie sichern sich dadurch das Wohlwollen und die Zuneigung Fremder. [...]
Wenn uns ein Mensch anlächelt, dann lächeln wir nicht nur aus Höflichkeit zurück, sondern auch, weil wir auf diese Weise erfahren, was er empfindet. Diese einfache Nachahmung macht es uns möglich, uns regelrecht in andere hinein zu fühlen. Und weil wir um die Wirkung des Lächelns schon seit den ersten Lebensmonaten wissen, erkennen wir ein falsches Lächeln sofort. An den Augen, oder wenn es gerade einfach nicht in die Situation passt.
Aber Lächeln bedeutet noch mehr für uns: Allein, wenn wir einen freundlich lächelnden Menschen ansehen, wird ein Belohnungsareal in unserem Gehirn aktiviert, das für positive Gefühle sorgt. [...]
Aber: „Auch wenn die meisten Elemente der Mimik des Gegenübers häufig instinktiv richtig gedeutet werden [...]", sollten wir gerade in wichtigen Gesprächen besonders aufmerksam auf Signale achten, die uns fremde Gesichtsausdrücke liefern. [...]
Wenn wir etwa Freund*innen eine Anekdote erzählen, können wir ganz bewusst auf deren Mimik während der Geschichte achten. In der Regel läuft nämlich auch das unbewusst ab: Wir erzählen, und wenn unser Gegenüber gelangweilt wirkt, verkürzen wir, brechen ab, kommen schneller zum Punkt. Wenn es uns hingegen mit weiten Augen anschaut, schmücken wir unsere Erzählung aus. [...] Dennoch gibt es beim Deutungsversuch ein paar sehr wichtige Regeln, um nicht vorschnell und reaktiv falsch zu urteilen:
Eine einzelne Geste bedeutet noch gar **nichts:** Erst wenn sich die Anzeichen häufen oder lange anhalten, kann man sich davon etwas ableiten.
Der Kontext ist entscheidend: In welcher Situation steckt unser Gegenüber gerade? Steht es unter Druck? Fühlt es sich unwohl?
Keine Scheinkausalität bilden: Manchmal wirken einzelne Eigenschaften einer Person so dominant auf uns, dass wir ihre gesamte Gefühlswelt nicht mehr wahrnehmen.
Wie schon erwähnt: Wir wiederum reagieren in der Regel unbewusst auf mimische Reaktion. Aber wir können versuchen, daraus in wichtigen Situationen *bewusste* Reaktionen zu machen. Etwa durch gezielte Nachfragen: „Ich sehe, du zweifelst?" oder „Ich sehe, du findest das gut?"
Dadurch gewinnen wir nützliche Informationen für die Zukunft. [...]
Im Großen und Ganzen geht es dabei um mehr Achtsamkeit für Gesprächsdynamiken. Sie wird uns eine Hilfe sein, in der Beziehung, bei der Arbeit und bei politischen Debatten. In Konfliktsituationen könnten wir künftig versuchen, zunächst sehr bewusst aus der Mimik unserer Gesprächspartner*innen zu lesen, während wir sprechen – und danach sehr bewusst zu zuhören, wenn sie sprechen. Anschließend werden wir in der Lage sein, sehr viel bewusster zu antworten.
[...] Unser Gesicht lügt nie. Zumindest nicht, wenn wir unbewusst agieren, was wir die meiste Zeit tun. [...] Wir Menschen sind daran gewohnt, unsere Emotionen normalerweise zu verbergen. Das ist ein Schutzmechanismus, wir haben gelernt, dass Schweigen manchmal zielführender ist. Womöglich liegt deshalb der größte Trick für eine gelungenere nonverbale Kommunikation darin, sich über seine eigene Mimik bewusster zu werden. [...]

Eckert, Till, Was wir durch unsere Mimik bewirken können, in: Ze.tt, 25.02.2017, online unter: www.ze.tt/was-wir-durch-unsere-mimik-bewirken-koennen/, zugegriffen am 30.03.2017

Seit Jahrzehnten nutzen Werbeagenturen den Effekt, dass sich „lächelnde" Uhren besser verkaufen lassen, da die Zeiger den Betrachter im Unterbewusstsein in einen positiven Zustand versetzen.

Diesen Effekt macht sich z. B. die Uhrenindustrie zunutze, indem seit Jahrzehnten nur mit lächelnden Uhren geworben wird. Um potenzielle Kunden in eine positive Stimmung zu versetzen, ist es in der Regel 10 nach 10 oder 10 vor 2.

Auch mit unserem „Outfit" und hier insbesondere mit der Bekleidung senden wir nonverbale Signale an unsere Umwelt.

„Die Turnschuhgeneration betrügt sich selbst um Komplimente"

Der Dresscode führt in vielen Firmen zur Uniformierung. Stilberaterin Katharina Starlay plädiert dafür, an die Grenzen des Erlaubten zu gehen – aber nur in guten Schuhen. […]

SZ.de: Frau Starlay, kann ich mich strategisch nach oben dressen?
Katharina Starlay: Ja! Kleidung im Beruf ist ein Rollenspiel. Man sollte sich nicht für den Job kleiden, den man hat, sondern für den, den man haben möchte. Damit kann ich dem Chef subtil zeigen, ich tauge für die nächste Rolle. Es gibt aber kein bestimmtes Kleidungsstück, das die Beförderung garantiert. Da muss man Fingerspitzengefühl entwickeln.
SZ.de: Mit extravaganter Kleidung kann ich aber auch bei Kollegen und Vorgesetzten anecken. Darf ich schicker sein als mein Chef?
Katharina Starlay: Manche Menschen, die noch die Karriereleiter hinauf möchten, bleiben lieber unauffällig. Vor allem, wenn der Chef nicht viel Wert auf Kleidung legt. Ich nenne das Downdressing. […]
SZ.de: Über die Brille können die meisten Arbeitnehmer selbst entscheiden. Aber was die Klamotten angeht, müssen sich viele nach dem Dresscode ihrer Branche richten. Ist der mausgraue Manageranzug nicht alternativlos?
Katharina Starlay: Der Dresscode gibt nur vor, welche Kleidungsstandards im geschäftlichen Umfeld erwünscht sind, wie formell oder festlich man sich anziehen sollte. Sagen wir, der Dresscode lautet ganz einfach Business-Anzug: […] Ich rate jedem: Füllen Sie den Dresscode mit Individualität. Denn Unternehmen kaufen heute auch die Persönlichkeit mit ein.
SZ.de: Heißt das, ich kann nicht mehr einfach von der Stange kaufen, sondern muss dem Verkäufer im Beratungsgespräch meine Lebensgeschichte erzählen, wenn ich das Einmaleins der Schnitte und Stoffe selbst nicht beherrsche?
Katharina Starlay: Grundsätzlich unterscheidet man zwischen den natürlichen Stiltypen sportlich und casual, das heißt so viel wie locker und zwanglos, und den aufwändigeren Stiltypen klassisch und avantgardistisch. Avantgardisten sind immer auffällig und ungewöhnlich gestylt und gekleidet. Wenn man sich zu einem dieser Typen zugeordnet hat, ist schon viel erreicht. […]
SZ.de: Mit einem froschgrünen Hemd kann sich der Kollege aber auch schnell die Protagonistenrolle im Flurklatsch sichern. Gibt es eine Farbpalette für den Erfolg im Job?
Katharina Starlay: Jeder Mensch hat seine individuell passenden Farben. Da lohnt sich eine professionelle Beratung. Unabhängig davon haben die Grundfarben bestimmte Aussagen, die man kennen sollte. Rot steht für Dynamik, aber auch Aggression. Das eignet sich aus meiner Sicht gut, wenn ich als Frau vor großem Publikum eine flammende Rede

halte, aber nicht in einem kritischen Vier-Augen-Gespräch mit einem Mitarbeiter. Da kann es ein sanfterer Ton sein, gerade in kleineren Räumen: Braun steht zum Beispiel für Wärme und Entspannung. Blau für Leistungswillen und Leistungsverhalten.

SZ.de: Eine Farbberatung machen, den Kleiderschrank ausmisten, shoppen gehen: Das klingt teuer und nach abgelatschten Hacken. Gibt es auch etwas, das ganz schnell viel bringt?

Katharina Starlay: Schuhe zaubern sofort eine andere Wirkung. Für Männer lohnt sich die Investition in gute rahmengenähte Schuhe, die geben dem Fuß einen besseren Halt und sorgen automatisch für eine aufrechtere, professionelle Haltung. Die Turnschuhgeneration betrügt sich selbst um Komplimente. Frauen unterschätzen meistens, wie viel die Ausstrahlung einer Körpersilhouette mit der Bewegung zu tun hat. Mal ganz ehrlich: In Ballerinas und Ugg Boots hat keine Frau einen schönen Gang. Die Absätze sollten maximal so hoch sein, dass sie noch gut darin gehen kann, der Fuß abrollt und sich nicht wacklig fühlt. […]

SZ.de: Stichwort Frauen. Die stehen vor dem Spiegel immer auch mit der Gewissensfrage, wie viel Weiblichkeit es im Büro sein darf. Was empfehlen Sie: Rock oder Hose?

Katharina Starlay: Das kommt darauf an, wie eine Frau sich im Rock bewegen kann. Vor allem in einem bleistiftschmalen Rock muss sie sehr gut laufen können. Grundsätzlich plädiere ich für feminine Kleidung. Die Wirtschaft hat erkannt, dass sie männliche und weibliche Elemente braucht. Man darf feminin aber nicht mit sexy verwechseln. Entweder zeigt man im Büro Beine oder ein bisschen Dekolleté, aber nie beides. Das Wichtigste ist, dass man sich in seiner Kleidung so wohlfühlt, dass man sie vergessen kann. […]

SZ.de: Wie viel kann die Kleidung tatsächlich zum Erfolg im Beruf beitragen?

Katharina Starlay: Kleidung ist Kommunikation: Damit kann ich zeigen, worum es mir geht und wie wichtig ich ein Meeting nehme. Gleichzeitig kann ich damit aussagen: Ich nehme auch mich selbst wichtig. Das verleiht Stärke und kann somit Erfolg maßgeblich beeinflussen. […] Kleidung trägt außerdem zum ersten Eindruck bei. Der kann zwar nicht darüber hinwegtäuschen, ob ich im Beruf etwas zu sagen habe, aber er sorgt erst mal dafür, dass der Andere mir zuhört.

Starlay, Katharina, „Die Turnschuhgeneration betrügt sich selbst um Komplimente". SZ-Interview von Larissa Holzki, in: SZ Online 10.03.2017, online unter: www.sueddeutsche.de/karriere/karriere-die-turnschuhgeneration-betruegt-sich-selbst-um-komplimente-1.3411466, zugegriffen am 30.03.2017

Erscheinungsformen nonverbalen Verhaltens

Kode	Merkmal
Körperkontakt	Schulterklopfen; Verweigern des Handschlags usw.
Abstände	Persönliche, soziale und institutionelle Abstände, aber auch symbolische Grenzen in Chefbüros, Klassenzimmern usw.
Körperstellung	Orientierung auf Gesprächspartner oder „kalte Schulter" zeigen
Auftreten/Erscheinungsbild	Kleidung/Hautbräune/Lippenstift/Schmuck/bescheiden bis aufdringlich
Kopfzeichen	Lenkung des Gesprächs durch Kopfnicken usw. (Unterbrechung …)

Kode	Merkmal
Gesichtsausdrücke	Ermutigende oder abschreckende Mimik durch Öffnen und Schließen der Augen, Blick an die Decke usw., Formung des Mundes
Gesten	Bewegung der Hände zur Unterstreichung des Gesagten/Gehörten oder Abweisung des Gesagten
Körperhaltung	Offenheit der Runde, Sitz-/Stehhaltung
Augen	Bewegung und Kontakte
Stimmfärbung	Nervosität, Unsicherheit, Lautstärke

Watzlawick, Paul, Menschliche Kommunikation, Bern, Verlag Hans Huber, 1969, S. 17

1. Ergänzen Sie die Liste mit weiteren Beispielen nonverbalen Verhaltens.
2. Beobachten Sie nonverbales Verhalten von Mitschülern und Lehrern während einer Unterrichtsstunde, Präsentation etc. Nutzen Sie dabei auch die Möglichkeiten der Videoanalyse.
3. Wählen Sie eine Szene aus einem Drama, z.B. „Auf hoher See" von Sławomir Mrożek (siehe S. 76 ff.), die Sie als Gruppe vorspielen können. Beobachten Sie die anderen Gruppen und analysieren Sie anhand der Tabelle die verschiedenen Formen nonverbalen Verhaltens.

3 Hörer: Wirkung – Erwartung – Situation – Person

Die entschlüsselte Botschaft übt auf den **Hörer** eine **Wirkung** aus, die mit seiner **Erwartung** gekoppelt ist. Es besteht also ein Unterschied in der Wirkung der vorhin erwähnten Lehrerermahnung, je nachdem ob sie vom Schüler erwartet worden ist oder ob ihn dies völlig überraschend trifft. Oftmals kommt es ja zu einer Strafpredigt, die im Falle der häufigen Versäumnis und Verspätung diejenigen trifft, die immer pünktlich und regelmäßig anwesend sind. Es ist nicht unerheblich, in welcher Tagesverfassung sich der Getadelte befindet (Situation), welches Temperament er besitzt, wie selbstkritisch er ist oder welche Ziele und Wünsche er mit seinem Schulbesuch verbindet (Person).

Das folgende Eisbergmodell von Sigmund Freud illustriert, wie eine gesendete und eine empfangene Nachricht völlig unterschiedlich ausfallen können, wenn man nur die sichtbare Ebene im Gespräch einbezieht.

Es spielen aber neben den bewussten und unbewussten Persönlichkeitsmerkmalen der agierenden Personen auch der situative Kontext und somit gruppendynamische Prozesse (Situation) eine Rolle, indem diese die von der Lehrkraft beabsichtigte Wirkung verstärken oder abschwächen. Handelt es sich um eine insgesamt ehrgeizige Klasse, kann die Mahnung verstärkt werden, wenn der Ermahnte nicht zum Außenseiter werden will. Gilt es in der Klasse als selbstverständlich, Lehrkräfte und Schule nicht ernst zu nehmen, wird das die beabsichtigte Wirkung der Botschaft sicher abschwächen. Für die Person und Situation des Hörers trifft also zu, was schon für den Sprecher gesagt wurde.

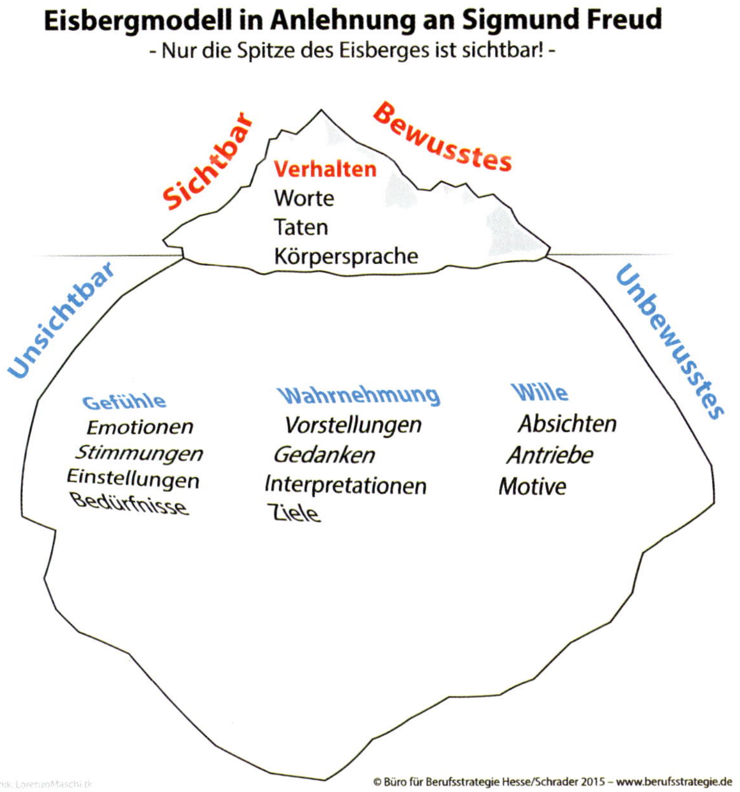

Das Eisbergmodell von Hesse/Schrader (Büro für Berufsstrategie GmbH Hesse/Schrader 2015, www.berufsstrategie.de)

4 Kommunikationsstörungen

Unter **Kommunikationsstörungen** versteht man alle Faktoren, die die Verständigung beeinträchtigen oder im Extremfall gänzlich verhindern. Sie können in jedem Dialog und auf jeder Seite auftreten – beim Sprecher, bei der Übermittlung oder beim Hörer. Der Sprecher kann z. B. aufgeregt sein (Situation), zu leise sprechen (Person), Vorwürfe erheben (Anlass), die Sprache falsch wählen oder nicht beherrschen. Der Hörer kann Probleme haben, das Gesagte richtig zu verstehen, weil sich sein Zeichenvorrat (Wortschatz, Sprachvermögen) nicht mit dem des Sprechers deckt (Dekodierung) oder er von falschen Voraussetzungen ausgeht (Erwartung). Natürlich kann er auch schwerhörig sein (Person) oder vor lauter Zorn alles missverstehen (Situation). Eine häufige Kommunikationsstörung geht zurück auf einen zu hohen Geräuschpegel von außen.

Mögliche Ursachen von Interaktionsstörungen:
- **Persönlichkeitsmerkmale**
- unterschiedliche **Ziele und Absicht der Partner**
- **mangelnde Kodierungs- und Dekodierungsfähigkeit**
- unterschiedliche Bewertung der **Art der Beziehung**

Kommunikation in der Karikatur

Analysieren Sie die Karikaturen und legen Sie dar, welche typischen Störungen nach Paul Watzlawick hierbei ironisch umgesetzt worden sind.

Loriot: Feierabend

Bürgerliches Wohnzimmer. Der Hausherr sitzt im Sessel, hat das Jackett ausgezogen, trägt Hausschuhe und döst vor sich hin. Hinter ihm ist die Tür zur Küche einen Spalt breit geöffnet. Dort geht die Hausfrau emsiger Hausarbeit nach. Ihre Absätze verursachen ein lebhaftes Geräusch auf dem Fliesenboden.

SIE Hermann …
ER Ja …
SIE Was machst du da?
ER Nichts …
SIE Nichts? Wieso nichts?
ER Ich mache nichts …
SIE Gar nichts?
ER Nein …
(Pause)
SIE Überhaupt nichts?
ER Nein … ich *sitze* hier …
SIE Du *sitzt* da?
ER Ja …
SIE Aber irgendwas *machst* du doch?
ER Nein …
(Pause)
SIE *Denkst* du irgendwas?
ER Nichts Besonderes …
SIE Es könnte ja nicht schaden, wenn du mal etwas spazierengingest …
ER Nein-nein …
SIE Ich bringe dir deinen Mantel …
ER Nein, danke …
SIE Aber es ist zu kalt ohne Mantel …
ER Ich geh ja nicht spazieren …
SIE Aber eben wolltest du doch noch …
ER Nein, *du* wolltest, daß ich spazierengehe …
SIE Ich? *Mir* ist es doch völlig egal, ob du *spazieren*gehst!“
ER Gut …
SIE Ich meine nur, es könnte dir nicht schaden, wenn du mal spazierengehen würdest …
ER Nein, *schaden* könnte es nicht …
SIE Also was willst du denn nun?
ER Ich möchte hier sitzen …
SIE Du kannst einen ja wahnsinnig machen!
ER Ach …
SIE Erst willst du spazierengehen … dann wieder nicht … dann soll ich deinen Mantel holen … dann wieder nicht … was denn nun?“
ER Ich möchte hier sitzen …
SIE Und jetzt möchtest du plötzlich da sitzen …
ER Gar nicht plötzlich … Ich wollte immer nur hier sitzen … und mich entspannen …
SIE Wenn du dich wirklich *entspannen* wolltest, würdest du nicht dauernd auf mich *einreden* …
ER Ich sag ja nichts mehr …
(Pause)
SIE Jetzt hättest du doch mal Zeit, irgendwas zu tun, was dir Spaß macht …
ER Ja …
SIE Liest du was?
ER Im Moment nicht …
SIE Dann lies doch mal was …
ER Nachher, nachher vielleicht …
SIE Hol dir doch die Illustrierten …
ER Ich möchte erst noch etwas hier sitzen …
SIE Soll *ich* sie dir holen?
ER Nein-nein, vielen Dank …
SIE Will sich der Herr auch noch bedienen lassen, was?
ER Nein, wirklich nicht …
SIE Ich renne den *ganzen* Tag hin und her … Du könntest doch wohl *einmal* aufstehen und dir die Illustrierten holen …
ER Ich möchte jetzt nicht lesen …
SIE Dann quengle doch nicht so rum …
ER *(schweigt)*
SIE Hermann!
ER *(schweigt)*
SIE Bist du taub?

ER Nein-nein …

SIE Du tust eben nicht, was dir Spaß macht … statt dessen *sitzt* du da!

ER Ich sitze hier, *weil* es mir Spaß macht …

SIE Sei doch nicht gleich so aggressiv!

ER Ich bin doch nicht aggressiv …

SIE Warum schreist du mich dann so an?

ER *(schreit)* … ich schrei dich nicht an!!

Loriot: Feierabend, in: Gesammelte Prosa, Copyright © 2006 Diogenes Verlag AG Zürich

1. Analysieren Sie diesen Dialog unter Einbezug der Kommunikationstheorien von Friedemann Schulz von Thun und von Paul Watzlawick.
2. Spielen Sie diesen Sketch nach und zeigen Sie auf, wie sich mögliche nonverbale Reaktionen ändern, je nachdem welcher Generation die beiden Protagonisten angehören.

III Kommunikationsformen

Man unterscheidet zwischen einseitig und wechselseitig ausgerichteten Kommunikationsweisen. Zur einseitigen (monologischen) Kommunikation gehören **Rede** und **Vortrag**; dabei wendet sich ein Sprecher an das Publikum, dessen Rolle sich im Wesentlichen auf das Zuhören beschränkt. Wenn zwei oder mehrere Personen zu Wort kommen, handelt es sich um eine dialogische Kommunikationssituation. Neben der Vielzahl sprachlicher Kontakte im Alltagsbereich gibt es im öffentlichen Bereich vier gebräuchliche Gesprächsformen: **Interview** und **Gespräch** (im engeren Sinn), **Diskussion** und **Debatte**.

1 Rede und Vortrag

Während der Vortrag als die vorrangig sachorientierte Vortragsform gilt, kommt bei der Rede dem Anlass und der Zuhörerschaft ein größeres Gewicht zu. Der Vortrag steht also mehr im Dienst der Sache, über die der Vortragende/Referent zu informieren hat; die Rede räumt dem Redner größeren Spielraum zur Selbstdarstellung, zur Einbeziehung des Publikums und zur sachlich-stilistischen Kreativität ein. Wirklich gelungene Reden basieren auf gewissen Grundregeln der Kommunikation (Klarheit, Verständlichkeit, angemessene Sprachebene), lassen sich jedoch nicht auf diese reduzieren.

(Politische) Reden und Debatten können im Internet z.B. auf den Plattformen des Bundestages und der Länderparlamente abgerufen werden, gleiches gilt für alle Beiträge der Fachministerien. Sie können aber auch im Bundestagsarchiv die Protokolle der Arbeit des Plenums im Webarchiv seit 2005 als stenografischen Bericht einsehen. Auch das Bundespräsidialamt veröffentlicht alle Reden der Amtsinhaber. Ähnliche Angebote gibt es bei den Kirchen, bei wichtigen kulturellen, wirtschaftlichen und gesellschaftlichen Verbänden (z.B. Reden zur Preisverleihung des Friedenspreises des Deutschen Buchhandels, zum Georg-Büchner-Preis oder zur Verleihung des Aachener Karlspreises usw.).

Seit der Antike beschäftigen sich zahlreiche Philosophen wie Aristoteles (384–322 v. Chr.) mit der Optimierung der Redekunst (Rhetorik). Viele der damals postulierten Vorgaben, um eine wirkungsvolle Rede halten zu können, sind bis heute gültig.

Redegattung	**Thematik**	**Funktion**	**Beispiele**
Gerichtsrede (judiziale Gattung)	Recht oder Unrecht	Anklage oder Verteidigung	Gerichtsrede, sozialkritisches Drama
Beratungsrede (deliberative Gattung)	Nutzen oder Schaden	Mahnung oder Warnung	Politische Rede, Werbung, Predigt
Lobrede (epideiktische Gattung)	Ehre oder Unehre	Lob oder Tadel	Reden zu gesellschaftlichen Anlässen (Geburtstag, Hochzeit)

Die klassische Rhetorik ordnet sämtliche rhetorische Mittel folgenden vier **Stilkategorien** zu:

- **Erweiterung:** Steigerung von Umfang und Gewicht der Rede zu größerer Eindringlichkeit (Klimax, Anapher, Emphase, Synonymie, Vergleich, Definition, Antithese)
- **Verkürzung:** Reduktion und Konzentration auf das Wesentliche (Ellipse, Befehl)
- **Ersetzung:** Austausch der Alltagssprache zugunsten der sprachlichen Besonderheit (Synonymie, Periphrase, Ironie, Metapher, Metonymie)
- **Umstellung:** Hervorhebung durch ungewöhnlichen Satzbau (Inversion, Parallelismus, Parenthese)

Jedes rhetorische Mittel kann also sowohl unter dem Aspekt der Redegattung als auch dem der Stilkategorie betrachtet werden. Die Erklärung und Erläuterung zu den einzelnen rhetorischen Mitteln erfolgt im Zusammenhang mit der Analyse von Sachtexten (siehe S. 145 ff.).

Rhetorik als Kunst der Rede wird als erlernbare Technik verstanden, um die appellative Wirkung zu verbessern.

Die rhetorische Stillehre enthält eine **Reihe von Grundforderungen** an eine gute Rede:

- knappe, grammatikalisch richtig formulierte Sätze
- verständliche und deutliche Gedankenführung
- angemessene Sprache (Redner, Publikum, Inhalt, Anlass)
- sprachästhetische Mittel zur Unterscheidung von der Alltagssprache

Deshalb sollte auf die **Üblichkeit,** die **Angemessenheit** und die **Eindeutigkeit des Ausdrucks** geachtet werden. Außerdem müssen der **Anlass** und die **Zielgruppe** berücksichtigt werden.

Sławomir Mrożek: Auf hoher See (1961)

Nach einem Schiffbruch treiben drei Männer auf einem Floß im Meer. Als die Vorräte zu Ende gehen, überlegen die drei, ein Schmächtiger, ein Mittlerer und ein Dicker, wie man sich retten könnte. Schließlich kommen sie auf die Idee, dass sich einer für die anderen opfern müsse, um mit seinem Fleisch das Überleben zu garantieren. Da keiner bereit ist, sich freiwillig zu melden, kommt man auf die Idee, in einer Wahl darüber abstimmen zu lassen.

Inszenierung des Theaterstücks „Auf hoher See", Gotha 2017

DER DICKE: Gut, führen wir also freie und allgemeine Wahlen durch!

DER MITTLERE: Keine schlechte Idee! *Zum **Dicken*** Wenn es Ihnen recht ist, bilden wir eine Wählergemeinschaft, einen Block. Das vereinfacht die ganze Sache.

DER SCHMÄCHTIGE: Der Parlamentarismus hat sich überlebt.

DER DICKE: Aber es bleibt kein anderer Weg. Oder wollen Sie eine Diktatur? Ich würde mich bereit erklären, die Macht zu ergreifen.

DER SCHMÄCHTIGE: Nein, nein! Nieder mit der Tyrannei!

DER DICKE: Also, freie Wahlen!

DER MITTLERE: Geheime!

DER SCHMÄCHTIGE: Aber ohne Wahlbündnisse! Jeder stellt sich selbständig als Gegenkandidaten auf.

DER DICKE *steht auf und nimmt aus dem Koffer einen Zylinder*: Hier ist der Hut. Die Karten mit dem Namen des Kandidaten kommen hier hinein.

DER SCHMÄCHTIGE: Ich habe nichts zum Schreiben.

DER MITTLERE: Wir helfen Ihnen gerne aus.

DER DICKE *einen Füllfederhalter aus der Tasche ziehend*: Bitte sehr!

DER MITTLERE *sich die Hände reibend*: Zur Urne! Zur Urne!

DER SCHMÄCHTIGE: Einen Augenblick! Wenn wir schon als moderne Menschen eine Wahl veranstalten, dann können wir die vorausgehende Etappe des Wahlkampfes nicht überspringen. Sie kommt in der ganzen zivilisierten Welt vor dem eigentlichen Wahlakt.

DER DICKE: Wenn Sie unbedingt wollen!

DER MITTLERE: Agitieren wir also, aber machen wir schnell!

DER DICKE *steht auf, stellt seinen Stuhl in die Mitte des Floßes*: Die Versammlung ist eröffnet! Wer tritt als erstes ans Rednerpult?

DER MITTLERE *zum Schmächtigen*: Vielleicht Sie?

DER SCHMÄCHTIGE: Ich möchte lieber anschließend … Ich war nie ein guter Redner.

DER DICKE: Aber Sie sind der Urheber des Projekts.

DER MITTLERE: Ja, Sie haben den Massen dieses Versammlungen-Abhalten, diese Politikkasterei eingeredet. Nun müssen Sie auch den Anfang machen.

DER SCHMÄCHTIGE: Wenn Sie unbedingt wollen … *Stellt sich auf den als Rednerpult dienenden Stuhl. Die beiden anderen Schiffbrüchigen nehmen vor ihm Aufstellung. Der Dicke zieht ein mit zwei Stäben versehenes Transparent aus der Tasche und reicht ein Ende dem Mittleren. Sie entfalten das Transparent über ihren Köpfen. Die Aufschrift lautet: „Wir wollen essen"*. Hm … meine Herren!

DER MITTLERE *ihn unterbrechend:* Wir sind einfache Menschen. Wir wollen keine Schmeicheleien hören …

DER DICKE: Sehr richtig! Nieder mit den zuckersüßen Worten! Wir wollen die nackte Wahrheit hören …

DER SCHMÄCHTIGE: Kollegen, wir haben uns hier versammelt …

DER MITTLERE: Zur Sache!

DER DICKE: Wir müssen an die Arbeit.

DER SCHMÄCHTIGE: Wir haben uns hier versammelt, um das brennende Problem der Lebensmittelversorgung einer Lösung entgegenzuführen. Kollegen, ich sollte dabei als Kandidat nicht in Erwägung gezogen werden. Ich habe Frau und Kinder. Mehr als einmal saß ich bei Sonnenuntergang im Garten und schaukelte meine Kinder, während meine Frau neben mir saß und häkelte, solange das Licht reichte. Meine Herren Kollegen, rufen Sie sich dieses milde, friedliche Bild vor Augen und fragen Sie sich, ob es nicht Ihr Herz bewegt.

DER MITTLERE: Das sind keine Argumente. Wenn es um das Gemeinwohl geht, müssen Gefühle schweigen. Schaukeln können die Kinder auch alleine.

DER DICKE: Und sogar besser!

DER MITTLERE: Sehr richtig! In den Kindergarten mit ihnen! Da gibt's Karussells und Schaukeln genug. Nein, Kinder … das sind keine Argumente.

DER SCHMÄCHTIGE: Aber Kollegen! Als ich noch ein Knäblein war, reiften in mir hehre Pläne. Zugegeben, ich habe später nicht genug an mir gearbeitet, hab' nicht erreicht, was ich erträumt'. Aber ich fühle es: noch ist's nicht zu spät. Noch läßt sich manches gutmachen. So gelobe ich denn, daß ich mich nicht mehr gehenlasse und nicht erlahme in meinem Streben nach meinem Ziel. Gar manches Mal bin ich gestrauchelt, das stimmt. Am Glauben an mich selbst hat's mir gefehlt; Trägheit und tatenlose Resignation kamen noch dazu. Aber ich kann noch alles nachholen. Ich schwöre es, jetzt wird nachgeholt! Ich werde meinen Willen trainieren, meinen Charakter stählen, mir Wissen aneignen, bis daß ich all das erreiche, was ich noch vor mir habe. Ich bringe es noch zu etwas!

DER MITTLERE: Lauter!

DER SCHMÄCHTIGE: Ich bringe es noch zu etwas!

DER DICKE: Das ist Subjektivismus!

DER MITTLERE: Wir wollen essen!

DER DICKE: Wenn's gefällig ist, jetzt zusammen! Drei, vier!

DER DICKE und **DER MITTLERE** *im Chor:* Wir wol-len es-sen! Wir wol-len es-sen!

DER SCHMÄCHTIGE *dem Zusammenbruch nahe, beinahe unter Tränen*: Aber ich muß Ihnen trotzdem davon abraten, mit aller Entschiedenheit. *Steigt vom Rednerpodium.*

DER MITTLERE *übergibt ihm das Transparent und geht selbst ans Rednerpult:* Tischgenossen! *Der Dicke klatscht Beifall, der Schmächtige schließt sich zögernd an, schnieft* Ich bin kein Intellektueller und hab's nicht gern, viel Worte zu machen. Aber wenn's gilt, Hand anzulegen, bin ich dabei. Seit frühester Jugend schon interessiert mich die kulinarische Kunst. Dabei geht's mir nicht ums Essen. Ich bin ein bescheidener Mensch, Ansprüche habe ich kaum, und, wenn ich ehrlich sein darf, das Essen macht mir kein Vergnügen. Dabei bin ich nicht heikel, und, was das Wichtigste ist, ich esse sehr wenig, ganz minimal. Aber was sage ich da! Im Grunde esse ich überhaupt nicht, Vor ein paar Jahren habe ich noch jeden zweiten oder dritten Tag einen oder höchstens zwei Bissen zu mir genommen. Aber dann habe ich's ganz aufgegeben, mit dem Essen überhaupt Schluss gemacht. Dagegen ist das Zubereiten leckerer Speisen mein Steckenpferd geworden. Für den guten Koch gibt es nichts Schöneres, als wenn er nach getaner harter Arbeit zusehen darf, wie die anderen essen, wie es ihnen schmeckt. Nur diesen Lohn wünsche ich mir. Hinzufügen möchte ich noch, daß meine Spezialität Fleischspeisen sind. Meine Saucen finden nirgendwo ihresgleichen. Mehr wollte ich nicht sagen.

DER DICKE: Bravo! *Klatscht Beifall. Der Schmächtige macht einen apathischen Eindruck und reagiert nicht. Der Mittlere steigt vom Stuhl und tritt an den Platz des Dicken. Dieser tritt ans Rednerpult.*

DER MITTLERE: Hurra! *Bricht ab, als der Dicke die Hand in die Hüfte stemmt und um sich blickt, als umgebe ihn eine große Menschenmenge.*

DER DICKE *erhebt seine Hand zum Gruß*: Hungernde, seid gegrüßt!

DER MITTLERE: Hurra! Er lebe hoch! Siegheil!

DER DICKE *bringt ihn mit einer Handbewegung zum Schweigen:* Ich werde mich kurz fassen, wie es sich für einen Soldaten gehört.

Erstens möchte ich euch nicht beeinflussen. Ihr selbst habt zu entscheiden. Ich bin euer Diener, und euer Wille ist mir heilig. Ich esse, was man mir vorsetzt. Zweitens: Reden wir nicht um den Brei herum, ich bin unverdaulich. Zeitlebens war ich zäh und knochig. Zudem habe ich zwei Rippen aus Eisen, habe bei einer Operation eine Niere verloren und muß darauf aufmerksam machen, daß bei mir ein Bein kürzer ist als das andere. Am Rande möchte ich noch erwähnen, daß ich möglicherweise Trichinen habe. Drittens: Demagogie liegt mir nicht. Ich bin für Klarheit. Wenn ich nicht gewählt werde, trete ich meinen Genossen freiwillig Schinken und Lendenstücke ab. Ich kann mich überhaupt mit der Zunge zufriedengeben. Aber wer es darauf abgesehen haben sollte, dem erkläre ich kurz und bündig: Auf die Zunge wird nicht verzichtet.

DER MITTLERE: Bravo, bravo! Führer befiehl!

DER DICKE: Das wäre alles. Ich liebe kein Geschwätz und habe nichts übrig für Philosophen und Weichlinge. Und nun: Vorwärts!

DER MITTLERE: Hurra! Bravo, bravo! Er lebe hoch, hoch, hoch! *Der Dicke steigt vom Rednerpodium; die beiden anderen rollen das Transparent zusammen.*

DER DICKE *zum Schmächtigen:* Sind Sie jetzt zufrieden?

DER SCHMÄCHTIGE: Sie haben sich selbst übertroffen. Nur … wissen Sie … ich kann eigentlich keine Lendenstücke essen … bekommt mir einfach nicht … Wenn's Ihnen nicht ausmacht, wäre ich gern bereit …

DER MITTLERE *steht vor dem* ***Dicken*** *stramm:* Gestatten, daß ich gratuliere! Die Rede hat mich zutiefst erschüttert. Was die Zunge betrifft, bin ich ganz auf Ihrer Seite.

DER DICKE: So den Wahlkampf hätten wir hinter uns. Jetzt stimmen wir ab! *Legt den Zylinder in die Mitte des Floßes. Sie gehen nach drei Seiten auseinander und schreiben, sich gegenseitig den Rücken zugewandt, auf ihre Kärtchen. Der Dicke und der Mittlere sehen sich nach dem Schmächtigen um. Der Dicke tritt an ihn heran und versucht, ihm über die Schulter zu schauen. Der Schmächtige bemerkt es rechtzeitig und verdeckt das Papier mit der Hand. Dann gibt er dem Dicken den Füller zurück.*

Mrożek, Sławomir, Auf hoher See. In: Mrożek, Sławomir: Striptease. Satiren. München, dtv, [5]1971, S. 8–12 (siehe zum absurden Theater auch S. 472 ff.)

Untersuchen Sie den Text im Hinblick auf die drei Redegattungen der klassischen Rhetorik (siehe S. 75).

LÖSUNGSVORSCHLÄGE

Analysieren Sie, inwiefern in den drei Reden die Grundregeln der Rhetorik für eine gute Rede eingehalten werden.

Aufbau einer Rede

Anfang [exordium]
Köder- und Wegweiserfunktion
Begrüßung: Kontaktaufnahme mit dem Publikum:

Der Schmächtige: „Hm … meine Herren!“ (Z. 77)
„Hm …“ – signalisiert Unsicherheit
„… meine Herren!“ – Outgroup-Schema/Captatio benevolentiae: Die Anrede „Herren“ dokumentiert die asymmetrische Kommunikationssituation; er hält sich an pragmatische Norm,

diese gilt bei einer Anrede dieser Art nur für Fremde [kommunikativer Rahmen – seit Tagen treiben die drei auf einem Floß durch den Ozean].

Der Mittlere: „Tischgenossen!" (Z. 142–143)
Ingroup-Schema; er geht davon aus, dass er überleben wird. „-genossen": sozialistische Anrede, Stereotyp

Der Dicke: „Hungernde, seid gegrüßt" (Z. 181)
Ingroup-Schema; „Hungernde": Dadurch spricht er von Anfang an innere Antriebe der Zuhörer [homöostatischer Antrieb – Hunger, Durst etc.] an. Er weckt dadurch ein Bedürfnis, baldmöglichst etwas zu essen zu bekommen [psycholog.: im sog. Motivationszyklus „Aktivation" (Der Ausgangszustand des motivierten Verhaltens ist meist ein Mangelzustand. Er aktiviert zielgerichtete Verhaltensweisen.)].

Einleitung in das Problemfeld

Der Schmächtige: „Kollegen, wir haben uns hier versammelt ..." (Z. 84–85)
Trotz des Versuchs, durch die Betonung des gemeinsamen Interesses („wir", „Kollegen"), wodurch im zweiten Anlauf doch noch das Ingroup-Schema und somit eine symmetrische Kommunikation aufgebaut werden soll, gelingt es dem S. nicht, den richtigen Einstieg zu finden. Dies liegt zum einen an der Wiederholung nach der Unterbrechung – er geht nicht auf den Einwand ein, sondern hält sich krampfhaft an ein bestimmtes Konzept , zum anderen an der gestelzten Sprachebene; falsch gewählter Soziolekt (Hochsprache); für Polen ist dies ein typischer Politiker-Idiolekt, dabei verwendet er Stereotypen „brennendes Problem" und Schlagworte „Lebensmittelversorgung". Die negative Wirkung wird durch die Genitivkonstruktion und den Substantivstil verstärkt [statt „zu lösen" gebraucht er das dem oben genannten Idiolekt entnommene „einer Lösung entgegenzuführen"].

Er verstößt dadurch gegen die Forderung, bei einer Rede auf die Üblichkeit des Ausdrucks zu achten.

Der Mittlere: „Ich bin kein ..." (Z. 145)
Wirkung: Abwertung des Vorredners – Schlagwort „Intellektueller" als Schimpfwort (pejorativ); Publikum soll wohlgesonnen sein: Hinweis auf Kürze der Rede („hab's nicht gern, viel Worte zu machen"); dazu Betonung der Arbeitsfähigkeit („wenn's gilt, Hand anzulegen ..."); Adressat inzwischen bereits der Dicke [Betonung einer Führungsfigur: siehe dort]

Der Dicke: „Ich werde mich kurz fassen, wie es sich für einen Soldaten gehört." (Z. 185 f.)
Wirkung: Stereotyp: soldatisch, zackig, knapp! Ich bin Soldat, kein Schwächling.

Hauptteil

[A] Darstellung vergangener Ereignisse oder der gegenwärtigen Lage [Narratio: d. h., etwas wird erzählt; ausschmückende Bilder sind hier möglich, um die Dringlichkeit des anstehenden Problemfelds als relevant erscheinen zu lassen.]

[B] Folgerung daraus [Argumentatio: In dieser Phase muss sachlich argumentiert werden: Ich stelle eine These auf (Behauptung, Standpunkt, Meinung zu einer strittigen Frage), diese wird begründet, dabei verweise ich auf Beispiele, Fakten, Erfahrungswissen, Normen und Konsequenzen meines Tuns.]

[C] Widerlegung gegnerischer Argumente [z. B.: logischer Schluss: Beweisführung: Das Gegenteil ist richtig; indirekt: Das Gegenteil ist falsch.]

Der Schmächtige:
In [A] geht er nicht auf die Ursachen des aktuellen Problemfelds ein, sondern bleibt subjektiv (Anapher: ich sollte ... ich habe ...: dadurch vermischt er bereits [A] und [B]), ihm gelingt es so nicht, mit seinen zumeist hypotaktischen Sätzen seine Hörer zu erreichen (Reaktion). Er vermischt zudem zu stark narrative Elemente (kitschig-trivialer Sonnenuntergang im Schrebergarten-Idyll, Stereotypen der glücklichen Familie: Frau häkelt, solange das Licht reicht, Kinder schaukeln). Dabei verwendet er Adjektivdoppelungen, die das Bild verstärken: „mild und friedlich"), die bei ihm jedoch bereits [B] ersetzen sollten. Auch der vergebliche Appell an ihr gutes Herz ist zu pathetisch.

Sein Zwiespalt kommt auch in der Verdoppelung der Anrede „meine Herren Kollegen" zum Ausdruck (In-/Outgroup); diese Wendung ist höchstens als Mittel der Ironie möglich.

Nach den Zwischenrufen verliert er völlig das Konzept: Archaismen „hehre „Pläne", „gar manches Mal ...", „so gelobe ich denn" oder „..., bis daß ich all das erreiche"; Verniedlichungen der eigenen Person „Knäblein", lyrische Elemente: „hab' nicht ... was ich erträumt", hat's gefehlt ..." zeigen dies recht deutlich. Auch seine Anaphern „noch ..." und „ich ..." deuten in diese Richtung. Hinzu kommen Hyperbeln „Charakter stählen" usw., und Alliterationen: Trägheit und tatenlose Resignation, wodurch seine Minderwertigkeit noch krasser zum Ausdruck kommt.

Anstatt seinen Schlussappell emphatisch herauszudonnern, versagt er auch in dieser Hinsicht.
Inhaltlich trifft er weder die Kriterien [A] noch [B] oder [C].

Der Mittlere:
Bei [A] geht er auf seine Kochkunst ein. Hierbei zeigt sich bereits sein rhetorisches Können: Alliteration: kulinarische Kunst, hierbei verwendet er ein Fremdwort, das seine Phrase, Arbeiter zu sein, entlarvt. Er gebraucht Parenthesen („wenn ich ehrlich sein darf ..."), Wiederholungen (wenig, minimal), um dann zu überraschen, dass er gar nichts esse (Klimax).

[B] Einstieg mit Stereotyp: „Für den guten Koch gibt es nichts Schöneres ..."; er gibt sich bescheiden: „Nur diesen Lohn wünsche ich mir", „Spezialität Fleischspeisen" [Adressat bereits der Dicke].

Der Dicke:
Verzicht auf [A]; bei [B] Aufzählung: kurz, knapp, bündig. Anspielung: er sei Diener [Ludwig der XIV.: L'État, c'est moi – ich bin der Staat, Alter Fritz: Ich bin der erste Diener des Staates]; Hyperbeln („Rippen aus Eisen", „Trichinen"), Adjektivdoppelungen: „zäh und knochig"; Parataxen. Er ist aber Feinschmecker: Zunge

Schluss

Zusammenfassung der Argumente und Forderungen, die sich daraus ableiten lassen; unter Umständen pathetischer Appell:
Dies ist in erster Linie beim Dicken der Fall: „Auf die Zunge wird nicht verzichtet!", „Vorwärts!"

2 Interview und Gespräch, Diskussion und Debatte

Wenn zwei oder mehr Personen zu Wort kommen, handelt es sich um eine dialogische Kommunikationssituation. Neben der Vielzahl sprachlicher Kontakte im Alltagsbereich gibt es im öffentlichen Bereich vier gebräuchliche Gesprächsformen: **Interview** und **Gespräch** (im engeren Sinn), **Diskussion** und **Debatte**. Im **Interview** sind die Rollen klar zwischen einem Fragesteller und der Person verteilt, die die Fragen beantwortet. Die Interviewfragen können sich auf eine Sache, eine Meinung oder eine Person beziehen. Journalisten befragen z.B. Politiker, Soziologen für Meinungsumfragen die Bundesbürger, Marktforscher potenzielle Kunden; aber auch der Arzt oder ein Personalchef führen bei der ersten Begegnung eine Befragung durch nach der Krankheitsgeschichte bzw. dem beruflichen Werdegang. Jedes Verhör hat ebenfalls Interviewcharakter. Bei Interviews in den Medien erkennt man den guten Interviewer daran, dass er aufgrund seiner Sachkenntnis und der nötigen Vorbereitung kompetente und gezielte Fragen stellt, das richtige Verhältnis findet zwischen Provokation und Unterwürfigkeit, sich nicht vorschnell abspeisen lässt, aber auch nicht penetrant auf etwas beharrt. Inzwischen ist es häufig journalistische Gepflogenheit, Interviews vor der Veröffentlichung dem Interviewpartner vorzulegen und sie genehmigen (autorisieren) zu lassen.

Am Anfang eines Interviews empfiehlt es sich, Fragen zu stellen, die dem Befragten die Möglichkeit geben, sich vorzustellen. Außerdem sollte die Anfangsphase so gestaltet werden, dass die Gesprächspartner sich einstimmen und gegenseitig abtasten können. Erst dann sollten die eventuell etwas heikleren Themen kommen. Ziel eines guten Interviewers ist es, mit seinen Fragen an die jeweiligen Antworten anzuknüpfen, sodass aus dem Interview eine Art Gespräch wird. Es ist nicht ganz leicht, die richtige Mischung aus Sachfragen und emotionalen privaten Fragen zu finden. Lässt ein Interview den reinen Frage-Antwort-Charakter hinter sich, sodass man von einer Art **Gleichberechtigung** beider Seiten sprechen kann, handelt es sich um ein **Gespräch im engeren Sinn**. Zwar bleibt im gesendeten oder gedruckten Gespräch die grundsätzliche Rollenverteilung gewahrt, doch nimmt der Gesprächsanteil des Journalisten zu – quantitativ und qualitativ.

Fragetypen

- **geschlossene Frage:** Ist es richtig/falsch, dass ...?
- **Alternativfrage:** Sollte bei diesem Thema ein enger oder ein weiter gesetzlicher Rahmen gesteckt werden?
- **rhetorische Frage:** Sind Sie nicht auch der Meinung, dass ...?
- **offene Frage:** Sind Sie der Meinung, dass ...?

Eine Sonderform des Interviews ist die **Pressekonferenz**, bei der zu wichtigen Ereignissen und öffentlichen Angelegenheiten Stellung genommen wird. In Berlin ist die Bundespressekonferenz etabliert. Während der Münchner Sicherheitskonferenz nehmen Spitzenpolitiker alljährlich zu sicherheitsrelevanten Problemfeldern Stellung.

Bei der **Talkshow** ist die Zahl der Gesprächsteilnehmer nicht auf zwei beschränkt; im Programm der Medien haben sich solche **Gesprächsrunden** inzwischen fest etabliert. Der Moderator einer Gesprächsrunde hat die wichtige Funktion, die richtige Auswahl an Gesprächspartnern zu treffen, das Gespräch zügig in Gang zu setzen, ihm immer wieder Impulse zu geben, geschickt zu vermitteln und es unaufdringlich zu steuern.

Gespräche sind im Normalfall nicht sehr streng normiert, richten sich aber nach gewissen Konventionen (z. B. Höflichkeit im Ton; den Gesprächspartner zu Wort kommen lassen), folgen bestimmten Mustern (Aufeinandereingehen, Bestätigung, Korrigieren) und verlangen vor allem die Bereitschaft, sich zu verständigen und zu verstehen. **Diskussionen** hingegen unterliegen strengeren Regeln und verlaufen meistens zielorientierter. Man unterscheidet im Wesentlichen zwischen Plenumsdiskussion (Rederecht aller Anwesenden) und Podiumsdiskussion (Rederecht ausgewählter Personen).

Eine Sonderform der Diskussion ist die **Debatte**, weil bei ihr am Ende eine Abstimmung stattfindet. In der Regel stehen zwei oder mehrere Vorschläge zur Wahl, über die eine Entscheidung herbeigeführt werden soll, die auch als Kompromiss erfolgen kann. Der Ablauf von Debatten sollte durch eine Geschäftsordnung festgelegt werden (vgl. z. B. Bundestag, Gemeinderat, Kongress, Schulforum). Während Debatten im kleineren Rahmen der Diskussion sehr ähneln, unterscheiden sich die meisten Bundestagsdebatten von einer normalen Diskussion durch eine deutlichere Polarisierung, schärfere Auseinandersetzung und einen aggressiveren Redestil. Gerade die Übertragungen in Rundfunk und Fernsehen verleiten die Politiker häufig dazu, ihre Debattenbeiträge parteipolitisch zu überspitzen. Im Rahmen der Rollenverteilung zwischen Regierung und Opposition verlaufen Debattenbeiträge oft nach dem Schema von Angriff und Verteidigung. Bei Debatten in anderen Gremien, in denen die Abstimmungsergebnisse offener sind, wird mehr auf einen Konsens (Einigung) hin debattiert.

Die **Redetechniken** bei kontroversen Debatten folgen meistens den Modellen von Aufwertung (eigene Position) und Abwertung (Position des Gegners).

1. Analysieren Sie eine politische Talkshow in einer öffentlichen Sendeanstalt im Vergleich zu einer Sendung bei den privaten Anbietern.
2. Worin sehen Sie Parallelen und Unterschiede zu den Interviews in den Sendern mit Bildungsschwerpunkt (ARTE, 3SAT und ARD-alpha) mit denen in Musik- und Jugendsendern (VIVA, RTL II etc.)?
3. Verfolgen Sie eine Debatte im Deutschen Bundestag auf einem der Nachrichtensender (phoenix, n-tv, N24) und vergleichen Sie Ihre Eindrücke mit der Umsetzung in den Bundestagsplattformen und in den Medien, die über diese Debatte beraten.

Jugend debattiert

Um diese politische Debattenkultur möglichst früh zu kennenzulernen, wurde 2001 unter der Schirmherrschaft des Bundespräsidenten auf Bundesebene „Jugend debattiert“ ins Leben gerufen. Inzwischen handelt es sich hierbei um den größten bundesweiten Schülerwettbewerb zur sprachlich-politischen Bildung, an dem bisher rund 200.000 Schüler/-innen und 7.800 Lehrer/-innen aus fast 1.100 Schulen teilgenommen haben.

Joachim Gauck, Bundespräsident von 2012–2017, übergibt die Urkunden an die Sieger des Bundesfinales 2016 Jugend debattiert.

Ansgar Kemmann: Raus aus der Blase, rein in die Debatte!

Jeder Mensch sieht und erlebt die Welt auf seine Weise. Wir verwenden dieselben Wörter und Wendungen und haben doch sehr unterschiedliche Gedanken dazu. Oft wollen wir davon aber gar nichts wissen – es könnte ja unsere Abläufe stören! Wenn uns dann soziale Netzwerke im Internet nur noch mit Anregungen und Angeboten gemäß unseren Vorlieben versorgen, wird der geistige Horizont sehr schnell sehr klein.

Die Alternative heißt: Debatte, am besten von Angesicht zu Angesicht! Egal, welche Position man zu einer Streitfrage vertritt, man trifft auf die genau gegenteilige Ansicht und muss sich hier und jetzt mit ihr auseinandersetzen. Man wähnt sich seiner Argumente sicher und macht dann die Erfahrung, dass die Gegenseite sich der Sache vielleicht ganz anders nähert, als vorhergesehen: „Oh, okay, …“. Das gibt zu denken und öffnet Räume, sofern man sieht, dass es in Debatten nicht nur um Selbstbehauptung geht.

Auch die Gegenseite hat ihre Argumente und nicht selten etwas gesehen, an das wir nicht gedacht haben. In diesem Sinne laden Debatten ein, Dinge neu oder anders zu sehen, und immer etwas zu lernen, sei es über die eigene oder eine andere Sicht auf die Welt. Genau das können Schülerinnen und Schüler in ganz Deutschland wieder erleben, wenn es jetzt zum 15. Mal heißt: Jugend debattiert. Freuen wir uns auf über 1200 Schulwettbewerbe, 140 Regionalwettbewerbe und 16 Landeswettbewerbe 2017!

Kemmann, Ansgar, Raus aus der Blase, rein in die Debatte, auf: Jugend debattiert, 06.12.2016, online unter: www.jugend-debattiert.de/service/aktuelles/single/raus-aus-der-blase-rein-in-die-debatte/, zugegriffen am 30.03.2017

1. Zeigen Sie auf, warum sich die Schulen an der neuen Runde beteiligen sollten.
2. Recherchieren Sie auf der Homepage des Wettbewerbs die Modalitäten der Teilnahme und die angebotenen Hilfeleistungen.

Prüfungsgespräch

Eine spezifische Kommunikationsform im schulischen Alltag stellen Prüfungsgespräche dar. Eine Sonderstellung nimmt dabei in der Schule die mündliche Prüfung im Rahmen der Fachhochschul- oder Hochschulreifeprüfung ein, weil sie sich von den vielen mündlichen Prüfungen während des Jahres dadurch unterscheidet, dass sie vor einer Prüfungskommission über relativ umfangreiche Stoffgebiete stattfindet.

Es gibt einige hilfreiche Tipps für das Verhalten in mündlichen Prüfungen:

1. **Denken Sie laut.**
   Weil die mündliche Prüfung eine Art Gespräch ist, stirbt die Unterhaltung, wenn man glaubt, nur fertige Ergebnisse vortragen zu dürfen. Wichtig ist, dem Prüfer Gelegenheit zu geben, zu erkennen, wie man zu den Ergebnissen kommt. Zudem wird der Prüfer den Redefluss des Prüflings in der Regel nicht unterbrechen. Eigenes Sprechen verhindert also für eine gewisse Zeit auch neue Fragen.
   - **Beispiel**
     Nennen Sie bei der Textvorstellung nicht nur die Textsorte, sondern erläutern Sie, wieso Sie sich z. B. für einen Kommentar und doch nicht für eine Glosse entschieden haben.

2. **Beachten Sie die Fragestellung genau.**
   Der Prüfer erwartet eine Reaktion auf seine Fragestellung. Geben Sie zu erkennen, ob Sie die Aufgabe gehört und verstanden haben, z. B. mit der Wiederholung oder mit einer Formulierung der Aufgabe mit eigenen Worten. Mit dieser wiederholenden Formulierung kann man testen, ob die Richtung des angestrebten Lösungswegs stimmt.
   - **Beispiel**
     Wenn Sie zu einer thematischen Zusammenfassung aufgefordert werden, vergewissern Sie sich etwa folgendermaßen: „Sie möchten jetzt von mir also die Angabe des Themas, nicht die Vorstellung des Buchinhalts."
3. **Resignieren Sie nicht gleich.**
   Die meisten Prüfungen werden Abschnitte enthalten, in denen man Fragen nur teilweise oder gar nicht beantworten kann. Es empfiehlt sich dann, anstatt aufzugeben oder zu verstummen, Lücken offen einzugestehen, aber dennoch das zu äußern, was man weiß.
   - **Beispiel**
     „Ich bin mir nicht ganz sicher, aber ich glaube, es könnte ungefähr so sein, dass ..."
     „Mir fällt im Augenblick der Fachbegriff nicht mehr ein, aber ..." (Jetzt versuchen Sie, den Begriff mit anderen Worten zu umschreiben.)
4. **Verstecken Sie Ihre Kenntnisse und Fähigkeiten nicht.**
   Bieten Sie dem Prüfer Gelegenheit dazu, Sie über Stoffgebiete zu prüfen, in denen Sie sich besonders sicher fühlen. Oft lässt sich in Prüfungen der Prüfer mit geschickter „Lenkung" veranlassen, auf Hinweise des Prüflings einzugehen.
   - **Beispiel**
     „Mir scheint in dem Zusammenhang wichtig zu sein, dass ..."
5. **Achten Sie auf eine effiziente Arbeitstechnik.**
   In manchen Prüfungen besteht die Möglichkeit, in einem Vorbereitungsraum einen Text zu analysieren bzw. eine Aufgabenstellung aufzuarbeiten, die als Grundlage für ein folgendes Prüfungsgespräch dient. Kennzeichnen Sie auf Ihrem Textblatt, welche Erkenntnisse Sie auf jeden Fall im Prüfungsgespräch unterbringen wollen.
   - **Beispiel**
     Markieren Sie gezielt und sinnvoll mit Unterstreichungen und Logikpfeilen, notieren Sie sich Schlüsselbegriffe für Ihre Ausführungen.
6. **Stehen Sie zu Ihrer Nervosität.**
   Feuchte Hände, zitternde Knie und nervöse Gesten können Begleiterscheinungen mündlicher Prüfungen sein. Akzeptieren Sie Ihre Anspannung und gewinnen Sie Selbstvertrauen über eine gründliche Prüfungsvorbereitung. Auf keinen Fall sollten Sie Prüfungen vorzeitig abbrechen.
7. **Achten Sie auf die sprachliche Gestaltung Ihrer Aussagen.**
   Nicht nur die fachlichen Kenntnisse sind entscheidend, sondern auch die Art ihrer Darbietung. Neben dem Faktenwissen geht es ebenso um gedankliche Ordnung und Klarheit, Flüssigkeit und Deutlichkeit Ihrer Darstellung. Wählen Sie eine der Prüfungssituation angemessene Sprachebene und strukturieren Sie Ihre Äußerungen sinnvoll. Fachterminologie und Methodenkenntnis fallen ebenso ins Gewicht wie Flexibilität im Gespräch.
8. **Gehen Sie mit realistischen Erwartungen in die Prüfung.**
   Eine realistische Einschätzung der eigenen Fähigkeiten und Kenntnisse und damit der erreichbaren Prüfungsergebnisse baut Angst vor Versagen, Selbstüberschätzung und übersteigerte Erwartungen ab und stabilisiert Psyche und Nerven.

Trainieren Sie die Situation eines Prüfungsgesprächs in der Schule oder im Freundeskreis in Form von Rollenspielen. Beobachtungskriterien können sein:
Gesprächsbereitschaft, Dialogfähigkeit und Sprachniveau des Bewerbers, Niveau der gestellten Fragen, Verhalten im Hinblick auf Blickkontakt, Gestik, Mimik, Haltung, Engagement, Selbstsicherheit und Spontaneität (siehe die Regeln zum nonverbalen Verhalten, S. 67 f., 70 f.).

3 Gruppendiskussion im Unterricht

Übungen zur Gruppendiskussion im Unterricht sollen dazu beitragen, die mündliche Kommunikationsfähigkeit zu verbessern: So lernt man, ein kontroverses Thema sicher zu treffen, sich kurzzufassen, zum Punkt zu kommen. Argumente für die eigene Sicht anzugeben und die Argumente der anderen genau zu prüfen – das zeichnet diese besonders intensive und zielorientierte Kommunikationsform aus. Zudem können Schüler im Unterricht mithilfe dieser Form des mündlichen Sprachgebrauchs einen differenzierten Überblick über eine Vielzahl aktueller Themen bekommen. Sie lernen dabei, gegensätzliche Meinungen auszuhalten und Konflikte sprachlich zu lösen. Es gilt, die eigene Position auf Entgegnungen und Nachfragen hin zu verteidigen, aber auch Argumente der Gegenseite einzubeziehen.

Grundlagen einer Gruppendiskussion sind oftmals politisch und gesellschaftlich relevante Streitfragen, die mit Ja oder Nein beantwortet werden können.

Vorbereitung einer gelungenen Gruppendiskussion

Im Rahmen der Vorbereitung können neben obligatorischen Arbeitsschritten zusätzliche Elemente einbezogen werden, die sich an der Intensität und der Zielsetzung der Gruppendiskussion orientieren:

Grundstruktur einer Gruppendiskussion	Zusatzelemente
• (Freiwillige oder ausgeloste) Bildung von Gruppen mit fünf Mitgliedern • (Freiwillige oder ausgeloste) Auswahl des Diskussionsthemas • Sammlung von themenspezifischen Sachinformationen in der Gruppe im Rahmen einer Erarbeitungsphase (z. B. mit einer Dauer von zwei Wochen) • Abklärung der thematischen Unterpunkte der Recherche zu Beginn der Erarbeitungsphase zur Vermeidung von inhaltlichen Überschneidungen • Vorbereitender Austausch der einzelnen Rechercheergebnisse in Gruppensitzungen • Abschließende Erstellung einer klaren und übersichtlichen Gliederung des Debattenthemas • Beachtung räumlicher Gegebenheiten, Sitzordnung etc. • Wahl bzw. Verlosung der verschiedenen Gesprächspositionen (Pro- bzw. Kontra-Redner) und der Aufgabe des Gesprächsleiters	• Erstellung eines nach wissenschaftlichen Gesichtspunkten konzipierten Literaturverzeichnisses auf der Basis fundierter Quellen • Gründliche Auswertung und sorgfältiges Archivieren der von den einzelnen Schülern recherchierten und ausgewerteten Materialien • Erstellung einer Gruppenmappe • Erstellung eines Ergebnis- bzw. Verlaufsprotokolls

Drei Phasen bei der Durchführung einer Gruppendiskussion

Im folgenden Beispiel wird in einer Gruppe mit fünf Personen diskutiert. Zwei sprechen sich für, zwei gegen das Gefragte aus. Ein Moderator übernimmt die Leitung des Gesprächs.

1. Eröffnungsrunde: Stellung beziehen		
In der Eröffnungsrunde hält der Gesprächsleiter ein Eingangsstatement, in dem er in das Thema einführt und die exakte Vorgabe des Diskussionsthemas erklärt. Er klärt die Zielsetzung und den Ablauf der Diskussion.	3 Min.	Einführung des Moderators
Im Folgenden hat jede der beteiligten Personen die Debattenfrage kurz aus ihrer Sicht begründet zu beantworten. Auf inhaltliche Details oder konkrete Beispiele ist in dieser Phase zu verzichten.	2 Min. 2 Min. 2 Min. 2 Min.	Kurze Statements der vier Redner
Pro- und Kontra-Redner wechseln einander ab; es ist keine Unterbrechung der Einzelbeiträge erlaubt.		
2. Freie Aussprache: Abgleich und Klärung		
In einer freien Aussprache wird die Debatte im freien Wechsel und unter Leitung des Moderators fortgesetzt; der Austausch soll in freiem Wechsel erfolgen.	2 Min. 2 Min. 2 Min. 2 Min.	Erster Pro-Redner Erster Kontra-Redner Zweiter Pro-Redner Zweiter Kontra-Redner
3. Schlussrunde: Erneut Stellung beziehen (Entscheidung)		
In der Schlussrunde muss jeder die Frage noch einmal beantworten, jetzt im Licht der durchgeführten Aussprache. Die Meinungen dürfen geändert werden. Die Reihenfolge der Redner entspricht der der Eröffnungsrunde. Anstelle neuer weiterer Argumente sollen hier bereits entfaltete Argumente in Form eines Resümees zusammengetragen und als inhaltlicher Ertrag der Debatte formuliert werden.	1 Min. 1 Min. 1 Min. 1 Min.	Statements der vier Redner
Schlusswort des Moderators	2 Min.	Zusammenfassung des Moderators

Die dargestellte Debatte dauert 25 Minuten, kann aber auch reduziert werden, indem die Eröffnungsrunde und die freie Aussprache bei Bedarf gekürzt werden. Für die Schlussrunde sollte jedem immer eine Minute zur Verfügung stehen. Außerdem besteht die Möglichkeit, die Debatte auszuweiten, z. B. indem das Publikum in die Diskussion mit einbezogen wird.

Ferner kann die Rolle des Moderators sicher unterschiedlich definiert werden, indem dieser z. B. eine mehr oder weniger umfassende Ergebniszusammenfassung liefert, eine Schlussabstimmung leitet und die Debatte mit einem Schlusswort abrundet.

Auch über die Einhaltung der Redezeiten wacht der Moderator. Fünfzehn Sekunden vor Ablauf der Redezeit wird ihr nahes Ende durch ein einmaliges Klingelzeichen angezeigt.

Wird die Redezeit überschritten, wird dies durch ein zweimaliges Klingelzeichen angezeigt und anschließend durch ein dauerndes Klingelzeichen unterbunden.

Nachbereitung

Um Kommunikations- und Argumentationsstrategien der Diskussion in der Klasse besser untersuchen und nachbesprechen zu können, bietet es sich an, die Debatte mit einem Aufnahmegerät bzw. einer Videokamera festzuhalten. Dies leistet auch eine Hilfestellung, wenn eine Nachbesprechung im Hinblick auf zuvor festgelegte Beurteilungskriterien erfolgen soll.

Eine Gruppendiskussion kann als gelungen bezeichnet werden, wenn

- Streitfragen differenziert und ausgewogen von verschiedenen Seiten betrachtet werden,
- der eigene Standpunkt gestärkt und gegen Einwände verteidigt werden kann,
- eine gründliche und ernsthafte Auseinandersetzung mit der Meinung der anderen Teilnehmer erfolgt,
- die verschiedenen Schritte der Vorbereitung, Durchführung und Nachbereitung zielgerichtet erfolgen.

Beispiel für einen Beobachtungs- und Bewertungsbogen

Kriterien der Beobachtung/Bewertung
Sachkenntnis:
Wie gut kennt sich der Redner im Thema aus?
Kenntnis des Sachverhalts,
Kenntnis von Wertungsgesichtspunkten
Richtigkeit/Aktualität eigener Angaben

Ausdrucksvermögen
Wie sagt er, was er meint?
Lebendigkeit in Gestik und Mimik
Deutliche Artikulation
Flüssiger Vortrag
Klare Gliederung
Angemessenes Sprachniveau
Anschaulichkeit der Formulierung

Gesprächsfähigkeit
Wie gut geht er auf die anderen ein?
Bereitschaft zum Zuhören
Anknüpfen an die Vorredner
Rücksicht auf Beiträge anderer
Angreifen gegnerischer Schwachstellen
Verzicht auf persönliche Attacken

Überzeugungskraft

Themenfelder

Gesundheit/Medizin
Veganes Leben (Lifestyle/Ernährung/Kleidung)
Veggie-Day
Generation Marathon – Fitness- und Jugendwahn
Lebensmittel-Ampel – Transparenz für gesundes Essen
Fitness-Tracker (Uhren/smartes Gesundheitsmonitoring)
Verbot von E-Zigarette und Shisha-Clubs
Mutter mit 60 dank Biotechnologie
Kinderwunsch – Wunschkinder
Schönheit um jeden Preis?

Medien
Jugendschutz
Trash-TV, Castingshows
Nostalgie – Rückzug ins Private. Die Flucht in den Kitsch der Katzenbilder und -videos als Symptom der Vereinsamung unserer Gesellschaft

Mode/Trends
Sein oder Design – das Modediktat
Gender-Erziehung
Fanzines und Magazine (In-Out-Listen)

Jugend und Zukunft
Generation Praktikum
Generation Y (Why!)

Schule/Bildung
Bildungsgerechtigkeit
Helikoptereltern
Inklusion und Integration
Schulkleidung

Ökologie
CO_2-Footstep bei Urlaubsreisen
Sanfter Tourismus
Energetisches Bauen
Autofahrverbote in Innenstädten
Citymaut
Elektromobilität
Carsharing
„Verspargelung der Gesellschaft" (Windparks)

Politik
Senkung des Wahlalters auf 16
Führerschein ab 16
Volksabstimmungen/Stärkere Bürgerbeteiligung (Stromtrassen, Windparks etc.)
Videoüberwachung im öffentlichen Raum

Sport
Ablehnung sportlicher Großveranstaltungen? (Olympia, WM und EM in der Krise)
Kommerzialisierung und Sport
Legalisierung von Doping
Gegenbewegung:
Cocooning und Couch-Potatoes

Wirtschaft/Soziales
Spaltung der Republik (Milliardäre und Hard-to-Reach-Persons [„Hartzer", Flaschensammler, Obdachlose])
„The Working Poor" – trotz Arbeit ein Leben unter dem Hartz-IV-Satz (Aufstocker)
Demografische Entwicklung (Überalterung)
Mehrgenerationenhäuser
Freiwilligendienste und Ehrenamt im Pflegebereich
Altersbegrenzung für Führerscheine

Städte
Genderisierung der Gesellschaft
Gentrifizierung der Städte
Kindergerechte Städte
Verödung der Innenstädte (Mallkultur und Einkauf auf der Grünen Wiese)
Billiger Wohnen auf dem Land trotz schlechter Infrastruktur?

IV Kommunikationsstrategien

1 Information und Argumentation

Weil Kommunikationsformen zielgerichtet sind und eine Absicht verfolgen, gibt es bestimmte Strategien, die benutzt werden, um auf das Gegenüber – in sehr unterschiedlicher Weise – Einfluss zu nehmen. Im Vordergrund der meisten Kommunikationssituationen stehen Mitteilung und Meinungsbildung, Sachbezogenheit und Überzeugungskunst.

Bei der **Information** liegt der Akzent auf überprüfbaren Fakten, Sachlichkeit und Verständlichkeit. Information als Kommunikationsstrategie bedeutet, dass sich der Sprecher als Person im Interesse der Sache zurücknimmt. Sein Wissen über einen Sachverhalt versetzt ihn in die Lage, mit Kenntnissen aufzuwarten, ohne den Diskussionspartner manipulativ oder polemisch beeinflussen zu müssen. Auch die Weitergabe von Wissen, um ein Wissensdefizit des Hörers auszugleichen (Schule, Ausbildung, Beruf), fällt unter die Kommunikationsstrategie Information.

Wenn es nicht um die Vermittlung bloßer Einzelfakten, sondern um das Aufzeigen von kausalen Zusammenhängen (Ursachen – Folgen) und um die Meinungsbildung bzw. Bewertung von Sachverhalten geht, ist die angemessenste Kommunikationsstrategie die **Argumentation**. Man versteht darunter die gedanklich und sprachlich logische Beweisführung, die die Richtigkeit einer Behauptung belegt. Dabei sollte ein sachlicher Stil dominieren – also keine **verbalen Ausfälle** oder Generalisierungen („Alle ... sind").

Generell werden drei **Argumentationstypen** unterschieden:

- Die **Plausibilitätsargumentation** beruft sich auf Selbstverständlichkeiten, allgemein Akzeptiertes, den **„gesunden Menschenverstand"**.
  Häufige Formulierungen sind:
  - Keiner wird bezweifeln/bestreiten, dass (der Unterricht in großen Klassen schwieriger ist).
  - Es ist allgemein bekannt/anerkannt, dass (Leistung belohnt werden muss).
  - Es gilt als sicher, dass (neben der Begabung auch der Fleiß zu Erfolgen führt).
- Die **rationale Argumentation** stützt sich auf überprüfbare Angaben und logische Schlussfolgerungen wie z. B. Zahlenmaterial, wissenschaftliche Gesetzmäßigkeiten, nachprüfbare Tatsachen aus dem menschlichen Erfahrungsbereich, Widerspruchsfreiheit. Hierbei kann auf folgende Beweisführungen zurückgegriffen werden:
  - Praxis-(Erfahrungs-)Beweis
  - Autoritätsbeweis
  - Analogiebeweis
  - logisches Schlussverfahren
- Formulierungsmöglichkeiten sind etwa:
  - Laut Angaben des Statistischen Bundesamtes hat im letzten Jahr die Zahl der Singlehaushalte weiter zugenommen. (Zahlenmaterial)
  - Die Flucht in die Sachwerte bei einer hohen Inflationsrate lässt die Sparquoten sinken. (Wirtschaftswissenschaftliche Gesetzmäßigkeit)
  - Erfahrungsgemäß unterliegt der Mensch in der Anonymität leichter politischer Propaganda. (Menschliche Erfahrung)
  - Falsch: Auch heute noch besitzt das Auto ein sehr hohes Prestige in der Gesellschaft, nur heutzutage kann sich jeder ein Auto leisten.

- Richtig: Obwohl sich heutzutage die meisten ein Auto leisten können, sehen manche im Luxusauto immer noch ein Prestigeobjekt. (Widerspruchsfreiheit)

Die **moralisch-ethische Argumentation** bezieht sich auf allgemein anerkannte Normen und Werte, wie sie z. B. in den Grund- und Menschenrechten festgelegt sind. (Hinweis auf religiöse und humanistische Werte)

2 Einfühlung und Verständnis

Eine weitere, oft unterschätzte Kommunikationsstrategie kann mit **Einfühlung** und **Verständnis** bezeichnet werden. Es sind damit vorurteilsfreie Offenheit, positive Zuwendung und emotionale Anteilnahme gemeint, aber auch geduldige Zurückhaltung und aufmerksames Zuhören. Diese Kommunikationsstrategie prägt vor allem therapeutische Gespräche, weil nur so die Voraussetzungen für Hilfe oder Selbsthilfe geschaffen werden. Eine einfühlsame und verständnisbereite Haltung kommt jedoch jedem Gespräch zugute, weil das darin enthaltene Wohlwollen auf sprachliche Unterdrückung verzichtet, Barrieren abbaut und sich der Sprecher in die Rolle und Situation des anderen hineinversetzt und damit Gleichberechtigung schafft. Im besonderen Maße sind Einfühlung und Verständnis immer dann verlangt, wenn die Gesprächspartner in einem hierarchischen oder abhängigen Verhältnis zueinander stehen oder wenn es sich um besondere Krisensituationen handelt:

Zu vermeiden sind	Wünschenswert wäre
• Ratschläge und Überlegenheit • Bevormundung und Besserwisserei • Vorwürfe und Kritik • bedrängende Fragen	• der Abbau von Barrieren • das Wiederholen als Bestätigung der Wahrnehmung • das Ertragen von Gesprächspausen • das Einfühlen und Verstehen • eine Äußerung des Sich-Einlassens • eine Aufmunterung und Ermutigung

Ein Gespräch, das sich nach diesen Regeln richtet, nennt man **empathisch** (gr. *empátheia* = einfühlend). Dies setzt aber die Bereitschaft des Hörers voraus, richtig, also aktiv zuzuhören.

Zuhören

Was die kleine Momo konnte wie kein anderer, das war: Zuhören. Das ist doch nichts Besonderes, wird nun vielleicht mancher Leser sagen, zuhören kann doch jeder.

Aber das ist ein Irrtum. Wirklich zuhören können nur ganz wenige Menschen. Und so wie Momo sich aufs Zuhören verstand, war es ganz und gar einmalig.
Momo konnte so zuhören, daß dummen Leuten plötzlich sehr gescheite Gedanken kamen. Nicht etwa, weil sie etwas sagte oder fragte,

Szenenfoto aus „Momo“ (Deutschland 1986) mit Radost Bokel und Mario Adorf was den anderen auf solche Gedanken brachten, nein, sie saß nur da und hörte einfach zu, mit aller Aufmerksamkeit und aller Anteilnahme. Dabei schaute sie den anderen mit ihren großen dunklen Augen an, und der Betreffende fühlte, wie in ihm auf einmal Gedanken auftauchten, von denen er nie geahnt hatte, daß sie in ihm steckten.

Sie konnte so zuhören, daß ratlose und unentschlossene Leute auf einmal ganz genau wußten, was sie wollten. Oder daß Schüchterne sich plötzlich frei und mutig fühlten. Oder daß Unglückliche und Bedrückte zuversichtlich und froh wurden. Und wenn jemand meinte, sein Leben sei ganz verfehlt und bedeutungslos und er selbst nur irgendeiner unter Millionen, einer, auf den es überhaupt nicht ankommt und der ebenso schnell ersetzt werden kann, wie ein kaputter Topf – und er ging hin und erzählte alles das der kleinen Momo, dann wurde ihm, noch während er redete, auf geheimnisvolle Weise klar, daß er sich gründlich irrte, daß es ihn, genauso wie er war, unter allen Menschen nur ein einziges Mal gab und daß er deshalb auf seine besondere Weise für die Welt wichtig war.

So konnte Momo zuhören.

Ende, Michael, Momo oder Die seltsame Geschichte von den Zeit-Dieben und von dem Kind, das den Menschen die gestohlene Zeit zurückbrachte, Stuttgart, Thienemann, 1973, S. 15f.

1. Zeigen Sie auf, worin der Erfolg der kleinen Momo im Umgang mit ihren Mitmenschen liegt.
2. Üben Sie Einfühlung und Verständnis des empathischen Gesprächs in Rollenspielen:
   - Sohn/Tochter gesteht zu Hause eine ungeplante Schwangerschaft.
   - Sohn/Tochter (nicht volljährig) will ausziehen.
   - Freund/Freundin hat eben den positiven HIV-Befund erfahren.
   - Vermitteln Sie als Mediator/-in der Schule in einem Streit zwischen Mitschülern/Mitschülerinnen.

Manipulation und Polemik

Missbraucht man Sprache zur Steuerung der Hörer, ohne dass es diesen bewusst wird, so handelt es sich um **Manipulation**. Der Einsatz von sprachlichen Mitteln ist in diesem Fall darauf ausgerichtet, zu beeinflussen, in eine gewünschte Richtung zu lenken, Macht und Herrschaft auszuüben und im schlimmsten Fall zu entmündigen. Das Gefährliche daran ist, dass ein so Manipulierter keine Gegenwehr ergreifen kann, da der sprachliche Prozess der raffinierten Vereinnahmung von ihm gar nicht bemerkt wird. Im Gegensatz zur Propaganda, die mit deutlichen und direkten sprachlichen Mitteln arbeitet, bedient sich die Manipulation subtiler (feiner) und versteckter Methoden. Manipulation im öffentlichen Bereich nutzt politische, gesellschaftliche und wirtschaftliche Faktoren aus und bedient sich der technischen Medien; im privaten Bereich wird sie durch die emotionale Situation und Rollenmuster erleichtert. So sind jüngere Kinder z. B. durch ihre Eltern manipulierbar, weil sie deren Zuneigung nicht verlieren wollen und außerdem der elterlichen Autorität unterliegen.

Sprachliche Mittel der Manipulation können sein:
- Schmeichelei
- Herstellung eines Wir-Gefühls bzw. eines Feindbildes (Ingroup- bzw. Outgroup-Schema)
- Beschönigungen bzw. Ausklammern von Negativem (Tabuisierung)
- Bestätigung vermuteter Vorurteile
- Vereinfachungen, Ablenkungsmanöver
- gezielte Fehlinformationen und Verfälschungen
- Versprechung bzw. Drohung, Verheißung bzw. Panikmache
- Appell an niedere Instinkte bzw. hehre Ideale
- Weckung künstlicher Bedürfnisse

Nicht verschleiernd und vereinnahmend wie die Manipulation, sondern provokativ und nach Konfrontation suchend geht die **Polemik** vor. Der Begriff geht auf das griechische Wort für **„feindselig", „streitbar"** zurück und damit ist bereits die Grundhaltung polemischer Kommunikation charakterisiert: Polemik will polarisieren, den Gegner herausfordern und verletzen, ihn bloßstellen oder gar erniedrigen.

Die Aggressivität dieser Kommunikationsform dient dazu, dass der Angreifer sich und seine Position aufwertet und als eindeutig überlegen herausstellt. Neben dieser bösartigen Polemik, die das Gegenüber ausschalten will, gibt es aber auch eine Spielart, der es darauf ankommt, den Gesprächspartner aus der Reserve zu locken, ihn zu pointierten Aussagen zu reizen. Hierbei geht es mehr um die Sache als um die Person. Polemik kann grundsätzlich in jeder Kommunikationssituation auftreten; am häufigsten wird sie in Politik und Journalismus eingesetzt. Redner, die die Techniken der Manipulation und Polemik einsetzen, um ihr Publikum aufzuhetzen und zu verführen, nennt man **Demagogen**.

Mittel der Polemik können sein:
- **Ironie, Zynismus, Sarkasmus**
- **sprachliche Mittel**
  - Neubildung von Wörtern (Neologismus) bzw. Wörter in neuem Kontext
  - Archaismen (Vokabular des „Dritten Reichs" bzw. der ehem. DDR, nostalgische Schrifttypografie; Gothic)
  - Einbezug der Lautmalerei: Oi: „TrOIe"/„FrOInde"/„LOIte"
  - Metaphern/Personifikationen: der Nationen (Deutschland: Michel – Germania/ USA: Uncle Sam)
  - Vergleiche/direkte Vergleiche/Gleichsetzungen Kulturanthropologische Allgemeinplätze (Generalisierung)
  - Bedeutungsänderung von Wörtern: „Krieg ist positiv, Frieden ist Feigheit!"
  - Wiederholungen/Schlüsselwörter,
  - Anaphern, Hyperbeln – Superlative – Emphase, Euphemismen
- **Aktivismus:**
  kurzer, aktivistischer Satzbau (parataktisch)/aktivistische Verben
- **wertende Adjektive und Substantive** (Stereotypen/Klischees)

- **positive Verstärkung der eigenen Position (Gruppe) – Abwertung der Gegner**
  - Wir – die anderen/In-Out-Group-Schema; Schwarz-Weiß-Malerei: z. B. America first vs. Achse des Bösen
  - positive Stereotypen: z. B. „eiserne Treue", „der fleißige deutsche Arbeiter"
  - negative Metaphorik: z. B. Gleichsetzung negativ konnotierter Eigenschaften z. B. mit Tieren (Pfau, Gockel, Nashorn, Stier, Hai, Schwein(igel), vgl. Fabel, S. 395), Gleichsetzung der Fremdgruppe mit deren Essgewohnheiten (Deutsche = Krauts / Sauerkraut)
  - Diffamierung Andersartiger: Schimpfworte / abwertende Witze über Randgruppen (Außenseiter: Geschlecht, Haarfarbe, Behinderung – Beeinträchtigung)
  - Wortspiele: z. B. verKOHLen (Helmut Kohl), Österreich kommt zu KURZ (Sebastian Kurz, Obmann ÖVP), Sponti-Spruch „Lass Dich nicht BRDigen"
- **Persiflage/Travestie:** z. B. Darstellung der Politiker in der „heute-Show" (ZDF)
- **Persönliche (direkte) Beleidigungen:** z. B. „Herr Präsident, Sie sind ein A..., mit Verlaub!" (Joschka Fischer, Die Grünen; Zwischenruf im deutschen Bundestag 18. Oktober 1984)

1. Bloggen Sie unter der Verwendung der aufgezeigten rhetorischen Mittel eine „Gegenpolemik" gegen die Abwertung einer Randgruppe.
2. Zeigen Sie anhand der drei Reden im Auszug „Auf hoher See" (siehe S. 76 ff.), inwiefern hier die Redner polemisch-propagandistische Mittel einsetzen. Welcher der Redner wäre als Demagoge zu enttarnen?

V Übungen

Das Ei

Das Ehepaar sitzt am Frühstückstisch. Der Ehemann hat sein Ei geöffnet und beginnt nach einer längeren Denkpause das Gespräch.

Er: Berta!
Sie: Ja ...
Er: Das Ei ist hart!
Sie: (schweigt)
Er: Das Ei ist hart!!!
Sie: Ich habe es gehört ...
Er: Wie lange hat das Ei denn gekocht?
Sie: Zu viele Eier sind gar nicht gesund!
Er: Ich meine, wie lange dieses Ei gekocht hat ...?
Sie: Du willst es doch immer viereinhalb Minuten haben ...
Er: Das weiß ich ...
Sie: Was fragst du denn dann?
Er: Weil dieses Ei nicht viereinhalb Minuten gekocht haben kann!
Sie: Ich koche es aber jeden Morgen viereinhalb Minuten.
Er: Wieso ist es dann mal zu hart und mal zu weich?
Sie: Ich weiß es nicht ... ich bin kein Huhn!
Er: Ach! ... Und woher weißt du, wann das Ei gut ist?
Sie: Ich nehme es nach viereinhalb Minuten heraus, mein Gott!
Er: Nach der Uhr oder wie?
Sie: Nach Gefühl ... eine Hausfrau hat das im Gefühl ...
Er: Im Gefühl? Was hast du im Gefühl?
Sie: Ich habe es im Gefühl, wann das Ei weich ist ...
Er: Aber es ist hart ... vielleicht stimmt da

mit deinem Gefühl was nicht ...

Sie: Mit meinem Gefühl stimmt was nicht? Ich stehe den ganzen Tag in der Küche, mache die Wäsche, bring deine Sachen in Ordnung, mache die Wohnung gemütlich, ärgere mich mit den Kindern rum und du sagst, mit meinem Gefühl stimmt was nicht?

Er: Jaja ... jaja ... jaja ... wenn ein Ei nach Gefühl kocht, kocht es eben nur zufällig genau viereinhalb Minuten.

Sie: Es kann dir doch ganz egal sein, ob das Ei zufällig viereinhalb Minuten kocht ... Hauptsache, es kocht viereinhalb Minuten!

Er: Ich hätte nur gern ein weiches Ei und nicht ein zufällig weiches Ei! Es ist mir egal, wie lange es kocht!

Sie: Aha! Das ist dir egal ... es ist dir also egal, ob ich viereinhalb Minuten in der Küche schufte!

Er: Nein - nein ...

Sie: Aber es ist nicht egal ... das Ei muss nämlich viereinhalb Minuten kochen ...

Er: Das habe ich doch gesagt ...

Sie: Aber eben hast du doch gesagt, es ist dir egal!

Er: Ich hätte nur gern ein weiches Ei ...

Sie: Gott, was sind Männer primitiv!

Er: (düster vor sich hin) Ich bringe sie um ... morgen bringe ich sie um!

Loriot: Das Frühstücksei, Copyright © 2003 Diogenes Verlag AG Zürich

1. Analysieren Sie diesen Dialog unter Einbezug der Kommunikationstheorien von Friedemann Schulz von Thun und von Paul Watzlawick.
2. Verfassen Sie den Dialog unter Einbezug wichtiger Kommunikationsregeln neu.
3. Was würden Sie als Kommunikationscoach im Rahmen einer Eheberatung den beiden raten?
4. Legen Sie in einem Artikel für eine Frauen-/Szenezeitschrift dar, welches Verhältnis eine moderne Partnerschaft prägen sollte.
5. Reflektieren Sie in Form eines inneren Monologs, wie Er/Sie diesen Dialog am Frühstückstisch erlebt.
6. Verfassen Sie einen Brief, in dem die Frau einer Freundin/ihrer Tochter/ihrem Sohn dieses Ereignis schildert.
7. Zeigen Sie auf, was Er am Abend am Stammtisch seinen Freunden über dieses Ereignis erzählen wird.
8. Spielen Sie diese Szene nach.
   - Verändern Sie dabei die jeweiligen Sprachebenen (Dialekt – Soziolekt; restringierter – elaborierter Code; siehe S. 56) und überlegen Sie, wie sich dabei das soziale Umfeld in Form der Regieangaben ändern müsste.
     Wie ändert sich dadurch das Verhältnis der Protagonisten?
   - Inszenieren Sie diesen Dialog in verschiedenen literarischen Epochen.
     Wie dürfte sich dabei das Rollenverhältnis ändern: Drama des Sturm und Drang (siehe S. 439 f.), soziales Drama (siehe S. 446), realistisches Volksstück (siehe S. 450 f.), episches Theater (siehe S. 453 f.), absurdes Theater (siehe S. 472 f.). Beachten Sie dabei das unterschiedliche zeittypische Kommunikationsverhalten der Protagonisten.
9. Verfilmen Sie die Szene für verschiedene TV-Formate (Bildungsfernsehen – Trash-TV).
10. Zeichnen Sie in Standbildern den Ablauf dieses Dialogs pantomimisch nach. Berücksichtigen Sie, welche Hierarchien in dieser Partnerschaft vorherrschen (Rolle Mann/Frau), und zeigen Sie in einem zweiten Durchlauf auf, wie die beiden in einer modernen Ehe damit umgehen sollten.

Texte verfassen

3

I Einteilung von Texten

1 Begriffserklärungen

Der Begriff **Text** (lat. *textus* = Gewebe) ist die allgemeinste Benennung für einen mündlichen oder schriftlichen Wortlaut. Statt des Textbegriffs kann man auch das Wort **„Literatur“** als allgemeinste Bezeichnung verwenden, wenn die ursprüngliche Wortbedeutung (lat. *literae* = Buchstaben) zugrunde liegt. Allerdings wird der Begriff **„Literatur“** meistens für **fiktionale** (erfundene, erdachte, poetische) **Texte** verwendet, selten für nicht fiktionale, d.h. **expositorische Texte** (Gebrauchstexte, Sachtexte), die für einen realen Sachzusammenhang entstanden sind.

Gemäß den möglichen Hauptabsichten, die der Sender mit seiner Botschaft verbindet, kann man die Texte unterteilen:

Expositorische Texte	Fiktionale Texte
• Informierende Texte • Argumentierende Texte • Appellierende Texte • Normierende Texte • Ästhetisch-kreative Texte	• Epische Texte (Prosa) • Dramatische Texte • Lyrische Texte

Unter **informierenden Texten** versteht man Sachtexte, bei denen es vorrangig um die Vermittlung von Fakten (Vorgänge, Gegenstände, Abläufe) geht. Steht die begründende Meinungsäußerung im Vordergrund, spricht man von **argumentierenden Texten**. Mit **appellierenden Texten** werden Texte bezeichnet, die vor allem ein bestimmtes Verhalten bewirken wollen. **Normierende Texte** legen in Gebots- oder Verbotsform Handlungsmaßstäbe eindeutig fest. **Ästhetisch-kreative Texte** gelten zwar als Sachtexte, stehen aber durch ihr Ausdrucksniveau, ihre künstlerische Freiheit und ihre schöpferische Eigenständigkeit poetischen Texten am nächsten.

Die folgende Einteilung ist idealtypisch; in der Praxis enthalten Texte oft die Merkmale verschiedener Textsorten. Ein Werbetext kann u.U. alle Absichten – unterschiedlich stark ausgeprägt – auf sich vereinen.

2 Textsorten im Überblick

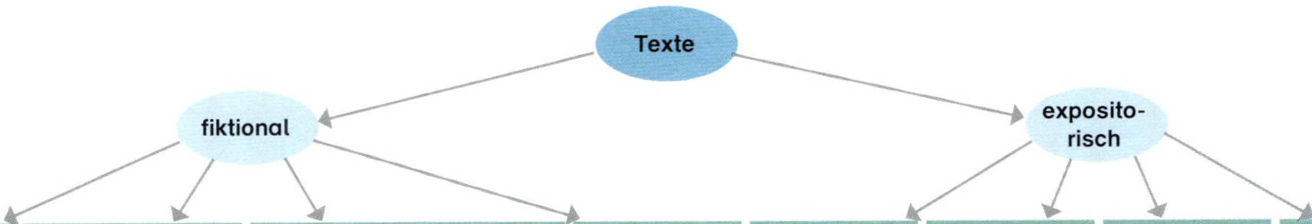

Lyrik	Epik (Prosa)	Drama	ästhetisch-kreativ	informierend	argumentierend	appellierend	normierend
• Alltagslyrik • Ballade • Dinggedicht • Engagierte Lyrik • Erlebnisgedicht • Expressionistisches Gedicht • Gedankenlyrik • Hermetische Lyrik • Hymne • Kirchenlied • Konkrete Poesie • Lehrgedicht • Lied • Minnesang • Naturgedicht • Ode • Politisches Gedicht • Sonett • Song • Symbolistisches Gedicht	• Anekdote • Briefroman • Dorfroman • Erzählung • Exilroman • Gesellschaftsroman • Großstadtroman • Historischer Roman • Höfisches Epos • Kalendergeschichte • Kurzgeschichte • Legende • Märchen • Novelle • Parabel • Roman • Sage • Schelmenroman • Zeitroman	• Absurdes Theater • Bürgerliches Trauerspiel • Dokumentarisches Theater • Einakter • Episches Theater • Experimentelles Theater • Fernsehspiel • Grotesk-zeitkritisches Theater • Historisches Drama • Hörspiel • Komödie • Kritisches Volksstück • Neorealistisches Theater • Parabelstück • Politische Revue • Postdramatisches Theater • Realistisches Volksstück • Schauspiel • Soziales Drama • Spielfilm • Traditionelles Volksstück • Tragikomödie • Tragödie	• Brief • Essay • Glosse • Tagebuch	• Bericht • Beschreibung • Dokumentation • Inhaltsangabe • Protokoll • Reportage • Weblog • Flyer	• Ansprache • Erörterung • Interpretation • Kommentar • Kritik • Rezension • Stellungnahme • Textanalyse	• Aufruf • Flugblatt • Wahlrede • Werbetext	• Anordnung • Gesetz • Satzung • Verordnung • Vorschrift

Werden Texte nicht vorrangig nach der Aussageabsicht unterteilt, sondern mehr nach formalen Kriterien, so wird der Begriff **„Textsorte"** verwendet. Textsortenbezeichnungen sind sozusagen Etiketten oder Ordnungsbegriffe. Ein Leserbrief (= Textsorte) ist äußerlich an verschiedenen Merkmalen (Bezugspunkt, Absenderangabe, Ort der Veröffentlichung etc.) erkennbar, kann jedoch – je nach Absicht des Schreibers – mehr informativ, appellativ oder argumentativ etc. sein.

Im Bereich der fiktionalen Texte verwendet man den Begriff **„Gattung"** in erster Linie für die drei **Dichtungsarten** Lyrik, Prosa (Epik) und Drama, mitunter auch für die konkreten Formen (z. B. Komödie, Ode, Novelle etc.), für die aber immer häufiger auch der Begriff **„Textsorte"** Verwendung findet. Die Ordnungsbegriffe teilen die Gattungen nach äußeren Kennzeichen ein, wobei als einfachstes Unterscheidungsmerkmal das Druckbild gelten kann: In der Lyrik sind die Zeilen nur teilweise genutzt, beim Drama steht zu Beginn jeder Redepartie der Name des Sprechers mit Doppelpunkt und bei epischen Texten wird das Erzählte zwar in Abschnitte unterteilt, aber insgesamt fortlaufend – in der Regel bis an den Zeilenrand – geschrieben.

3 Textsortenglossar

Absurdes Theater	Drama, dessen Handlung und Dialog sich einer Sinngebung weitgehend entziehen und somit eine pessimistische Weltdeutung ausdrücken
Alltagslyrik	Gedicht über Alltägliches
Anekdote	Knappe, pointierte Erzählung über historische Personen und Ereignisse
Anordnung	Anweisung mit offiziellem Charakter
Ansprache	Fest- oder Gedenkrede zu einem bestimmten Anlass mit relativ großem Gestaltungsspielraum
Aufruf	Öffentliche Aufforderung im Dienste einer Sache, Idee, Initiative etc.
Autobiografie	Sonderform der Biografie; Hauptperson und Autor identisch
Ballade	Gedicht, das ein oft tragisches Geschehen – auch unter Einbeziehung dramatischer und epischer Elemente – gestaltet
Bericht	Wertungsfreie Beschreibung eines datierbaren Geschehens
Beschreibung	Sachlicher Text mit genauen Angaben zu einer Person, einem Gegenstand oder Vorgang
Biografie	Lebensbeschreibung von meist bedeutenden Persönlichkeiten in unterschiedlichen Darstellungsformen, z. B. wissenschaftlich, unterhaltsam, literarisch (Romanbiografie)
Brief	Absichtsgebundene schriftliche Mitteilungsform eines bestimmten Absenders an einen festgelegten Empfänger (Privat-, Geschäfts-, offener Brief)
Briefroman	Weitgehend in Brief- und Tagebuchform gehaltener Roman, meist über das Innenleben der Romanfigur

Bürgerliches Trauerspiel	Drama seit dem ausgehenden 18. Jahrhundert, in dem die Ständeklausel des aristotelischen Dramas nicht mehr gilt und bürgerliche Personen zu tragischen Figuren werden
Dinggedicht	Gedicht, das einen (Kunst-)Gegenstand oder ein Lebewesen distanziert beschreibt und sein inneres Wesen ergründet
Dokumentation	Umfassende Sammlung und Aufbereitung authentischer Zeugnisse zu einem Thema
Dokumentarisches Theater	Drama, das authentisches Quellenmaterial im Sinne einer bestimmten Aussageabsicht auswählt und zu einer Bühnenhandlung zusammenfügt
Drama	Dichterische Grundform, bei der dem Zuschauer, Hörer, Leser die Handlung durch mimisch-gestische Aktionen und Dialoge der Rollenträger direkt vermittelt wird
Einakter	Bühnenstück in einem Akt, das einen ausschnitthaften Eindruck – z. B. einer Epoche, einer Gesellschaftsschicht – vermittelt
Engagierte Lyrik	Gedicht, das Stellung zu aktuellen gesellschaftlichen und politischen Problemen bezieht
Episches Theater	Von Brecht begründetes Drama mit lehrhafter Absicht, das die illusionäre Identifikation des Zuschauers mit dem Bühnengeschehen zugunsten eines kritisch-distanzierten Bewusstseins mit Mitteln der Verfremdung verhindern will
Erlebnisgedicht	Betont autobiografisches Gedicht, das Erlebnisse und Eindrücke gefühlsstark gestaltet
Erörterung	Sachbezogene, argumentativ begründende Auseinandersetzung mit einem Thema unter vorgegebener Fragestellung
Erzählung	Der Novelle verwandte Darstellung zusammenhängender Begebenheiten ohne strenge Komposition
Essay	Eine über die Tagesaktualität hinausgehende, relativ freie Aufsatzform auf hohem, fast literarischem Niveau
Exilroman	Während der nationalsozialistischen Zeit von Autoren in der Emigration geschriebener Roman, der sich kritisch mit der NS-Diktatur auseinandersetzt und/oder die Exilsituation thematisiert
Experimentelles Theater	Dramenform, die durch den Einsatz ungewohnter theatralischer Mittel und Sprachspiele die traditionellen Hör-, Seh- und Beurteilungskriterien infrage stellen will
Fernsehspiel	Aus der frühen Fernsehtradition stammende Dramenform, die die erweiterten technischen Möglichkeiten des Mediums für eine meist wirklichkeitsnahe Darstellung aktueller Stoffe nutzt
Flugblatt	Öffentlich verbreitete Handzettel mit appellativem, aufklärendem oder bekennendem Inhalt

Flyer	Werbeflugblatt; hauptsächlich verwendet zu Werbezwecken mit ausdrucksstarken Überschriften, die Zielgruppe ansprechenden Bildern und Textelementen
Gedankenlyrik	Gedicht, das sich mit gedanklich-weltanschaulichen Inhalten erlebnishaft auseinandersetzt
Gesellschaftsroman	Roman, der die historisch-politischen, sozialen, kulturellen und psychischen Begebenheiten einer oder mehrerer Schichten am Schicksal von Einzelfiguren beleuchtet
Gesetz	Für alle Angehörigen eines Gemeinwesens geltende Norm, die Gebote und Verbote aufstellt, um das Zusammenleben zu regeln
Glosse	Spöttischer, mitunter satirischer Kommentar, der Tagesaktualitäten geistreich-ironisch und witzig beleuchtet
Großstadtroman	Roman, der die Verhältnisse der modernen Industrie- und Massengesellschaft im Bild des hektischen und anonymen Großstadtlebens spiegelt
Grotesk-zeitkritisches Theater	Drama, das mit den Mitteln der Übertreibung und Verzerrung sowie skurrilen Einfällen und schrillen Effekten arbeitet, um das politische Bewusstsein des Zuschauers zu schärfen
Hermetische Lyrik	Gedicht, das in dunklen, geheimnisvollen Symbolen und Chiffren die Wirklichkeit verrätselt
Historisches Drama	Drama mit geschichtlichen Stoffen und geschichtsphilosophischen Aussageabsichten
Historischer Roman	Fiktionale Gestaltung der geschichtlichen Vergangenheit aus einem gewissen zeitlichen Abstand heraus
Höfisches Epos	Mittelalterliche Erzähldichtung in vierhebigen Reimpaarversen mit ritterlichen Stoffen
Hörspiel	Für den Rundfunk konzipierte Dramenform, die sich auf Gesprochenes und akustische Signale beschränkt
Hymne	Gedicht, das in gehobener, frei rhythmischer Sprache seinen Gegenstand – nahezu – religiös besingt
Inhaltsangabe	Knappe, auf Interpretation verzichtende Zusammenfassung des wesentlichen Inhalts eines Textes, Films usw.
Interpretation	Analyse und Deutung eines künstlerischen Werkes
Kalendergeschichte	Unterhaltsame und belehrende kürzere Erzählung, die ursprünglich in Kalendern veröffentlicht wurde
Kirchenlied	Gedicht, das zur religiösen Erbauung und Belehrung im Gottesdienst oder privat gesungen wird
Kolumne	Kommentarähnliche Äußerung eines (Gast-)Autors in einer Zeitung oder Zeitschrift zu einem aktuellen Thema
Kommentar	Meinungsbetonte Auseinandersetzung mit einem Thema aufgrund eines aktuellen Anlasses

Komödie	Drama, dessen Verwicklungen auf heiter-komische Art zum glücklichen Ende kommen
Konkrete Poesie	Gedicht, das mit Sprache optisch und akustisch spielt und damit besondere Effekte erzielt
Kritik	Beschreibende und wertende Beschäftigung mit (künstlerischen) Produkten und Ereignissen
Kritisches Volksstück	Fortsetzung des realistischen Volksstückes nach 1945 mit erweitertem Personenkreis und verschärfter Kritik an den politischen Verhältnissen
Kurzgeschichte	Aus dem anglo-amerikanischen Sprachraum stammende kurze, ausschnitthafte Erzählung mit offenem Anfang und Ende sowie mit meist realistischem alltäglichem Inhalt
Legende	Fromme, erbauliche und lehrhafte Erzählung, die wundersame Begebenheiten aus dem Leben von Heiligen wiedergibt
Lehrgedicht	Gedicht, bei dem die belehrende Tendenz und die praktische Nutzanwendung im Vordergrund stehen
Lied	Sangbares und strophisch gebautes Gedicht, das aus der Volkstradition (Volkslied) stammt oder in Anlehnung daran künstlerisch gestaltet ist (Kunstlied)
Märchen	Aus der Volkstradition kommende fantastische Erzählung mit fest gefügtem Wertesystem von Gut und Böse, die mythische Motive bewahrt (Volksmärchen); seit der Romantik auch eigenständige Kunstmärchen
Minnesang	Höfisches Liebesgedicht des Mittelalters mit Rollenspielcharakter
Naturgedicht	Gedicht, in dessen Zentrum das Erleben von Naturerscheinungen steht; moderne Form der Naturlyrik: irritierte Naturwahrnehmung
Novelle	Erzählung mittleren Umfangs mit einer „unerhörten Begebenheit“, kunstvollem Aufbau und Dingsymbolen
Ode	Gedicht, das meist reimlos in feierlicher Sprache nach antikem Muster gesteigerte Empfindungen zum Ausdruck bringt
Parabel	Gleichnishafte Erzählung, in der modellhaft eine Wahrheit ausgedrückt wird
Parabelstück	Dramatische Handlung, deren lehrhafter Modellcharakter auf konkrete politische Zustände übertragbar ist
Politisches Gedicht	Gedicht, das sich mit Themen von öffentlichem Interesse kritisch oder affirmativ (bestätigend) auseinandersetzt
Politische Revue	Drama, das mit spektakulären Mitteln des Bühnenbilds, der Musik und der Bewegungsregie politische Inhalte provozierend gestaltet
Protokoll	Formal streng geregelter Bericht über Verlauf oder Ergebnisse eines Vorgangs/einer Besprechung
Realistisches Volksstück	Dramatische Handlung aus dem bürgerlichen Milieu, die die begrenzte Einsicht und Freiheit sowie die eingeschränkten Sprachmöglichkeiten der Figuren offenlegt

Reportage	Lebendiger, auch die Stimmung einfangender Bericht vor Ort mit subjektiver Note des Berichterstatters
Rezension	Kritik/Besprechung von Neuerscheinungen auf dem Buchmarkt oder anderen wichtigen Publikationen
Roman	Weit ausholende Erzählung eines Welt- oder Lebensausschnittes
Sage	Mündlich überlieferte Erzählung, die an historische Ereignisse, Personen oder lokalisierbare Schauplätze anknüpft, den realen Rahmen jedoch sprengt
Satzung	Schriftlich niedergelegtes gesetztes Recht von Verbänden
Schauspiel	Ernstes Drama mit tragischen Elementen, aber versöhnlichem Ausgang
Schelmenroman	Satirischer Gesellschaftsroman über die Abenteuer eines gewitzten Vagabunden
Sonett	Gedicht mit genau festgelegtem Aufbau (zwei Quartette, zwei Terzette) und Reimschema
Song	Balladeskes, oft parodistisches Lied aus dem Umkreis des Kabaretts; bei Brecht verfremdendes Element im epischen Theater
Soziales Drama	Naturalistische Wiedergabe der Konflikte determinierter Personen in einer milieubestimmten Handlung
Spielfilm	Auf optische Ästhetik, sinnliche Fantasie und Unterhaltung abzielende Dramenproduktion, die technisch reproduzierbar ist, industriellen und markttechnischen Gesetzen unterliegt und ursprünglich an die öffentliche Vorführung im Kino gebunden war
Stellungnahme	In mündlicher oder schriftlicher Form gehaltene begründende Meinungsäußerung zur Darstellung eines Themas
Symbolistisches Gedicht	Gedicht, bei dem das Konkrete auf seinen Zeichen- und Verweischarakter hin gedeutet werden muss
Tagebuch	Regelmäßige Aufzeichnungen privater Natur, können literarischen Charakter annehmen; Veröffentlichung in Buchform aus biografischen, zeitgeschichtlichen oder literarischen Gründen
Textanalyse	Untersuchende Erschließung der Inhalte eines pragmatischen oder literarischen Textes sowie des Funktionszusammenhangs zwischen Inhalt, Aufbau, Form, Aussageabsicht und Wirkung
Traditionelles Volksstück	Volkstümliches, gemüthaftes Drama mit märchenhaften Zügen und Gesangseinlagen (Posse), aber auch mit leiser Sozialkritik
Tragikomödie	Verbindung von tragischen und komischen Elementen in einer Handlung, die aus der Zwiespältigkeit der Welt resultieren
Tragödie	Drama, das aus innerer Notwendigkeit mit dem Untergang des Helden oder einem ungelösten Konflikt endet
Verordnung	Allgemein geltende, von einer Behörde erlassene Anordnung
Vorschrift	Verbindliche Regelung, deren Einhaltung überwacht wird

Wahlrede	Parteiische Werbung für eine bestimmte politische Richtung
Weblog/Blog	Tagebuchartig geführte, öffentlich zugängliche Internetseite, die um Kommentare oder Notizen ergänzt werden kann
Werbetext	Verbale, oft mit nonverbalen Elementen verknüpfte (Kauf-)Aufforderung oder Beeinflussung zugunsten eines Produkts oder Ziels
Zeitroman	Anderer Begriff für Gesellschaftsroman, der den Zeitcharakter des Werkes betont

II Pragmatisches Schreiben

1 Nachricht und Reportage

Im engeren Sinn versteht man unter **Nachricht** eine journalistische Form im Medienbereich: Zeitung, Hörfunk, Fernsehen, Internet. Die Nachricht ist eine Mitteilung über ein aktuelles Ereignis, an dem ein öffentliches Interesse besteht. Sie kann in Wort, Bild, Ton oder Film übermittelt werden, gibt Antwort auf W-Fragen und bezieht sich dabei auf Vergangenes oder Zukünftiges. Nachrichten sind kurz und prägnant, sachlich und wertfrei.

Nachrichten übermittelnde Massenmedien verfügen über ein internationales System von Nachrichtenagenturen, Korrespondenten und Reportern. Während der Reporter in der Regel von Fall zu Fall den Ort wechselt, sind Korrespondenten für ein festgelegtes Gebiet zuständig. Ein vielfältiges, politisch nicht gelenktes und zensiertes Nachrichtenangebot sowie der ungehinderte Zugang dazu sind unabdingbarer Bestandteil einer Demokratie und Voraussetzung der freien politischen Willensbildung (vgl. Grundgesetz Art. 5 zur Meinungsfreiheit). Nachrichten sind inzwischen auch ein wesentlicher Wirtschaftsfaktor, zumal sie an ständige technische Veränderungen geknüpft sind.

Seit dem 19. Jahrhundert gibt es sogenannte Nachrichtenagenturen; die bekanntesten sind: (Thomson) Reuters, Deutscher Depeschendienst (ddp), Deutsche Presseagentur (dpa), Associated Press (ap), Austria Presse Agentur (APA) und Agence France Press (afp). Es gibt aber auch auf den Sport oder die Kirchen bezogene Agenturen: Sport-Informations-Dienst (SID), Katholische Nachrichten-Agentur (KNA) oder Evangelischer Pressedienst (epd). Diese Agenturen beliefern die einzelnen Nachrichtenredaktionen mit den neuesten Nachrichten aus aller Welt. Dort wird das Nachrichtenmaterial gesichtet, ausgewählt, erarbeitet und veröffentlicht bzw. gesendet.

Zum Wesen einer Nachricht gehören folgende Eigenschaften:

- bemerkenswertes aktuelles Ereignis
- knappe Darstellung folgender Angaben
  - Ereignis und nähere Umstände
  - Beteiligte
  - Ort und Zeit
  - Ursache und Folge

Selbst wertungsfreie Nachrichten sind nicht das Ereignis selbst und meistens auch nicht Ergebnis ursprünglicher Erfahrungen, sondern sprachliche Vermittlung, oft über mehrere Stationen. Sie sind also damit mehrfach gefiltert, ehe sie den Adressaten erreichen, sodass man nicht von absoluter Objektivität sprechen kann. Trotzdem kommen Nachrichten unter den journalistischen Formen dem Anspruch der Objektivität am nächsten. Der formale Aufbau einer Nachricht unterliegt gewissen Regeln:

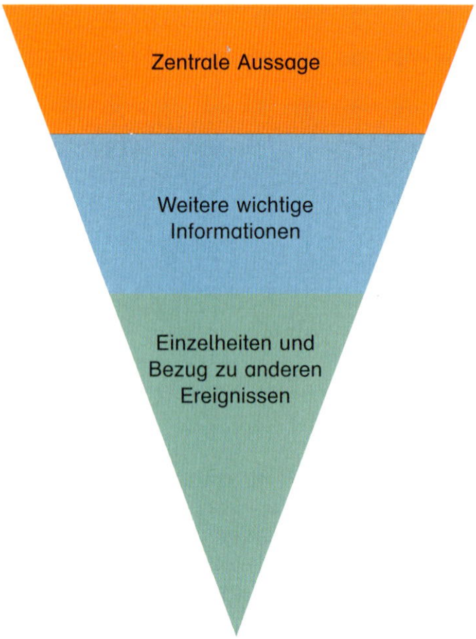

Fleischkonsum

Nur vier Prozent der Menschen in Deutschland leben vegetarisch

Die meisten Menschen in Deutschland essen deutlich mehr Fleisch, als ihrer Gesundheit guttut. Das zeigt eine Studie des Robert Koch-Instituts. Vegetarier gibt es nur wenige.

Gut vier von hundert Erwachsenen in Deutschland ernähren sich gewöhnlich vegetarisch, berichtet das Robert Koch-Institut (RKI). Demnach neigen Frauen eher dazu, auf Fleisch zu verzichten. Unter ihnen sind 6,1 Prozent Vegetarierinnen, bei den Männern sind es lediglich 2,5 Prozent. „Die Möglichkeiten, sich ausgewogen vegetarisch zu ernähren, haben sich in Deutschland in den letzten Jahren deutlich verbessert“, schreiben die Studienautoren. „Vegetarierinnen und Vegetarier sind heute mehr als eine idealistische Minderheit.“ [...]

Für die Auswertung nutzten die RKI-Forscher Daten von 6933 Menschen, deren Essverhalten zwischen 2008 und 2011 analysiert worden war. Dabei wurde jeweils über vier Wochen erfasst, welche Lebensmittel die Teilnehmer wie häufig und in welchen Mengen verzehrten. Am größten ist der Anteil der Vegetarier demnach in der Gruppe der 18- bis 29-Jährigen. Bei ihnen verzichtet fast jede zehnte Frau (9,2 Prozent) auf Fleisch, bei den Männern in der Altersgruppe ist es immerhin jeder 20. (5 Prozent). Das Ergebnis deckt sich mit einer bento-Umfrage aus dem Jahr 2015, laut der sich sieben Prozent der 18- bis 30-Jährigen als Vegetarier bezeichnen.

Auch mit zunehmendem Bildungsstand steigt der RKI-Studie zufolge der Anteil der Vegetarier. „Gleiches gilt für Personen, die in Großstädten leben und für Menschen, die mehr als vier Stunden pro Woche Sport treiben", schreiben die Forscher im „Journal of Health Monitoring". Vegetarier konsumieren demnach auch weniger kalorienreduzierte Getränke, Bier und Wein sowie mehr Tee, Obst und Gemüse. [...]

Der durchschnittliche Fleischkonsum in Deutschland liegt erheblich über der Empfehlung der Deutschen Gesellschaft für Ernährung (DGE). Aus gesundheitlicher Sicht sollte man sich in der Woche eigentlich mit 300 bis 600 Gramm Fleisch und Wurst begnügen, was rund 16 bis 31 Kilogramm pro Jahr entspricht. Nach Angaben des Bundesverbands der Deutschen Fleischwarenindustrie isst der durchschnittliche Deutsche aber gut 60 Kilo Fleisch pro Jahr.

Ein häufigerer Verzicht auf Fleisch würde auch die Umwelt schonen und die Massentierhaltung reduzieren, schreiben die Forscher. „Diese positiven Effekte würden weiter verstärkt, wenn neben der relativ kleinen Gruppe der Menschen, die ganz auf Fleisch verzichten, eine insgesamt größere Bevölkerungsgruppe ihren Fleischkonsum reduzieren würde."

Berres, Irene/dpa, Nur vier Prozent der Menschen in Deutschland leben vegetarisch, in: Spiegel Online, 02.01.2017, online unter: www.spiegel.de/gesundheit/ernaehrung/vegetarier-nur-vier-prozent-der-menschen-in-deutschland-leben-fleischlos-a-1128290.html, zugegriffen am 30.03.2017

1. Zeigen Sie auf, inwiefern dieser Text die wesentlichen Elemente einer Nachricht enthält.
2. Verfassen Sie auf der Basis der Informationen einen kurzen Kommentar für eine Schülerzeitung (siehe S. 180 ff.).

Wie die Nachricht hält sich die **Reportage** (lat. *reportare* = überbringen) an Tatsachen und Beobachtungen, ist aber meistens ausführlicher und anschaulicher, auch persönlicher gefärbt. Oft stellt die Reportage das Menschliche oder Persönliche in den Vordergrund, versucht dem Leser das Gefühl zu vermitteln, dabei gewesen zu sein. Das geschieht vielfach mit spannungserzeugenden Mitteln und der Einbeziehung atmosphärischer Eindrücke. Eine gute Reportage erfordert vom Journalisten vorbereitende Recherchen; er unterliegt der Verpflichtung zu journalistischer Sorgfalt, was jedoch durch die Tendenz zum Enthüllungs- und Sensationsjournalismus erschwert wird.

Die Lebhaftigkeit einer Reportage spiegelt sich im abwechslungsreichen Stil wider: Zumeist beginnt eine Reportage mit einem dialogischen, szenischen Einstieg. Die Authentizität wird durch die Verwendung von Zitaten, die den Hintergrund beleuchten, verstärkt. Wichtig ist auch der subjektiv gefärbte Schreibstil, was an beschreibenden Adjektiven, Vergleichen und der Verwendung zahlreicher rhetorischer Mittel zum Ausdruck kommt. Weitere typische Merkmale sind: Erlebnisbericht, Schilderung, Tempuswechsel, Montage, Konkretisierung und Verallgemeinerung, Naheinstellung und Totale. Daran wird deutlich, dass die Reportage freier und kreativer ist als die Nachricht und viele andere journalistische Formen.

Sabrina Ebitsch: Bye-bye, Bio

Die Bio-Branche boomt und Johann Glockner war dabei. Seit kurzem kommt aus den Eutern seiner Kühe keine Bio-Milch mehr, obwohl sich in seinem Stall kaum etwas ändert. Warum? Eine Spurensuche im Grenzland zwischen ökologischer und konventioneller Landwirtschaft.

Das Schild am Bretterzaun neben der Hofeinfahrt hängt noch: „Naturland“ steht da, in Grün, darüber drei sich biegende Blätter. Grün ist es rund um den Bauernhof von Johann Glockner immer noch und drinnen eigentlich auch, doch das Schild eines der größten ökologischen Anbauverbände müsste weg. Bald will Glockner hinausgehen und zumindest handschriftlich darüber ergänzen: „Leider nicht mehr“. Um niemanden mehr in die Irre zu führen. Aber auch, um Fragen aufzuwerfen.
Seit Anfang des Jahres ist Johann Glockner, 59, aus Reitham, einem 110-Einwohner-Dorf im bayerischen Oberland, kein Bio-Bauer mehr und aus den Eutern seiner Kühe kommt keine Bio-Milch mehr, für die er zehn Cent mehr pro Liter bekäme. Dabei hat sich nicht viel geändert. Und deswegen hat Glockner ein Interesse daran, zu erklären, warum das so ist. [...]
Es geht vielen so wie ihm. Eine Studie des Thünen-Instituts kam 2013 zu dem Ergebnis, dass pro Jahr 415 Bio-Betriebe und damit 3,3 Prozent wieder zur konventionellen Landwirtschaft zurückkehren. Weitere 191 geben ganz auf. Vor allem aus ökonomischen Gründen: Weil sie zu wenig verdienen, weil Prämien gekürzt wurden, die Kosten für Bio-Futter, Kontrollen und Zertifizierung zu hoch waren oder sie ihre Ware nur schwer vermarkten konnten. Damit gehen der ökologischen Landwirtschaft Jahr für Jahr fast fünf Prozent der Betriebe verloren.
Obwohl man hierzulande händeringend, mit Programmen, Vor-Ort-Beratern und Kursen an eigens eingerichteten Akademien [...] versucht, mehr Landwirte für die ökologische Landwirtschaft zu gewinnen. Weil es zu wenig Bio-Bauern und zu wenig Flächen für den stetig steigenden Bedarf gibt. 2013 ist der Bio-Markt in Deutschland um 7,2 Prozent gewachsen. Die bewirtschaftete Fläche nur um ein, die Zahl der Betriebe um zwei Prozent. Weil die Nachfrage nicht mehr zu decken ist, wird bereits heute ein Großteil der Bio-Lebensmittel importiert – ein Paradoxon eigentlich, angesichts des ursprünglichen Anspruchs an den ökologischen Landbau.
Johann Glockner ist ein konservativer Mann. Er ist Mitglied im CSU-Ortsverband, trägt Cordhose, grünkariertes Hemd, Strickweste. In seiner Stube blättert er mit Fingern, rissig und dick wie Flaschenhälse, in seinen Unterlagen, in Biorichtlinien, Abrechnungen und Jahresbilanzen. Über ihm im Herrgottswinkel das Kruzifix, Heiligenbilder darunter. Aber Glockner, kräftig, grau-weißer Drei-Tage-Bart, dünner werdendes Haar, ist kein Klischee des grantelnden oberbayerischen Landwirts, der mit dem neumodischen Bio-Kram nichts zu tun haben will. Das will er oder vielmehr wollte er, gerade weil er ein konservativer Mann ist – im Wortsinn.
Weil es ihm darum geht, zu erhalten, was er hat. Er wirtschaftet nachhaltig, auch wenn das vielleicht doch ein zu neumodisches Wort ist. Aus ökonomischer Vernunft und aus Überzeugung. Glockner hat 23 Milchkühe, im Schnitt sind es in Deutschland 67 pro Halter. Der Stall ist überschaubar, Spinnweben in den Ecken, durch die Fenster fällt gelblich das Licht. Die Kühe sitzen oder liegen auf dem Boden, vorne eine Rinne fürs Futter, hinten eine für den Kot. Sie fressen, kauen, mahlen, schauen. Eine reckt den Kopf, Glockner stupst mit dem Zeigefinger gegen die rosafarbene, feuchte Stelle zwischen den Nüstern: „Neugierig, gell?“ [...]
Eine Kuh gibt Milch, wenn sie ein Kälbchen bekommt. Seit der Mensch sich der Euter angenommen hat, ist die Jahresleistung, so nennt man das, kontinuierlich gestiegen. 2013 waren es der Deutschen Milchleistungsprüfung zufolge im Schnitt 8200 Liter, mehr als doppelt so viel wie noch 1950. Die Spitzenwerte der Hochleistungskühe liegen bei mehr als 10.000 Litern. Glockner spricht da von „Doping“, weil solche Werte nur mit erheblichem Kraftfuttereinsatz zu erreichen sind. [...]

In diesem System ist die Kuh eine milchproduzierende Maschine. Wenn die Maschine kaputtgeht, wird sie ausgetauscht und verschrottet. Die Durchschnitts-Milchkuh wird etwa fünf Jahre alt. Glockners Kühe geben auch Milch, 5700 Liter im Jahr. Sie könnten mehr geben, aber dann dürften sie nur fressen und im Stall stehen und keine Kalorien auf dem Weg zur Weide verbrennen. […]

Und sie haben Hörner, weil „ich meine Küh' net verstümmeln lass', weil eine Kuh mit Hörndl noch Würde hat". Weil die Hörner länger werden, je älter eine Kuh wird, und sie Jahresringe haben wie die Bäume: ein Ring pro Kalb. […] Er sehe an den Augen, ob es einer Kuh gut gehe, sagt Glockner, und dass es bei seinen so sei. Er glaubt das, auch wenn sich seine Kühe nicht viel bewegen können, zumindest im Winter nicht, und obwohl sie an Hals und Schulter Tag für Tag zwischen zwei mit rotem Plastik ummantelten Bügeln stehen.

Die Anbindehaltung ist der Grund dafür, dass Glockner das Schild an seinem Hof abnehmen oder zumindest ergänzen muss. Sie war bislang noch als Ausnahmeregelung in kleinen Betrieben zulässig, ist aber in der biologischen Landwirtschaft seit Jahresbeginn gänzlich verboten. Im Sommer ist das kein Problem, aber im Winter will der Bauer seine Kühe nicht nach draußen schicken. […]

Im Winter bräuchte er also einen Laufstall, damit die Kühe sich bewegen können, aber das lässt sich in dem alten Gebäude, das er von seinem Vater übernommen hat, nicht machen. Und neu bauen? Einen Riesenstall und dem Sohn Zehntausende Euro Schulden übergeben? Will er nicht. Den Betrieb vergrößern? Er wolle sich nicht „ins Hamsterrad einspannen lassen", wie so viele andere, die vor lauter Arbeit nicht mehr ein noch aus wissen. Also wird er sich durchlavieren, bis zur Rente, die just mit dem Jahr zusammenfällt, in dem die Anbindehaltung auch in konventionellen Betrieben nicht mehr zulässig sein soll. Dann soll der Junior selbst entscheiden, wie er weitermacht.

Glockner ist kein Ideologe, der seine Ernte am Mondkalender orientiert und für den Tierschutz demonstrieren geht. Er ist kein dunkelgrüner Fanatiker, der in der Freizeit seine Kühe streichelt. Davon sind die meisten Bio-Bauern weit entfernt. Sie sind Profis, die versuchen, Ökologie und Ökonomie in Einklang zu bringen. […]

Glockner macht, was er für richtig hält und das deckt sich oft mit den Bio-Richtlinien und den Prinzipien nachhaltiger Landwirtschaft. Er fährt nicht mit schwerem Gerät auf den Wiesen hin und her, weil das den Boden zu sehr verdichtet. Er hat einen zwölf Jahre alten Traktor und repariert selbst. Er mag kein Gift auf seinem Grund und Boden versprühen. Die früheren Generationen hätten das Land nicht kaputtgemacht und „wir haben auch nicht das Recht dazu", sagt er. […] Die Grabenkämpfe zwischen konventionell und bio, den Bösen hier, den Guten dort, den skrupellosen Tierquälern auf der einen und den Streitern für eine bessere Welt auf der anderen, existieren vor allem in der Wahrnehmung derer, die außerhalb des Systems stehen, sagt er: „Es kommt darauf an, wie man mit den Kühen umgeht", so Glockner. Vielleicht fällt es ihm auch deswegen so schwer, das Schild an seiner Hofeinfahrt abzunehmen.

Ebitsch, Sabrina, Bye-bye, Bio, in: Süddeutsche Zeitung, 03.03.2014, online unter: www.sueddeutsche.de/wirtschaft/oekologische-landwirtschaft-bye-bye-bio-1.1897839, zugegriffen am 30.03.2017

1. Zeigen Sie anhand des sprachlichen und inhaltlichen Befunds auf, wie die SZ-Journalistin die Beweggründe des Landwirts, sich vom Biosiegel zu verabschieden, bewertet. Warum hat sie – unter Einbezug der typischen Gattungsmerkmale – dafür das Genre der *Reportage* gewählt?
2. Argumentieren Sie in einem Leserbrief an „Naturland – Verband für ökologischen Landbau e.V.", ob Sie – unter Berücksichtigung der Vergabepraxis für Biosiegel – dessen „öKUHvisionäre" Gütekriterien für Bioprodukte gutheißen (siehe S. 178 f.).

Der nachfolgende Text war Teil einer Kampagne zum 30-jährigen Jubiläum eines ökologischen Anbauverbandes:

Die Naturland ÖKUHVISION

Das dargestellte Kuh-Logo war das visuelle Erkennungszeichen der Kampagne zum 30-jährigen Jubiläum von Naturland.

Naturland wurde vor 30 Jahren von engagierten Landwirten, Wissenschaftlern und Verbrauchern gegründet. 1982 war ihre Vision, eine Landwirtschaft und Lebensmittelverarbeitung, die den Wert der komplexen, natürlichen Lebensgrundlagen, wie zum Beispiel Bodenfruchtbarkeit, erhält bzw. verbessert. Sie wollten eine Landwirtschaft betreiben, bei der sie nicht die Böden auslaugen und die Gewässer mit Pestiziden vergiften. Ihr Weg war es, mit den Kräften der Natur zu wirtschaften statt gegen sie. Ihr klares Ziel war, die Menschen mit wertvollen, geschmackreichen Lebensmitteln zu versorgen.

Diese Vision trägt weiter.
Heute nimmt Naturland noch stärker das Bild des ganzen Planeten Erde in den Blick. Und arbeitet an Herausforderungen wie der Ernährungssicherung der Weltbevölkerung. Zu den globalen Problemen gehört auch die teilweise dramatische Veränderung des Weltklimas. Die Folgen der seit den 60er Jahren diskutierten Erderwärmung sind vielfach zu beobachten. Bodenerosion ist eine davon. Durch Stress geschwächte Pflanzen und ein Wassermangel für Pflanzenbau und Tierhaltung sind weitere. Sie alle betreffen die gesamte Weltbevölkerung. Und sie betreffen insbesondere Landwirte – egal ob auf der Nord- oder Südhalbkugel.

Die Naturland ÖKUHVISION sieht einen großen Entwicklungssprung in der ökologischen Landwirtschaft. Dieser Sprung muss sich auf verschiedenen Ebenen vollziehen. Beispielsweise in einer noch umfangreicheren Erforschung des Öko-Landbaus; in der Neuausrichtung der Agrarpolitik; in der Durchsetzung eines Lebensstils, der u. a. mit einem deutlich reduzierten Fleischkonsum auskommt; in der Erhaltung und Förderung der Biodiversität, in einer angemessenen monetären und ideellen Wertschätzung der Arbeit und der Erzeugnisse der Landwirte und der Lebensmittelverarbeiter weltweit; in einer zunehmend schnelleren Ausbreitung des Öko-Landbaus und der ökologischen Lebensmittelverarbeitung.

Naturland ÖKUHvision, in: Naturland Online, online unter: www.oeko-pioniere.de/799.html, zugegriffen am 10.03.2014

2 Kommentar und Glosse

Alle konkreten aktuellen Ereignisse, die für eine Nachricht relevant sind, können auch den Anlass zu einem Kommentar oder einer Glosse bieten. Der wesentliche Unterschied zwischen Nachricht und Bericht einerseits und Kommentar und Glosse andererseits besteht in der Einbeziehung der Meinung.

Im **Kommentar** (lat. *commentari* = überdenken, Betrachtungen anstellen) findet in argumentativer Form eine Auseinandersetzung mit einem Sachverhalt statt. Dieser wird zwar auch informativ und faktenbezogen dargestellt, aber das Hauptgewicht liegt auf der Meinungsäußerung, Problematisierung und Bewertung, den Lösungsangeboten und Handlungsaufforderungen des Kommentators. Intention und Wertung eines Kommentators hängen entscheidend von dessen Grundeinstellungen ab.

Auch der **Leitartikel** ist ein Kommentar; er befindet sich in einer Zeitung stets an gleicher Stelle, ist zwar namentlich gekennzeichnet, versteht sich aber als Meinungsäußerung der Redaktion einer Zeitung. Man nennt den Leitartikel auch die „Flagge einer Zeitung". Im Unterschied dazu ist die **Kolumne** eine eher persönliche Meinungsäußerung einer einzelnen oft bekannten Persönlichkeit. Der Kommentarteil hat in einer Zeitung seinen festen Platz und ist meistens optisch besonders hervorgehoben.

Kommentar

Markus C. Schulte von Drach: Weniger Fleisch, mehr Mitgefühl

Menschen sind an den Fleischkonsum angepasst. Und Tiger haben auch kein Mitleid mit ihrer Beute. Wieso habe ich dann Gewissensbisse, wenn ich ein Schnitzel esse? Gerade weil ich ein Mensch bin. Und es ist besser, auf das Mitgefühl zu hören als auf den Gaumen. Ein biologistisches Plädoyer für den Fleischverzicht.

Ich bin kein Vegetarier. Gelegentlich verzehre ich Fleisch. Und ich rechtfertige es damit, dass die geringe Menge, die ich verbrauche, für den Klimawandel kaum eine Rolle spielt. Ich hoffe, dass das Fleisch, das ich esse, nicht dazu führt, dass andere Menschen hungern müssen. Schließlich werden mehrere Kilogramm pflanzliche Nahrung benötigt, um ein Kilogramm Fleisch zu produzieren – Nahrung, die mehr Menschen satt machen würde als ein totes Tier. Ich hoffe, dass das Fleisch nicht aus der Massentierhaltung stammt, in der die Tiere leiden. Ich hoffe vielmehr, dass die Schweine, Rinder und Hühner, die für mich sterben mussten, artgerecht gehalten und ohne Schmerzen getötet wurden.

Aber sind diese Hoffnungen berechtigt, oder belüge ich mich selbst, um mein schlechtes Gewissen zu beruhigen? [...] Wieso aber habe ich überhaupt ein schlechtes Gewissen, weil Tiere auf meinem Speiseplan stehen? Schließlich sind wir Menschen biologisch gesehen Allesfresser. Unser Körper ist das Ergebnis einer Evolution, während der sich unsere Vorfahren daran angepasst haben, pflanzliche UND tierische Nahrung verwerten zu können. Wir sind Generalisten. Das hat dem Menschen ermöglicht, völlig verschiedene „ökologische Nischen" – von Grönland über den Dschungel bis hin zur Sahara – zu besiedeln. Die Fähigkeit, Fleisch nutzen können, gehört also ganz klar zum Menschen.

Andererseits – und das ist eben auch ein typisches Merkmal unserer Art – sind wir nicht zwingend auf Fleisch angewiesen. [...] Und insbesondere der Lebensstil von Vegetariern in unserer Gesellschaft ist der Gesundheit vielleicht sogar förderlich. Zumindest gibt es Studien, die darauf hindeuten. Wenn wir ehrlich sind, können wir kaum leugnen: Fleisch ist für uns heute vor allem ein Luxusartikel, der die Speisekarte derjenigen bereichert, die es sich leisten können. Mit zunehmendem Wohlstand wird mehr Fleisch konsumiert – das zeigen beispielsweise die Entwicklung in Deutschland nach dem 2. Weltkrieg und die gegenwärtige Zunahme des Fleischverbrauchs in Schwellenländern wie China und Indien. Bei uns kommt Fleisch nicht mehr aus Notwendigkeit auf den Tisch. Wir essen es, weil es uns schmeckt und wir daran gewohnt sind.

Wir mögen also vielleicht von Natur aus Allesfresser sein. Aber damit können wir das Töten von Tieren nicht rechtfertigen. [...] Einen Tiger kümmert es nicht, dass der Hirsch, den er schlägt, Schmerz und Verzweiflung spürt. Die Katze spielt gnadenlos mit der Maus, bevor sie sie tötet. Die Schlupfwespe interessiert sich nicht für das, was die Raupe fühlt, in die sie ihre Eier legt, und die von ihren Larven bei lebendigem Leibe von innen her aufgefressen wird. [...] Das heißt, nur wenn es für die Ahnen des Tigers von Vorteil gewesen wäre, auf Schmerzen der Beute Rücksicht zu nehmen, hätte sich bei ihnen eine Fähigkeit entwickelt, dies zu tun. [...] Vor diesem Hintergrund ist es erst einmal schwierig zu rechtfertigen, dass man jemandem, dem es nach Fleisch gelüstet, verbieten will, was jedem Raubtier zugestanden wird.

[...] Manche Menschen allerdings vertreten den Standpunkt, dass jedem Lebewesen grundsätzlich ein Recht auf Leben, und zwar auf ein möglichst leidensfreies Leben, zugesprochen werden muss. Genauso wie Menschen es für sich selbst auch in Anspruch nehmen. Und dem lässt sich grundsätzlich nicht widersprechen. Welches Recht haben Menschen, über die Rechte von Tieren überhaupt zu urteilen? Auf philosophischer Ebene versuchen Tierethiker [...] sich zwar an einer Abstufung: Sie unterscheiden mehr oder weniger gravierende Eingriffe und orientieren sich dabei an Eigenschaften wie der Fähigkeit, Schmerzen zu empfinden und daran, ob ein Lebewesen über ein Selbstbewusstsein verfügt. Letztlich bleibt es aber doch dabei, dass sich jeder Mensch auf den Standpunkt zurückziehen kann: Was der Tiger und die Schlupfwespe dürfen, darf ich auch. [...] Tatsache ist, dass ganz viele Menschen es als grausam empfinden, wie mit Tieren umgegangen wird oder dass sie überhaupt geschlachtet werden. [...] Das Verständnis dafür, dass nicht nur wir selbst leiden, sondern andere ebenfalls, und dass wir zu einem gewissen Grad sogar mitleiden, führt zu dem Bedürfnis, das fremde und damit auch das eigene Leid zu lindern. [...]

Nach allem, was wir inzwischen wissen, können wir davon ausgehen: Von Empathie kann eine Gesellschaft, in der sich alle ein möglichst sicheres und gutes Leben wünschen, gar nicht genug haben. Es gilt deshalb, sie zu fördern. Auf Fleisch dagegen können wir getrost verzichten. Zwar kann man nicht sagen, dass alle Fleischkonsumenten unsensible Tierquäler sind oder weniger Empathie aufweisen als etwa Vegetarier. Von denen verzichten viele schließlich aus gesundheitlichen Gründen auf Fleisch.

Aber eine Entscheidung, aus Mitgefühl bewusst auf Fleischkonsum zu verzichten, könnte vielleicht das Mitgefühl in unserer Gesellschaft insgesamt stärken. Vielleicht, so meine Hoffnung, führt ein Mehr an Mitgefühl und Respekt vor Tieren zu einer insgesamt größeren Bereitschaft, sich auch in andere Menschen zu versetzen. Und wir können unseren Kindern Mitgefühl mit Tieren beibringen, wenn wir es ihnen vorleben – eben indem wir darauf verzichten, so grausam zu sein, Tiere ohne Not zu töten, nur zur Bereicherung des Speiseplans. [...]

Menschen müssen essen, das ist eine Notwendigkeit. Wenn sich dabei der Tod von Tieren nicht vermeiden lässt, dann ist das kein Mord. Wer aus Mitgefühl auf Fleisch verzichtet, bedauert wohl auch den Tod von leidensfähigen Tieren. Außerdem sind Fleischprodukte, aber auch Milch und Eier das Ergebnis einer Umwandlung von pflanzlichem in tierisches Material. Dabei gehen große Mengen von Kalorien verloren. Für eine tierische Kalorie werden – je nach Tierart und Berechnungsform – vier bis 21 pflanzliche Kalorien benötigt. Das bedeutet: Um die Menschen mit der gleichen Energie zu versorgen, wird für Fleisch, Milch und Eier mehr Anbaufläche gebraucht als wenn dort Pflanzen direkt für den menschlichen Verbrauch angebaut würden.

Natürlich gibt es globale Verteilungsprobleme. Und manche Weiden taugen nicht zum Acker, so dass dort nur über Tiere Nahrung produziert werden kann. Trotzdem verstärkt die gigantische Produktion von Fleisch, Milch und Eiern sicher das globale Hunger- und Trinkwasserproblem – insbesondere angesichts der wachsenden Weltbevölkerung –, und belastet die Umwelt. [...] Die Konsequenz daraus muss sein, Änderungen in der

Landwirtschaft zu fordern. Aber nicht, wie es in manchen Internetforen geschieht, Vegetariern Esoterik vorzuwerfen und schlicht das Verzehren von Weidetieren zu empfehlen. [...]

Schulte von Drach, Markus C., Weniger Fleisch, mehr Mitgefühl, in: SZ Online, 07.03.2014, online unter: www.sueddeutsche.de/wissen/menschen-tiere-und-moral-weniger-fleisch-mehr-mitgefuehl-1.1890793, zugegriffen am 30.03.2017

1. Fassen Sie Kerninhalte dieses Kommentars knapp zusammen.
2. Zeigen Sie anhand des sprachlichen Befunds sowie seiner Argumentationsstrategie auf, wie Dr. Markus C. Schulte von Drach als promovierter Verhaltensbiologe seine Position zum Vegetarismus begründet. Erläutern Sie dabei auch, warum der Verfasser seine Stellungnahme ein „biologistisches Plädoyer" nennt.
3. Diskutieren Sie unter Einbezug dieser Karikatur von Stefan Roth die Thesen des SZ-Journalisten zur gerechten Verteilung in der Landwirtschaft.

Karikatur von Stefan Roth 2014

Kolumne

Brenda Strohmaier: Wenn Veganismus zur Essstörung wird

[...] Der Mann schweigt. Und isst seinen Spargel mit Sauce hollandaise ohne Ei. Und schweigt. Nippt an seiner Schorle. Schweigt. Isst Pasta mit Tofufüllung. Alles vegan, alles sehr gut, alles sehr gesund, an diesem Abend im veganen Dinnerclub. Eigentlich ist ein Dinnerclub [...] – eine anregende Institution, weil man mit fremden Leuten ins Gespräch kommt. Aber nicht mit diesem Tischnachbarn. Es ist mein erster Veganer-Clubabend, und er ist der erste Veganer, den ich kennenlerne. Oder versuche kennenzulernen. Wie lange er schon vegan lebt? „Seit Jahren". Wie lange er schon kein Fleisch isst? „Seit der Kindheit, mochte ich nie". Schweigen. Der Mann ist um die fünfzig, halblange graue Haare, große Füße. Könnte Lehrer sein. [...]

Es ist mir leider unmöglich, eine heitere Kolumne über die Veganismus-Welle zu schreiben, also darüber, warum gerade so viele Menschen außer auf Fleisch auch noch auf Eier, Milchprodukte, Honig und sogar Seidenblusen verzichten. Es läuft generell nicht so richtig zwischen den Veganern und mir. Dabei gebe ich mir Mühe. Als vor zwei Jahren ein veganes Restaurant bei mir um die Ecke eröffnete, war ich unter den ersten Gästen. Es roch nach Küchenfett, die Hauptspeisen erinnerten an die Fleischgerichte in der Kantine. Nur ohne Fleisch. Nicht schlimm. Aber auch nicht gut.

Nichts gegen Weltverbessern durch Essen. Und schon gar nichts gegen Veggie-Days. Wenn ich mit Vegetarier-Freunden ins Restau-

rant gehe, bin ich immer ein bisschen neidisch auf ihre vernünftige fleischlose Wahl, so wie auf Menschen, die es schaffen, nur ab und zu mal zu rauchen. Und Menschen, die etwas Gutes tun in ihrer Freizeit. [...]
Ich bin noch kein so guter Mensch. Aber ich bemühe mich. Manchmal schaffe ich es, beim Asiaten Tofu statt Hühnchen zu bestellen. [...]
Ich will nicht dick werden. Aber auch nicht wie der schweigende Veganer. Ich frage herum, ob jemand sonst noch welche kennt. „Zwei Freundinnen haben gerade versucht, zwei Wochen vegan zu leben", erzählt eine Freundin. „Die eine hat nach einer Woche aufgegeben, weil sie zu viel abgenommen hat. [...]" So viel Nachdenken über Essen kann nicht gesund sein. Und tatsächlich berichtete eine Ärztin beim Small Talk (da sind Veganer jetzt öfter Thema) beiläufig, sie behandle in der Praxis in jüngster Zeit immer mehr Veganerinnen. Ich hake telefonisch nach, und sie erklärt: „Die kommen meist wegen einer Mangelerscheinung. Oft stellt sich dann heraus, dass sie unter einer Essstörung leiden und außerdem noch Veganerin sind."
Wie gesagt, kein lustiges Thema. [...] „Orthorexia nervosa" taufte der amerikanische Arzt Steven Bratman 1997 das krankhafte Verlangen nach korrekten Lebensmitteln. Der schweigsame Veganer im Dinnerclub taut dann doch auf, ungefähr als der Rhabarber-Nachtisch serviert wird. Wir reden kurz über Politik. „Der Euro muss weg", erklärt er. „Sonst geht es noch weiter bergab mit Deutschland." [...] Ich merke, wie ich anfange, mich maßlos aufzuregen. Den Euro abschlachten! Was für eine Vorstellung. [...] Die Gemeinschaftswährung zu meucheln ist für mich so verwerflich, als würde einer im Zoo Amok laufen und Flamingos rupfen. „Was machen Sie denn so beruflich?", frage ich den Veganer. „Sag ich nicht", sagt er. Sag ich doch. Nicht lustig.

Brenda Strohmaier ist Redakteurin im Stil-Ressort – und bemüht sich, weniger Fleisch zu essen und wenn, dann nur bio.

Strohmaier, Brenda, Wenn Veganismus zur Essstörung wird, in: Welt Online, 21.08.2013, online unter: www.welt.de/lifestyle/article119234920/Wenn-Veganismus-zur-Essstoerung-wird.html, zugegriffen am 30.03.2017

1. Zeigen Sie auf, wie die Redakteurin den veganen Trend bewertet.
2. Dieser Artikel löste in den sozialen Netzwerken einen sog. Shitstorm gegen die Kolumnistin aus. Was dürfte die vegane Szene derart provoziert haben?
3. Diskutieren Sie die These der US-amerikanischen Autorin Mary Eberstadt, dass die Debatte über das richtige Essen – vegan ist gut, Fleischesser sind böse – längst den Stellenwert der alten Moralfragen erreicht habe.

Glosse

Die **Glosse** (griech. *glotta* = Zunge) ist wie der Kommentar eine Meinungsäußerung, unterscheidet sich jedoch von diesem durch ihren ironischen oder satirischen Stil. Sie zeichnet sich durch einen freieren Aufbau, eine zugespitzte und subjektive Sichtweise mit einer gewissen Nähe zur Umgangssprache (Plauderton) aus. Oft weisen Glossen eine ausgeprägte Pointe auf, wirken durch Sprachwitz, Humor oder Spott und wollen besonders geist-

reich und unterhaltsam sein. Sie haben thematisch einen großen Spielraum, beziehen sich aber meistens auf aktuelle Anlässe. Häufig jedoch werden dabei Nebenaspekte des politischen, wirtschaftlichen, gesellschaftlichen oder kulturellen Lebens thematisiert.

Micky Beisenherz:

„What the Fuchs" – die schreckliche Wahrheit über Kinderlieder

Eine Veganerin fühlte sich gestört, weil das Glockenspiel im Limburger Rathaus „Fuchs, du hast die Gans gestohlen" spielte. Dabei gibt es ja noch weitaus schlimmere Kinderlieder.

Limburg ist das Gina-Lisa unter den Städten. Viel Pech gehabt, viele Irre, die auf ihre Kosten Schlagzeilen machen. Was war passiert?
Eine selbst für Veganerdimensionen besonders sensible Veganerin fühlte sich durch das Glockenspiel im Limburger Rathaus gestört: „Fuchs, du hast die Gans gestohlen." Die Frau lebt vielleicht fleisch-, aber dafür ganz und gar nicht gehörlos. Und so setzte ihr der Part mit dem Jäger, der den rothaarigen Gänseripper mit der Flinte niederstreckt selbst in der Instrumental-Version derart zu, dass sie den Bürgermeister bat, diesen Song künftig von der Playlist zu nehmen.
Marius Hahn, ein Mann der kleinen Leute, tat ihr den kleinen Gefallen. Hat man doch eh 15 Lieder im Portfolio und tauscht immer wieder mal durch. Klingt für einige wie eine nette Anekdote über den rücksichtsvollen Umgang mit Verklapsten auf dem Lande. Andere fragten sich: „What the Fuchs?"
Ist #GaenseGate doch ein typisches Beispiel für die Schamlosigkeit, mit der die Grünkern-Salafisten von der Veganermiliz versuchen, braven BiFi-Essern und Kaninchenüberfahrern die letzten Freuden an der ohnehin schon durchreglementierten Existenz zu nehmen?
Nachdem die komplette Nahrungskette des Deutschen bereits verdinkelt wurde, darf man ja auch im Grunde genommen nix mehr sagen, ohne, dass die grammatikalischen Gurkennormierer einem auch das letzte Tafelsilber aus der Wortschatzkiste genommen haben.
„Was dürfen wir denn noch?!" „Negerkuss" ist tabu, „Mohrenkopf" ebenfalls, das „Zigeunerschnitzel" steht schon auf dem Index und macht man die „Eskimorolle" beim Kajak fahren, blickt einen die Gesinnungsgestapo beim Auftauchen auch schon ganz böse an.
Doch, halt. Haben wir in unserem blinden Hass auf Wortwarte und Tofundamentalisten nicht vielleicht doch unsere Sensibilität verloren? Sind die vermeintlich kindgerechten Liedchen nicht eine brutale Gehirnwäsche, unsere Welt und ihre Bewohner sukzessive zu soziopathisieren? [...]
Tatsächlich ist „Fuchs, du hast die Gans gestohlen" ein ganz, ganz schlimmes Lied. Es ist ja nicht nur der Fuchs, der sein Leben lässt. Die beliebte Weise ist en passant ein schamloses Plädoyer für den hemmungslosen Genuss von Gänsefleisch. Spätestens da hätte ich von einem Bär Läsker* erwartet, in Limburg vorstellig zu werden, um höchstselbst die Glocke abzuschrauben!
Es kommt aber noch viel schlimmer. „Alle Vögel sind schon da." In einer Gesellschaft des Schneller-Höher-Weiter ist diese Melodie das denkbar schlechteste Signal. Übler kann man die armen Tiere doch gar nicht unter Druck setzen. Wissend, dass Amsel, Drossel und Star sich bereits dem Termindruck ergeben haben, droht dem gehetzten Fink womöglich ein schlimmer Burn-Out. Immer nur funktionieren, funktionieren! Kein Wunder, dass Kind und Tier zusehends verhaltensgestört und ausgebrannt sind.
Dass nicht nur der Mensch, sondern auch das Tier keine Tempolimits kennen, beweist „Die Affen rasen durch den Wald" sehr anschaulich. Was soll denn sowas? Geht es auf den Straßen nicht schon schlimm genug zu – muss jetzt auch noch der Wald als Monte Carlo für PS-geile Bonobos herhalten? Ein schwerer Imageschaden. Hat der Primat doch eben erst durch Galeonsfiguren wie den Trigema-Affen zurück in die Spur der Seriosität gefunden. [...]

„Der Kuckuck und der Esel" – ein geradezu beschämender Aufruf zur narzisstischen Selbstinszenierung. Als wären nicht schon genügend Berufsschüler und Nagelstudiojunkies dem Lockruf des reptilienhäutigen Debilenschüttlers Bohlen erlegen, soll jetzt auch noch das arglose Tier vom Sangesruhm träumen. Die Folge: Ein unwürdiges Wettbrüllen zur Belustigung des Pöbels, bei dem der Lauteste gewinnen soll. Am Ende verlieren alle.

Speziell der Esel scheint mir hier doch ein besonders verführbares Opfer zu sein – hat man ihm doch bereits in der Enkeltrickhochburg Bremen vorgegaukelt, er könne, sofern er sich nur einer Artistengruppe anschließe, bestehend aus Hund, Katze, Hahn und ihm selbst, seiner bürgerlichen Existenz als Nutztier entfliehen. Ja, wo leben wir denn eigentlich?!

„Meine Oma fährt im Hühnerstall Motorrad". Ja, was ist das denn?! Easy Rider trifft Wiesenhof! Nicht nur, dass die armen Tiere von dem Krach und den unkontrollierten Lenkbewegungen der orientierungslosen Vettel völlig verschreckt sind. Auch die Abgasbelastungen müssen enorm sein. Wer so etwas durch lässige Glockenspielereien propagiert, macht sich mitschuldig!

Was in der ganzen Diskussion aber völlig untergegangen ist: Die Limburger haben einen Hahn im Rathaus, Bürgermeister Dr. Marius Hahn. Wo ist denn da die artgerechte Haltung! Ich fordere umgehende Auswilderung. Oder zumindest eine adäquate Unterbringung im Hühnerstall. Zumindest, solange da nicht gerade wieder die Omma auf der Kreidler rumbrettert.

Da lobe ich mir die Hawaiianer. Da kommt beim Singen der deutschen Nationalhymne wenigstens kein Fuchs zu Schaden.

** Andreas „Bär" Läsker – deutscher Musikmanager u. a. der „Fantastischen Vier", zeitweise Mitglied der Jury von DSDS; Verfasser „No need for meat: Oder: Vegan ist, wenn man trotzdem lacht" (2015).*

Beisenherz, Micky, „What the Fuchs" - die schreckliche Wahrheit über Kinderlieder, in: Stern Online, 17.02.2017, online unter: www.stern.de/kultur/micky-beisenherz/micky-beisenherz--die-schreckliche-wahrheit-ueber-kinderlieder-7324684.html, zugegriffen am 30.03.2017

Untersuchen Sie, mit welchen sprachlichen Mitteln der Autor seine Einstellung zur veganen Lebensweise zum Ausdruck bringt.

3 Rezension, Dialogforen und Leserbrief

„Der Film war echt cool" – „So ein Käse" – mit solchen oder ähnlichen Sätzen reagieren viele spontan nach einem Kino- oder Theaterbesuch bzw. auf eine Fernsehsendung. Solche „Kurzkritiken" enthalten zwar ein eindeutiges Urteil, stellen jedoch noch keine fundierte kritische Meinung dar, weil die Begründung fehlt. Erst aus einer gründlichen Auseinandersetzung mit dem Gesehenen und Gehörten oder dem Erlebten und Geprüften kann sich eine ernst zu nehmende Kritik entwickeln. Diese soll zwar durchaus persönlich sein, muss aber für das Gegenüber nachvollziehbar sein. Deshalb muss die Subjektivität sich immer im Rahmen allgemein akzeptierter Denk- und Sprechweisen bewegen.

Eine gute **Kritik** wiederholt nicht beständig bestehende (Vor-)Urteile, sondern lässt sich stets neu auf ihren Gegenstand ein und versucht, auch Ungewohntem und Überraschendem gerecht zu werden. Zunächst kommt eine Kritik nicht aus ohne beschreibende Elemente, die einen ersten, möglichst wertneutralen Gesamteindruck vermitteln sollen. Erst dann kann man seine begründete Meinung über Gelungenes oder Misslungenes, Überzeugendes oder Fragwürdiges äußern, wobei die angelegten Wertmaßstäbe – direkt oder indirekt – aus dem Urteil ersichtlich werden müssen. Dabei helfen Vergleiche und Relativierungen ebenso wie das Eingehen auf unterschiedliche Voraussetzungen und Ansprüche. Ein einziges Beispiel dafür: Schülertheater ist nicht Stadttheater, und Stadttheater nicht Staatstheater – also muss man unterschiedliche Wertmaßstäbe anlegen. Hüten sollte man sich vor übereilten und pauschalen Wertungen, vor allem dann, wenn die Möglichkeit besteht, dass man selbst, als Kritiker, nicht alle Aspekte des Kritisierten sogleich richtig erfasst. In den Medien nimmt die Kritik einen breiten Raum ein. Die traditionelle Form ist die Kunstkritik (Theater, Oper, Konzert Ausstellung, Unterhaltungsveranstaltungen usw.); inzwischen gibt es eine ganze Flut von Themen und Bereichen, die regelmäßig einer kritischen Bewertung unterzogen werden, deren Kritiken aber zum Teil auch Reklamecharakter annehmen (z. B. SZ-Kostprobe, ZEIT-Schmecker, Autotests, Stiftung Warentest, Modekritik, Sportkritik, Freizeitkritik usw.).

Für die Literaturkritik hat sich der Begriff **„Rezension"** eingebürgert. Ein Rezensent stellt neue Bücher vor, beschreibt ihren Inhalt und ihre Form und liefert dabei sein wertendes Urteil, ohne dass diese drei Teile strikt voneinander getrennt werden müssten. Vorgegebene Wertmaßstäbe, Interessen und Erwartungen bestimmen – wie bei jeder anderen Kritik auch – die persönliche Einschätzung. Rezensionen beginnen meistens mit Angaben zum Autor; oft wird die Neuerscheinung mit seinen früheren Werken in Beziehung gesetzt oder mit thematisch ähnlichen Büchern anderer Autoren verglichen. Dies zeigt, dass auch bei Rezensionen die Wertmaßstäbe vergleichender Natur sind oder zumindest sein können.

Fast noch wichtiger als das Urteil ist bei einer **Rezension** die aussagekräftige Vorstellung einer Publikation (Buch, Zeitschrift), die folgende Elemente erhalten sollte:

Belletristik | **Sachbuch**

- Angaben zum Autor
- Einordnung ins Gesamtwerk
- Vergleich mit themenverwandten Büchern

Belletristik	Sachbuch
• Literaturgeschichtliche Einordnung • Textsorte/Gattung • Inhalt, Zielsetzung, Zielgruppe • Handlung, Personen, Schauplatz, Zeit • Erzähl- bzw. Dramentechnik, Lyrikformen • Sprache und Stil • Interpretationsansätze	• Aktualität • Sachbereich • Inhalt, Thema, Problemstellung • Aufbau, Gliederung, Umfang • Aufmachung, Materialaufbereitung • Sprache und Stil • Standort des Autors

Rezension eines Fachmagazins (Sachbuchkritik)

Hasnain Kazim: Schlechtes Gewissen oder schlechter Geschmack

SPIEGEL-ONLINE-Korrespondent Hasnain Kazim stiftet Chaos im Kiosk – und muss zur Strafe zwei Kochmagazine kaufen. Bei der Lektüre stellt er fest, dass Fleischliebhaber und Gemüsefreunde mehr gemeinsam haben, als sie denken.

Ich gestehe, dass ich in größeren Zeitschriftenläden manchmal, wenn ich mich unbeobachtet fühle, Bücher und Magazine umsortiere. Regelmäßig sorge ich zum Beispiel dafür, dass die Titel „Beef!" und „Vegan Magazin" nebeneinander liegen.

Seltsamerweise ist das nämlich meistens nicht der Fall. Dabei sind beide Magazine zwei Seiten einer Medaille. Es geht um ein gemeinsames Thema, welches „Beef!“ und „Vegan Magazin“ nur aus entgegengesetzter Perspektive betrachten. Ihre Prinzipien ergänzen sich wie in der chinesischen Idee des Yin und Yang.
Tatsächlich steht „Beef!“ meist bei den Männerzeitschriften, in der Nähe des „Playboy“, während „Vegan Magazin“ eher in der Rubrik „Lifestyle“ zu finden ist. Aber nicht mehr, nachdem ich da gewesen bin.
Leider wurde ich kürzlich am Hamburger Flughafen beim Umstellen erwischt. „Was machen Sie denn da?“, fragte mich die Verkäuferin misstrauisch. Aus Verlegenheit kaufte ich dann beide Titel. Zum ersten Mal überhaupt.
Es ist wie im Supermarkt: Fleisch ist teurer als Gemüse. „Beef!“ kostet stolze zehn Euro, während man für das „Vegan Magazin“ nur 4,90 Euro hinblättern muss. Auf dem einen prangt, ernsthaft, ein rohes Steak auf dem Titel, darunter die Zeile „Nimm mich!“. Ein Stück Tierleiche als Modell! […]
Das andere Cover zeigt eine junge, feenhafte Frau mit grüngefärbten Haaren. Über ihrem Kopf schwebt ein Blumenkranz, in Oberlippe und Nase stecken Piercings. Außerdem hat sie so ein gedehntes, riesiges Ohrloch, man nennt diesen Schmuck, das habe ich recherchiert, „Fleischtunnel“. (Notiz an mich selbst: Prüfen, ob Veganismus das Verhältnis zum eigenen Fleisch verändert, denn im Heft sind mehrere abgebildete Personen gepierct.) Im Editorial steht übrigens, dass es sich dabei um das „Veganmodel Victoria van Violence“ handelt, fotografiert von der „Menschenfotografin Lena“.
Ein dreistündiger Flug lag vor mir, nun hatte ich also immerhin Reiselektüre. Ich entschied mich zuerst für das „Vegan Magazin“. Diese Welt ist mir einerseits fremder, andererseits stelle ich fest, dass sich in meinem Bekanntenkreis immer mehr Menschen für Veganismus interessieren. Vor ein paar Tagen sagte mir zum Beispiel ein Industrielobbyist, er ernähre sich jetzt vegan. „Jedenfalls immer, wenn ich zu Hause bei der Familie bin.“ Ein Teilzeitveganer also.
Neben mir im Flugzeug saß eine Vegetarierin, die neugierig beobachtete, was ich las. Sie bemerkte mein Entsetzen nicht, denn die „Vegan Magazin“-Redaktion verzichtet nicht nur auf tierische Produkte, sondern auch komplett auf Großbuchstaben. In Eigenschreibweise sieht der Name des Blattes so aus: „vegan magazin“. Gerichte ohne Fleisch, Milch und Ei könnte ich mit Genuss essen, Texte ohne Großbuchstaben aber kann ich nicht mit Genuss lesen. Ob das bei denen an Rechtschreibschwäche oder an Faulheit liegt oder ob es zum veganen Lebenskonzept gehört – ich weiß es nicht. Die Zeitschrift „Beef!“ wiederum schreibt sich selbst ganz groß, nämlich so: „BEEF!“
Meine Sitznachbarin sagte: „Ich bin ovo-lacto-vegetarisch. Vegan wär mir zu krass.“ Sie erwartete, dass ich etwas sage. „Hmmm“, antwortete ich. Später kam die Stewardess. Die Ovo-lacto-Nachbarin hatte natürlich ein vegetarisches Menü vorbestellt. Ich nahm die Rindfleischköfte. Sie schaute mich verwundert an. Ich dachte mir: Zeit, um reinen Tisch zu machen, und zog „Beef!“ aus der Tasche. „Na, Sie sind ja 'ne Type!“, sagte sie lachend, schüttelte den Kopf und widmete sich ihrem Spinat. […]
Im ersten Heft hatte ich erfahren, dass Veganismus ein Lebenskonzept ist, das weit über fleischloses Essen hinausgeht. Ich hatte über Mode gelesen, die ohne tierische Produkte auskommt, und über grausame Versuche an Affen, die mitten in Deutschland stattfinden. Und ich hatte eine beeindruckende Fotostrecke über die Schlachtung von Schweinen gesehen. Ich verstand, dass die „Vegan Magazin“-Macher eine bessere Welt anstreben, einen verantwortungsbewussteren Umgang mit allen Kreaturen. Das gefiel mir.
In „Beef!“ blätterte ich nun nicht ohne schlechtes Gewissen. Erst jetzt sah ich den Untertitel des Heftes: „Für Männer mit Geschmack“. Mögen Frauen etwa kein Fleisch? Die Ausgabe behandelte das Schwerpunktthema Grillen. Ich bin ein Grillfreund, ich habe jahrelang in Pakistan gelebt und lebe jetzt in der Türkei. Grillen ist in diesen Ländern ein Grundrecht.
Ein Artikel drehte sich um das Thema, dass man sich mal wieder den Innereien widmen und durchaus auch mal Bries, Kutteln, Lammleber, Hähnchenmägen, Kalbsleber, Rinderle-

ber und -milz sowie Kalbslunge grillen sollte. Titel: „Alles muss raus!" Es schüttelte mich. Aber klar, wenn man schon Tiere tötet, warum sollte man dann nicht alles verwenden? Die Fotos der Organe in rohem und gegartem Zustand sahen ansprechend aus. Kann man mal probieren, dachte ich mir.

Dann erblickte ich die Meldung über einen Mann, der in Chile an einer Puma-Jagd teilgenommen hatte. Eine vermutlich verletzte oder geschwächte Raubkatze wurde erlegt – und geräuchert. Tatsächlich probierte er das Katzenfleisch. „Dieses Wildfleisch war ein absoluter Hochgenuss! Aromatisch und zart, eher hell, geschmacklich hat es mich an Lamm und Hase erinnert. Am allerbesten fand ich die Rippen." (Zweite Notiz an mich selbst: Recherchieren, ob „Beef!" schon mal eine Geschichte darüber gebracht hat, wie man Aas für den menschlichen Verzehr zubereitet.)

Texte von Spitzenköchen über ihr Lieblingsfleisch und die Fotos dazu machten hingegen Appetit. Und auch in diesem Heft fanden sich Geschichten übers Tieretöten, gleich zwei: eine über eine Landschlachterei und eine über einen Landwirt, der sich auf Ziegen spezialisiert hat.

Ich zeigte sie meiner Sitznachbarin und sagte: „Sehen Sie, in beiden Zeitschriften geht es um den verantwortungsbewussten Umgang mit Tieren." Sie nickte und fügte hinzu: „Aber in der zweiten geht es letztlich doch um tote Tiere." Dann bestellte sie sich einen Gin Tonic. Die Stewardess mixte ihr den Drink, die Gin-Marke hieß „Beefeater".

Die Welt ist doch ein lustiger Ort.

Kazim, Hasnain, Schlechtes Gewissen oder schlechter Geschmack, in: Spiegel Online, 27.05.2015, online unter: www.spiegel.de/stil/kochmagazine-beef-und-vegan-magazin-der-vergleich-a-1035736.html, zugegriffen am 08.04.2017

Ausgabe 3/2015

Ausgabe April/Mai 2015

1. Zeigen Sie anhand der inhaltlichen und sprachlichen Darstellung auf, welches der beiden Magazine der Spiegel-Redakteur bevorzugt.

2. Welche gattungstypischen Elemente der Rezension werden dabei von Haznain Kasim einbezogen? Berücksichtigen Sie in Ihren Überlegungen auch die Kriterien des Schaubilds zur Rezension auf S. 115.
3. Diskutieren Sie anhand der intendierten Rollenzuweisung („Beef! Für Männer mit Geschmack"), ob bei der veganen Lebensweise tatsächlich die Frauen dominieren.
4. Bewerten Sie die beiden Magazine anhand der Aufmachung der Titelbilder und legen Sie dar, für welches der beiden Sie sich entscheiden würden.

Rezension eines belletristischen Textes

Die Rezension „Gesundheitsdiktatur als Zukunftsversion" bezieht sich auf den Roman „Corpus Delicti" von Juli Zeh.

Zeh, Juli: Corpus Delicti

Das Vorwort

Gesundheit ist ein Zustand des vollkommenen körperlichen, geistigen und sozialen Wohlbefindens – und nicht die bloße Abwesenheit von Krankheit.
Gesundheit könnte man als den störungsfreien Lebensfluss in allen Körperteilen, Organen und Zellen definieren, als einen Zustand geistiger und körperlicher Harmonie, als ungehinderte Entfaltung des biologischen Energiepotentials. Ein gesunder Organismus steht in funktionierender Wechselwirkung mit seiner Umwelt. Der gesunde Mensch fühlt sich frisch und leistungsfähig. Er besitzt optimistisches Rüstungsvertrauen, geistige Kraft und ein stabiles Seelenleben.
Gesundheit ist nichts Starres, sondern ein dynamisches Verhältnis des Menschen zu sich selbst. Gesundheit will täglich erhalten und gesteigert sein, über Jahre und Jahrzehnte hinweg, bis ins höchste Alter. Gesundheit ist nicht Durchschnitt, sondern gesteigerte Norm und individuelle Höchstleistung. Sie ist sichtbar gewordener Wille, ein Ausdruck von Willensstärke in Dauerhaftigkeit. Gesundheit führt über Vollendung des Einzelnen zur Vollkommenheit des gesellschaftlichen Zusammenseins. Gesundheit ist das Ziel des natürlichen Lebenswillens und deshalb natürliches Ziel von Gesellschaft, Recht und Politik. Ein Mensch, der nicht nach Gesundheit strebt, wird nicht krank, sondern ist es schon.
(Aus dem Vorwort zu: Heinrich Kramer, „Gesundheit als Prinzip staatlicher Legitimation". Berlin. München, Stuttgart, 25. Auflage)

Zeh, Juli, Corpus Delicti. Ein Prozess. Frankfurt am Main, Schöffling & Co. 2009, S. 7f.

Gesundheitsdiktatur als Zukunftsvision

Juli Zeh: „Corpus Delicti. Ein Prozess"
Besprochen von Martin Krumbholz

Juli Zehs Roman passt nahtlos in die Diskussion um eine bezahlbare Gesundheitsreform und eine Patientenbehandlung nach Priorität. Bei Zeh allerdings entartet die Reform zu einer fiktiven Diktatur, die dem Bürger gar die Kontrolle der Bakterienkonzentration im Haushalt abverlangt.

Der Eröffnungszug in Juli Zehs neuem Roman ist nicht ohne Delikatesse. Das Buch beginnt nämlich mit einem fiktiven Zitat, angeblich stammt es aus einem in 25. Auflage erschienenen Werk „Gesundheit als Prinzip staatlicher Legitimation", als Verfasser wird ein gewisser Heinrich Kramer angegeben, der später auch als Figur im Roman auftritt. „Der gesunde Mensch fühlt sich frisch und leistungsfähig", heißt es da. „Er besitzt optimistisches Rüstungsvertrauen, geistige Kraft und ein stabiles Seelenleben." Dagegen ist wenig einzuwenden, und selbst der verschärfte letzte Satz des Zitats ist nicht indiskutabel: „Ein Mensch, der nicht nach Gesundheit strebt, wird nicht krank, sondern ist es schon." Vermutlich soll das verführerisch klingen, denn in Zehs Roman „Corpus Delicti" geht es um eine Gesundheitsdiktatur in der Mitte des 21. Jahrhunderts. Die Pointe des Prologs liegt allerdings darin, dass es einen Heinrich Kramer gegeben hat: Es handelt sich um einen Dominikanermönch des 15. Jahrhunderts, Autor des berüchtigten „Hexenhammers", in dem minuziös dargelegt wird, woran man Hexen erkennen kann. Mit anderen Worten: Die Diktatur, die Zeh in ihrem Roman ausmalt, ist eine Projektion, die das Mittelalter ideell mit der näheren Zukunft verbindet. Nur sind diesmal beide Geschlechter betroffen vom Furor einer rigiden Elite. Was einmal – in der Jetztzeit – relativ harmlos anfing: mit einem gesetzlichen Rauchverbot an öffentlichen Plätzen, endet in einem Terrorstaat, der Gesundheitsmuffel mit dem Scheintod, das heißt mit dem Einfrieren auf unbestimmte Zeit, bedroht.

Das „Corpus Delicti", von dem die ausgebildete Juristin Juli Zeh in ihrem als „Prozess" untertitelten Roman handelt, ist also der menschliche Körper – und mittelbar die ihm assoziierte Seele. Der Protagonistin Mia Holl – ihr Name ist so kurz wie der der Autorin – wird wegen „methodenfeindlicher Umtriebe" der Prozess gemacht: die „Methode" nennt sich der utopische Staat mitsamt seinen Organen, in dem die Geschichte spielt. Selbstverständlich wird Mia Holl unter anderem auch der Umgang mit toxischen Substanzen vorgeworfen: schließlich ist das aktuelle Rauchverbot so etwas wie die ideelle Keimzelle dieses Science-Fiction-Romans. Heinrich Kramer – nicht der Autor des Hexenhammers, sondern sein Namensvetter und Nachfolger im Roman – gibt einen smarten Journalisten und Zeitzeugen, einen ideologisch lupenreinen Verfechter der „Methode", von dem Mia Holl sich auf sublime Weise angezogen fühlt. In einem zentralen Gespräch zwischen beiden Figuren meint Kramer:

„Noch vor 50 Jahren zeigten Kinder stolz auf ihre aufgeschürften Knie. Jeder klagte über Heuschnupfen, Rückenschmerzen und Verdauungsprobleme und wollte doch immer nur eins: unverdiente Aufmerksamkeit."

Ein solcher Rückgriff auf die Geschichte, der ja stets auch ein Gran Wahrheit enthält, ist dennoch nicht ganz auf dem Niveau der glasklaren Argumentation des zitierten Prologs. Man spürt deutlich die Absicht der Autorin, die sprechenden Figuren kritisch zu bewerten und sie ihres totalitären Denkens zu überführen. Anders gesagt: Juli Zeh macht es sich hier auch ein wenig leicht. Die Autorin entfaltet einen großen Einfallsreichtum bei der Erfindung und Benennung der gesundheitsfanatischen Symptome, die die „Methode" charakterisieren. Was früher einmal „Liebe" hieß, ist nur noch „ein Synonym für die Verträglichkeit bestimmter Immunsysteme". Die Menschen trinken in den Arbeitspausen keinen Tee oder Kaffee, sondern „heißes Wasser". Ein Zentralorgan heißt: „Der gesunde Menschenverstand". Die Bürger haben Schlaf- und Ernährungsberichte einzureichen und die Bakterienkonzentration in ihren Wohnungen entsprechenden Richtwerten anzupassen. Kurzum: *„Der Körper ist uns Tempel und Altar, Götze und Opfer. Heilig gesprochen und versklavt."*

So bringt Mia Holl es auf den Punkt. Die „Methode" dagegen hält fest:

„Wer die Methode bekämpft, ist ein Reaktionär."

Dieser Begriff wird stets für diejenigen benutzt, die, ob zu Recht oder nicht, am Status quo festhalten. Inhaltlich kann damit freilich sehr Unterschiedliches gemeint sein. Und man könnte anlässlich dieses Romans sogar darüber streiten, ob es nicht Schlimmeres gibt als eine Gesundheitsutopie: ob es nicht zum Beispiel ebenso fragwürdig ist, eine allgemeine Krankenversicherung aus ökonomischen Gründen zu verhindern. Für Juli Zeh allerdings liegen die Dinge ziemlich klar. Sie macht einer Diktatur den Prozess, deren künftige Entstehung nicht sehr wahrscheinlich ist. Das Urteil steht natürlich fest: So eine Diktatur wäre verwerflich. Was den literarischen Ertrag betrifft, kommt man um die Erkenntnis nicht herum, dass er, gemessen an prominenten Vorbildern des Science-Fiction-Genres wie Ray Bradbury oder Stanislaw Lem, doch eher dünn ist.

Krumbholz, Martin, Gesundheitsdiktatur als Zukunftsvision. Juli Zeh: „Corpus Delicti. Ein Prozess", in: Deutschlandfunk Online, 20.05.2009, online unter: www.deutschlandfunk.de/gesundheitsdiktatur-als-zukunftsvision.700.de.html?dram:article_id=84085, zugegriffen am 08.04.2017

1. Analysieren Sie die in der Onlineausgabe des Deutschlandfunks erschienene Besprechung des Romans von Juli Zeh anhand des Schaubilds zur literarischen Rezension (siehe S. 115).
2. Schreiben Sie eine Rezension/eine Glosse zu einer TV-Serie, einem Kinofilm oder einem Theaterstück für ein „hippes" Fanzine der Generation Y oder für ein seriöses Wochenmagazin mit erwachsener Zielgruppe.

Künstlerporträt

Kozubek, Felix: Was wir von Wanda, Sargnagel und Co lernen können

All jene, die regelmäßig in den sozialen Netzwerken rumlungern, kennen sie – die Sargnagel. Die anderen kennen zumindest Wanda. Und wir alle, jung und alt, können uns richtig viel von diesen Künstlern abschauen.

Stefanie Sargnagel, österreichische Autorin und Bloggerin

Stefanie Sargnagel wurde in einem Innsbrucker Magazin erst kürzlich als „Beisl-Poetin" bezeichnet. In Wahrheit trifft diese Beschreibung durchaus zu. Neben zehn FB-Statusmeldungen am Tag schreibt die freie Autorin regelmäßig in diversen Zeitungen, seit kurzem auch bei den ganz großen jenseits der österreichischen Grenzen. […] Verfolgt man Sargnagels Tun, dann geschieht all das meist in einem Beisl, nach einem Beisl-Besuch oder vor einem Beisl-Besuch. Jedenfalls immer mit roter Kappe auf dem Kopf und ein paar Dosen Wiener Bier am Tisch. Die Gründe für das Phänomen Sargnagel wurden schon hundertfach gesucht und beschrieben. Der Spiegel urteilte recht knapp und deutlich: „Medien-Darling Sargnagel ist deshalb der Liebling der Feuilletonisten, weil der Kulturbetrieb, der vornehmlich aus gutbürgerlichen Weißen besteht und Kultur für gutbürgerliche Weiße macht, alle paar Jahre jemanden Prekäres hypen muss, um sich wieder weltoffen und lebensnah zu fühlen." (frei nach Spiegel-Autorin

Dana Buchzik) Diese Analyse trifft sowohl Ton, als auch Inhalt und das Internet-Kultur-Phänomen Stefanie Sargnagel ziemlich auf den Kopf. Die Wienerin mit Hang zur ehrlichen Selbstinszenierung hat etwas so Alltägliches an sich, dass selbst der kleinste Mann und die kleinste Frau davon träumen dürfen, irgendwann einmal berühmt zu werden. Selbst die sargnagelschen Bücher haben etwas von belanglos, einfach und zufällig. Im Spiegel-Artikel hieß es dazu: „Nun erscheint ihr zweites Buch ‚Fitness', eine wirre Ansammlung von Status-Updates und Ausfälligem." Stimmt. Vor fünf Jahren hätte ein Buch, welches ausschließlich aus gedruckten FB-Status-Updates der Autorin besteht, sicher keine Erwähnung im Kulturteil einer renommierten deutschen Zeitung gefunden. Was ist also passiert? Sind die Medien wirklich kurz vorm Abkratzen und versuchen kurz vor dem Ende verzweifelt, junge Menschen zu begeistern und zum Lesen zu bewegen? Ist es das Verlangen der Masse nach Helden, die ihnen ähnlich, die ihnen nahe, die ihnen vertraut sind? Sind es die Zeiten der globalen Krisen, die nach Normalität verlangen? Schwere Fragen, auf die man mit Büchern voller Statusmeldungen antworten könnte und dennoch nicht einmal im Ansatz zufrieden wäre. [...]

Um möglichen Antworten näher zu kommen, schauen wir uns das zweite rot-weiß-rote Phänomen des letzten Jahres an, das es über die Landesgrenzen hinaus zu Ruhm und Anerkennung geschafft hat. Die Band Wanda. Die zuvor beschriebene Autorin war es, die mit ihrem Text über die Band in der Süddeutschen Zeitung für Aufmerksamkeit gesorgt hat. Ihr Artikel mit dem social-media-tauglichen Titel „Das letzte verzweifelte Schwanz-Rausholen", gehörte auf SZ.de zu den erfolgreichsten Texten des Jahres, und das, obwohl Sargnagel an ihren Landleuten kaum ein gutes Haar lässt und schonungslos über ihre „Abscheu und Faszination" gegenüber der Band spricht. „Eine Band aus der Hölle" sei Wanda, die einen verfolgt bis in den letzten Winkel, weil ihre Sätze „sitzen wie Werbeslogans" und „die Konzerte zum gemeinsamen Fallenlassen einladen."

Klingt alles nicht nach großem Zauber, sondern eher nach gut gemachter Show und einem Konzept, das jenen von DJ Ötzi und Helene Fischer gar nicht so unähnlich scheint. Aber wieso findet dann genau diese Band rund um den Lederjacken-tragenden und auf der Bühne rauchenden Michael Wanda einen solchen Zuspruch, dass Konzerthallen innerhalb von 45 Minuten ausverkauft sind und wir kreischend „Bussi Baby" und „Amore" brüllen? Wahrscheinlich ist es auch hier diese realitätsnahe Inszenierung (oder inszenierte Realitätsnähe), auf die die Menschen abfahren und die die Künstler gerade in unserer Generation so beliebt machen. [...]

In den letzten Jahren hat sich ein Phänomen nämlich besonders verstärkt. Die Welt ist unnahbarer geworden und das in all ihren Facetten. Ein Werner Faymann ist so volksnah wie Gregor Schlierenzauer ein guter Verlierer. Über Flüchtlingsströme liest man tagtäglich, man sieht sogar erschreckende Bilder von Menschen mit purer Verzweiflung in den Augen, so wirklich realisieren kann es trotzdem kaum jemand. Obergrenzen für Menschen erzeugen einen 24-Stunden-Aufschrei – das haben Registrierkassen- und Allergenkennzeichnungspflicht aber auch. Die Welt, zumindest so, wie sie unsere Generation in Europa kennt, scheint sich spürbar zu verändern.

Während einige über ihre Unsicherheiten und Ängste reden, spielen andere sie herab und dritte verwandeln sie in Hass. In Zeiten der kollektiven Unsicherheit hat jeder seine eigene Taktik, wie er/sie mit den sich verändernden Lebensumständen umgeht. Was sich jedoch zeigt, ist, dass gerade jetzt ehrliche, authentische, greifbare, verständliche und direkte Botschaften gefragter sind denn je. Das wissen leider nicht nur Künstler à la Sargnagel und Wanda, sondern auch vermeintlich soziale Heimatversteher. Bleibt zu hoffen, dass der Großteil unserer Generation auch zukünftig lieber sargnagelsche Suff-Anekdoten und Amore feiert. Denn wenn wir eines von Sargnagel, Wanda und Co lernen können: In Österreich ist vieles möglich!

Kozubek, Felix, Was wir von Wanda, Sargnagel und Co lernen können, in: Alpenfeuilleton, 23.02.2016, online unter: www.alpenfeuilleton.at/2016/02/band-wanda-stefanie-sargnagel-erfolgreich-davon-lernen, zugegriffen am 08.04.2017

1. Charakterisieren Sie auf der Basis dieses Porträts die Netzaktivistin und ihr Werk. Berücksichtigen Sie dabei auch den sprachlichen Befund der Rezension des österreichischen Autors.
2. Vergleichen Sie das Bild der Autorin, das von Felix Kozubek gezeichnet wurde (Fremdbild), mit dem Selbstbild der Autorin, das sich in den Posts des Romans „Fitness“ widerspiegelt (siehe S. 126.).
3. *„Die dicke Sargnagel und das Chauvinistenschwein“*: Dass er derartige pejorative Wertungen in seiner Kolumne als Tabubruch bewusst einsetzt, rechtfertigt Felix Kozubek am Ende dieses gleichnamigen Beitrags: „Überspitzte Überschriften, die Leser anlocken sollen und sanfte Übertreibungen in einem Online-Feuilleton-Kommentar sind absolut ok, denkt mein Ego“ (in: Alpenfeuilleton, 14.06.2016, online unter: http://www.alpenfeuilleton.at/2016/07/kleingeist-groessenwahn-kolumne-47/, zugegriffen am 30.04.2017). Zeigen Sie auf, ob ein satirischer Kolumnist tatsächlich über den gültigen Netiquette-Regeln steht. Beziehen Sie in Ihre Entscheidung die Vorgehensweise der Satirezeitung „Charlie Hebdo“, die der „heute-show“ und die Schmähkritiken in Jan Böhmermanns „Neo Magazin Royal“ mit ein.
4. Verfassen Sie ein satirisches Porträt eines Pop- oder Medienstars für ein Onlinemagazin oder drehen Sie einen filmischen Beitrag für einen Schüler-Filmwettbewerb (siehe S. 49 ff.).
5. Schreiben Sie ein satirisches Selbstporträt für Ihr Bewerbungsschreiben für eine neue Castingshow.

Leserbrief, offener Brief und Onlinekommentar

Während z.B. Reportage, Kommentar, Glosse und Rezension Textsorten sind, die in der Regel von berufsmäßigen Journalisten verfasst werden, kann sich jeder in einem **Leserbrief oder einem Blog oder einem Posting** öffentlich äußern. Schreibanlass ist zumeist ein öffentliches Thema, ein Zeitungsartikel oder eine Fernsehsendung. Die Wirksamkeit derartiger Texte hängt wie bei einer schulischen Erörterung vor allem an der schlüssigen Argumentation (siehe S. 163 ff.).

Der Leserbrief muss mit der Angabe des Anlasses bzw. des Bezugstextes beginnen, um in der Folge Position zu beziehen. Bei aller Subjektivität und Deutlichkeit des eigenen Standpunktes darf auch diese Form eines Diskussionsbeitrags weder beleidigen noch verleumden. Selbstverständlich muss jeder Leserbrief namentlich unterzeichnet und mit Adresse versehen werden. Viele Zeitungen verfügen über eine feste Rubrik. Onlinemedien bieten Diskussionsforen an oder die Leser haben die Möglichkeit, die veröffentlichten Artikel zu kommentieren. Die Redaktionen behalten sich eventuelle Kürzungen vor. Deshalb sollten Leserbriefe möglichst kurz und prägnant formuliert sein (siehe auch den Abschnitt zur Netiquette, S. 128 f.).

In den letzten Jahren werden die Bürger und Bürgerinnen verstärkt vonseiten der Politik aufgefordert, sich an der politischen Meinungsfindung zu beteiligen. Dafür werden auf allen Ebenen Dialogforen eröffnet, auf denen zu aktuellen Problemen Stellung bezogen werden kann. Vielfach zeigte sich dabei, dass die Nutzer diese Foren als Ventil nutzten, um die kommentierten Autor/-innen zu disqualifizieren.

Esslinger, Detlef: Ahhh! Die einen sollen was in die Fresse kriegen, die anderen versinken in Hass-Mails. Was ist los mit dem Diskurs in Deutschland? Vom Wert des Anstands

In der vergangenen Woche habe ich eine kleine soziologische Studie gemacht. Nicht aus Absicht, aber im Grunde war absehbar, dass ein Text [...] in eine solche Studie ausarten würde. Ich schrieb, auf der Meinungsseite, einen Kommentar zur Bemerkung der neuen SPD-Fraktionsvorsitzenden, von nun an werde die Union von ihr „in die Fresse kriegen“. Meine Argumentation war zusammengefasst so, dass [diese] Bemerkung zwar vielleicht als Scherz gemeint [sein könnte], dass sie aber in einer Zeit, die ohnehin ein bisschen zu roh ist, damit ein weiteres rohes Vorbild abgibt. Sollten nicht lieber alle ihre Worte etwas mehr wägen, damit der respektvolle Streit in der Demokratie nicht noch schwieriger wird, als er es bereits ist?

Mein Konto bei Twitter und mein Mail-Postfach liefen daraufhin sehr schnell sehr voll.

„Sie sollten sich den Oberlehrer für das aufbewahren, was noch kommen wird.“

[...]

„Nicht gut überlegt oder vielleicht auch nicht zu Ende gedacht. Einfach nochmal ran und besser machen.“ Der Mann – fast immer sind es Männer, die so schreiben – fügte keine Begründung hinzu, was genau an dem Kommentar schlecht gewesen sei, dafür aber einen Youtube-Link zu einem Kabarettisten, mit dessen Nummer: „…wenn man keine Ahnung hat, einfach mal: Fresse halten!“

[…] Interessant aber sind all diese Kommentare dennoch – weil sie, trotz des unterschiedlichen Härtegrads, eine Gemeinsamkeit haben: Worte werden in ihnen nicht als Mittel der Diskussion benutzt, sondern als Waffen. Diskussion, also der Austausch von Argumenten, ist eher nicht das erste, was diese Schreiber interessiert. Sie sind überzeugt, für sich eine Wahrheit gefunden zu haben, und wer ihnen eine andere Sicht zumutet, der ist entweder ein Oberlehrer oder eine kleine dumme F., dem/der man über den Kabarettisten-Link ausrichten lässt, einfach mal jenes andere Körperteil, das mit F anfängt, zu halten.

Manche indes unternehmen wenigstens den Versuch einer Argumentation. Was die Rechtschreibung betrifft, ist nicht immer klar, ob sie hier eine Schwäche haben oder nur gerade keinen Wert darauf legen. Ein Mann schrieb: „Wenn also außenstehende den Eindruck bekommen Frau Nahles ist auf das Niveau der AFD abgesunken, dann liegt das höchsten an der Berichterstattung und an Artikeln wie ihrem die aus einer Lappalie eine Staatsaffaire machen. Außerdem stand dieser Spruch symbolisch dafür, wie die SPD in der Opposition auftreten wird. Nämlich angriffslustig!!! Und das ist auch richtig so!“

Das ist eine Zuschrift, die fast schon den Rang eines Zeitdokuments hat, außerdem führt sie zum Kern des Problems. Denn wer immer wütende Mails und Briefe, Twitter- und Facebook-Kommentare bekommt, der kennt ja jene Schreiber, denen Inhalte viel, wenn nicht alles bedeuten: [...] dass es bei den Renten und bei der Kapitalverteilung endlich mal „gerecht“ zugeht, oder dass dieses Bashing endlich aufhört [...]. Was diesen Schreibern wenig bedeutet: die Form. Ist es ein Zufall, dass Mails, denen es an Anrede und Gruß fehlt, in der Regel auch diejenigen sind, die die meisten Beleidigungen und Schreibfehler enthalten?

Die Frage ist: Woher kommt diese Geringschätzung der Form? „Es schwappt ja seit einer Weile nicht nur eine Woge von Anstandslosigkeit um die Welt, sondern ein ganzer Ozean tobt“, sagt Axel Hacke, der Schriftsteller, der gerade sein neues Buch veröffentlicht hat: „Über den Anstand in schwierigen Zeiten und die Frage, wie wir miteinander umgehen.“ [...]

[I]n der „Heute-Show“ johlt das Studiopublikum bereits dann, wenn der sich für sehr witzig haltende Moderator nur „Idiot“, „Fresse halten“ und „rechte Matschbirnen“ sagt, vor einer Woche, innerhalb von zehn Minuten übrigens. Womit bereits geklärt ist, welch geringes Bedürfnis nach Form es auch hier gibt.

Es ist aber noch niemandem, in keiner Disziplin und in keinem Gewerk, gelungen, bedeutsamen Inhalt unter Vernachlässigung der Form durchzusetzen. „Form follows function“ heißt eine uralte Designer-Regel: Ein Stuhl kann noch so toll aussehen; wenn er beim Sitzen wehtut, wird niemand ihn kaufen. Ein Film oder ein Buch mag sich mit einem noch so wichtigen Thema befassen; wenn der Autor wenig von der Form des Erzählens weiß, langweilt er nur. In der Politik hingegen hat der Mangel an Form eine andere Ursache und eine andere Konsequenz. Er ist dort oft keine Panne, sondern Konzept. Das Geschrei, das verbale Um-sich-Hauen soll davon ablenken, dass da einer inhaltlich wenig beizutragen hat.

[...] Wenn ich die Mails, die ich so kriege, vier- oder fünfmal lese, werden mir ihre Verfasser manchmal erstaunlicherweise halbwegs sympathisch. Soll man wirklich jemanden verurteilen, der erkennbar darum kämpft, auf sich aufmerksam zu machen, der außer dem Gebrüll nur kein Mittel weiß und der unbewusst so vor allem eins mitteilt: wie überfordert er ist, mit dem Argumentieren, mit der Politik, mit dieser so vieles umwälzenden Epoche.

Renate Künast, die Grünen-Politikerin, hat ihr Buch „Hass ist keine Meinung“ genannt und dazu etwas sehr Außergewöhnliches getan: Sie hat einige ihrer Beschimpfer ausfindig gemacht und einfach bei ihnen geklingelt. Manchmal wurden es richtig gute Gespräche.

[...]

Ist dies das eine, was auch die sogenannten Eliten wieder lernen müssen? Wahrscheinlich kaum einer der Wütenden erwartet von ihnen, dass sie für alle Probleme jetzt die Lösung bereithalten. Aber ihnen Aufmerksamkeit geben und Augenhöhe schenken, ist vielleicht nicht zu viel verlangt. Auf jeden Fall besser, als sich über Idioten und Matschbirnen zu erheben.

[...]

Es fällt zurzeit sehr vielen Menschen schwer, die Form zu wahren, egal ob [...] beim Mailen, Twittern [oder] Facebook-Posten. Bei Letzterem erkennen die meisten lediglich die Chance, endlich auch einmal selbst öffentlich schreiben zu können – jedoch nicht die Zersetzungsgefahr für die Demokratie, die die verbalen Waffengänge dort bedeuten. Und erst recht dürfte nur den allerwenigsten klar sein, dass sie lediglich die willkommenen Fußsoldaten kalifornischer Mathematik-Genies und Werbeverkäufer sind, denen nicht die Demokratie, sondern bloß ihr Geschäftsmodell heilig ist.

Facebook und Twitter sind eine Art Schützengraben des 21.Jahrhunderts. [...] Es hat ja jeder selbst in der Hand, sich den Gefechten zu entziehen – oder zumindest für sich selbst auszuprobieren, was entsteht, wenn man dort mit Höflichkeit und mit Würde experimentiert. Denn fühlt man sich wirklich besser nach einem Spektakel von Beleidigungen? Oder geht es einem danach nicht in Wahrheit so wie den Pegida-Demonstranten in Dresden, wenn sie immer „Merkel muss weg!“ und „Volksverräter“ schreien? Was sie nicht nur recht unsympathisch macht, sondern – zumindest im Moment des Schreiens – auch sehr hässlich. Kann ja nicht gesund sein.

[...] Manchmal kann man das sogar bei Twitter erkennen, zumindest dann, wenn es nicht um Politik geht. In der vergangenen Woche trat der Wutpräsident Uli Hoeneß öffentlich gegen Carlo Ancelotti nach, den er soeben als Trainer des FC Bayern entlassen hatte. Er fand für ihn den Vergleich „Feind in deinem Bett“ passend. Ancelotti antwortete bei Twitter nur so: „Es war eine Ehre, Teil der Geschichte der Bayern zu sein. Danke an den Klub, die Spieler und die grandiosen Fans. Ciao. #Mia san mia.“

[...]

So könnte es laufen.

Esslinger, Detlef: Seit wann schreien wir uns an? Essay über Anstand, in: Süddeutsche Zeitung, Nr. 231, 07./08.10.2017, S. 45 (E-Paper)

1. Analysieren Sie den Zeitungskommentar über die Reaktionen im Netz.
2. Verfassen Sie einen Leserbrief an Detlef Esslinger und legen Sie dar, ob Sie die von ihm kritisierten User verstehen können.

4 Tagebuch und Blog

Als **Tagebuch** bezeichnet man regelmäßige und datierte Aufzeichnungen in chronologischer oder doch eher unsystematischer bzw. bruchstückhafter Form. Das Tagebuch hält Begebenheiten des täglichen Lebens ebenso fest wie Stimmungen und Gefühle, Gedanken und Überlegungen, Erinnerungen und Hoffnungen; es berichtet über kulturelle und gesellschaftliche, historische und politische Begebenheiten und versieht die Aufzeichnungen mit persönlichen Wertungen und Kommentaren. Das Tagebuch ist ein Medium der Selbstdarstellung, es ist sehr subjektiv gehalten und aufgrund seiner Privatheit und Intimität in der Regel nicht im Hinblick oder Bewusstsein einer späteren Publizierung verfasst. Insbesondere „private" Tagebücher wirken sehr unmittelbar und direkt. Letztlich setzt das Tagebuch die bewusste Individualität des Schreibenden voraus, sein Interesse, sich selbst zum Thema zu machen. Im Hinblick auf Inhalte und Schreibweisen ist das Tagebuch ähnlich offen und vielfältig wie der Brief, unterscheidet sich von diesem aber aufgrund seiner eher monologischen Struktur. Stil und Inhalt des Tagebuchs können höchst unterschiedlich sein: Es kann alltägliche Gebrauchsform sein (vgl. das Deutsche Tagebucharchiv), es kann zur historischen Quelle werden (vgl. Victor Klemperer) oder es wird literarisiert und fiktionalisiert.

Schriftsteller nutzen seit jeher die vielfältigen Möglichkeiten der **Tagebuchliteratur** sehr unterschiedlich (vgl. u.a. Theodor Fontane, E. T. A. Hoffmann, Erich Kästner, Walter Kempowski, Brigitte Reimann, Peter Rühmkorf, Martin Walser, Stefan Zweig). Stellen Goethes Tagebücher einen eher alltäglichen Rechenschaftsbericht dar, sind Franz Kafkas Aufschreibungen das Zeugnis einer radikalen Selbstanalyse. Hält Thomas Mann bis hin zu Verdauungsbeschwerden fast buchhalterisch Alltägliches fest, verzichtet Bertolt Brechts Tagebuch nahezu auf Privates und enthält als sogenanntes Arbeitsjournal eine Material- und Ideensammlung für spätere Projekte. Auf historisch-politische Ereignisse wie Kriegsgefangenschaft, Verfolgung und Nachkriegszeit verweisen „In Stahlgewittern" (E. Jünger), „Das Tagebuch der Anne Frank" (A. Frank) oder Max Frischs Nachkriegs-„Tagebuch 1946–1949". Schließlich kann das Tagebuch – wie der Brief – auch als Modell für fiktives Erzählen benutzt werden: „Die Aufzeichnungen des Malte Laurids Brigge" (R. M. Rilke), „Stiller" (M. Frisch), „Jahrestage" (U. Johnson).

Bei der Bewertung eines Tagebuchs ist es jedoch essentiell, ob der Autor dieses Werk für eine zeitnahe Publikation vorgesehen hat oder ob – wie im Falle des Schriftstellers Thomas Mann – das Werk, wie testamentarisch festgelegt, erst 20 Jahre nach dem Tod zur Veröffentlichung freigegeben werden darf. Eine ähnliche Funktion haben auch autobiografisch geprägte Aufzeichnungen von Schriftstellern über wichtige Phasen ihres Lebens, die zum Teil gleichfalls erst posthum editiert werden dürfen. Dies gilt z. B. für Ingeborg Bachmanns literarische Aufarbeitung der Trennung von ihrem Lebenspartner Max Frisch im Jahr 1962, die 2017 über 50 Jahre nach den Ereignissen unter dem Titel „Male oscuro" u.a. in Form von „Traumprotokollen" veröffentlicht worden sind.

Größerer Beliebtheit als das heute inzwischen als „oldschool" eingestufte Tagebuch erfreuen sich bei den Jugendlichen derzeit Kommunikationsweisen im Netz wie Blogs, Postings (Social-Media-Beiträge) oder Tweets (Twitter). Zahlreiche Nutzer diskutieren zudem in Foren (Threads) oder kommentieren regelmäßig ihre Sicht der Dinge auf eigenen YouTube-Kanälen.

Das **Onlinetagebuch** ist ein regelmäßig aktualisierter Blog, der über das Internet jedermann zugänglich ist; einige dieser Internet-Tagebücher haben inzwischen publizistischen Status. Hier sind z. B. die Werke von Stefanie Sargnagel zu nennen (siehe S. 120 f.), die beim Klagenfurter Wettbewerb zum Ingeborg-Bachmann-Preis 2016 den per Onlineabstimmung ermittelten Publikumspreis erhielt. Wie in ihrem ersten Roman „Binge Living: Callcenter Monologe" basiert ihre 2015 veröffentlichte Publikation „Fitness" wiederum auf ihren Posts, in denen sie ihren bürgerlichen Alltag als Angestellte eines Wiener Callcenters reflektiert.

Fitness

12.2.2014	Im Pensionistenfernsehen haben sie „Pussy Riot" mit „Katzerl-Aufstand" übersetzt.
12.2.2014	Ich liebe „Messer, Gabel, Herz – Die Dinner-Datingshow", in der sich zwei Teilnehmer im Rahmen eines Blind Dates gegenseitig bekochen. Ich liebe die belanglosen Gespräche, die widerlichen, fantasielosen Speisen, die geschmacklosen Wohnungen und die unappetitlichen Menschen.
12.2.2014	Schnell nach Hause, sonst verpasse ich „Messer, Gabel, Herz – Die Dinner-Datingshow". Ich tipp mal, was sie heute kochen: Vorspeise: Salat Caprese; Hauptspeise: Putengeschnetzeltes (Beilage Reis); Nachspeise: Eis mit Früchten. Alternativtipp: Vorspeise: Prosciutto, den sie so mit ungewaschenen Fingern nach dem Arschkratzen auf die Lidl-Melone gepickt haben, dazu Grissini. Irgendwas Überbackenes mit Maggi-fix, Nachspeise: Muso-Tschuglad.
13.2.2014	Ich hab jetzt ein Smartphone. Es fühlt sich an, als würde ich ein überreiztes Vorderhirn in der Hosentasche tragen.
14.2.2014	Alles Gute zum Tag des Jammers und der Qual. Feiern wir den höllischen Seelenschmerz, Kummer und Schwermut, psychische Not, Elend, innere Torturen und erdrückte Traurigkeit. Gratulation zu hoffnungslosen Miseren, nagenden Sehnsüchten und endlosen Dramen, zu Abhängigkeit, Selbstaufgabe und Gefühlsklaverei. Alles Gute zum Valentinstag.
15.2.2014	Mein Bauch schwabbelt beim Gehen
15.2.2014	Spielen wir ein Spiel: Alle müssen machen, was ich sage.
18.2 2014	Ich freu mich immer über fette, alte Frauencliquen, die sich gemeinsam im Beisl treffen. Das gibt mir Hoffnung. […]
6.3.2014	Die Dinge, die mir Spaß machen, machen mir eigentlich auch nicht besonders viel Spaß.
6.3.2014	Im Fernsehen philosophieren Frauen übers Fasten und stellen Rezepte für Entschlackungsbrühen vor. Sie sehen aber verdächtig danach aus, als würden Sie ein paar Cremeschnitten verschlingen, sobald die Kamera aus ist.
6.3.2014	*Vleisch* (sic!) kommt mir immer so vor, als würde man das, was Kinder aus Plastilin gemacht haben, essen und sich gegenseitig versichern: Schmeckt haargenau wie echter Kuchen.
6.3.2014	Das sanfte Reden von Therapeuten hat etwas Demütigendes.
7.3.2014	Bei meiner Mama ist etwas im Kühlschrank, das schmeckt so gut, aber es hat soooo viele Kalorien.
7.3.2014	Schönheit ist auch ein Talent.
7.3.2014	Samstags wiederholen sie alle „Messer, Gabel, Herz"-Folgen auf einmal, deshalb ist Samstag mein Lieblingstag.

Sargnagel, Stefanie, Fitness, Wien, redelsteiner dahimène edition, [2]2015, S. 6–31, gekürzt

1. Welche inhaltlichen und sprachlichen Besonderheiten kennzeichnen den Stil dieser Posts?
2. Inwiefern ironisiert Stefanie Sargnagel in diesem Ausschnitt mit dem Titel ihres Romans „Fitness" den Trend zur Optimierung des Körpers?
3. Warum dürfte die Mehrheit der Onlinejuroren beim hochdotierten Publikumspreis des Bachmann-Wettbewerbs 2016 für die Autorin gestimmt haben?

Viele Ministerien dokumentieren inzwischen ihre Bürgernähe dadurch, dass die Arbeit der Politiker mittels Onlinetagebüchern transparenter gestaltet werden soll.

Blogs

Bei einem Blog handelt es sich nach Maßgabe der Deutschen Nationalbibliothek (DNB) in Leipzig und Frankfurt/Main um eine Internetpublikation. Im Wortsinn bezeichnet der Begriff ein im Web zumeist chronologisch geführtes Log- oder Tagebuch („Web-Log"), das tägliche (Journal), wöchentliche oder sporadische Einträge enthält. Der Verfasser (Weblogger) protokolliert und kommentiert (postet) hierbei das Geschehen und seine Gedanken. Die Texte werden zumeist unter eigener Domain mit einer unverwechselbaren permanenten Webadresse (URL) geführt, oftmals vernetzt in Communitys, die sich themenspezifisch zusammengeschlossen haben. Die einzelnen Beiträge/Artikel (Postings oder Posts) zu einem Thema werden geordnet nach Aktualität als Threat bezeichnet.

Vor allem die 1988 geborene Grundschullehrerin Saliha Özcan („*Sallys Welt*") ist mit derzeit ca. 1,08 Million Abonnenten und fast 230 Millionen Aufrufen der Star der deutschen Blogszene.

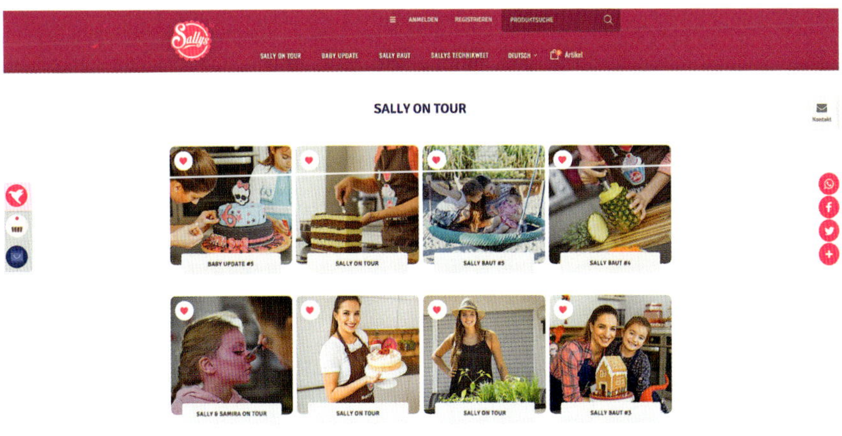

Sallys Welt – ein Beispiel für Internetblogs

Man muss aber bei den Anbietern darauf achten, dass Bloggerinnen wie z. B. „Miss Blueberrymuffin" letztlich als Werbeikonen von Großbäckereien fungieren, was durch diverse Verlinkungen augenfällig dokumentiert wird.

Willkommen in meiner Küche

Als ich frisch von Zuhause auszog, hatte ich mit der Küche noch nicht so viel am Hut. Kochen? Das hat Mama doch immer gemacht! Kuchen? Den gibt es doch bei Oma! Dieses unbekannte Territorium galt es also zu entdecken. Denn schließlich wollte ich meinen Gästen ja auch etwas anbieten. Mit den richtigen Waffen – nämlich Mixer, Nudelholz und Spritzbeutel – konnte auch ich die Küche für mich erobern.

Auf meinem Blog zeige ich nun seit etwa anderthalb Jahren, was in meiner Kieler Studentenküche so alles passiert. Dabei geht es meistens süß zu. Am liebsten backe ich Cupcakes. Gerne auch in der Mini-Variante, weil man sie z. B. auf Partys ganz einfach in die Hand nehmen kann und sich beim Hineinbeißen das Näschen nicht so sehr mit Frosting verschmiert. [...] Mit meinem Blog möchte ich anderen zeigen, dass jeder tolle Ergebnisse erzielen kann und dass in der kleinsten Küche Platz zum Backen ist.

„Backen ist wie Bloggen – alles wird geteilt!"

Das Backen und auch das Bloggen sind für mich zwei wundervolle Hobbys. Irgendwo habe ich auch mal diesen tollen Spruch gelesen „Backen ist wie Bloggen – alles wird geteilt!" Besonders schön finde ich, dass ich mit dem Selbstgebackenen anderen eine Freude machen kann, denn wer isst schon alles alleine auf? Mittlerweile werde ich sogar schon komisch angeschaut, wenn ich mal keine Cupcakes, Cookies oder Törtchen aus dem Hut zaubere...

[Porträt Miss Blueberrymuffin], in: Kuchenkult Online, online unter: www.kuchenkult.de/suesse-mandel-toertchen-von-miss-blueberrymuffin/, zugegriffen am 05.03.2017

1. Analysieren Sie dieses Selbstporträt in Bezug auf Sprache und Inhalt hinsichtlich der von der Großbäckerei intendierten Zielgruppe.
2. Vergleichen Sie im Internet Blogs und Foren von Befürwortern und Gegnern dieses Trends. Gibt es hinsichtlich der Zielsetzung inhaltliche und sprachliche Unterschiede und Parallelen?
3. Schreiben Sie einen Kommentar für eine der genannten Plattformen, in dem Sie ausführlich Ihre Haltung zum Problemfeld darlegen.

Im Rahmen dieser Blogs und den Postings in den Dialogforen sollten die Verfasser allerdings Mindestregeln einhalten.

Die Netiquette auf t-online.de

Eine tagesaktuelle Berichterstattung greift regelmäßig Themen auf, die viele Leser bewegen. Gerade deshalb sind Leserkommentare ein gewünschter und fester Bestandteil von t-online.de.

Gerne bieten wir unseren Lesern zu einer Auswahl wichtiger Themen die Möglichkeit, eigene Meinungen zu äußern und zu diskutieren. Um einen respektvollen, toleranten Umgang untereinander zu gewährleisten, bitten wir Sie, einige Hinweise und Regeln beim

Verfassen Ihrer Kommentare genau zu beachten:

Ihre Wortwahl: Bitte achten Sie beim Schreiben von Beiträgen auf Ihre Wortwahl. Verwenden Sie keine Ausdrücke, die andere Leser beleidigen, verletzen, diskriminieren oder provozieren könnten. Behandeln Sie andere Leser so, wie Sie selbst behandelt werden möchten.

Spammen: Das Verbreiten von Spam-Beiträgen ist nicht erlaubt. Dazu zählen Beiträge mit kommerziellen oder werblichen Inhalten, die Veröffentlichung von Privatadressen, Telefonnummern oder Mail-Adressen, externen Links oder Beiträgen, die mit dem Thema des Artikels nichts zu tun haben. Auch die Verbreitung von Verschwörungstheorien und extremistischen Gedankenguts ist untersagt.

Unser Tipp: Bitte lesen Sie sich Ihren Kommentar vor der Veröffentlichung nochmals durch. Könnten Ihre Worte von anderen Lesern als provokant oder beleidigend aufgefasst werden? Der zweite Blick kann helfen, Missverständnissen vorzubeugen.

Verstöße gegen die Netiquette
Auf t-online.de können Sie jederzeit Kommentare veröffentlichen, ohne dass diese von uns vorab explizit geprüft werden. Bitte beachten Sie jedoch, dass für jeden Nutzer nur ein Community-Zugang zulässig ist. Bei mehrfachen Registrierungen sind wir berechtigt, die betroffenen Accounts zu sperren.
Wir behalten uns vor, Kommentare, die gegen unsere Kommentarrichtlinien oder allgemeine Gesetze verstoßen, zu entfernen. Bei Missbräuchen können Nutzer verwarnt sowie zeitweise oder endgültig aus der Community ausgeschlossen werden. Ob Ihnen eine Sperrung droht, können Sie anhand Ihres Community-Status prüfen.
Unserer Redaktion steht es frei, die Kommentarfunktion jederzeit für bestimmte Themen komplett zu schließen. Diese Entscheidung wird stets unter der neutralen Abwägung getroffen: Ist die Kommentierung mit einem Mindestmaß an Vernunft und Sachlichkeit möglich?
Wir sind überzeugt, dass Sie, liebe Leser, ebenfalls Freude an einer konstruktiven Diskussion haben. Gemeinsame Regeln tragen daher zu einem regen Meinungsaustausch bei.
Mit freundlichen Grüßen
Ihre Redaktion von t-online.de

Redaktion t-online, Die Netiquette auf t-online.de, online unter: www.t-online.de/community-netiquette-auf-t-online-de/id_63215958/index, zugegriffen am 30.04.2017

1. Legen Sie dar, welchen sprachlichen und inhaltlichen Fehlentwicklungen durch derartige Regeln entgegengewirkt werden soll.
2. Halten Sie diese Art von Bürgerbeteiligung für sinnvoll, um die Distanz zwischen den Regierenden und den Wählerinnen und Wählern abzubauen?

5 Appellative Texte – Flyer und Werbung

Die Erfindung des Buchdrucks ermöglichte die rasche Vervielfältigung und Verbreitung von Texten auch in Form von Flugblättern. Diese ein- bis zweiseitigen Druckschriften dienten entweder der Nachrichtenverbreitung oder standen im Dienst der Meinungsbeeinflussung. Politische, religiöse, moralische und soziale Fragen und Ideen wurden auf diese Weise, häufig anonym, publik gemacht. Luther bediente sich in seiner Schrift „An den christlichen Adel deutscher Nation" dieser Form ebenso wie z. B. Georg Büchner in seinem „Hessischen Landboten". Vor allem in revolutionären Zeiten und in Kriegen kommt dieser

Form von Propaganda große Bedeutung zu. Heutzutage nutzen die vielfältigen Interessengruppen in einer pluralistischen Gesellschaft solche Blätter zur Information, als Appell oder zur kritischen Bewusstseinsbildung.

Die äußere Form und das Anliegen von Flugblättern bringen meistens eine plakative Aufmachung und einen einprägsamen Stil mit sich. Dabei sind die rhetorischen Mittel der Eindringlichkeit besonders häufig. Seit einigen Jahren wird immer häufiger für diese Form der Öffentlichkeitsarbeit der Begriff „Flyer" verwendet.

Flyer

Ein Flyer ist ein zumeist für Werbezwecke erstelltes Flug- oder Druckblatt, in dem in Kürze ein sportliches, politisches oder kulturelles Ereignis, eine Institution oder eine religiöse oder weltanschauliche Idee vorgestellt und beworben wird.

Bei der Erstellung müssen aufgrund des geringen Umfangs, der den Verfassern zur Verfügung steht, wichtige Grundregeln hinsichtlich der Wahl der Bilder, der Farben (Stimmungen) und der Formulierung griffiger Textinhalte beachtet werden.

1. Analysieren Sie diesen Flyer hinsichtlich der Sprache und der Bildwahl, berücksichtigen Sie dabei auch seinen Informationsgehalt und die etwaige Zielgruppe.
2. Erstellen Sie einen Flyer als Handout eines Referatthemas oder für den „Tag der offenen Tür" Ihrer Schule.

Werbung

Auch die **Werbung** gehört zu den Formen beeinflussender Kommunikation. Sie wird definiert als planmäßiger Einsatz von Bild und Sprache zur Steuerung menschlicher Entscheidungen, aber auch zur Weckung von Bedürfnissen. Die beiden wichtigsten Bereiche der Werbung sind heute die Politik, vor allem aber die Wirtschaft. Werbestrategien werden von Erkenntnissen der Sozialwissenschaften, der Massenpsychologie, der Sprachpsychologie und der Informationstheorie beeinflusst. Obwohl Werbung in den audiovisuellen Medien immer wichtiger wird, behält sie auch in den Printmedien ihren Stellenwert, weil sie konserviert und daher beliebig verfügbar ist. In Werbetexten findet sich fast immer das Zusammenwirken der drei Komponenten: Hersteller/Anbieter – Ware/Idee – Käufer/Interessent. Neben der eindeutig erkennbaren Werbeanzeige gibt es auch die sich als Information tarnende indirekte Werbung. Auch eindeutig positive Produkte, Organisationen oder Initiativen benötigen heutzutage gewisse Werbestrategien, um bekannt zu werden, Anhänger zu gewinnen und Gelder zu sammeln.

Werbung für Currywurst in Berlin

Werbekampagne von HILTL: Da isst jeder gern vegetarisch

Die beiden Firmen versuchen, den Konsumenten von den Vorzügen des Fleischkonsums bzw. der vegetarischen/veganen Lebensweise zu überzeugen.
Bewerten Sie die Werbung im Hinblick auf deren Zielgruppe. Beziehen Sie dabei die folgenden Überlegungen zur Analyse und Beurteilung von Werbetexten mit ein.

Bei der Analyse und Beurteilung von Werbetexten empfehlen sich folgende Überlegungen:

- Wer ist der Auftraggeber?
- Wer ist der Adressat (bzw. die Zielgruppe)?
- Wie wird die Zielgruppe von den Werbestrategen eingeschätzt?
- Welches Ziel, welche Interessen werden angestrebt?
- Wie ist die Aufmachung (Bild-, Grafik-, Textelemente) gestaltet?
- Welche Sachinformationen sind enthalten?
- Liegen manipulative Scheininformationen vor und wenn ja, welche?
- Welche gefühlsmäßigen Assoziationen (z. B. Prestige, Sicherheit, Sexualität ...) sollen beim Adressaten geweckt werden?
- Welche sprachlichen Mittel werden verwendet?

6 Nichtlineare Texte

Bei den sogenannten nichtlinearen Texten handelt es sich um nicht sprachliche grafische oder tabellarische Darstellungen, insbesondere z. B. um Diagramme und/oder Statistiken, die aus Zahlen, Daten und/oder Kurven bestehen, deren Kernaussagen zuerst einmal versprachlicht werden müssen.

Nichtlineare Texte

Tabellen und Listen	Numerische Grafiken	Erklärgrafiken	Topografische Grafiken	Mischformen
z. B. Statistik, Sportergebnisse, Klimatabellen, Stellenausschreibungen, Aktienkurse, Fahrpläne, Formulare	z. B. alle Arten von Diagrammen, Umfrageergebnisse, Wirtschaftsentwicklungen, Klimadiagramme, Ländervergleiche	z. B. schematisierte Arbeitsanleitungen, Gebrauchsanweisungen, Installationsanleitungen, Erste-Hilfe-Anleitung, anatomische Zeichnungen und Schaubilder	z. B. Straßenkarten, Landschaftskarten, Netzkarten, Reliefkarten, Navigationsgrafiken, Baupläne, Lagepläne	z. B. Werbung, Zeitschriftenseiten, Hypertexte, Lexikonartikel, Reisekataloge, Karikaturen

erscheinen allein oder in Kombination miteinander z.B. als **Schaubilder** und komplexe **Infografiken**

Haible, Ulrike Barbara: Diskontinuierliche Texte, online unter: www.schule-bw.de/unterricht/paedagogik/lesefoerderung/abenteuer/Texte%20und%20Materialien/ubh_LuL05-11_Basisartikel_Diskontinuierliche%20Texte_Ideenpool_27_06_2011.pdf, zugegriffen am 23.06.2013

Statistiken und Karikaturen

Vegetarier, Veganer und Pescetarier

Etwa **7,8 Millionen Menschen** in Deutschland verzichten auf Fleisch, Fisch und/oder andere tierische Produkte. Die wichtigsten Ernährungsformen sind:

✗ Verzicht
○ gelegentlich
✓ erlaubt

	Fleisch	Fisch	Eier	Milch/Milchprodukte	Honig
Flexitarier	○	○	✓	✓	✓
Pescetarier	✗	✓	✓	✓	✓
Ovo-Lakto-Vegetarier	✗	✗	✓	✓	✓
Ovo-Vegetarier	✗	✗	✓	✗	✓
Lakto-Vegetarier	✗	✗	✗	✓	✓
Veganer*	✗	✗	✗	✗	✗

*ausschließlich pflanzliche Ernährung; viele verzichten auch auf Bekleidung aus Leder und Tierwolle

dpa•21646 Stand Oktober 2015 Quelle: Vegetarierbund Deutschland, dpa

1. Erläutern Sie für einen Lexikonartikel die in dieser Tabelle aufgezeigten Ernährungsweisen.
2. Recherchieren Sie im Internet oder in einem Herkunftswörterbuch, welche Wortbedeutungen den einzelnen Ernährungsweisen zugrunde liegen.

Unicef – 1,4 Millionen Kinder vom Hungertod bedroht

„Noch können wir Leben retten“: Mehr als einer Million Kindern in vier Krisenregionen droht der Hungertod. Das Kinderhilfswerk der Vereinten Nationen rief die Weltgemeinschaft zu schnellerer Hilfe auf.

Knapp 1,4 Millionen Kindern in den Ländern Nigeria, Somalia, Südsudan und Jemen droht laut Unicef der Hungertod wegen Mangelernährung. „Für mehr als eine Million Kinder läuft die Zeit ab“, sagte Unicef-Geschäftsführer Anthony Lake, der die Weltgemeinschaft zu schnellerer Hilfe aufrief: „Noch können wir Leben retten.“

Die Mangelernährung der Betroffenen und die sich abzeichnende Hungersnot seien von Menschen verschuldet. Die Menschlichkeit gebiete schnelleres Handeln. Die Tragödie von 2011 mit der Hungersnot am Horn von Afrika dürfe sich nicht wiederholen.

Besonders dramatisch ist die Lage demnach im Jemen und im Nordosten Nigerias. Im Jemen, in dem seit zwei Jahren Krieg herrscht, litten rund 462.000 Kinder unter akuter Mangelernährung – ein Anstieg von fast 200 Prozent seit 2014, teilte das Kinderhilfswerk mit. Im Nordosten Nigerias seien 450.000 Kinder betroffen. Im vom Bürgerkrieg zerrissenen Südsudan litten mehr als 270.000 Kinder unter schwerer Mangelernährung, in Somalia derzeit rund 185.000. Diese Zahl könne aber in den kommenden Monaten auf 270.000 steigen.

In Somalia sei die Bevölkerung von Dürre bedroht, berichtete Unicef weiter. Fast die Hälfte der Bevölkerung, knapp 6,2 Millionen Menschen, seien einer akuten Lebensmittelunsicherheit ausgesetzt und bräuchten Hilfe. Im Bundesstaat Unity im Südsudan, wo eine Hungersnot ausgerufen wurde, leben den Angaben zufolge 20.000 Kinder. Es werde damit gerechnet, dass die Zahl der Menschen im ganzen Land, die durch die Hungersnot betroffen seien, von 4,9 Millionen auf 5,5 Millionen steige, falls nichts unternommen werde.

Haupt, Maximilian/dpa/AFP, Unicef – 1,4 Millionen Kinder vom Hungertod bedroht, in: Spiegel Online (SPON), 21.02.2017, online unter: www.spiegel.de/panorama/gesellschaft/unicef-1-4-millionen-kindern-droht-hungertod-a-1135521.html, zugegriffen am 08.04.2017

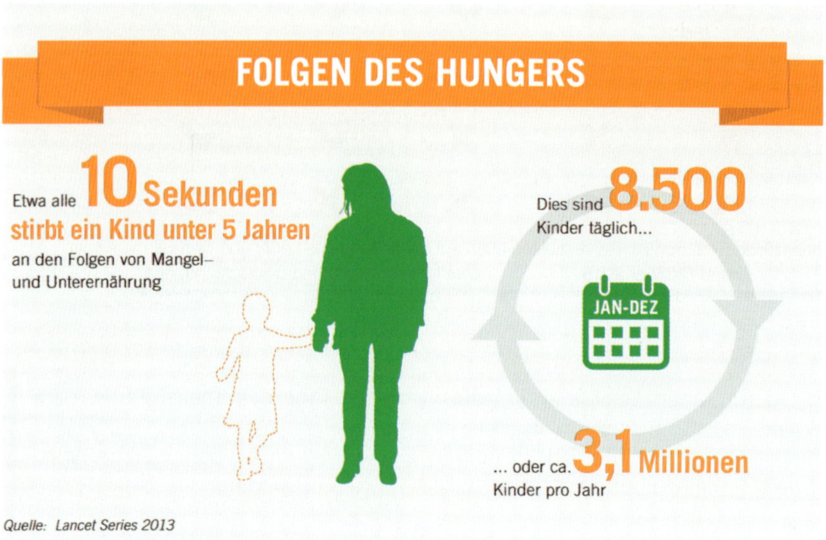

Grafik der Welthungerhilfe 2013

Karikatur von Klaus Stuttmann 2012

Hubert von Goisern: Brenna tuats guat
(EntwederUndOder, 2011)

Wo is da platz
Wo da deifi seine kinda kriagt
Wo is da platz
Wo all's z'samm rennt
Wo is des feier
Hey wo geht 'n grad a blitz nida
Wo isn de hittn
Wo da stodl der brennt

Hab'n ma pech oder an lauf
Fall'n ma um oder auf
Samma dünn oder dick
Hab'n an reim oder glück
Teil ma aus, schenka ma ein
Toan ma uns abi oder g'frein
San ma christ hätt ma gwisst
Wo da teufel baut in mist

A jeder woass, dass es
Geld nit auf da wiesen wachst
Und essen kann ma's a nit
Aber brenna tat's guat
Aber hoazen domma'n woazen
Und de ruabn und den kukuruz[1]
Wann ma lang so weiter hoazen
Brennt da huat

Wo is des geld
Des was überall fehlt
Ja hat denn koana an genierer
Wieso kemman allweil de viara
De liagn, de die wahrheit verbieg'n
Und wanns nit kriagn was woll'n
Dann wird's g'stohln
De falotten[2] soll der teufel hol'n

Da is da platz
Wo da deifi seine Kinda kriagt
Wo all's z'sammrennt
Wo is des feier
Wo geht'n grad a blitz nida
Wo isn de hittn
Wo da stodl der brennt?

A jeder woass, dass es
Geld nit auf da wiesen wachst
Und essen kann ma's a nit
Aber brenna tat's guat
Aber hoazen domma'n woazen
Und de ruabn und den kukuruz
Wann ma lang so weiter hoazen
Brennt da huat

A jeder woass, dass es
Geld nit auf da wiesen wachst
Und essen kann ma's a nit
Aber brenna tat's guat
Aber hoazen domma en woazen
Und de ruabn und den kukuruz
Wann ma lang so weiter hoazen
Brennt da huat

Goisern, Hubert von, Brenna tuats guat, Musik: Hubert von Goisern. Text: Hubert von Goisern. Published: 2011, Blanko Musik GmbH, München

1. Zeigen Sie auf, welche Auswüchse unseres Wohlstands von Hubert von Goisern kritisiert werden. Berücksichtigen Sie dabei sowohl die Karikatur von Klaus Stuttmann als auch die Statistiken und den SPON-Bericht.
2. Diskutieren Sie, ob der Sänger in der vierten Strophe dabei die wahren Schuldigen für das Dilemma der Dritten Welt benennt.

1 Mais
2 Spitzbuben

Die Umwelt profitiert deutlich davon, wenn jede zweite Fleischmahlzeit durch eine vegetarische Alternative wie Tofu ersetzt wird.

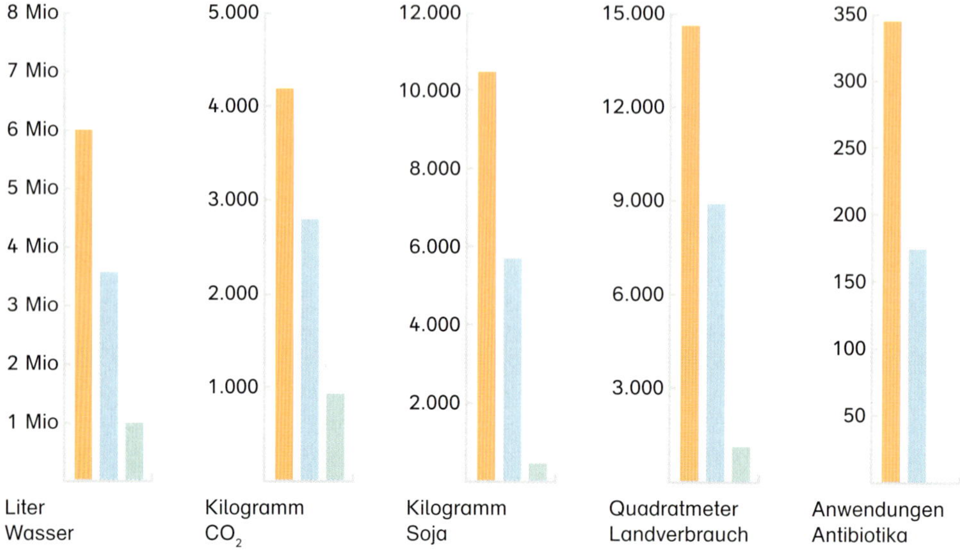

durchschnittlicher Fleischkonsum
50 % Fleisch, 50 % Tofu
kompletter Ersatz durch Tofu

Quelle: www.blitzrechner.de

1. Werten Sie diese Daten aus und diskutieren Sie, ob auf der Basis dieser Faktoren die Forderungen nach dem „Veggieday" und ein Umdenken in Richtung fleischfreier Lebensweise in allen gesellschaftlichen Bereichen unumgänglich ist.
2. Erläutern Sie, worauf Sie zugunsten der Umwelt in Bezug auf Ihre Ernährungsgewohnheiten verzichten würden.

III Analyse von Sachtexten

In Anbetracht der immensen Menge von Druckerzeugnissen und der Informationsflut durch die digitalen Medien hat die Fähigkeit eines sachgerechten Umgangs mit Texten auch außerhalb der Schule einen hohen Stellenwert. Das Erfassen, Einordnen und Bewerten von Informationen und Meinungen sind Schlüsselkompetenzen sowohl für die Bewältigung des Alltags als auch für ein gelingendes Berufsleben. Daher ist es notwendig, die Techniken und Methoden der Textanalyse gründlich zu erlernen.

1 Inhalt und Aufbau

Um einen Text differenziert und umfassend verstehen zu können, muss man zunächst dessen Kernaussagen wiedergeben.

Ziel der Inhaltswiedergabe eines Textes ist daher Folgendes:
1. sinnvolle Kürzung
2. abstrahierende Zusammenfassung der Inhalte
3. Herausarbeitung des groben gedanklichen Aufbaus des Textes

Arbeitsschritte
1. Lesen der Überschrift (erste Hinweise zum Thema des Textes, Erwartungshaltung an den Text)
2. Exaktes Lesen (siehe Lesetechnik S. 21)
3. Einteilung des Textes in Sinnabschnitte (in der Regel drei bis sechs)
4. Stichpunktartige Formulierung des Inhalts am Rand in eigenen Worten
5. Formulierung der Aussageabsicht am Rand mit treffendem Strukturbegriff (Hilfsfrage: Was macht der Autor? Informiert der Autor? Kritisiert er? usw.)
6. Textgemäße Zusammenfassung der Kerninhalte

Der **Strukturbegriff** charakterisiert die **inhaltliche Aussageabsicht**.

Auswahl einiger Strukturbegriffe zur Kennzeichnung bestimmter Aussageabsichten: beobachten, darstellen, informieren, charakterisieren, veranschaulichen, konkretisieren, erläutern, begründen, analysieren, untersuchen, kritisieren, verurteilen, kommentieren, bewerten, befürworten, hinterfragen, einräumen, vergleichen, folgern, appellieren, aufrufen, verlangen, mahnen, warnen, zusammenfassen, ein Resümee/Fazit ziehen etc.

1. Erweitern Sie die Liste um zusätzliche Strukturbegriffe.
2. Sortieren Sie die aufgelisteten Strukturbegriffe nach folgenden übergeordneten Aussageabsichten:
   informierend, argumentierend, appellierend, zusammenfassend.
3. Informieren Sie sich in einem Wörterbuch über die Bedeutungsunterschiede der folgenden Begriffe:
   informieren – erläutern, bewerten – kritisieren, hinterfragen – verurteilen, aufrufen – verlangen

Beispiel für eine Textbearbeitung:

Warum die Göttin Google gefährlich für uns werden kann **Von Tobias Schaumann**	Titel Autor
Google ist eine Art Göttin. Die Göttin spielt Schicksal. Sie bestimmt alle Lebensbereiche. Von A bis Z. Von Alpha bis Omega. Von Anfang bis Ende. Welch eine Anmaßung, aber so sieht es der Masterplan der Google-Gründer Page und Brin vor. Sie haben dem Konzern mit „Alphabet" nicht ohne Hintergedanken diesen neuen Namen gegeben.	1. Sinnabschnitt Z. 1–21 **Anlass**
Es geht längst nicht mehr nur um die milliardenfachen Empfehlungen, mit denen die Suchmaschine die Welt flutet. Alphabet giert nach viel mehr Macht. Hier greift ein Wirtschaftsunternehmen aus dem Silicon Valley unverhohlen nach der globalen Herrschaft.	Negative Konnotationen = kritisieren, unterstellen
Die Visionäre treten auf mit dem Habitus von Weltverbesserern, die gemäß der Firmenphilosophie „Tue nichts Böses" handeln. Sie meinen es gut. Und die Menschen lieben ihre Angebote. Kein Wunder: Die Dienste sind stets an den Bedürfnissen der Nutzer ausgerichtet. Sie sind schnell, einfach und vor allem kostenlos. Google macht das Leben leichter. Das zählt. Mit der unheimlichen Dominanz der Maschine haben die meisten Zeitgenossen kein Problem. Die Nutzer scheinen sich kaum dafür zu interessieren, in welcher Dosis das süße Gift Google ihnen bekommt. Sie vertrauen sich der Software oft mit Sorglosigkeit an.	
Dabei ist längst offensichtlich, dass die digitale Revolution nicht nur Gewinner produziert. Bis ins Privateste reicht der lange Arm der Internet-Firmen: Alle elf Minuten, jubelt die Werbung, verliebt sich ein Single über ein bestimmtes Kuppel-Portal. Algorithmen treten an die Stelle von Gefühlen und berechnen die Wahrscheinlichkeit, mit der Suchende zueinanderfinden könnten. Wer oder was nicht passt, wird weggeklickt. Das Netz kennt keine Gnade.	2. Sinnabschnitt Z. 22-52
In der Folge unterliegen immer mehr Menschen dem Zwang zur ständigen Selbstoptimierung. Sie laden Apps, die Schritte zählen und Vitalwerte messen. Smarte Uhren liefern permanent Daten über die eigene Leistungsfähigkeit. Mensch und Maschine verschmelzen. Aber wer kontrolliert wen?	Beispiele = veranschaulichen, entfalten
Auch die sozialen Netzwerke üben zunehmend Druck aus. So mancher setzt sich nicht wirklich gerne an den digitalen Stammtisch. Verweigerer jedoch bekommen bald zu spüren, dass jemand ohne Facebook-Konto im modernen Miteinander schlicht nicht stattfindet. Der digitale Graben geht hier tief durch die Gesellschaft. Die einen haben Zugang zu sozialer Teilhabe, zu Wissen und Information. Die anderen nicht.	

Beispiel für eine Textbearbeitung:

Ähnlich drastisch verändert die Digitalisierung die Berufswelt. Auch hier ist die Lage ambivalent: Wer die Instrumente beherrscht, kann sich weltweit vernetzen, flexibel arbeiten und billig einkaufen. Gleichzeitig sind traditionelle Wirtschaftszweige gefährdet. Amazon setzt dem Einzelhandel zu. Google ist den etablierten Medien mit seiner Gratiskultur und seinem laxen Umgang mit Urheberrechten ein Dorn im Auge. Streaming-Dienste wie Spotify pulverisieren die Musikindustrie. Dank einschlägiger Internet-Plattformen kann sich heute jeder zum Beispiel als Zimmervermieter oder Privatchauffeur versuchen. Hoteliers und Taxifahrer haben das Nachsehen.	
Frisst die digitale Revolution also ihre Kinder? Das hängt erstens davon ab, wie Gesellschaft und Rechtsstaat ihr begegnen. Eine breite Debatte, welche Rolle die Algorithmen spielen – und vor allem: welche nicht – ist wichtig. Zurückdrehen lässt sich das Rad ohnehin nicht mehr. Zweitens obliegt es jedem Einzelnen, Google und Co. Grenzen zu setzen. Aufgeklärte Zeitgenossen haushalten mit ihren privaten Daten. Niemand muss den Heilsbringern aus dem Silicon Valley blind folgen, erst recht nicht von A bis Z.	3. Sinnabschnitt Z. 53–61 fordern, anregen
Schaumann, Tobias, Warum die Göttin Google für uns gefährlich werden kann, in: Augsburger Allgemeine, 21.08.2015, S. 2	Quelle mit Erscheinungsdatum

Textzusammenfassung

Da man bei der Textanalyse davon ausgeht, dass sie für einen Leser angefertigt wird, der die Textvorlage nicht kennt, besteht die Aufgabe immer darin, dem Leser einen Überblick über den Text zu verschaffen, der auch den gedanklichen Aufbau enthält:

Konzept einer Textzusammenfassung	
Autor	Vor- und Zuname ohne Nennung von akademischen Titeln oder sonstigen Namenszusätzen
Titel	Zur Titelangabe gehört auch die Mitteilung eventuell vorhandener Unter- oder Obertitel.
Quelle	Bei Zeitungs- oder Zeitschriftenartikeln werden der Name und das Erscheinungsdatum genannt, bei Buchausschnitten die üblichen bibliografischen Angaben.
Textsorte	Zum reinen Textsortenbegriff (z. B. Kommentar) empfiehlt sich als Ergänzung die Differenzierung nach Sparten (z. B. gesellschaftskritisch, wirtschafts-, umwelt-, sportpolitisch) und vorherrschender Kommunikationsstruktur (z.B. informativ, appellativ, argumentativ).

Textart/ Sprachliche Besonderheit	Hier können die vorherrschende Kommunikationsstruktur (z. B. informativ, argumentativ, appellativ) und/oder ein auffälliges Stilmerkmal (z. B. Ironie, Metaphorik, Antithetik) benannt werden.
Anlass	Damit ist das konkrete aktuelle Ereignis gemeint, von dem der Autor ausgeht (z. B. Ausschreitungen bei einem Fußballspiel). Diesen direkt benennbaren Anlass haben in der Regel nur Kommentare.
Hintergrund	Hierunter versteht man den Verweis auf den größeren zeitlichen und thematischen Rahmen, innerhalb dessen das Problem angesiedelt ist (z. B. zunehmende Brutalisierung der Gesellschaft als Hintergrund für Ausschreitungen im Stadion).
Thema/ Kernaussagen	Die Titelangabe reicht als Themenbeschreibung nicht aus; hier geht es um die kompakte Zusammenfassung dessen, womit sich der Autor beschäftigt. Anschließend müssen in den Kernaussagen die entscheidenden Kerninhalte so abstrakt wie möglich und so konkret wie nötig herausgearbeitet werden. (Was schreibt der Autor zu dem Thema? Welchen Standpunkt nimmt er ein?)
Absicht	Das Ziel des Autors ist, u. U. unter Einbeziehung des Adressatenkreises, die Schreibabsicht so genau wie möglich zu benennen (verboten: „Der Text will zum Nachdenken anregen").

Beispiel: Konzept für eine Textzusammenfassung

Autor:	Tobias Schaumann
Titel:	„Warum die Göttin Google gefährlich für uns werden kann"
Quelle:	Augsburger Allgemeine vom 21.08.2015
Textsorte:	technologie-/wirtschaftskritischer Kommentar, vorwiegend argumentativ
Anlass:	Umbenennung von Google in Alphabet
Hintergrund:	rasante Digitalisierung des menschlichen Alltags
Thema:	Gefahren in der digitalisierten Welt
Kernaussagen:	Streben des großen Internetunternehmens nach Ausbau seiner Marktmacht mit dem Ziel der Beeinflussung weltweiter gesellschaftlicher Entwicklungen
	Zunahme negativer Auswirkungen der Digitalisierung in vielen Lebensbereichen
	Vorschläge zur Begrenzung der negativ beschriebenen Entwicklung
Absicht:	Forderung nach einer breitangelegten Debatte zur gesellschaftlichen und individuellen Begrenzung des Einflusses der Digitalisierung

LÖSUNGSVORSCHLAG

Textzusammenfassung

Der technologiekritische Kommentar „Warum die Göttin Google gefährlich für uns werden kann“ von Tobias Schaumann ist in der „Augsburger Allgemeinen“ vom 21.08.2015 anlässlich der Umbenennung von „Google“ in „Alphabet“ erschienen. Vor dem Hintergrund einer rasanten Digitalisierung des Alltags thematisiert der vorwiegend argumentierende, punktuell auch appellierende Text in sprachlich pointierter Form die Gefahren dieser Entwicklung sowohl für den Einzelnen als auch für die Gesellschaft. Schaumann unterstellt einleitend dem Wirtschaftsunternehmen „Google“, mit dem Ausbau seiner Marktmacht weltweit gesellschaftliche Entwicklungen beeinflussen zu wollen. Aufgrund der Annehmlichkeiten der digitalen Angebote des US-amerikanischen Internetkonzerns seien sich viele Nutzer der negativen Begleiterscheinungen dieser Anwendungen nicht ausreichend bewusst. Der Verfasser veranschaulicht die Gefahren einer sich weiter verbreitenden Digitalisierung anhand verschiedener Beispiele aus den Bereichen Partnersuche, soziales Miteinander und Berufswelt. Der Autor ist der Auffassung, dass die digitalen Veränderungen zu einer gesellschaftlichen Spaltung in Internetkönner und -verlierer geführt haben. Schließlich fordert Schaumann eine umfassende gesellschaftliche Debatte zur Eindämmung einer alle Lebensbereiche beherrschenden Digitalisierung und einen verantwortungsvollen Umgang jedes Einzelnen im Hinblick auf die elektronische Verbreitung persönlicher Daten.

1. Analysieren Sie den Aufbau der Textzusammenfassung.
2. Zeigen Sie im Text die verschiedenen Formen der indirekten Rede. Erläutern Sie die Funktion der indirekten Rede.

2 Sprache und Absicht

Die Untersuchung der Sprache eines Textes erschließt den Zusammenhang zwischen der Intention (Absicht) des Textes und den jeweiligen sprachlichen Mitteln. Dabei ergibt sich die Gesamtaussageabsicht eines Textes aus verschiedenen Teilaussageabsichten, die durch bestimmte sprachliche Mittel erzielt werden. Somit wird die **Aussageabsicht** des Textes in sprachlicher Hinsicht durch den Einsatz bestimmter **Satzbaustrategien**, die Auswahl eines spezifischen **Wortschatzes** und die Anwendung **rhetorischer Mittel** realisiert.

Die Sprachanalyse darf sich jedoch auf keinen Fall in der bloßen Aufzählung der jeweiligen sprachlichen Mittel erschöpfen, sondern muss immer im Zusammenhang mit der entsprechenden Aussageabsicht gedeutet werden.

Die Analyse sprachlicher Mittel setzt ein gewisses Sprachgespür voraus, das trainiert werden kann. Es geht um die Sensibilisierung für sprachliche Besonderheiten, für Ungewöhnliches, Auffälliges, Originelles, also für alles, was sich von durchschnittlicher Sprachverwendung abhebt. Man muss sich bei einer Sprachuntersuchung stets vor der Banalität des Selbstverständlichen hüten, wie sie z. B. in austauschbaren und nichtssagenden Formulierungen zum Ausdruck kommt: „Der Text enthält Substantive und Verben“; „Es kommen Haupt- und Nebensätze vor“; „Der Autor will zum Nachdenken anregen“.

Stattdessen müssen die **spezifischen Merkmale** erfasst und gedeutet werden, die das **unverwechselbare sprachliche Vorgehen** des Textes kennzeichnen. Um solche Besonderheiten überhaupt wahrzunehmen, kann in der Übungsphase eine Art Kontrollliste (siehe S. 144 f.) helfen, mit der man den Text überprüft.

Die Sprachanalyse erfolgt in drei Arbeitsschritten:

Benennen	Belegen	Interpretieren
Das jeweilige sprachliche Mittel muss mit dem **Fachbegriff** bezeichnet werden. Die Auswahl sprachlicher Besonderheiten als Beispiele im Text ist nur sinnvoll, wenn die daraus resultierenden Interpretationen **aufschlussreich und inhaltlich ergiebig** sind.	Für die Integration der Belegstellen gibt es verschiedene Möglichkeiten: **Kürzere Textstellen zitiert man vollständig**, längere u. U. mit Auslassungen (Pünktchen), aber so, dass die wesentlichen sprachlichen Mittel, aber auch der inhaltliche Satzzusammenhang erhalten bleiben. In manchen Fällen genügt auch ein **Teilsatz- oder Wortzitat**. Die Zeilenangabe steht am Schluss in Klammern. Dies ist auch der Platz für Hinweise auf weitere Textstellen (vgl. Zeile ...). (Zitiertechnik siehe S. 192 f.)	Zu einer textgerechten und anschaulichen Interpretation gelangt man mithilfe von Fragen nach der Aussageabsicht des Autors: **Absichtsanalyse** Was will der Autor bewirken? **Wirkungsanalyse** Wie wirkt der Sprachgebrauch auf den Leser? • Woran denkt der Leser? • Was empfindet der Leser? • Was assoziiert der Leser?

Neben der inhaltlichen Aussageabsicht des einzelnen sprachlichen Mittels gilt es auch, seine generelle **Wirkung** zu berücksichtigen. Die Zuordnungen sind nicht starr und ausschließlich; ein und dasselbe sprachliche Mittel kann in unterschiedlichen Kontexten unterschiedliche Wirkungen erzeugen.

Beispiele für Wirkungsakzente

- Die Wirkung der **Eindringlichkeit** kann z. B. durch Emphasen, Anaphern, Wiederholungen, Aufzählungen, Ausrufe oder parataktischen Satzbau erreicht werden.
- Um **Spannung** zu erzielen im Sinne von **Gegensätzen, Steigerungen, Vertiefungen, Häufungen usw.**, eignen sich u. a. Antithesen, Klimax oder die Reihung von Fragen.
- Ein Text erhält **Anschaulichkeit** durch eine bildhafte Sprache, d. h. durch entsprechende Wortwahl, Beispiele, Vergleiche, Metaphern und Symbole.
- Die Wirkung der **ästhetischen Anschaulichkeit** erlaubt dem Leser Rückschlüsse auf die sprachliche Kreativität des Autors. Ihr sind vor allem Wortspiele, Wortneuschöpfungen und Anspielungen zugeordnet.
- Zur **Kommunikation mit dem Leser** dienen die direkte Anrede, Parenthese, (rhetorische) Fragen u. a.

Die Bausteine der Sprachabsichtsanalyse:

1. Benennung des sprachlichen Mittels
2. Belegstelle mit inhaltlicher Einbindung
3. Wirkungsakzent
4. Interpretation (Absichts- u. Wirkungsanalyse)

Die Ausarbeitung der Sprachanalyse muss nicht nur inhaltlich stimmen, sondern sollte sprachlich so gestaltet sein, dass auch ein Leser ohne Textkenntnisse den Ausführungen folgen kann und durch die Interpretationen und Belegstellen eine zutreffende Vorstellung von der charakteristischen Sprachstrategie des Textes erhält.

Die Vorgehensweise einer Absichts- und Sprachanalyse lässt sich abstrakt in mehrere Stufen gliedern:

Gesamtabsicht auf der Basis des Gesamttextes

Teilabsichten, aus denen sich die Gesamtabsicht zusammensetzt

Analyse der Wirkungen des einzelnen Stilmittels mithilfe bestimmter Wirkungsakzente

Analyse und Interpretation der einzelnen Stilmittel in Bezug auf die jeweilige Teilabsicht

Konkrete Umsetzung

Gesamtabsicht

Teilabsicht 1	Teilabsicht 2	Teilabsicht 3
Stilmittel Stilmittel	Stilmittel Stilmittel Stilmittel Stilmittel	Stilmittel Stilmittel Stilmittel

INTERPRETATIONEN
mit inhaltlicher Einbindung und Wirkungsakzent

Die gezeigte Methode eignet sich vor allem für argumentative Texte (z. B. Kommentare), weil die sprachlichen Mittel im Dienste der Aussageabsichten des Verfassers gezeigt werden sollen. Demgegenüber kann man methodisch einen anderen Weg einschlagen, wenn die Sprache des Textes einen höheren Stellenwert, ja beinahe Eigenwert besitzt. Bei diesen vornehmlich ästhetisch-kreativen Texten bietet sich eine Reihenfolge der Arbeitsschritte nach folgendem Schema an:

Gesamtabsicht		
Satzbau/Syntax	Wortwahl/Semantik	Rhetorische Mittel
Stilmittel Stilmittel	Stilmittel Stilmittel Stilmittel Stilmittel	Stilmittel Stilmittel Stilmittel
INTERPRETATIONEN mit inhaltlicher Einbindung und Wirkungsakzent		

Kontrollliste der sprachlichen Mittel (die Erklärung der Fachbegriffe erfolgt im Glossar auf S. 145–148)

Satzbau

Satzarten
Aussage
Befehl
Frage
- Alternativfrage
- Auskunftsfrage
- Rhetorische Frage
  (Häufung von Frage- und Ausrufezeichen als Hinweis auf Textemotionalität)

Satzvollständigkeit
Ellipse
  (Betonung, Emotionalität, Umgangssprache)
Parenthese
  (Differenzierung, Hervorhebung, Einschränkung usw.)

Wortwahl

Wortarten
Substantiv
  (bei gehäuftem Vorkommen u. U. Hinweis auf Abstraktionsniveau)
Verb
  (bei Häufung u. U. Dynamik)
Adjektiv
  (Anschaulichkeit)
Personalpronomen
  (wir: Vereinnahmung; man: Verallgemeinerung; ich: Ausgrenzung)

Sprachebene
- Hochsprache
- Fachsprache
- Umgangssprache
- Soziolekt
- Dialekt
- Jargon
  (Bezug zum Adressaten oder Autor)

Rhetorische Mittel

Metapher

Beispiel

Vergleich
  (Anschaulichkeit und damit geringeres Abstraktionsniveau)

Klimax

Emphase

Hyperbel
  (Hervorhebung)

Wortspiel/Anspielung
  (Originalität)

Euphemismus
  (Manipulation)

Ironie
  (Distanz, Überlegenheit, Spott)

Satzbau	Wortwahl	Rhetorische Mittel
Satzkomplexität Parataxe (Eindringlichkeit, Einfachheit) Hypotaxe (Analyse, Zusammenhänge) **Besondere Satzbaupläne** Reihung (Nachdruck, Vielfalt) Parallelismus (Vergleichbarkeit, Einprägsamkeit) Anapher (Hervorhebung) Emphatische Umstellung (Betonung)	**Wortfelder/Wortfamilien** (Verdichtung, Gewichtung) Leitwort/Schlüsselwort (Gedankenführung) Schlagwort (Vereinfachung, Zeitgeist) Neologismus (Pointierung) (Wertende) Konnotation (Positive bzw. negative Assoziation)	Antithese (Hervorhebung) Rhetorische Frage (Verstärkung, Manipulation, versteckter Befehl) Alliteration (Hervorhebung, Pointierung)

Glossar: Sprachliche Mittel

Begriff	Erklärung	Beispiel
Akkumulation	Anhäufung von Wörtern ohne Nennung des Oberbegriffs	Buch, Zeitung, Zeitschrift, Radio, Fernsehen, Computer und Smartphone
Allegorie	Verbildlichung eines abstrakten Begriffs; oft als Personifikation	Justitia (Gerechtigkeit); Amor (Liebe); Sensenmann (Tod)
Alliteration	Gleicher Anlaut der Stammsilbe aufeinanderfolgender Wörter (Stabreim)	Haus und Hof; Kind und Kegel; bei Wind und Wetter; was Küche und Keller hergeben
Anadiplose	Das letzte Wort eines Satzes/Verses ist identisch mit dem Anfangswort des folgenden.	Was ist die Mehrheit? Mehrheit ist der Unsinn ...
Anapher	Wiederholung desselben Wortes oder derselben Wortgruppe an gleicher Stelle in aufeinanderfolgenden Sätzen oder Satzteilen	Das Wasser rauscht, das Wasser schwoll; klar ist, dass wir gewinnen wollen; klar ist, dass wir noch nicht gewonnen haben.
Antithese	Gegensatzpaar; Gegenüberstellung entgegengesetzter Begriffe	hell und dunkel; Tag und Nacht; Stärke und Schwäche

Begriff	Erklärung	Beispiel
Chiasmus	Überkreuzstellung von Satzgliedern	Einer ist der Erfinder, Nachahmer sind viele; die Kunst ist lang und kurz ist unser Leben.
Chiffre	Moderne Form des Symbols; verweisendes (Geheim-)Zeichen mit verschlüsselter Bedeutung – meist autorbezogen. Häufig Kennzeichen moderner Lyrik	Schwarze Milch der Frühe (Paul Celan), Blaues Klavier (Else Lasker-Schüler)
Ellipse	Unvollständiger Satz	Du, mein Gegner? Feuer! Hilfe! Je schneller, desto besser.
Emphase	Betonung	Es kann überhaupt keinen Zweifel geben, dass wir gewinnen. – Das ist ja total irre.
Emphatische Umstellung	Betonung durch Umstellung	Überraschend kam dies nicht.
Euphemismus	Beschönigung; Verschleierung	Entsorgungspark (Atommülldeponie); Kollateralschaden (zivile Opfer); Reichskristallnacht (Pogrom)
Hyperbel	Übertreibung	ein einmaliger Abend
Hypotaxe	Satzgefüge mit Satzverknüpfung durch Unterordnung	Den ungeheuersten Witz, der vielleicht, so lange die Erde steht, über Menschenlippen gekommen ist, hat, im Lauf des letztverflossenen Krieges, ein Tambour gemacht; ... (Kleist).
Inversion	Abweichende Wortstellung	Unendlich ist die jugendliche Trauer. (Novalis)
Ironie	Das Gemeinte ist das Gegenteil des Gesagten. Spöttische Bloßstellung. Verletzende, bösartige Form: Sarkasmus bzw. Zynismus	Das ist ja eine schöne Bescherung. Du siehst heute aber gut aus. Und Brutus ist ein ehrenwerter Mann (Shakespeare).
Klimax	Steigerung; oft als Reihung bzw. innerhalb einer Relation	Am Anfang war der Verkehr lebhaft, später zähflüssig, am Ende standen wir im Stau.
Konnotation	Beiklang; mitschwingende Bedeutung; Assoziation – positiv oder negativ	Vollwertkost; Biolandwirt; Technokrat; Hinterbänkler; Ross – Gaul; Pauker; Bulle
Litotes	Untertreibende Ausdrucksweise	Er war nicht gerade ein Held.

Begriff	Erklärung	Beispiel
Metapher	Sprachliches Bild; abgekürzter Vergleich durch Übertragung der ursprünglichen Bedeutung des Wortes in einen anderen Zusammenhang	Am Fuß des Berges; EU-Gipfel; Verkehrsfluss; Sprachbarriere; Schneckentempo; Verhandlungsmarathon; Buchrücken
Verblasste Metapher	Bildhaftigkeit wird kaum mehr wahrgenommen	Glühbirne; Kopf hängen lassen; weg vom Fenster
Metonymie	Sprachliches Bild, das in realer Beziehung zum Gemeinten steht	Kreml; Weißes Haus; einen guten Tropfen trinken; Goethe lesen
Neologismus	Wortneuschöpfung	Ossi – Wessi; Quotenfrau; Smombie; Flexitarier
Onomatopoesie	Lautmalerei; klangliche Nachahmung	summen; kläffen; klirren
Oxymoron	Verbindung zweier sich ausschließender Begriffe	alter Knabe; beredtes Schweigen
Parallelismus	Sich wiederholende Satzkonstruktion oder Wortfolge	Der Maler steht vor der Staffelei und malt – hinter ihm steht einer. Der Komponist improvisiert auf dem Pianoforte – auf seinem Sofa schläft einer.
Parataxe	Satzreihe	Das Haus ist weiß. An der Seite steht ein Stall. Auch der Stall ist weiß.
Parenthese	Einschub; unverbundene Einfügung in den Satzablauf	Gestern kam ich – der Zug hatte Verspätung – erst kurz vor Mitternacht an.
Periphrase	Umschreibung	Der Allmächtige (Gott)
Personifikation	Vermenschlichung von Abstraktem oder Gegenständlichem	Der Fremdenhass nimmt schon Platz im Klassenzimmer oder pöbelt in der S-Bahn. Gelassen stieg die Nacht ans Land (Mörike).
Reihung	Aufzählung	Sonne, Mond und Sterne; Amsel, Drossel, Fink und Star ...
Rhetorische Frage	Scheinfrage, die sich selbst beantwortet	Reicht es, dass Bürger demonstrieren? Sind nicht längst die Grenzen überschritten?

Begriff	Erklärung	Beispiel
Symbol	Sprachliches Bild (Sinnbild), ein Ding wird durchsichtig auf eine höhere Bedeutung hin	Rose (für Liebe), Wasser (für Leben); Kette (für Bindung); Kreuz (christlicher Glaube)
Synästhesie	Verschmelzung verschiedener Sinnesbereiche	heiße Rhythmen; schreiendes Rot
Synekdoche	Ersetzung eines Wortes durch einen Begriff aus demselben Begriffsfeld, z. B. Teil fürs Ganze (Pars pro toto)	Traube statt Wein
Tautologie	Wiedergabe eines Begriffs durch zwei oder mehr Worte gleicher Bedeutung	angst und bange; hinter Schloss und Riegel
Vergleich	Veranschaulichendes Stilmittel; Form des Bildes	Stark wie ein Löwe; Zustände wie im alten Rom
Wortspiel	Spiel mit Klang oder Bedeutung von Wörtern; Wort- bzw. Sprachwitz	Braucht die Genetik eine neue Gen-Ethik? Natürlich ist die Natur schon lange nicht mehr natürlich.

Bestimmen Sie die sprachlichen Mittel und den jeweiligen Wirkungsakzent in den folgenden Beispielen. Achten Sie auf mögliche Mehrfacheinordnungen.

- Kaum eine Innovation hat unser Leben derart verändert wie das Internet, kaum ein Gerät unsere Gesellschaft derart beeinflusst wie das Smartphone.
- Das internetfähige Handy ist Telefon, Kalender und Kamera, Musikspieler, Stadtführer und Freundenetzwerk in einem.
- Dem Smartphone ist es gelungen, die Langeweile zu töten.
- Das Smartphone hat sich zum Kommunikationskiller entwickelt.
- Junge Menschen sitzen im Café – und verschanzen sich hinter Bildschirmen, statt sich zu unterhalten.
- Wie schwerwiegend das Problem ist, belegen Studien, wonach ein Teil der Nutzer depressiv wird, wenn regelmäßige Nachrichten ausbleiben. Längst warnen Psychologen vor Suchtgefahr, wenn das Handy zunehmend die Realität ersetzt.
- Zu viel ist in den vergangenen Jahren über technische Möglichkeiten gesprochen worden, zu wenig über die Frage, wie ein verantwortungsvoller Umgang damit aussehen kann.
- Menschen tun mehrere Dinge gleichzeitig: Fernsehen und Mails checken, essen und daddeln, Auto fahren und simsen.

Textbeispiele aus: Krell, Sonja, Wie Smartphones unser Leben ändern, in: Allgäuer Zeitung, 09.09.2013, S. 2, bearbeitet

Interpretation sprachlicher Bilder

Sprachliche Bilder haben für die menschliche Kommunikation eine wichtige Funktion. Sie tragen zur Veranschaulichung von komplexen Sachverhalten bei. Allerdings lässt die Unschärfe von bildhaften Aussagen auch einen Spielraum für Interpretation zu. Das liegt daran, dass sprachliche Bilder wie Metaphern, Vergleiche, Personifikationen usw. beim

Leser gedankliche Vorstellungen und Assoziationen hervorrufen. Diese lassen den angesprochenen Sachverhalt in einem bestimmten Licht erscheinen, d.h., ein Thema erhält dadurch z.B. eine positive bzw. negative Bewertung/Konnotation. Es lohnt sich deshalb besonders, sprachliche Bilder im Rahmen einer Sprachanalyse ausführlich und differenziert zu deuten.

Tipps für die Interpretation von Sprachbildern

1. Sammeln Sie die durch das Sprachbild hervorgerufenen Assoziationen (z.B. Cluster, Ideenstern).
2. Wählen Sie die der Aussageabsicht entsprechenden Assoziationen aus.
3. Übersetzen Sie das sprachliche Bild in sachliche Sprache. Vermeiden Sie dabei Ihrerseits bildhafte Sprache.

Beispiel

Das Smartphone hat sich zum Kommunikationskiller entwickelt.

Formulierungsbeispiel	
Die Autorin macht auf die negativen Einflüsse des Smartphones für die zwischenmenschliche Kommunikation aufmerksam. Dazu verwendet sie die stark negativ konnotierte Personifikation „Kommunikationskiller“.	**Autorenabsicht** **Benennung des sprachlichen Mittels**
Mit diesem drastischen sprachlichen Bild assoziiert der Leser womöglich Vorstellungen wie Gewalt, Skrupellosigkeit und absichtsvoller Vernichtungswille, dem man hilflos ausgesetzt ist. Vielleicht denkt man dabei auch an Killerfiguren aus Filmen oder Fernsehserien wie z.B. „Kill Bill“ oder „Der Pate“. Die Autorin weist damit auf alltäglich zu beobachtende Situationen hin, in denen Menschen sich nur noch mit ihrem Smartphone beschäftigen, auch wenn sie	**Assoziationen** **Bezug zur gemeinten Realität**

sich gerade in Gesellschaft von Bekannten, Freunden oder Familienmitgliedern befinden. Gespräche kommen nicht mehr zustande, ein Austausch von Neuigkeiten oder nur Smalltalk findet nicht statt. Wie ein Killer Menschen absichtlich tötet und somit von allen Verbindungen zum Leben unwiederbringlich abschneidet und zum Verstummen bringt, so kappt die Benutzung des Smartphones jede kommunikative Interaktion zwischen Menschen. Mithilfe der Personifikation schreibt die Autorin dem Smartphone zudem eine direkte Verantwortung an der Zerstörung der zwischenmenschlichen Kommunikation zu.	**„Übersetzung" in sachliche Sprache**
Durch die sehr negativ konnotierte und übertriebene Wortwahl stellt die Verfasserin dem Leser die Gefahr des Smartphones eindringlich vor Augen.	**Wirkungsanalyse und Fazit**

1. Sammeln Sie Assoziationen zu den folgenden bildhaften Aussagen.
2. Verfassen Sie anschließend eine Interpretation. Das Formulierungsbeispiel kann dabei als Orientierung dienen.
   - Das Smartphone frisst kostbare Zeit.
   - Smartphones sind wie kleine schwarze Löcher für die Aufmerksamkeit von Schülern.
   - Das Elektroauto wird als ökologische Wunderwaffe gegen die Klimaerwärmung angepriesen.
   - Mit dem Klimawandel fällt den Industrieländern ihre rücksichtslose Lebensweise auf die Füße.

LÖSUNGSVORSCHLAG

Sprachabsichtsanalyse zum Text „Warum die Göttin Google gefährlich für uns werden kann" (siehe S. 138 f.)

Tobias Schaumann fordert vor dem Hintergrund der Gefahren der sich rasant entwickelnden Digitalisierung eine in der Bevölkerung stattfindende Debatte zur gesellschaftlichen und individuellen Begrenzung des Einflusses von Internetkonzernen. Um diese Absicht zu verwirklichen, bedient sich der Autor zahlreicher sprachlicher Mittel.

Schumann erläutert zunächst die Gefahren, die aus der auf Expansion angelegten Unternehmensstrategie und dem Geschäftsmodell von „Google" für die Nutzer von Google-Diensten erwachsen können. Bereits in der Überschrift macht er deutlich, wie übermächtig er den Einfluss des Internetkonzerns einschätzt. Aufgrund der **alliterativen Formulierung** sticht die **Metapher** „Göttin Google" (Titel) dem Leser sofort ins Auge. Die bildhafte Sprache vermag beim Leser zudem eine Reihe von teilweise negativen Assoziationen auszulösen: Allmacht, Unangreifbarkeit, übermenschliche Fähigkeiten. Eindringlich macht der Autor mit einem **Wortspiel** auf die Absicht von Google aufmerksam, sämtliche menschliche Lebensbereiche dominieren zu wollen: „Von A bis Z. Von Alpha bis Omega. Von Anfang bis Ende" (Z. 2 f.). Daher kennzeichne die Umbenennung in „Alphabet" diesen digitalen

Machtanspruch des Konzerns. Mit zahlreichen **hyperbolischen Sprachbildern** hebt Schaumann seine Befürchtungen im Hinblick auf die Machtambitionen der Internetfirma hervor. So beklagt er, dass „die Suchmaschine die Welt flutet" (Z. 8) und der Konzern „nach viel mehr Macht [giert]" (Z. 9), sogar nach „der globalen Herrschaft [greift]" (Z. 10 f.). Diese **Klimax** soll beim Leser wohl ein Gefühl der Bedrohung und des Ausgeliefertseins an die digitalen Unternehmen hervorrufen. **Ironisierend** charakterisiert der Autor die Google-Chefs als „Weltverbesserer" (Z. 12), die die unbekümmerten Internetnutzer mit den Annehmlichkeiten ihrer Onlinedienste manipulierten – veranschaulicht durch das **metaphorische Oxymoron** „süße[s] Gift" (Z. 20). Das **Adjektiv** „süß" steht hier für alle den Alltag erleichternden Instrumente von Google, von der Suchmaschine über Onlinekartendienste bis hin zu YouTube, die die Menschen wegen ihrer vermeintlichen Vorteile sehr schätzen. Das „Gift" bezieht sich dagegen auf die damit einhergehende gefährliche Wirkung – man denke z. B. nur an das Sammeln von persönlichen Daten zur Ermittlung von Bewegungsprofilen –, die von den Verbrauchern aber erst zu spät wahrgenommen wird. Letztlich macht er die Menschen für Googles Machtausweitung mitverantwortlich, da er mit der folgenden **Alliteration** betont: „Sie vertrauen sich der Software oft mit Sorglosigkeit an" (Z. 21).

Nach der Darlegung seiner Kritik an der Unternehmensstrategie des Internetkonzerns veranschaulicht Schaumann die negativen Folgen einer sich weiter verbreitenden Digitalisierung mittels verschiedener Beispiele. Partnersuche, sozialer Austausch und Berufswelt seien von dieser technologischen und gesellschaftlichen Entwicklung tiefgreifend beeinflusst. Mit dem **Neologismus** „digitale Revolution" (Z. 22) veranschaulicht er diese Veränderung sehr eindringlich. Die Erinnerung des Lesers an historische Revolutionen vermag eine Reihe negativer Assoziationen auslösen: krasse Umwälzung der gewohnten Gesellschaftsverhältnisse, unter Umständen Gewaltanwendungen, Unsicherheit, Orientierungslosigkeit. Seine kritische Beurteilung untermauert der Verfasser mit einer Fülle **negativ konnotierter Begriffe**: „Das Netz kennt keine Gnade" (Z. 28 f.), „Auch die sozialen Netzwerke üben [...] Druck aus" (Z. 35), „In der Folge unterliegen immer mehr Menschen dem Zwang zur ständigen Selbstoptimierung" (Z. 30 f.). Schaumann befürchtet eine Entmenschlichung durch die fortschreitende Digitalisierung, die er mit einer **Alliteration** sehr deutlich hervorhebt: „Mensch und Maschine verschmelzen" (Z. 33 f.). Die an den Leser gerichtete **rhetorische Frage** „Aber wer kontrolliert wen?" (Z. 34), soll den Leser zum Nachdenken über die Folgen der Verselbständigung des digitalen Fortschritts anregen. Die drastischen Veränderungen in der Arbeitswelt verdeutlicht Schaumann sehr übertrieben mit der **Klimax** „Amazon setzt dem Einzelhandel zu. Google ist den etablierten Medien [...] ein Dorn im Auge. Streaming-Dienste [...] pulverisieren die Musikindustrie" (Z. 46 ff.). Diese Verwendung von zum Teil **Kriegsvokabular** unterstreicht noch einmal sehr plastisch die ablehnende Haltung des Autors gegenüber den neuen technologischen Entwicklungen im Bereich des Internets.

Abschließend fordert Tobias Schaumann eine gesellschaftliche Debatte zur Eindämmung einer alle Lebensbereiche beherrschenden Digitalisierung. Mit der folgenden **rhetorischen Frage** sucht er den kommunikativen Kontakt zum Leser: „Frisst die digitale Revolution also ihre Kinder?" (Z. 53). Damit zieht er einen roten Faden zu seinen vorhergehenden Ausführungen, indem er wieder den Begriff der „digitalen Revolution" aufgreift. Die Leser können so den Argumentationsgang des Verfassers besser nachvollziehen. Dadurch, dass er ein **literarisches Zitat** anführt, richtet er sich auch an eine gebildete Leserschaft, die angesichts dieses sprachlichen Bildes sofort Assoziationen mit den blutrünstigen Auswüchsen der Französischen Revolution verbinden. Auch ohne literarische Vorbildung lässt die rhetorische Frage, die eine **Personifikation** enthält, ein einprägsames Bild entstehen, das beim Leser Angst und Betroffenheit in Bezug auf die zukünftigen Konsequenzen der Digitalisierung für die Internetnutzer auslösen soll. Als Antwort darauf sieht Schaumann die Gesellschaft und den Rechtsstaat in der Verantwortung, einen bewussten und reflektierten Umgang mit der Digitalisierung zu pflegen. „Eine breite Debatte, welche Rolle die Algorithmen spielen – und vor allem: welche nicht – ist wichtig" (Z. 54 ff.), so die Forderung des Verfassers. Die **Parenthese**, die durch die Gedankenstriche markiert ist, lenkt die Aufmerksamkeit der Leser auf das Anliegen des Kommentators, weniger den Nutzen und die Vorteile, als vielmehr die Begrenzung der Digitalisierung in der Bevölkerung zu thematisieren. Der **Doppelpunkt** vor „welche nicht" verstärkt diese Wirkung zusätzlich. Schaumann ist der Überzeugung, „dass aufgeklärte Zeitgenossen mit ihren privaten Daten [haushalten]" (Z. 58 f.). Er hält damit indirekt ein Plädoyer für mehr Informationen über die Konsequenzen der Digitalisierung. Auf diese Weise seien die Verbraucher vor den Versprechungen der Internetfirmen gefeit, deren Vertreter er mit **ironischem Unterton** als „Heilsbringer" (Z. 59 f.) bezeichnet. Indem er wie am Anfang seines Kommentars das **Wortfeld** „Religion" gebraucht sowie erneut das **Wortspiel** von „A bis Z" (Z. 61) aufgreift, rundet er seinen Meinungsbeitrag thematisch ab.

Insgesamt fällt auf, dass der Autor über eine wirkungsvoll gewählte Metaphorik und eine große Anzahl vor allem übertriebener negativer Konnotationen dem Leser die Gefahren der voranschreitenden Digitalisierung vor Augen führen will. Ergänzend betont er mit seinen nachdenklich stimmenden Ausführungen die Notwendigkeit einer breitangelegten Debatte über die Begrenzung der digitalen Möglichkeiten.

1. Arbeiten Sie im Lösungsvorschlag die folgenden Bausteine einer Sprachabsichtsanalyse heraus:
   - Fachbegriffe der sprachlichen Mittel
   - Belege
   - inhaltliche Einbindungen
   - Wirkungsakzente
   - Interpretationen
2. Analysieren Sie die Zitiertechnik des vorliegenden Lösungsvorschlags.
3. Suchen Sie nach Synonymen für die verwendeten Begriffe der Wirkungsakzente.

IV Argumentierendes Schreiben

Argumentieren bedeutet entschlossenes, aber differenziertes Eintreten für eigene Meinungen und Positionen. Dazu gehört auch das Erfassen von Sachverhalten und Argumenten, die einer fremden Sichtweise entspringen. **Kompromissfähigkeit** und ein Bewusstsein für **Problemlösungen** sind stets Ziele einer gelungenen Argumentation. **Das argumentierende Schreiben** umfasst klassische Aufsatzformen wie die **Sacherörterung** oder die **Stellungnahme**, die z. B. an eine Sachtextanalyse anschließen können. **Freiere Formen** des Argumentierens können dagegen z. B. der **Leserbrief** oder der selbstverfasste **Kommentar** sein. Bei diesen Schreibformen ist man weniger an strenge Vorgaben als beim normalen Erörterungsaufsatz gebunden, sie unterliegen jedoch auch bestimmten Mustern, sodass „frei" nicht mit Beliebigkeit gleichzusetzen ist. Außerdem gilt bei freien Formen derselbe Anspruch an die Qualität des Argumentierens wie bei herkömmlichen Erörterungsaufgaben. Hervorzuheben ist bei Leserbrief und Kommentar der spezifische **Adressatenbezug**, der für die Realisierung der Autorenabsicht beim Leser wichtig ist. Zudem gewinnt die **subjektive Sicht** des Verfassers bei dieser Art des argumentierenden

Schreibens an Bedeutung. Damit beide Aspekte ihre Wirkung entfalten können, ist bei den freien Schreibformen der angemessene und gezielte Einsatz von **sprachlichen Mitteln** zur Lenkung der Lesermeinung zu beachten. Um kompetent argumentieren zu können, reicht in der Regel das eigene Wissen nicht aus. Deshalb ist es erforderlich, dass Sachinformationen und Meinungen aus **Zusatzmaterialien** sorgfältig und unverfälscht ausgewertet werden, damit entweder die eigene Position gestützt oder die Gegenperspektive glaubwürdig und differenziert dargelegt werden kann.

Arbeitsschritte bei der Erörterung

- Bestimmung der Aufgabenart (linear, dialektisch)
- Erschließung des Themas (Themenbegriffe, Themafrage)
- Stoffsammlung (Cluster, Mindmap)
- Formulierung der Gliederung
- Ausarbeitung der einzelnen Gliederungspunkte (Einleitung, Hauptteil, Schluss)
- Überarbeitung des Textes (Inhalt und sprachliche Gestaltung)

1 Aufgabenstellung und Themaerfassung

Grundsätzlich wird zwischen der **linearen** und der **dialektischen** Themenstellung unterschieden. Die lineare Erörterung – auch „steigernde" genannt – schlägt nur eine Richtung ein und ordnet die Argumente in steigernder Reihenfolge an; Aufgaben, die unterschiedliche Positionen gegenüberstellen **(Pro- und Contra-Argumente)**, diese bewerten und eine Lösung anstreben, heißen „dialektisch". **Lineare** Themen zielen auf die Beantwortung von Auskunftsfragen, **dialektische** Themen auf die Beantwortung von Alternativfragen. Ist das Thema nicht in Frageform, sondern als Arbeitsauftrag formuliert, lässt sich durch eine Umwandlung des Auftrags in eine Frage klären, um welchen Erörterungstyp es sich handelt. Erst die richtige Zuordnung des jeweiligen Themas zu den Aufgabentypen linear oder dialektisch macht eine korrekte Themaerfassung möglich.

Wie trägt das Internet zur Verdummung bei?	=	**Auskunftsfrage**	→	**linear**
Trägt das Internet zur Verdummung bei?	=	**Alternativfrage**	→	**dialektisch**
Untersuchen Sie die Ursachen des Klimawandels!	=	**Auftrag**		
		↓		
Worin liegen die Ursachen des ~~Klimawandels~~?	=	**Auskunftsfrage**	→	**linear**

Lineare Aufgaben	**Dialektische Aufgaben**
• Auskunftsfragen • Aufträge, die in lineare Fragen umgestaltet werden können: – Zeigen – Darlegen – Erläutern – Darstellen	• Alternativfragen („... oder nicht“) • Aufträge – Beurteilen – Bewerten – Diskutieren

Um nicht am Thema vorbei zu argumentieren, müssen nach der Bestimmung des Aufgabentyps die Themenbegriffe identifiziert und das Thema genau erfasst werden. Folgende Fragen können eine Hilfestellung dafür sein:

- Um welches Thema geht es?
- Wonach fragt das Thema genau?
- Gibt es Einschränkungen bei dem Thema?

Thema:
Angesichts der negativen Auswirkungen des herkömmlichen Tourismus wird von verschiedenen Seiten ein nachhaltigeres Reisen gefordert – ein „sanfter Tourismus“. Diskutieren Sie diese Forderung.

Zusatzmaterial

Nachhaltiger Tourismus: Was heißt das?

Die Idee des nachhaltigen Tourismus existiert schon seit über 30 Jahren, wenngleich in Form unterschiedlicher Begrifflichkeiten wie sanfter Tourismus, intelligenter Tourismus oder Tourismus mit Verantwortung. Spätestens jedoch seit den 1990er Jahren und den globalen Initiativen zur nachhaltigen Entwicklung (UN-Konferenz 1992 in Rio de Janeiro) ist der Begriff Nachhaltigkeit auch als Konzept im Tourismus verankert.

Nachhaltiger Tourismus erfüllt nicht nur die Ansprüche der Touristen und lokalen Bevölkerung in den Zielgebieten, sondern trägt auch dazu bei, zukünftige Entwicklungsmöglichkeiten zu sichern und zu verbessern. Ressourcen werden so genutzt, dass ökonomische, soziale und ästhetische Bedürfnisse befriedigt werden und gleichzeitig kulturelle Besonderheiten, wesentliche ökologische Prozesse, die biologische Vielfalt und lebenswichtige Systeme als Lebensgrundlagen erhalten werden[.]

Nachhaltigkeit im Deutschlandtourismus. Anforderungen, Empfehlungen, Umsetzungshilfen, hrsg. vom Deutschen Tourismusverband e. V., Berlin 2016, S. 5

1. Schritt: Identifizierung der relevanten Themenbegriffe

Angesichts der negativen Auswirkungen des herkömmlichen Tourismus wird von verschiedenen Seiten ein nachhaltigeres Reisen gefordert – ein „sanfter Tourismus“.

Diskutieren Sie diese Forderung.

2. Schritt: Bestimmen der Themenbegriffe

Herkömmlicher Tourismus	Massentourismus, Billigreisen, Badeurlaub
Negative Auswirkungen	Umweltverschmutzung, Naturzerstörung, hoher CO_2-Ausstoß, einseitige wirtschaftliche Abhängigkeit des Landes vom Tourismus, Verdrängung der einheimischen Kultur
Nachhaltiges Reisen, sanfter Tourismus	Übertragung der Prinzipien der Nachhaltigkeit auf die Reisebranche (siehe Zusatzmaterial)
Diskutieren	Dialektischer Aufgabentyp (Pro-und-Kontra-Argumentation)

Manchmal erfolgt die Themenstellung einer **Erörterung im Anschluss an ein vorgegebenes Zitat**. In diesem Fall sollte, auch wenn dies nicht ausdrücklich verlangt ist, der Zitatinhalt zunächst eigenständig, d.h. in eigenen Worten, formuliert und erklärt werden – eventuell in der Einleitung. Damit wird auch die Hinführung zur Themafrage mit dem Gedanken der Themaerschließung geleistet.

Thema:

„Problematisch am Fernsehen ist nicht, dass es unterhaltsame Themen präsentiert, problematisch ist, dass es jedes Thema als Unterhaltung präsentiert." Das sagt der amerikanische Kritiker Neil Postman in seinem Buch „Wir amüsieren uns zu Tode".
Halten Sie die Tendenz für bedenklich, Fernsehsendungen auch in Deutschland zunehmend unterhaltsam darzubieten?

LÖSUNGSVORSCHLAG FÜR EINE KURZE ERLÄUTERUNG DES ZITATS (ALS TEIL DER EINLEITUNG)

Zweifellos liefern die heutigen Fernsehprogramme in den meisten Staaten der Welt den größten Beitrag zur Unterhaltung der Menschheit. Von Neil Postman stammt die Aussage: „Problematisch am Fernsehen ist nicht, dass es uns unterhaltsame Themen präsentiert, problematisch ist, dass es jedes Thema als Unterhaltung präsentiert." Zwar ist die Formulierung „jedes Thema" sicher überspitzt, aber sie trifft die gegenwärtige Entwicklung, dass der Unterhaltungscharakter in immer mehr Fernsehsendungen den Informationscharakter in den Hintergrund rückt. Postmans Einwand richtet sich also dagegen, dass nahezu alle Sendungen auf unterhaltsame Art und Weise dargeboten werden. Nicht nur in Amerika, der Heimat Postmans, sondern auch in Deutschland stellt sich die Frage, ob die Tendenz bedenklich ist, Themen im Fernsehen zunehmend unterhaltsam darzubieten.

2 Stoffsammlung und Gliederung

Aus Gründen der Arbeitsökonomie und der gedanklichen Konzentration empfiehlt es sich, eine bereits geordnete Sammlung von Einfällen und Stichworten (z.B. im Rahmen eines Clusters, siehe S. 23) anzustreben. Als eine Methode zur ersten **Stoffordnung** kann die Mindmap-Methode hilfreich sein. Dabei geht es wie bei jeder anderen Methode zur Ordnung des Stoffes darum, eine Begriffshierarchie, also geeignete Oberbegriffe, zu finden, unter denen sich die bei der Stoffsammlung gefundenen Einfälle, Gedanken, Schlagworte zusammenfassen lassen (siehe S. 157).

Thema:

Angesichts der negativen Auswirkungen des herkömmlichen Tourismus wird von verschiedenen Seiten ein umweltverträglicheres Reisen gefordert – ein „sanfter Tourismus“.
Diskutieren Sie diese Forderung.

Stoffsammlung als Mindmap

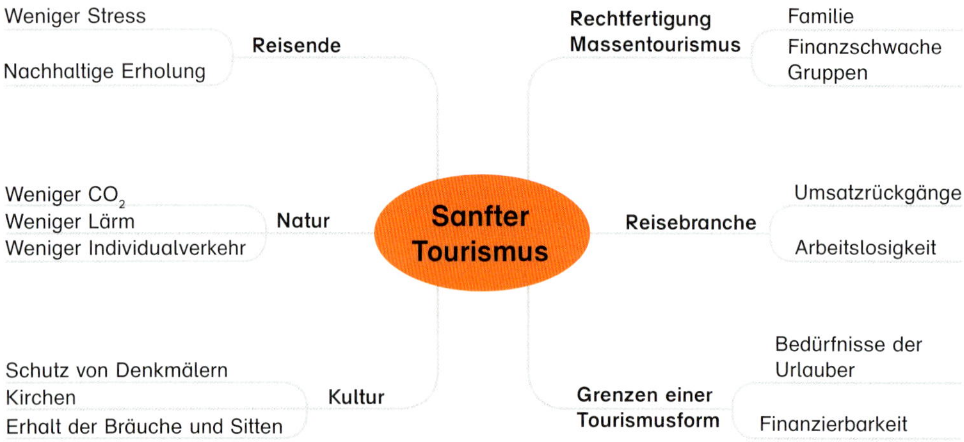

Gliederung

Die Gliederung dient als Vorbereitung auf die Textproduktion in Form einer inhaltlichen und sprachlichen Strukturierung der Stoffsammlung. Hier sollen vor allem inhaltliche Aspekte geordnet, ergänzt und abstrahiert vorformulieren werden.

Bei der **Einleitung** und beim **Schluss** ist eine Untergliederung in Unterpunkte nicht sinnvoll. Der **Hauptteil** enthält in der Gliederung als Überschrift die Themafrage in Aussageform und die Teilaufgaben als Hauptgesichtspunkte.

Schon die Formulierung der Überschrift zum Hauptteil sollte signalisieren, um welchen Aufgabentyp es sich handelt. Dafür bieten sich bei linearen Aufgabenstellungen Formulierungen wie „Gedanken“, „Überlegungen“ o.Ä. an. Bei dialektischen Themenstellungen empfehlen sich Begriffe wie „Kontroverse“, „Diskussion“, „Auseinandersetzung“, „Streitfrage“ etc. Neben diesen Signalbegriffen sollte die Überschrift auch die abstrahierende Zusammenfassung der einzelnen Teilaufgaben enthalten.

Bei der dialektischen Erörterung sind die Hauptgesichtspunkte **These** und **Antithese** in ihrer Reihenfolge frei; man kann also auch mit der Antithese beginnen. Aus praktischen Erwägungen einer passenden Überleitung zur Synthese bietet sich an, den aus der Sicht des Verfassers gewichtigeren Argumentationsblock an die zweite Stelle zu setzen.

Auf jeden Fall sollten Antithese und These in der Gliederung – unabhängig von der eigenen Meinung – möglichst **gleichrangig** und **gleichgewichtig** (Anzahl der Argumente) und auch **ausgewogen** gestaltet sein.

Nummerierung der Gliederungspunkte

Zwei Systeme können zur Nummerierung angewendet werden: die **dezimale** und die **alphanumerische Gliederung.** Die folgende Gegenüberstellung zeigt die Entsprechungen der beiden Gliederungssysteme:

	Alphanumerisches Gliederungssystem		**Dezimales Gliederungssystem**
A.	Einleitung	**1.**	Einleitung
B.	Hauptteil/Themafrage	**2.**	Hauptteil/Themafrage
I.	These	**2.1**	These
1.	Argument Nr. 1	**2.1.1**	Argument Nr. 1
2.	Argument Nr. 2	**2.1.2**	Argument Nr. 2
II.	Antithese	**2.2**	Antithese
1.	Argument Nr. 1	**2.2.1**	Argument Nr. 1
2.	Argument Nr. 2	**2.2.2**	Argument Nr. 2
III.	Synthese	**2.3**	Synthese
1.	Argument Nr.1	**2.3.1**	Argument Nr.1
2.	Argument Nr.2	**2.3.2**	Argument Nr.2
C.	Schluss	**3.**	Schluss

Sprachliche Formulierung der Gliederungspunkte

Formulierungen auf gleicher Gliederungsebene (I.1. und II.1.) müssen auf der gleichen Abstraktionsebene stehen, d.h. „Obst" und „Gemüse" erfüllen z.B. diese Bedingung, „Obst" und „Kirsche" dagegen nicht. Das Abstraktionsniveau lässt sich in einer **Begriffshierarchie** veranschaulichen, in der Begriffe auf gleicher Ebene durch zusammenfassende Abstraktionen wieder zu Begriffen führen, die ihrerseits wieder auf gleichem, aber höherem Abstraktionsniveau stehen. Der jeweils mittlere Begriff deckt als Überschrift alle Zeilen darunter ab, nicht aber die (gleichgeordneten) Begriffe der gleichen Zeile.

Beispiel einer Begriffshierarchie

In sprachlicher Hinsicht ist bei Gliederungen der **Nominalstil** anstelle vollständiger Sätze sinnvoll. Zum einen werden dabei eher abstrakte Begriffe bereitgestellt, die für eine Systematisierung des Sachverhalts hilfreich sind und später in der Ausarbeitung eine abstrakte Argumentation erleichtern. Zum anderen fordert aber auch der Nominalstil komplexe, d. h. umfassende und differenzierende Formulierungen, die den Gedankengang der Argumentation andeuten. Der Nominalstil ist also keineswegs zu verwechseln mit sogenannten Einwortformulierungen der Gliederungspunkte.

Beispiele für Nominalisierung

Vom Satz zum Nominalausdruck

- Die Kopfnoten fördern unerwünschtes Anpassungsverhalten und Duckmäusertum.
  - Förderung unerwünschten Anpassungsverhaltens und Duckmäusertums durch die Kopfnoten
- Kopfnoten signalisieren die Bedeutung von Schlüsselqualifikationen und motivieren die Schüler zu verstärkter Anstrengung.
  - Signalwirkung für die Bedeutung von Schlüsselqualifikationen und damit einhergehende Motivation der Schüler zu verstärkter Anstrengung mithilfe von Kopfnoten

Beispiele für die Steigerung der Komplexität

- Verwendung von **Präpositionalausdrücken** oder verbindenden Konjunktionen: in Bezug auf, im Hinblick auf, angesichts von, vor dem Hintergrund von, als Konsequenz von, mit der Folge von, als Resultat aus, in Form von, als Ausdruck von, als Beitrag zu
- Wertende Adjektive als Zeichen positiver oder negativer Argumentationsausrichtung

Schlechte Lösung:

I. Argumente für die Einführung von Kopfnoten
1. Information
2. Schlüsselqualifikation

Erstrebenswerte Lösung:

I. Argumente für die Einführung von Kopfnoten in Schulzeugnissen
1. Aufschlussreiche Information für Eltern und Ausbildungsbetriebe

Wertendes Adjektiv	Stichwort	inhaltliche Ergänzung mit Präposition

2. Kopfnoten als hilfreicher Hinweis auf Schlüsselqualifikationen

inhaltliche Ergänzung mit Konjunktion „als"	Stichwort

Gliederung einer dialektischen Erörterung (alphanumerische Gliederung)

	Sprachlich abstrakte Formulierungen im Nominalstil	Aufbau
A.	Massentourismus als Auslaufmodell	Einleitung

B.	Diskussion über den sanften Tourismus	Hauptteil mit Themafrage
I.	Argumente gegen den sanften Tourismus	These
1.	Finanzielle Einbußen im Vergleich zum herkömmlichen Tourismus	
2.	Bloße Verlagerung statt echter Beseitigung der Umweltbelastung	
II.	Argumente für den sanften Tourismus	Antithese
1.	Positive Konsequenzen einer sinnvollen Urlaubsgestaltung sowohl für Urlauber als auch Einheimische	
2.	Vermeidung weiterer Umweltschäden und Anstoß für umweltbewusstes Leben	
III.	Voraussetzungen für die praktische Realisierung eines alternativen Tourismuskonzeptes	Synthese mit Argumenten
1.	Durchdachtes staatliches Gesamtkonzept notwendiger Einschränkungen und Fördermaßnahmen	
2.	Bewusstseinswandel bei den Touristen im Hinblick auf Aufgeschlossenheit gegenüber neuen Reiseformen	
C.	Umweltbewusstes Verhalten im Alltag	Schluss

Thema:

Schenkt man den Medien Glauben, so sind Auswüchse des Sports längst keine Einzelfälle mehr.
Zeigen Sie an Beispielen negative Entwicklungen im heutigen Sportbetrieb und deren Ursachen auf. Stellen Sie anschließend Möglichkeiten dar, wie sich eine gesunde sportliche Betätigung für alle Bevölkerungskreise fördern ließe.

Gliederung zu einer linearen Erörterung (dezimale Gliederung)

1.	Medienereignis „Olympische Spiele“
2.	Gedanken zum gegenwärtigen Leistungs- und Breitensport
2.1	Auswüchse im heutigen Sportbetrieb
2.1.1	Betrug an fairen Konkurrenten und Zuschauern beim Leistungssport
2.1.2	Häufige und gravierende gesundheitliche Schädigungen beim rücksichtslosen Leistungssport und beim unsachgemäßen Breitensport
2.2	Ursachen für die Fehlentwicklungen im Sport
2.2.1	Ungeheurer Leistungsdruck aufgrund persönlichen Ehrgeizes und nationalen Erwartungsdrucks
2.2.2	Weitgespannter Rahmen kommerziellen Interesses von der Industrie bis zum Spitzensportler

2.3	Vorschläge für eine Förderung gesunder sportlicher Betätigung aller Bevölkerungskreise
2.3.1	Weitere Aufwertung des Schul- und Vereinssports
2.3.2	Weiterentwicklung eines angemessenen Gesundheitsbewusstseins in der Bevölkerung
3.	Sport als Ausgleich zum Alltag

1. Vergleichen Sie die beiden Nummerierungssysteme im Hinblick auf ihre Übersichtlichkeit (siehe S. 158 ff.).
2. Nennen Sie Formulierungen, die eine deutliche Steigerung des Informationswerts der einzelnen Gliederungspunkte beinhalten.

Synthesengestaltung

Eine Synthese dient dazu, **Problembewusstsein** zu beweisen und Möglichkeiten einer **gedanklichen Problemlösung** durchzuspielen.

Dies kann bedeuten, dass z. B. Voraussetzungen, Einschränkungen, Bedingungen geklärt oder Forderungen erhoben werden, mit denen **These** und **Antithese relativiert** werden. Lautet z. B. ein Einwand (Antithese), dass die Kosten zu hoch sind, kann in der Synthese die Forderung nach preisgünstiger Gestaltung eine Perspektive eröffnen. Spricht die Gefährlichkeit (Antithese) gegen etwas, kann man als Voraussetzung zur Akzeptanz erhöhte Sicherheit (Synthese) anmahnen. Gilt eine Entwicklung nur in beschränktem Umfang als wünschenswert (Antithese), können notwendige Einschränkungen zur Auflage gemacht werden (Synthese).

Hier wird also eine bedingungslose, einfachere Antwort, zu der naturgemäß These bzw. Antithese neigen, auf eine **umfassendere und differenzierte Reflexionsebene** gehoben. Dabei können dann auch **Rahmenbedingungen und Relativierungen** mitbedacht werden. (Denkmodell: „ja, aber" bzw. „nein, wenn nicht"). Bei manchen Fällen lassen sich in der Synthese auch **Kompromisse im Sinne eines Mittelwegs** entwickeln.

In vielen Fällen empfiehlt es sich, den konkreten Meinungsstreit hinter sich zu lassen und das Problem auf höherer gedanklicher Ebene unter **neuem Blickwinkel** zu beleuchten. Dies geschieht, indem die konkrete Frage in ein **größeres thematisches Umfeld**, in **längerfristige Zeiträume** oder in einen **erweiterten Bewusstseinshorizont** eingeordnet wird.

Hinweise zur Synthese

Die Synthese

- ist Ausdruck eines eigenen Problembewusstseins und beinhaltet Perspektiven;
- vermittelt praktikable Lösungsvorschläge und eine begründete Wertentscheidung;
- ist keine bloße Wiederholung von Thesen- bzw. Antithesen-Argumenten;

- basiert auf einer differenzierten Argumentationstechnik mit plausibler Behauptung und anschaulicher Entfaltung;
- zielt nicht auf die Darstellung der „eigenen Meinung" ab;
- verzichtet auf Appellcharakter („Zeigefinger");
- verzichtet auf den Konjunktiv-Stil (wäre, könnte, hätte, ...).

Denk- und Formulierungshilfen für die Synthese

- Voraussetzungen/Bedingungen für die bessere Erfüllung ...
- Beschränkungen für die Einhaltung ...
- Zielvorstellung eines/einer ...
- Kompromiss einer/eines ...
- Notwendigkeit eines neuen/anderen/besseren Verständnisses von ...
- Schwierigkeiten eines/einer ...
- Ziel eines neuen/anderen/geänderten Bewusstseins von ...

3 Einleitung und Schluss

Die Funktion der **Einleitung** besteht darin, das Interesse des Lesers zu wecken und ihn zum Thema hinzuführen. Dabei genügt ein Gedanke, aus dem sich am Ende die Themafrage einsichtig und gewissermaßen „zwingend" ergibt. Diese Hinführung darf weder das Thema als bekannt voraussetzen noch Argumentationen des Hauptteils vorwegnehmen, sondern soll ohne Umwege das Ziel der Themafrage ansteuern. Die Themafrage muss vollständig und ohne inhaltliche Veränderungen gestellt werden.

Einstiegsmöglichkeiten für Einleitungen

- Historischer Rückblick (nicht zu weit ausholen)
- Zitat, Redewendung, Sprichwort (nicht gar zu abgedroschen)
- Definition bzw. Erläuterung (bezieht sich auf Thema bzw. Aufgabenstellung)
- Aktuelles Ereignis (direkt oder indirekt über Medienerfahrung)
- Persönliche oder allgemein gesellschaftliche Erfahrung (aber nicht im Erlebnisstil)

Beispiel

1. Alljährlich, vor allem zu Beginn der Schulferien, wiederholen sich die Szenen: Stau auf den Autobahnen, Wartezeit an Flughäfen, Verspätung bei Charterflügen, Menschenmengen auf den Bahnhöfen und in den Urlaubszentren, überall Lärm und Gedränge, verschmutzte Strände oder überfüllte Pisten. Touristen selbst klagen immer häufiger darüber, dass in den Feriengebieten noch weiter erschlossen und gebaut wird, obwohl das Maß des Erträglichen vielerorts längst schon überschritten sei. Sowohl die Anbieter als auch die Konsumenten beginnen allmählich, umzudenken und einen Urlaub zu fordern, der mit der Natur, der Kultur und den Menschen selbst schonender umgeht. Zu dieser Forderung soll nun kritisch Stellung bezogen werden.

2. In seinem Buch „Digitale Demenz" warnt der bekannte Ulmer Gehirnforscher Manfred Spitzer vor den Gefahren der digitalen Medien. Was wir früher einfach mit dem Kopf gemacht hätten, werde heute von Computern, Smartphones und Navis erledigt. Digitale Medien würden langfristig vor allem dem Gedächtnis schaden. Gerade die zunehmende Nutzung des Internets im Alltag sei in diesem Zusammenhang problematisch zu sehen. Im Folgenden soll daher bewertet werden, ob ein zu intensiver Gebrauch des Internets zur Verdummung der Nutzer beiträgt.

3. „Wenn jemand eine Reise tut, so kann er was erzählen", behauptet eine bekannte Redewendung. Sie stammt aus dem Postkutschenzeitalter, in dem das Reisen noch mit Abenteuer verbunden war. Gefahren und Unwägbarkeiten lauerten an jeder Ecke. Andererseits waren es damals vor allem die Besonderheiten fremder Länder und Kulturen, die sich oft erheblich von denen der eigenen Heimat unterschieden und von denen man den neugierigen Daheimgebliebenen erzählen konnte. Heutzutage bietet der Massentourismus dem Durchschnittsurlauber die Fortsetzung des Gewohnten zu niedrigen Preisen mit Schönwettergarantie und ohne Notwendigkeit der Auseinandersetzung mit dem Fremden. Im Folgenden soll dieser Form des Reisens diskutiert werden.

4. Als Massentourismus bezeichnet man eine Form des Tourismus, die für die breite Masse der Bevölkerung attraktiv und erschwinglich ist. Sie zeichnet sich vor allem durch günstige Preise und einen eher niedrigen Standard am Urlaubsort aus. Um diese niedrigen Preise möglich zu machen, gibt es oft Urlaubsorte, die auf den Massentourismus zugeschnitten sind. Häufig wird kritisiert, dass dadurch diese Orte unter den negativen Folgen dieser Form des Reisens leiden. Im Folgenden soll die Kritik am Massentourismus beurteilt werden.

1. Bestimmen Sie jeweils die gewählte Einstiegsmöglichkeit.
2. Analysieren Sie den Aufbau der Lösungsvorschläge.
3. Diskutieren Sie Vor- und Nachteile der unterschiedlichen Einleitungen.

Besteht die Funktion der Einleitung in der Hinführung des Lesers zur Themafrage, so soll der **Schluss** für eine Abrundung sorgen. Ebenso wie die Einleitung nichts vom Hauptteil vorwegnehmen darf, soll der Schluss nicht Argumente des Hauptteils wiederholen, sondern sein gedankliches bzw. argumentatives Eigengewicht bekommen.

Möglichkeiten für die Gestaltung des Schlusses

- Rückführung auf den Einleitungsgedanken
- Ausblick (räumlich oder zeitlich)
- Subjektive Erfahrung mit dem Problem
- Appell an den Leser

Thema:
Schenkt man den Medien Glauben, so sind Auswüchse des Sports längst keine Einzelfälle mehr.
Zeigen Sie an Beispielen negative Entwicklungen des heutigen Sportbetriebs und deren Ursachen auf. Wodurch ließe sich eine gesunde sportliche Betätigung für alle Bevölkerungskreise fördern?

LÖSUNGSVORSCHLAG

Einleitung
Für viele Menschen heute ist ein Leben ohne Sport nicht oder nur schwer vorstellbar, und diese Einschätzung bezieht sich sowohl auf eigene sportliche Aktivitäten als auch auf den passiven Sportgenuss in der Rolle des Zuschauers. Daran ist auf den ersten Blick auch nichts zu kritisieren, wird doch immer wieder die Bedeutung des Sports für die Erhaltung der Gesundheit betont. Schaut man sich aber den modernen Sport einmal genauer an, so entdeckt man mit großer Wahrscheinlichkeit sehr schnell Gegebenheiten, die nicht in das positive Bild passen, das man sich auf Anhieb auf das Stichwort „Sport" hin macht. Im Folgenden soll untersucht werden, wie Auswüchse des modernen Sportbetriebs aussehen, wo deren Ursachen zu suchen sind und wie man die gesunde sportliche Betätigung breiter Bevölkerungsschichten fördern könnte.

LÖSUNGSVORSCHLAG

Schluss
Der Sport ist sicher ein beunruhigendes Beispiel für die Tendenz der zunehmenden Kommerzialisierung in unserer heutigen Welt; die Prämien, Gehälter oder Werbesummen sind manchmal unvorstellbar. Aber der Sport ist beileibe nicht das einzige Gebiet, in dem solche Entwicklungen beobachtbar sind. Auch auf dem kulturellen Sektor gibt es ähnliche Tendenzen. Opernhäuser, Theater und Konzertveranstalter klagen, dass die Stars kaum mehr zu bezahlen seien, es sei denn, man erhöhe die Eintrittspreise derart, dass schon wieder die Gefahr besteht, dass sich niemand mehr die Veranstaltung leisten kann. Im Bereich der Medien, vor allem des Fernsehens, werden ebenfalls Summen veranschlagt, die den Normalverdiener erschauern lassen. Wir leben also insgesamt in einer Welt, die Höchstleistungen, auf welchem Gebiet auch immer, anscheinend nur noch gegen Höchstbezahlung zulässt. So ist es ja schließlich auch im Wirtschaftsleben selbst, wo die führenden Manager sich ihre Erfolge auch nicht gerade gering bezahlen lassen. Man muss sich fragen, ob dieses Phänomen gewissermaßen ein „Gesetz" unseres ganzen Systems ist oder nur eine tendenzielle Fehlentwicklung, die auch beeinflussbar sein könnte.

4 Argumentation

Die Ausführung der **Argumentation** bestimmt letztlich die Qualität des Aufsatzes. Es geht darum, das in der Gliederung erarbeitete Gedankenkonzept überzeugend, schlüssig und nachvollziehbar auszuformulieren, wobei der angemessene Mittelweg zwischen abstrakter Erörterung und konkreter Illustration gefunden werden muss. Dabei gelangt man vom Abstrakten zum Konkreten. Diese beiden Vorgehensweisen werden die **deduktive** Methode genannt.

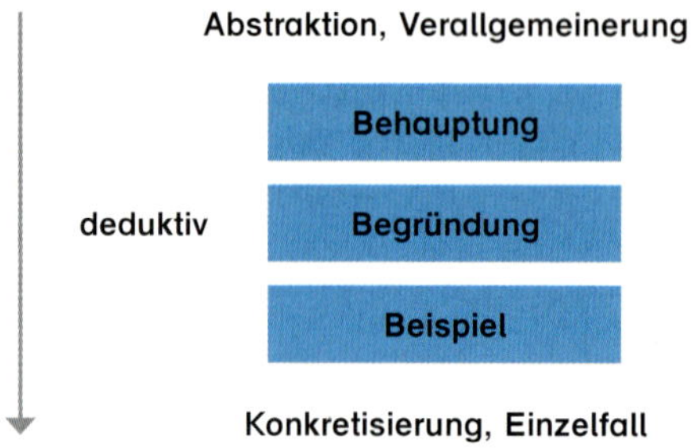

Das einfachste Argumentationsmodell geht von drei Bausteinen aus:

Behauptung	dass-Stufe	**These**
Begründung	weil-Stufe denn-Stufe	**Argument**
Beispiel	wie-Stufe	**Illustration**

Für ein differenzierteres Vorgehen wird dieses Modell um zwei Bausteine erweitert:

1. Behauptung	dass-Stufe
2. Begründung, Entfaltung	weil-Stufe denn-Stufe
3. Veranschaulichung, Beleg	wie-Stufe
4. Folgerung	deshalb-Stufe sodass-Stufe
5. Rückbezug auf die Behauptung	also-Stufe

Die **Behauptung** ist gedanklich und begrifflich in der Gliederung vorgegeben; sie muss jedoch in der Ausarbeitung genauer ausformuliert und erläutert werden. **Begründung** und **Entfaltung** dienen dazu, die These zu belegen, zu untermauern, ihr Überzeugungskraft zu geben und sie damit stichhaltig zu machen. Dazu können, wie im mündlichen Sprachgebrauch bei Diskussionen, bestimmte Argumentationstypen dienen (siehe S. 89 f.).

Zur Begründung lassen sich heranziehen:

- Tatsachen
- Erfahrungswerte
- überzeugende Vergleiche
- logische Schlussfolgerungen bzw. Analogieschluss
- Autoritätsverweise
- allgemein akzeptierte gesellschaftliche und moralisch-ethische Wertvorstellungen

Ganz entscheidend für die Qualität der Argumentation ist der Verzicht auf Pauschalurteile, Verabsolutierungen, Schwarz-Weiß-Malereien und Übertreibungen; stattdessen gewinnen **Differenzierungen**, **Einschränkungen**, **Zugeständnisse** und **Ausgewogenheit** die Sympathie des Lesers und zeugen auch von der Sachkompetenz des Schreibers.

Selbst bei einer noch so schlüssigen abstrakten Argumentationsweise fehlt etwas, wenn sie nicht durch anschauliche **Beispiele** ergänzt, verständlicher gemacht und abgesichert wird. Diese Beispiele illustrieren das Gemeinte, haben in gewissem Umfang zusätzlichen Beweis- und Belegcharakter und stellen die Konkretisierung des Arguments sicher. Beispiele gewährleisten aber auch Lebendigkeit und Wirklichkeitssinn, Praxisnähe und Einprägsamkeit. Manchmal ist das schlagende Beispiel überzeugender als das abstrakte Argument; in anderen Fällen wirkt eine Beispielreihe eindringlicher. Auf jeden Fall sorgen Beispiele für die nötige **Anschaulichkeit**.

Die **Folgerung** dient dazu, den Problemzusammenhang zu erweitern, die Argumentation auf mögliche **Konsequenzen** des beschriebenen Sachverhalts hinzuführen.

Am Ende der Argumentationsschritte muss eine **Rückführung** auf die **These** erfolgen, damit man beim Lesen den roten Faden nicht verliert.

LÖSUNGSVORSCHLAG

Argumentation zum Gliederungspunkt „Finanzielle Einbußen" im Vergleich zum herkömmlichen Tourismus (siehe S. 159)

Im Vergleich zum herkömmlichen Massentourismus muss man bei der Durchsetzung des sanften Tourismus zunächst damit rechnen, **dass** finanzielle Einbußen zu verzeichnen sind.	**These**
Denn wenn der sanfte Tourismus wirklich ernst genommen wird, bedeutet er einen spürbaren Rückgang der Urlauberzahlen.	**Begründung**
Die behördlichen Auflagen und die freiwilligen Selbstbeschränkungen der Tourismusanbieter führen zwangsläufig zu einem Einfrieren, wenn nicht gar Rückgang der Gästezahlen, weil Restriktionen potenzielle Gäste abschrecken oder die Urlauberkapazität rasch ausgelastet ist. Weniger Gäste bedeuten aber weniger Einnahmen, im schlimmsten Fall sogar den Verlust von Arbeitsplätzen.	**Entfaltung**
Busunternehmer klagen **z. B.,** dass Städte wie Meersburg oder Venedig über restriktive Parkplatzregelungen die Zahl der Tagesbesucher drastisch begrenzen wollen. Manche lukrative Fahrt muss gestrichen werden, was sich beim Umsatz bemerkbar macht. Ebenso betrifft dieser Rückgang der Besucherzahlen die örtlichen Geschäftsleute, die vielleicht mit ihren Investitionen auf Wachstum gesetzt haben und nun möglicherweise mit dem finanziellen Überleben zu kämpfen haben.	**Beispiel**
Deshalb bedeuten Maßnahmen zum sanften Tourismus wegen des damit verbundenen Rückgangs der Urlauberzahlen und vor allem der Tagesgäste das Risiko wirtschaftlicher Nachteile für die im Fremdenverkehr Beschäftigten, ja sogar für ganze Regionen.	**Folgerung**
Die Forderung nach sanftem Tourismus ist **also** wegen der damit verbundenen finanziellen Einbußen kritisch zu beurteilen.	**Rückführung**
Gegen den sanften Tourismus sprechen aber nicht nur materielle Einwände, sondern auch ...	**Überleitung**

Ein zweites Argumentationsbeispiel soll dazu dienen, auf Fehler und deren Verbesserungsmöglichkeiten aufmerksam zu machen.

LÖSUNGSVORSCHLÄGE IM VERGLEICH

Argumentation zum Gliederungspunkt „Betrug an fairen Konkurrenten und Zuschauern im Leistungssport" (siehe S. 159 f.)

Ursprünglicher Lösungsvorschlag

Wer sich mit dem heutigen Sportbetrieb auseinandersetzt, kommt nicht umhin, sich mit dessen Auswüchsen zu befassen. Dazu gehört der Betrug an fairen Konkurrenten und Zuschauern im Leistungssport. Viele Sportler greifen zu unerlaubten Mitteln, sprich Doping, um sich einen entscheidenden Vorteil zu verschaffen. Dabei wissen sie aber meistens überhaupt nicht, was sie damit tun. Sie betrügen dadurch nicht nur ihre Mitkonkurrenten im Kampf um den Sieg, sondern vor allem auch das Publikum im Stadion und die Fernsehzuschauer auf der ganzen Welt. Sie machen ihren Sport dadurch bei den Zuschauern unglaubwürdig. Das Zuschauerinteresse an einer Leichtathletikveranstaltung wird wahrscheinlich stark nachlassen, wenn man weiß, dass z. B. ein Sportler gedopt ist und das Rennen sowieso gewinnt. Da gewinnt dann nicht mehr der beste oder schnellste Athlet, sondern derjenige, der sich am besten gedopt hat. Außerdem betrügt er seine „sauberen" Mitkonkurrenten. Diese trainieren mehrmals täglich, haben aber doch nie die Chance, schneller zu sein als der gedopte Sportler.

Überarbeiteter Lösungsvorschlag

Wer sich mit dem heutigen Sportbetrieb auseinandersetzt, kommt nicht umhin, sich mit dessen Auswüchsen zu befassen. Dazu gehört der Betrug an fairen Konkurrenten und Zuschauern im Leistungssport. Viele Sportler greifen zu unerlaubten Mitteln, um sich einen entscheidenden Vorteil zu verschaffen, und verletzen damit das Prinzip der Chancengleichheit. Sie betrügen dadurch nicht nur ihre Mitkonkurrenten im Kampf um den Sieg, sondern auch das Publikum im Stadion und die Fernsehzuschauer auf der ganzen Welt. Denn sie machen ihren Sport mit dieser Verfälschung bei ihren Anhängern unglaubwürdig und verschaffen sich dazu noch unrechtmäßige finanzielle Vorteile aus dem Sieg, worum es heutzutage sehr oft geht. Das Zuschauerinteresse an einer Sportveranstaltung wird wahrscheinlich stark nachlassen, wenn man erfährt, dass nicht der beste Athlet gewinnt, sondern derjenige, der sich unlauterer Mittel bedient. Oft geht es ja bei solchen Wettbewerbsverzerrungen den „sauberen" Mitkonkurrenten nach anstrengendem Training und trotz ihres hohen Einsatzes wie dem Hasen: Der Igel ist immer schon da. Die Fälle solch unlauteren Wettbewerbs reichen von Anabolikamissbrauch bis zum Bestechungsskandal. Erinnert sei nur an das Aussehen der Leichtathletinnen oder Schwimmerinnen aus dem früheren Ostblock, an Dopingfälle im Radsport, z. B. bei der Tour de France, den Olympischen Spielen oder Weltmeisterschaften oder an Bestechungsvorwürfe im Profifußball. All das zeigt, dass Betrug im Leistungssport keine Seltenheit mehr ist.

Erklären Sie die Vorzüge des verbesserten Lösungsvorschlags.

Formulierungshilfen

Steigernde Argumentation	• Eine wichtige Rolle spielt ... – Zunächst steht außer Frage, dass ... – An erster Stelle ist zu beachten, dass ... • Außerdem ... – Darüber hinaus ... – Noch wichtiger ist ... – Ein weiterer Gesichtspunkt ist ... – Außerdem lässt sich noch anführen ... • Besonders wichtig ist ... – Am wichtigsten erscheint hier ... – Besonders überzeugend ist ...
Gegenargumente	• Sicherlich ist es ein berechtigter Einwand, wenn ... • Dem kann man entgegenhalten, dass ... • Im Gegensatz dazu ... • Auf der anderen Seite muss man bedenken ... – Andererseits ...
Beispiele	• Wie das Beispiel XY zeigt ... – Beispielsweise ...– Das Beispiel belegt ...
Satz-verknüpfungen	• da, weil, denn, daher, deshalb • sodass, infolgedessen, demzufolge, als Konsequenz daraus, das hat zur Folge, • zudem, außerdem, ebenso, ferner, sowie, • obwohl, zwar, allerdings, trotzdem, dennoch, dagegen

5 Übung

Beispiele für Aufgabenstellungen

1. Der Mindestlohn ist als Instrument zur Bekämpfung von sozialer Ungleichheit umstritten. Stellen Sie die Positionen der Befürworter und Kritiker des Mindestlohns dar.
2. Erläutern Sie Ursachen und Folgen der zunehmenden Gewaltbereitschaft von Schülern. Entwickeln Sie Lösungsvorschläge, um dieser Entwicklung entgegenzuwirken.
3. Trotz aller Annehmlichkeiten, die das Internet den Menschen ermöglicht, haben heute viele Befürchtungen vor einer voranschreitenden Digitalisierung. Zeigen Sie, wie die Entwicklung des Internets zum Massenkommunikationsmittel die Arbeitswelt und Lebensweise des Menschen negativ verändert hat, und welche Möglichkeiten es gibt, diese Auswirkungen der digitalen Revolution zu mildern.
4. Der Anteil alter Menschen in unserer Gesellschaft nimmt beständig zu. Zeigen Sie, welche Folgen sich daraus ergeben und wie man ihnen begegnen kann.
5. Der Energiepreis spielt nach Auffassung von Sachverständigen eine Schlüsselrolle in der Verkehrs- und Umweltpolitik. Erörtern Sie die positiven und negativen Aspekte einer Erhöhung der Energiepreise.
6. Politische Sendungen im Fernsehen werden zunehmend personalisiert und als sogenanntes Infotainment angeboten. Beurteilen Sie diese Entwicklung.
7. Karrieredenken ist zu einer Art Markenzeichen vieler junger Menschen geworden. Zeigen Sie auf, woraus dieser Trend resultiert und welche Probleme sich daraus ergeben können.

8. Immer mehr Menschen machen sich Gedanken über eine verantwortungsvolle Ernährungsweise. Viele fordern deshalb eine vollständige Umstellung der Verpflegung von schulischen Kantinen und Bistros auf ein rein vegetarisches Speisenangebot. Diskutieren Sie dieses Anliegen.

1. Bestimmen Sie den jeweiligen Erörterungstyp (linear, dialektisch).
2. Identifizieren Sie die Themenbegriffe und erfassen Sie das Thema genau. Recherchieren Sie im Internet unbekannte Begriffe.
3. Entwerfen Sie mithilfe einer Mindmap eine Stoffsammlung zu einem Thema Ihrer Wahl.
4. Verfassen Sie zu einem Thema Ihrer Wahl eine vollständige Gliederung.
5. Überlegen Sie sich zu einem dialektischen Thema eine Einstiegsmöglichkeit für die Einleitung.
6. Formulieren Sie einzelne Gliederungspunkte aus. Verwenden Sie dazu die vorgeschlagenen Formulierungshilfen.

Thema:

Die Embryonenforschung stellt eine konkrete Anwendung der Gentechnik dar. Diskutieren Sie die Problematik.

Verbessern Sie die aus inhaltlicher, sprachlicher und formaler Sicht teilweise **fehlerhafte Gliederung**.

FEHLERHAFTE Gliederung

A. Der Embryonenforschung kommt im Bereich der Zukunftstechnologien eine herausragende Stellung zu.
B. Ursachen für die Problematik der Embryonenforschung
   I. Embryonenforschung soll gefördert werden.
      1. Embryonen als wichtiges Hilfsmittel für die medizinische Forschung
      2. Erfolg versprechender Kampf gegen bislang unheilbare Krankheiten
      3. Verbesserung der Produktqualität bei Genpflanzen
   II. Argumente gegen die Embryonenforschung
      1. Lukrativer Zukunftsmarkt im Bereich der Forschung
      2. Gefahren des Missbrauchs ungenutzter Embryonen mit damit verbundenen unabschätzbaren Risiken für die Zukunft der Menschheit
      3. Drastischer Eingriff in die Schöpfung und die Überschreitung ethischer Grenzen
      4. Menschenversuche
      5. Eltern haben große Angst vor Monsterbabys.
   III. Zielsetzungen für eine verantwortungsvolle Embryonenforschung
      1. Entstehung eines breiten gesellschaftlichen Konsens über die Grenzen dieser Technologie und den Schutz des menschlichen Lebens
      2. Auf internationaler Ebene müssen klare ethische und juristische Grundsätze formuliert werden.
C. Schluss: eigene Meinung

Lösungsvorschlag

Komplette Ausarbeitung zum Thema:
Angesichts der negativen Auswirkungen des herkömmlichen Tourismus wird von verschiedenen Seiten nachhaltigeres Reisen gefordert – ein „sanfter Tourismus". Diskutieren Sie diese Forderung (siehe die Gliederung auf S. 158 f.).

Ende des sorglosen Tourismuskonsums; Respekt gegenüber dem Lebensraum von Tieren und Pflanzen; Verzicht auf den Ausbau weiterer Parkplätze; Auszeichnung umweltbewusst geführter Hotels; geführte ökologische Wanderungen: Solche Formulierungen charakterisieren das gegenwärtige Umdenken im Tourismus. Nach einem jahrzehntelangen Boom des Massentourismus hat man die verheerenden Folgen für Umwelt, Kultur und Einheimische erkannt und umzudenken begonnen. Vor allem die Natur- und Tierschutzverbände, aber auch Städte und Gemeinden in den Urlaubsregionen und selbst die Reiseveranstalter setzen auf neue, umwelt- und sozialverträglichere Formen des Reisens bzw. Urlaubs – den sogenannten sanften Tourismus, was aber nicht unumstritten ist. Deshalb soll die Forderung nach sanftem Tourismus hier diskutiert werden.

Bei der Diskussion über die Forderung nach sanftem Tourismus muss zunächst beachtet werden, dass dieses Konzept für viele, die von der Tourismusbranche leben, finanzielle Einbußen bedeutet. Wenn Städte und Gemeinden in den touristischen Zentren ökologische Maßnahmen durchführen oder wenn Ferienreisende in Zukunft wegen vermehrter Aufklärung über den sanften Tourismus die Zentren des Massentourismus von sich aus meiden, müssen Reiseveranstalter, Hoteliers, Restaurantbesitzer, Eigentümer von Freizeitanlagen und deren Angestellte mit Verlusten rechnen. Einerseits verlangt der sanfte Tourismus kostspielige Investitionen – Abwasserentsorgung, Müllbeseitigung, Landschaftsschutz, Energiesparmaßnahmen. Andererseits kommt es zu Beschränkungen bei der Neuerschließung, vielleicht sogar zum absoluten Baustopp. Solche Auflagen belasten die Anbieter durch höhere Kosten und stagnierende Einnahmen. Negative Folgen haben auch umweltbedingte Verkehrsregelungen wie Parkverbote, Maßnahmen zur Verkehrsberuhigung oder autofreie Zonen, weil sie mögliche Gäste abhalten können, die solche Beschränkungen nicht hinnehmen wollen. Wenn es sich zum Beispiel herumspricht, dass bekannte Skiorte am Wochenende eine Höchstgrenze für Tagesskipässe festlegen, kann dies zum Ausbleiben der bisherigen Massen von Wochenendskifahrern führen. Das Programm des sanften Tourismus muss deshalb auch an die wirtschaftlichen Folgen denken, nicht zuletzt an die vielen, womöglich gefährdeten Arbeitsplätze. Die Umstellung vom Massentourismus auf den alternativen Tourismus birgt somit die Gefahr finanzieller Einbußen, die nicht übersehen werden dürfen.

Das vielleicht gewichtigste Argument gegen den sanften Tourismus ergibt sich, wenn man nicht nur die unmittelbare Gegenwart betrachtet, sondern auch die zukünftige Entwicklung bedenkt. Denn es ist wahrscheinlich, dass es durch diese alternative Form des Reisens nur zu einer Verlagerung der Umweltprobleme, aber nicht zu einer echten Beseitigung bzw. Vermeidung der Schäden kommt. Wenn einem Urlaubsgebiet die Umstellung auf den sanften Tourismus gelungen ist, d.h. wenn dort der Andrang der Massen zurückgegangen ist und das Verhalten der Urlauber sich umweltschonend verändert hat, dann werden die anderen, wird die restliche Masse, neue Ziele suchen – und finden, in denen die ökologischen Regeln und Gesetze noch nicht oder zumindest noch nicht so streng gelten. Wir erleben diesen Mechanismus bereits heute innerhalb des Massentourismus: Ist die Umwelt eines Urlaubsgebietes „verbraucht" oder ein malerischer Ort durch die Besuchermassen unattraktiv geworden, dann zieht die Touristenkarawane eben einfach weiter in noch unverdorbene, unentdeckte Gegenden. Man hat dies in den letzten Jahren deutlich beobachten können. Erst hießen die ausländischen Ziele für die Deutschen Italien oder Frankreich, dann Spanien oder die Türkei, und heute müssen es mindestens Nepal oder Jamaica sein, die allmählich unter dem Massentourismus fast ebenso leiden wie Mallorca oder Rimini. Der sanfte Tourismus läuft Gefahr, die Probleme des Massentourismus, d. h. vor allem Umweltbelastung und Zerstörung der soziokulturellen Umgebung in Urlaubsgebieten, nicht wie beabsichtigt zu beseitigen, sondern lediglich zu verlagern, gewissermaßen neu zu verteilen. Auch diese Überlegung lässt Zweifel gegenüber dem Konzept des ökologischen Tourismus aufkommen.

Obwohl überzeugende Argumente gegen den sanften Tourismus sprechen, sollte man auch dessen positive Seiten ins Auge fassen. Ein wichtiger Aspekt ist der Gewinn an Lebensqualität der Menschen durch die Formen des neuen Tourismus. Der übliche Massentourismus bringt häufig nicht die erwünschte Erholung, sondern eher Hektik, Stress, Überforderung und nervliche Überbelastung durch die anstrengende An- und Abreise und die ungünstigen Verhältnisse am Urlaubsort. Man denke nur an Staus, Wartezeiten, Überfüllung, Lärm- oder Geruchsbelästigung usw. Hier bietet der sanfte Tourismus, auch wenn er diese Massenprobleme nur zum Teil steuern und mildern kann, den einzigen Ausweg. Ganz wichtig sind deshalb alternative Verkehrskonzepte für die Qualität des Reisens. Öffentliche Verkehrsmittel oder zum Beispiel ein Fahrrad vor Ort sind allemal erholsamere Fortbewegungsmittel als das Privatauto. Eine Urlaubsgestaltung möglichst ohne eigenes Fahrzeug kommt auch der einheimischen Bevölkerung sehr zugute, die häufig unter den verstopften Straßen oder Stadtzentren leidet. Statt hektischen Herumfahrens bietet der sanfte Tourismus auch bessere Vorschläge für die Urlaubsgestaltung an: ökologische Wanderungen, Besichtigungen regionaler Museen oder Betriebe, vermehrte Kontakte zur einheimischen Bevölkerung, um auch auf deren Probleme aufmerksam zu machen. Das könnte insgesamt zu einem besseren Verhältnis zwischen Gast und Gastgeber im Tourismus führen, was ebenfalls ein Ziel des sanften Tourismus ist. Es gibt also eine Alternative zu der bisherigen verbreiteten Form des Reisens, die nur viele Autokilometer, übertriebene Sportaktivitäten oder tägliches Sonnenbaden im Sinn hat. Der sanfte Tourismus zielt auf eine überlegte, vernünftige Urlaubsgestaltung ab, die Erholung und Entspannung, aber auch Bildung in den Mittelpunkt rückt.

Das entscheidende Argument für den sanften Tourismus ist aber sicherlich die Berücksichtigung der natürlichen Umwelt. Nur durch eine Vermeidung weiterer Umweltschäden wird der Tourismus überhaupt eine Zukunft haben. Es gibt, gerade in den Fremdenverkehrszentren, schon derartige Belastungen und Zerstörungen, den Boden, das Wasser und die Luft betreffend, dass nur eine Veränderung des bisherigen Tourismus noch helfen kann. Man muss wohl heutzutage nicht mehr im Einzelnen auf die verheerenden Folgen des Massentourismus hinweisen: Meldungen über Badeverbote wegen Wasserverschmutzung, Bilder der durch Liftanlagen und Pistenspuren verunstalteten Bergwelt, negative Folgen des zunehmenden Flugverkehrs für unser Klima. Der sanfte Tourismus ist deshalb eine pure Notwendigkeit für die Zukunft, weil es sonst irgendwann einmal fast überhaupt keine einigermaßen erträglichen Reise- und Erholungsmöglichkeiten mehr gibt. Außerdem sind Ferien eine recht günstige Gelegenheit, in besonders schönen Landschaften oder städtischen Regionen einen Sinn dafür zu entwickeln, wie wichtig der Erhalt unserer natürlichen Umwelt für die Menschen ist. Durch besondere Maßnahmen, Projekte, Seminare, Vorträge oder Führungen kann der sanfte Tourismus auch hierzu einen besonderen Beitrag leisten.

Um die Idee vom alternativen Tourismus in die Praxis umzusetzen, müssen der Staat und die Gemeinden diesen in doppelter Weise unterstützen: mit den notwendigen Vorschriften und Gesetzen zur Begrenzung der Umweltbelastungen in bestimmten Feriengebieten oder Freizeitlandschaften und mit indirekten oder direkten Unterstützungsmaßnahmen für Projekte eines fortschrittlichen Tourismus, sei es steuerrechtlich, verwaltungstechnisch oder durch den wirkungsvollen persönlichen Einsatz von Politikern. Man sollte die Initiative nicht allein den Naturschutzverbänden oder alternativen Reiseveranstaltern überlassen; Gemeinderäte, Bürgermeister, Landräte, Kurdirektoren, aber auch Bürgerinitiativen und die Bevölkerung müssen mitwirken an der Entwicklung eines Zukunftstourismus, der den Schutz der natürlichen und soziokulturellen Umwelt genauso berücksichtigt wie die legitimen ökonomischen Interessen eines wichtigen Wirtschaftssektors. Der sanfte Tourismus der Zukunft ist also eine Frage politischer Grundsatzentscheidungen und zukunftsorientierter Konzepte, die Auflagen und Restriktionen mit Unterstützungs- und Hilfsmaßnahmen verknüpfen müssen.

Damit sich die neuen Formen des Reisens in Zukunft mehr durchsetzen, muss ein Bewusstseinswandel bei den Touristen eintreten. Nur wenn sie in Zukunft aufgeschlossen und flexibel reagieren, d.h. wegkommen vom aggressiven Massentourismus, hat der Tourismus überhaupt noch eine Chance. Ansonsten werden die Urlaubsregionen vollends ruiniert durch eine touristische Erlebnisgesellschaft, die rücksichtslos auf Wachstum setzt. Eine veränderte Haltung zum Reisen kann vor allem durch Aufklärungsarbeit gefördert werden. Die Medien helfen bei dieser Aufgabe schon sehr gut mit; es häufen sich Kommentare, Berichte und Features. Außerdem werden bereits erste Maßnahmen und einzelne Projekte vorgestellt, wie zum Beispiel eine Kampagne des Bundes Naturschutz in Bayern unter dem Motto „Urlaub und Freizeit mit der Natur". Wiederholt werden Fachleute interviewt; kompetente Kommentatoren nehmen kritisch Stellung. Medien sprechen sogar schon von einer „neuen Ethik" des Reisens oder davon, dass man das Reisen neu lernen müsse. Das Ziel des Umdenkens ist in letzter Konsequenz die Reduzierung der Reise- und Ferienaktivitäten, eine Rückbesinnung auf andere, schonendere Tätigkeiten, die nicht verbunden sind mit Mobilität, Umweltbelastung oder Landschaftszerstörung.

Ein Vergleich der üblichen Formen des Massentourismus mit den neuen Vorschlägen des sanften Tourismus zeigt Unterschiede im Umgang mit der natürlichen, kulturellen und sozialen Umwelt, die auch für das Alltagsleben von Bedeutung sein können. Für die Bereiche Produktion und Dienstleistung, für die Erschließung und Bebauung neuer Wohnviertel oder für den Berufs- bzw. Alltagsverkehr gelten ganz ähnliche Zukunftsgedanken: Ressourcenknappheit muss beachtet und Energie gespart werden; Landschaft und Kultur müssen geschont werden; die Lebensqualität der Menschen sollte wieder stärker berücksichtigt werden als reines Wachstumsdenken oder Gewinnstreben.

1. Analysieren Sie den groben Aufbau (Einleitung, Hauptteil, Schluss) der Erörterung und unterscheiden Sie in den vorgestellten Argumentationen die Elemente: Behauptung, Begründung/Entfaltung, Veranschaulichung/Beleg, Folgerung und Rückbezug.
2. Die Folgerichtigkeit einer Argumentation hängt sprachlich auch vom richtigen Gebrauch der Konjunktionen ab. Sammeln Sie deshalb möglichst viele Konjunktionen, auch mithilfe einer Grammatik, und ordnen Sie diese nach den Kategorien
   a) kausal (begründend),
   b) konsekutiv (folgernd),
   c) temporal (zeitlich),
   d) adversativ (entgegenstellend),
   e) kopulativ (verbindend).
3. Zeigen Sie Einschrankungen und Zugeständnisse auf und analysieren Sie deren Wirkung auf den Leser.
4. Ersetzen Sie die Beispiele zum Thema „sanfter Tourismus" durch andere.
5. Ergänzen Sie die Synthese um weitere Lösungsvorschläge.

6 Argumentieren im Anschluss an einen Text

Arbeitsschritte
- Analyse der Textvorlage: Sprachabsichtsanalyse (siehe S. 141 ff.)
- Bestimmung der Aufgabenstellung, Themaerfassung (siehe S. 153 ff.)
- Festlegung des eigenen Standpunkts zur Argumentation des Textes (je nach Aufgabenstellung): z. B. begründete Zustimmung, begründeter Widerspruch, teilweise Übereinstimmung
- Stoffsammlung und -ordnung mithilfe von Zusatzmaterial und eigenen Gedanken
- Formulierung der Gliederung (siehe S. 155 ff.)
- Ausarbeitung der Argumentation (siehe Argumentationsaufbau S. 163 ff.)
- inhaltliche und sprachliche Überarbeitung des eigenen Textes

Bausteine einer Argumentation im Anschluss an einen Text:

1. Die **präzise Darstellung des Argumentationsthemas** in der Einleitung – vergleichbar der Themafrage am Ende der Einleitung einer dialektischen Erörterung – dient dazu, das Diskussionsziel nicht aus den Augen zu verlieren. Der Sinn des Themas der Textvorlage bzw. der zu diskutierenden Textstelle muss genau erfasst und wiedergegeben werden.

2. Bei der **These** (begründete Zustimmung) arbeitet man die wichtigsten Pro-Argumente aus, wenn die Aufgabenstellung sich nur punktuell auf den vorgegebenen Text bezieht. Bezieht sich die Aufgabenstellung jedoch konkret auf einen im Text enthaltenen Standpunkt des Autors, wird man dessen Argumente aufgreifen und stützen, sie aber auch mit eigenen Argumenten erweitern und vertiefen. Zusätzlich können im Text nicht genannte Gegenargumente genannt und entkräftet werden. Pauschalargumente des Autors müssen differenziert werden, Einschränkungen aufgezeigt werden, damit die Argumentation an Überzeugungskraft gewinnt.

3. Der **Antithese** (begründeter Widerspruch) enthält eine Gegenposition, für die ebenfalls einleuchtende Argumente zu erbringen sind. Hier soll man die vorgetragenen Argumente entkräften, indem man z. B. die Stichhaltigkeit der Fakten überprüft. Auch wenn man grundsätzlich die Meinung des Autors teilt, ist man verpflichtet – wie bei jeder dialektischen Erörterung –, die Gegenseite angemessen und gleichgewichtig darzustellen. Zudem muss hier auf übertriebene Einseitigkeit verzichtet werden.

4. Das Ziel der **Synthese** ist ein Lösungsvorschlag, ein neuer Denkansatz oder zumindest die Formulierung von Zielsetzungen, Bedingungen, Voraussetzungen, Einschränkungen, Zugeständnissen.

Formulierungshilfen

1. Einleitung	Der Autor ist der Auffassung, dass ... Im Folgenden wird diese Aussage diskutiert
2. These	Man wird ihm sicher insofern zustimmen können, als ..., weil ... Sein Argument, dass ..., ist sehr überzeugend. Ein deutliches Beispiel dafür ist ... Hinzu kommt ... Ergänzend ist zu bedenken, dass ...
3. Antithese	Andererseits muss man ihm entgegenhalten, dass ... denn ... Man braucht ja nur zu denken an ... Weniger stichhaltig ist sein Argument, dass ...
4. Synthese	Eine wertvolle Zielvorstellung besteht darin, dass ... Konkret könnte dies so aussehen, dass ...
Einschränkungen, Relativierungen, Differenzierungen	Zwar kann man ihm darin Recht geben, dass ... Allerdings muss das Argument weit vielschichtiger beleuchtet werden. In dieser Einseitigkeit ist sein Argument, dass ..., nur zum Teil stichhaltig.

Beispiel für das Argumentieren im Anschluss an einen Text:

Textvorlage

Sebastian Dalkowski: Ich will Verbote!

[...]
Eigentlich hatte ich im Supermarkt nur einen Salatkopf kaufen wollen. Das Unglück war, dass ich vorher an der Kühltheke mit den in Plastik verpackten Fertigsalaten vorbeikam. Blätter, Cocktailtomaten, Mais, Putenbruststreifen, Dressing im Plastikbeutelchen. Aufreißen, zusammenkippen, durchmischen, essen. Sogar an eine Gabel hatte der Hersteller gedacht.
Nichts davon hätte ich gebraucht.
Einen Salatkopf kann ich selbst zerlegen. Dressing zusammenrühren auch. Erst recht besitze ich eine eigene Gabel. Ich wollte den Salat schließlich zu Hause essen. Trotzdem dachte ich: Ist doch praktisch, mehr Zeit für mich. Zwei Packungen legte ich in den Korb. Einen Tag später erneut. Die Gabeln warf ich in den Müll. Und ich werde es wieder tun.
Wir alle werden es wieder tun: Sachen konsumieren, die nicht sein müssten. Weil wir bequem sind. Weil wir glauben, sie zu brauchen. Weil unsere Freunde sie auch haben. Coffee to go. Kaffee aus der Kapsel. Wieder ein neues Smartphone. Mit dem Auto in die Stadt, weil es nach Regen aussieht. Mehr Bildschirmdiagonale. Im Sommer nach Neuseeland, im Herbst auf die Azoren und von München nach Berlin fliegen, weil's schneller geht. [...]
Es sei denn, uns haut endlich jemand auf die Finger. Es sei denn, jemand sagt: Lass das! Liebe Angela Merkel, lieber Staat, liebe EU, liebe Weltregierung, ich fordere euch hiermit auf: Verbietet mir, was ich gerne haben möchte, aber besser nicht haben sollte. [...]
Die meisten von uns wissen natürlich, dass vieles von dem, was wir kaufen und verbrauchen, nicht gut ist. Und damit meine ich nicht, dass wir davon dick werden und alle möglichen Krankheiten bekommen. Unser Konsum schadet auch uns selbst, klar, aber am meisten schadet er anderen. Denen, die mit uns auf der Erde leben, die wir nicht

sehen, weil sie weit weg wohnen. Und denen, die nach uns noch hier leben wollen. […]
Niemand kann bestreiten, dass das aufhören muss.
Freiwillig allerdings verzichten die wenigsten. Eine Weile hat man das ja versucht: mit Aufrufen, weniger Fleisch zu essen, für kurze Wege das Fahrrad zu benutzen, beim Einkaufen einen Stoffbeutel mitzunehmen. Hat alles nichts gebracht. Gute Vorsätze funktionieren meist nur vorübergehend, danach siegt die Bequemlichkeit. Es ist schon schwer genug, sich das Rauchen abzugewöhnen oder ein paar Kilo abzunehmen – dabei steht da sogar der eigene Nutzen im Vordergrund. Wenn ich ein Steak sehe, denke ich: Lecker! Nicht an die Drei-Stunden-Doku, in der es darum ging, wie viel Wasser, Getreide und so weiter in die Aufzucht eines Tieres gehen, bevor daraus Fleisch auf meinem Teller wird. Kurzfristiger Gewinn sticht Schaden für die Allgemeinheit. Die Folgen unseres Konsums werden wir erst dann bemerken, wenn irgendwann der Ozean vor der Tür steht. Bloß ist es dann eben zu spät. […]
Deshalb lieber gleich verbieten. Auch wenn Verbote niemand mag. Verbot, das klingt nach Stubenarrest und Diktatur. Selbst die Grünen haben ihre Forderung nach dem Veggie-Day in Kantinen schnell beerdigt, als man sie als nörgelige Nanny-Partei beschimpfte. Aber Fleischverzicht ist kein Freiheitsentzug. Und es stellt auch keine unzumutbare Härte dar, mit dem Bus statt mit dem Auto in die Stadt zu fahren. Oder mit dem Fahrrad. Und kommen Sie mir nicht mit Ihren blöden Getränkekisten. Es gibt Fahrradanhänger. Oder Sie trinken Ihr Wasser eben aus dem Hahn. Von Rhabarberschorle steht nichts im Grundgesetz. […]
Verbietet doch einfach Plastikverpackungen da, wo sie nicht nötig sind! Verbietet überflüssige Autofahrten, indem jeder Bürger nur noch das Recht auf eine bestimmte Menge Sprit hat! Verbietet die Neuzulassung von Autos, die einen bestimmten Verbrauch überschreiten! Und bei der Gelegenheit: Führt ein generelles Autobahn-Tempolimit von 120 ein! Verbietet auf alte Art erzeugten Strom! Macht Ökostrom zur Pflicht!
Und wer sich nicht an die Verbote hält, der wird vor ein Gericht gestellt, genau wie jemand, der Giftmüll im See entsorgt. Verschwendung ist nämlich kein Kavaliersdelikt. Es ist nicht in Ordnung, alles an sich zu raffen, nur weil es greifbar ist. Niemand hat das Recht, sich mehr zu nehmen, als er braucht. […]
Ich weiß, jetzt kommen die Christian Lindners und sonstigen Freihandelsphilosophen und protestieren, natürlich. Ich will ja auch in keinem Staat leben, der überall Verbotsschilder aufstellt und den Menschen vorschreibt, was sie zu tun haben. Es geht mir aber um das, was sie schlicht nicht tun dürfen, wenn hier auch in 1.000 Jahren noch jemand leben können soll.

Wer sich nicht jeden Herbst ein neues Handy kaufen darf, benutzt eben weiter sein altes. Und wer auf seine Kaffeekapseln verzichten muss, mahlt den Kaffee halt selbst. Na und? Was wir als Konsumfreiheit bezeichnen, ist in Wahrheit oft nur als Recht getarnte Bequemlichkeit. Konsumverbote beschränken die Freiheit zu konsumieren, nicht die politische. Die wird nämlich nicht im Apple Store verteidigt. […]
Ich weiß nicht, wann es mich das letzte Mal mehr als ein paar Augenblicke lang glücklich gemacht hat, etwas gekauft zu haben. Meistens geht es mir dabei wie in der Kantine, wenn ich mich trotz guter Vorsätze am Ende doch für die Currywurst entschieden habe und danach denke: Puh, hätte nicht sein müssen. In einer Welt mit vielen Verboten müssten wir uns keine Gedanken mehr darüber machen, ob das, was wir tun, der Umwelt oder unseren Mitmenschen schadet. Kein schlechtes Gewissen ertragen, wenn ein Fahrradfahrer mit Jutebeutel an uns vorbeiradelt. Wir wären plötzlich viel freier. […]

Dalkowski, Sebastian, Ich will Verbote!, in: ZEIT online, 23.02.2017, online unter: www.zeit.de/2017/07/konsumverhalten-nachhaltigkeit-vernunft-verschwendung-bequemlichkeit, zugegriffen am 08.04.2017

Aufgabenbeispiele

a) **mit Bezug auf eine konkrete Textstelle**
Diskutieren Sie folgende Textaussage: „In einer Welt mit vielen Verboten müssten wir uns keine Gedanken mehr darüber machen, ob das, was wir tun, der Umwelt oder unseren Mitmenschen schadet." (Z. 129 ff.)

b) **mit Bezug auf die Gesamtaussage eines Textes**
Beurteilen Sie die Forderung des Autors, unseren Konsum durch staatliche Verbote einzuschränken. Beziehen Sie sich in Ihrer Argumentation auf das Zusatzmaterial.

Zusatzmaterial:

Material 1

Der ökologische Fußabdruck der Länder

Der **ökologische Fußabdruck** misst den Verbrauch aller Ressourcen (u. a. Energie, Ernährung, Abfall), die ein Mensch für den Alltag benötigt. Er berechnet, wie viel Fläche dafür benötigt wird. Angegeben wird der Fußabdruck in globalem Hektar (gha).

< 1,75 gha · 1,75 - 3,49 gha · 3,50 - 5,24 gha · 5,25 - 7,00 gha · > 7,00 gha · keine Angaben

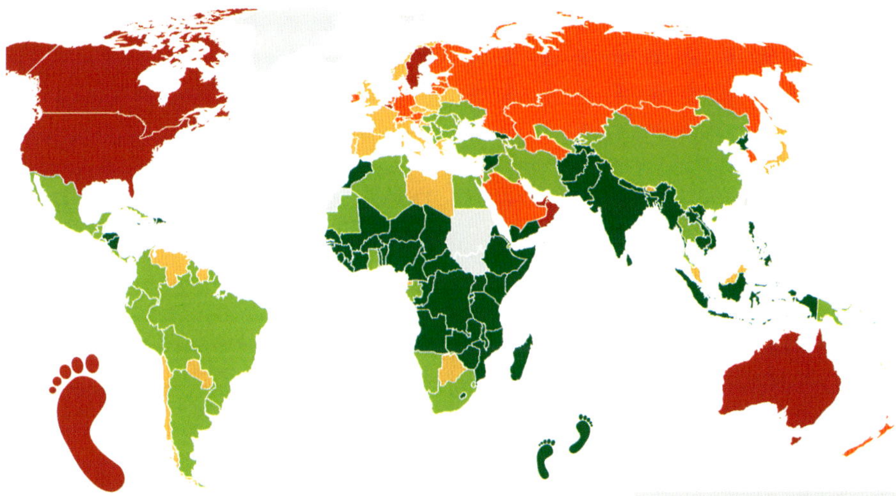

Die größten Fußabdrücke

Luxemburg	**15,8 gha**
Katar	**10,8**
Australien	**9,3**
USA	**8,2**
Kanada	**8,2**
Kuwait	**8,1**
Singapur	**8,0**

Die kleinsten Fußabdrücke

Eritrea	**0,4**
Osttimor	**0,5**
Haiti	**0,6**
Bangladesch	**0,7**
Pakistan	**0,8**
Afghanistan	**0,8**
Burundi	**0,8**

Rein rechnerisch steht jedem Menschen eine Fläche von 1,73 globalen Hektar zur Verfügung. Das entspricht der Biokapazität der Erde.

zum Vergleich: Deutschland 5,3

Quelle: Global Footprint Network (Living Planet Report 2016)

© Globus 11369

Material 2

Shoppen ohne schlechtes Gewissen: So kaufen Jugendliche fair ein

[...] Der Umsatz mit fair gehandelten Produkten hat sich im vergangenen Jahrzehnt verzehnfacht. Auch vielen Jugendlichen liegen die Arbeitsbedingungen in Herstellerfirmen am Herzen. Doch Budget, Coolness und guten Taten sind oft schwer vereinbar.

Virginia packt oft die Kauflust. Ihren eigenen Stil zu finden und Mode zu tragen, die nicht jeder hat, ist ihr wichtig. „Mir ist es dann eigentlich auch egal, wenn die Kleidung aus Bangladesch kommt und von Kindern genäht wurde, so makaber das auch klingt“, sagt sie. Aber ganz so abgebrüht ist die 19-jährige Studentin aus Bochum dann doch nicht.

Sie hat sich vorgenommen, faire Mode zu kaufen, wenn sie später mehr Geld verdient. Aber momentan könne sie sich das einfach noch nicht leisten.

[...]

Den Zwiespalt, in dem beide stecken, beschreibt der Jugendforscher Klaus Hurrelmann sehr genau. Jugendliche seien viel sensibler als der Durchschnitt der Bevölkerung, wenn es um fair gehandelte Produkte und umweltschonenden Konsum geht. [...]

Wie wir in Zukunft leben werden, darüber machten sich viele Jugendliche Gedanken. Dabei spiele der Wunsch nach sozialer Gerechtigkeit eine große Rolle. Aber das im Alltag in die Tat umzusetzen und ganz praktisch Fair-Trade-Kaffee im Supermarkt oder zu fairen Löhnen hergestellte Mode zu kaufen, dafür fehle es den Jugendlichen oft an Geld und Möglichkeiten, sagt Hurrelmann.

[...]

Schokolade, Bananen und Kakao sind ein schnellerer Einstieg in die Fair-Trade-Welt. Manche Jugendliche fangen damit gleich in der eigenen Schule an. Wie der 17-jährige Florian, der vor ein paar Jahren erst beim Pausenverkauf von fair gehandelter Schokolade mitmachte und in diesem Frühjahr sein Abitur am Carl-Orff-Gymnasium in Unterschleißheim absolviert.

Zwar ist es oft nur ein harter Kern von Schülern, der sich über eine längere Zeit in freiwilligen AGs oder im Unterricht für fairen Handel engagiert. Doch manchmal springt der Funke gleich auf die ganze Stadt über: Moers und Unterschleißheim sind auf dem Weg zur „Fair Trade Town“.

[o.V.], Shoppen ohne schlechtes Gewissen: So kaufen Jugendliche fair ein, in Süddeutsche Zeitung, 16.04.2014, online unter: www.sueddeutsche.de/news/leben/familie-shoppen-ohne-schlechtes-gewissen-so-kaufen-jugendliche-fair-ein-dpa.urn-newsml-dpa-com-20090101-140326-99-03284, zugegriffen am 08.04.2017

LÖSUNGSVORSCHLAG ZU AUFGABE b) (siehe S. 175)

Gliederung

A. Forderung des Autors nach einem Konsumverbot

B. Beurteilung eines Verbots für umweltschädlichen Konsum

- I. Argumente für Verbote
  1. Unverantwortlicher Ressourcenverbrauch als Folge unseres Konsums
  2. Bequemlichkeit als eine Ursache für das kritisierte Konsumverhalten
- II. Argumente gegen Verbote beim Konsum
  1. Unklare bzw. oft gegenteilige Wirkung von Verboten
  2. Beschränkung des Einsatzes von Verboten in freiheitlichen Gesellschaften
- IV. Zielvorstellungen für ein nachhaltiges Konsumverhalten ohne Verbote
  1. Staatliche Förderung von nachhaltigen Produkten zur Schaffung einer verbesserten Akzeptanz beim Verbraucher

2. Bewusstwerden des hohen Stellenwerts des Verzichts auf schädlichen Konsum durch Aufklärung und Leuchtturmprojekte

C. „Minimalismus“ als neuer gesellschaftlicher Trend

Teilausfertigung

Einleitung
Formulierung der Themenstellung

Der Autor Sebastian Dalkowski ist der Auffassung, dass dem Konsumverhalten der Bevölkerung in den westlichen Industrieländern nur mit drastischen Verboten entgegengewirkt werden kann. Freiwilliger Verzicht auf umweltschädliche Konsumgüter sei aufgrund der menschlichen Neigung zur Bequemlichkeit nicht zu erwarten. Im Folgenden soll deshalb die Forderung des Autors beurteilt werden.

These 1. Argument

Man muss Dalkowski sicher bei der Analyse der Auswirkungen unseres Konsumverhaltens zustimmen. So behauptet er, dass dieses nicht nur unsere eigene Gesundheit beeinträchtigt, sondern vor allem die Umwelt schädigt und auf Kosten der Bevölkerung in Entwicklungsländern bzw. der nachfolgenden Generationen erfolgt. Diese Folgen kann man auch mit Zahlen belegen. Eine wichtige Orientierungsgröße ist in diesem Fall der sogenannte ökologische Fußabdruck, der den alltäglichen Ressourcenverbrauch eines Menschen angibt, indem er diesen als Flächenverbrauch veranschaulicht. Der ökologische Fußabdruck zeigt, dass die Menschen in Deutschland mit 5,3 globalen Hektaren dreimal so viel Energie benötigen und Abfall produzieren, wie ihnen rechnerisch zustehen würden, und den 7,5-fachen Verbrauch der Bevölkerung Bangladeschs vorweisen, wo ein Teil der Kleidung hergestellt wird, die bei uns in den Kleiderschränken hängt. Der Zahlenvergleich zwischen reichen Industrienationen, in denen eifrig konsumiert wird, und den sogenannten Entwicklungsländern bestätigt also die Feststellung von Sebastian Dalkowski, dass unser Kaufverhalten vor allem andere schädigt. Die vom Klimawandel am meisten beeinträchtigten Länder sind in der Regel diejenigen Staaten, die am wenigsten CO_2 produzieren: von Dürre heimgesuchte Länder der afrikanischen Sahelzone oder kleine pazifische Inselstaaten, die vom ansteigenden Meeresspiegel in ihrer Existenz bedroht sind. Eine Veränderung unseres Konsums hin zu mehr Nachhaltigkeit, im Zweifel auch mithilfe von Verboten, ist also dringend notwendig.

Ergänzende Sachinformationen aus Material 1 (siehe S. 175)

These 2. Argument

Zwar kann man dem Autor darin Recht geben, dass Bequemlichkeit oft die Ursache für das Verdrängen der Folgen unseres schädlichen Konsumverhaltens ist und daher Konsumverbote der einzige erfolgversprechende Weg sind, dem entgegenzuwirken. Denn obwohl viele Käufer über Wissen in Bezug auf Umweltschäden und unmenschliche Arbeitsbedingungen verfügen, entscheiden sie sich beim Einkauf doch wieder für das billigere oder modischere Produkt, ohne auf dessen Herstellung zu achten. Die Beispiele des Verfassers vom Abnehmen oder Abgewöhnen des Rauchens, die die Schwierigkeit guter Vorsätze veranschaulichen, kann jeder sicherlich nachvollziehen.

Einschränkung

Allerdings ist die Behauptung Dalkowskis sehr einseitig und beleuchtet andere Faktoren, die für unser Konsumverhalten verantwortlich sind, nur unzureichend. Insbesondere spielen die finanziellen Mittel bei der Entscheidung, nachhaltige Produkte zu kaufen, für viele Bevölkerungsschichten eine entscheidende Rolle. Gerade am Beispiel von Jugendlichen wird dies sehr deutlich. Der Jugendforscher Klaus Hurrelmann macht darauf aufmerksam, dass vor allem junge Menschen ein überdurchschnittlich ausgeprägtes Bewusstsein im Hinblick auf nachhaltigen Konsum zeigen. Jedoch können sie sich nachhaltige Konsumgüter nicht in dem Umfang leisten, wie sie es sich wünschen. Fair gehandelte Produkte sind meistens noch teurer als herkömmliche Waren, sodass die Wahl beim Einkauf häufig auf das billigere, schädlichere Produkt fällt. Daher muss das Argument des Autors vom bequemen Verbraucher differenzierter betrachtet werden und ist in seiner Eindimensionalität zu hinterfragen. Verbote können hilfreich sein, wenn die Einsicht der Menschen nicht langfristig zu einer wünschenswerten Verhaltensänderung beiträgt.

Bezugnahme auf Material 2 (siehe S. 176)

Andererseits muss man Sebastian Dalkowski entgegenhalten, dass ...

Synthese
Überleitung

Die Diskussion um den Verzicht von umweltschädlichem, ressourcenverbrauchendem Konsum muss komplexer angegangen werden. Einerseits ist ein rasches Handeln in Bezug auf unseren Konsum vonnöten, wenn die negativen Folgen für Klima und Umwelt sowie die unwürdigen Arbeitsbedingungen in den Entwicklungsländern beseitigt werden sollen. Andererseits hat die Auseinandersetzung mit der Forderung von Sebastian Dalkowski auch gezeigt, dass Verbote in ihrer Wirksamkeit umstritten sind, einer freiheitlichen Gesellschaft widersprechen und deshalb nur als letztes Mittel eingesetzt werden sollten. Vielmehr sollte man einen nachhaltigen Konsum anstreben, der nicht mit Verboten durchgesetzt werden muss. Eine wertvolle Zielvorstellung besteht dabei darin, dass ...

1. Analysieren Sie den Argumentationsaufbau (siehe S. 163 ff.).
2. Erklären Sie, wie das Zusatzmaterial für die Argumentation verwendet wurde.
3. Formulieren Sie weitere Gliederungspunkte aus.
4. Verwenden Sie einzelne Rechercheergebnisse aus dem WebQuest zur Kinderarbeit (siehe S. 16 f.), um die Argumentation zu erweitern.
5. Vervollständigen Sie die Synthese.

7 Freie Formen des Argumentierens

Leserbrief

Der Leserbrief (siehe S. 122) hat – blickt man in die jeweiligen Rubriken der Tageszeitungen – keine vorgegebene Struktur und Form. Wird der Leserbrief jedoch als schulische Schreibform eingesetzt und als Prüfungsaufgabe verlangt, dann sollte man sich an folgenden Aufbau halten, der im Grunde der bekannten Sacherörterung entspricht:

Einleitung: Bezug zum Thema/These der Textvorlage (Kommentar, Bericht, Reportage, Statistik usw.), Aufgreifen eines aktuellen Ereignisses, Wecken der Leseraufmerksamkeit

Hauptteil: Darlegung der eigenen Meinung, Gegenposition oder Zustimmung und Ergänzung zur Meinung der Textvorlage, differenzierte und überzeugende Argumentation mit Hintergründen und Belegen, auch materialgestützt

Schluss: Appell, Lösungsvorschläge, Schlussfolgerungen

Sprachliche Form:

- richtige Anrede: Sehr geehrte Damen und Herren
- korrekte Schlussformel: Mit freundlichen Grüßen
- Ort- und Datumsangabe
- Einsatz von sprachlichen Mitteln zur Betonung des eigenen Standpunkts: z. B. Wiederholung, Ellipse, Emphase, Wechsel von Para- und Hypotaxe, rhetorische Frage (sprachliche Mittel: siehe S. 141 ff.)

Aufgabenbeispiel

Sie haben sich im Rahmen eines fächerübergreifenden Projekts in Sozialkunde, Biologie und Deutsch ausführlich mit dem Thema „Nachhaltiger Konsum" beschäftigt.

Verfassen Sie nun einen Leserbrief an den Autor des Zeitungsartikels. Stimmen Sie seinen Argumenten in Bezug auf die Folgen unseres Konsumverhaltens zu und ergänzen Sie diese durch zusätzliche Sachinformationen. Schlagen Sie jedoch alternative Lösungswege vor. Verwenden Sie dazu auch die Informationen der Zusatzmaterialien.

LÖSUNGSVORSCHLAG LESERBRIEF (TEILLÖSUNG)

Regensburg, 7. März 2017

Sehr geehrte Damen und Herren,

Anrede

auf Ihrer Internetseite „zeit.de" stieß ich auf den Kommentar von Sebastian Dalkowski „Ich will Verbote!" vom 23.02.2017, in dem dieser generelle Konsumverbote für umweltschädliche Produkte fordert, um das Kaufverhalten der Bevölkerung drastisch zu ändern. Im Unterricht haben wir uns im Rahmen eines Projekts sehr intensiv und ausführlich mit dem Thema „Nachhaltiger Konsum" auseinandergesetzt. Vor diesem Hintergrund möchte ich Teile der Argumente des Kommentars ergänzen, andere jedoch aufgrund ihrer Einseitigkeit relativieren und abschließend alternative Lösungsvorschläge darlegen.

Bezug zum Ausgangstext (Autor, Titel, Veröffentlichungsdatum, Quelle)

Motivation, den Leserbrief zu verfassen

Wenn der letzte Baum gefällt ist, der Plastikmüll die Weltmeere erstickt hat, kein Eisbär mehr lebt, die Felder und Wiesen – damit das Trinkwasser – mit Nitrat und Pestiziden verseucht ist und die Menschen aus den Ländern, die wir für unseren Konsum ausbeuten, zu uns kommen, dann müssen wir uns keine Gedanken mehr über unser Lebensweise machen. Dann ist es zu spät und unsere Kinder und Kindeskinder können sich bei uns bedanken. Die schädlichen Folgen des Konsumverhaltens in den westlichen Industrieländern haben bereits besorgniserregende Dimensionen angenommen. Der ökologische Fußabdruck belegt diese Entwicklung eindrucksvoll. Er gibt den alltäglichen Ressourcenverbrauch eines Menschen an, indem er diesen als Flächenverbrauch veranschaulicht. Der ökologische Fußabdruck zeigt, dass die Menschen in Deutschland mit 5,3 globalen Hektaren dreimal so viel Energie benötigen und Abfall produzieren, wie ihnen rechnerisch zustehen würden, und den 7,5-fachen Verbrauch der Bevölkerung Bangladeschs vorweisen, wo ein Teil der Kleidung hergestellt wird, die bei uns in den Kleiderschränken hängt. Benötigen wir noch mehr eindeutige Beweise? Unser Konsum überfordert den Planeten Erde und schädigt vor allem Dritte. Die vom Klimawandel in Zukunft am meisten beeinträchtigten Länder sind in der Regel diejenigen Staaten, die am wenigsten CO_2 produzieren: von Dürre heimgesuchte Länder der afrikanischen Sahelzone oder kleine pazifische Inselstaaten, die vom ansteigenden Meeresspiegel in ihrer Existenz bedroht sind. Eine Veränderung unseres Konsums hin zu mehr Nachhaltigkeit ist also dringend geboten – notfalls auch mit strikten Verboten.

...

Mit freundlichen Grüßen
Verena Müller

Hypotaxe, Aufzählung → Weckung des Leserinteresses

Parenthese → Hervorhebung

Wiederholung, Anaphorik → Betonung

Parataxe → Klarheit, Verständlichkeit

Hypotaxe → Darstellung von Zusammenhängen

Rhetorische Frage → Kommunikation mit den Lesern

Doppelpunkt → Betonung

Emphase

Schlussformel

1. Ergänzen Sie den Leserbrief. Formulieren Sie weitere Argumente aus der Gliederung aus (siehe S. 176).
2. Setzen Sie gezielt sprachliche Mittel ein, um Ihre Meinung wirkungsvoll zum Ausdruck zu bringen.
3. Überprüfen Sie Ihren ersten Entwurf mithilfe der Textlupe (siehe S. 45 f.). Fertigen Sie anschließend eine verbesserte Fassung des Leserbriefs an.

Kommentar

Der Kommentar ist die wichtigste journalistische meinungsäußernde Darstellungsform (siehe S. 108 f.). Obwohl es unterschiedliche Varianten des Kommentars gibt, kann man sich grundsätzlich an folgendem Aufbau orientieren:

Einleitung	**Anlass zum Verfassen des Kommentars:** z. B. aktuelles Ereignis aus Politik, Wirtschaft, Sport oder Kultur; Meinungsäußerungen von anderen Personen; alltägliche Beobachtungen **Klare Formulierung des eigenen Standpunkts zum Thema**
Hauptteil	Entfaltung der Argumente, je nach Aufgabenstellung linear oder dialektisch
Schluss	Lösungsvorschlag, Appell, Ausblick

Ein Kommentar soll spannend und abwechslungsreich geschrieben werden, da es das Ziel ist, die Leser von der Meinung des Verfassers zu überzeugen. Daher muss auf die stilistisch-sprachliche Gestaltung des Kommentars besondere Aufmerksamkeit gelegt werden. Folgende Anforderungen sind zu berücksichtigen:

- aussagekräftige, interesseweckende Überschrift
- Einsatz von **sprachlichen Mitteln zur Leserlenkung**: z. B. Wiederholung, Ellipse, Emphase, Wechsel von Para- und Hypotaxe, rhetorische Frage, Antithese, Metapher, Personifikation, Neologismus, alltagsnahes Beispiel usw. (sprachliche Mittel: siehe S. 141 ff.)

Aufgabenbeispiel

Verfassen Sie im Rahmen eines fächerübergreifenden Projekts zum Thema „Nachhaltiger Konsum" einen Kommentar für Ihre Schülerzeitung, in dem Sie folgende Aspekte thematisieren:

- Darstellung von Folgen unseres Konsums
- Erläuterung ausgewählter Ursachen des Konsumverhaltens
- Forderung an die Mitschüler zur Durchführung von Projekten/Maßnahmen in der Schule mit dem Ziel einer Verhaltensänderung beim Konsum

Werten Sie dazu das vorliegende Material aus (1–3) (siehe S. 175 f.).

Material 3 (Zitatespeicher) (siehe S. 175)

Unser Planet ist unser Zuhause, unser einziges Zuhause. Wo sollen wir denn hingehen, wenn wir ihn zerstören.

Dalai Lama, in: mio – Magazin Online 02-2013

Der Mensch verursacht gerade das größte globale Artensterben seit Verschwinden der Dinosaurier.

Eberhard Brandes, WWF-Vorstand, Dezember 2014

LÖSUNGSVORSCHLAG (TEILAUSARBEITUNG)

Konsum ohne schädliche Nebenwirkungen

Wie jedes Jahr beginnt mit Aschermittwoch die Fastenzeit. Bis Ostern üben sich viele Menschen in Verzicht. Auch Jugendliche machen sich dann bewusst, welches Laster sie – zumindest für kurze Zeit – einschränken wollen. Sie essen keine Schokolade, ernähren sich fleischlos, schalten ihr Smartphone häufiger aus oder trinken weniger Alkohol. Das modische Oberteil von H&M bleibt im Verkaufsregal, daheim im Kleiderschrank liegen ja noch genug attraktive Tops.

Das tut gut: der Gesundheit und dem Gewissen. Doch nach sechs Wochen verfallen wir wieder in unsere schlechten Gewohnheiten und konsumieren ohne Sinn und Verstand. Auf Kosten unserer Umwelt, zum Schaden unserer Mitmenschen. Es ist längst fünf vor zwölf. Wir müssen unser Konsumverhalten verändern, damit die Ressourcen unserer Erde nicht nur für uns ausreichen. Nehmen wir die Warnung des buddhistischen Oberhaupts, des Dalai Lama, also ernst: „Unser Planet ist unser Zuhause, unser einziges Zuhause. Wo sollen wir denn hingehen, wenn wir ihn zerstören?"

Die schädlichen Folgen unseres Lebensstils und Konsumverhaltens lassen sich auch mit harten Fakten belegen. Der ökologische Fußabdruck zeigt diese Auswirkungen eindrucksvoll. Er gibt den alltäglichen Ressourcenverbrauch eines Menschen an, indem er diesen als Flächenverbrauch veranschaulicht. Der ökologische Fußabdruck zeigt, dass die Menschen in Deutschland mit 5,3 globalen Hektaren dreimal so viel Energie benötigen und Abfall produzieren, wie ihnen rechnerisch zustehen würden, und den 7,5-fachen Verbrauch der Bevölkerung Bangladeschs vorweisen, wo ein Teil der Kleidung hergestellt wird, die bei uns in den Kleiderschränken hängt. Benötigen wir noch mehr eindeutige Beweise? Unser Konsum überfordert den Planeten Erde und schädigt vor allem Dritte. Die vom Klimawandel in Zukunft am meisten beeinträchtigten Länder sind in der Regel diejenigen Staaten, die am wenigsten CO_2 produzieren: von Dürre heimgesuchte Länder der afrikanischen Sahelzone oder kleine pazifische Inselstaaten, die vom ansteigenden Meeresspiegel in ihrer Existenz bedroht sind. Warum wollen wir noch lange warten?

1. Analysieren Sie die sprachliche Gestaltung der Teilausfertigung.
2. Formulieren Sie alternative Überschriften zum Kommentar. Diskutieren Sie deren Aussagekraft und Wirkungsabsicht.
3. Vervollständigen Sie die restlichen Aspekte des Kommentars (siehe Aufgabenstellung).
4. Überarbeiten Sie Ihre Textproduktionen im Rahmen einer Schreibkonferenz (siehe S. 44 f.). Orientieren Sie sich dabei an den Leitfragen zur Überarbeitung eines Kommentars.

Überarbeitung eines Kommentars

Aufbau:

- Entspricht der Aufbau der Textsorte Kommentar?
- Wurde ein passender und interessanter Einstieg gewählt?
- Werden die einzelnen Aspekte sinnvoll verknüpft?
- Ist ein roter Faden erkennbar?

Inhalt:
- Entspricht der Inhalt den Anforderungen der Aufgabenstellung?
- Ist die Argumentation sachlich korrekt und wertet das Zusatzmaterial präzise aus?
- Wird die eigene Position deutlich und ist sie nachvollziehbar begründet?

Sprachlich-stilistische Gestaltung:
- Wurde eine inhaltlich korrekte und Interesse weckende Überschrift gewählt?
- Werden treffende sprachliche Mittel eingesetzt, um die Lesermeinung zu lenken?
- Ist die sprachliche Gestaltung abwechslungsreich und spannend? Wird der Leser durch kreative Formulierungen überrascht?

Sprachrichtigkeit:
- Ist die Wortwahl präzise?
- Ist der Satzbau grammatisch korrekt?
- Werden Füllwörter und Floskeln vermieden?
- Müssen im Text Rechtschreib- und Zeichensetzungsfehler verbessert werden?

Essay

Der Essay ist eine relativ neue schulische Schreibform. Die essayistische Tradition reicht hingegen bis ins 16. Jahrhundert zurück, als in Frankreich und England die Grundlagen dafür geschaffen wurden. Eine einheitliche Definition des Essays liegt allerdings bis heute nicht vor. Eine Begriffsbestimmung könnte wie folgendermaßen lauten:

Ein Essay (frz. ***essai*** = „Probe", „Versuch") ist:
- eine scharfsinnige schriftliche Auseinandersetzung
- über gesellschaftliche, kulturelle oder wissenschaftliche Themen
- aus der subjektiven Perspektive eines Autors
- mit großer Offenheit bei Gedankenführung und Struktur.

Für die schulische Praxis haben sich trotz der offenen Form des Essays folgende Anforderungen an diese Aufsatzform bewährt:
- ein Interesse weckender Titel
- Einfallsreichtum: ungewohnte Sichtweise auf Themenstellung, kritisches Beleuchten aus unterschiedlichen Perspektiven
- Aufbau: Einleitung, Hauptteil und Schluss (keine Nennung von Zwischenüberschriften)
- roter Faden: klarer, nachvollziehbarer Argumentationsaufbau
- Veranschaulichung mit Beispielen
- bewusster Einsatz sprachlicher Mittel (Metapher, Vergleich etc.)
- Einbeziehen des Lesers durch Fragen, direkte Anrede etc.
- gezielter Einsatz von Zitaten
- Entwicklung eines persönlichen Sprachstils

Methodische Vorgehensweise:

a) **ohne Materialvorgaben:**
   - Sammlung von Ideen zum Thema (Cluster, Mindmap)
   - Festhalten von Pro- und Kontra-Argumenten
   - Einbringen persönlicher Lebens- und Leseerfahrungen mit dem Thema

b) **mit Materialvorgaben (Text, Materialien):**
- Lektüre des Textes und Auswertung der Materialien
- Herausarbeiten der Argumente
- Inhaltliche Überprüfung der Argumente auf Schlüssigkeit und Überzeugungskraft
- Festlegung der eigenen Position zu den vorgegebenen Argumenten (Zustimmung oder Ablehnung)

Textbeispiel

Plädoyer für die Dummheit

von Claire Jin Chong

Dies ist ein Plädoyer für die Akzeptanz der ehrlichen Dummheit, auf dass die Diskriminierung der geringeren Intelligenz ein Ende findet.

Ich möchte jene ansprechen, die sich als intelligent bezeichnen. Sie sind doch intelligent, oder? Vielleicht sogar „intelligent" im Sinne von „überdurchschnittlich intelligent"? Na, wenn nicht, dann Auf Wiedersehen. Ich wünsche Ihnen ein glückliches, dummes Leben.

Für den Fall, dass noch jemand dabei sein sollte, würde ich gerne erklären, was ich unter Intelligenz verstehe. Es geht um die Intelligenz, die zur Leistungsfähigkeit führt, nicht um bloße Vernunft und schon gar nicht um kognitive oder gar um die biologisch definierte Intelligenz, denn davon weiß ich nichts. Ich weiß auch nicht, was ich schlucken muss, damit sich in meinem Gehirn schneller neue Synapsen bilden, aber ich habe eine Theorie, warum manche Studenten sich überfordert genug fühlen, um den X-Faktor Ritalin ihrem Kaffee hinzuzufügen. Und ich habe eine Theorie, die dagegen hilft: Ehrlich mit seiner Dummheit umzugehen. […]

Und Sie? Ist es Ihnen nicht peinlich, diesen Schund zu lesen? Wohin soll es denn führen, wenn uns unsere Dummheit nicht mehr peinlich sein würde! Was würden wir leisten, jeden Tag, in einem ganzen Jahr? Von Entspannung und Glück allein können Sie ja wohl schlecht leben und die Waagschale von beidem, ja, die suchen Sie erstmal, bevor Sie Ihre Faulheit, Ihre Nachlässigkeit damit entschuldigen wollen, einfach mal nur ehrlich dumm gewesen zu sein!

Jin Chong, Claire: Plädoyer für die Dummheit, online unter: www.leuphana.de/fileadmin/user_upload/college/Leuphana_Semester/files/Essay-Chong.pdf, zugegriffen am 13.05.2017, gekürzt

1. Analysieren Sie im Textbeispiel die Leserlenkung. Mit welchen sprachlichen Mitteln gelingt der Autorin eine Kommunikation mit dem Leser?
2. Verfassen Sie zu den folgenden Themen jeweils einen Essay. Recherchieren Sie zur Vorbereitung im Internet Hintergrundinformationen und Zitate. Beziehen Sie auch Beispiele aus Literatur und Film in Ihre Texte mit ein.
   - Gibt es kein Glück ohne einen erfüllenden Beruf?
   - Welchen Sinn und welche Grenzen hat ein Verbot zu lügen?
   - Die Liebe fürs Leben: Fiktion oder Ideal?
   - Was es heißt, im Smartphone-Zeitalter zu leben.
   - Rind oder Tofu? Ernährungsfragen sind in aller Munde.

V Seminararbeit

1 Zielsetzung einer Seminararbeit

Die **Seminararbeit** ist eine umfangreiche schriftliche Hausarbeit, die in einer Arbeitszeit von mehreren Wochen bzw. Monaten selbstständig zu verfassen ist. Sie ist besonders geeignet, Schüler mit den Prinzipien und Formen des eigenständigen wissenschaftlichen Arbeitens vertraut zu machen. Die Ergebnisse der Arbeit müssen sachgerecht, problemorientiert und optisch ansprechend dargestellt werden.

Bei der Erstellung von Seminararbeiten sollen die Schüler

- selbstständig Themen auswählen, eingrenzen und strukturieren,
- komplexe Arbeitsschritte der Planung und Gestaltung sinnvoll koordinieren,
- Methoden der Informationsbeschaffung zeitökonomisch und problembewusst einsetzen,
- Informationen ziel- und sachgerecht auswerten und strukturieren,
- Ergebnisse in den unterschiedlichen Arbeitsphasen überprüfen und strukturiert darstellen,
- erarbeitete Inhalte den Mitschülern im Seminar präsentieren und Kritik konstruktiv nutzen,
- eine angemessene und korrekte schriftliche Darstellung anfertigen,
- wissenschaftliche Darstellungsformen, z. B. im Rahmen der Zitiertechnik und Bibliografie, beherrschen lernen.

Trotz der großen inhaltlichen Unterschiede zwischen den Unterrichtsfächern, in denen Seminararbeiten geschrieben werden können, gibt es fünf grundsätzliche **Anforderungen**:

- Die Seminararbeit muss der konkreten Aufgabenstellung umfassend, fundiert und problembewusst gerecht werden.
- Die Seminararbeit muss die Fähigkeit zu einer fachspezifischen methodischen Vorgehensweise und zum korrekten Umgang mit Fachliteratur nachweisen.
- Die Seminararbeit muss logisch aufgebaut sein, die inhaltlichen Zusammenhänge müssen sinnvoll und sachgerecht dargestellt und die wesentlichen Aussagen angemessen konkretisiert und veranschaulicht werden.
- Die Seminararbeit muss Ergebnisse klar und verständlich herausarbeiten und hierbei die Fähigkeit zum selbstständigen Urteilen unter Beweis stellen.
- Die Seminararbeit muss sämtliche Aspekte einer sorgfältigen formalen Gestaltung erfüllen.

Das Anfertigen einer Seminararbeit ermöglicht es, einen Einblick in wissenschaftliches Arbeiten zu gewinnen.

2 Formale Gestaltung

Die grundsätzlichen inhaltlichen Erfordernisse an eine Seminararbeit werden ergänzt durch eine Reihe **formaler Aspekte**, die mit der betreuenden Lehrkraft frühzeitig abzuklären sind. Als zweckmäßige Vorgaben haben sich bewährt:

Umfang
Circa 400 Textzeilen, d.h. circa zwölf Seiten

Format
Einseitig beschriebenes DIN-A4-Blatt
Zeilenabstand: 1,5
Blocksatz
Silbentrennung

Satzspiegel
Linker Rand (Heftrand): 2,5 cm
Rechter Rand (Korrekturrand): 4,0 cm
Oberer Rand: 3,0 cm
Unterer Rand: 2,0 cm

Schrift
Schriftgröße beim Text: 12
Schriftgröße längerer Zitate/Fußnoten: 10
Schriftart: z.B. Times New Roman

Anordnung
- Titelblatt mit folgenden Angaben: Schule, Verfasser, Schuljahr, Klasse, Rahmenthema, betreuende Lehrkraft, Aufgabenstellung, Abgabedatum
- Inhaltsverzeichnis: inhaltlich aussagekräftige Gliederung und Anhang mit Seitenangaben in Rubrikschreibweise
- Ausarbeitung als fortlaufender Text mit Kapitelüberschriften
- Anhang: Bildmaterial, Grafiken, Tabellen, Schemata etc., soweit nicht in den Text integriert
- Abbildungsverzeichnis
- Literatur- und Quellenverzeichnis: auf eigenem Blatt in alphabetischer Reihenfolge
- Schülererklärung mit exaktem Wortlaut

Nummerierung
- der Ausarbeitung anhand von Kapitelüberschriften entsprechend dem Inhaltsverzeichnis
- des Titelblatts und Inhaltverzeichnisses ohne Angabe der Seitenzahl
- der folgenden Textseiten in Form von oben oder unten – zentriert angeordneten – Seitenzahlen im Abstand von zwei Zentimetern von der Blattkante
- des Anhangs, Literaturverzeichnisses und der Schülererklärung mittels fortlaufender Seitenzählung
- der Zitatnachweise mit fortlaufenden Anmerkungsziffern am Zitatende und den zugeordneten Fußnoten am Seitenende

3 Arbeitsschritte

Während der Anfertigung einer Seminararbeit soll eine Unterstützung des Schülers bei der **Planung und Durchführung der Arbeitsschritte** durch die betreuende Lehrkraft stattfinden.

Eine Beratung bei der Themenwahl, Anregungen bei der Auswahl und Beschaffung von Material, Hinweise in Bezug auf den Fortgang der Arbeit und die Kontrolle inhaltlicher und zeitlicher Zielvereinbarungen sowie die Verdeutlichung der Leistungserwartungen und Beurteilungskriterien können Schwerpunkte im Dialog zwischen dem Schüler/der Schülerin, den anderen Seminarfachteilnehmern und dem Betreuungslehrer sein.

Die Arbeitsplanung unterscheidet sich nicht prinzipiell von der Planung eines (Fach-)Referats und umfasst folgende Arbeitsschritte:

1. Wiederholen Sie die Kapitel über Informationsbeschaffung und Informationsverwendung (siehe S. 12–14; 18–28).
2. Bei welchen Arbeitsschritten ist eine Zusammenarbeit mit Mitschülern besonders wertvoll?

4 Themaerschließung und Ausarbeitung

Die natur-, wirtschafts-, sozial- und gesellschaftswissenschaftlichen Aufgabenfelder bieten eine Fülle von Themen, wobei jedoch bei der Auswahl bestimmte Gesichtspunkte beachtet werden sollten. Wichtig ist, dass alle Aspekte eines Themas auch wirklich geklärt sind, so z. B. die Begrifflichkeiten der Themenformulierung und der Aufgabentyp der konkreten Fragestellung. Sollte in der Themenformulierung noch die Möglichkeit der Eingrenzung gegeben sein, so muss dies mit dem Betreuungslehrer abgesprochen und in der Einleitung der Seminararbeit thematisiert werden.

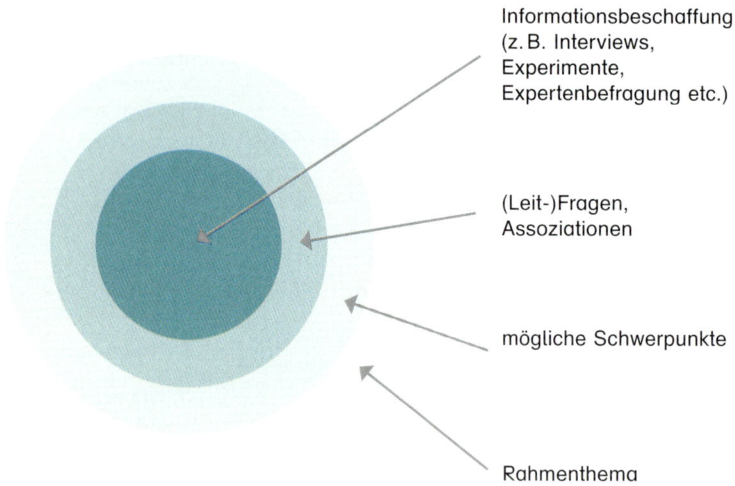

Zielscheibe zur Themenfindung

Tipps zur Themenfindung

Für eine strukturierte Vorgehensweise bei der Themenfindung und um zeitraubende, wenig zielgerichtete Recherchen in Grenzen zu halten, bieten sich folgende Fragestellungen an:

Rahmenthema: Für welchen Themenkomplex interessiere ich mich vor allem? Welches Vorwissen bringe ich mit?
Mögliche Schwerpunkte: Welche Teilbereiche umfasst das Thema? Das Bilden von Assoziationsketten ist hierbei hilfreich.
(Leit-)Fragen, Assoziationen: Notieren Sie alle Fragen, die Sie zu dem Schwerpunkt haben. Was fällt Ihnen zu diesem Teilbereich zudem alles ein?
Informationsbeschaffung: Gibt es ausreichend Quellen? Bestehen ausreichend Zugangsmöglichkeiten zu den Quellen? Welcher Art kann die Informationsbeschaffung sein? (Expertenbefragung, Interviews etc.) (siehe S. 12 ff.)

Abzuraten ist von

- zu persönlichen Themen
- zu weit gefassten Fragestellungen
- zu abstrakten Themen
- zu ambitionierten Themen/Modethemen

Eine andere wichtige Form der Eingrenzung besteht in der genaueren Bestimmung eines Untersuchungsgegenstandes (z. B. lokaler Bezug). Unterschiedliche Zugangsweisen können aufgrund verschiedener Blickrichtungen die Bestimmung konkreter Themen erleichtern, z. B.

problemorientiert:	Analyse eines sozialen, politischen, wirtschaftlichen, technischen etc. Problems: Auswirkungen der Wirtschaftskrise auf das Sparverhalten junger Menschen
historisch orientiert:	Untersuchung der Geschichte von Menschen, Gebäuden usw.: Die Geschichte des jüdischen Friedhofs in ...
strukturorientiert:	Analyse der Beschaffenheit, des Aufbaus, der Implikationen usw.: Marktchancen von TransFair-Produkten
inhaltsanalytisch:	Untersuchung von Werken und Medienformaten, z. B. Die Rolle der Frau in der Castingshow „Germany's next Topmodel"
handlungsorientiert:	Auseinandersetzung mit Strategien zur Durchsetzung von Interessen, zur Lösung von Problemen bzw. Konflikten, Darstellung von Prozessen des Interessenausgleichs etc.: Der Konflikt um den Allgäu Airport Memmingen, Der Streit um die Verlegung des Passionsspiels in Oberammergau in die Abendstunden
biografisch orientiert:	Analyse von Biografien, Autobiografien (u. a. als Widerspiegelung historischer/gesellschaftlicher Ereignisse): Die 68er-Revolte in München im Erleben damaliger junger Menschen
Kombination:	Die Arbeit des Ausländerbeirats in ...
fächerübergreifend:	Der Wandel der Marketingstrategien sog. Familienbrauereien in der Region

Seminararbeiten basieren auf den Techniken der Erörterung und der Textanalyse. Deshalb muss nach der Entscheidung für ein Thema die Auseinandersetzung mit der Aufgabenstellung, d. h. die **Themaerschließung**, stehen.

Thema einer Seminararbeit

Ein Vergleich der Protagonisten Narziß und Goldmund in Hermann Hesses gleichnamiger Erzählung unter Berücksichtigung der literarischen Gestaltung

Mögliche Überlegungen zur Themaerschließung:

- konkrete Auffüllung des Begriffs „Vergleich“
- Auswahl der Inhalte der Erzählung „Narziß und Goldmund“ entsprechend der Themenstellung
- Klärung des Begriffs „literarische Gestaltung“
  - Bewusstwerden der Fiktionalität im Hinblick auf fiktionale Figuren, Handlungen, Gedanken, Gefühle, Motive
  - Untersuchung literarischer Gestaltungsmittel (z. B. Erzählhaltung, Zeitgerüst, Redeweisen usw.)
- Biografie des Autors Hesse in Bezug auf die Erzählung (Lebenszeit, Herkunft, Werdegang etc.)

Hermann Hesse

Schon für die Bewältigung dieses Arbeitsschrittes ist die Benutzung von Sekundärliteratur empfehlenswert, wenn nicht unerlässlich.

Auf die Themaerschließung folgt die aufgabenorientierte **Stoffsammlung**, aus der sich die **Gliederung** ergibt. Diese Gliederung, ergänzt durch Anhang und Seitenzahlen in Rubrikschreibung, stellt das Inhaltsverzeichnis dar, das zwischen Titelblatt und Einleitung (Vorbemerkung) eingeordnet wird.

LÖSUNGSVORSCHLAG

Inhaltsverzeichnis

Bei wissenschaftlichen schriftlichen Arbeiten im **Fach Deutsch** unterscheidet man zwischen **Primärliteratur** („Erst-Texte"), d.h. dem zu untersuchenden Text, **Sekundärliteratur** („Zweit-Texte"), d.h. Forschungsliteratur, die den Primärtext untersucht und kommentiert, und **allgemeiner Literatur**, d.h. wissenschaftlichen oder Sachbüchern mit allgemeinen Informationen zu verschiedenen Gebieten, die mit dem Thema der Arbeit in Verbindung stehen. Das Suchen, Zusammentragen und Ordnen von Sekundär- und allgemeiner Literatur für eine schriftliche oder mündliche Arbeit nennt man **Bibliografieren**; das Literaturverzeichnis am Ende einer schriftlichen Arbeit ist die **Bibliografie**. Wissenschaftliche und manche populäre Sachbücher enthalten nicht nur ein Inhaltsverzeichnis, das den Buchinhalt lediglich grob gliedert, sondern auch ein **Personen-** und/oder **Sachregister**, in dem wichtige Personennamen und Sachbegriffe alphabetisch verzeichnet sind mit der jeweiligen Seite im Buch. Diese Methode erleichtert das Auffinden gesuchter Stellen in einem Buch. Für gehobene wissenschaftliche Arbeiten, bei denen die gesamte bisherige Sekundärliteratur gesichtet werden muss, benutzt man allgemeine oder spezielle **Bibliografien**, die die gesamte Fachliteratur verzeichnet haben.

Die Ausarbeitung einer literarischen Seminararbeit ist eine Art Kombination aus literarischer Erörterung und Analyse eines literarischen Textes. Die Argumentation folgt meist dem Schema von Behauptung, Begründung und Illustration. Weil aber Veranschaulichung und Konkretisierung in der Regel durch Textzitate erfolgen, die kommentiert und interpretiert werden müssen, sind dabei die Methoden der **Textanalyse** anzuwenden. Neben der selbstständigen Suche nach ergiebigen Zitaten aus dem literarischen Werk selbst (**Primärzitate**), kommt der Verwendung von **Zitaten** aus der **Sekundärliteratur** eine besondere Bedeutung zu. Sie müssen geschickt in den eigenen Argumentationszusammenhang eingeflochten werden.

Solche Zitate können verschiedene Funktionen übernehmen:

- Darstellung von Sachverhalten, die man selbst nicht wissen kann (reine Information)
- Bestätigung der eigenen Auffassung (Autoritätsbeweis)
- Widerspruch zur eigenen Meinung (Diskussion, Dialektik)
- Anregung für eine eigene Meinungsbildung (Impuls)

Die Auseinandersetzung mit der Sekundärliteratur ist ein wichtiges Merkmal wissenschaftlichen Arbeitens, sollte aber eigenständiges Denken nicht ersetzen.

5 Zitiertechnik

Zitieren heißt, den geschriebenen oder gesprochenen Text eines anderen **wörtlich** oder **sinngemäß** zu übernehmen. Da eine wissenschaftliche Arbeit nicht nur eigene Gedanken, sondern auch Ideen – und damit geistiges Eigentum – anderer Wissenschaftler enthält, ist besondere Sorgfalt beim Zitieren unerlässlich. Hierfür gibt es drei Möglichkeiten:

1. Einbindung eines Wort- bzw. Teilsatzzitats in eigene hinführende oder erläuternde Sätze,
2. Integration eines umfangreicheren Textzitats als in sich geschlossener Satz oder als Folge von Sätzen,
3. indirekte, meist stark zusammenfassende Wiedergabe des Gelesenen/Gehörten in Form von sinngemäßem Zitieren in eigenen Worten unter Verwendung des Konjunktivs.

Zitate sollen nicht um des Zitats willen eingebaut werden, sondern sind wertvoll, wenn z. B. ein Fremdautor einen Gedanken exakt auf den Punkt bringt und spezifische Begrifflichkeiten verwendet. Außerdem bietet sich ein Zitat an, wenn die eigene Position von der des Fremdautors so sehr absticht, dass man dessen Position im Wortlaut vorstellen möchte. Zitate können ferner als Ergänzung, Begründung oder Veranschaulichung eigener Aussagen oder als Ausgangspunkt für die Auseinandersetzung mit einer anderen Position dienen.

Folgende Prinzipien sind beim Zitieren besonders hervorzuheben:

- **hohe Zitiergenauigkeit**
  Ein wörtliches Zitat muss formal und inhaltlich völlig mit dem Original übereinstimmen; das gilt auch für Rechtschreibfehler, Hervorhebungen, Unterstreichungen, gesperrt Gedrucktes, eigenwillige Interpunktion usw. Besonderheiten des Originals werden mit „sic" in eckigen Klammern gekennzeichnet:
  „Er ist dof [sic]"
  Auslassungen müssen durch eckige Klammern und drei Punkte kenntlich gemacht werden. Dabei darf es keinesfalls zu sinnentstellenden Auslassungen kommen:
  „Er wusch sich die […] Hände."
  Ein wörtliches Zitat wird gekennzeichnet durch Anführungszeichen. Das Zitat innerhalb eines Zitats wird durch halbe Anführungszeichen markiert:
  „Schnell lässt er dann ein Wir in ein ‚Ich und Wir' zerfallen."
  Wird die Quelle als Zitat eines Zitats genannt, so ist neben der Quelle auch das Werk zu nennen, in dem das Zitat gefunden wurde, mit dem Zusatz „zit. nach".
- **verständlicher Zitatkontext**
  Eigene Hervorhebungen oder eingeschobene Erläuterungen müssen durch einen Hinweis verdeutlicht, d. h. in eckige Klammern gesetzt und mit dem Vermerk „Anmerkung des Verfassers" ergänzt werden:
  „Er [der Computer; Anm. des Verfassers] ist ein wichtiges Hilfsmittel."
- **harmonischer Zitateinbau**
  Der Einbau eines Zitats in einen eigenen Text mit Anpassung der grammatischen Veränderungen muss verdeutlicht werden:
  Man sollte, wie Vogt und Sirridge 2003 festgestellt haben, „in der Herausforderung des Sohnes durch den Vater […] ein[en] wichtige[n] Meilenstein der Entwicklung im Leben beider" sehen.

Beispiele zur Zitiertechnik

Zitieren eines ganzen Satzes mit Einleitung und Autorenbezug:	Karl R. Popper behauptet in Bezug auf die Gefährlichkeit neuer Medien: „Diese konstante Überwachung ist viel effizienter als die Zensur."
Weglassen von Zitatteilen:	„Darum können wir anhand dieser Zahlen gar nicht wissen [...], was das Publikum auswählen würde."
Ergänzung innerhalb eines Zitats:	Darum können wir anhand dieser Zahlen gar nichts beweisen. „Darum können wir [die Philosophen, Anm. des Verfassers] gar nichts beweisen."
Einfügen des Zitats in den eigenen Satz:	Poppers Aussage „Wer Fernsehen macht, muss wissen, was es zu verhindern gilt" zeigt, wie kritisch er sich mit dem Medium auseinandersetzt.
Zitieren einzelner Wörter:	Die Begriffe „Qualitätsniveau" und „Bildungsniveau" werden von Popper bewusst instrumentalisiert.
Fehler im Zitat:	„Meine langem [sic] Haare stören mich."

Die Notwendigkeit eines fundierten Zitatnachweises bezieht sich nicht nur auf Texte, sondern auch auf Grafiken, Tabellen, Bilder, Schemata etc., die aus zuverlässigen Quellen entnommen wurden. Tabellen oder Bilder ohne Anmerkung besagen nämlich, dass sie vom Verfasser selbst erstellt wurden.

In die Ausarbeitung integrierte Tabellen werden fortlaufend nummeriert und tragen Überschriften. Ebenfalls nummeriert werden Grafiken, Bilder usw., die jedoch Unterschriften bekommen. Umfangreichere Quellen dieser Art können auch am Ende der Arbeit in einem sogenannten Anhang erscheinen; sie müssen jedoch im Text selbst durch Fußnoten eindeutig belegt werden.

Anmerkungen/Fußnoten

Am Ende des Zitats bzw. einer verwendeten Quelle steht die Ziffer der Fußnote. Mithilfe moderner Textverarbeitung und der möglichen Fußnotenverwaltung lassen sich diese in fortlaufender Zählung am jeweiligen Seitenende einfügen. Die Nummerierung der Anmerkung steht um eine halbe Zeile erhöht und verkleinert, „wofür dies ein Beispiel sein soll."[1] Der Fußnotentext ist üblicherweise in einer kleineren Schriftgröße (10 pt) als der Haupttext zu setzen. Langzitate mit mehr als drei Zeilen werden eingerückt und kursiv geschrieben. Außerdem ist bei der Formatierung eine kleinere Schriftgröße (10 pt) und ein einzeiliger Zeilenabstand zu beachten. Zitate, die kürzer sind als drei Zeilen, werden nicht vom Text abgegrenzt.

1 Alternative Zitierweisen: Verfassername, (Kurz-)Titel, Seite; Verfassername, Seite; Verfassername, Erscheinungsjahr

Die Fußnoten enthalten die genauen Angaben zu den jeweiligen Fundstellen der im Text verzeichneten wörtlichen Zitate. Bei erstmaliger Nennung ist die Quelle vollständig zu bibliografieren. Bei jeder weiteren Erwähnung ist die Angabe des Kurztitels ausreichend. Dieser besteht in der Regel aus dem Nachnamen des Autors und der Jahresangabe. Werden mehrere Werke eines Autors verwendet, ist zur Unterscheidung ein Schlagwort des Titels anzuführen. Sinngemäße Textverweise, also nicht wörtliche Zitate, werden in den Fußnoten mit der Abkürzung „Vgl." eingeleitet. Im Unterschied zum Bibliografieren muss bei der Fußnote immer die Seitenzahl angegeben werden. Fußnoten beginnen üblicherweise mit einem Großbuchstaben und sollten mit einem Punkt abgeschlossen werden. Die Angabe „S. 4 f." verweist auf die Folgeseite, „S. 4 ff." auf mehrere Folgeseiten und die Angabe „S. 4–20" auf einen größeren Folgeabschnitt.

Der folgende Ausschnitt aus der Seminararbeit zu Hesses Erzählung „Narziß und Goldmund" zeigt das Nebeneinander von Erörterung und Textanalyse und veranschaulicht Möglichkeiten des Zitierens und des Umgangs mit Sekundärliteratur:

LÖSUNGSVORSCHLAG

I. 1. Übereinstimmende Zielvorstellung einer vollkommenen Selbstverwirklichung im Leben beider Protagonisten anhand der Figurengestaltung

Zunächst gilt es, sich den Gemeinsamkeiten der Protagonisten zu widmen, im Konkreten dem übereinstimmenden Ziel der vollkommenen Selbstverwirklichung von Narziß und Goldmund in ihrem Leben. Die Wege zu diesem Ziel – dies zeigt sich eindringlich in der Figurengestaltung des Autors – sind sehr verschieden. Narziß erkennt, dass seine Bestimmung die Wissenschaft ist, denn er sei seinem Wesen nach Gelehrter.[1] Weiter beschreibt er seine Berufung mit folgenden Worten: „Das Ziel ist dies: mich immer dahin zu stellen, wo ich am besten dienen kann, wo meine Art, meine Eigenschaften und Gaben den besten Boden, das größte Wirkungsfeld finden. Es gibt kein anderes Ziel."[2] Im gleichen Dialog fährt Narziß fort: „Ich will weder den Reichtum des Klosters vermehren noch den Orden reformieren oder die Kirche. Ich will innerhalb des mir Möglichen dem Geist dienen, so wie ich ihn verstehe, nichts anderes."[3] Für Ralf R. Nicolai sind dies bedeutende Worte, denn an diesen sei zu erkennen, dass Narziß die notwendige Reformierung des Klosters zugunsten seines eigenen Ziels in den Hintergrund rückt. Die Reformierung des Klosters sei im Mittelalter eine Grundaufgabe eines Mönchs gewesen. Infolgedessen sei dieser individualistische Zug Narziß' nicht mit den Traditionen und dem autokratischen Denken zu vereinbaren, vielmehr zeuge diese Aussage von einer Frage der Selbstverwirklichung.[4]
Sein persönliches Ziel der Selbstverwirklichung bedeutet für ihn die Annäherung an Gott und die Vollkommenheit. Goldmund sieht zu Beginn des Romans seine Erfüllung ebenfalls im Dienst des Klosters. Dies rührt jedoch nicht aus einem Gefühl der Bestimmung her, sondern aus der Unterdrückung seines Mutterbildes und dem

nummerierte Kapitelüberschrift
Hinführung
Behauptung

sinngemäßes Primärliteratur-Zitat
wörtliches Primärliteratur-Zitat

wörtliches Primärliteratur-Zitat

sinngemäßes Sekundärliteratur-Zitat einer Rezension von Nicolai damit verbundenen Leistungsanspruch seines Vaters, dem er mit diesem Ziel gerecht zu werden versucht. Dies ruft eine schwere Krise bei dem jungen Schüler hervor. Eine weitere Ursache für Goldmunds „innere Zerrissenheit äußert sich darin, dass er bei dem Versuch der eigenen Realitätsbewältigung und Selbstverwirklichung den in Abt Daniel und in Narziß personifizierten ‚unvereinbaren' Idealen nacheifert"[5], erklärt Nicolai. Narziß spürt in Goldmund „seinen Gegenpol und seine Ergänzung"[6], weshalb er sich des jungen Schülers annimmt und ihm hilft, den Weg zur Selbstverwirklichung zu finden. Goldmund findet auf der Wanderschaft heraus, dass die Kunst für ihn ein Mittel ist, sich zu verwirklichen. So schafft er einzigartige Figuren, deren Bilder er geschliffen und geglättet in seinem Inneren trägt. Narziß erkennt versteht diese tiefe Beziehung zur Kunst, als der gealterte Goldmund von ihm befreit wird und zum ersten Mal ins Kloster zurückkehrt. Er gesteht ihm, Gott zu danken, dass Goldmund Künstler geworden sei und er sich der Bilderwelt bemächtigt habe, wo er ein Schöpfer und Herr sein könne.[7] Schon aus den anfänglichen Dialogen und Diskussionen, welche die beiden führen, ist dem Leser ersichtlich, dass diese Figuren ein hohes Ziel in ihrem Leben verfolgen: das Streben nach der Vollkommenheit. Narziß fasst diese Gemeinsamkeit der beiden mit folgendem Satz zusammen: „Unser Ziel ist […] einander zu erkennen und einer im andern das sehen und ehren zu lernen, was er ist: des andern Gegenstück und Ergänzung."[8]

eigene Bewertung des Schülers

wörtliches Sekundärliteratur-Zitat einer Untersuchung von Nicolai

wörtliches Primärliteratur-Zitat

eigene Bewertung des Schülers

sinngemäßes Primärliteratur-Zitat

wörtliches Primärliteratur-Zitat

1 Vgl. Hesse, Hermann, Narziß und Goldmund, Frankfurt am Main 1975, S. 47.
2 Hesse 1975, S. 72.
3 Hesse 1975, S. 72.
4 Vgl. Nicolai, Ralf R., Hesses ‚Narziß und Goldmund'. Kommentar und Deutung, Würzburg 1997, S. 79f .
5 Nicolai 1997, S. 26.
6 Hesse 1975, S. 25.
7 Vgl. Hesse 1975, S. 294 f.
8 Hesse 1975, S. 49.

6 Literaturverzeichnis

Vor der Erstellung des Literaturverzeichnisses ist bei Bedarf der sogenannte Anhang einzufügen. Als **Anhang** werden Informationen und Materialien bezeichnet, die unmittelbar an den eigentlichen Textteil der Seminararbeit „angehängt" werden. Der Text einer Arbeit darf nie unter dem Begriff „Anhang" fortgesetzt werden. Inhaltlich darf in einem Anhang nur das stehen, was nicht zwingend zum Verständnis des Textes benötigt wird. Hauptbestandteile eines informativen Anhangs können zum Beispiel Fragebogen eines Interviews, ergänzende Tabellen, zusätzliche Dokumente, erläuternde Bilder, Grafiken, Skizzen usw. sein, die weitere themabezogene Informationen enthalten. Die Verknüpfung von Textteil und Anhang wird mit einem Querverweis angezeigt (z. B. „vgl. Anhang Tabelle 1"). Ferner kann es erforderlich sein, dass dem Anhang ein **Abbildungsverzeichnis** folgt, das die Herkunft der im Textteil der Arbeit integrierten Bilder und Grafiken auflistet.

Das **Literaturverzeichnis** im Anschluss an den Anhang ist ein zwingender Bestandteil jeder wissenschaftlichen Arbeit und vermittelt einen ersten Eindruck über den möglichen Inhalt und Tiefgang der vorgelegten Ausführung. Die dort angeführte Literatur muss vor allem tatsächlich auch in der Arbeit verarbeitet und richtig zitiert werden. Die Bezeichnung für diesen Teil der Arbeit ist nicht einheitlich; so werden auch Begriffe wie „Bibliografie", „Quellenverzeichnis" oder „Werkverzeichnis" häufig synonym verwendet. Dieses Verzeichnis fasst alle verwendeten Hilfsmittel zusammen, also alle verarbeiteten und zitierten Quellen. Deshalb muss dann von einem „Literatur- und Quellenverzeichnis" gesprochen werden. (An dieser Stelle sei auf den Unterschied zum Quellenbegriff aus der Geschichtswissenschaft verwiesen. Dort ist die Unterscheidung zwischen Quellen- und Literaturverzeichnis obligatorisch.) Der formalen Gestaltung und inhaltlichen Zusammenstellung des Literaturverzeichnisses ist größte Aufmerksamkeit und Sorgfalt zu widmen.

Die notwendigen Angaben finden sich im Impressum eines Druckerzeugnisses. Wissenschaftliches Bibliografieren verzichtet auf buchhändlerische Hinweise wie Verlagsangabe oder Bestellnummer ebenso wie auf Titelangaben (Prof., Dr. etc.) oder Anredeformen (Frau usw.) des Verfassers. Die Zeichensetzung bei bibliografischen Angaben ist im deutschen Sprachraum nicht ganz einheitlich geregelt. Neben der Regelung, die einen Doppelpunkt nach dem Verfassernamen macht, hat sich auch die Kommaregel durchgesetzt, die hier benutzt wird. Entscheidend ist, dass das einmal gewählte System der Zeichensetzung konsequent beibehalten wird.

Die Titel im Literaturverzeichnis erscheinen – jeweils alphabetisch geordnet – nach **Literaturgruppen**, z. B. Primärliteratur, Sekundärliteratur, elektronische Medien, Internet etc. Zwischen den einzelnen Titeln wird dabei eine Zeile frei gelassen; die Titel selbst werden fortlaufend – in der zweiten Zeile mit hängendem Einzug (vgl. Einstellungen des Textprogramms) – getippt. Die Reihenfolge der bibliografischen Angaben und die erforderliche Interpunktion (Komma, Punkt oder Verzicht auf Satzzeichen) können der folgenden Übersicht entnommen werden:

Beispiele

Literaturgruppe		Beispiele für exaktes Bibliografieren
Primärliteratur	Literarisches Werk	**Buch mit einem Verfasser** Nachname, Vorname, Titel. Untertitel, Erscheinungsort Auflage (**hochgestellte Auflagenziffer ab der 2. Auflage**) Erscheinungsjahr Torberg, Friedrich, Der Schüler Gerber. Roman, München ^{35}2007
Sekundärliteratur	Interpretation in Buchform	**Buch mit einem Verfasser** Nachname, Vorname, Titel. Untertitel, Erscheinungsort Erscheinungsjahr Nicolai, Ralf R., Hesses ‚Narziß und Goldmund'. Kommentar und Deutung, Würzburg 1997
	Sammelwerke	**Artikel aus Sammelbänden** Nachname, Vorname, Titel. Untertitel, in: Titel des Sammelbandes. Untertitel, hrsg. von Vorname Nachname, Erscheinungsort Erscheinungsjahr, S. n–n Maier, Hans, Die neue Lehrerbildung, in: Wissenschaft zwischen Forschung und Ausbildung. Ansprachen und Vorträge anlässlich der Errichtung der Philosophischen Fachbereiche I und II der Universität Augsburg, hrsg. von Josef Becker und Rolf Bergmann, München 1975, S. 17–25

Sekundärliteratur

Nachschlagewerke

Buch, das vorrangig unter seinem Titel bekannt ist

Titel. Untertitel, hrsg. von Vorname Nachname, Erscheinungsort ^{Auflage}Erscheinungsjahr

Vorschläge für eine strukturale Grammatik des Deutschen. Eine kritische Bestandsaufnahme, hrsg. von Hugo Steger, Frankfurt 2006

Buch mit einem oder mehreren Herausgebern

Nachname, Vorname (Hrsg.), Titel. Untertitel, Erscheinungsort evtl. ^{Auflage}Erscheinungsjahr

Steger, Hugo (Hrsg.), Vorschläge für eine strukturale Grammatik des Deutschen. Eine kritische Bestandsaufnahme, Frankfurt 2006

Zeitungen

Artikel aus Zeitungen

Nachname, Vorname, Titel. Untertitel, in: Name der Zeitung vom Datum

Stremmel, Jan, Wiedergeburt für 80 000 Euro, in: Süddeutsche Zeitung vom 25.11.2016

Zeitschriften

Artikel aus Fachzeitschriften

Nachname, Vorname, Titel. Untertitel, in: Name der Fachzeitschrift Bandnummer (Jahr), S. n–n

Riesner, Helmut, 15 Fragenkomplexe zur Beurteilung von Lehrbüchern für den Fremdsprachenunterricht, in: Der fremdsprachliche Unterricht 94 (2001), S. 68–74

Artikel aus Zeitschriften

Nachname, Vorname, Titel, in: Zeitschriftentitel, Jahrgang, Heftnummer, S. n–n

Mader, Michaela, Erkenntnisse über das Biotop von Aich-Aspach, in: Zeitschrift für Umweltschutz, Jahrgang 2005, Heft 3, S. 17–38

Elektronische Medien

Rundfunk und Fernsehen

Titel, Sender, Sendetag, Sendezeit

Gesundheitliche Gefährdung durch Mobilfunk?, 3sat, 11.02.2007, 22.15 Uhr

DVD/Blu-Ray-Disc

Titel, Untertitel, Regisseur: Vorname Nachname, Produktionsland, Produktionsfirma Jahr, Filmlänge in Minuten

Der Himmel über Berlin, Regisseur: Wim Wenders, BRD/F, Road Movies Filmproduktion GmbH/Argos Films S.A./Westdeutscher Rundfunk 1987, 122 Min.

Internet

Informationen auf einer Internetseite (HTML/PDF-Format)

Nachname, Vorname, Titel, online unter:
URL, [Stand: Datum], zugegriffen am Datum

EU-Bildungsprogramm ERASMUS+ für Bildung, Jugend und Sport, online unter: http://www.km.bayern.de/lehrer/international/eu-bildungsprogramme.html, zugegriffen am 03.03.2017

Sekundärliteratur		**Informationen aus einer Datenbank** Nachname, Vorname, Titel, in: Name der Datenbank, online unter: URL, [Stand: Datum], zugegriffen am Datum Statistisches Bundesamt (Hrsg.) (2017): Bundestagswahl 22.09.2013 (Allgemeine Wahlstatistik), in GENESIS-Online Datenbank, online unter: https://www-genesis.destatis.de/genesis/online/data;jsessionid=100DA40EB6AEDE7A59F8DA8216D2A5AF.tomcat_GO_1_2?operation=abruftabelleBearbeiten&levelindex=2&levelid=1488527532032&auswahloperation=abruftabelleAuspraegungAuswaehlen&auswahlverzeichnis=ordnungsstruktur&auswahlziel=werteabruf&selectionname=14111-0001&auswahltext=&werteabruf=Werteabruf [Stand: 03.03.2017], zugegriffen am 03.03.2017
		Informationen aus Onlinemagazinen Nachname, Vorname (Jahr), Titel, in: Name des Onlinemagazins, online unter: URL, [Stand: Datum], zugegriffen am Datum Helmö, Katja (2009), Nichtraucherschutz gelockert. Landtag beschließt Liberalisierung des Gesundheitsschutzgesetzes, in: Maximilianeum. Das Online-Magazin des Bayerischen Landtags, Jahrgang 3, Ausgabe 4 (Juli 2009), online unter: http://www.bayern.landtag.de/cps/rde/xchg/landtag/x/-/www1/2457_4143.htm, zugegriffen am 18.01.2011
	Personen/ Institutionen	**Persönliche Mitteilungen, Interviews** Nachname, Vorname, Funktion, Ort, Datum, Zeit Leist, Ludwig, Abteilungsleiter Marketing bei der Firma Flachstahl, Ulm, 14.03.2008, 09.30–11.00 Uhr
		Bildquelle (Foto, Karikatur etc.) Nachname, Vorname, eventueller Titel, Entstehungsjahr, in: [je nach Quelle weitere Angaben] Rulle, Andreas, Mit der Katastrophe leben lernen ..., 2007, in: www.bpb.de/lernen/grafstat/134864/m-01-03-karikatur-mit-der-katastrophe-leben-lernen, zugegriffen am 06.03.2018
		Statistik/Schaubild/Grafik Institution, Titel, in: [je nach Quelle weitere Angaben] Statistisches Bundesamt, relative Veränderung der Geburtenzahlen 2009–2015, in: www.destatis.de/DE/ZahlenFakten/GesellschaftStaat/Bevoelkerung/Geburten/Geburten.html, zugegriffen am 06.03.2018

LÖSUNGSVORSCHLAG

Literatur- und Quellenverzeichnis zum Thema „Hermann Hesse"

Primärliteratur

Hesse, Hermann, Narziß und Goldmund. Text und Kommentar, Frankfurt am Main 2001

Sekundärliteratur

Duden. Das große Fremdwörterbuch, hrsg. vom Wissenschaftlichen Rat der Dudenredaktion, Mannheim, Leipzig, Wien, Zürich [2]2000

Hesse, Hermann, Das Glasperlenspiel, Frankfurt am Main 1972

Hesse, Hermann, Eine Arbeitsnacht, in: Hesse, Hermann, Narziß und Goldmund. Text und Kommentar, Frankfurt am Main 2001
Kleßmann, Eckart, Geheimnis ohne Duft, in: Reich-Ranicki, Marcel, Romane von gestern – heute gelesen. 1918 – 1933, Frankfurt am Main [2]1989
Kuhn, Heribert, Herausgetreten aus der ‚Totschlägerreihe', in: Hesse, Hermann, Narziß und Goldmund. Text und Kommentar, Frankfurt am Main 2003
Mileck, Joseph, Hermann Hesse. Dichter, Sucher, Bekenner, Biografie, München 1978
Nicolai, Ralf R., Hesses ‚Narziß und Goldmund'. Kommentar und Deutung, Würzburg 1997
Pfeifer, Martin, Hesse-Kommentar zu sämtlichen Werken, München 1990
Schwarz, Egon, Interpretationen. Hermann Hesse Romane, Ditzingen 2003
Varnhorn, Beate, Das Große Wissen.de-Lexikon, Gütersloh 2001

Internet
Dorostkar, Niku, Hermann Hesse. Deutsch – Spezialthemenbereich 2001 im Rahmen der mündlichen Matura an der Theresianischen Akademie Wien, online unter: http://homepage.univie.ac.at/niku.dorostkar/Hesse.pdf, zugegriffen am 03.03.2017
Limberg, Michael, Hermann-Hesse-Literatur. 3. Jahrgang 1996, Düsseldorf 1997. (Hermann-Hesse-Projekt unter der Führung von Prof. Günther Gottschalk von der University of California, Santa Barbara), online unter: http://www.gss.ucsb.edu/projects/hesse/publications/limberg96.html , zugegriffen am 03.03.2017

Ordnen Sie die einzelnen bibliografischen Angaben in der richtigen Reihenfolge an. Achten Sie dabei auf eine sachgerechte Zeichensetzung.

- Frankfurt/M. | Der bürgerliche Roman. Aufstieg einer Gattung | Watt, Ian u. a. | Aus dem Englischen von Kurt Wölfel | [2]2001
- Von Wort zu Wort | hrsg. von Heinrich Pleticha und Hans Peter Thiel | Schülerhandbuch Deutsch | Berlin |2004
- Spanisches Abenteuer. Mit dem Fahrrad unterwegs |[4]2009 | Meier Franz | München
- in: Süddeutsche Zeitung | Deininger Roman | Kelnberger Josef | 9./10. September 2017 | Wie viel Demoskopie verträgt die Demokratie?
- zugegriffen am 18.01.2011 | Nadler, Markus (2009) | online unter: http://www.bayern.landtag.de/cps/ rde/xchg/landtag/x/-/www1/2457_4143.htm | Bits und Bytes statt Papier. Alle Parlamentspapiere seit 1946 sind nun online verfügbar | in: Maximilianeum. Das Online-Magazin des Bayerischen Landtags, Jahrgang 3, Ausgabe 1 (Februar 2009)
- hrsg. von Manfred Brauneck | Der deutsche Roman im 20. Jahrhundert | Bd. II: Analysen und Materialien zur Theorie und Soziologie des Romans | Bamberg | 1976
- 7. Jg. | Huber, Alois | S. 21–25 | Erkenntnisse über das Biotop von Feuchtwang | Heft 3 | in: Zeitschrift für Umweltschutz | 1994
- Wirtschaftsstandort Deutschland | in: Reden zur Nation. Eine Bestandsaufnahme | Müller, Isidor | hrsg. von Julius Maier | S. 44–51 | Hamburg | 2003

Schülererklärung

Die Seminararbeit endet auf einem separaten Blatt mit der handschriftlich unterzeichneten **Schülererklärung**. Diese bestätigt, dass keine anderen als die angegebenen Quellen bei der Erstellung der Arbeit verwendet wurden. Die Formulierung lautet:

„Ich erkläre, dass ich die Seminararbeit selbstständig und nur mit den angegebenen Hilfsmitteln angefertigt habe."

VI Analyse epischer Texte

1 Grundsätze zur Behandlung von epischen Texten

Analyse und Interpretation epischer (erzählender) Texte haben im Wesentlichen drei Aspekte zu berücksichtigen:

- Aspekte des **Geschehens**: Ereignisse und Handlungen, handelnde Personen, Zeitpunkt bzw. Dauer der Geschehnisse, Ort des Geschehens
- Aspekte der **Handlung**: Gestaltung der einzelnen Elemente nach einem vom Autor spezifisch komponierten Konzept
- Aspekte des **erzählenden Textes**: Erzähltechnik – Personencharakterisierung bzw. Personenkonstellation – Gestaltung der Zeit – Schauplatz – Vergegenwärtigung der Geschichte durch spezifische Sprach- bzw. Stilmittel

Bei der Analyse von epischen Texten sind grundsätzliche Gedanken zum **Realitätsgehalt** der Texte sinnvoll. Im Unterschied zum Sachtext muss das erzählte Geschehen vom Erzähler (nicht identisch mit dem Autor) nicht real erlebt werden; vielmehr liegt eine **fiktive**, d. h. erfundene bzw. erdachte **Welt** vor, die jedoch vom Leser durchaus als real empfunden werden kann. Fiktionale Texte benötigen keinen „äußeren“ Schreibanlass; Sprache dient hier nicht nur als Informationsträger, sondern in erster Linie als künstlerisches Ausdrucksmittel. Wichtig ist auch, Meinungsäußerungen und Wertungen innerhalb eines epischen Textes nicht direkt auf den Verfasser (Autor) zu beziehen, sondern zunächst immer auf den Erzähler bzw. die handelnden Figuren. Man spricht hier von **Rollenprosa**.

Weitere Kennzeichen der **Fiktionalität** sind **spezifische Textmerkmale,** wie z. B. die Perspektivierung der Erzählung oder charakteristische Redeweisen (erlebte Rede, Bewusstseinsstrom, innerer Monolog etc.), vor allem jedoch die fiktionale **Kommunikationssituation**. Sie erlaubt dem Autor/Leser bzw. Sprecher/Hörer einen freien Umgang mit der Beziehung zwischen Realität und erzählerischem Konzept. Gerade wenn der Schriftsteller Fiktionales und Nonfiktionales vermischt, die Grenze zwischen Fiktion und Realität bewusst überschreitet, ist im Hinblick auf eine textgerechte Interpretation die literarische Kommunikationssituation sorgfältig zu überprüfen.

Letztlich wird der **Realitätsgehalt** beim Märchen anders anzusetzen sein als bei einer Novelle des 19. Jahrhunderts oder einer Kurzgeschichte aus der Adenauer-Ära. Ein rein äußerlich geringer Wirklichkeitsgehalt, z. B. sprechende Tiere in Fabeln, sagt jedoch nichts Endgültiges über den eigentlichen Aussagegehalt eines poetischen Textes in Bezug auf die realen Verhältnisse der Entstehungszeit (z. B. Machtstrukturen in der vorrevolutionären Aufklärungszeit). Da fiktionale Texte immer auch Produkte ihrer Entstehungszeit sind, erschließen sie sich also erst dann vollständig, wenn auch der **Epochenhintergrund** berücksichtigt wird. Hierzu gehören z. B. politische, gesellschaftliche und soziale Verhältnisse ebenso wie weltanschauliche Ausrichtungen und geistige Horizonte, Vorlieben für Stoffe, Formen und Motive, die Orientierung an zeitgenössischen Poetiken sowie charakteristische Sprachmerkmale und stilistische Besonderheiten.

2 Erzähltechnik

Prosatexte unterscheiden sich von dramatischen und lyrischen Texten nicht zuletzt dadurch, dass der Autor eine **Erzählsituation** schafft, aus der heraus dem Leser das Erzählte vermittelt wird. Die Interpretation eines Prosatextes ist deshalb nie möglich ohne Berücksichtigung dieser **Erzählperspektive**. Man unterscheidet im Wesentlichen vier Erzählperspektiven:

Auktorialer Erzähler

(lat. *auctoritas* = Gewähr, Bürgschaft, Glaubwürdigkeit)

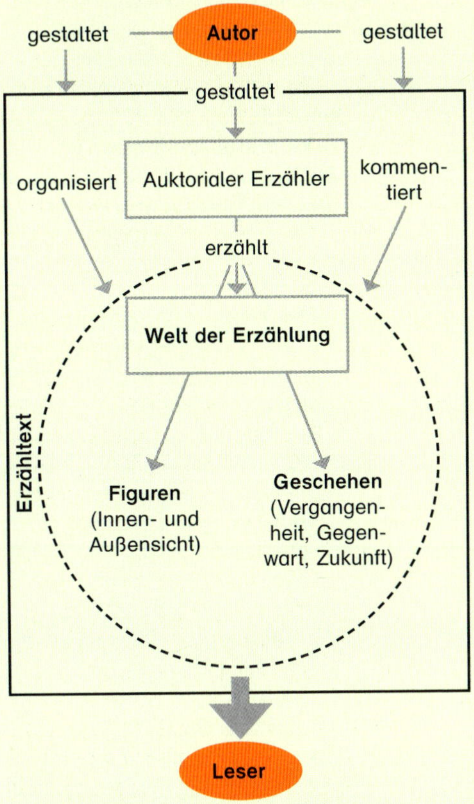

Grafik: Egle, Gert, Auktorialer Erzähler, online unter: www.teachsam.de/deutsch/d_literatur/d_gat/d_epik/strukt/erzpers/erzpers_2_2.htm, zugegriffen am 03.08.2017, CC-BY-SA 4.0

Merkmale

- **„Allwissender", „allmächtiger"**, sog. olympischer Erzähler
- Erzählerfigur gehört nicht zum Kreis der fiktionalen Figuren.
- Erzählerfigur kennt die fiktionalen Figuren, ihre Gedanken und Empfindungen.
- Innen- und Außensicht ist jederzeit möglich.
- Erzählerfigur hält Distanz zum Geschehen – oder organisiert es, mischt sich ein und kommentiert es, spricht den Leser an, hält Exkurse oder einen fiktiven Diskurs mit dem Leser, nimmt Rückgriffe oder Vorausdeutungen wahr.
- Erzählerfigur verfügt frei über das Geschehen, regt den Erzählvorgang an und lenkt diesen, legt wichtige Erzählerentscheidungen offen.
- Seine Haltung im Vermittlungsprozess ist jederzeit – mehr oder minder – spürbar.

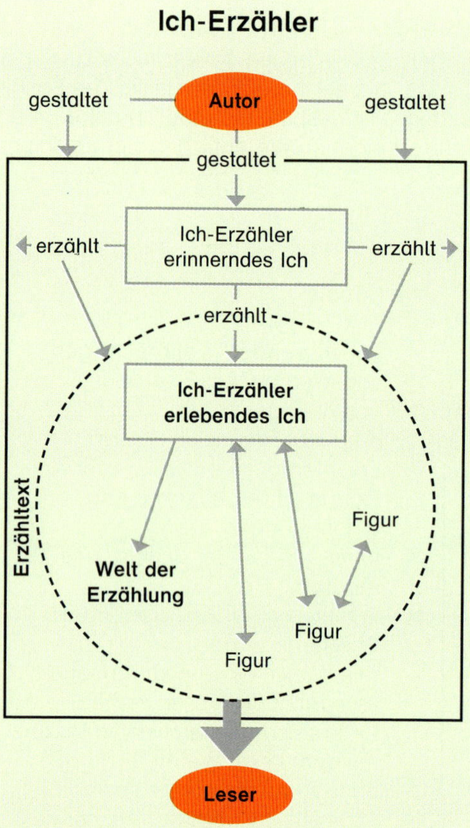

Grafik: Egle, Gert, Ich-Erzähler, online unter: www.teachsam.de/deutsch/d_literatur/d_gat/d_epik/strukt/erzpers/erzpers_7_2_1_2.htm, zugegriffen am 03.08.2017, CC-BY-SA 4.0

Merkmale

- Erzählerfigur gehört – als Haupt-/Nebenfigur – zur Welt der fiktionalen Figuren.
- Erzählerfigur besitzt eingeschränktes Blickfeld/begrenzten Horizont (Beschränkung seines Blickfelds in Bezug auf andere Figuren, d. h. bloße Außenperspektive).
- Eine Erweiterung des Blickwinkels durch Umgang mit anderen Figuren ist aber möglich.
- Unterscheidung:
  - **erinnerndes Ich** (Präteritum): Erinnerung an Vergangenes, bereits Erlebtes
  - **erlebendes Ich** (Präsens): Äußerung über momentanes Erleben, Denken und Fühlen

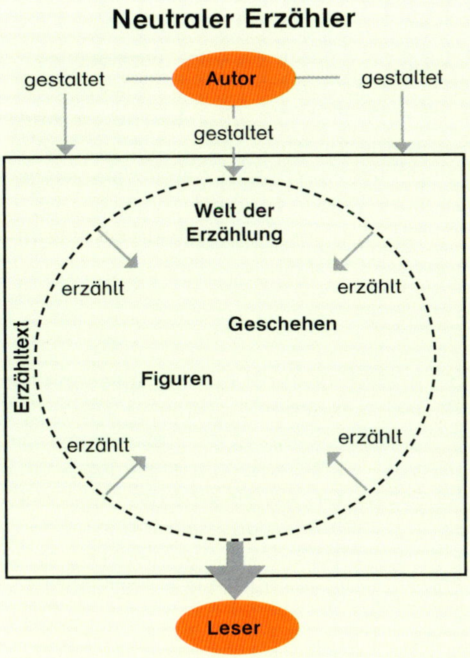

Merkmale des neutralen Erzählers

- Erzählerfigur zieht sich völlig aus der Welt der Figuren zurück.
- Verzicht auf auktoriales Eingreifen/Kommentieren, aber auch Verzicht auf die subjektive Optik einer beteiligten Figur (siehe personale Erzählsituation)
- **„Erzählerloses Erzählen"** (camera-eye), unsichtbarer Beobachter, insbesondere beim szenischen Erzählen

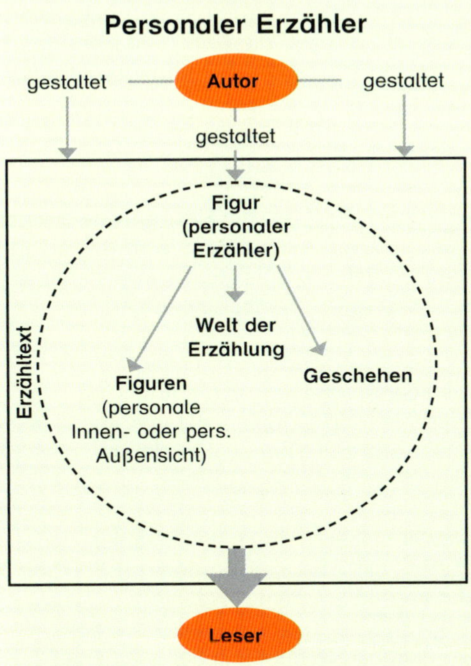

Merkmale des personalen Erzählers

- Fehlen einer Erzählerfigur innerhalb (Ich-Erzähler) oder außerhalb (auktorialer Erzähler) des fiktiven Geschehens
- Blick auf die dargestellte Wirklichkeit (Denken/Handeln) mit den „Augen" der Figur(en), im Bewusstsein der Figur(en)
- Eindruck/Illusion des Lesers, Teil des fiktiven Geschehens zu sein, d. h., der Leser sieht, hört, denkt, urteilt, fühlt aus der subjektiven Perspektive einer oder mehrerer Figuren (personale Multiperspektive).
- Häufige Beschränkung der Perspektive auf die äußere/innere Wahrnehmung einer zum Geschehen gehörenden Figur
- Betonung des unmittelbaren Erlebens der fiktiven Figuren (Kennzeichen: szenisches Erzählen, erlebte Rede). Die zwangsläufige Beschränkung des Blickwinkels durch die personale Erzählperspektive wird aber oft vom Autor wieder durchbrochen durch den Wechsel der Perspektive, d. h. durch die Übertragung des Blickwinkels von einer Figur auf eine andere.

Grafik oben: Egle, Gert, Neutraler Erzähler, online unter: www.teachsam.de/deutsch/d_literatur/d_gat/d_epik/strukt/erzpers/erzpers_4_2.htm, zugegriffen am 03.08.2017, CC-BY-SA 4.0

Grafik unten: Egle, Gert, Personaler Erzähler, online unter: www.teachsam.de/deutsch/d_literatur/d_gat/d_epik/strukt/erzpers/erzpers_3_2.htm, zugegriffen am 03.08.2017, CC-BY-SA 4.0

Perspektivenwechsel

Vor allem in der modernen erzählenden Literatur gibt es häufig **Perspektivenwechsel** zwischen auktorialem Erzählen/personalem Erzählen/Ich-Perspektive. Ein grundsätzlich anderer Perspektivenwechsel liegt vor, je nachdem, ob eine Figur von außen betrachtet (**Außenperspektive**) oder sozusagen in sie eingeblendet und ihr Blickwinkel eingenommen wird (**Innenperspektive**). Das Erkennen solcher Perspektivenwechsel ist daher Voraussetzung eines richtigen Textverständnisses, wobei es immer wieder vorkommen kann, dass einzelne Textpassagen sich einer eindeutigen Zuordnung entziehen, zumal den Fachbegriffen ihrerseits lediglich idealtypische Vorstellungen zugrunde liegen.

Erzähl-/Sprechhaltung

Eine andere typische Unterscheidung bei Prosatexten betrifft die **Erzähl-/Sprechhaltung** mit den beiden Grundformen Erzählerbericht und szenisches Erzählen. Der Begriff **Erzählerbericht** („Telling") dient im Allgemeinen zur Bezeichnung der Textelemente, die dem Erzähler bzw. einer Erzählinstanz zugeschrieben werden. Kennzeichen des Erzählerberichts sind u. a. die Mittelbarkeit des Erzählens sowie die Wiedergabe der Gegebenheiten. Die gestraffte und sachliche Wiedergabe von Handlungen und Zuständen (von Figuren und Sachen) gilt ebenso als wesentliche Funktion des Erzählerberichts wie Beschreibung, Erörterung, Reflexion, Kommentar, Exkurs, Gespräch (z. B. mit dem Leser) etc.

Szenisches Erzählen („Showing") dagegen vermittelt dem Leser einen direkten und lebendigen Eindruck des Geschehens, das dadurch unmittelbarer, bewegter und gegenwärtig wirkt. Als Kennzeichen des szenischen Erzählens gilt deshalb die Unmittelbarkeit des Erzählens (direkte Rede, dialogischer und dramatischer Charakter, Szenenhaftigkeit des Erzählens).

Figurenrede

Neben die Erzähl-/Sprechhaltung des Erzählers tritt in der Prosa die **Figurenrede** der handelnden Figuren **(Personenrede)**. Bei der Figuren- bzw. Personenrede wird das erzählte Geschehen in Form von Äußerungen und Gedanken der einzelnen Figuren vermittelt. Dies kann, wie im Folgenden dargelegt, auf unterschiedliche Art und Weise erfolgen.

- **Direkte Rede**
  Unveränderte Wiedergabe des Wortlauts von Gesprochenem, in der Regel mit Nennung der sprechenden Person, mit Redeeinleitung, Doppelpunkt und Anführungszeichen; unmittelbare, szenische Wirkung mit Nähe zum Drama; Zurücktreten des Erzählers hinter die Figur(en)
- **Indirekte Rede**
  Wiedergabe der Reden und Gedanken fiktionaler Figuren durch den Erzähler (grammatikalisch in den Konjunktiv umgeformt); mittelbare, distanzierende Wirkung in Bezug auf das Erzählte; Erkennbarkeit der Vermittlerrolle des Erzählers
- **Erlebte Rede**
  Wiedergabe der Gedanken und Gefühle der fiktionalen Figuren in deren eigenen Formulierungen, aber in der 3. Person Indikativ Präteritum; unmittelbare Wiedergabe innerer Vorgänge aus der Perspektive der diese Vorgänge selbst erlebenden Figur (Innensicht); Unmittelbarkeit des Mitfühlens; aber gewisse Distanz zur Innensicht wegen des noch spürbaren Erzählers und der objektiv-unpersönlich erscheinenden Form der Wiedergabe

- **Innerer Monolog**
  Wiedergabe der Gedanken und Gefühle einer Person in der Ich-Form; Innensicht der Figur ohne kommentierende Einmischung des Erzählers bzw. der Erzählinstanz; nicht mehr wahrnehmbare Präsenz des Erzählers; Unmittelbarkeit des Mitfühlens
- **Bewusstseinsstrom**
  Wiedergabe der Gedanken und Gefühle einer Figur in einer sprachlichen Form („Stream of Consciousness"), die den assoziativen Charakter des „ungeordneten" Innenlebens nachzubilden versucht; suggestiv wirkende Unmittelbarkeit; Innensicht ohne kommentierende Einmischung des Erzählers bzw. einer Erzählerinstanz; unvollständige grammatikalische Form, assoziative Verknüpfungen, Lautmalerei, Neologismen etc.

Folgende Übungen betreffen die Analyse und Anwendung von Elementen der Erzähltechnik:

1. Suchen Sie sich eine Zeitungsmeldung aus der Rubrik „Vermischtes" aus und schreiben Sie dazu eine Geschichte in auktorialer Erzählperspektive.
2. Verfolgen Sie aufmerksam auf dem Schulhof, im Club, beim Einkauf an der Ladentheke oder bei einer Familienfeier etc. die Gespräche. Halten Sie Ihre Beobachtungen schriftlich fest und verfassen Sie einen Text in neutraler Erzählperspektive in Form eines Erzählerberichts oder szenischen Erzählens.
   Ersetzen Sie den neutralen Erzähler durch einen auktorialen, der das Gespräch zum Teil indirekt wiedergibt, der Kommentare und Reflexionen einstreut.
3. Überlegen Sie sich Situationen, in denen zwei Menschen kurz vor einem unliebsamen Zusammentreffen stehen (ein junger Mann auf dem Weg zur Freundin, die die Beziehung beenden will; ein Schwarzfahrer in der S-Bahn und ein Kontrolleur; Schüler vor einer mündlichen Abfrage etc.). Geben Sie die Wahrnehmungen, Gedanken und Gefühle einer Figur in personaler Erzählperspektive in Form der erlebten Rede wieder.
4. Beschreiben Sie eine Situation (Zuschauertribüne, Café in der Fußgängerzone, Liegewiese des Freibads), an die Sie sich erinnern, möglichst genau. Beschränken Sie sich dabei auf die Außensicht. Wechseln Sie dann – auf der Grundlage der gleichen Situation – zur Innensicht in Form der erlebten Rede.
5. Schildern Sie in der Bewusstseinsstromtechnik die Sekunden vor einem wichtigen Ereignis: Führerscheinprüfung, der Prüfer steigt in das Auto ein; vor Ihren Augen passiert ein Unfall, Sie sind in Bezug auf Erste Hilfe gefordert; Sie begegnen einem Sport- oder Musikstar; das erste Treffen mit der großen Liebe, Sie möchten ihn/sie gern ansprechen.
6. Lassen Sie sich von dem expressionistischen Bild (siehe S. 510, Ernst Ludwig Kirchner, Nollendorfplatz) zum Schreiben einer Geschichte anregen. In der Auswahl Ihrer erzählerischen Mittel sind Sie frei.

Zeitgestaltung

„Erzählen" heißt immer „über Zeit verfügen", d.h. nach zeitlichen Kriterien auswählen, anordnen und gewichten. Deshalb verlangt die Interpretation eines Prosatextes die Berücksichtigung der **Zeitgestaltung (Zeitgerüst)** mit den Aspekten Ausschnitt, Dauer und Reihenfolge.

Der erzählte Ausschnitt muss einen Anfang und ein Ende besitzen, zwischen denen Veränderungen erfolgen. Der Beginn eines Prosatextes kann offen sein, kann unter einem spezifischen Aspekt zur Geschichte hinführen, er kann mitten in ihr oder an ihrem Ende beginnen. Ebenso bietet die Schlussgestaltung zahlreiche Varianten, vom offenen Ende über die Pointe bis hin zum erwarteten Ende und zum typischen Schluss. Im Hinblick auf die **Dauer** ist die Unterscheidung von erzählter Zeit und Erzählzeit grundlegend:

Mit **erzählter Zeit (e)** meint man die Zeit, über die erzählt wird, die Handlungszeit. Sie umfasst die Zeitspanne vom frühesten Zeitpunkt des Geschehens bis zum Handlungsende. Im Falle des Romans „Effi Briest" von Theodor Fontane z. B. reicht die erzählte Zeit von der Jugend der Titelheldin bis zu ihrem Tod.

Die **Erzählzeit (E)** hingegen umfasst die Zeit, die das Erzählen (bzw. Lesen) der Geschichte beansprucht, den Umfang des Textes, messbar an der Seitenzahl (Lesezeit). Für „Effi Briest" bedeutet das, dass etwa zehn Jahre erzählte Zeit auf ungefähr 300 Seiten (Erzählzeit) erzählt werden, was einer Lesezeit von Stunden, höchstens Tagen entsprechen dürfte. Nicht jeder Tag und jede Stunde in Effis Leben sind in diesem Roman erzählt, sondern der Erzähler wählt nur die wichtigsten Stationen und Episoden aus, die er dann wiederum in unterschiedlicher Ausführlichkeit darstellt. Aus dieser freien Verfügbarkeit der Zeit durch den Erzähler resultieren unterschiedliche Relationen zwischen Erzählzeit und erzählter Zeit.

In Bezug auf den Gesamtverlauf des Romans übersteigt die erzählte Zeit (zehn Jahre) die Erzählzeit bei Weitem. Daraus ergibt sich, dass vieles übersprungen oder zusammengefasst erzählt wird, was mit dem Begriff **Zeitraffung** bezeichnet wird.

Enthält das Erzählte viele Dialoge, was für „Effi Briest" zutrifft, so herrscht in solchen Erzählpassagen ein anderes Verhältnis zwischen erzählter Zeit und Erzählzeit, nämlich das der **Zeitdeckung**: Das Erzählte dauert genau so lange wie das Gespräch im Handlungsgeschehen.

Seltener im traditionellen, häufiger im modernen Erzählen begegnet einem der dritte Fall: die **Zeitdehnung**. Hier dauert das Erzählen länger als das Handlungsgeschehen, weil entweder sehr genaue und ausführliche Beschreibungen gegeben, parallele, d. h. gleichzeitig stattfindende Vorgänge nacheinander erzählt oder Gedanken, Erinnerungen, Empfindungen, Assoziationen (Bewusstseinsstrom) entfaltet werden.

E = e Zeitdeckung
E > e Zeitdehnung
E < e Zeitraffung

Auch die Reihenfolge des Erzählens liegt in der Verfügungsgewalt des Autors. Er entscheidet, ob er sich an die chronologische Reihenfolge des Geschehens hält und linear erzählt oder ob er den chronologischen Ablauf mit **Rückblenden** oder **Vorausdeutungen** durchbricht (nichtlineares Erzählen). In der modernen Prosa erwachsen aus der Möglichkeit nichtlinearen Erzählens oft komplizierte Zeitstrukturen mit häufigem Zeitenwechsel, ständigen Unterbrechungen und raffinierten Verschränkungen.

Raumgestaltung

Eng verbunden mit den angeführten strukturellen Erzählelementen ist die erzählerische Gestaltung des Schauplatzes. Im Hinblick auf den Zusammenhang von Handlung und **Raum** wird idealtypisch zwischen den folgenden fünf Funktionen des Raumes unterschieden (Überschneidungen/Verknüpfungen möglich).

- **(Idealer) Handlungsraum:** Umgebung und Handeln der Figuren im Einklang; der Raum bildet den Bedingungsrahmen für Ereignisse, Handlungen usw., er ist auch gewisser Orientierungspunkt für die Figuren.
- **Sozialer Lebensraum:** Heimat, Zuhause, Milieu der Figuren; der Raum prägt Wirklichkeit und Weltbild der handelnden Personen.
- **Konfliktbeladener Raum:** Spannungsverhältnis zwischen Handlung und Schauplatz; der Raum dient zur Verdeutlichung von Gegensätzen, Widersprüchen, Konflikten etc.
- **Expressiver Raum:** Stimmungsraum als Ausdrucksträger; im Schauplatz drückt sich das Handeln und Erleben der Figuren aus.
- **Symbolischer Raum:** Raum mit Verweischarakter in Bezug auf den Gegenstand des Erzählten

Sprachliche Besonderheiten

Alle strukturellen Elemente des Erzählens gehen ein in die sprachliche Gestaltung des Prosatextes. Sie hängt nicht nur ab vom individuellen Stil des Autors und von einem zeitbedingten Stil der Epoche, sondern auch von der jeweiligen **Schreibhaltung** gegenüber Stoff, Figuren, Zeit usw., die z. B. wie folgt charakterisiert werden kann:

sachlich	neutral	nüchtern
anteilnehmend	engagiert	pathetisch
humorvoll	ironisch	satirisch

Die **literarische Sprache** basiert zwar auf der allgemeinen Hoch- bzw. Alltagssprache des jeweiligen Autors; wenn dieser jedoch zum Erzähler wird, sollte er seinen eigenen Sprachstil finden, der natürlich von epochenspezifischen Stilmerkmalen mitgeprägt wird. Dieser spezifische literarische Prosastil ist in der Regel gekennzeichnet durch eine besondere **Konzentration** und **Intensität** der **sprachlichen Gestaltung** sowie eine besondere **Ausdruckskraft** in den Bereichen Wortwahl, Satzbau, Bildlichkeit, Symbolik, Klang und Sprachebene. Andererseits können Merkmale literarischer Sprache nicht zwingend spezifiziert werden. So kann jede Art von Sprache u. U. diese Funktionen erfüllen. Von Bedeutung für die Charakterisierung als literarische Sprache ist demnach in erster Linie die Funktion bzw. der Zweck. Literarische Sprache ist keinen isolierten Inhalten und keinen Botschaften verpflichtet, vielmehr stellt sie Inhalte und Botschaften erst her – Form und Inhalt sind untrennbar miteinander verbunden.

Ein Kennzeichen der literarischen Sprache in Prosatexten ist häufig die Verwendung von **Leitmotiven** und **Symbolen**. Leitmotive sind gezielt wiederkehrende, zeichenhafte Verweisungen (Handlungselemente, Bilder, Redewendungen bzw. Formulierungen etc.). In gliedernder oder verbindender Funktion eingesetzt, sollen sie in poetischen Texten beim Leser eine besondere kompositorische Wirkung erzielen. Eine ähnliche Funktion besitzen Symbole als fassbare und bildhafte Zeichen, die auf eine höhere allgemeine Idee bzw. einen bedeutungsvollen abstrakten Begriff verweisen. In der Regel dienen Symbole der bildhaften Konzentration des Gehalts, der vertiefenden Darstellung eines Empfindens und der Verbildlichung einer über das tatsächliche Ereignis hinausgehenden Bedeutsamkeit.

Neben der Bildlichkeit und Symbolik hat sich die Analyse von Sprache und Stil eines Prosatextes mit weiteren spezifischen Erscheinungsformen von Semantik, Syntax und Sprachebene auseinanderzusetzen. Für die Analyse der sprachlichen Gestaltung eines Prosatextes gilt im Übrigen alles, was auch für die Sprachanalyse von Sachtexten Gültigkeit besitzt – natürlich unter Berücksichtigung der Fiktionalität (siehe S. 141 ff.).

Übungstexte mit Arbeitsaufträgen

Beispiel für auktoriale Erzählperspektive

Abschied von Sidonie (1989) | Erich Hackl**

Die Erzählung schildert den authentischen Fall des Zigeunermädchens Sidonie Adlersburg, das seinen Pflegeeltern Josefa und Hans gegen deren erbitterten Widerstand weggenommen und von der Fürsorgerin Grimm fortgebracht wird. Das Kind kommt später im KZ um.

Grimm stieg beim nächsten Halt, in Neuzeug, zu. Sie trug einen schweren Herrenmantel, den sie gar nicht erst auszog, und legte ihren schmalen Pappkoffer neben sich auf die Sitzbank. Die Frauen taten sich schwer, miteinander ins Gespräch zu kommen. Die Fürsorgerin wich Josefas Blicken aus, hüstelte mehrmals und zeigte sich unerwartet interessiert an allem, was vor dem Fenster an ihnen vorbeizog, Fluß, Aulandschaft, die Werkhallen Unterhimmels. Dann standen sie, immer noch schweigend, im Wartesaal des Steyrer Bahnhofs. Endlich fuhr der Zug nach Linz auf dem Bahnsteig ein, zielstrebig steuerte Grimm einen Wagen an. Josefa zog Sidonie hinter sich her. Sie stiegen auf die Plattform, folgten der Fürsorgerin durch den Mittelgang, ein leeres Abteil, Grimm verstaute ihren Koffer im Gepäcknetz. Josefa schob den Rucksack hinterher, während sich die andere niedersetzte, auch jetzt wieder, ohne den Mantel auszuziehen.

Das ist die Stelle, an der sich der Chronist nicht länger hinter Fakten und Mutmaßungen verbergen kann. An der er seine ohnmächtige Wut hinausschreien möchte. Sidonies Ahnungslosigkeit. Ihre plötzliche Furcht. Wie sie sich halb umdreht und an Josefa klammert. Deren Tränen. Sidonies Tränen. Josefa hilfloser Versuch, das Mädchen zu trösten. Du mußt tapfer sein, Sidi. Ich will nicht zu dieser Frau fahren. Du mußt. Ich will bei dir bleiben. Das geht nicht. Du mußt mitfahren. Ich kann nicht. Ich komm zurück. Wir vergessen dich nicht. Grüß alle schön von mir. Wein nicht. Ich wein ja gar nicht. Es wird alles gut. Draußen plärrte der Lautsprecher. Gehn Sie, schrie Grimm und packte Sidonie am Arm. Gehen Sie endlich! Es gelang Josefa, sich loszumachen, sie lief durch den Wagen, das Weinen des Kindes immer lauter, steckte die Finger in die Ohren, gellender Schrei, kaum stand sie unten auf dem Bahnsteig, ruckte der Zug an, weißes Taschentuch, kleine Hand, sie winkte nicht zurück. Wie Cäcilia Grimm Jahrzehnte später berichtete, habe sich das Mädchen bald beruhigt, zurückgesetzt und leise auf ihre Puppe eingeredet. Die lange Bahnfahrt sei ohne Zwischenfälle verlaufen. Die längste Zeit seien sie und das Kind allein im Abteil gewesen.

Hackl, Erich, Abschied von Sidonie. Zürich, Diogenes Verlag, 1989, S. 100 f.

Erläutern Sie Merkmale des auktorialen Erzählens anhand konkreter Textbelege.

Beispiel für Ich-Perspektive

Als wir träumten (2006) | Clemens Meyer*

Der Roman erzählt von Rico, Mark, Paul und Daniel, die im Leipzig der Nachwendejahre in einem Viertel, dessen Mittelpunkt die Brauerei ist, aufwachsen. Sie feiern, randalieren, schlagen die Zeit tot und sind auf der Flucht vor der Zukunft. Alle ihre Fluchtversuche enden auf dem Polizeirevier.

Kinderspiele

Ich kenne einen Kinderreim. Ich summe ihn vor mich hin, wenn alles anfängt, in meinem Kopf verrückt zu spielen. Ich glaube, wir haben ihn gesungen, wenn wir auf Kreidevierecken herumsprangen, aber vielleicht habe ich ihn mir selbst ausgedacht oder nur geträumt. Manchmal bewege ich die Lippen und spreche ihn stumm, manchmal fange ich einfach an zu summen und merke es nicht mal, weil die Erinnerungen in meinem Kopf tanzen, nein, nicht irgendwelche, die an die Zeit nach der großen Wende, die Jahre, in denen wir – Kontakt aufnahmen? Kontakt zu den bunten Autos und zu Holsten Pilsener und Jägermeister. Wir waren um die fünfzehn damals, und Holsten Pilsener war zu herb, und so soffen wir meistens nationalbewusst. Leipziger Premium Pils. Das war auch preiswerter, denn wir bezogen es direkt vom Hof der Brauerei. Meistens nachts. Die Leipziger Premium Pilsner Brauerei war der Mittelpunkt unseres Viertels und unseres Lebens. Der Ursprung durchsoffener Nächte auf dem Vorstadtfriedhof, endloser Zerstörungsorgien und Tänze auf Autodächern während der Bockbiersaison. Die Original Leipziger Brauereiabfüllung war eine Art blonder Flaschengeist für uns, der uns sanft an den Haaren packte und über Mauern hob, Autos in Flugmaschinen verwandelte, uns seinen Teppich lieh, auf dem wir davonflogen und den Bullen auf die Köpfe spuckten. Doch meistens endeten diese seltsam traumartigen Flugnächte mit einer Landung in der Ausnüchterungszelle oder auf dem Flur des Polizeireviers Südost, mit Handschellen an die Heizung gekettet. Als wir Kinder waren (ist man mit fünfzehn auch noch Kind? Vielleicht waren wir es nicht mehr, als wir das erste Mal vorm Richter standen, der meistens eine Frau war, oder als sie uns das erste Mal nachts nach Hause brachten und wir am nächsten Tag zur Schule gingen, oder auch nicht, und die Abdrücke der verfluchten 8 noch an unseren dünnen Handgelenken hatten), als wir liebe Kinder waren, war der Mittelpunkt des Viertels für uns der große „Volkseigene Betrieb Duroplastspielwaren und Stempelsortimente", aus dem uns ein ansonsten unbedeutender Klassenkamerad, über seine Stempelkissen herstellende Mutter, Stempel und kleine Autos besorgte, weshalb er von uns keine Dresche und manchmal ein paar Groschen bekam. Der große VEB ging 1991 Pleite, und das Gebäude wurde weggerissen, und die Mutter des kleinen Stempel- und Modellautohehlers wurde nach zwanzig Jahren arbeitslos und erhängte sich auf dem Außenklo, weshalb der unbedeutende Junge von uns auch weiterhin keine Dresche und manchmal ein paar Groschen bekam. Jetzt steht dort ein Aldi, und ich könnte mir dort billig Bier oder Spaghetti kaufen.

Meyer, Clemens, Als wir träumten. Frankfurt am Main, Fischer Taschenbuch Verlag, 2007, S. 7f.

1. Unterscheiden Sie im Textauszug zwischen Passagen eines erlebenden und eines erinnernden Ich.
2. Stellen Sie dar, wie die Ich- bzw. Wir-Perspektive auf den Leser wirkt.

Beispiel für die personale Erzählperspektive

Collin (1979) | Stefan Heym***

Der Roman spielt in der ehemaligen DDR. Er beginnt mit der Einlieferung des Schriftstellers Collin ins Krankenhaus.

Infarkt, dachte er. Wenn ich jetzt die Besinnung verliere, ist es aus.
Und dann diese Dunkelheit, nicht einmal das Nachtlicht brannte; wozu liege ich hier, wenn sie einen allein lassen gerade in einem solchen Moment. Dabei habe ich der Doktor Roth noch gesagt, gestern Abend: Ich gefalle mir nicht, ich weiß nicht wieso, aber ich gefalle mir nicht.
Der Schmerz drang bis in die Fingerspitzen. Collin zwang sich, den linken Arm zu heben, tastete nach der Klingel an der schwenkbaren Bettlampe, fand den Knopf. Über der Tür leuchteten Buchstaben auf, BITTE SPRECHEN.
ES GEHT MIR NICHT GUT. Aber die Worte blieben heiseres Geflüster. Es war schon wie Tod, vielleicht versuchten auch die Toten noch, zu sprechen, doch es hörte sie keiner. Er hatte den Planeten gesehen, auf dem er lebte, Satellitenfoto, ein blau schimmernder Stern, weiß umwölkt, ein Juwel Gottes, einmalig. Alles Existierende war einmalig und unwiederbringlich; nein, nicht sterben, jetzt nicht, jetzt noch nicht. „Es – geht – mir – nicht – gut." Die eigene Stimme, endlich, aber wie sehr verändert, kaum erkennbar. Darauf aus den Wänden, elektronischer Trost: „Sofort, Herr Collin."
Der Schmerz hatte ein eigenes Wesen, war wie ein Krake, der seine Fangarme durch die Arterien schob. Der Vorgang war im Grunde einfach: Koronarokklusion, kein Sauerstoff mehr für den Muskel, Halleluja; Luise schon war daran gestorben, der Pathologe hatte ihm die Sache erklärt, wie hieß er doch, ein großer, ruhiger Mann; aber Luise hatte lange gelegen und gelitten, während bei ihm alles so plötzlich gekommen war, auf dem Botschaftsempfang, er hatte mit Botschaftsrat Nitschkin gesprochen, ich interessiere mich sehr für Literatur, Genosse Collin, hatte Nitschkin gesagt, da auf einmal dieses Flattern in der Brust und die Schwäche, er hatte sich hinsetzen müssen, ist Ihnen schlecht, Genosse Collin, hatte Nitschkin gesagt.
Warum kam die Doktor Roth nicht, oder irgendein anderer Arzt. Sofort, Herr Collin; das nannten sie sofort, in der besten Klinik des Landes, mit den modernsten Einrichtungen, hier wurde nicht gespart, dafür sorgte Gerlinger, der auch zu den Größten gerufen wurde; wenn einer abkratzte von denen, stand Gerlingers Name mit unter dem Bulletin. Solange ich mich noch ärgere, lebe ich, dachte er, und dann: atmen, tief durchatmen, und dann war ihm, als schnitte ihm einer die Luft ab.

Heym, Stefan, Collin. Frankfurt am Main, Fischer Taschenbuch Verlag, 1979, S. 5f.

1. Zeigen Sie anhand konkreter Textstellen personales Erzählen.
2. Beschreiben Sie, wie Stefan Heym das Thema „Krankheit" behandelt.

Beispiel für die neutrale Erzählperspektive

Abgefertigt (1968) | Helga M. Novak**

Bei dem Text handelt es sich um eine Kurzgeschichte.

Der Zug fährt langsam. Er schlenkert. Der Zug fährt schnell. Er fährt durch eine Schonung. Er hält neben einem leeren Bahnsteig. Ein Lautsprecher sagt, die Reisenden werden gebeten, den Zug nicht zu verlassen. Zwei Männer in Uniform gehen durch die Wagen und sagen, Paßkontrolle. Ein Mann und eine Frau, beide in Uniform, gehen durch die Wagen und sagen, füllen Sie bitte diesen Schein aus. Ein Mann in Uniform geht durch die Wagen und sagt, Ihr Visum bitte.

Ein Ausländer sagt, ich habe kein Visum. Der Mann sagt, warum haben Sie kein Visum? Der Ausländer sagt, ich wußte nicht, daß. Der Mann sagt, kommen Sie bitte mit.

Der Mann in Uniform und der Ausländer gehen den Bahnsteig entlang und treten in ein Büro. Der Ausländer füllt ein Formular aus. Der Mann reißt von dem Formular einen Abschnitt ab, gibt ihn dem Ausländer und sagt, hier ist Ihr Visum. Der Ausländer geht am Zug entlang und in sein Abteil zurück. Die Reisenden blicken aus den Abteilfenstern und sehen den Ausländer an.

Zwei Männer, beide in Uniform und mit Maschinenpistole, gehen durch die Wagen und sagen laut in jedem Abteil, bitte mal heraustreten. Sie heben die Sitzbänke hoch. Sie treten mit den Füßen unter die Sitzbänke und heben die großen Koffer in den Gepäcknetzen an. Sie sagen laut, danke, und verlassen das Abteil. Sie reißen die Toilettentüren auf.

Eine Frau in Uniform geht durch die Wagen und sammelt die ausgefüllten Scheine ein. Sie sagt, gute Weiterreise.

Ein Mann in schmutziger Geländeuniform stellt sich draußen neben den Zug. Er hält einen langhaarigen Schäferhund an der Leine. Er macht ihn los. Der Hund sabbert. Er trägt einen Maulkorb. Der Mann nimmt ihm den Maulkorb ab. Der Schäferhund duckt sich.

Er kriecht unter den Zug. Er geht zwischen den Geleisen unter dem Zug entlang. Er schnüffelt. Der Mann in der Geländeuniform geht neben dem Zug her. Er stößt mit einer eisernen Stange unter den Zug.

Der Hund kommt unter dem Zug hervor. Er schüttelt sich. Der Mann sagt, wirst du. Der Hund geht wieder unter den Zug.

Der Zug ist zu Ende. Ein Mann in Uniform ruft, fertig.

Der Zug fährt ab.

Der Zug fährt sehr schnell.

Er hält.

Zwei Männer in Uniform gehen durch die Wagen und sagen, Paßkontrolle. Die Dampflokomotive wird abgekoppelt.

Eine Diesellok wird angekoppelt. Ein Mädchen geht durch die Wagen. Es hat einen langen, weißen Kittel an. Auf dem Kittel steht Innere Mission. Es trägt eine Kanne vor sich her. Es ruft, Tee, Pfefferminztee, Tee. Es fragt, sind hier noch Rentner? Sein Haar ist auf dem Hinterkopf zu einem Knoten verschlungen. Ein junger Mann ruft, ja, hier. Das Mädchen lacht. Es verschüttet Tee. Es sagt, nein, nein, nein. Der junge Mann sagt, ich habe Durst. Das Mädchen sagt, ja, es ist sehr warm heute. Es geht weiter. Es ruft Tee, Pfefferminztee, Tee.

Der Zug fährt ab. Er fährt schnell. In den Abteilen wird geschwatzt. Eine Frau sagt, Zwillinge, das finde ich süß, dabei noch zwei Buben.

Novak, Helga, Abgefertigt, in: Novak, Helga, Palisaden, Erzählungen 1967–1975, Darmstadt u. a., Luchterhand, 1980, S. 41 ff.

1. Benennen Sie aussagekräftige Textbelege für das neutrale Erzählen.
2. Analysieren Sie die Intention der Autorin bei der Wahl dieser Erzählperspektive.

Beispiele für unterschiedliche Erzähl-/Sprechhaltungen

Die Entdeckung der Langsamkeit (1983) | Sten Nadolny**

Der spätere Polarforscher John Franklin ist die Hauptfigur des Romans. Franklin erlebt als junger Mann eine Seeschlacht mit.

„Franklin, Sie zittern ja!"
„Sir?"
„Sie zittern!"
„Aye aye Sir!" Der hielt ihn also wohl auch für einen Quäker. Warum, wenn sie sich doch hier alle gegenseitig ihren Mut glaubten, machte man bei ihm eine Ausnahme?
Der Kapitän ging unter Deck und verkündete Nelsons Signal. Die Männer schwitzten, grinsten und jubelten. Sie wollten jetzt die großen Worte hören, sie bekamen nicht genug davon. Mit Kreide aus dem Navigationsunterricht schrieben sie auf die Kanonenrohre: BELLEROPHON – TOD ODER RUHM.
Draußen näherte sich ein französischer Zweidecker. Von drüben fiel der erste Schuß.
Irgendwer schrie im Takt etwas vor, und die anderen fielen ein. Das ganze Schiff brüllte wie ein Riese mit rasselnder Stimme: **„NO** FEAR OF THA**T!",** immer wieder, drohend und beschwörend, **„NO** FEAR OF THA**T!"** John war zumute, als gelte die Drohung ihm. Die unteren Segel wurden hochgegeit, sie hoben sich wie Vorhänge. Die Buggeschütze begannen zu feuern. Was jetzt kam, war John bekannt – Qualm, Splitter und zweierlei Schreie, die von der gemeinsamen und die von der vereinzelten Art. Und das verfluchte Zittern. John stand auf dem Achterdeck nur vier Schritte von James Cook entfernt, der auf den Schultern die Epauletten trug. Herrgott, die ließen sich doch abknöpfen! Er bot das beste Ziel!
Auf dem Boden lag ein Sterbender und flüsterte: „No fear of that!" Es war Overton, der Segelmeister. John trug ihn gemeinsam mit einem irischen Bootsmann hinunter auf jenen Tisch, in den Walford ein Jahr lang jeden Abend seine Gabel gerammt hatte. Was der Wundarzt in der Hand hielt, war kaum besser. „Ich gehe wieder zu den anderen, Mr. Overton, ich kann sie nicht allein lassen." Keine Antwort. Der schien es vorzuziehen, vor der Operation zu sterben.
Ruhig atmen! Achterdeck, Mittschiffslinie. Den starren Blick auf alles und nichts gerichtet: Übersicht. Die Franzosen hatten die Segel in Fetzen geschossen. Das feindliche Schiff lag mit seiner Backbordbreitseite direkt am Steuerbordbug der Bellerophon und schoß, was nur herausging. Jetzt kam der Enterangriff. Zweihundert Männer stürmten brüllend vom französischen Vordeck aus los, die Klingen zuckten im Licht. Da ließ die Dünung die beiden Schiffe für Sekunden auseinandertreiben, und die Stürmenden fielen in die Lücke. Sie strauchelten und verschwanden, aneinandergeklammert zu ganzen Trauben, erstaunten Blicks noch im Fallen. Nur knapp zwanzig erreichten das Vordeck der Bellerophon, man tötete sie sofort. John sah nach der anderen Richtung. Das Schiff stand jetzt von drei Seiten her unter Beschuß. James Cook fiel um. „Wir bringen Sie nach unten, Sir." „Nein, laßt mich nur ein paar Minuten ausruhen!" sprach der Kapitän. „Da!" schrie Simmonds. „Drüben im Kreuzmars!"

Nadolny, Sten, Die Entdeckung der Langsamkeit. München, Piper Verlag, 1983, S. 138f.

1. Bestimmen Sie die Erzählweise und begründen Sie Ihre Zuordnung anhand der sprachlichen Gestaltung.
2. Verändern Sie die Erzähltechnik, indem Sie z. B. Erzählperspektive, Erzähl- und Sprechhaltung und Figurenrede wechseln.

Auroras Anlass (1987) | Erich Hackl**

Die Erzählung setzt sich mit den Motiven auseinander, weshalb Aurora Rodríguez ihre Tochter tötet.

Eines Tages sah sich Aurora Rodríguez veranlaßt, ihre Tochter zu töten. Sie betrat das Schlafzimmer, entnahm dem Nachtkästchen eine Pistole, die sie vor Monaten erworben hatte, um gegebenenfalls das Leben Hildegarts zu schützen, lud die Waffe, entsicherte sie und ging ohne Zögern in das Zimmer ihrer Tochter. Sie schloß sacht die Tür hinter sich, tastete im Dunkeln nach der Lampe, die neben dem Bett auf einem niedrigen, mit Büchern und Zeitungen überladenen Tisch stand, und gab vier Schüsse ab. Die ersten beiden Projektile, die nach einem späteren Gutachten der Gerichtsmediziner tödlich waren, durchdrangen Hildegarts Herz; die zwei letzten feuerte sie aus solcher Nähe ab, daß die Haut an der rechten Schläfe verbrannte und eine Strähne des braunen, gelockten Haares ihrer Tochter versengte.

Ehe sie das Zimmer wieder verließ, drehte Aurora das Licht ab und zog die Rolläden vor dem Fenster hoch. Dann steckte sie die Pistole in ihre Handtasche, kleidete sich an und ging aus der Wohnung. Auf der Treppe begegnete ihr das Dienstmädchen, Julia Sanz, die das Haus vor einer halben Stunde verlassen hatte, um die zwei Hunde ihrer Herrschaft auszuführen. Aurora Rodríguez sagte zu der Frau, daß sie nicht mehr zurückkehren würde und daß sie, Julia, wie schon vor einigen Tagen vereinbart, die Hunde im Lauf des Vormittags Frau Carbayo Orenga zur Obhut übergeben solle. Julia Sanz maß der Äußerung der Frau keine weitere Bedeutung bei, da sie annahm, dass Aurora Rodríguez gemeinsam mit ihrer Tochter eine Reise nach Mallorca antrat, von der in den letzten Tagen oft die Rede gewesen war. Sie fragte nur, ob die Nachbarin den Geldbetrag, der ihr für die Pflege der Tiere zustand (vier Pesetas pro Tag), schon bekommen habe. Aurora Rodríguez bejahte und streichelte die Hunde, ehe sie weiterging. Als Julia Sanz die Wohnungstür aufschloß, fiel ihr sofort der starke Geruch durch Pulver auf. Aurora Rodríguez begab sich ohne weitere Umschweife in das Büro eines ihr gut bekannten Rechtsanwalts, dem sie ihre Tat eingestand. Der völlig überraschte Advokat, ein prominenter radikalsozialistischer Politiker, der einige Monate später das Amt des Justizministers übernehmen sollte, begleitete sie auf ihren Wunsch zum Justizpalast, wo sich Aurora Rodríguez den Behörden stellte.

Trotz gewisser Zweifel am Wahrheitsgehalt der Selbstbeschuldigung – Zweifel, die durch die allgemein bekannte enge und harmonische Beziehung zwischen Aurora und ihrer Tochter Hildegart genährt wurden – ging der Amtsrichter gemeinsam mit dem diensthabenden Polizeiarzt in die Wohnung der Frau. Dort trafen sie schon zwei Polizisten, die vom verstörten, ohne Unterlaß schluchzenden Dienstmädchen herbeigerufen worden waren.

Hackl, Erich, Auroras Anlass. Zürich, Diogenes Verlag, 1987, S. 7ff.

Bestimmen und erläutern Sie anhand von Textbelegen die Erzähl-/Sprechhaltung.

Beispiele für Figurenrede

Das Leben ist kurz (1995) | Gabriele Wohmann*

Herein!, rief Hedwig, und schon trat ihre Schwester Gina ins Zimmer. Sie sah unschlüssig aus.
Ich fand's eigentlich doch kurz. Ginas weißgrauer Schopf war zerrauft, anscheinend hatte sie schon im Bett gelegen.
Was war kurz?
Unser Leben.
Aber es war lang. Ausnahmsweise widersprach Hedwig. Du bist's doch von uns beiden, die sich an alles erinnert. Wir trugen als Kinder lange Kleider, die Musikstunden bei Onkel Wilhelm und all das.
Gina wog ihre Portion in der Hand. Du hast doch nichts genommen, Hedwig.
Wir wollten es um Mitternacht tun, sagte Hedwig demütig. Gina stellte sich ans Fenster und blickte in den östlichen Nachthimmel: Der Orion ist wirklich näher herangekommen. Sag, was du willst, Hedwig, ich weiß nicht mehr, ob wir's tun sollen.
Aber das Brummen und das merkwürdige Rauschen, du hörst es doch noch? Hedwig fragte unkonzentriert, denn sie erinnerte sich an ihren Mann, den lieben, guten, und aus Schüchternheit erwähnte sie nicht, der Orion sei ihrer beider Lieblingssternbild gewesen. Und wenn er wirklich näher herangekommen war, der Orion?
Es war ein langes Leben, objektiv, sagte Gina. Aber auch kurz.
Das Leben ist kurz …
Und der Tag ist lang, ergänzte Gina das Lieblingszitat ihrer Schwester.
Die Geigenstunden mit Axel, die waren lang. Stunden sind lang.
Aber das Leben, ich find's doch kurz.
Es geht uns ja auch zur Zeit ganz gut, sagte Hedwig vorsichtig.
Wir könnten noch ein bißchen warten.
Vielleicht müßte ich mir nur das Ohr ausputzen lassen, sagte Gina. Du, hör mal, eigentlich haben wir's oft noch ganz schön, oder?

Wohmann, Gabriele, Das Leben ist kurz, in: Süddeutsche Zeitung vom 11.03.1995, S. 907

1. Formulieren Sie den Text um, indem Sie die direkte Rede in die indirekte Form übertragen.
2. Erläutern Sie Zusammenhänge von direkter Rede und der gewählten Erzählperspektive bzw. Erzähl-/Sprechhaltung.

Leutnant Gustl (1900) | Arthur Schnitzler***

„Herr Leutnant, wenn Sie das geringste Aufsehen machen, so zieh' ich den Säbel aus der Scheide, zerbrech' ihn und schick' die Stück' an Ihr Regimentskommando. Versteh'n Sie mich, Sie dummer Bub?" Was hat er g'sagt? Mir scheint, ich träum'! Red't er wirklich zu mir? Ich sollt' was antworten … Aber der Kerl macht ja Ernst – der zieht wirklich den Säbel heraus. Herrgott – er tut's! … Ich spür's, er reißt schon d'ran! Was red't er denn? … Um Gottes willen, nur kein' Skandal – – Was red't er denn noch immer? „Aber ich will Ihnen die Karriere nicht verderben … Also, schön brav sein! … So, hab'n S' keine Angst, 's hat niemand was gehört … es ist schon alles gut … so! Und damit keiner glaubt, daß wir uns gestritten haben, werd' ich jetzt sehr freundlich mit Ihnen sein! – Habe die Ehre, Herr Leutnant, hat mich sehr gefreut – habe die Ehre!"
Um Gottes willen, hab' ich geträumt? … Hat er das wirklich gesagt? … Wo ist er denn? … Da geht er … Ich müßt' ja den Säbel ziehen und ihn zusammenhauen –. Um Gottes willen, es

hat's doch niemand gehört? ... Nein, er hat ja nur ganz leise geredet, mir ins Ohr ... Warum geh' ich denn nicht hin und hau' ihm den Schädel auseinander? ... Nein, es geht ja nicht, es geht ja nicht ... gleich hätt' ich's tun müssen ... Warum hab' ich's denn nicht gleich getan? ... Ich hab's ja nicht können ... er hat ja den Griff nicht auslassen, und er ist zehnmal stärker als ich ... Wenn ich noch ein Wort gesagt hätt', hätt' er mir wirklich den Säbel zerbrochen ...

Ich muß ja noch froh sein, daß er nicht laut geredet hat! Wenn's ein Mensch gehört hätt', so müßt' ich mich ja stantepede erschießen ... Vielleicht ist es doch ein Traum gewesen ... Warum schaut mich denn der Herr dort an der Säule so an? – Hat der am End' was gehört? ... Ich werd' ihn fragen ... Fragen? – Ich bin ja verrückt! – Wie schau' ich denn aus? – Merkt man mir was an? – Ich muß ganz blaß sein. – Wo ist der Hund? ... Ich muß ihn umbringen! ... Fort ist er ... Überhaupt schon ganz leer ... Wo ist denn mein Mantel? Ich hab' ihn ja schon angezogen. Ich hab's gar nicht gemerkt. Wer hat mir denn geholfen? Ah, der da, dem muß ich ein Sechserl geben. So! ... Aber was ist denn das? Ist es denn wirklich gescheh'n? Hat wirklich einer so zu mir geredet? Hat mir wirklich einer „dummer Bub" gesagt? Und ich hab' ihn nicht auf der Stelle zusammengehauen? ... Aber ich hab' ja nicht können ... er hat ja eine Faust gehabt wie Eisen ich bin ja dagestanden wie angenagelt. Nein, ich muß den Verstand verloren gehabt haben, sonst hätt' ich mit der anderen Hand ... Aber da hätt' er ja meinen Säbel herausgezogen und zerbrochen, und aus wär's gewesen – Alles wär' aus gewesen! Und nachher, wie er fortgegangen ist, war's zu spät ... ich hab' ihm doch nicht den Säbel von hinten in den Leib rennen können ...

Was, ich bin schon auf der Straße? Wie bin ich denn da herausgekommen? – So kühl ist es ... ah, der Wind, der ist gut ... Wer ist denn das da drüben? Warum schau'n denn die zu mir herüber? Am End' haben die was gehört ... Nein, es kann niemand was gehört haben ... ich weiß ja, ich hab mich gleich nachher umgeschaut! Keiner hat sich um mich gekümmert, niemand hat was gehört ... Aber gesagt hat er's, enn's auch niemand gehört hat; gesagt hat er's doch. Und ich bin dagestanden und hab' mir's gefallen lassen, wie wenn mich einer vor den Kopf geschlagen hätt'! ... Aber ich hab' ja nichts sagen können, nichts tun können; es war ja noch das einzige, was mir übrig geblieben ist: stad sein, stad sein! ... 's ist fürchterlich, es ist nicht zum Aushalten; ich muß ihn totschlagen, wo ich ihn treff! ... Mir sagt das einer! Mir sagt das so ein Kerl, so ein Hund! Und er kennt mich ... Herrgott noch einmal, er kennt mich, er weiß, wer ich bin! ... Er kann jedem Menschen erzählen, daß er mir das g'sagt hat! ... Nein, nein, das wird er ja nicht tun, sonst hätt' er auch nicht so leise geredet ... er hat auch nur wollen, daß ich es allein hör'! ... Aber wer garantiert mir, daß er's nicht doch erzählt, heut' oder morgen, seiner Frau, seiner Tochter, seinen Bekannten im Kaffeehaus. – – Um Gottes willen, morgen seh' ich ihn ja wieder! Wenn ich morgen ins Kaffeehaus komm', sitzt er wieder dort wie alle Tag' und spielt seinen Tapper mit dem Herrn Schlesinger und mit dem Kunstblumenhändler ... Nein, nein, das geht ja nicht, das geht ja nicht ... Wenn ich ihn seh', so hau' ich ihn zusammen ... Nein, das darf ich ja nicht ... gleich hätt' ich's tun müssen, gleich! ... Wenn's nur gegangen wär'! ... Ich werd' zum Obersten geh'n und ihm die Sache melden ... ja, zum Obersten ... Der Oberst ist immer sehr freundlich – und ich werd' ihm sagen: Herr Oberst, ich melde gehorsamst, er hat den Griff gehalten, er hat ihn nicht aus'lassen; es war genau so, als wenn ich ohne Waffe gewesen wäre ... – Was wird der Oberst sagen? – Was er sagen wird? – Aber da gibt's ja nur eins: quittieren mit Schimpf und Schand' – quittieren! ... Sind das Freiwillige da drüben? ... Ekelhaft, bei der Nacht schau'n sie aus, wie Offiziere ... sie salutieren! – Wenn die wüßten – wenn die wüßten ... – ...

Schnitzler, Arthur, Leutnant Gustl, Fräulein Else, Frankfurt am Main, Fischer Verlag, 1961, S. 16ff.

1. Verfassen Sie einen Erzählerbericht, in dem der auktoriale Erzähler die Gedanken des Leutnants wiedergibt.
2. Beschreiben Sie die stilistische Umsetzung des inneren Monologs.

Das Treibhaus (1953) | Wolfgang Koeppen***

Der Abgeordnete Keetenheuve ist die Hauptfigur des Nachkriegsromans, in dem es um sein menschliches und politisches Scheitern angesichts restaurativer Tendenzen in der jungen Bundesrepublik geht. Bei seiner Ankunft in Bonn peinigen ihn Gefühle der Isolation und des Versagens.

Der Zug hielt in Godesberg. Herr von Timborn lüf-tete den Hut, den korrekten, kleidsamen Mister-Eden-Filz. In Godesberg wohnten die feinen Leute, die Bruderschaft vom Protokoll. Herr von Timborn schritt elastisch über den Perron. Der Lokomotivführer fluchte. Was war das für eine Strecke! Dampf geben und drosseln. Schließlich fuhr er einen Expreß.
Durch Godesberg und Bonn war man mal durchgerast. Jetzt hielt man. Die Interessenvertreter blockierten die Tür. Sie waren Ellbogenritter und die ersten in der Hauptstadt. Schulkinder liefen die Tunneltreppe herauf. Man roch die Provinz, das Muffige enger Gassen, verbauter Stuben, alter Tapeten.
Der Bahnsteig war überdacht und grau –
und da vor der Sperre, in der nüchternen Halle, er betrat die Hauptstadt, hetz ihn, faß ihn, o Gott Apollon o, da packten sie ihn wieder, überkamen ihn, fielen über ihn her, da hatten ihn Schwindel und Atemnot, ein Herzkrampf schüttelte ihn, und ein eiserner Reif legte sich ihm um die Brust, wurde festgeschmiedet, wurde geschweißt, vernietet, jeder Schritt schmiedete, nietete mit, der Auftritt seiner nun steifen Beine, seiner nun tauben Füße war wie ein Hammerschlag, der Nieten in ein Wrack hämmerte auf eines Teufels Werft, und so ging er, Schritt für Schritt (wo war eine Bank, sich zu setzen? eine Mauer, sich anzuklammern?), ging, obwohl er des Gehens nicht mehr fähig zu sein glaubte, nach einem Halt wollte er tasten, obwohl er es auch wieder nicht wagte, die Hand nach einem Halt auszustrecken, Leere, Leere, dehnte sich gewaltig in seinem Schädel aus, preßte, stieg an wie in allzuferner verschwindender abschiednehmender die Erde verlassender Höhe der Innendruck in einem Ballon, aber wie in einem Ballon, der mit dem reinsten Nichts gefüllt war, einem Nichtstoff, einem Unstoff, etwas Un-begreiflichem, das den Drang hatte zu wachsen, das aus Knochen und Haut dringen wollte, und schon vernahm er, vernahm er, noch ehe es soweit war, vernahm er wie Eiswind das Zerreißen der Seide, und dies war der extreme Augenblick, eine unsichtbare, selbst in der Geheimschrift der Mathematik nicht mehr zu bezeichnende Wegmarke, wo alles aufhörte, ein Weiter gab es nicht, und hier war die Deutung, sieh!, sieh!, du wirst sehen, frage!, frage!, du wirst hören, und er senkte den Blick, feig, feig, feig, geschlossen blieb der Mund, arm, arm, arm, und er klammerte sich an, klammerte sich fest an sich selbst, und der Ballon war eine enttäuschende schmutzige Hülle, er war schrecklich entblößt, und dann begann der Sturz. Er zeigte den Fahrausweis vor, und seine Empfindung war, daß der Sperrenwächter ihn nackt sah, so wie Gefängniswärter und Feldwebel den ihnen ausgelieferten Menschen vor seiner Einkleidung zu Haft und Sterben sehen.
Schweiß stand auf seiner Stirn. Er ging zum Zeitungsstand. Die Sonne war zu Besuch, kam durch ein Fenster und warf ihr Spektrum über die neuesten Nachrichten, über das Gutenbergbild der Welt, es war ein irisierendes, ein ironisches Flimmern. Keeten heuve kaufte die Morgenblätter.

Koeppen, Wolfgang, Tauben im Gras. Das Treibhaus. Der Tod in Rom. Drei Romane, Frankfurt am Main, Suhrkamp Verlag, 1986, S. 274ff.

Suchen Sie aus der in personaler Erzählperspektive gestalteten Szene der Ankunft Keetenheuves die Passagen heraus, die dessen Bewusstseinsstrom darstellen.

kein runter kein fern (1978) | Ulrich Plenzdorf**

Die Geschichte erzählt von einem Hilfsschüler, dessen Mutter aus der DDR in den Westen geflüchtet ist. Im Titel ist die Strafe angesprochen, die darin besteht, nicht auf die Straße und nicht fernsehen zu dürfen. Der Textbeginn blendet unmittelbar in den Bewusstseinsstrom des Jungen ein.

sie sagn, daß es nicht stimmt, daß MICK kommt (und die Schdons) rocho aber ICH weiß, daß es stimmt rochorepocho ICH hab MICK geschriebn und er kommt rochorepochopipoar ICH könnte alln sagn, daß MICK kommt, weil ICH ihm geschriebn hab aber ICH machs nicht ICH sags keim ICH geh hin ICH kenn die stelle man kommt ganz dicht ran an die mauer und DRÜBEN ist das springerhaus wenn man nah rangeht, springt es über die mauer springerhaus ringerhaus fingerhaus singerhaus MICK hat sich die stelle gut ausgesucht wenn er da aufm dach steht, kann ihn ganz berlin sehn und die andern Jonn und Bill und hörn mit ihre anlage die wern sich ärgern aber es ist ihre schuld, wenn sie MICK nicht rüberlassn ich hab ihm geschriebn aber sie habn ihn nicht rübergelassn aber Mick kommt trotzdem so nah ran wies geht auf MICK ist verlaß sie sagn, die DRÜBEN sind unser feind wer so singt, kann nicht unser feind sein wie MICK und Jonn und Bill und die aber MICK ist doch der stärkste EIKENNGETTOSETTISFEKSCHIN! ICH geh hin dadarauf kann sich MICK verlassn ICH geh hin Mfred muß inner kaserne bleibn und DER hat dienst ICH seh mir die parade an KEIN FERN und dann zapfenstreich KEIN RUNTER und dann das feuerwerk und dann MICK parade ist immer schau die ganzen panzer und das ICH seh mir die parade an KEIN FERN dann zapfenstreich KEIN RUNTER dann feuerwerk KEIN RUNTER dann MICK KEIN RUNTER arschkackpiss ICH fahr bis schlewskistraße vorne raus zapfenstreich stratzenweich samariter grün frankfurter rot strausberger blau schlewski grau vorne raus strapfenzeich stratzenweich mit klingendem spiel und festem tritt an der spitze der junge major mit seim stab der junge haupttambourmajor fritz scholz, der unter der haupttribüne den Takt angegeben hat mit sein offnes symp warte mal symp gesicht und seim durchschnitt von einskommadrei einer der besten er wird an leunas komputern und für den friedlichn sozialistischen deutschen staat arbeitn denn er hat ein festes ziel vor den augen dann feuerwerk dann MICK ICH weiß wo die stelle ist ubahn bis spittlmarkt ICH lauf bis alex dann linje a kloster grau märk mus weiß spittlmarkt vorne raus springerhaus MICK und Jonn und Bill und die aufm dach EIKENNGETTOSETTISFEKSCHIN rochorepochopipoar!

Plenzdorf, Ulrich, kein runter kein fern, Frankfurt am Main, Suhrkamp Verlag, 1984, S. 7ff.

Begründen Sie, weshalb Plenzdorf die Gefühlswelt des Ostberliner Jugendlichen in Form eines Bewusstseinsstroms gestaltet.

Mögliche Aufgabenstellungen werden im Folgenden anhand des Textauszugs aus „Blueprint Blaupause" von Charlotte Kerner exemplarisch dargestellt. Hierzu gehören:

Textvorstellung, Inhaltsangabe, Figurencharakterisierung und Figurenkonstellation, kreatives Schreiben, Interpretation, literarische Wertung, materialgestütztes Schreiben, Motivvergleich

Blueprint Blaupause (1999) | Charlotte Kerner**

Der Roman erzählt die Geschichte der kinderlosen, unheilbar kranken Komponistin Iris Sellin, die sich klonen lässt. Zwischen Iris und ihrer Tochter Siri, aus biologischer Sicht eine Kopie, ein Blueprint der Mutter, entwickelt sich eine ganz besondere Beziehung. Der Tod der Mutter führt bei Siri zu einer Reflexion dieses Mutter-Tochter-Verhältnisses.

Als Iris mich zum ersten Mal gedacht hat, war sie sicher genau so allein und verzweifelt, wie ich es bin, seit sie mich verlassen hat. Und deshalb bin ich ihr nun wieder so nah, dass es wehtut. Es ist schrecklich, allein zu sein, wenn man krank ist. Das wissen wir beide. Sie hatte damals MS und ich bin heute seelenkrank.

Dass ich einer der ersten Menschenklone bin und noch dazu eine der Ersten unserer Art, die erwachsen geworden sind und überlebt haben, sieht man mir natürlich nicht an. Äußerlich wirke ich ganz normal, sehe aus und rede wie jeder Einling. Der Horror spielt sich innen ab und der beste Horror war schon immer der von der unsichtbaren Sorte. Wer sich im Dunkeln fürchtet, singt manchmal laut.

Was ich aufschreiben will, ist ganz radikal nur meine Geschichte unseres Lebens: Siris Geschichte. Trotzdem bemühe ich mich, die Wahrheit zu schreiben. Doch was ist das schon, die Wahrheit?

Wahr ist, was Iris mir erzählt oder mein medizinischer „Vater" mir geantwortet hat, als ich ihn später traf und mit ihm gesprochen habe. Wahr meint aber zuallererst und vor allem das, an was ich mich erinnere. Also erwartet keine normale Biografie. Denn wahr ist auch das, was ich als Zwillingsschwester, als Iris-Klon, hinter den Fakten erfühle. Und weil wir doch immer schon ein Herz und eine Seele waren – und vielleicht auch noch sind –, kann ich ganz leicht in Iris' Haut und Hirn schlüpfen. Als Klon kann ich schließlich Iris oder Siri sein oder ich bin uns beide gleichzeitig. Manchmal steige ich auch einfach aus und

Szene aus der Verfilmung des gleichnamigen Romans mit Franka Potente

werde jemand Drittes, der die Geschichte von Iris und Siri erzählt. Dann kann ich mich/sie/uns betrachten, wie eine Forscherin ihre Versuchsanordnung im kalten, blauen Laborlicht beobachtet.

Iris war gerade dreißig Jahre alt geworden, als sich ihr Sehnerv zum zweiten Mal entzündet hatte und sie die letzten Hoffnungen begraben musste. Nun gab es keinen Zweifel mehr: Sie hatte die Multiple Sklerose im Leib und das bestätigten auch die verschiedensten medizinischen Tests.

Iris hatte sich genau informiert, was MS bedeutete. Die Sellins wollen immer die Wahrheit wissen, sonst fühlen sie sich ohnmächtig! Die harte Statistik sagte: Innerhalb von zehn Jahren würde die Krankheit wahrscheinlich ausbrechen. Immer mehr Entzündungen, kleinen Kabelbränden gleich, würden im Laufe der Zeit die Nervenhüllen und Nervenfasern in ihrem Körper schädigen und sie am Ende vielleicht lahm, blind oder auch verwirrt zurücklassen. Wie der Verlauf auch sein würde – leicht, schwer oder sehr bösartig – in jedem Fall drohte ihr, der berühmten Pianistin Iris Sellin, ein unaufhaltsamer Abstieg.

Bei dieser zweiten Sehnerventzündung im Sommer vor dem Jahr null schoben sich von rechts und links dunkle Wände in ihr Blickfeld und bildeten eine schwarze Gasse, die in einen Abgrund führte. In ihren Träumen sah Iris in dieses dunkle Loch, von wo es keinen Weg zurück gab. Doch sie würde nicht abstürzen, das schwor sie sich. Sie schlug ihr Nein in die Tasten des Flügels, bis die Finger schmerzten.

Die Diagnose MS schleuderte sie heraus aus der normalen Welt und machte sie aufsässig und trotzig. Sie wollte sich diesem Schicksal nicht beugen, nicht sie! Niemals! Nacht um Nacht wälzte sie sich schlaflos im Bett und verfluchte ihren Körper, der so jämmerlich versagte. „Warum gerade ich!", schrie sie. Ihre Karriere, ihre Kunst, das Komponieren waren immer alles für sie gewesen. Doch plötzlich zählte das nicht mehr. Plötzlich trauerte sie, dass sie keine Kinder hatte. Niemand, dem sie ihr Talent, ihr Wissen weitergeben konnte. Niemand, der ihr Erbe antreten würde. Niemand, in dem sie weiterleben würde. Niemand, den sie wirklich liebte und der sie wiederliebte. Iris hatte nie geahnt, wie allein sie war. In tiefster Ausweglosigkeit überfielen sie Gefühle, die sie zuvor als primitive Fortpflanzungsinstinkte belächelt hatte.

In dieser Zeit der Verzweiflung stieß sie zufällig auf einen Zeitungsartikel über Professor Mortimer G. Fisher aus dem *Center for Reproductive Medicine and Bioengineering* in Montreal, Kanada. Zu einer anderen Zeit hätte sie den Bericht wohl überlesen oder bestenfalls überflogen und genauso schnell wieder vergessen. Aber was hier stand, elektrisierte sie: Der englische Forscher hatte das Klonen von Säugetieren sicherer gemacht, denn endlich hatte er den so lange gesuchten zentralen Entwicklungsschalter in den Genen entdeckt und konnte ihn nun ganz gezielt „anschalten". Nachdem Iris den Bericht mehrmals durchgelesen hatte, wusste sie, was sie zu tun hatte, um ihr Schicksal zu ändern.

Als es dir schlecht ging, Iris, erst dann sehntest du dich nach einem Kind. Du wolltest neues Leben dem alten, kranken entgegenstellen. Aus Wut! Weil du nicht glauben konntest, dass man vergeht. Weiterleben wolltest du in der anderen oder noch besser, ewig leben! Ein verzweifelter Wunsch, der nur Verzweifeltes hervorbringen konnte.

Als du den Bericht über Fisher gelesen hattest, dachtest du zum ersten Mal an mich, deine Klon-Tochter, und dieser Gedanke ließ dich nicht mehr los. Er gab deinem Leben einen neuen Sinn und ein neues Ziel: mich. Oder genauer, dich noch einmal. Iris Sellin zum Ersten und zum Zweiten. Bieten Sie mit? Meine Mutter in spe war ihrer Zeit nicht voraus, sie handelte nur zeitgemäß. Wir Klone waren im Kommen. Die Einelternfamilie ab dem Zeitpunkt der Zeugung stand auf der gesellschaftlichen Tagesordnung. Ob Mann oder Frau – endlich war jeder ganz unabhängig vom anderen Geschlecht. Die Jungfernzeugung für Frau und Mann – welch ein Fortschritt! Ein Schritt in die Zukunft, aber Vorsicht! Stolpergefahr mit blauen Beulen, blau wie eine Blaupause, blue like a blueprint. […]

Du warst der Stamm, Iris, und ich dein frühlingsgrüner Spross oder Schössling. Genau das bedeutet der aus dem Griechischen kommende Ausdruck Klon. Alle erbgleichen Nachkommen, die durch eine ungeschlechtliche Vermehrung entstanden sind, hießen zunächst so, zum Beispiel die Stecklinge von Pflanzen oder auch Einzeller, die sich teilen. Später übernahm man die Bezeichnung auch für alle künstlich hergestellten Mehrlinge, die Zwillinge, Drillinge oder Vierlinge von Tieren und Säugetieren. Und schließlich wurden Menschen mit denselben Erbinformationen, Wesen wie du und ich, ebenfalls so genannt. Klon heißt auch Zweig, und Zweige brechen leicht, wenn sie gerade erst wachsen und noch so dünn und wenig widerstandsfähig sind und wenn man ihnen zu viel auflädt und sie zu früh ihrem Schicksal überlässt. Ich war damals noch sehr klein.

Nie warst du da, wann ich es wollte. Deshalb frage ich dich heute, tote Mutter-Schwester:

1 Janne: vierjähriger Sohn von Dada
2 Dada: Name der Kinderfrau, die Siri betreute

Wo warst du, als ich mit Janne[1] und Dada[2] lebte und langsam größer wurde? Einmal, als du eine Tournee gemacht hast, soll ich dich sogar in dem schwarzen Konzertflügel gesucht haben.

Nach deinen Reisen fielst du dann so schrecklich unverhofft und plötzlich in mein kleines Kinderleben ein, dass mir ganz schwindelig wurde. Du bestimmtest allein, wann du erscheinen wolltest. Aus glänzenden, steifen Stoffen waren deine Konzertproben gemacht, sie raschelten bei deinen Auftritten. Es ist dieses Geräusch, das mich am stärksten an unser Zusammenleben erinnert.

Verdutzt schaute ich auf, wenn du in unsere Wohnung hereingerauscht kamst. Genauso habe ich dich später auf unzählige Bühnen treten sehen und jedes Mal hat mich das an deine Auftritte zu Hause erinnert und mich beklommen gemacht. Ich war das willige, dankbare Publikum, und du, Iris, hast gekonnt Theater gespielt.

Manchmal war ich einfach überrascht, dass es dich wirklich noch gab. Meine Mutter war also kein Wort, keine Geschichte, keine Traumgestalt, sie stand tatsächlich vor mir.

Einmal, nach einem Konzert, hattest du ein langes Kleid an und das war genauso blau wie mein allerliebstes Lieblingskleid. Eigentlich hatte ich ja böse sein wollen, weil du so lange weg gewesen warst, aber es ging nicht. Ich konnte dir nie böse sein und rannte dir entgegen. Weil wir im Einklang waren? Oder getrieben von Zwang?

Kerner, Charlotte, Blueprint Blaupause, Weinheim und Basel, Beltz und Gelberg Verlag, 2001, S. 11ff., 44ff.

3 Textvorstellung und Inhaltsangabe

Textvorstellung

Der einleitenden Überblicksinformation beim Sachtext entspricht bei der Analyse eines poetischen (fiktionalen) Textes die Textvorstellung. Sie enthält verschiedene Bausteine, die dazu dienen, dem Leser einen ersten Einblick zu bieten; sie kann auch als Einleitung für eine sich daran anschließende Inhaltsangabe genutzt werden.

LÖSUNGSVORSCHLAG

	Bausteine
Die vorliegenden Textauszüge sind dem 1999 entstandenen Roman „Blueprint Blaupause" von Charlotte Kerner entnommen und entstammen einer im Jahr 2001 in Weinheim und Zürich erschienenen Auflage.	Textsorte, Titel Autor Quelle
Der Leser wird dabei mit den Reflexionen der psychisch angeschlagenen Tochter Siri bezüglich ihres Befindens und ihrer zwiespältigen Beziehung zu ihrer inzwischen verstorbenen Mutter Iris konfrontiert. Er erhält Einblicke in ausgewählte Lebensstationen der Mutter und in die Motive und Hintergründe für deren Entscheidung, sich klonen zu lassen.	Kerninhalt
Im Bereich der Erzähltechnik wählt die Autorin die Perspektive der Ich-Erzählerin Siri. Es handelt sich dabei um ein punktuell erlebendes, später sich erinnerndes und reflektierendes Ich. Zudem fügt die Verfasserin Passagen ein, die einen auktorialen Erzähler erkennen lassen. Bei der Erzählhaltung liegt ein Erzählerbericht vor. Die Figurenrede umfasst innere Monologe.	Erzähltechnische Elemente: Erzählperspektive Erzähl-/ Sprechhaltung Figurenrede

Textaussage

Der vorliegende Text veranschaulicht eine angespannte, schwierige Mutter-Tochter-Beziehung, die ihre Eigenart dadurch erhält, dass die Erfahrungen mit der Klon-Technik tief in die Gefühlswelt der Figuren und deren Beziehungen hineinwirken.

Literarische Inhaltsangabe

Die Qualität der Inhaltsanalyse eines Prosatextes hängt davon ab, wie gut ein Leser der Inhaltsangabe (ohne Kenntnis der Textvorlage) in die Lage versetzt wird, **inneres und äußeres Geschehen** des Textes in seinem wesentlichen Ablauf nachvollziehen zu können und damit die Aussageabsicht des Textes zu verstehen. Voraussetzung sind in jedem Fall eine gründliche Lektüre und ein fundiertes Textverständnis.

Inhaltsangaben müssen das Wesentliche herausarbeiten. Kürzungen dürfen nicht nur durch Auslassungen erzielt werden, sondern vor allem durch abstrahierende Zusammenfassungen. Dabei kommt der Verdeutlichung von kausalen, finalen und temporalen Zusammenhängen (Ursache – Wirkung, Absicht, Zeitstruktur) entscheidende Bedeutung zu. Die Inhaltsangabe sollte die Erzählschritte der Textvorlage berücksichtigen, wie sie sich in Abschnitten zeigen. Im Hinblick auf den Leser der Inhaltsangabe ist bei der Formulierung auf Übersichtlichkeit, Klarheit und Verständlichkeit zu achten. Aus der Forderung nach Sachlichkeit ergibt sich der Verzicht auf Schilderungen und erzählerische Spannungselemente.

Hinweise für die literarische Inhaltsangabe

- Die Einleitung gibt Auskunft über Titel, Textsorte und Quelle, umreißt das Thema bzw. die Problemstellung und stellt Ort, Zeit, Handlung und Personen vor. Eine umfassendere Textvorstellung (siehe oben) kann diese Einleitung ersetzen.
- Im Hauptteil erfährt der Leser die wesentlichen Erzählinhalte, die sowohl die äußere Handlung als auch das innere Geschehen (Gedanken, Empfindungen) umfassen.
- Die Inhaltsangabe muss so nüchtern und distanziert sein, dass keine Spannung aufgebaut wird.
- Personen werden nur so weit charakterisiert, wie es für den Sinnzusammenhang notwendig ist.
- Die chronologische Reihenfolge des Textes kann in der Inhaltsangabe geändert werden, wenn sich dadurch sinnvolle Zusammenhänge ergeben und die Umstellung das Verständnis des Lesers erleichtert.
- Eine optische Gliederung in Abschnitte hilft dem Leser, den gedanklichen Aufbau der Textvorlage nachzuvollziehen.
- Die Inhaltsangabe muss immer im Präsens verfasst werden; Vorzeitigkeit im Geschehensablauf wird mit dem Perfekt ausgedrückt.
- Wörtliche Rede darf nicht verwendet werden, auch die Umformung in indirekte Rede ist aufgrund des Abstraktionsgedankens auf jeden Fall zu vermeiden.
- Die sprachlich-stilistische Gestaltung darf den Sprachstil der Textvorlage weder unbewusst übernehmen noch nachahmen.
- Inhaltsangaben müssen sich in all diesen Punkten deutlich von einer Nacherzählung abgrenzen.

LÖSUNGSVORSCHLAG

Beispiel für die Ausarbeitung einer literarischen Inhaltsangabe

Im vorliegenden Textauszug beschreibt Siri als Ich-Erzählerin ihre schwierige psychische Situation als Klonkind und setzt sich mit den dazugehörigen Emotionen und dem Verhältnis zur Mutter intensiv auseinander. Nachdem diese nach schwerer Krankheit gestorben ist, wird Siri bewusst, dass sie und ihre Mutter gleichermaßen das Gefühl der Verzweiflung kennen.

Im Rahmen einer Rückblende wird zunächst von dem Lebensabschnitt der Mutter Iris erzählt, in dem sie sich mit der lebensbedrohenden Krankheit „Multiple Sklerose" konfrontiert sieht. Als berühmte Pianistin befürchtet sie das Aus für ihre berufliche Karriere, woraus tiefe Verzweiflung und Hoffnungslosigkeit resultieren. Um als Pianistin nicht in Vergessenheit zu geraten, will sie ihr Talent an ein Kind weitergeben. In dieser Phase der Depression stößt sie auf einen Artikel über einen englischen Forscher, der das menschliche Klonen thematisiert, was Iris für sich als persönliche Chance sieht.

Die Entscheidung, sich klonen zu lassen, sieht Siri sehr negativ, da ihrer Meinung nach diese zu sehr eine Folge von Iris' Verzweiflung und Egoismus ist. Das besondere problembehaftete Mutter-Tochter-Verhältnis ist also maßgeblich von dem Wissen um die biologische Identität geprägt.

In Form von Erinnerungen charakterisiert Siri nun dieses entfremdete und distanzierte Verhältnis zur Mutter, die als Bezugsperson in der Kindheit gefehlt hat, und verdeutlicht ihre Überforderung und Verärgerung über die kurzen herzlichen Momente. Trotzdem spürt der Leser zum Ende des Textauszugs Siris Sehnsucht nach mütterlicher Nähe.

4 Figurencharakterisierung und Figurenkonstellation

Neben der Abfolge von Handlungen und Ereignissen bilden fiktional gestaltete **Figuren** den Kern erzählender Texte. Im Hinblick auf die Figurengestaltung bzw. auf die Funktion der Figuren sind insbesondere die Aspekte Figurenkonzeption von zentraler Bedeutung.

Bei der **Figurenkonzeption** ist v. a. nach der Eindeutigkeit bzw. Nichteindeutigkeit, der Ausformung oder der Entwicklung einer Figur zu fragen: Gestaltet der Autor eine Figur als Typus oder Charakter, lässt er sie statisch oder dynamisch erscheinen, gibt er ihr eindimensionale oder komplexe Züge, ist die Figur zeittypisch oder überzeitlich angelegt? Der **Typus** ist z. B. Vertreter einer bestimmten Epoche, einer sozialen Schicht, einer Weltanschauung; er besitzt Merkmale, die er diesbezüglich mit zahlreichen anderen Personen gemeinsam hat. Der **Charakter** dagegen vereinigt auf sich spezifische, ganz individuelle Merkmale, die ihn als Individuum kennzeichnen.

Die **Figurencharakterisierung** geht der Frage nach, mit welchen spezifischen Merkmalen der Autor die Figur ausstattet und welche Aussageabsichten damit eventuell verbunden sind. Diese Figurencharakterisierung muss das konkrete Handlungsmoment und den situativen Hintergrund ausdrücklich mit einschließen. Dabei spielen psychische und soziale Aspekte ebenso eine Rolle wie Prägung, Sozialisation, individuelles Verhalten, Rollenmuster, Milieu usw.

Die Charakterisierung einer Figur kann in einem Prosatext auf der Ebene des Erzählers bzw. der Erzählinstanz, aber auch auf der Ebene der Figuren erfolgen. Zu den wesentlichen Gestaltungsmitteln der Figurenzeichnung auf der **Erzählerebene** (Erzählerbericht) gehören u.a. die Beschreibung einer Figur (Außensicht), die Darstellung des Verhaltens einer Figur gegenüber anderen Personen, die Einordnung einer Figur in den Handlungszusammenhang einer Geschichte, die Wiedergabe von Rede-/Gesprächsinhalten, das Gesprächsverhalten der Figur sowie die Darlegung von Gefühlen und Wahrnehmungen.

Wird eine Figur vom Autor auf diese Weise gestaltet, dann werden also unmittelbar auf die Figur bezogene Aussagen gemacht, Eigenschaften werden ausdrücklich, d.h. explizit formuliert. Zu den Gestaltungsmöglichkeiten des Autors gehören jedoch auch implizite, nicht ausdrücklich bezeichnete Charakterisierungen vonseiten des Erzählers. Solche Charakterisierungen sind also enthalten, ohne dass etwas direkt gesagt wird, z.B. mittels Kontrastierung mit anderen Figuren, durch „sprechende“ Namen oder durch Einordnung und Häufigkeit des Auftretens.

Die Gestaltung einer Figur kann jedoch auch auf der **Figurenebene** erfolgen, d.h. durch die Figuren selbst. Sie geschieht hier entweder in Form direkter Redewiedergabe oder in Form einer Gedankenwiedergabe (Innensicht) einer Person; das Gleiche gilt für die Selbstcharakterisierung einer Figur.

Zahlreiche **Merkmale** können für die Charakterisierung von Bedeutung sein:

Die **Figurenanalyse** umschließt Fragen, z.B. nach

- Macht- und Herrschaftsverhältnissen,
- Autorität und Emanzipation,
- Konflikt und Konfliktbewältigung,
- Held und Antiheld,
- Täter und Opfer,
- Auflehnung und Anpassung,
- Aktivität und Passivität,
- Optimismus, Pessimismus und Resignation.

Aus diesem Katalog von Untersuchungskriterien, der noch gar nicht vollständig ist, sind bei der konkreten Textinterpretation immer nur jeweils diejenigen heranzuziehen, die für den betreffenden Text und die Aufgabenstellung aussagekräftig und ergiebig sind.

Beschäftigt man sich mit Figuren aus Prosatexten, Dramen, Filmen usw. (fiktive Figuren) im Gegensatz zu Personen aus dem realen Leben, muss beachtet werden, dass hinter der fiktionalen Figur immer der Gestaltungswille des Autors steckt. Bei der literarischen **Figurencharakterisierung** wird eine literarische Figur in ihrer spezifischen Eigenart und Funktion (Aussageabsicht) innerhalb eines fiktionalen Textes dargestellt. Die Trennung zwischen dem realen Menschen und der literarischen Figur fällt vor allem dann schwer, wenn historische Personen in einem literarischen Text erscheinen.

Der Begriff der **Figurenkonstellation** umfasst das gesamte institutionelle und emotionale Beziehungsgefüge der Personen, wie es aus dem Text hervorgeht. Dazu gehören verwandtschaftliche, gesellschaftliche, geschlechtsspezifische, altersbedingte oder berufliche Faktoren ebenso wie Liebe, Zuneigung, Gleichgültigkeit, Ablehnung oder Hass. Diese Konstellationen müssen auch auf ihre Statik (gleichbleibende Beziehung) oder Dynamik (sich verändernde Beziehung) hin untersucht werden, wobei stets die Frage nach den Ursachen einzubeziehen ist.

Mittels der Figurenkonstellation lässt sich weiter erfassen und beschreiben, wie Figuren zueinander stehen, wie sich Beziehungen und/oder dabei die Figuren selbst verändern. Sie stellt deshalb ein wesentliches Strukturelement eines Textes dar und erfasst die einzelnen Figuren in ihrer Funktion und Interaktion. Somit bietet die Figurenkonstellation einen wertvollen Einblick in die Verhältnisse der Figuren untereinander und deren Dynamik. Kriterien für die Zuordnung der einzelnen Figuren können z. B. sein: Geschlechtszugehörigkeit, Generationszugehörigkeit, sozialer Status und Wertorientierungen. Auch Beziehungsaspekte sind für die Analyse einer Figurenkonstellation oftmals hilfreich: Familie, Liebesbeziehung, Geschäftsbeziehung usw.

Arbeitsschritte der literarischen Charakterisierung

Erschließung des Themas

Es gilt, abhängig von der Aufgabenstellung, den Inhalt des Textes, in dessen Kontext eine bestimmte Figur oder mehrere Figuren agieren, zu erfassen. Dazu ist es zweckmäßig, die Themabegriffe herauszusuchen und zu klären.

Systematische Stoffsammlung

Beim intensiven Lesen des Textes findet eine Auswahl von Textstellen statt, die für die Charakterisierung besonders aussagekräftig sind. Das Markieren der ausgewählten Textstellen, gegebenenfalls auch Exzerpieren dieser Stellen und Randbemerkungen, bietet eine Grundlage für eine Ausarbeitung. Um die Auswahl geeigneter Textstellen für die Charakterisierung treffen zu können, kann man sich auch an einem allgemeinen Katalog von W-Fragen orientieren. Zur Stoffsammlung bietet sich die Methode des Mindmappings (siehe S. 24) an.

Stoffordnung

Bei der Stoffordnung werden Textdetails mithilfe abstrahierender Oberbegriffe sinnvoll geordnet; Ziel ist hier die Erarbeitung begrifflicher Festlegungen (Thesenbildung). Gleichzeitig soll aufgezeigt werden, wie sich die Eigenschaften der Figur (Figuren) aufeinander beziehen. Die inhaltlichen Gesichtspunkte, unter denen die bei der Stoffsammlung gefundenen Textstellen geordnet werden müssen, hängen von der geforderten Form der Charakteristik und/oder dem vorgegebenen Aspekt ab, unter dem die Charakterisierung vorgenommen werden soll. Ein hilfreicher Ansatz zur Analyse einer Figurencharakterisierung bzw. einer Figurenkonstellation ist die Unterscheidung von direktem und indirektem Charakterisieren durch den Autor.

Bei der **direkten Charakterisierung** werden einer Figur ausdrücklich bestimmte Merkmale zugeschrieben, Charaktereigenschaften in intellektueller und psychischer Hinsicht, Aussagen über den sozialen Stand, die Beziehungen zu anderen Figuren usw. Dies geschieht durch Erzählerkommentare, durch die Aussagen anderer Figuren (Fremdcharakterisierung) und Aussagen der zu charakterisierenden Figur selbst (Selbstcharakterisierung).

Zur **indirekten Charakterisierung** gehört, was ohne nähere Kommentierung, Bewertung oder Beurteilung über die äußere Erscheinung einer Figur (Kleidung, Figur, Alter usw.) vom Erzähler oder anderen Figuren mitgeteilt wird. Ebenso ist das ganze erzählte Verhalten einer Figur, sofern es kommentarlos erfolgt, als indirekt charakterisierend aufzufassen. Ob eine Figur z. B. etwas sagt oder nicht, etwas so oder so sagt, kann sehr viel über sie aussagen, offenbart sie doch, kommunikationspsychologisch betrachtet, mit dem, was sie sagt, immer auch etwas über sich. Analog gilt dies natürlich auch für den Beziehungsaspekt der Kommunikation, der sich in verbalem und nonverbalem Verhalten (Körpersprache) niederschlägt (siehe S. 56ff.).

Bei beiden Formen der Charakterisierung muss jedoch beachtet werden, dass direkte oder indirekte Aussagen nicht zwingend Tatsachenbeschreibungen sind, sondern die ganz subjektive Sicht des Erzählers oder einer anderen Figur spiegeln. Deshalb hat die Interpretation einer Textpassage immer den Gesamtzusammenhang zu berücksichtigen. Um einer Figur gerecht zu werden, muss zudem auch die Entstehungszeit des Textes berücksichtigt werden bzw. die Zeit, in der die Geschichte spielt. Nicht zuletzt muss auch davon Abstand genommen werden, etwas in fiktive Figuren hineininterpretieren zu wollen.

Ausarbeitung

Für die Ausarbeitung gilt: keine bloße Wiedergabe von Textinhalten, sondern aufgabenbezogenes, textgebundenes Argumentieren auf der Basis begrifflicher Festlegungen (Thesen) und aussagekräftiger Textstellen (Zitiertechnik). Oft folgen Schreibpläne für eine Charakterisierung einem der folgenden Aufbaumuster: Charakterisierung einer Figur von „außen nach innen“, d. h. von äußeren Merkmalen hin zu spezifischen Wesenszügen; Charakterisierung nach einigen zentralen Merkmalen, denen weniger wichtige zugeordnet werden; Darstellung einer Entwicklung im chronologischen Ablauf (wichtig: nicht die Handlung, sondern die Charaktermerkmale stehen im Vordergrund).

Thema:

Charakterisieren Sie die Figur Iris. Gehen Sie dabei auch auf die Mutter-Tochter-Beziehung ein. Berücksichtigen Sie auch die sprachlich-stilistische Gestaltung (siehe S. 218 ff.).

Der folgende Lösungsvorschlag verdeutlicht die Methode des textgebundenen Argumentierens im Hinblick auf eine Figurencharakterisierung unter Einbeziehung sprachlicher Gestaltungsmittel.

LÖSUNGSVORSCHLAG

Grundprinzipien:

Einleitung:
- Bezug zur Aufgabenstellung
- Zentrale abstrakte Aussagen des Textes **(„Roter Faden")**
- Themafrage

Charlotte Kerner gestaltet Iris als sehr komplexe literarische Figur, wobei der Leser aufgrund der Reflexionen der Tochter Siri vielfältige Einblicke in ihre Krankheitsgeschichte und ihre Entscheidung, sich klonen zu lassen, gewinnen kann. Hinzu kommt ein differenzierter Einblick in Iris' Gefühlswelt mit all ihren Höhen und Tiefen. Iris' Verhalten erhält dabei vor dem Hintergrund, dass sie sich klonen lässt, eine besondere Note. Die damit eng verknüpfte Darstellung von Iris' Mutterrolle aus dem Blickwinkel der Klon-Tochter Siri ermöglicht zudem die Analyse einer recht ambivalenten Mutter-Tochter-Beziehung. Im Folgenden soll die Protagonistin Iris und ihre Beziehung zu Siri charakterisiert werden.

Die Figur Iris wird als 30 Jahre alte (vgl. Z. 42) erfolgreiche Pianistin (vgl. Z. 61) gezeichnet, bei der zu diesem Zeitpunkt die Krankheit MS diagnostiziert wird (vgl. Z. 46–48) und die sich daraufhin eine „Klon-Tochter" (Z. 118) im Labor zeugen lässt.

Charaktermerkmal

Iris ist erfolgsorientiert und bezieht ihr Handeln allein auf ihre berufliche Karriere. Dass die **künstlerische Berufung** für die bislang vom Erfolg verwöhnte Iris den **zentralen Lebensinhalt** darstellt und sie folglich **keinen Drang nach jeglicher menschlichen Beziehung** verspürt, zeigt folgende Bewertung des auktorialen Erzählers: „Ihre Karriere, ihre Kunst, das Komponieren waren immer alles für sie gewesen" (Z. 79 ff.). Die Reihung, verstärkt durch die Alliteration, betont das breit gefächerte Tätigkeitsfeld von Iris und lässt sie vordergründig als sehr souveräne und gebildete Persönlichkeit wirken. Gerade dieser Erfolg, den sie wohl auch großem Ehrgeiz zu verdanken hat, ist für sie das Motiv zur Auseinandersetzung mit ihrer Krankheit. Diese Ausrichtung ihres Lebens allein am Erfolg zeigt sich auch in ihrer Angst vor dem beruflichen Abstieg.

Stilmittel, Funktionalisierung

Im Rahmen einer Rückblende wird Iris' Hoffnungslosigkeit aufgrund der niederschmetternden Diagnose Multiple Sklerose folgendermaßen dargestellt: „Iris war gerade dreißig Jahre alt geworden, als sich ihr Sehnerv zum zweiten Mal entzündet hatte und sie die letzten Hoffnungen begraben musste" (Z. 42 ff.). Mit der Redewendung „Hoffnungen begraben" wird dem Rezipienten bereits Iris' Ende vorausgedeutet, indem Assoziationen mit dem Thema Tod geweckt werden. Nach ihrer Diagnose setzt Iris sich mit ihrer lebensbedrohlichen Krankheit auseinander. Hieraus resultieren gravierende Veränderungen in der Selbstwahrnehmung und in ihrem Bewusstseinsprozess, sodass sich ihr Leben grundlegend verändert, denn „[w]ie der Verlauf auch sein würde – leicht, schwer oder sehr bösartig – in jedem Fall drohte ihr, der berühmten Pianistin Iris Sellin, ein unaufhaltsamer Abstieg" (Z. 59 ff.). Das schmerzliche Bewusstsein der Erkrankung erzeugt bei Iris ein tiefes Gefühl der Bedrohung ihrer Gesundheit und eine Gefahr für ihre bislang hoffnungsvolle Karriere als Pianistin. Die negative Konnotation des Begriffes „Abstieg" (Z. 62) hebt in diesem Zusammenhang die Diskrepanz zwischen der glanzvollen Gegenwart und der düsteren Zukunft besonders hervor.

An dieser Stelle zeigt sich auch Iris' Egozentrik und Egoismus. Aus der Möglichkeit, sich zu klonen, erwachsen bei ihr eine neue Bereitschaft zu aktivem Handeln und das Bewusstsein einer neuen Lebensperspektive in Form eines Wunschkindes. Eine kritische Reflexion ihres Handelns ist nicht erkennbar, denn es geht ihr nicht um die Verantwortung gegenüber ihrem Kind, sondern um ihre Selbstverwirklichung. Siri deutet dies nach dem Tod der Mutter so: „Als du den Bericht über Fisher gelesen hattest, dachtest du zum ersten Mal an mich, deine Klon-Tochter, und dieser Gedanke ließ dich nicht mehr los. Er gab deinem Leben einen neuen Sinn und ein neues Ziel: mich. Oder genauer, dich noch einmal. Iris Sellin zum Ersten und zum Zweiten" (Z. 116 ff.). Durch die Wiederholung „neue[r] Sinn [...] neues Ziel" (Z. 120) wird Iris' aufkeimender Optimismus dargestellt. Durch die emphatischen Ellipsen und Correctio „mich. Oder genauer, dich noch einmal" (Z. 120 f.) bestätigt Siri Iris' Egozentrik, da diese ihre Tochter für ihre Zwecke der Selbstentfaltung instrumentalisiert. Dies ist ein Beweis dafür, dass bei Iris eine ausgeprägte Sehnsucht nach Leben und Selbstverwirklichung vorhanden ist, aber auch ein hohes Maß an Skrupellosigkeit und Egoismus. Diese Selbstbezogenheit wird durch folgende Aussage Siris deutlich: „Als es dir schlecht ging, Iris, erst dann sehntest du dich nach einem Kind. Du wolltest neues Leben dem alten, kranken entgegenstellen. Aus Wut! Weil du nicht glauben konntest, dass man vergeht. Weiterleben wolltest du in der anderen oder noch besser, ewig leben!" (Z. 108 ff.). Antithetische Formulierungen, Correctio sowie die Emphase und die Inversion im letzten Satz unterstreichen nochmals den Egoismus der Figur Iris, die letztlich ihr Kind als Individuum in seiner Würde nicht schätzt, sondern ihre eigenen Belange fokussiert und dabei rücksichtslos mit den Gefühlen ihres Kindes spielt. Anstelle einer offenen Erwartungshaltung gegenüber dem Neugeborenen denkt sie aus Angst vor dem Vergessenwerden ausschließlich an ihre eigene Zukunft.

Zur psychischen Konstitution nach der Diagnose ist zu sagen, dass Iris von einem tief greifenden Gefühl der inneren Leere und Verzweiflung erfüllt ist. Dies formuliert Kerner an folgender Stelle: „Bei dieser zweiten Sehnerventzündung im Sommer vor dem Jahr null schoben sich von rechts und links dunkle Wände in ihr Blickfeld und bildeten eine schwarze Gasse, die in einen Abgrund führte. In ihren Träumen sah Iris in dieses dunkle Loch, von wo es keinen Weg zurück gab" (Z. 63 ff.). Die Metaphern, die Iris' düstere Stimmung veranschaulichen, wecken beim Leser durch die dreimalige Betonung des dunklen Farbschemas negative Assoziationen und bilden somit eine bedrohliche Kulisse. Besonders das „dunkle Loch, von wo es keinen Weg zurück gab" (Z. 68 f.), verbildlicht auf drastische Art und Weise Iris' Verzweiflung und Panik. Erst die eingehende Recherche über das zu erwartende Krankheitsbild scheint ihre psychische Konstitution wieder zu festigen, wobei die Figur einen ausgeprägten Realitätssinn im Umgang mit der Diagnose zeigt: „Iris hatte sich genau informiert, was MS bedeutete. Die Sellins wollen immer die Wahrheit wissen, sonst fühlen sie sich ohnmächtig!" (Z. 49 ff.). Das eindringliche Adverb „ohnmächtig" (Z. 51) signalisiert Iris' Haltung kontrastreich. Sie stellt sich der Diagnose, erst Informationen scheinen sie handlungsfähig zu machen und ihr ein gewisses Maß an Kontrolle und Sicherheit zu geben.

Weiterhin gestaltet die Autorin die Figur als innerlich zerrissen. Das Wechselbad der Gefühle, das Iris durchlebt, verdeutlicht einerseits Verzweiflung, aber andererseits auch Wut und die Kampfbereitschaft, dem Schicksal offensiv zu begegnen, denn „[d]ie Diagnose MS schleuderte sie heraus aus der normalen Welt und machte sie aufsässig und trotzig. Sie wollte sich diesem Schicksal nicht beugen, nicht sie! Niemals! Nacht um Nacht wälzte sie sich schlaflos im Bett und verfluchte ihren Körper, der so jämmerlich versagte" (Z. 73–79). Mit der Metapher „schleuder[n]" (Z. 73) zeigt Kerner veranschaulichend die Vehemenz und Abruptheit, mit der die Krankheit Iris' bisheriges Leben verändert. Die Adjektive „aufsässig" (Z. 74) und „trotzig" (Z. 75) charakterisieren dabei die Art der Gegenwehr, die eine emotionale Komponente enthält und auf einen großen Durchsetzungswillen hindeutet. Die Ausrufe und die Ellipse „[...] nicht sie!" (Z. 76) und „[n]iemals!" (Z. 76) vermitteln dem Leser einen einprägsamen Einblick in die aufgewühlte Gefühlswelt, die den Kampfeswillen noch einmal besonders betonen und ihren unbeugsamen Willen zum Überleben hervorheben, denn Iris „schlug ihr Nein in die Tasten des Flügels, bis die Finger schmerzten" (Z. 70 ff.). Die Metapher verdeutlicht auf anschauliche Weise ihren Überlebenswillen und ihre neu aufkommende Energie, der Krankheit Widerstand zu leisten.

Trotz ihrer innerlichen Zerrissenheit auf der einen und ihrer rationalen Erfolgsorientierung auf der anderen Seite wird auch eine gewisse Ambivalenz bezüglich ihrer Mutterrolle deutlich. Das Bewusstsein um die lebensbedrohliche Krankheit und die Grenzen ihrer künstlerischen Karriere verknüpft Kerner mit Iris' Sehnsucht nach Liebe und Mutterglück, denn „[p]lötzlich trauerte sie, dass sie keine Kinder hatte" (Z. 82 f.). Mit dieser emphatischen Inversion wird nochmals der sehr plötzliche Wandel ihres Weltbildes präzisiert, denn Iris, die bisher allein auf ihre Karriere fokussiert war, spürt intensiv das Fehlen menschlicher und vor allem familiärer Beziehungen in ihrem Leben. Durch den folgenden Textauszug wird die Sehnsucht nach Nähe eindringlich präzisiert: „Niemand, dem sie ihr Talent, ihr Wissen weitergeben konnte. Niemand, der ihr Erbe antreten würde. Niemand, in dem sie weiterleben würde. Niemand, den sie wirklich liebte und der sie wiederliebte" (Z. 83–88). Die Anaphern lassen die Frage nach dem Lebenssinn deutlich werden. Zudem intensivieren der Parallelismus und die ellipsenhafte Gestaltung die Wirkung auf den Leser, dem Iris nun als völlig hilflos und entmutigt erscheint.

1. Suchen Sie Formulierungen, die die Fiktionalität der Figur betonen.
2. Analysieren Sie die Zitiertechnik (Zitatauswahl, Zitierweise, Zitateinbau, Kontext) (siehe S. 192 f.).
3. Benennen Sie weitere sprachliche Mittel, die Sie in den Zitaten erkennen.

Im Folgenden soll bei der Charakterisierung der Figur Iris der Blick vor allem auf die Beziehung zwischen Mutter und Tochter gerichtet werden:

4. Suchen Sie Textstellen, die die Verhaltensweise der Mutter zu ihrer Tochter als autoritär und kühl belegen.
5. Arbeiten Sie anhand folgender Zitate aus dem Text weitere Wesensmerkmale der Beziehung zwischen Iris und Siri heraus. Welche Schlüsse ziehen Sie aus Ihren Ergebnissen?
   - „Du warst der Stamm, Iris, und ich dein frühlingsgrüner Spross oder Schössling" (Z. 134 f.)
   - „Manchmal war ich einfach überrascht, dass es dich wirklich noch gab. Meine Mutter war also kein Wort, keine Geschichte, keine Traumgestalt, sie stand tatsächlich vor mir" (Z. 178–181)
   - „Verdutzt schaute ich auf, wenn du in unsere Wohnung hereingerauscht kamst, genauso habe ich dich später auf unzähligen Bühnen treten sehen und jedes Mal hat mich das an deine Auftritte zu Hause erinnert und mich beklommen gemacht. Ich war das willige, dankbare Publikum, und du, Iris, hast gekonnt Theater gespielt" (Z. 170–177)

- „Denn wahr ist auch das, was ich als Zwillingsschwester, als Iris-Klon, hinter den Fakten erfühle. Und weil wir doch schon immer ein Herz und eine Seele waren – und vielleicht auch noch sind –, kann ich ganz leicht in Iris' Haut und Hirn schlüpfen" (Z. 28–34)

5 Kreatives Schreiben

Im kreativen Schreiben zeigen sich vornehmlich die Kompetenzen Reflexionsfähigkeit und Empathievermögen. Es gilt nun die Perspektive einer fiktionalen Figur einzunehmen, deren Gedanken- und Gefühlswelt in einer bestimmten Situation zu erfassen und zu reflektieren. Dabei ist eine genaue Textkenntnis unerlässlich.

Innerhalb der kreativen Schreibform muss man sich auf den sprachlichen Stil des Protagonisten/der Protagonistin einlassen. Die Ausführungen dürfen dabei einer gewissen Glaubwürdigkeit hinsichtlich des Charakters der Figur nicht entbehren, da Stringenz und Kohärenz bzgl. des Textausschnitts geboten sind. Das bedeutet, Leerstellen logisch und sinnvoll zu füllen, aber auf zu ausschweifende Fantasie, die jeder Textgrundlage entbehrt, zu verzichten. Um Stringenz und Kohärenz zu gewährleisten, ist es sinnvoll, Ideen in einem vorher angefertigten Schreibplan zu sammeln und zu strukturieren. Zur Verfügung gestellte Materialien müssen aufgabenkonform und zielgerichtet in den Schreibprozess eingebunden werden.

Brief

Äußere Form eines Briefes

Briefkopf: Absender und dessen Adresse (links), Datum (rechts), Empfänger und dessen Adresse (links)
Anrede
Inhalt
Grußformel, Unterschrift

Der Brief fordert zu Beginn die Nennung des **Schreibanlasses**. Weiterhin ist die **Offenlegung der Beziehung** zum Adressaten von entscheidender Bedeutung, was nicht nur durch explizite Benennung der Beziehung, sondern auch durch den verwendeten Sprachstil kenntlich gemacht werden kann (beispielsweise sachlicher, salopper oder freundschaftlicher Ton). Allerdings ist ein zu umgangssprachlicher bzw. stark dialektal gefärbter Stil zu vermeiden. Die Aufsatzform zielt darauf ab, anhand von einigen Textbezügen **Erfahrungen zu reflektieren** und **Gefühle schlüssig und überzeugend darzustellen**. Mitunter gibt aber die Aufgabenstellung auch das Argumentieren zu einem bestimmten **Sachverhalt** vor.

Eine Abrundung des Briefes sollte erfolgen, indem beispielsweise eine Schlussfolgerung, ein Appell, ein Lösungsvorschlag oder ein Fazit formuliert werden.

Um der Figur gerecht zu werden, ist es nötig, sich deren **Sprachebene und Sprachduktus** bewusst zu machen und entsprechend zu formulieren. Zur Betonung von Emotionen bzw. zur Verdeutlichung von Reflexion bieten sich **sprachliche Mittel** an, vor allem Fragen und Ausrufe, negative und positive Konnotationen und eine aussagekräftige Wortwahl.

LÖSUNGSVORSCHLAG

Beispiel für die Ausarbeitung eines Briefes zu „Geschichten aus dem Wiener Wald" (siehe S. 266 f.)

Tagebucheintrag

Äußere Form eines Tagebucheintrags

Datum
evtl. Anrede oder Überschrift
mögliche Schluss- bzw. Grußformel

Der Tagebucheintrag zeichnet sich prinzipiell durch seine offene Struktur aus, jedoch gibt es trotzdem Anhaltspunkte für die inhaltliche Ausgestaltung. So sollte zu Beginn der **Anlass** für die Erstellung des Tagebucheintrags genannt werden (Darlegung des Problems bzw. der Situation, in der sich die fiktionale Figur befindet). Die **Darstellung von plausiblen Gefühlen** in der **Auseinandersetzung mit einer vorgegebenen Situation** ist zentraler Schwerpunkt der Aufsatzform. Hierbei ist es unerlässlich, **Textbezüge aufzugreifen** und zu funktionalisieren. Gegebenenfalls sind **Lösungsmöglichkeiten in einer argumentativen Entfaltung** erforderlich. Zum Ende des Tagebucheintrags bietet sich ein **abrundender Schluss** im Sinne eines Wunsches, Fazits etc. an.

Genauso wie beim Formulieren eines Briefs gilt es, die **Sprachebene und den Sprachduktus** der Figur zu beachten und aufzugreifen. Zur Betonung von Emotionen bzw. zur Verdeutlichung von Reflexion bieten sich **sprachliche Mittel** an, vor allem Fragen und Ausrufe.

LÖSUNGSVORSCHLAG

Beispiel für die Ausarbeitung eines Tagebucheintrags

Schreiben Sie einen Tagebucheintrag aus Iris' Sicht, in dem sie ihre Situation nach Entdeckung des Artikels von Professor Mortimer G. Fisher reflektiert.

Liebes Tagebuch, 18.10.1995

wie kann ich beschreiben, welche Gefühlswellen mich durchfluten? Gibt es überhaupt genügend und vor allem passende Wörter, um zu vermitteln, was die letzte Neuigkeit mit mir gemacht hat?
Vielleicht werden Wünsche und Gebete ja doch erfüllt und erhört, ich weiß es nicht, aber nachdem ich heute den Zeitungsartikel über Professor Mortimer G. Fisher und seinen Erfolg beim Klonen von Säugetieren gelesen habe, ist es, als sei doch noch Erlösung erwartbar und ich vielleicht doch stärker als diese verfluchte Krankheit, die mich niederringen will. Gestern noch dachte ich, der Himmel bricht über mir zusammen, weil es mir nicht vergönnt ist, Kinder zu haben. Sicherlich war dieser Wunsch bisher nicht besonders bedeutsam, ich habe Kinder nie wirklich als Segen gesehen, wie das doch so viele andere Frauen

tun. Allein schon, dass ich keine Zeit mehr hätte, mich ans Klavier zu setzen, oder die Stücke, die ich spiele, von vollen Windeln und Geschrei unterbrochen werden, hat mich bisher erschauern lassen, aber wenn ich dann doch bald sterbe ... wer wird mein virtuoses Werk fortsetzen?

Was werde ich denn schon groß hinterlassen außer fantastischen Kompositionen? Schon bald werden nur noch kultivierte Musikliebhaber meinen Namen kennen.

Aber wer wird an meinem Grab stehen? Wird mein Grab brachliegen, weil niemand sich die Mühe machen will, es schön zu bepflanzen? Wird mein Klavier an den nächsten billigen Gebrauchtwarenhändler verkauft, weil niemand seinen wahren Wert erkennt? Dadurch, dass ich mein Leben für die Musik gegeben habe, ist einfach niemand da, dem ich was bedeute ... der mir was bedeutet ... Ich bin allein, nur ich und die Musik, der Applaus der Menschen, die mich nicht pflegen werden, nicht meinen Rollstuhl schieben werden, wenn mein Körper mir nicht mehr gehorcht.

Wenn ich ein Kind hätte, das meine Gene hat und damit mein Talent besitzt ... das wäre die unsäglichen Strapazen einer Mutterschaft wert. Ich könnte zudem eine Nanny einstellen, die sich um das Kind kümmert, während ich meine Konzerte gebe. So könnte ich beides haben: Ein Kind und – was viel bedeutender ist – meine Kunst.

Ich will ein Kind, unbedingt, egal wie ... ich will nicht allein sein, mein Talent muss weiterleben, darf nicht aussterben, die Multiple Sklerose darf nicht gewinnen, wird nicht gewinnen!

Natürlich werden Bekannte einwenden, dass das nicht fair sei gegenüber dem Kind, denn es hätte keinen wirklichen Vater – und es wird auch garantiert kein Papa in seinem Leben auftauchen, denn für so banale weltliche Dinge wie eine Partnerschaft ist meine kostbare Zeit zu schade – aber ... wer braucht schon unbedingt einen Vater?

Allerdings muss man ja ehrlicherweise zugeben, dass es ein erheblicher Eingriff in die Natur ist oder auch in Gottes Schöpfung, wie einige anmerken werden. Sicherlich, ich weiß auch nicht, ob der Mensch sich anmaßen darf, Gott zu spielen, aber wenn es doch diese Möglichkeit gibt? Wer würde nicht Albert Einstein klonen, wenn er die Möglichkeit dazu hätte? Diese fantastischen Optionen, die sich für die Menschheit daraus ergeben. Wir könnten die Welt zu einer besseren machen! Wenn besonders talentierte Menschen wie ich geklont werden würden ... da muss die Welt doch dankbar sein. Außerdem ... hin oder her ... letztlich würde ich einem Menschen das Leben ermöglichen. Das ist doch ganz im Sinne der Natur, oder etwa nicht? Vielleicht ist es moralisch fragwürdig ... bestimmt ist es sogar moralisch fragwürdig, aber na und?

Ich kann leben!!! Ja, ich kann und werde weiterleben! Dieser Fisher wird einen Klon von mir herstellen! Mein Talent kann einfach die Ewigkeit überdauern und ich bin nicht mehr alleine. Ist das nicht einfach hervorragend? Die letzten Jahre werde ich jemanden haben, der mich braucht, der von mir abhängig ist, mich lieben und bewundern und dann auch pflegen wird. Und vor allem jemand, der mein Talent weiter in die Welt tragen wird. Ich werde ewig leben!

Morgen früh werde ich sofort Kontakt zum Center for Reproductive Medicine and Bioengineering in Montreal aufnehmen. Das ist der Ausweg, die Rettung, der Sieg!

Ich bin voller Hoffnung und Vorfreude auf meine Tochter!

Iris

Innerer Monolog

Der innere Monolog ist ein Selbstgespräch, das durch **Wiedergabe der Gedanken und Gefühle** einer Person in der Ich-Form geprägt ist. Um eine **Unmittelbarkeit des Mitfühlens** zu gewährleisten, ist es wichtig, sich in die Lage der Figur zu versetzen und sich in diese einzufühlen. Diese Identifikation wird zudem deutlich, da sich auch die Sprache des inneren Monologs an die der Figur anpasst. Die **Alltagssprache** ist hier also passend, allerdings sollte auf eine zu ausgeprägte Umgangssprache verzichtet werden. Der Inhalt hängt stark von der Themenstellung ab, muss sich aber unbedingt auf den Text beziehen. Mögliche Aspekte sind das **Nachdenken und Reflektieren** des eigenen oder fremden Verhaltens (auch Vorwürfe oder Mutzusprache sind möglich), das Äußern von Ängsten oder Unsicherheiten oder das **Bewerten einer Situation oder Beziehung**. Als Schluss bietet es sich an, einen **Entschluss zu fassen**, **einen Ausblick zu geben oder auch Hoffnungen auszusprechen**. Dabei muss der Inhalt des inneren Monologs nicht zwangsläufig eine bestimmte Reihenfolge haben, sondern kann durch **Gedankensprünge**, **kurze, unvollständige Sätze, Fragen und Ausrufe** geprägt sein (Psycholekt), die einen aufgewühlten Gemütszustand der sprechenden Figur darstellen können.

LÖSUNGSVORSCHLAG

Beispiel für die Ausarbeitung eines inneren Monologs zu „Geschichten aus dem Wiener Wald" (siehe S. 267 f.).

6 Interpretation epischer Texte

Die Deutung eines literarischen Textes beinhaltet die Verknüpfung und Wahrnehmung der Aussageabsicht bzw. des Aussagegehalts sowie Ansätze einer literarischen Wertung.

Erzähltechnische Aspekte, Wiedergabe von Inhalt und Aufbau sowie Figurencharakterisierung und -konstellation sind dementsprechend wichtige Elemente einer textgerechten und differenzierten Interpretation.

Bezüglich der Interpretationsmethodik unterscheidet die Literaturwissenschaft zwischen den folgenden unterschiedlichen Ansätzen:

Biografische Methode:
Hier werden die Zusammenhänge zwischen dem Lebenslauf des Autors und seinem dichterischen Werk aufgespürt.

Literatursoziologische Methode:
Hier werden die Zusammenhänge zwischen den gesellschaftlichen Verhältnissen der Entstehungszeit eines Werkes und dem literarischen Text ermittelt.

Geistesgeschichtliche Methode:
Hier werden die Zusammenhänge zwischen den geistigen und weltanschaulichen Strömungen und dem Text erschlossen.

Psychologische Methode:
Hier wird das Wissen über die Psyche des Menschen auf Empfindungen und Verhaltensweisen der fiktionalen Figuren angewendet.

Rezeptionsgeschichtliche Methode:
Hier wird weniger das literarische Werk als Produkt untersucht, sondern vielmehr die Wirkung, die es im Laufe der Zeit auf die Leser als Rezipienten hat.

Werkimmanente Methode:
Hier wird bei der Interpretation auf alles verzichtet, was außerhalb des Textes liegt (Biografie des Dichters, historischer Hintergrund, Erkenntnisse anderer Wissenschaften etc.), d. h., man beschränkt sich auf den Text als Sprachkonstrukt.

In der Schulpraxis ist die Methodendiskussion eher zweitrangig; Impulse der unterschiedlichen Richtungen können jedoch im Rahmen einer gründlicheren Interpretation berücksichtigt werden (vor allem bei einem (Fach-)Referat, einer Fach- oder Seminararbeit mit häuslicher Vorbereitung).

Thema:
Interpretieren Sie das Selbstbild der Tochter Siri.

LÖSUNGSVORSCHLAG

Methodische Hinweise

Einleitung

Einleitung: Überblick über zentrale inhaltliche Zusammenhänge

Der vorliegende Textausschnitt aus Charlotte Kerners Roman „Blueprint Blaupause" stellt in erster Linie ein Tochter-Mutter-Verhältnis dar – und zwar aus der Sicht der Tochter, die als Ich-Erzählerin fungiert. Damit enthält dieser Text deren subjektive Sichtweise, mit der sie das Verhalten ihrer Mutter darstellt. In diesem Zusammenhang ist es aber auch ganz interessant, nach dem eigenen Selbstbild, d. h. nach der Selbstwahrnehmung der Tochter Siri, zu fragen. Im Folgenden geht es zunächst um Siris Selbsteinschätzung als Klon ihrer Mutter, dann um ihr Selbstbild als das Produkt der Verzweiflung ihrer Mutter und um ihre schwierige Kindheit. Schließlich gerät noch die Selbstwahrnehmung der erwachsenen, reflektierenden Ich-Erzählerin ins Blickfeld.

Aufgreifen der Aufgabestellung Strukturierungshinweise

Hauptteil

Hauptteil These 1 – Entfaltung – Textbeispiel

Bei Siris Selbstkommentaren zu ihrer Klonexistenz zeigt sich eine deutliche Ambivalenz: Einerseits fällt zunächst eine gewisse Selbstverständlichkeit in der Einschätzung ihres Daseins auf. Die Normalität dieser Situation zeigt sich bereits in ihrem Aussehen (vgl. Z. 11–13); dazu passt auch ihre Bemerkung, dass „Klone [...] im Kommen [waren]" (Z. 124 f.), wenngleich man hinter dieser etwas saloppen Formulierung eine gewisse Ironie vermuten könnte, die dann andererseits ein Zeichen dafür ist, dass Siri ihre Kloneigenschaft doch nicht so ganz selbstverständlich hinnimmt. Eine Eintrübung erhält das Selbstbild vor allem durch Siris indirekten Vorwurf an ihre Mutter. Die Klonidee gebe Iris „einen neuen Sinn und ein neues Ziel: mich. Oder genauer, dich noch einmal. Iris Sellin zum Ersten und

Entfaltung – Textbeispiel

zum Zweiten. Bieten Sie mit?" (Z. 119–122). Hier deutet sich eine Art Kränkung an, nur ein Duplikat und nicht ein ganz eigenständiges Wesen zu sein, und das kann die Entwicklung eines stabilen Selbstbildes sehr negativ beeinflussen.

Folgerung

Wenn Siri später den Begriff Klon erläutert (vgl. Z. 135–147), tut sie das zunächst betont sachlich unddistanziert, als ob es sich für sie inzwischen um eine Selbstverständlichkeit handelte. Aber die unmittelbare Fortsetzung dieser emotionslosen, fast wissenschaftlichen Beschreibung ist eine Umschreibung, die jetzt sehr bildhaft, aber auch emotional zu Siris Kindheitsproblemen hinführt: „Zweige brechen leicht, wenn sie gerade erst wachsen und noch so dünn und wenig widerstandsfähig sind und wenn man ihnen zu viel aufädt und sie zu früh ihrem Schicksal überlässt" (Z. 148–152). Für Siris Selbstbild könnte das heißen, dass sie ihre negativen Lebenserfahrungen nicht ganz ohne Zusammenhang mit ihrer Klonentstehung sieht. Diese Deutung wird durch zwei andere Textstellen noch verstärkt. Im Anschluss an die Bemerkung vom „Fortschritt" (Z. 130) des Klonens und vom „Schritt in die Zukunft" (Z. 131) heißt es nämlich sofort: „[A]ber Vorsicht! Stolpergefahr mit blauen Beulen, blau wie eine Blaupause, blue like a blueprint" (Z. 131–133). Mit dieser bildstarken Formulierung – Metapher, Vergleich und Wortwiederholung bzw. Übersetzung mit Bezug auf den Romantitel – will Siri signalisieren, dass sie ihre Existenz in eine sehr riskante Wissenschaftsentwicklung eingebettet sieht, die wiederum ihre ganz subjektive Selbstwahrnehmung mitbestimmt – und zwar mit Unsicherheiten, Gefahren, einem hohen Risiko. Wie schrecklich sich diese negativen Voraussetzungen auswirken können, drückt die Ich-Erzählerin bereits am Anfang des Textes deutlich, krass, ja fast sarkastisch aus: „Der Horror spielt sich innen ab und der beste Horror war schon immer der von der unsichtbaren Sorte" (Z. 13–15). Hinter dem äußerlich ganz normalen Bild Siris verbirgt sich also ein Selbstbild mit vielen Unsicherheitsgefühlen und nicht ganz definierbaren Ängsten und Irritationen, die mehr oder weniger stark mit ihrer Besonderheit als Klon zu tun haben.

Etwas leichter sind jene Textstellen zu interpretieren, die mit Iris' Kinderwunsch und mit Siris Kindheit zu tun haben: „Als es dir schlecht ging, Iris, erst dann sehntest du dich nach einem Kind. [...] Aus Wut! [...] Weiterleben wolltest du in der anderen, oder noch besser, ewig leben! Ein verzweifelter Wunsch, der nur Verzweiflung hervorbringen konnte" (Z. 108–115). Eine derartige Vermutung, fast Gewissheit, hinter der eigenen Existenz zu spüren, ist sicher keine gute Voraussetzung für das spätere Leben – mehr noch als die Kloneigenschaft. Dass die Ich-Erzählerin diese Textstelle für sehr wichtig hält, geht auch aus dem Einsatz vieler sprachlicher Mittel hervor. Der vorgezogene Nebensatz (vgl. Z. 108) verstärkt die Ursache des Kinderwunsches bei Iris, die Antithese „neues Leben dem alten, kranken entgegenstellen" (Z. 110 f.) verdeutlicht das egoistische Motiv. Als Steigerung, ja Höhepunkt der negativen Selbsteinschätzung ihres „Zur-Welt-gekommen-Seins" als Instrument ihrer Mutter fungieren die Ellipse: „Aus Wut!" (Z. 110) und dann die Steigerung: „Weiterleben [...] ewig leben!" (Z. 112–114). Ein nicht sehr viel positiveres Lebensgefühl vermittelt wohl auch die Erkenntnis, dass man nur gewünscht war, damit die Mutter „ihr Wissen weitergeben konnte" (Z. 84) und in ihr (Siri) „weiterleben würde" (Z. 86). Siri fühlt sich überdies degradiert, lediglich ein „Erbe antreten" (Z. 85) zu sollen. Ein Mensch, der seine Geburt unter solchen Vorzeichen sehen muss, kann schwerlich ein stabiles Selbstbild haben. Es wird vielmehr geprägt sein von mangelndem Selbstvertrauen, von permanenter Selbstinfragestellung. Je mehr Siri über ihre Existenz erfährt, nachdenkt und Vorstellungen erlangt, umso stärker wird ihr Ich-Bewusstsein verunsichert, gestört und geschwächt. Die Folge für die Selbstwahrnehmung wird durch eine Wortwiederholung noch verstärkt und gesteigert: „Ein verzweifelter Wunsch, der nur Verzweifeltes hervorbringen konnte" (Z. 114f.).

Siris Erinnerungen an die tatsächliche, wirkliche, selbst erlebte Kindheit sind dann viel konkreter und weniger spekulativ. Aber sie sind auch nicht gerade positiver oder aufbauender, um ihr Selbstbild sozusagen aufzuhellen oder zu verschönern.

Nach diesen vorgeburtlichen Belastungen und traumatischen Kindheitserlebnissen als äußerst negative Faktoren für Siris Selbstbild bleibt noch zu fragen, welches Bild der erwachsenen Ich-Erzählerin vor dem Leser entsteht. Hier zählt zunächst die klare Aussage der Protagonistin: „Also erwartet keine normale Biografie" (Z. 27 f.). Die Begründung für die Abweichung von der Normalität ist wieder einmal die Besonderheit ihrer Klonexistenz: „Denn wahr ist auch, was ich als Zwillingsschwester, als Iris-Klon, hinter den Fakten erfühle" (Z. 28–30). Als Erwachsene auf der Suche nach ihrem eigenen Ich kann Siri in die Identität ihrer Mutter schlüpfen: „Als Klon kann ich schließlich Iris oder Siri sein oder ich bin uns beide gleichzeitig. Manchmal steige ich auch einfach aus und werde jemand Drittes, der die Geschichte von Iris und Siri erzählt. Dann kann ich mich/sie/uns betrachten, wie eine Forscherin ihre Versuchsanordnung im kalten, blauen Laborlicht beobachtet" (Z. 34–41). Hier erhält der Leser ein sehr ambivalentes Selbstbild: Als Klon, so meint Siri jedenfalls, kann sie einerseits ihre Mutter viel besser kennen als nicht geklonte Kinder; andererseits dürfte aber diese Art von Doppelexistenz auch eine Belastung sein, die die Entstehung einer festen, sicheren Ich-Identität nur stört und belastet – auch noch im Erwachsenenalter. Siri sieht darin aber auch wiederum eine Chance der Distanzierung, d. h. wie eine Forscherin handeln zu können. Die Selbstwahrnehmung der erwachsenen Siri, die sich um eine Klärung und ein Verständnis ihres Verhältnisses zu ihrer Mutter bemüht, ist also sehr uneinheitlich: ein Bild zwischen extremer Nähe und möglicher großer Distanz.

In diesem Wechselspiel von kindheitsgeprägten Unsicherheitsgefühlen und Ängsten einerseits und den Bemühungen um eine rationale, wahrheitsgemäße Aufarbeitung dieser Gefühle andererseits entwickelt sich Siris Selbstbild im Laufe ihrer autobiografischen Erzählung (vgl. Z. 16 ff.). Und weil sie erkennt: „Doch was ist das schon, die Wahrheit?" (Z. 21 f.), darf der Leser annehmen, dass auch das Selbstbild der erwachsenen Siri immer noch zwischen Selbstzweifel und Selbstsuche, emotionaler Unsicherheit und wachsendem Selbstvertrauen schwankt.

Schluss

Ungeachtet der Klonthematik bietet Charlotte Kerner mit ihrem Text eine literarische Studie, die sehr wirklichkeitsnah und überzeugend psychologische und soziale Fragen aufwirft: ein Kinderwunsch aus Verzweiflung bzw. dem egoistischen Wunsch weiterzuleben; Probleme eines Kindes, das eine alleinerziehende Künstlerin zur Mutter hat; Aufarbeitung seelischer Verletzungen mithilfe schriftlich aufgezeichneter Erinnerungen bzw. Analyseversuche.

1. Inwieweit erkennen Sie die Methode BUWE (siehe S. 26 ff.) im Gesamtaufbau und in der textgebundenen Argumentation?
2. Suchen Sie nach Schlüsselbegriffen der Deutung, die die Ausprägung von Siris Selbstbild bezeichnen.
3. Analysieren Sie die Textbelege im Hinblick auf ihre sprachlich-stilistische Gestaltung.
4. Interpretieren Sie den Aspekt der schwierigen Kindheit von Siri, der im Lösungsvorschlag nur angedeutet ist.

7 Literarische Wertung

Diese Form der kritischen Auseinandersetzung mit einer Thematik, Aussage oder konkreten Textstelle eines literarischen Textes orientiert sich weitgehend an den Prinzipien einer sachbezogenen Argumentation.

Es gilt auch hier, eine bestimmte Problemstellung von zwei konträren Blickwinkeln aus zu betrachten mit dem Ziel einer **Ausgewogenheit** von **Pro- und Kontra-Argumenten**.

Zu einer literarischen Wertung gehört zunächst eine kurze gezielte Hinführung (z. B. Begriffsklärung, Einordnung in den Text, Problem in der Lebenswirklichkeit) mit einer präzisen Themafrage, die die notwendige dialektische Betrachtungsweise zum Ausdruck bringt. Eine Themaerschließung bzw. -präzisierung erfordert vor allem solche Themen, die z. B. die Beurteilung, Bewertung usw. von Verhaltensweisen, Einstellungen, Beziehungen etc. verlangen.

Bei der Ausarbeitung von These bzw. Antithese ist auf eine klar strukturierte, in der Regel textgebundene Argumentation zu achten, die auf einer aussagekräftigen Behauptung und einer sich daran anschließenden differenzierten Entfaltung basiert. Vor allem im Bereich der Veranschaulichung können nach Möglichkeit geeignete Textbelege, z. B. in Form wörtlicher oder sinngemäßer Zitate, in die Ausarbeitung eingebunden werden. Dieser Arbeitsschritt ist verknüpft mit einer aufgabengerechten und die Aussageabsicht im Auge behaltenden Deutung der Textbeispiele.

Bei der Gestaltung der Synthese bieten sich vor allem Lösungsansätze an, die die Fiktionalität aufgreifen und berücksichtigen. Rein sachorientierte, außerliterarische Lösungsansätze laufen Gefahr, die literarische Botschaft zu entwerten.

Hinweise für Syntheseansätze

Die Beurteilung einer Problemstellung ist abhängig von
- den persönlichen Lebenserfahrungen des Lesers,
- der Kenntnis motivgleicher oder -ähnlicher literarischer Werke bzw. Verfilmungen,
- der Berücksichtigung der historischen bzw. gesellschaftlichen Entstehungshintergründe,
- der Aussageabsicht des Autors.

Thema:
Diskutieren Sie, ob Siris Schicksal als Klon sich auf die Mutter-Tochter-Beziehung auswirkt.

LÖSUNGSVORSCHLAG

Aufbau

Einleitung
Klärung, Abgrenzung des Schlüsselbegriffs

Der Textausschnitt von Charlotte Kerner liest sich sehr realistisch im Rahmen der subjektiven Perspektive einer Ich-Erzählerin, die sich um die Wahrheit einer Mutter-Tochter-Beziehung bemüht. Innerhalb dieser fiktiven Wirklichkeitsebene ist Siri ein geklontes Kind bzw. ein erwachsener Klon. Für den Leser jedoch in seiner außerliterarischen, nichtfiktiven Lebenswirklichkeit ist ein geklonter Mensch immer noch unrealistisch. Siri befindet sich im Konflikt mit ihrem Klondasein und hadert mit ihrer Lebenssituation. Deshalb soll im Folgenden die Frage geklärt werden, ob Siris Schicksal als Klon sich auf die Mutter-Tochter-Beziehung auswirkt.

Themafrage in Aussageform

Viele Textstellen heben die Klonnatur Siris – vor allem im Zusammenhang mit ihrer Konzeption bzw. Entstehung – hervor. Allein schon der Gedanke an ein Kind ist bei der Mutter Iris beeinflusst von dem zufällig gefundenen Artikel über reproduktive Medizin: „Nachdem Iris den Bericht mehrmals durchgelesen hatte, wusste sie, was sie zu tun hatte" (Z. 105–107). Wenige Zeilen später wird dieser Zusammenhang noch einmal betont, als Siri sich an ihre Mutter wendet und klagt: „Als du den Bericht über Fisher gelesen hattest, dachtest du zum ersten Mal an mich, deine Klon-Tochter, und dieser Gedanke ließ dich nicht mehr los" (Z. 116–119). Hinzu kommt noch, dass Siris Geburt in eine Zeit fiel, in der Klone „im Kommen" (Z. 124 f.) waren: „Die Einelternfamilie [...] stand auf der gesellschaftlichen Tagesordnung [...]. Die Jungfernzeugung für Frau und Mann – welch ein Fortschritt!" (Z. 125–130).

Hauptteil
Behauptung der Thesenargumentation

Veranschaulichung in Form von Textbelegen/

wörtlichen Zitaten

All diese Textstellen belegen, dass es für die Autorin nicht ganz nebensächlich oder gleichgültig ist, dass ihre Mutter-Tochter-Geschichte in einer Zeit angesiedelt ist, in der das menschliche Klonen möglich geworden ist, sodass auch der Leser über Siris Kloneigenschaft nicht einfach hinwegsehen kann. Wobei es ja nicht nur um die (Er-)Zeugung Siris geht, sondern später auch um ihre Existenz und ihr Leben als Klonmensch. Ein erster Hinweis darauf erscheint bereits sehr früh im Text, wenn die Ich-Erzählerin von Gesprächen mit ihrem medizinischen Vater (vgl. Z. 23–25) berichtet, was wohl ein eigenartiges Gefühl erzeugen dürfte. Später weist Siri auf ihre Art „Doppel-Existenz" hin, indem sie – für den Leser irritierend – erklärt, dass sie „schließlich Iris oder Siri [...] oder [sie] gleichzeitig" (Z. 34 f.) sein kann. Ein irritierendes Existenzgefühl, das sich sogar in der Sprache widerspiegelt. Als Letztes sei noch auf die Textstelle hingewiesen, in der die Ich-Erzählerin relativ ausführlich auf die Wortbedeutung des Begriffs „Klon" eingeht (vgl. Z. 135–147) und damit erneut Zeugnis davon ablegt, dass ihr Dasein als Heranwachsende und schließlich Erwachsene geprägt ist von ihrer Kloneigenschaft – und zwar überwiegend negativ. Es heißt nämlich am Schluss: „Klon heißt auch Zweig, und Zweige brechen leicht" (Z. 148 f.). So wird mehrfach deutlich, dass Siris Existenz als Klon die Mutter-Tochter-Beziehung stark beeinflusst.

Auswertungen

sinngemäßen Zitaten

Rückführung

Gerade der letztgenannte Textbeleg – und seine direkte Fortsetzung vor allem – weist über die Thematik des Klonens hinaus und könnten ebenso die Kindheitserfahrungen eines normal gezeugten Kindes wiedergeben: „Zweige brechen leicht, wenn sie gerade erst wachsen und noch so dünn und wenig widerstandsfähig sind und wenn man ihnen zu viel auflädt und sie zu früh ihrem Schicksal überlässt" (Z. 148–152) Hier gewinnt die Darstellung der Autorin eine auch für heutige „Nicht-Klon-Kinder" starke Aussagekraft. Die Abwesenheit der Mutter, das Leben bei einer Pflegemutter, die vergebliche Suche nach Nähe und

Geborgenheit – all dies sind Kindheitsprobleme, die so oder ähnlich auch heute vorkommen können, also ursächlich nichts zu tun haben mit ihrem Klonschicksal.

Ähnlich ist es mit Siris Reaktionen, die wiederum unabhängig sein können von ihrer Klonexistenz: „Manchmal war ich einfach überrascht, dass es dich wirklich noch gab" (Z. 178 f.). Wenn der Leser nun noch auf die Zeit vor der Geburt Siris zurückblickt, entdeckt er im Zusammenhang mit Iris' Kinderwunsch ebenfalls genügend Textstellen, die nicht nur auf das Thema „Klonen" bezogen werden können. Der Gedanke an ein Kind entstand ja bei Iris schon vor dem Klonartikel als Reaktion auf ihre schwere Erkrankung (vgl. Z. 82–88). Auf einmal zeigen sich Gefühle, „die sie zuvor als primitive Fortpflanzungsinstinkte belächelt hatte" (Z. 90 f.). Ein psychologisch doch sehr interessanter Zusammenhang, der (noch) nichts mit Klonen zu tun hat. Wie Siri dann noch einmal den neu entstehenden Kinderwunsch interpretiert – das liest sich so wirklichkeitsnah, einleuchtend und überzeugend, dass man bei diesen Zeilen die vorangegangene Passage über das Klonen (vgl. Z. 100 ff.) völlig außer Acht lassen kann: „Als es dir schlecht ging, Iris, erst dann sehntest du dich nach einem Kind. Du wolltest neues Leben dem alten kranken entgegenstellen. Aus Wut! [...] Weiterleben wolltest du [...], ewig leben! Ein verzweifelter Wunsch, der nur Verzweiflung hervorbringen konnte" (Z. 108–115). Solche Vorwürfe könnte theoretisch auch eine ganz natürlich gezeugte und geborene Tochter ihrer Mutter machen, wenn sie diese wahren Beweggründe und eigentlichen Motive bei ihrer Mutter erfahren müsste. Insofern wird deutlich, dass die schwierige Beziehung zwischen Siri und ihrer Mutter nicht ausschließlich auf ihrer Existenz als Klon basiert.

1. Untersuchen Sie den Aufbau der Antithese.
2. Formulieren Sie eine Synthese mit einem literarischen Vergleich („Futur de Luxe", siehe S. 244 ff.) und gesellschaftlichen Hintergründen (Information über Klonen, siehe S. 239 ff.).
3. Suchen Sie in der Ausarbeitung Textstellen, die den Leser auf Fiktionalität hinweisen.

8 Materialgestütztes Schreiben

Im Rahmen des Romanausschnitts aus „Blueprint Blaupause" sollen verschiedene Aufsatzarten mit zusätzlichem Material zum Thema „Klonen" verknüpft und vertieft werden, um eine intensive Auseinandersetzung mit der Thematik zu ermöglichen.

1. Texterschließung zu Material (M 1: Frankensteins Traum wird wahr): Recherchieren Sie die Begriffe „therapeutisches Klonen" (M 1, Z. 132 f.), „reproduktives Klonen" (M 1, Z. 131) und „embryonale Stammzellen" (M 1, Z. 26 f.); stellen Sie unter Berücksichtigung der Schaubilder (M 2) in eigenen Worten den Vorgang der beiden Formen des Klonens dar.
2. Fassen Sie den Inhalt des Sachtextes (M 1) zusammen.
3. Erarbeiten Sie innerhalb der Klasse unter Berücksichtigung der Materialien (M 1–M 5) eine Radiosendung zum Thema „Klonen", die folgende Beiträge beinhaltet: ein Interview mit Klon xy, eine Werbekampagne für das reproduktive Klonen, eine Reportage und einen Kommentar.

4. Dramenauszug „Futur de Luxe“: Gestalten Sie einen inneren Monolog aus Rudolfs Sicht, seine Verzweiflung thematisierend und das Abendessen reflektierend unter Bezugnahme auf die Karikatur (M 4).
5. Diskutieren Sie das Verhalten des Vaters Theo.
6. Planen Sie Standbilder, die das Verhältnis der Familienmitglieder zueinander und deren emotionale Verfassung verdeutlichen (siehe S. 47).
7. Theo wird aufgrund seines Vergehens angeklagt. Bereiten Sie eine Gerichtsverhandlung vor, führen Sie diese durch und kommen Sie zu einem Urteil.
8. Erstellen Sie unter Berücksichtigung der zur Verfügung gestellten Materialien ein Plakat, das die Chancen und Gefahren des Klonens auflistet. Entscheiden Sie sich für eine der beiden Seiten und verfassen Sie ein Plädoyer für die Schülerzeitung.
9. Inszenieren Sie eine Talkshow, in der das Thema „Klonen“ diskutiert werden soll. Konzipieren Sie in Gruppen Rollenbiografien zu folgenden Charakteren: Stammzellenforscher/-in, Vertreter/-in der Kirche, konservativer Politiker/konservative Politikerin, an Multiple Sklerose erkrankter Anwalt/erkrankte Anwältin, Literaturnobelpreisträger/-in, Moderator/-in (siehe S. 48).
10. Vergleichen Sie das Mutter-Tochter-Verhältnis im Romanauszug „Blueprint Blaupause“ (siehe S. 218–220) mit dem Vater-Sohn-Verhältnis in dem Dramenausschnitt „Mensch Meier“ von Franz Xaver Kroetz (siehe S. 471 f.).

Zusatzmaterial

Material 1

Andreas Sentker: Frankensteins Traum wird wahr

Die Nachricht von der Existenz des Klonschafs Dolly löste im Februar 1997 einen weltweiten Schock aus. Was Forscher als Sensation feierten, war für viele andere ein dramatischer Eingriff in die Natur – mit womöglich weitreichenden Folgen: Gibt es bald geklonte Menschen?

Was schien nach Dolly nicht alles denkbar: kranke Väter, die genetisch identische Söhne als Organspender heranzüchten lassen. Kranke Hirne, in denen der Wunsch übermächtig wird, das Leben nach dem Tod im neuen Körper fortzusetzen. Existenzielle Fragen stellten sich: Darf ein Mensch zu einem nützlichen Zweck geboren werden? Ist er dann ganz Mensch? […]

Wie in dieser Woche: Amerikanische Forscher melden in der Fachzeitschrift *Cell*, ihnen sei es erstmals gelungen, menschliche Embryonen aus normalen Körperzellen zu klonen.

Was jahrelang ein Gedankenspiel war, könnte nun Wirklichkeit werden: die Neuauflage eines Menschen. Nicht dass die Forscher bereits geklont hätten. Im Gegenteil: Sie haben die kugelförmigen Embryonen nicht in eine Gebärmutter übertragen, sondern sie in ihre Zellen zerlegt. Diese embryonalen Stammzellen teilen sich nun im Labor weiter und lassen große Hoffnungen wachsen: Sie sollen Ersatzgewebe bilden, das vom Patienten nicht mehr abgestoßen wird. Sie sollen bisher unheilbare Krankheiten heilen. Sie sollen die nächste Revolution in der Medizin einläuten. Die Forscher argumentieren, die Klonexperimente seien nötig, um die vielen noch offenen Fragen zu klären, die es vor einem breiten therapeutischen Einsatz von Stammzellen zu beantworten gelte. Ihnen gehe es zuallerletzt darum, Menschen zu kopieren. Dennoch werden nun die alten Ängste wieder wach. Und die Stammzellforschung, die in Deutschland ohnehin umstritten ist, wird wieder ins Licht der öffentlichen Aufmerksamkeit gerückt.

Kannibalismus hat man den Wissenschaftlern schon vorgeworfen: Für vage Heilsversprechen opferten sie die Würde des Menschen, töteten womöglich sinnlos unzählige Embryonen. Dagegen monierten die Forschungsbefürworter, ein Zellhaufen im Labor werde höher geachtet und strenger geschützt als das heranwachsende Kind im Mutterleib. Andere hielten angesichts der zahlreichen verheerenden Krankheiten, um deren Linderung es geht, die Forschung an menschlichen Embryonen geradezu für ethisch geboten.
Dabei existierten in der bisherigen Debatte nur Stammzellen, die aus überzähligen menschlichen Embryonen gewonnen wurden. [...]
Gegenwärtig führen drei Wege zu den begehrten Stammzellen, bei jedem fällt die Abwägung zwischen Biologie und Ethik etwas anders aus:

- Weltweit haben Wissenschaftler unzählige Zellkulturen aus Embryonen erzeugt, die bei einer künstlichen Befruchtung der werdenden Mutter nicht eingesetzt werden konnten und quasi „überzählig" waren. Die Hoffnung der Forscher: Einige Hundert unterschiedliche Kulturen könnten reichen, den weltweiten Bedarf an Stammzellen zu decken. Braucht ein Patient solche Zellen, wird wie bei einer Organspende das Gewebe typisiert und die passendste Kultur ausgewählt. Der Nachteil: Perfekt passen die Zellen nie zum Empfänger.
- In Tierversuchen haben Forscher molekulare Faktoren identifiziert, die eine erwachsene Zelle wieder auf jung trimmen – es sind erstaunlich wenige. Solche im Labor „induzierten" Stammzellen können verschiedene Zelltypen bilden. Pluripotenz nennen Forscher diese Fähigkeit. So ließe sich aus Körperzellen des Patienten frischer Zellersatz züchten. Die Einschränkung: Wie wandlungsfähig die Zellen wirklich sind und wie stabil die von ihnen gebildeten Gewebe, muss sich noch weisen.
- Der Durchbruch der Amerikaner macht jetzt theoretisch jene omnipotenten Zellen verfügbar, von denen Forscher träumen. Es sind Zellen, die nicht nur einzelne Gewebe, sondern einen ganzen Menschen bilden könnten. Praktisch müsste man dazu den Embryo in eine Gebärmutter einsetzen. Therapeutisch versprechen diese Zellen den größten Nutzen. [...]

Die neuen Erkenntnisse sollen – so argumentieren die Wissenschaftler – letzte Unsicherheiten der Stammzellgewinnung ausräumen. Diese Grundlagenforschung an geklonten Embryonen könnte womöglich gerade dazu beitragen, dass die Nutzung von Embryonen überflüssig wird. Die Ablösung heikler Therapieversuche durch ethisch weniger anstößige ist bei den induzierten Stammzellen bereits zum Teil gelungen – in diesem Jahr starten in Japan die ersten klinischen Studien. [...]
Doch der Preis des Wissens ist hoch. Denn schon jetzt haben die Forscher nicht nur ihre Erkenntnisse erweitert, sondern auch den Weg zum ersten geklonten Menschen geebnet. Der wird eher keine Diktatorenkopie sein, möglicherweise aber ein Designerbaby mit optimierter Gen-Ausstattung. Denn die Stammzellen eines Embryos lassen sich problemlos genetisch verändern. Mit der Dolly-Technik, darauf wies Dollys wissenschaftlicher Vater Ian Wilmut schon vor Jahren hin, ließe sich aus den modifizierten Zellen wieder ein Embryo herstellen. „Im Moment ist das bloß ein Traum", sagte Wilmut in der ZEIT. „Ein Albtraum, wenn Sie mich fragen."
Der Traum, der Albtraum ist näher gerückt. Wilmuts Einschätzung zeigt, was angesichts der Neuigkeiten aus den USA jetzt notwendig ist: eine weltweite Ächtung des reproduktiven Klonens. Bisher hat gerade Deutschland gemeinsam mit einigen anderen Staaten ein solches Klonverbot boykottiert. Mit der uns eigenen Gründlichkeit wollten wir nicht nur das reproduktive Klonen zur Züchtung von Menschen, sondern auch noch das therapeutische Klonen zur Produktion von Stammzellen verbieten lassen. Gegen diesen Rigorismus setzten sich unter anderem die Briten zur Wehr. Ergebnis: Bis heute kam gar keine UN-Resolution gegen das Klonen zustande, sondern nur ein rechtlich nicht bindendes Verbot von „allen Formen des Klonens, die nicht mit der menschlichen Würde vereinbar sind".

Jetzt ist die Zeit für eine neue globale Initiative gekommen. Das therapeutische Klonen zur Erzeugung von Stammzellen wird sich angesichts der divergierenden ethischen Auffassungen in den verschiedenen Staaten nicht verbieten lassen. Für ein striktes Verbot des reproduktiven Klonens zur Erzeugung von Designermenschen ließe sich aber vermutlich rasch eine Mehrheit organisieren.

Ein Mensch als zweckgebundene Schöpfung aus dem Labor? Als genetisch geformtes Produkt gesellschaftlicher Erwartungen oder individueller Wünsche? Biologisch sind solche Wahnvorstellungen der Wirklichkeit näher denn je. Wir müssen dafür sorgen, dass sie nicht wahr werden.

Sentker, Andreas, Frankensteins Traum wird wahr, in: ZEIT Online, 16.05.2013, online unter: www.zeit.de/2013/21/wissenschaft-klonen-mensch/seite-2, zugegriffen am 10.04.2017

Material 2

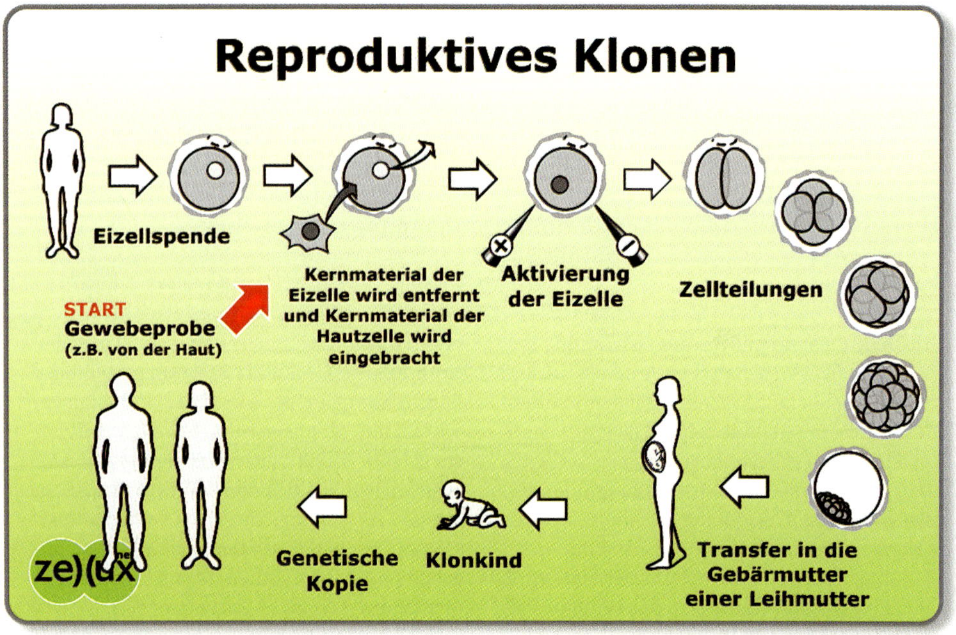

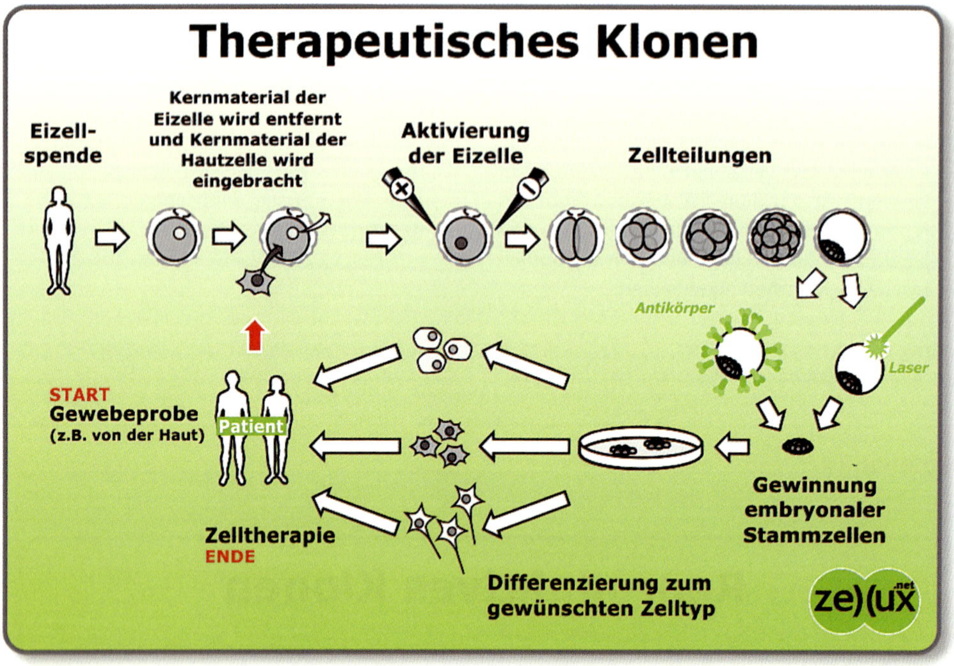

Material 3: Die rechtliche Situation in Deutschland

In Deutschland sind für die Gewinnung von sowie das wissenschaftliche Arbeiten an und mit menschlichen ES-Zellen das Embryonenschutzgesetz und das Stammzellgesetz maßgeblich. Das Embryonenschutzgesetz (ESchG) von 1991 verbietet die Herstellung oder Verwendung von Embryonen zu einem anderen Zweck als dem, eine Schwangerschaft herbeizuführen. Ferner wird jede Manipulation an einem extrakorporal erzeugten Embryo verboten, die nicht seiner Erhaltung dient. [...] In § 6 (1) heißt es außerdem: „Wer künstlich bewirkt, dass ein menschlicher Embryo mit der gleichen Erbinformation wie ein anderer Embryo, ein Foetus, ein Mensch oder ein Verstorbener entsteht, wird mit Freiheitsstrafe bis zu fünf Jahren oder mit Geldstrafe bestraft.“ [...]
Die faktische Gültigkeit des ESchG ist rechtlich unumstritten, kontrovers diskutiert wird aber seit geraumer Zeit, ob es mit anderen Gesetzen und grundgesetzlichen Bestimmungen kompatibel ist. Umstritten sind dabei unter anderem Fragen der Auslegung des Deutschen Grundgesetzes, nämlich verfassungsrechtliche Fragen bezüglich des Einsetzens der uneingeschränkten Schutzwürdigkeit des menschlichen Embryos ab dem Moment der Zellkernverschmelzung. Das Bundesverfassungsgericht hat sich zu der Frage der Reichweite der Menschenwürde und des Lebensschutzes beim ungeborenen Leben bisher zweimal im Zusammenhang mit der Rechtsprechung beim Schwangerschaftsabbruch geäußert. In seinem ersten Urteil zum Schwangerschaftsabbruch vom 25. Februar 1975 stellte das Bundesverfassungsgericht fest, dass sich das in Art. 2 Abs. 2 Grundgesetz formulierte Grundrecht auf Leben auch auf das ungeborene Leben beziehe und Leben „jedenfalls vom 14. Tage nach der Empfängnis (Nidation, Individuation) an“ bestehe. Ob das Grundrecht auf Leben dem Embryo auch schon vor dem 14. Tag nach der Empfängnis zukommt, ist mit dieser Formulierung offengelassen. Im zweiten Urteil vom 28. Mai

1993 wird zwar konstatiert, dass Menschenwürde „schon dem ungeborenen menschlichen Leben“ zukomme; das Gericht hat es aber ausdrücklich unentschieden gelassen, „ob, wie es Erkenntnisse der medizinischen Anthropologie nahelegen, menschliches Leben bereits mit der Verschmelzung von Ei und Samenzelle entsteht“. [...] Ob der menschliche Embryo bereits „vom Zeitpunkt der Kernverschmelzung an“ oder erst ab einem späteren Zeitpunkt seiner Entwicklung zu schützen ist, gilt gegenwärtig entsprechend der unterschiedlichen Schutzbestimmungen für den Embryo in vitro und den Embryo in vivo als nicht hinreichend geklärt. Über eine mögliche Änderung des Embryonenschutzgesetzes wird seit geraumer Zeit in Wissenschaft und Öffentlichkeit diskutiert.

Das Embryonenschutzgesetz von 1991 enthält keine Bestimmungen für die Forschung an solchen ES-Zellen, die unter anderen gesetzlichen Bedingungen im Ausland verfügbar geworden sind. [...] Dem im Juli 2002 in Kraft getretenen und im Jahr 2008 teilweise revidierten StZG zufolge, sind die Einfuhr und die Verwendung von embryonalen Stammzellen generell verboten und nur unter bestimmten Bedingungen erlaubt. Von den generellen Import- und Forschungsverboten ausgenommen werden Stammzellen, die unter anderem vor dem als Stichtag geltenden 1. Mai 2007 (in der ursprünglichen Fassung galt der 01. Januar 2002 als Stichtag) und im Rahmen von IVF-Behandlungen überzählig gewordenen Embryonen gewonnen worden sind.

Weiffen, Michael/Hillebrand, Ingo, Forschungsklonen. II. Rechtliche Aspekte, online unter: www.drze.de/im-blickpunkt/forschungsklonen/rechtliche-aspekte, zugegriffen am 10.04.2017

Material 4: Karikatur

Karikatur von Thomas Plaßmann

Material 5: Textauszug „Futur de Luxe“ von Igor Bauersima**

Ein ganz normaler Schabbath im Jahr 2020, an welchem sich die jüdische Familie Klein, der Vater Theo, ein anerkannter experimentierfreudiger Genforscher, die Mutter Ulla, die dank plastischer Chirurgie wie die Schwester ihrer Tochter Uschi aussieht, und die beiden 24-jährigen Söhne Felix und Rudi, an einem lauen Sommerabend zum Festessen trifft. Hinweise aus vorangegangenen Szenen deuten an, dass Felix der Klon seines Vaters und Rudi der genetische Zwillings Adolf Hitlers ist.

Theo lässt die Jalousien runter. Ulla bleibt abseits.

THEO Setzt euch, bitte. Rudi. Uschi.

Stille.

Die Grenzen unseres Wissens verschieben sich täglich. Die Wissenschaft macht Fortschritt. Und weil dem so ist, kann man irgendwann über Sachen sprechen, über die man vorher schweigen musste. Ja? Komm, setz dich, Uschi. Ja. Es gibt eine Sache, die mir schon seit langer Zeit am Herzen …

ULLA Theo.

THEO die mich schon lange Zeit belastet, weil die Zeit reif ist. Ich kann darüber … nein: Ich will also darüber heute Abend nicht mehr schweigen.

ULLA Theo?

THEO Weil wir eine schöne Zeit vor uns haben und weil wir uns weiterhin in die Augen schauen wollen, nein? Und die Wahrheit kennen wollen. Alle.

Ulla lässt in der Aufregung ihr Glas fallen. Es zerspringt am Boden.

ULLA Olga …

THEO Lass nur. Ulla. Lass. Was ich euch erzählen werde, wird euch schockieren. Zu Recht. Aber was auch immer kommt jetzt: Ich liebe euch, und ich werde euch immer lieben. Und ihr müsst versuchen zu verstehen. Vergesst bitte nicht, wie sehr ich euch liebe! Das ist wichtig. Ja?

FELIX Mir scheint, die Zeit ist gekommen, ein paar schattige Ecken auszuleuchten hier.

[…]

THEO […] Seit frühester Kindheit hat mich die Frage beschäftigt: Wo sind die Wurzeln des Bösen? Wenn wir die Wurzeln des Bösen finden, können wir dasselbe auch für das Gute tun. Ich war jung. Ich hab Tag und Nacht in einem Labor gearbeitet. Wir versuchten, den genetischen Code von Mäusen zu knacken damals. Ja. Und natürlich stellte ich mir die Frage: Gibt es eine genetische Spur für das Böse oder für das Gute? Gibt es ein Gen oder eine genetische Kombination, die für das Böse oder das Gute zuständig ist?

RUDI Das ist doch superspannend. Ich meine, sich vorzustellen, was euch damals so beschäftigt hat, diesen Wissensdurst zu ermessen, der die Menschheit seit dem Anfang der Zeiten angetrieben hat, und diese Naivität, mit der ihr an die ganze Genforschung rangegangen seid damals. Der Schlüssel zum Geheimnis des Lebens oder so war das. Nein?

THEO Sicher. Ja. Ein wenig.

[…]

Jedenfalls, um meine Hypothese zu belegen, dass das Böse keine genetischen Ursachen hat, wollte ich ein Experiment durchführen. Ich entschloss mich, zwei Wesen zu klonen.

RUDI War das erlaubt, damals?

THEO Damals nicht und heute nicht. Aber ich wollte es wissen. Ich wollte das absolut Böse und das grundsätzlich Gute klonen. Die beiden Lebewesen mussten zur gleichen Zeit, am gleichen Ort zur Welt kommen, unter den exakt gleichen Bedingungen aufwachsen, und ich musste sie und ihr Verhalten im Geheimen und aus nächster Nähe beobachten können.

[…]

Ja. Mein Problem war also, ich musste irgendwie an dieses Böse herankommen. Ja? Und damals tauchte dieses Gerücht auf. Herbert. Herbert, ja? Ein Wachmann von Hitlers Garde hat die letzten Minuten im Bunker miterlebt, er hat Hitler tot gesehen und sich als Andenken einen Finger Hitlers mitgenommen, bevor der in Flammen aufging. Diese Geschichte, ich meine, die ist aus verschiedenen Gründen sehr interessant, diese Geschichte hat mich damals lange verfolgt, du erinnerst dich, Ulla.

ULLA Ich habe wohl vorgezogen, sie zu vergessen.

THEO Ja. Ich hab mich also auf die Suche nach Herberts Beute gemacht. Schließlich gelangte ich an einen Kuriositätensammler. Wir trafen uns, Ironie der Geschichte, im Cafe Einstein. Ich stellte mich ebenfalls als Sammler und unter falschem Namen vor. Ich wollt ihm seinen Finger abkaufen. Aber nichts zu machen. Immerhin hat er mich zu sich nach Hause eingeladen, um die Kuriosität zu bestaunen. Ja. Und da habe ich, als der Mann kurz auf Toilette musste, da habe ich zum ersten und hoffentlich letzten Mal gestohlen … Ich hab den Finger geklaut und bin abgehauen.

FELIX Und seither gibt's für Klauen Fingerabhauen?

USCHI Es gibt jedenfalls ein Verbot dagegen.

THEO Glücklicherweise hab ich den Sammler nie wieder gesehen. Er konnte auch nicht gut zur Polizei gehen und sagen, mir ist mein Hitlerfinger abhanden gekommen.

FELIX Aber … das ist doch nicht wahr, oder? Du hast Hitler geklont?

ULLA Du hast mir nie was von diesem Finger erzählt.

FELIX Wie sah der denn aus?

RUDI Moment, ich möchte verstehen …

THEO Jetzt hör mir doch zu!

ULLA WAS? Was?

RUDI *zu Theo* Warte mal …

THEO Nein, ich möchte meine Geschichte zu Ende bringen.

RUDI Bitte.

FELIX *interessiert* Mach schon, verdammt.

THEO Ich hatte also alles zur Hand, um mein Experiment durchführen zu können. Der erste Klon sollte Hitler werden …

FELIX Und für den zweiten hast du dir wohl ein Haar von Gandhi besorgt, was?

ULLA Gandhi war kahl.

FELIX Wen hast du denn genommen, für den Guten?

THEO Na ja …

USCHI Wen?

THEO Das war nicht einfach.

FELIX Hättest dich doch selber klonen können, nein?

THEO Ja. Das hab ich dann auch gemacht, nach langem Überlegen.

Stille.

FELIX Du hast dich verdoppelt?

RUDI Moment, ich verstehe nicht. Ich hab was verpasst, irgendwie.

THEO Na ja. Ich erfüllte alle notwendigen Bedingungen … *Theo schweigt.*

USCHI Er-hat-sich-selbst-ge … das gibt's nicht! Das gibt's nicht!

Rudi legt seine Hand auf Uschis Schulter.

RUDI Was ist denn? Uschi? Was ist denn? *Rudi versteht nicht.* Worum geht's hier gerade? Eigentlich. Wo ist das Problem?

THEO Es gibt kein Problem.

ULLA Aber … Was hast du mit den beiden getan? Mit den beiden Dingsda, mit den Klontieren?

THEO Ich hab sie groß werden sehen.

ULLA Na und?

THEO Und ich habe gewonnen, ich habe meine Wette gewonnen!

RUDI Moment, aber wann war denn das? Ich meine, wie alt wurden die beiden?

THEO Im Moment sind sie vierundzwanzig Jahre alt.

ULLA Und die leben noch?

THEO Und wie.

ULLA Und wenn sie dich kriegen?

Stille.

FELIX Ich dreh durch.

RUDI Was denn?

FELIX Du … das … der … Ich dreh durch. Es gibt kein Problem?

THEO Felix, beruhige dich.

Stille.

FELIX *zu Rudi* Du bist Hitlers Klon und ich seiner. *Zu Theo* Nein? Hab ich das richtig kapiert? Ich dreh durch …

USCHI Das ist nicht wahr.

ULLA *zu Theo* Was willst du uns hier erzählen?

THEO Warte.

ULLA Was willst du uns erzählen? WAS WILLST DU UNS ERZÄHLEN?

RUDI Was bin ich?

THEO Rudi. Du weißt, was du bist. Du bist und bleibst Rudi. Die Neuigkeit ist nur: Du und Felix, ihr seid nicht aus einer konventionellen künstlichen Befruchtung hervorgegangen, sondern aus diesem Klonverfahren, das ich vor fünfundzwanzig Jahren entwickelt habe. Das ist alles.

USCHI Gott …

RUDI Und ich … was … Klon … von was?

[…]

FELIX Scheiße, ich hab Recht. Hab ich Recht?

THEO Ja. Aber das ist völlig egal. Das ist die gute Nachricht. Versteht ihr?

FELIX Du bist Adolf. Rudolf-Adolf. Ich dreh durch. Ich dreh durch. Ich dreh total durch. Das gibt's doch überhaupt nicht.

ULLA Ich versteh das noch nicht. Das ist doch irgendein medizinisches Problem, nein?

RUDI Ich bin was?

THEO Du bist Rudi. Felix, du bist Felix. Bringt jetzt nicht alles durcheinander.

RUDI Ihr macht gerade verfickte Scheißwitze hier! Warum schaut ihr alle so merkwürdig? Warum sagst du so Sachen?

[…]

Rudi steht auf und tritt auf die Terrasse.

RUDI Moment. Ich bin verrückt vermutlich. Das ist jetzt gerade alles nicht. Oder sind die verrückt? Was ist, wenn die ganze Familie verrückt geworden ist gerade? Die ganze Welt? Ich bin Hitler? Ich bin doch nicht Hitler? Das ist doch nicht möglich? Ich seh doch nicht aus wie Hitler?

Bauersima, Igor, norway.today, Frankfurt am Main, Fischer Taschenbuch Verlag, [11]2012, S. 85–93, gekürzt

9 Motivvergleich

Ziel dieser Aufsatzform ist es, vor dem Hintergrund eines komplexen äußeren und inneren Geschehens den zugrundeliegenden thematischen Wesenskern, das **Motiv** eines Textes, zu erfassen, zu interpretieren und mit einem motivgleichen oder -ähnlichen Text zu vergleichen. Dabei sollen nicht nur Gemeinsamkeiten, sondern auch insbesondere Unterschiede herausgearbeitet werden. Als Vergleichstext kann dabei eine gleiche oder andere Textsorte zugrunde liegen, deren textsortenspezifische Merkmale und Ausdrucksmöglichkeiten berücksichtigt werden sollen. Auch ein gattungsübergreifender Motivvergleich kann sich anbieten, d. h. das Liebesmotiv in einem Romanauszug kann auch mit dem Liebesmotiv in einer Dramenszene oder einem Sonett vergleichend analysiert werden.

Bei einem Motivvergleich können vielfältige Aspekte wie **Inhalt, sprachliche Besonderheiten, textsorten- oder gattungsspezifische Aspekte, epochentypische Merkmale** als Untersuchungsgegenstand dienen, die selbstverständlich je nach Aufgabenstellung noch stärker differenziert werden müssen. Deshalb ist die Erstellung eines Schreibplans oder einer Mindmap zu Beginn der Erarbeitung unerlässlich.

Nach einer einleitenden **Hinführung zum Thema** und der Nennung der **Themafrage** sind dann die einzelnen **Vergleichsaspekte** mittels **textgebundener Argumentation** kontrastierend zu untersuchen. Am Schluss sollte ein prägnantes **Fazit** stehen.

Thema:
Vergleichen Sie die Situation der Klone Siri aus „blueprint blaupause“ (siehe S. 218–220) und Rudi aus „futur de luxe“ (siehe S. 244–246) miteinander.

LÖSUNGSVORSCHLAG

Auszug aus einem möglichen Schreibplan

Vergleichsaspekt	Siri	Rudi	Ergebnis
Inhalt Charaktermerkmale (Gefühle, Gedanken, Verhalten etc.)	• Identitätsproblem und Individualitätsverlust (Z. 34–41) • Wut auf Mutter, besonders auch sprachlich hervorgehoben → Ellipse, emphatische Umstellung, Ironie (Z. 120–122) • egoistisches Verhalten der Mutter (Z. 108–115)	• Identitätsproblem und Individualitätsverlust (Z. 204–210) • Wut auf Vater, vor allem auch sprachlich hervorgehoben → Umgangssprache (Z. 199–201 f.) • egoistisches Verhalten des Vaters (Z. 35–40, 57–61, 63–70, 94–98)	Gemeinsamkeiten
Umstände	• fehlendes Verständnis und Ignoranz der Mutter (Z. 148–154)	• fehlendes Verständnis und Ignoranz des Vaters (Z. 189 f.)	
Charakter	• Kenntnis über eigene Klonexistenz (Z. 18 ff.) • Offenbarung der Gefühle in Form einer reflektierten Darstellung der Kindheit (Z. 30 ff.) • ambivalentes Mutter-Tochter-Verhältnis geprägt durch Liebe und Abwehrhaltung (Z. 184–189)	• Offenbarung der Klonexistenz bei Abendessen (Z. 7–11) • Überrumpelung und darauffolgende Überforderung (Z. 162, 177, 186, 189–201) • keine besonderen Auffälligkeiten	Unterschiede

Vergleichsaspekt	Siri	Rudi	Ergebnis
gesellschaftliche Hintergründe	• Klonen als gesellschaftlich akzeptiertes Verfahren (Z. 122–127)	• gesetzliches Verbot (Z. 63) • besonderer historischer/politischer Aspekt: jüdischer Forscher klont Hitler	Unterschiede
textsortenspezifische Details	Besonderheiten des epischen Textes: auf innere Handlung fokussiert (z. B. Z. 184 ff.)	Besonderheiten des dramatischen Textes: Auseinandersetzung der Protagonisten in Dialogform (z. B. Z. 194 ff.)	

1. Übertragen Sie die Tabelle in Ihr Heft und ergänzen Sie das Konzept des Schreibplans.
2. Arbeiten Sie Teilaspekte als Fließtext aus. Nutzen Sie in Ihrer Klasse/Gruppe die Möglichkeiten der Überarbeitung von Texten (siehe S. 44 ff.).

10 Übung

Der Hals der Giraffe (2011) | Judith Schalansky*

[...] „Setzen“, sagte Inge Lohmark, und die Klasse setzte sich. Sie sagte „Schlagen Sie das Buch auf Seite sieben auf“, und sie schlugen das Buch auf Seite sieben auf, und dann begannen sie mit den Ökosystemen, den Naturhaushalten, den Abhängigkeiten und Wechselbeziehungen unter den Arten, zwischen den Lebewesen und ihrer Umwelt, dem Wirkungsgefüge von Gemeinschaft und Raum. Vom Nahrungsnetz des Mischwaldes kamen sie zur Nahrungskette der Wiese, von den Flüssen zu den Seen und schließlich zur Wüste und zum Wattenmeer. „Sie sehen, niemand – kein Tier, kein Mensch – kann ganz für sich allein existieren. Zwischen den Lebewesen herrscht Konkurrenz. Und manchmal auch so etwas wie Zusammenarbeit. Aber das ist eher selten. Die wichtigsten Formen des Zusammenlebens sind Konkurrenz und Räuber-Beute-Beziehung.“ Während Inge Lohmark an der Tafel Pfeile von den Moosen, Flechten und Pilzen zu den Regenwürmern und Hirschkäfern, Igeln und Spitzmäusen, dann zur Kohlmeise, zum Reh und zum Habicht, schließlich einen letzten Pfeil zum Wolf zog, entstand nach und nach die Pyramide, auf deren Spitze der Mensch neben ein paar Raubtieren hockte. „Tatsache ist, dass es kein Tier gibt, das Adler oder Löwen frisst.“ Sie trat einen Schritt zurück, um die ausladende Kreidezeichnung zu betrachten. Das Wirkungspfeilschema vereinte Produzenten mit Konsumenten erster und zweiter Ordnung, Erzeuger mit den Erst-, Zweit- und Drittverbrauchern sowie den unvermeidlichen kleinteiligen Zersetzern, allesamt verbunden in Atmung, dem Verlust von Wärme und Zuwachs von Biomasse. In der Natur hatte alles seinen Platz, und wenn vielleicht auch nicht jedes Lebewesen, so doch zumindest jede Art ihre Bestimmung: fressen und gefressen werden. Es war wunderbar. „Übertragen Sie das in Ihr Heft.“ Was sie sagte, wurde gemacht. Das Jahr begann jetzt. Die Juniunruhe war endgültig vorbei, die Zeit der brütenden Hitze und nackten Oberarme. Die Sonne knallte durch die Glasfront und verwandelte das Klassenzimmer in ein Treibhaus. In leeren Hinterköpfen keimte die Sommererwartung. Die bloße Aussicht darauf, ihre Tage nichtsnutzig zu verschwenden, raubte den Kindern jede Konzentration. Mit Schwimmbadaugen, fettiger Haut und schwitzigem Freiheitsdrang hingen sie auf den Stühlen und dösten den Ferien entgegen. Die einen wurden fahrig und unzurechnungsfähig. Andere täuschten wegen des nahenden Zeugnisses Unterwürfigkeit vor und schoben ihre Bio-Leistungskontrollen aufs Lehrerpult wie Katzen erlegte Mäuse auf den Wohnzimmerteppich. Nur um in der nächsten Stunde nach der Benotung zu fragen, mit gezücktem Taschenrechner, begierig darauf, die Verbesserung ihres Durchschnitts auf drei Stellen hinter dem Komma zu berechnen. Aber Inge Lohmark gehörte nicht zu den Lehrern, die am Ende des Schuljahres einknickten, nur weil sie bald ihr Gegenüber verlieren würden. Sie hatte keine Angst davor, so ganz auf sich gestellt in die Bedeutungslosigkeit abzurutschen.

Einige Kollegen wurden, je näher die Sommerpause rückte, von geradezu zärtlicher Nachgiebigkeit heimgesucht. Ihr Unterricht verkam zum hohlen Mitmachtheater. Ein versonnener Blick hier, ein Tätscheln da, Kopf-Hoch-Getue, elendiges Filmeschauen. Eine Inflation guter Noten, der Hochverrat am Prädikat *Sehr gut*. Und erst die Unsitte, Endjahresnoten abzurunden, um ein paar hoffnungslose Fälle in die nächste Klasse zu hieven. Als ob damit irgendjemandem geholfen wäre. Die Kollegen kapierten einfach nicht, dass sie nur ihrer eigenen Gesundheit schadeten, wenn sie auf die Schüler eingingen. Dabei waren das nichts als Blutsauger, die einem jede Lebensenergie raubten. Sich vom Lehrkörper ernährten, von seiner Zuständigkeit und der Angst, die Aufsichtspflicht zu verletzen. Unentwegt fielen sie über einen her. Mit unsinnigen Fragen, dürftigen Eingebungen und unappetitlichen Vertraulichkeiten. Reinster Vampirismus. Inge Lohmark ließ sich nicht mehr auslaugen. Sie war dafür bekannt, dass sie die Zügel anziehen und die Leine kurz halten konnte, ganz ohne Tobsuchtsanfall und Schlüsselbundwerferei. Und sie war stolz darauf. Nachlassen konnte man immer noch. Hier und da ein Zuckerbrötchen aus heiterem Himmel. Wichtig war, den Schülern die Richtung vorzugeben, ihnen Scheuklappen anzulegen, um ihre Konzentrationsfähigkeit zu fördern. Und wenn wirklich mal Unruhe herrschte, brauchte man nur mit den Fingernägeln über die Tafel zu kratzen oder vom Hundebandwurm zu erzählen. Für die Schüler war es ohnehin das Beste, sie in jedem Moment spüren zu lassen, dass sie ihr ausgeliefert waren. Anstatt ihnen vorzugaukeln, sie hätten irgendetwas zu sagen. Bei ihr gab es kein Mitspracherecht und keine Wahlmöglichkeit. Niemand hatte eine Wahl. Es gab die Zuchtwahl und sonst nichts. Das Jahr begann jetzt. Auch wenn es schon längst angefangen hatte. Es begann für sie heute, am ersten September, der dieses Jahr auf einen Montag fiel. Und Inge Lohmark fasste ihre guten Vorsätze jetzt, im verwelkten Sommer, und nicht in der grellen Silvesternacht. Sie war immer froh, dass ihr Schulplaner sie sicher über den kalendarischen Jahreswechsel brachte. Ein einfaches Umblättern, ohne Countdown und Sektglasgeklirre. Inge Lohmark sah über die drei Bankreihen und bewegte den Kopf dabei nicht einen einzigen Zentimeter. Das hatte sie perfektioniert in all den Jahren: den allmächtigen, unbewegten Blick. Laut Statistik waren immer mindestens zwei dabei, die sich wirklich für das Fach interessierten. Aber wie es aussah, war die Statistik in Gefahr. Gauß'sche Normalverteilung hin oder her. Wie hatten sie es nur bis hierher geschafft? Man sah ihnen die sechs Wochen Gammelei an. Die Bücher hatte keiner von denen aufgeschlagen. Große Ferien. Nicht mehr ganz so groß wie früher. Aber immer noch zu lang! Es würde mindestens einen Monat dauern, bis man sie wieder an den Biorhythmus der Schule gewöhnt hatte. Wenigstens musste sie sich nicht ihre Geschichten anhören. Die konnten sie der Schwanneke erzählen, die mit jeder neuen Klasse ein Kennenlernspiel veranstaltete. Nach einer halben

Stunde waren alle Beteiligten in den Fäden eines roten Wollknäuels verheddert und konnten die Namen und Hobbies ihrer Sitznachbarn aufsagen. [...] Ganz vorn hockte ein verschrecktes Pfarrerskind, das mit Holzengeln, Wachsflecken und Blockflötenunterricht aufgewachsen war. In der letzten Reihe saßen zwei aufgedonnerte Gören. Die eine kaute Kaugummi, die andere war besessen von ihrem schwarzen Hengsthaar, das sie pausenlos glättete und strähnchenweise untersuchte. Daneben ein hellblonder Knirps in Grundschulgröße. Ein Trauerspiel, wie die Natur hier die ungleiche Entwicklung der Geschlechter vorführte. Rechts außen an der Fensterfront kippelte ein Herrentierchen mit offenem Mund, das nur darauf wartete, mit einer ordinären Bemerkung das Revier zu markieren. Fehlte nur noch, dass es sich auf die Brust trommelte. Es musste beschäftigt werden. Vor ihr lag das Blatt, auf dem die Schüler ihre Namen eingetragen hatten, Krakeleien auf dem Weg zu einer rechtsgültigen Unterschrift. *Kevin*. Klar. Wie sonst. „Kevin!“ Kevin schreckte hoch. „Nennen Sie ein paar Ökosysteme unserer Region!“ Sein Vordermann feixte. Na warte. „Paul, was ist das für ein Baum da draußen?“ Paul schaute aus dem Fenster. „Ähm.“ Ein mickriges Räuspern. Fast mitleiderregend. „Danke.“ Der war versorgt. „Das haben wir nicht gehabt“, behauptete Kevin. Dass ihm nichts Besseres einfiel. Ein Gehirn wie ein Hohlorgan. „Ach ja?“ Nun zur ganzen Klasse. Frontalangriff. „Denken Sie doch alle noch einmal nach.“ Stille. Schließlich meldete sich der Pferdeschwanz in der ersten Reihe, und Inge Lohmark tat ihm den Gefallen. Natürlich wusste sie es. So eine gab es immer. So ein Pferdeschwanzpferdchen, das den Unterrichtskarren aus dem Dreck zog. Für diese Mädchen wurden die Schulbücher geschrieben. Gierig nach abgepacktem Wissen. Merksätze, die sie mit Glitzerstift in ihre Hefte schrieben. Die ließen sich noch einschüchtern vom Rotstift des Lehrers. Albernes Instrument scheinbar grenzenloser Macht. Sie kannte sie alle. Sie erkannte sie sofort. Schüler wie diese hatte sie schon haufenweise gehabt, klassenweise, Jahr für Jahr. Die brauchten sich nicht einzubilden, sie wären besonders. Es gab keine Überraschungen. Nur die Besetzung wechselte. Wer spielte diesmal mit? Ein Blick auf den Sitzplan genügte. Die Benennung war alles. Jeder Organismus hatte einen Ruf- und Familiennamen: Art. Gattung. Ordnung. Klasse. Aber erst mal wollte sie sich nur ihre Vornamen merken. Das war es schon. Wie immer: keine großen Überraschungen. Pferdeschwänzchen war schon fertig. Die Hände flach auf dem Tisch. Gebannter Blick zur Tafel. Inge Lohmark trat ans Fenster. In die weiche Vormittagssonne. Wie gut das tat. Die Bäume hatten sich schon zu verfärben begonnen. Das abgebaute Chlorophyll machte die Bühne frei für die leuchtenden Blattpigmente. Carotinoide und Xantophylle. Die langstieligen, von Miniermotten zerfressenen Blätter der Kastanie hatten gelbe Ränder. Dass die Bäume sich so eine Arbeit machten mit Blättern, von denen sie sich ohnehin bald trennten. Genau wie sie als Lehrerin. Jedes Jahr das gleiche Spiel. Seit über dreißig Jahren. Immer wieder von vorn. Sie waren zu jung, um die Bedeutung des gemeinsam erworbenen Wissens würdigen zu können. Dankbarkeit war nicht zu erwarten. Hier ging es nur noch um Schadensbegrenzung. Bestenfalls. Schüler waren gedächtnislose Wesen. Sie würden alle eines Tages gehen. Und nur sie allein würde zurückbleiben, mit trockenen Händen vom Kreidestaub. [...]

Schalansky, Judith, Der Hals der Giraffe, Berlin, Suhrkamp, 2011, S. 7–26, gekürzt

1. Stellen Sie den Text vor und fassen Sie den Inhalt prägnant zusammen.
2. Abstrahieren Sie ausgehend von den folgenden Textbelegen Wesensmerkmale Inge Lohmarks. Achten Sie dabei auf inhaltliche Prägnanz und vergleichen Sie Ihre Ergebnisse in der Arbeitsgruppe.
   - „Ein versonnener Blick hier, ein Tätscheln da, Kopf-Hoch-Getue, elendiges Filmeschauen. Eine Inflation guter Noten, der Hochverrat am Prädikat Sehr gut. Und erst die Unsitte, Endjahresnoten abzurunden, um ein paar hoffnungslose Fälle

in die nächste Klasse zu hieven. Als ob damit irgendjemandem geholfen wäre. Die Kollegen kapierten einfach nicht, dass sie nur ihrer eigenen Gesundheit schadeten, wenn sie auf die Schüler eingingen." (Z. 74–84)

- „Inge Lohmark ließ sich nicht mehr auslaugen. Sie war dafür bekannt, dass sie die Zügel anziehen und die Leine kurz halten konnte, ganz ohne Tobsuchtsanfall und Schlüsselbundwerferei. Und sie war stolz darauf. Nachlassen konnte man immer noch. Hier und da ein Zuckerbrötchen aus heiterem Himmel." (Z. 91–98)
- „Wichtig war, den Schülern die Richtung vorzugeben, ihnen Scheuklappen anzulegen, um ihre Konzentrationsfähigkeit zu fördern. Und wenn wirklich mal Unruhe herrschte, brauchte man nur mit den Fingernägeln über die Tafel zu kratzen oder vom Hundebandwurm zu erzählen." (Z. 98–104)
- „Das Jahr begann jetzt. Auch wenn es schon längst angefangen hatte. Es begann für sie heute, am ersten September, der dieses Jahr auf einen Montag fiel. Und Inge Lohmark fasste ihre guten Vorsätze jetzt, im verwelkten Sommer, und nicht in der grellen Silvesternacht. Sie war immer froh, dass ihr Schulplaner sie sicher über den kalendarischen Jahreswechsel brachte. Ein einfaches Umblättern ohne Countdown und Sektglasgeklirre." (Z. 111–121)

3. Ergänzen Sie in einer Mindmap (siehe S. 24 f.) weitere Wesensmerkmale Inge Lohmarks.
4. Formulieren Sie zwei Merkmale in Form einer Charakterisierung mit besonderem Augenmerk auf eine schlüssige Zitateinbindung. Überarbeiten Sie Ihre Ergebnisse nach einer Verbesserung durch die Gruppenmitglieder.
5. Benennen Sie sprachliche Mittel in den Textbelegen und funktionalisieren Sie diese hinsichtlich der Charaktermerkmale.
6. Setzen Sie sich innerhalb Ihrer Gruppe mit dem Begriff „Menschenbild" auseinander und recherchieren Sie im Internet verschiedene Menschenbilder.
7. Welches Menschenbild vertritt Inge Lohmark? Weisen Sie dieses anhand von Textbelegen nach.
8. Verfassen Sie einen Artikel für die Schülerzeitung, der über den Wandel der Unterrichts- und Erziehungsstile im 20. und 21. Jahrhundert informiert (z. B. Nationalsozialismus, 68er-Bewegung etc.).
9. Verfassen Sie einen inneren Monolog aus der Sicht des Schülers Kevin, als er auf dem Nachhauseweg die Biologiestunde reflektiert. Erweiterung: Berücksichtigen Sie beim Verfassen des inneren Monologs den Lexikonartikel M 1. Beachten Sie dabei Kevins entwicklungsbedingten fachspezifischen Kenntnisstand.
10. Stellen Sie die Kommunikationssituation zwischen Frau Lohmark und Kevin bzw. Paul (Z. 151–176) szenisch dar. Verändern Sie die Situation, indem Sie mit verschiedenen Sprechhaltungen und nonverbalen Kommunikationselementen experimentieren (siehe S. 62–68).
11. Untersuchen Sie die Textvorlage hinsichtlich der Vorurteile, die Frau Lohmark gegenüber ihrem Umfeld besitzt. Analysieren Sie Ursachen für das vorurteilsbehaftete Verhalten bzw. die stereotype Denkweise. Setzen Sie sich mit Ihren eigenen schulischen Vorurteilen auseinander und zeigen Sie deren mögliche Folgen auf. Berücksichtigen Sie dabei den Begriff der selbsterfüllenden Vorhersage, engl. „self-fulfilling prophecy" (siehe Material S. 252).

Material: Lexikonartikel

Robert King Merton definierte den Begriff der self-fulfilling prophecy, der selbsterfüllenden Vorhersage, und erklärte mit dieser Theorie eine unbewusst ablaufende Verhaltensänderung bzw. -steuerung, die dazu führt, dass sich eine Erwartung oder Befürchtung tatsächlich erfüllt. Auf diese Art und Weise funktionieren beispielsweise Prophezeiungen von WahrsagerInnen, aber auch die normalen Horoskope, denn die Voraussage, man werde in den nächsten Tagen einen Unfall haben, kann manche Menschen derart verunsichern, dass das eigene Verhalten einen Unfall provoziert. Im häufig zitierten klassischen Experiment von Rosenthal & Jacobson – nach vorangegangenen Versuchen an Albino-Ratten – täuschte man Lehrern an Grundschulen vor, bei 20 Prozent der Schüler nach einem IQ-Test enormes Entwicklungspotenzial entdeckt zu haben. Fast die Hälfte der zufällig einer der Gruppen zugeteilten Kinder steigerten ihren Intelligenzquotienten um 20 Punkte, ein Fünftel gar um 30 Punkte oder noch mehr, wobei es vor allem schlechtere Schüler waren, die sich verbesserten. Man vermutete, dass die Lehrer sich mehr um sie bemühten, geduldiger waren und mehr positives Feedback gaben. Spätere Studien konnten diese Ergebnisse allerdings nicht in gleichem Ausmaßbestätigen. [...]

Stangl, Werner, self-fulfilling prophecy, in: Online-Enzyklopädie für Psychologie und Pädagogik, online unter: http://lexikon.stangl.eu/829/self-fullfilling-prophecy/, zugegriffen am 10.04.2017

VII Analyse dramatischer Texte

1 Grundsätze zur Behandlung von dramatischen Texten

Während die fiktive Welt der Prosatexte dem Leser in verschiedenster Weise durch einen Erzähler vermittelt wird, begegnet der Zuschauer im Theater der fiktiven Handlung des Dramas unmittelbar - ohne Vermittlungsinstanz.

Dabei ist zu bedenken, dass es das Drama in zweifacher Gestalt gibt: als Theateraufführung und als gedruckten Lesetext. Die fiktive Welt wird auf der Bühne unmittelbar gezeigt, wobei der schriftlich niedergelegte Dramentext in gewisser Weise einer Musikpartitur gleicht. Die **szenische Bühnenrealisierung** bietet im Vergleich dazu zusätzliche „Informationen" in Form folgender akustischer und visueller Gestaltungsmittel: mündliche Sprache, Musik, Geräusche, Mimik, Gestik, Bühnenbild, Raum, Licht, Kostüm, Maske etc. Somit erreicht das Theater eine mehrdimensionale Wirkung.

Der dramatische Text besteht nicht nur aus dem **Haupttext**, d. h. dem, was auf der Bühne gesprochen wird: aus Monologen/Dialogen der Figuren, dem sogenannten Beiseitesprechen der aus der fiktiven Welt tretenden und sich ans Publikum wendenden Figuren oder den Informationen für den Zuschauer durch spielexterne Figuren (z. B. Erläuterungen und Kommentare zur Handlung vonseiten des Chors, eines Prologs/Epilogs, eines Sprechers und Erzählers auf der Bühne etc.).

Der sogenannte **Nebentext** – meist abgehoben mittels Schriftbild/Schriftstärke – weist darauf hin, dass der dramatische Text in der Regel im Hinblick auf seine Inszenierung entstanden ist. Von Bedeutung sind damit Dramentitel, Gattungsbezeichnung, Personen- bzw.

Figurenverzeichnis (z.B. sprechende Namen), Akt- und Szenenmarkierungen, erzählende Szenenbeschreibungen, Bühnen- bzw. Regieanweisungen.

Grundlegend für das Drama ist die Unterscheidung in **Tragödie** und **Komödie**, die auf die griechische Antike (Aristoteles) zurückgeht. Im Mittelpunkt der Tragödie stehen der Konflikt, das Handeln des Menschen in einem Spannungsfeld aus Freiheit und Zwang, Selbstbestimmung und Schicksal sowie letztlich sein Scheitern und Untergang. Laut Aristoteles soll die auf der Bühne nachgeahmte tragische Handlung im Zuschauer Rührung und Entsetzen hervorrufen und ihn dadurch von diesen Affekten entlasten (Katharsis). Im Gegensatz dazu geht es der Komödie um die Auseinandersetzung mit menschlichen Schwächen und sie endet in der Regel mit einem versöhnlichen Ausklang. Neben der Bezeichnung „Komödie" existieren verwandte Gattungsformen wie zum Beispiel Lustspiel, Schwank, Posse, Farce, Boulevardtheater.

Die Renaissance-Poetik entwickelte Vorschriften für das poetische Handwerk, u.a. die Lehre von den **drei Einheiten (Ort, Zeit, Handlung)**, das **5-Akte-Schema** sowie die **Ständeklausel** (Tragödie: adelige Personen; Komödie: bürgerliches Personal). Der deutschsprachige Raum kann erst im 18. Jahrhundert mit Lessings bürgerlichem Trauerspiel, dem Drama des Sturm und Drang und dem Ideendrama der Weimarer Klassik an die europäische Entwicklung anknüpfen.

Im Hinblick auf die Einteilung von Dramentypen hat sich die Unterscheidung in die **offene** und **geschlossene Form** des Dramas etabliert. Unter der geschlossenen Form des Dramas versteht man ein nach dem 5-Akte-Schema aufgebautes Drama mit einheitlicher Haupthandlung, überschaubarem und klar strukturiertem Personal und mit einer auf das Handlungsganze ausgerichteten Raum- und Zeitgestaltung. Im Gegensatz dazu weist die – seit dem Drama des Sturm und Drang auftretende – offene Form des Dramas erhebliche Unterschiede vor allem in Bezug auf Handlungsstruktur, Zeit- und Raumstruktur, Figurenkonzeption und Sprache auf. So besteht das Drama mit offener Form in der Regel aus einer Abfolge loser, selbstständiger Szenen, Stationen und Episoden, die mittels einer zentralen Figur (ohne Gegenspieler) und mithilfe wiederkehrender Bilder und Metaphern verbunden werden. Weitere Kennzeichen sind eine Vielfalt von Aktionen, Figuren und Orten/Zeiten; die Figuren (oft Antihelden) sind häufig fremdbestimmt, sozial deklassiert, physisch und psychisch belastet, sprechen sehr individuell oder gruppenspezifisch (Soziolekt, Jargon etc.).

Zur Charakterisierung des Gegensatzes beider Formen wird die geschlossene Form umschrieben mit „Ausschnitt als Ganzes" und die offene Form mit „das Ganze in Ausschnitten".

2 Dramentechnische Elemente

Handlung und Konflikt

Die Komposition der Handlung gehorcht meist gewissen Regeln: Es werden lediglich Schwerpunkte einer Geschichte szenisch dargestellt (Verdichtung); daraus folgt die Festlegung auf bestimmte Handlungsabschnitte (Auswahl), bei der geltende literarische Konventionen zu berücksichtigen sind (Übereinkunft). Aus der Art der Komposition der Handlung folgt ein spezielles Verhältnis zwischen Geschichte und Handlungsstruktur.

Die Analyse der Handlung einer dramatischen Einzelszene wird vor allem als Analyse einer **Einzel-Sprech-Handlung** durchgeführt werden müssen, die noch nicht die Deutung einer dramatischen Gesamthandlung beinhalten, sondern zunächst nur inhaltliche Einzelschritte eines Dialogs bzw. Monologs erfassen kann. Dabei darf nicht übersehen werden, dass neben dem tatsächlichen An- bzw. Ausgesprochenem auch das nicht Ausgesprochene, das Ungesagte bedeutsam sein kann, es also neben der offenen Handlung auch eine „versteckte" gibt, die aus einer jeweiligen Sprechhaltung (Mimik, Gestik, Wortwahl usw.) zu erschließen ist. Neben diesem psychologischen Verständnis von versteckter Handlung, das auf den Unterschied zwischen Gesagtem und Gemeintem verweist, gilt als „verdeckte" Handlung im Drama alles das, was in der Vergangenheit stattgefunden hat (Botenbericht: Bote berichtet auf der Bühne über Ereignisse) oder auf der Bühne nicht dargestellt wird (Mauerschau: parallel stattfindendes, für Zuschauer nicht einsehbares Geschehen wird durch Reaktionen von Beobachtenden wiedergegeben).

Als Bauelemente der Handlung gelten Figur, Situation und Begebenheit. Das Handeln der Figuren führt zu einer Veränderung der Situation, meist zu einem Konflikt, was wiederum in ein konkretes Ereignis mündet. Für das Drama ist es dabei von entscheidender Bedeutung, in welchem Verhältnis die Bauelemente jeweils zueinander stehen.

Ein grundlegendes Merkmal des Dramas ist der **Konflikt**, d. h. das Aufeinandertreffen gegensätzlicher Figuren, Einstellungen, Verhaltensweisen, Ziele, Normen, Kräfte etc. Konflikte in zentralen Dramenszenen können ganz verschiedenartig angelegt sein: zwischen einzelnen Figuren, zwischen dem Einzelnen und einer Gruppe bzw. der Gesellschaft, zwischen Gruppen bzw. Klassen/Schichten oder als Zwiespalt im Einzelnen selbst. Dabei kann man zwischen **äußeren** und **inneren Konflikten** unterscheiden. Die Konflikte resultieren rein inhaltlich aus ähnlichen Motiven wie die Konflikte der Personen in Prosatexten auch: Es geht also beispielsweise um Gefühlsbeziehungen und gesellschaftliche Strukturen, Besitz- und Machtverhältnisse, Ideen und Weltanschauungen, die zu zwischenmenschlichen Auseinandersetzungen führen.

Für die Interpretation eignen sich vor allem die **Anfangsszenen** (**Exposition**), weil hier der Konflikt häufig bereits angelegt wird oder zumindest die personalen und sozialen Voraussetzungen aufgezeigt werden; die **Höhepunktszenen** mit der dramatischen Zuspitzung der Problematik und die **Schlussszenen**, in denen entweder eine Entscheidung im Sinne einer Lösung oder eines (tragischen) Scheiterns fällt oder ein offener Schluss die Unentschiedenheit bzw. Ausweglosigkeit anzeigt.

Figurenkonzeption

Die Handlung einer dramatischen Szene wird nicht nur durch Situationen und Begebenheiten bestimmt, sondern wesentlich erst durch die Personen (Figuren) und deren Zusammenspiel, wobei man **Haupt-** und **Nebenpersonen** unterscheidet. Die dramatischen Einzelpersonen entstehen nicht, wie in der Prosa, durch Beschreibungen oder Kommentare eines Erzählers, sondern allein durch das Handeln und Sprechen im Stück – mit Ausnahme eventuell verwendbarer Regieanweisungen, die gewissermaßen einen kleinen epischen Bestandteil ausmachen.

Während die **Hauptfiguren** im **klassischen Drama** sich durch ein hoch entwickeltes Bewusstsein und ausgeprägtes Reflexionsvermögen auszeichnen, kommen in den Hauptfiguren des nachklassischen Dramas stärker psychologische und ideologische Differenzierungen, die Rolle des Verdrängten und Unbewussten, biologische und soziale Prägungen, gesellschaftliche Unterschiede und Konventionen zur Geltung.

Der neuere „Dramenheld" ist in der Regel nicht mehr der aus der Masse herausgehobene Idealcharakter oder dessen oft gleichwertiger Gegenspieler (**Held–Antiheld**; **Protagonist–**

Antagonist), sondern eine stärker typisierte und gesellschaftlich geprägte Figur mit vergleichsweise weniger Autonomie und dafür umso mehr Fremdbestimmung. Dahinter steht die Entwicklung von der feudalen Ständegesellschaft über die bürgerliche Gesellschaft und Klassengesellschaft des Industriezeitalters zur modernen Massen-, Konsum- und Kommunikationsgesellschaft.

Insgesamt lässt sich sagen, dass die fiktiven Figuren des Dramas im Vergleich zu denen längerer Prosatexte (vgl. vor allem zu denen im Roman) stärker auf **Typisierung** angelegt und unter diesem Blickwinkel entsprechend zu interpretieren sind. Im Einzelfall ist natürlich das Typische immer zu ergänzen durch individuelle Differenzierungen, was Bewusstseinsgrad, innere und äußere Entwicklungsprozesse, Eindeutigkeit oder Vielschichtigkeit anbelangt. Nicht nur bei den einzelnen Dramenfiguren, sondern auch in ihren Beziehungen zueinander ergänzen sich typische Grundmuster und spezielle Verhältnisse. Dieses Beziehungsgeflecht im Drama heißt – wie in der Prosa – **Figurenkonstellation**. Ihre Bedeutung und Funktion erhält jede Figur oft in Beziehung zu anderen Figuren. Vom Sonderfall des seltenen Einpersonenstückes kann diese Figurenkonstellation bis zum Massenauftritt reichen; der Regelfall ist aber – gerade bei einer Einzelszene – das Figurenpaar oder ein überschaubares Figurenensemble.

Neben der Unterscheidung in Haupt- und Nebenrollen kann man häufig folgende **typische Konstellationen** beobachten:

Held – Gegenspieler	gut – böse
Freund – Feind	alt – jung
Täter – Opfer	aktiv – passiv
Gewinner – Verlierer	mächtig – ohnmächtig
Mann – Frau	geradlinig – intrigant
Einheimischer – Fremder	sozial hochgestellt – unterprivilegiert
Gruppe – Außenseiter	rational – emotional
Mitläufer – Oppositioneller	introvertiert – extrovertiert
Traditionalist – Reformer/Revolutionär	prinzipientreu – opportunistisch
Dogmatiker – Pragmatiker	eindimensional – vielschichtig
Materialist – Idealist	optimistisch – pessimistisch
...	...

Diese idealtypischen Begriffspaare können bei einer ersten – vorläufigen und typisierenden – Einordnung hilfreich sein, bedürfen aber bei ihrer Anwendung auf die konkrete dramatische Einzelszene einer textgerechten Ausdifferenzierung, die auch die Möglichkeit mit einbeziehen muss, dass mehrere Begriffspaare auf ein und dieselbe Konstellation zutreffen können und sich dabei überschneiden. Erst indem man diesen Rahmen der typischen Konstellationen mit aussagekräftigen Textzitaten auffüllt, die das **Besondere** und **Einmalige** der Dramenszene belegen, gelangt man zur angemessenen Interpretation.

Figurenrede

Von zentraler Wichtigkeit ist im Drama der **Dialog**. Im weiteren Sinn umfasst dieser Begriff alles Gesprochene, also die **gesamte Figurenrede**; im engeren Sinn ist damit das Zwiegespräch bzw. das Gespräch mehrerer Personen im Drama gemeint – im Unterschied zum Monolog, dem Selbstgespräch.

Die Figurenrede dient nicht nur der Selbstdarstellung oder der Charakterisierung anderer Figuren, vielmehr werden mit ihr u. a. Handlungsvoraussetzungen bekannt gemacht, die dramatische Handlung vorangetrieben, Gegensätze aufgezeigt, Konflikte ausgetragen, Verständnislosigkeit verdeutlicht, Emotionen veranschaulicht, Reflexionen dargelegt, Entscheidungen begründet, Beziehungen verändert, Situationen interpretiert, Interessen artikuliert.

Im Vergleich zur außerliterarischen Realität nimmt der **Monolog** im Drama einen relativ großen Raum ein, wenngleich auch hier der Dialog überwiegt. Monologe bieten traditionellerweise eine Möglichkeit, Selbstcharakterisierungen, Reflexionen, Entschlüsse, Gefühle u. a. auszusprechen und damit hörbar zu machen.

Eine **Sonderstellung** nehmen im Drama diejenigen Textpassagen ein, in denen Figuren sich direkt ans Publikum wenden und damit gewissermaßen die Dramenhandlung verlassen. Dazu gehören das sogenannte **Beiseitesprechen**, mit dem eine Figur den Zuschauer, nicht aber den Bühnenpartner etwas wissen lassen will, vor allem aber **Prologe** und **verfremdende Einschübe** des epischen Theaters (z. B. Song, Ausrufer, Ansager, Chor; als Vorläufer das Couplet im Wiener Volksstück).

Besonders wichtig sind die Erfassung und Bestimmung der jeweils besonderen **Stilebene** einer Dramenszene, die von den handelnden Figuren (Schichtzugehörigkeit, Milieu, Alter, Geschlecht, Beruf usw.), dem Stückinhalt (Themen, Probleme, Fragen, Konflikte, Handlung, politisch-geschichtlicher Rahmen usw.), der Textsorte (Komödie, Tragödie, kritisches Volksstück, politische Revue usw.), der Epoche (Epochenstil) und dem Autor (Individualstil) abhängt. Dabei ist immer zu bedenken, dass die Sprache im Drama – selbst in einem realistischen Stück – nie die außerliterarische Sprache des Alltags widerspiegelt, sondern stets Ergebnis eines künstlerischen Sprachwillens des Dichters ist (z. B. Übersteigerung und Poetisierung, Kontrastierung und Vereinheitlichung, Originalität und Typisierung). Die auffälligste **Stilisierung** der Sprache ist diejenige in Versform, wie sie lange Zeit das Drama beherrschte (z. B. Antike und deutsche Klassik).

Der idealistischen Sprachverwendung entgegengesetzt sind jene realistisch-naturalistischen **Sprachstile**, die die Wirklichkeit nachbilden wollen (z. B. Alltagssprache, Dialekt, Soziolekt) und/oder die Sprache als Instrument eines gesteigerten Gefühlsausdrucks verwenden.

Raum und Zeit

Der in der Aufführung konkret erlebte **Bühnenraum** gibt der Handlung den Rahmen, der aber nicht nur eng realistisch aufgefasst werden darf. Der Schauplatz hat nämlich häufig einen funktionalen oder repräsentativen Charakter, aus dem sich erste interpretatorische Schlüsse ziehen, zumindest Hinweise ablesen lassen.

Der Raum kann die innere Verfassung oder Stimmung einer Figur ausdrücken, er kann die Thematik des Stückes veranschaulichen, er stützt die Charakterisierung einer Figur, er verkörpert symbolisch die Konfliktkräfte in einem Stück usw. Der Schauplatz Irrenanstalt z. B. kann ein psychiatrisches Thema, einen grotesken Weltzustand oder nur einen theatralischen **„Freiraum"** signalisieren. Der Schauplatz Wohnzimmer/Küche kann entweder gesellschaftliche Verhältnisse widerspiegeln oder darüber hinaus einen inneren Zustand ausdrücken.

Auch bei der Bestimmung der **Handlungszeit** gilt es, den jeweiligen Aussagewert zu bestimmen, der über die rein realistische Fixierung hinausreichen kann. Ganz generell muss der Dramatiker bei der Gestaltung der Zeit eine komplexe Handlung von langer Dauer auf eine bestimmte Spielzeit verdichten. Häufig verwendete Mittel dabei sind Zeitraffung, Strukturierung der Zeit (lineare/zyklische Zeitstruktur), Aufbau von Spannung und Tempo mithilfe rascher Situationsveränderungen.

Regieanweisung

Wichtige Aufschlüsse zur Personenkennzeichnung und -konstellation liefert bereits das Personenverzeichnis, das jedem Drama vorangestellt ist und z. B. schon Aussagen zum Milieu, zur sozialen Stellung oder zu möglichen Rollen- bzw. Beziehungskonflikten enthält.

Die eigentlichen **Regieanweisungen** sind Anleitungen des Autors für die **Inszenierung** (Regisseur, Schauspieler, Bühnenbildner usw.), aber auch für den Leser und die Interpretation. Ausführlichkeit und Genauigkeit der Regieanweisungen sind sehr unterschiedlich: Während sie im naturalistischen Drama sehr umfangreich sind, im Extremfall sogar den Dialogteil einer Szene überwiegen und beinahe schon Erzählcharakter bekommen können, sind Regieanweisungen im Regelfall quantitativ untergeordnet, können jedoch immer wichtige Einzelhinweise enthalten – z. B. zum Schauplatz, zum Bühnenbild, zu den Requisiten und Kostümen, zur Mimik oder Gestik der Personen. Regieanweisungen können auch schon erste Hinweise für eine Charakterisierung der Figuren geben. Sie müssen deshalb in die Textinterpretation einer dramatischen Szene einbezogen werden. Hinweise des Verfassers zum Schauplatz können wichtig sein, weil sie nicht nur als konkret-realistische Festlegungen verstanden werden dürfen, sondern oft auch in ihrem atmosphärischen oder symbolischen Gehalt von Bedeutung sein können für das Gesamtverständnis einer Szene. Gleiches gilt für Requisiten und Kostüme: Auch hier muss eine Interpretation auf versteckte Hinweise achten. Bemerkungen zur Mimik und Gestik sind vor allem für die Beschreibung des dramatischen Konflikts und die Figurenkennzeichnung verwertbar.

Mögliche Aufgabenstellungen werden im Folgenden anhand des Textauszugs aus „Geschichten aus dem Wiener Wald" von Ödön von Horváth exemplarisch dargestellt:

Textvorstellung, Inhaltsangabe, Figurencharakterisierung und Analyse des Gesprächsverhaltens, Untersuchung des Gesprächsverlaufs, kreatives Schreiben, Interpretation, literarische Wertung, materialgestütztes Schreiben, Motivvergleich

Geschichten aus dem Wiener Wald (1931) | Ödön von Horváth**

Das Volksstück handelt von dem Scheitern der Liebesbeziehung, die die naive Marianne eingeht, um der Tyrannei ihres Vaters, eines Spielwarenhändlers, und der von ihm in die Wege geleiteten Verlobung mit dem Metzgermeister Oskar zu entgehen. Ihr neuer Verlobter Alfred ist aber ein haltloser Mensch und eine Spielernatur und will sich seinen Verpflichtungen entziehen. Die Szene spielt ein Jahr nach der Verführung Mariannes durch Alfred; beide leben seitdem zusammen.

Theaterinszenierung der „Geschichten aus dem Wiener Wald", Schauspiel Köln 2015

II

Möbliertes Zimmer im achtzehnten Bezirk

Äußerst preiswert. Um sieben Uhr morgens. Alfred liegt noch im Bett und raucht Zigaretten. Marianne putzt sich bereits die Zähne. In der Ecke ein alter Kinderwagen – auf einer Schnur hängen Windeln. Der Tag ist grau und das Licht trüb.

MARIANNE *gurgelt*: Du hast mal gesagt, ich sei ein Engel. Ich habe gleich gesagt, daß ich kein Engel bin – daß ich nur ein gewöhnliches Menschenkind bin, ohne Ambitionen. Aber du bist halt ein kalter Verstandesmensch.

ALFRED Du weißt, daß ich kein Verstandesmensch bin.

MARIANNE Doch! *Sie frisiert sich nun.* Ich müßt mir mal die Haar schneiden lassen.

ALFRED Ich auch.

Stille.

Mariannderl. Warum stehst denn schon so früh auf?

MARIANNE Weil ich nicht schlafen kann.

Stille.

ALFRED Fühlst dich nicht gut in deiner Haut?

MARIANNE Du vielleicht? *Sie fixieren sich.*

ALFRED Wer hat mir denn die Rennplätz verleidet? Seit einem geschlagenen Jahr hab ich keinen Buchmacher mehr gesprochen, geschweige denn einen Fachmann – jetzt darf ich mich natürlich aufhängen! Neue Saisons, neue Favoriten! Zwei-jährige, dreijährige – ich hab keinen Kontakt mehr zur neuen Generation. Und warum nicht? Weil ich ausgerechnet eine Hautcreme verschleiß, die keiner kauft, weil sie miserabel ist!

MARIANNE Die Leut haben halt kein Geld.

ALFRED Nimm nur die Leut in Schutz!

MARIANNE Ich mach dir doch keine Vorwürf, du kannst doch nichts dafür.

ALFRED Das wäre ja noch schöner!

MARIANNE Als ob ich was für die wirtschaftliche Krise könnt!

ALFRED Oh du egozentrische Person. – Wer hat mir denn den irrsinnigen Rat gegeben, als Kosmetik-Agent herumzurennen? Du! *Er steht auf.* Wo stecken denn meine Sockenhalter?

MARIANNE *deutet auf einen Stuhl:* Dort.

ALFRED Nein.

MARIANNE Dann auf dem Nachtkastl.

ALFRED Nein.

MARIANNE Dann weiß ich es nicht.

ALFRED Du hast es aber zu wissen!

MARIANNE Nein, genau wie Papa –

ALFRED Vergleich mich nicht immer mit dem alten Trottel!

MARIANNE Nicht so laut! Wenn das Kind aufwacht, dann kenn ich mich wieder nicht aus vor lauter Geschrei!

Stille.

ALFRED Also das mit dem Kind muß auch anders werden. Wir können doch nicht drei Seelen hoch in diesem Loch vegetieren! Das Kind muß weg!

MARIANNE Das Kind bleibt da.

ALFRED Das Kind kommt weg.

MARIANNE Nein. Nie!

Stille.

ALFRED Wo stecken meine Sockenhalter?

MARIANNE *sieht ihn groß an:* Weißt du, was das heut für ein Datum ist?

ALFRED Nein.

MARIANNE Heut ist der Zwölfte.

Stille.

MARIANNE Daß das heut ein Gedenktag ist. Heut vor einem Jahr hab ich dich zum erstenmal gesehen. In unserer Auslag.

ALFRED Ich bitt dich, red nicht immer in Hieroglyphen! Wir sind doch keine Ägypter! In was für einer Auslag?

MARIANNE Ich hab grad das Skelett arrangiert und da hast du an die Auslag geklopft. Und da hab ich die Rouleaus heruntergelassen, weil es mir plötzlich unheimlich geworden ist.

ALFRED Stimmt.

MARIANNE Ich war viel allein – *Sie weint leise.*

ALFRED So flenn doch nicht schon wieder. – Schau, Mariannderl, ich versteh dich ja hundertprozentig mit deinem mütterlichen Egoismus, aber es ist doch nur im Interesse unseres Kindes, daß es aus diesem feuchten Loch herauskommt – hier ist es grau und trüb, und draußen bei meiner Mutter in der Wachau scheint die Sonne.

MARIANNE Das schon –

ALFRED Na also!

Stille.

MARIANNE Über uns webt das Schicksal Knoten in unser Leben – *Sie fixiert plötzlich Alfred.* Was hast du jetzt gesagt?

ALFRED Wieso?

MARIANNE Du hast gesagt: dummes Kalb.

ALFRED Aber was!

MARIANNE Lüg nicht!

ALFRED *putzt sich die Zähne und gurgelt.*

MARIANNE Du sollst mich nicht immer beschimpfen.

Stille.

ALFRED *seift sich nun ein, um sich zu rasieren:* Liebes Kind, es gibt eben etwas, was ich aus tiefster Seel heraus haß – und das ist die Dummheit. Und du stellst dich schon manchmal penetrant dumm. Ich versteh das gar nicht, warum du so dumm bist! Du hast es doch schon gar nicht nötig, daß du so dumm bist!

Stille.

MARIANNE Du hast mal gesagt, daß ich dich erhöh – in seelischer Hinsicht –

ALFRED Das hab ich nie gesagt. Das kann ich gar nicht gesagt haben. Und wenn, dann hab ich mich getäuscht.

MARIANNE Alfred!

ALFRED Nicht so laut! So denk doch an das Kind!

MARIANNE Ich hab so Angst, Alfred –

ALFRED Du siehst Gespenster.

MARIANNE Du, wenn du jetzt nämlich alles vergessen hast –

ALFRED Quatsch!

Horváth, Ödön von, Geschichten aus dem Wiener Wald, Gesammelte Werke 4, Frankfurt am Main, Suhrkamp Verlag, 1986, S. 143ff.

3 Textvorstellung und Inhaltsangabe

Textvorstellung

Sie entspricht weitgehend der Textvorstellung bei der Analyse eines erzählerischen Textes. Anstelle der erzähltechnischen Elemente berücksichtigt sie in knapper Form Angaben über zentrale dramentechnische Aspekte.

LÖSUNGSVORSCHLAG

Das 1930 erschienene Volksstück „Geschichten aus dem Wiener Wald" von Ödön von Horváth handelt von dem Scheitern einer Liebesbeziehung zwischen Marianne und Alfred. Die zu analysierende Szene, die einem 1986 in Frankfurt erschienenen Band entnommen wurde, zeigt eine sich zuspitzende Auseinandersetzung zwi-

Bausteine

Textsorte, Titel
Autor

Quelle
Kerninhalt

schen dem Liebespaar. Es haust zur Zeit der Wirtschaftskrise mit dem gemeinsamen Kind in einem billigen, möblierten Zimmer. Der Konflikt ist geprägt von Vorwürfen bzw. von unterschiedlichen Sichtweisen und verdeutlicht die Kommunikationsunfähigkeit der beiden.

Dramentechnische Details (Anmerkung zu Regieanweisung, Sprache und Figurenrede)

In den knappen Regieanweisungen wird die wirtschaftlich trostlose Situation des Paares verdeutlicht. Neben der Umgangssprache, die dialektal gefärbt ist, zeigt sich in den Dialogen, die punktuell von Alfred dominiert werden, vor allem das fehlende Verständnis für den Partner.

Textaussage

Horváth verdeutlicht in dieser Szene, wie äußere Gründe und Konflikte innerhalb der Beziehung zwischen Alfred und Marianne zusammenspielen und das Scheitern der Beziehung verursachen.

Inhaltsangabe

Die auf S. 221 angeführten Regeln für die Inhaltsangabe eines epischen Textauszugs gelten auch für die Inhaltswiedergabe eines dramatischen Textauszugs. Noch stärker als bei der Epik gilt es, auf ein sinnvolles Abstraktionsniveau zu achten, da aufgrund der Besonderheiten der Darstellung eines dramatischen Textes die Gefahr einer zu kleinschrittigen Vorgehensweise besteht.

LÖSUNGSVORSCHLAG

Die Szene spielt zu Zeiten der Weltwirtschaftskrise in Wien und beginnt mit einer verbalen Auseinandersetzung bei der Morgentoilette zwischen dem Paar Alfred und Marianne, das sich in einer wirtschaftlichen Notlage befindet, über seine scheinbar gefühlskalte Art. Alfred äußert seine Frustration wegen seines beruflichen Misserfolgs und schließt daran den Vorwurf an, aufgrund des Drucks von Marianne, sich einen Beruf zu suchen, seinem Hobby, den Pferdewetten, nicht mehr nachgehen zu können. Mariannes Einwurf, wonach Alfred ihrem Vater gleiche, weist dieser entschieden zurück. Zu einem neuen Streitpunkt entwickelt sich im Folgenden Alfreds Vorschlag über den weiteren Aufenthaltsort des gemeinsamen Kindes aufgrund der desolaten häuslichen Gegebenheiten. Marianne äußert sich hierauf melancholisch über ihre Einsamkeit, indem sie an ihren gemeinsamen Jahrestag erinnert, woraufhin Alfred gleichgültig reagiert. Seine Versuche, Marianne vom Aufenthaltsort für das Kind bei seinen Eltern zu überzeugen, schlagen fehl und die Auseinandersetzung spitzt sich verbal zu. Alfred zeigt sich herablassend, während Marianne ängstlich reagiert und sich Sorgen um die Zukunft macht. Der Textauszug endet mit Alfreds Beschwichtigungsversuchen.

4 Figurencharakterisierung und Gesprächsverhalten

Rein inhaltlich gilt für die Figurenkennzeichnung, d. h. die möglichen Fragestellungen einer Personencharakterisierung, all das, was für das Personal in Prosatexten bereits gesagt wurde (siehe S. 222 ff.).

Untersuchung der Figurengestaltung

Die Charakterzeichnung einer Dramenfigur durch den Autor erfolgt formal auf drei unterschiedliche Arten:

- direkte Charakterisierung, d. h. Äußerungen über die Figur durch andere Figuren oder durch sie selbst
- indirekte Charakterisierung, d. h. Rückschlüsse auf das Wesen der Figur durch ihr Auftreten, ihre charakteristischen Gewohnheiten, ihre Handlungen, ihr sprachliches Verhalten oder ihren Sprachgestus
- Charakterisierung durch den Nebentext, d. h. Informationen durch Personenverzeichnis bzw. Regieanweisungen

Bei der Bearbeitung der Aufgabe **Figurencharakterisierung** geht es darum, die Charakterzeichnung der Dramenfiguren im Vergleich zueinander so zu analysieren, dass sie als Individuen und/oder Vertreter eines Typs gut erkennbar werden.

Wichtige Untersuchungsgegenstände sind:

- äußere Merkmale (Alter, Geschlecht, Aussehen, Kleidung, Haltung, Ausdruck, Bewegungen ...)
- soziale Merkmale (soziale Gruppe, Gesellschaftsschicht, Stand ...)
- Persönlichkeit (Eigenschaften, Verhaltensweisen, Denkweisen, Einstellungen ...)

Figurenkonstellation

Da es in den allermeisten Dramen um zwischenmenschliche Beziehungen geht, verdient die Personenkonstellation besondere Aufmerksamkeit. Figuren erhalten ihren Stellenwert und ihre Funktion häufig aufgrund der Beziehung zu anderen Figuren, daher darf sich die Analyse einer Beziehung oder eines Verhältnisses nicht beschränken auf das Nebeneinander von Einzelcharakterisierungen. Vielmehr steht der **Beziehungsaspekt** im Vordergrund:

- Erscheinungsform der Beziehung (äußerlich/innerlich; ausgesprochen/nicht ausgesprochen)
- Hintergründe der Beziehung (politisch, gesellschaftlich, psychologisch ...)
- Entwicklung der Beziehung (dynamisch/statisch)
- Auswirkungen der Beziehung (beteiligte Figuren selbst, Umfeld ...)
- Autorenintention in Bezug auf die Figurenkonstellation

Die Beschreibung dieser Einzelelemente mündet in klaren **begrifflichen Festlegungen** wie zum Beispiel: Hass – Liebe, Untreue – Treue, Distanz – Nähe, Feindschaft – Freundschaft, Spannung –Harmonie, Abhängigkeit – Selbstbestimmung, Misstrauen – Vertrauen, Pessimismus – Optimismus, Egoismus – Solidarität, Borniertheit – Aufgeschlossenheit, Intoleranz – Toleranz.

Gesprächsverhalten

Die Dialoganalyse gibt vor allem darüber Aufschluss, wie sich die Dialogpartner im Gespräch miteinander verhalten. Dialoge im Drama sind als Sprech-Handlungen in einem Kommunikationsprozess zu verstehen; der **Sprecher** stellt sich selbst dar, äußert sich zu einer **Sache** und wendet sich an einen **Zuhörer** – den auf der Bühne bzw. den im Publikum. Der Dialog hat also **expressive, informative** und **appellative** Komponenten, die ineinander übergehen können, die Handlung in Gang halten oder vorantreiben und Aufschluss über äußere und innere Vorgänge geben (Entschlüsse, Standpunkte, Wertungen, Gedanken, Gefühle, Motive, Interessen, Ziele usw.). Bei der Analyse eines dramatischen Dialogs sind **ich-, sach-** und **adressatenbezogene** Elemente zu unterscheiden und interpretatorisch nach ihrer jeweiligen Bedeutung zu gewichten.

Einige Stichworte für die drei Aspekte des dramatischen Dialogs:

expressiv **Ausdruck** **Selbstäußerung**	**informativ** **Gegenstand** **Thema**	**appellativ** **Adressat** **Partnerbezug**
Standpunkte	Sachen	Liebe – Hass
Wertungen	Personen	Sympathie – Antipathie
Entschlüsse	Verhältnisse	Gunst – Missgunst
Gedanken	Ideen	Lob – Tadel
Gefühle	Ursachen	Frage – Antwort
Motive	Handlungen	Zustimmung – Ablehnung
Interessen	Ereignisse	Aufwertung – Abwertung
Ziele	Vorhaben	Aktivierung – Mäßigung
Einsichten	Entscheidungen	Angriff – Verteidigung
Infragestellungen	Vorgeschichte	Auflehnung – Unterwerfung
Selbstzweifel	Pläne	Forderung – Verweigerung
Zuversicht	Absichten	Aufklärung – Verschleierung
Selbstvertrauen	Aussichten	Überzeugung – Überredung
...	...	...

Die sprachlichen Äußerungen der Figuren lassen Rückschlüsse auf ihre tatsächlichen Ziele zu, manchmal auch dadurch, dass etwas nicht ausgesprochen wird. Die Sprache lässt aber auch die Taktik durchscheinen, mit der die handelnden Figuren ihre Ziele durchzusetzen versuchen – auch wenn mitunter versucht wird, die Beteiligten über die wirklichen Ziele und die dafür eingesetzte Taktik zu täuschen. Die Sprache kann außerdem die Gefühle der handelnden Personen verraten oder versuchen, Gefühle zu verdecken.

Aus den Unterschieden bzw. Gemeinsamkeiten der **Dialogpartner** in Bezug auf Position und Status (Geschlecht, Alter, Bildungsgrad, Herkunft, Macht o. Ä.) ergeben sich die Voraussetzungen für die sprachlichen Besonderheiten des Dialogs. Weil Figuren durch ihre Äußerungen aufeinander wirken, Konflikte verursachen und Anlass zu Reaktionen geben, verrät die Dialogführung sehr viel über die Art des Beziehungsgefüges und Rollenverhältnisses, z. B. Mann – Frau, Vater – Sohn, Freund – Feind, Herr – Knecht etc.

Mögliche Hilfsfragen zur Untersuchung des dramatischen Dialogs bzw. der Kommunikationsstruktur

- Welche Hinweise bekommt man aus dem Kommunikationsmodell für die Dialogszene?
- Wie sind die Redeanteile quantitativ verteilt?
- Sprechen die Dialogpartner auf gleichem Sprachniveau?
- Welche Rolle spielen Macht und Überlegenheit?
- Welche Kommunikationsstrategien werden angewandt?
- Inwieweit gehen die Dialogpartner aufeinander ein oder nicht ein?
- Zeigen sich im Verhältnis der Dialogpartner Entwicklungen?
- Ist die Haltung der Sprechenden eher rational oder emotional?

Thema:

Charakterisieren Sie die Beziehung zwischen Marianne und Alfred und gehen Sie dabei vor allem ausführlich auf das Gesprächsverhalten der beiden ein.

Beispielshafte Ausarbeitung einiger Charaktermerkmale

Hauptteil:

Die Beziehung zwischen Marianne und Alfred ist vor allem durch die fehlende Bereitschaft zu einem Gespräch geprägt. Immer wieder wird die Kommunikation durch „Stille" (Z. 19, 23, 59) unterbrochen. Eine echte Auseinandersetzung mit den jeweiligen Positionen findet dabei nicht statt. Der Vorwurf, er sei „wie [ihr] Papa" (Z. 53) bleibt, abgesehen von seinem Protest, unkommentiert und so werden die Situation und die Anschuldigung nicht bereinigt. Die Sprachunfähigkeit lässt sich auch daran erkennen, dass wichtige Themenbereiche durch alltägliche und triviale abgelöst werden. So folgt auf die Anklage, Alfred sei „ein kalter Verstandesmensch" (Z. 13), der Hinweis, Marianne müsse sich „mal die Haar schneiden lassen" (Z. 17). Hierbei wird kein Konflikt bereinigt und kein Missverständnis ausgeräumt. Das Paar ist nicht bereit, sich den jeweiligen Vorwürfen zu stellen, sondern lenkt auf konfliktärmere Gesprächsthemen ab. Noch deutlicher zeigt sich das unbewusste Ausweichen vor einer sachlichen Auseinandersetzung in dem Gespräch über die berufliche Situation Alfreds. Während Marianne Alfreds ausbleibende Verkaufserfolge mit einem gut gemeinten Erklärungsversuch kommentiert (vgl. Z. 36), reagiert Alfred darauf mit aggressivem Unverständnis und deutet ihre Erklärung als Inschutznahme der anderen „Leut" (Z. 37). Anstatt auf das ökonomische Anfangsargument Kaufkraft einzugehen, verliert sich das Gespräch in persönlichen Vorwürfen und Gegenvorwürfen.

Behauptung

Belege
Begründung

Zudem verharren sie in ihrer Beziehung auf ihren eigenen Positionen und sind nicht dazu bereit, Kompromisse einzugehen oder sich auf die Wünsche und Ängste des Partners einzulassen. Ein Empathieempfinden fehlt dabei nicht nur Alfred, der sich nicht in die junge Mutter Marianne hineinversetzen kann und nicht erkennt, wie schwer es sein muss, sein Kind wegzugeben (vgl. Z. 60 ff.). Marianne wiederum fühlt nicht den Druck wie Alfred, für seine Familie finanziell sorgen zu müssen und somit in monitärer Hinsicht Verantwortung zu übernehmen. Auf das Hin und Her „Das Kind muß weg!“ (Z. 62 f.), „Das Kind bleibt da“ (Z. 64) folgt „Stille“ (Z. 67) und die Suche nach den „Sockenhaltern“ (Z. 68). Keiner der beiden lässt sich auf den anderen ein und versucht, sich den jeweiligen Standpunkt erklären zu lassen, sondern verharrt bei seiner eigenen Meinung.

Die Beziehung, die Alfred und Marianne führen, ist außerdem keine liebevolle. Zu fehlendem Respekt kommt ein verletzendes Verhalten, das in der Beschimpfung gipfelt, Marianne sei „penetrant dumm“ (Z. 113) und eine „egozentrische Person“ (Z. 43). Auf die Beschwörung an die Liebe durch Marianne: „Du hast mal gesagt, daß ich dich erhöh – in seelischer Hinsicht –“ (Z. 118 f.), reagiert Alfred mit Abweisung und bemerkt sich „getäuscht“ (Z. 122) zu haben. Der Versuch, an vergangene und glücklichere Zeiten zu erinnern, schlägt vor allem deshalb fehl, da zwischen Alfred und Marianne keine Liebe mehr existiert. Beide haben sich in dem Alltag mit Kind und finanzieller Not verloren und bilden lediglich eine konventionelle Zweckgemeinschaft als eine auf Liebe und Vertrauen basierende Partnerschaft. Ängste und Sorgen werden nicht wahr- und ernstgenommen. Alfred erinnert sich auch nicht an ihren Jahrestag (vgl. Z. 69 ff). Es scheint schon lange nicht mehr wichtig zu sein.

1. Erarbeiten Sie weitere Merkmale und formulieren Sie diese aus.
2. Stützen Sie Ihre Ergebnisse mittels einer Analyse sprachlicher Mittel.

5 Gesprächsverlauf

Bei der Gesprächsanalyse müssen zu Beginn die **Intention** bzw. **Ziele** der beteiligten Gesprächspartner geklärt werden, sodass zum Schluss auch eine **Bewertung des Erfolgs** der jeweiligen Ziele stattfinden kann. Auch die **Situation**, in der sie sich befinden, kann schon viel über den Konflikt und den Verlauf des Dialogs aussagen. Durch eine Einteilung in **Gesprächsphasen** gewinnt die Analyse an Struktur, und es wird leichter, den Verlauf nicht im Sinne einer Inhaltsangabe wiederzugeben. Es ist dabei nämlich besonders wichtig, dass die **Reaktionen** der Personen nicht nur zusammengefasst, sondern auch **interpretiert** werden, d. h., die Frage, warum sich die Person in einer bestimmten Art und Weise verhält und was das über sie aussagt, ist von entscheidender Bedeutung. Auch rhetorische Mittel können dabei eine Rolle spielen. Dabei muss unbedingt mit **Belegen** aus dem Text gearbeitet werden.

Beispiel anhand eines Schreibplans

Analyse der Kommunikation zwischen Alfred und Marianne, indem auf die Ziele, den Verlauf und den Erfolg des Dialogs eingegangen wird:

<u>Gesprächsintention:</u>
Marianne: emotionale Annäherung an Alfred
Alfred: Wunsch nach wenig Belastung und Ruhe

Marianne **beklagt** sich über Alfreds gefühllose Art („kalter Verstandesmensch“, Z. 13).

Alfred **widerspricht** kurz.
- **Ablenken** vom essenziellen, die Beziehung betreffenden Thema → Befürchtung und Situation werden nicht geklärt.
- Daraufhin „Stille“ (Z. 19) als Zeichen der **fehlenden Kommunikation** zwischen dem Paar

Die **Frage nach dem Befinden** (eigentlich Versuch, eine emotionale Beziehungsebene zu erreichen) beider resultiert in **Schuldzuweisung** („Wer hat mir denn die Rennplätz verleidet", Z. 26 f.), → beide fühlen sich nicht wohl in ihrer derzeitigen Lebenssituation.

Alfred **jammert** und äußert **Unzufriedenheit** über seine berufliche Situation.

Marianne versucht, **Trost zu spenden**, indem sie auf die wirtschaftliche Situation verweist („Die Leut haben halt kein Geld!", Z. 36).
- Alfred empfindet dies nicht als Trost, sondern als Verteidigung der Kunden, also als Vorwurf. → Gegenseitiges **Missverstehen** endet in **Schuldzuweisungen.**
- Erneutes **Ablenken** auf nebensächliche Alltagsthemen („Wo stecken denn meine Sockenhalter?", Z. 46)
- Erneutes Austragen des **Streites auf anderer Ebene** endet in Mariannes Vergleich Alfreds mit ihrem Vater (vgl. Z. 53).
- Erneute „Stille" (Z. 59) als Zeichen von **Kommunikationslosigkeit**

Alfred **fordert,** das Kind an einen anderen Ort zu bringen.
- Verbaler Schlagabtausch, der allerdings **ohne Argumentation** verläuft („Das Kind bleibt da.", Z. 64, „Das Kind muß weg.", Z. 65)
- Erneute „Stille" (Z. 67) als Zeichen der Unfähigkeit zur **Kommunikation**
- Erneutes **Ablenken** auf nebensächliches Alltagsthema („Wo stecken meine Sockenhalter?", Z. 68) →**Abbruch** der doch zukunftsweisenden Diskussion über den Verbleib des Kindes

Marianne versucht, Alfred **emotional zu erreichen**, indem sie auf ihren Jahrestag hinweist (vgl. Z. 69 f.).
- Alfred fordert jedoch in **rauem und schroffen Ton** weitere Erklärungen, um sich an das Kennenlernen zu erinnern („[...]red nicht immer in Hieroglyphen!", Z. 77 f.).

Marianne liefert einen **Rückblick** auf die einsame und melancholische Zeit vor dem Kennenlernen Alfreds.
- Alfred **reagiert abweisend** („So flenn doch nicht schon wieder!", Z. 87).

Beschwichtigend versucht Alfred, auf Marianne einzuwirken („Mariannderl", Z. 88), **greift** sie jedoch im selben Moment wieder **an** („[...] mit deinem mütterlichen Egoismus", Z. 89 f.).
- Alfred versucht, Marianne zu überzeugen, das Kind zu seiner Mutter in die Wachau zu bringen.
- Diesmal **argumentiert** er und **weckt** erste **Zweifel** bei Marianne (vgl. Z. 90 ff.).
- Die „Stille" (Z. 97) und das Totschlagargument von Alfred („Na also!", Z. 96) **unterbrechen** die notwendige Diskussion über die Zukunft ihres gemeinsamen Kindes.

Marianne **wirft** ihm **vor**, er würde sie beschimpfen (vgl. 102, 106 f.).
- Alfred reagiert **gereizt** und **klagt herablassend** darüber, dass sie „dumm" (Z. 113) sei.

Marianne versucht, an frühere schöne Zeiten zu **erinnern** („Du hast mal gesagt, daß ich dich erhöh", Z. 118 f.).
- Alfred **streitet** dies **ab** und **widerspricht** ihr („Das hab ich nie gesagt.", Z. 120).

Marianne reagiert **verwirrt und ängstlich,** sie macht sich Sorgen um die Zukunft (vgl. Z. 126). → Versuch, durch emotionale Öffnung Verbindung zu Alfred aufzubauen

Alfred **beschwichtigt** sie mit den Worten „Du siehst Gespenster" (Z. 127), „Quatsch" (Z. 130). → nimmt Mariannes Ängste nicht ernst → **lässt** sich erneut **nicht** auf Gespräch **ein** → Mariannes Versuch scheitert.

→ **Konfliktreicher** Dialog, der durch viele Pausen unterbrochen ist → zeigt **Kommunikationslosigkeit** und -**unfähigkeit**, eingebettet in Alltagssituationen
→ Sprachliche Klärung **scheitert** vollends.
→ Vor allem Mariannes Versuche einer emotionalen Annäherung scheitern.

6 Kreatives Schreiben

Beim kreativen Schreiben kommen mehrere Textformen in Betracht. Im Folgenden geht es um die Ausformulierung eines Briefes und eines inneren Monologs zum genannten Thema. Die Regeln für die Bearbeitung kreativer Schreibformen finden sich auf S. 229 ff..

LÖSUNGSVORSCHLAG 1

Beispiel für die Ausgestaltung eines Briefes

Schreiben Sie einen Brief aus Mariannes Sicht, in dem diese ihrer besten Freundin Maria ihre Situation schildert und dabei die Auseinandersetzung mit Alfred reflektiert.

Maria Maier
Mühlacker 10
1110 Wien

Wien, den 12.02.1930

Liebste Maria,

jetzt sitz ich hier so alleine mit dem Kind in der Wohnung und fühl mich so einsam – auch in seelischer Hinsicht. Da wollte ich dir, meiner besten Freundin, schreiben, um meinen Seelenschmerz mit dir zu teilen. Alfred ist gerade zur Arbeit gegangen und versucht, den reichen Wiener Damen Hautcreme zu verkaufen. Mir macht er zum Vorwurf, dass die aber niemand will. Ich kann doch aber nichts dafür, oder? Sicher, ich habe letztes Jahr oft gesagt, dass diese Hautcreme eine Sensation und gute Investition ist. Ich dacht halt, dass die Wiener Damen so was sicher lieben werden. Ich jedenfalls hätte gerne so eine Hautcreme, wenn ich sie mir doch nur leisten könnte. Maria, ich wollte doch nur, dass er ein regelmäßiges Einkommen hat, damit's dem Kind gut geht und wir vielleicht mal einen neuen Kinderwagen kaufen und in eine größere Wohnung ziehen können. Du weißt doch, dass ich so gerne im zweiten Bezirk spazieren gehe und dann träum ich immer davon, wie es wohl in den herrschaftlichen Häusern aussehen könnte. Nicht, dass ich diesen Prunk bräuchte, aber halt a bisserl Platz für uns und das Kind. Dass mit den Rennplätz ist doch nichts für eine Familie! Ich kann doch auch nichts dafür, dass halt alle kein Geld haben! Ja, vielleicht ist sein Vorwurf berechtigt, dass ich ihn dazu überredet habe, als Kosmetikagent sein Geld zu verdienen, aber er darf mir nicht die Schuld an unsrer Lage geben, denn er könnt sich

schließlich jetzt auch nach einer anderen Arbeit umsehen. Oder auch einfach engagiert arbeiten ... Ich kann mir schon vorstellen, dass keine Dame eine Hautcreme kauft, denn der Alfred ist auch gar nicht charmant. Obwohl er es könnte! Damals war er es ja auch ...
Weißt du, was mich heute bei unserer Auseinandersetzung wirklich traurig gemacht hat? Heute ist unser Jahrestag, da hab ich Alfred kennengelernt ... und es scheint ihm nichts zu bedeuten. Ich hab ihn erst daran erinnern müssen und selbst dann ist er nicht darauf eingegangen. Da hab ich mich noch einsamer gefühlt! Vielleicht war Alfred doch nicht der richtige Weg, um von Vater wegzukommen ... Das hier ist nur eine andere Form der Tyrannei, die seelisch noch viel mehr schmerzt.
Es war doch so schön vor einem Jahr ... wie er mich schelmisch angelächelt hat und mir Komplimente gemacht hat, wie hübsch ich ausgesehen hab in der Auslag, als ich ganz verschreckt die Rouleaus heruntergelassen habe ... Kannst du glauben, dass er mich jetzt beschimpft? ‚Dummes Kalb' hat er mich genannt und es dann geleugnet. Wie kann er nur so gemein sein? Wo ich doch gar nicht viel verlange ... ein bisschen Zärtlichkeit und Zuwendung ...
So etwas kann ich mir doch nicht bieten lassen! Er ist so ein kalter Verstandesmensch und Taugenichts! Keine Zärtlichkeit, kein nettes Wort, im Grunde ist er wie Papa! Oh, wie habe ich mich in ihm getäuscht ... Ob du es glaubst oder nicht, er hat doch tatsächlich vorgeschlagen, das Kind in die Wachau zu seiner Mutter zu geben! Ich kann es nicht fassen! Ich gebe doch mein Kind nicht weg! Schon gar nicht zu seiner Mutter. Damit sie mir das Kind erzieht wie ihren Sohn ...
Ich habe mich so in Alfred getäuscht ...
Liebste Maria, was soll ich denn nun tun? Findest du auch, ich solle mein Kind weggeben? Natürlich ist unsere Wohnung sehr klein und dunkel und das Kind schreit oft, aber ich kann doch auch hier mit dem Kind hinaus in die Sonne und in den Park. Dazu muss es nicht in die Wachau ... vor allem braucht es doch seine Mutter. Oder besser gesagt, ich brauche das Kind. Wer gibt mir denn das Gefühl, geliebt und gebraucht zu werden, wenn das Kind nicht mehr da ist? Auf Alfred kann ich ja nicht zählen.
Oh Maria, ich habe Angst vor dem, was kommt ... Was wird passieren, wenn Alfred nicht bald mehr Geld verdient? Wo doch grad so viele Arbeitslose auf der Straße stehen und die Armenspeisung überfüllt ist ... Wenn wir diese Wohnung verlieren, dann weiß ich nicht, was aus uns werden soll.

In Hoffnung auf baldige Antwort

Deine Marianne

LÖSUNGSVORSCHLAG 2

Beispiel für die Ausarbeitung eines inneren Monologs

Verfassen Sie einen inneren Monolog aus Mariannes Sicht, als sie mit ihrem Kind spazieren geht, in welchem sie ihre Auseinandersetzung mit Alfred reflektiert.

Dummes Kalb hat er mich genannt, und ich steh einfach nur daneben und lass mir das gefallen. Dummes Kalb. Wie kann ich mir das einfach so gefallen lassen? Warum wehre ich mich nicht heftiger? Ich muss mich wehren, ihn anschreien, irgendwas. Aber was würd es bringen. Hat ja bei Papa auch nichts geändert. Überhaupt – ach Papa – dir entkommen und doch nicht glücklicher. Ich halt das nicht mehr lange aus. Oh weh, ist das kalt heute, kalt und feucht wie in unserer Wohnung. Ist es wirklich schlecht für das Kind bei seiner Mutter zu leben, nur weil die Wohnung ungemütlich ist? Aber hier ist auch immer so ein Trubel. Vielleicht wär das Kind doch besser auf dem Land aufgehoben ohne diese vielen

Autos und Menschen, die doch nur Lärm machen. Aber das sind ja nicht seine Gründe, oder? Er will es doch nur loswerden, das ist doch alles nur ein Vorwand! Aus den Augen, aus dem Sinn. Was ist er eigentlich für ein kaltherziger Mann, will sein eigenes Kind weggeben. In ihn hab ich mich verliebt? Dabei hat er eh keine Arbeit mit ihm, das mach ja alles ich. Dann wär er wieder unabhängig, glaubt er, und könnt auf die Rennbahn gehen. Mir wirft er das sowieso vor mit der Rennbahn. Dabei brauchen wir doch Geld. Das bräuchten wir auch, wenn das Kind in der Wachau wär. Aber wahrscheinlich nicht ganz so viel. Auf dem Land hast du einfach ganz andere Möglichkeiten an Lebensmittel zu kommen. Es ist alles günstiger als hier. Die Waren in den Schaufensterläden hier sind für uns unbezahlbar. Da könnten wir schon etwas mehr Geld gebrauchen. Da hat er schon recht. Ach, ich fühl mich so machtlos. Jedes Gespräch mit ihm verläuft im Sand. Diese Streitereien ständig. Ich bin so müde! Er versteht einfach gar nicht, was ich ihm sagen will. Geld, Geld, Geld, immer dieses Geld. Wir haben keins, die Leute haben keins. Überall dieses Elend hier. Die haben hier alle nix. Alles arme Gestalten, die hier rumlaufen. Von denen werden wir auch keins bekommen. Und die Reichen sind sowieso lieber unter sich. Fahren mit ihren schönen Autos umher und wollen mit uns nix zu tun haben. Da kann der Alfred verkaufen, was er will. Das liegt nicht an ihm, wenn er scheitert. Oh, wie ihn das frustrieren muss, den Armen! Wenn nur unsere Liebe stimmen würd. Es wär doch vieles einfacher. Aber so ... er liebt mich gar nicht mehr. Alles, was er mir letztes Jahr gesagt hat, hat er längst vergessen. Auch unsern Jahrestag! Ich bin so dumm, da hat er ganz recht, aber dumm, weil ich ihm geglaubt hab. Ich versteh nicht, wie er seine Gefühle einfach so abschalten kann. Als wenn er nie welche gehabt hätt. Andererseits steht er auch ganz schön unter Druck. Er muss eine Familie allein ernähren. Das ist auch neu für ihn. Vielleicht tu ich ihm ja Unrecht. Er ist einfach völlig angespannt und gestresst. Und ich gönn ihm nicht mal seine einzige Freizeit auf der Rennbahn. Vielleicht wird doch alles besser, wenn seine Mutter auf unser Kind aufpasst. Dann könnt ich mich in einem dieser Geschäfte als Näherin anstellen lassen und ihn und das Kleine unterstützen.

Wien um ca. 1920, Ecke Kärtnerstraße/Annagasse

1. Suchen Sie aus den Lösungsvorschlägen Textstellen heraus, in denen eine klare Reflexion stattfindet.
2. Untersuchen Sie die Lösungsvorschläge in Bezug auf sprachliche Mittel und ihre Funktion.
3. Arbeiten Sie aus den Lösungsvorschlägen die kreativen Elemente heraus.

7 Interpretation dramatischer Texte

Interpretation und literarische Wertung sollen zu einer problembewussten Reflexion von Form und Inhalt der dramatischen Szene führen. Die Aufgabenstellung kann allgemein gehalten sein oder bereits einen Hauptaspekt der Deutung beinhalten.

Thema:
Interpretieren Sie das im Szenenausschnitt dargestellte Scheitern der Liebesbeziehung zwischen Marianne und Alfred.

LÖSUNGSVORSCHLAG

Behauptung

In diesen ärmlichen Wohn- und Lebensverhältnissen ist eine erste Ursache für das Scheitern der Liebesbeziehung zu sehen. Wie die Regieanweisung angibt, ist das „Licht trüb“ (Z. 8), und Windeln müssen in der Einzimmerwohnung auf einer Schnur getrocknet werden (vgl. Z. 6 f.), sodass Alfred entnervt sagt: „Wir können doch nicht drei Seelen hoch in diesem Loch vegetieren“ (Z. 61 f.). Ständig müssen die beiden aufgrund dieser beengten Wohnsituation auf den Säugling Rücksicht nehmen, um ihn nicht zu wecken, weil sie keinen ungestörten Platz für ihn und für sich haben. Marianne dämpft Alfreds Stimme bei einer Auseinandersetzung, indem sie ihn darauf hinweist, nicht zu laut zu sein, da sonst das Kind wach würde. (vgl. Z. 56–58)

Erläuterung und Beispiel mit Belegstellen

Auf diese Weise wirkt die häusliche Umgebung als negativer Faktor auf die Beziehung der beiden. Das geht sogar so weit, dass Alfred die Weggabe des Kindes zu „[s]einer Mutter in der Wachau“ (Z. 93 f.) verlangt und Marianne die Trennung schmackhaft machen will, indem er argumentiert, dass dies „doch nur im Interesse [des] Kindes“ (Z. 90 f.) sei, „diesem feuchten Loch“ (Z. 91 f.) zu entkommen. Die Wohnverhältnisse sind also der sichtbare Ausdruck der sozialen, vor allem materiellen Lage des mittellosen Paares. Alfred hat als Vertreter für Hautcreme keine Verkaufserfolge, was er auf die schlechte Qualität des Produkts, Marianne hingegen auf „die wirtschaftliche Krise“ (Z. 41 f.) zurückführt, da „die Leut [...] halt kein Geld“ (Z. 36) hätten.

Erläuterung und Beispiel Mit Belegstellen

Folgerung

Aus dem Entstehungsdatum des Stückes 1930 und Mariannes Hinweis auf die „wirtschaftliche Krise“ (Z. 41 f.) lässt sich schließen, dass Horváths Stück vor dem Hintergrund der großen Weltwirtschaftskrise seit 1929 spielt. Mariannes und Alfreds Beziehung ist also wohl nicht als Einzelfall anzusehen, sondern soll die Belastung des Privaten durch die damalige ökonomische Krisenzeit repräsentieren.

Rückführung

Horváth gestaltet Mariannes und Alfreds Beziehung aber nicht nur als Produkt einer allgemeinen Krise, sondern auch als Ergebnis eines individuellen Konfliktes. Durch die rhetorischen Fragen: „Wer hat mir denn die Rennplätze verleidet?“ (Z. 26 f.), „Wer hat mir den irrsinnigen Rat gegeben, als Kosmetik-Agent herumzurennen? Du!“ (Z. 43–45), wirft Alfred Marianne seine Unzufriedenheit vor und macht so deutlich, dass sie ihn zu einem Vertreterdasein überredet hat, weil sie mit seiner Spielerneigung nicht einverstanden war. Alfred leidet darunter, seinen unabhängigen und ausschweifenden Lebensstil gegen ein kleinbürgerliches und alltäglich-monotones Leben an der Seite Mariannes eingetauscht zu haben. Marianne ihrerseits hat sich einen Wechsel ihrer Lebenssituation erhofft, findet sich aber an der Seite Alfreds in der gleichen Abhängigkeit von einem Mann wie früher, als ihr Vater – genau wie Alfred heute – sie für den Verbleib der Sockenhalter (vgl. Z. 46–53) verantwortlich machte. In dem Konflikt zwischen Alfred und Marianne spiegelt sich ein typischer Rollenkonflikt zwischen autoritärem, patriarchischem Männerverhalten und weiblicher Unterlegenheit.

Der geschlechtsspezifische Gegensatz zeigt sich aber nicht nur in Alltagsbanalitäten, sondern auch ganz grundsätzlich in der unterschiedlichen Gefühlswelt der beiden. Während

Alfred nüchtern und egoistisch darüber nachdenkt, wie man das Kind abschieben könnte, und das als väterliche Fürsorge tarnt, lebt Marianne nach ihren mütterlichen Gefühlen, die Alfred wiederum als „mütterlichen Egoismus" (Z. 89 f.) abqualifiziert. Mariannes Sehnsüchte haben sich an Alfreds Seite nicht erfüllt. Ihre Versuche, glückliche Momente ihrer Beziehung in Erinnerung zu rufen (vgl. Z. 118 f.), enden in der Verleugnung durch Alfred, das „nie gesagt" (Z. 120) zu haben, mit der Folge, dass sie den aus ihrer Sicht verheißungsvollen Beginn der Beziehung zu Alfred verklärt, aber bei diesem nur auf Unverständnis stößt (vgl. Z. 120 ff.). Marianne in ihrer naiv-romantischen Art scheitert an der Gefühlskälte Alfreds, der ihren enttäuscht-ängstlichen Satz „Du, wenn du jetzt nämlich alles vergessen hast –" (Z. 128 f.) als „Quatsch" abtut (Z. 130). Horváth bündelt in dieser Szene äußere und innere Gründe für das Scheitern des Verhältnisses zwischen Alfred und Marianne, das sich nicht nur inhaltlich, sondern auch sprachlich nachweisen lässt.

8 Literarische Wertung

Die Form der kritischen Auseinandersetzung mit einer Thematik, Aussage oder konkreten Textstelle einer Dramenszene gleicht derjenigen einer literarischen Wertung im Rahmen der Analyse epischer Texte. Die Beurteilung und Bewertung von Verhaltensweisen, Einstellungen, Beziehungen etc. kann dabei neben dem eigentlichen Dramentext auch Aspekte einbeziehen, die dem Nebentext (Regieanweisungen) zu entnehmen sind.

Thema:
Diskutieren Sie, ob in der Dramenszene aktuelle Probleme junger Familien thematisiert werden.

LÖSUNGSVORSCHLAG

Schreibplan

These
- Schwierige soziale Hintergründe als aktuelles Alltagsproblem junger Familien
- Überforderung vieler Eltern mit der neuen familiären Situation in einer zunehmend komplexen Welt
- Nachhaltige Auswirkungen von Emanzipations- und Individualisierungstendenzen auf die gegenwärtige Situation von einzelnen Menschen und Familien

Antithese
- Problem der gegenseitigen Entfremdung in vielen Partnerschaften als zeitloses Phänomen
- Kommunikationsunfähigkeit als generelle Ursache für Beziehungskonflikte
- Existenzsichernde Unterstützung für Familien in materieller und finanzieller Not

Synthese
- Berücksichtigung der persönlichen Lebenserfahrungen des Lesers
- Berücksichtigung der historischen bzw. gesellschaftlichen Entstehungshintergründe
- Veränderung des Rollenbildes in Partnerschaft und Familie
- Problematisierung des Begriffs „Kommunikation"
- Vergleich des Verhältnisses Marianne – Alfred mit Paarbeziehungen in anderen literarischen Werken
- Einordnung in die Gesamtaussageabsicht des Autors Horváth

9 Materialgestütztes Schreiben

1. Recherchieren Sie in Partnerarbeit die Begriffe „Proletariat" und „Prekariat" unter besonderer Berücksichtigung der gefährdeten Gesellschaftsgruppen und stellen Sie Ihre Ergebnisse vor.
2. Untersuchen Sie, inwiefern Marianne dem damaligen Frauenbild entspricht, indem Sie eine Internetrecherche durchführen.
3. Formulieren Sie einen inneren Monolog aus Alfreds Sicht, der nach dem Gespräch die Pferderennbahn aufsucht und seine private und berufliche Situation reflektiert.
4. Vergleichen Sie die Kommunikation in „Geschichten aus dem Wiener Wald" mit der in „Die Glücklichen" von Kristine Bilkau (M 3). Wie gehen die Protagonisten mit ihrer wirtschaftlichen Situation um? (Hinweise zum Motivvergleich siehe S. 273 ff.)
5. Charakterisieren Sie die Protagonisten Isabell und Georg aus „Die Glücklichen".
6. Frustriert und niedergeschlagen über seine derzeitige wirtschaftliche Situation, verfasst Georg einen Kommentar für die lokale Tageszeitung, in dem er seinen Gefühlen Ausdruck verleiht und auf die immer größer werdenden sozialen Ungleichheiten in der Gesellschaft aufmerksam macht.
   Formulieren Sie diesen Kommentar und berücksichtigen Sie dafür die Hintergrundinformationen aus M 1 und M 2.
7. Setzen Sie den dramatischen Textauszug aus „Geschichten aus dem Wiener Wald" filmisch um, indem Sie besonders auf eine sinnvolle Kameraführung hinsichtlich der beabsichtigten Wirkung beim Zuschauer achten. Beachten Sie dabei das Kapitel über die Filmanalyse (siehe S. 49 ff).
8. Vergleichen Sie den Einfluss von Wohlstand und Armut auf die Beziehung der Protagonisten in „Geschichten aus dem Wiener Wald" und im Dramenausschnitt aus „Kasimir und Karoline" von Ödön von Horváth (siehe S. 451 f.).

Material 1

Cerstin Gammelin, Thomas Öchsner: Deutschlands Arme werden immer ärmer

Vermögen ist in Deutschland weiter sehr ungleich verteilt. Zwar hat sich der Trend, wonach die reichsten zehn Prozent der Bevölkerung über mehr als die Hälfte des deutschen Nettovermögens verfügen, kurzfristig abgeschwächt. In den Jahren 2008 bis 2013 sank deren Anteil am gesamten Vermögen um einen Prozentpunkt auf knapp 52 Prozent. Die ohnehin vermögensschwächere Hälfte der Bevölkerung allerdings wurde im gleichen Zeitraum noch ärmer; auf sie entfiel 2013 nur noch ein Prozent des gesamten Vermögens in Deutschland. Das geht aus einer neuen Einkommens- und Verbraucherstichprobe des Statistischen Bundesamtes hervor […].
Betrachtet man die seit 1998 erhobenen Daten, ist die Kluft zwischen Arm und Reich langfristig deutlich tiefer geworden. Damals gehörten den reichsten zehn Prozent der Bevölkerung nur etwa 45 Prozent des Vermögens, die untere Hälfte der deutschen Haushalte verfügte über knapp drei Prozent davon.
In der Realität könnte die gesellschaftliche Spaltung allerdings noch größer sein, als es die Zahlen aus der Stichprobe nahelegen. Das Bundesarbeitsministerium wies am Montag

in Berlin auf die „begrenzte" Aussagekraft der Daten hin, unter anderem, weil „die reichsten Haushalte nicht erfasst werden". Milliardäre und Millionäre nehmen kaum an Umfragen teil. [...]
Das Arbeitsministerium wies außerdem darauf hin, dass Deutschland im internationalen Vergleich eher schlechter abschneidet, weil der Anteil der Grund- und Immobilienbesitzer an der Bevölkerung im Vergleich zum Euro-Raum eher niedrig ist, und junge Erwachsene häufiger in eigenständigen Haushalten lebten, ohne wie ihre Eltern bislang schon Vermögen aufbauen zu können. Deshalb erscheine das Vermögen in Deutschland weniger gleichmäßig verteilt. [...]

Gammelin, Cerstin/Öchsner, Thomas, Deutschlands Arme werden immer ärmer, in: Süddeutsche Zeitung, 25.01.2016, online unter: www.sueddeutsche.de/wirtschaft/soziale-ungleichheit-deutschlands-arme-werden-immer-aermer-1.2833313, zugegriffen am 11.04.2017

Material 2: Grafik

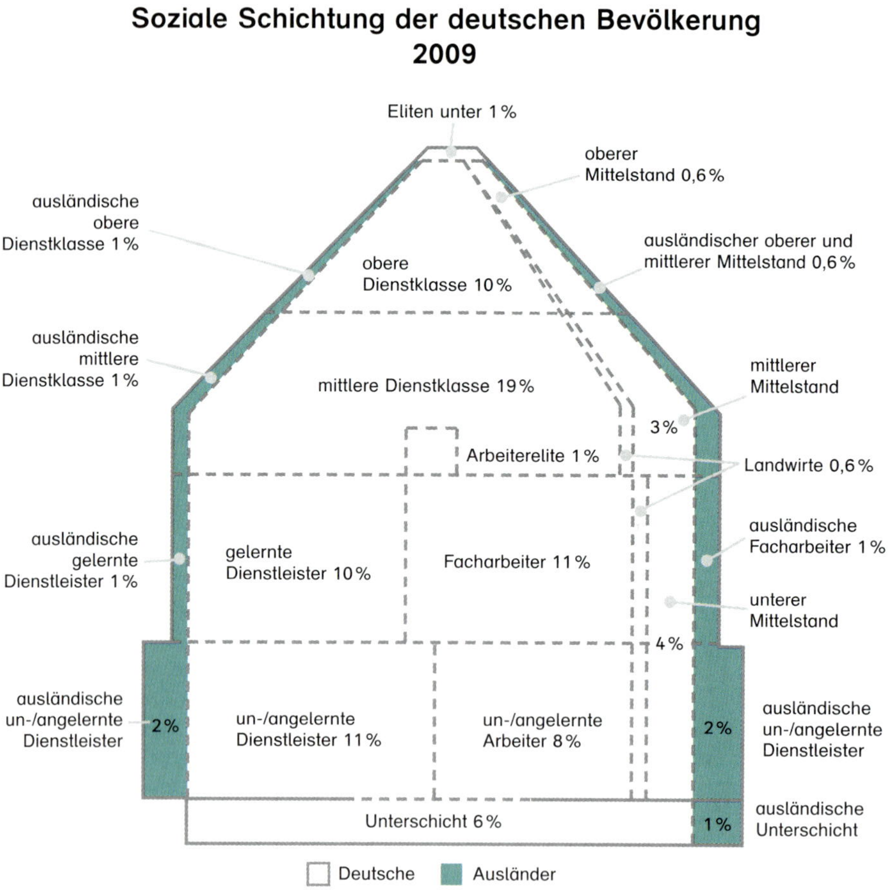

Geißler, Rainer, Die Sozialstruktur Deutschlands. 7., grundlegend überarbeitete Auflage, Wiesbaden 2014, S. 101 (Datenbasis: Mikrozensus 2009: N = 489 349 Haushalte; berechnet von Sonja Weber-Menges)

Material 3: Textauszug aus „Die Glücklichen" von Kristine Bilkau**

In der Wohnung gegenüber leuchtet ein Flatscreen. Von irgendwoher kommen Sirenen. Kurz flimmert draußen Blaulicht auf und wird durch die Dämmerung an die Wand geworfen. Der Wagen scheint über die Kreuzung gefahren zu sein. Wie gern würde er nur hier sitzen und in Ruhe darüber nachdenken dürfen, was er mit diesem Abschiedsgefühl anfangen soll. Als wäre ein Vorrat aufgebraucht. Oder warten dürfen, bis dieses Gefühl wieder vergeht.

„Wie verzweifelt du aussiehst, meine Güte. Warum lässt du mich hier so stehen? Sag mir doch einfach, wie es heute war."

Erstaunt blickt er auf und schluckt trocken. Er kann nicht sagen, wie lange sie schon im Türrahmen steht. Wie es heute war. Ihre Frage lässt sich so einfach nicht beantworten. „Ich kann's dir nicht sagen."

„Was sagen?"

„Wie es gelaufen ist. Ich kann's dir nicht sagen."

„Wieso nicht?"

„Weil ich es selbst nicht mehr weiß. Schlecht – wahrscheinlich. Ja, schlecht ist es gelaufen."

„Beide Gespräche?" Nun hört sie sich wieder ängstlich an. Sie befürchtet wahrscheinlich, dass er nicht gut bei den Leuten angekommen ist. Es graut ihr davor, er könnte als Verlierer herumlaufen.

„Nein, die Gespräche waren okay. Nett." Kurz wagt er es, sie anzuschauen. Sie scheint die Luft anzuhalten, so gespannt steht sie vor ihm „Ich weiß nur nicht. – Ich weiß nicht, wo da mein Platz ist." Er dreht sich wieder zum Fenster, wenn er sie nicht ansieht, kann er sich besser konzentrieren. „Ich finde meinen Platz nicht, es scheint ihn nicht zu geben. Ich bräuchte Zeit. Aber Zeit haben wir nicht. Es muss ja alles weiterlaufen, oder?"

„Was meinst du damit. Wo *da* dein Platz ist?"

Er überlegt, wie er es ihr erklären soll. Er könnte bei dem Termin in der Villa anfangen. „Ich saß heute bei der Chefin einer internationalen Makleragentur, eine Frau mit blondierten Haaren und irgendwie operiert, bei der ich Kundenmagazine machen könnte. Für Leute, die wissen müssen, ob sie den Bungalow in Miami kaufen sollen, das Loft in Hong Kong oder lieber – was weiß ich." Er lasse es, denn sie schaut ihn verständnislos und doch fordernd an. Er weiß nicht, was er noch sagen soll.

„Und, ist das so schlimm? Ist ja nicht so, dass Musical mein großer Traum gewesen ist. Aber es war gut bezahlt."

„Ich weiß." Er würde es ihr gern erklären, seine Sehnsucht nach dem Ausgang, dem *anderen*. „Diese Villa und diese Frau. Dieser Markt, um den es sich da dreht. Alles dort hat mich angewidert. Aber das allein ist es noch nicht. Ich frage mich, wie lange es hier so weitergehen kann. Ich fühle mich wie unter Wasser. Ich tauche, ich halte die Luft an, eine Weile wird es noch gehen, aber ich weiß, lange halte ich es nicht mehr durch. Der Zustand ist endlich, verstehst du? Gehören wir eigentlich noch hierher?"

„Wie meinst du das?"

„Könntest du dir vorstellen wegzuziehen?" Er erzählt ihr von der kleinen Stadt, von den Möglichkeiten, die er hätte. Er rechnet ihr vor, was ein Leben dort kosten würde.

„Ich weiß, wie es dort ist, Georg. Ich bin in so einer Gegend aufgewachsen. Es ist öde, wirklich öde, Tag für Tag, das halten wir nicht aus. – Und überhaupt", sie klingt, als wolle sie gleich auf ihn losgehen, „wo komme ich in deinen Überlegungen eigentlich vor? Hast du dich mal gefragt, was da aus mir werden soll?"

„Ich hätte dort einen Job. Hier, allerdings, wie es aussieht, nicht. Und du offenbar auch nicht."

„Ich habe bald einen Vorspieltermin."

„Ja – einen. Und was, wenn daraus nichts wird? Du hast dich ewig mit deinen Armbeschwerden beschäftigt." Sie hat so viel Zeit verstreichen lassen, hat ihre Therapie nicht konsequent durchgehalten. Hat nicht um ihre Stelle beim Musical gekämpft. Aber das darf er ihr so deutlich ja nicht sagen.

„Wie redest du mit mir? Willst du mir das letzte bisschen Selbstvertrauen nehmen?"

„Nein, aber ist dir die Lage nicht klar?" Er kennt ihre Körpersprache. Jetzt zieht sie die Schultern hoch und wehrt sich gegen aufkommende Tränen. Wie er das hasst und liebt. „Kennst du nicht dieses Gefühl? Wenn man sicher weiß, dass sich etwas ändern muss, etwas ändern wird, ob man nun will oder nicht? Und man keine Ruhe hat, bevor man die Alternative gefunden hat?"

„Ich suche keine Alternative. Ich will nicht, dass sich etwas ändert."

„Aber es passiert doch schon die ganze Zeit. Wir bekommen Geld – auf Bewährung."

Sie schaut schuldbewusst, wie ein kleines Kind.

„Wir zahlen diese Wohnung – auf Bewährung. Bald können wir es vielleicht nicht mehr. Bald müssen wir uns was Neues überlegen. Und wenn nicht bald, dann später. In zwei oder drei Jahren kommt die nächste Mieterhöhung. Und dann wieder und wieder. Immer weiter – bis zum Ende der Fahnenstange. – Bei dir ist das alles noch nicht angekommen, oder? Aber ich versichere dir: Da gehen jeden Tage Beträge von unserem Konto ab, immer weiter und weiter, während du hier sitzt und das nächste Sushi bestellst." Er breitet die Arme aus. „Das hier wird nicht bleiben. Kann es nicht. Wer weiß – wir schaffen es vielleicht nicht."

Ihn durchströmt ein Hochgefühl. Ja, es fühlt sich gut an, diesen Satz auszusprechen. Wir schaffen es nicht! Vier Wörter, die zu einem Tabu geworden sind. Sie auszusprechen ist verboten, streng, streng, streng verboten. Aber jetzt ist es auch egal. Er kann sich endlich locker machen. Wir schaffen es nicht! Warum mussten sie immer so tun, als wäre es nicht so?

„Du kommst doch noch viel weniger klar als ich. Gib es doch mal zu. Du wartest und wartest. Gehst ein bisschen Gymnastik machen. Dann tut der Arm wieder weh. Dann spielst du ein bisschen Schumann. Dann tut der Arm wieder weh. Du weißt doch selbst nicht, wohin du willst. Aber wenn die Sonne scheint, dann gehst du – einkaufen! Meinst du, das hilft?" Er muss lachen. „Und am Ende überlässt du es mir, der Idiot zu sein, der es ausspricht – entschuldige, ich hab da mal ne Frage, hast du eine Idee, wie das alles so gehen soll?"

Er wartet, bis sie das Bad benutzt hat und im Schlafzimmer verschwunden ist. Vorher hat er sich sein Bettzeug geholt und es zum Sofa getragen. Beim Zähneputzen beobachtet er sich im Spiegel. Putzen gegen den Verfall, der eines Tages zu teuer werden könnte. Putzen gegen alle Zahnprobleme, für die ihm im Alter das Geld fehlen wird.

Wie bei seiner Mutter, die sich vor den Kalkulationen des Arztes fürchtet und deshalb gar nicht erst hingeht. Wer nicht gründlich schrubbt, wird später eine arme Gestalt, bei der sich unten links schwarz die Lücke zwischen den wackeligen Resten absetzt. Zähneputzen, ein Akt der finanziellen Vorsorge. Wie es ihn ankotzt, dass er gegen diesen Gedanken nichts tun kann.

Bilkau, Kristine, Die Glücklichen, München, Luchterhand, 2015, S. 194–198

10 Motivvergleich

Die im Kapitel Analyse epischer Texte angeführten Hinweise zum Motivvergleich (siehe S. 246) gelten selbstverständlich auch für die Analyse dramatischer Texte.

Thema:
Vergleichen Sie Mariannes und Alfreds Umgang mit den wirtschaftlichen Gegebenheiten mit dem des lyrischen Ich im Gedicht „Die schlesischen Weber" von Heinrich Heine (siehe S. 504).

LÖSUNGSVORSCHLAG

Auszug aus einem möglichen Schreibplan

Vergleich-saspekt	Geschichten aus dem Wiener Wald	Die schlesischen Weber	Ergebnis
Umgang mit wirtschaftlichen Gegebenheiten	Leiden an wirtschaftlicher Situation (Z. 62 f.)	Leiden an wirtschaftlicher Situation (V. 13)	Gemein-samkeiten
Umgang mit wirtschaftlichen Gegebenheiten	• Erduldung, Resignation (Z. 36); Gefühl der Ausweglosigkeit (Z. 62 f.) • passive Haltung, • Verharren in Situation (Z. 42 f.)	• Anklage; Aufruf (V. 5/6; 12 ff.) • aktive Haltung; • Aggressivität; Widerstand (V. 22)	Unter-schiede
Zeitlicher Hintergrund	• wirtschaftliche Situation: Weltwirtschaftskrise	• wirtschaftliche Situation: Industrialisierung; Entstehung eines Proletariats; Verelendung	
textsortenspezi-fische Aspekte	• wirtschaftliche Situation nur als ein Faktor für die Beziehungsprobleme • mit Fokus auf der Darstel-lung einer Kommunikati-onsunfähigkeit	• Verdichtung der Aussage in Form einer pointierten Darstellung	

1. Übertragen Sie die Tabelle in Ihr Heft und ergänzen Sie das Konzept des Schreib-plans.
2. Arbeiten Sie Teilaspekte als Fließtext aus. Nutzen Sie in Ihrer Klasse/Gruppe die Möglichkeiten der Überarbeitung von Texten (siehe S. 44 ff.).

11 Übung

Übungstext: „Frau Müller muss weg" von Lutz Hübner*

2. SZENE

Frau Müller kommt herein. Sie trägt einen folkloristisch anmutenden langen Rock, weiße Lochmusterbluse mit auffällig tiefem Ausschnitt und einen Batikschal. Sie wirkt nervös, stellt ihre Tasche ab und setzt sich auf die äußerste Kante des Lehrerpults.

MÜLLER Guten Abend. Ich bin doch nicht zu spät?

Sie schaut auf die Uhr.

Zwei Minuten.

Sie lacht etwas unsicher.

Ja, ich begrüße Sie alle herzlich zu unserem Elterngespräch. Es tut mir leid, dass ich zweimal verschieben musste, aber ich bin etwas eingespannt im Moment. Ja. Nun. [...] Dann nutze ich die Gelegenheit, ein paar Worte zu sagen, bevor wir zum Thema kommen. Ich habe die Klasse jetzt im vierten Jahr und es macht mir große Freude, Ihre Kinder zu unterrichten, die meisten sind aufmerksame und fleißige Schüler, die auch untereinander sehr verantwortungsvoll miteinander umgehen. Wir haben letzte Woche unser Herbstprojekt abgeschlossen, Sie sehen hier die Ergebnisse. Die Bastelarbeiten können zum Ende des Halbjahres nach Hause mitgenommen werden. Die Kinder haben ihre Namen darauf geschrieben, dann können Sie sehen, was Ihr Kind da Schönes gemacht hat.

MARINA Ja, das sieht sehr schön aus.

JESSICA Sollen wir dann mal anfangen?

Katja hat inzwischen ihren Strauß genommen und geht nach vorne.

KATJA Vorher wollte ich Ihnen noch gerne dies hier übergeben, ich bin selbst im pädagogischen Bereich tätig und weiß, wie schwierig es ist, Kinder zu motivieren und ihnen Wissen zu vermitteln.

[...]

Jessica sortiert ihre Zettel, räuspert sich

JESSICA Frau Müller, ich will nicht lange um den heißen Brei reden. Wir, die Eltern der 4b, haben kein Vertrauen mehr in Ihre pädagogischen Fähigkeiten. Die schriftlichen Noten der meisten Kinder haben sich zum Teil dramatisch verschlechtert, das Lernklima ist schlecht und es gibt eine Unruhe in der Klasse, die Sie anscheinend leider nicht in den Griff bekommen. Das ist besonders alarmierend in einem Halbjahr, an dessen Ende das Zeugnis steht, das über den weiterführenden Schultypus entscheidet. Jetzt werden die Weichen gestellt und wir müssen handeln. Ich möchte betonen, dass wir im Namen aller Eltern sprechen.

KATJA Fast aller Eltern.

JESSICA Es ist die große Mehrheit aller Eltern, für die wir sprechen und die gemeinsam die Entscheidung gefällt hat, dass es leider keinen anderen Weg gibt, als Sie aufzufordern, die Klasse 4b abzugeben. Diese Entscheidung ist keinem von uns leichtgefallen, auch in Anbetracht Ihrer Verdienste in den letzten Jahren, aber wir können nur vom jetzigen Stand ausgehen und der ist untragbar.

Wir glauben Ihnen, dass Sie an den Kindern hängen, aber wir sind verpflichtet, zuallererst an das Wohl und Fortkommen unserer Kinder zu denken, und das ist in der jetzigen Konstellation stark gefährdet. So. Jetzt können wir über die Gründe im Einzelnen reden, wenn Sie wollen, aber das wird nichts an der gefällten Entscheidung ändern und an der Tatsache, dass Sie unser Vertrauen verloren haben.

Stille, Frau Müller zupft an ihrem Blumenstrauß herum.

[...]

MARINA Das alles ist auch unabhängig von unserer persönlichen Sympathie für Sie als Mensch. Sie sind für die kleineren Klassen bestimmt eine wunderbare Lehrerin, dieses Herbstprojekt war auch sehr schön. Aber es passt eben nicht.

Stille, Frau Müller nickt.

MÜLLER Also, Sie haben sich getroffen und sind zu dieser Entscheidung gelangt. Gemeinsam.

JESSICA Ja.

PATRICK Und wir sitzen hier als Repräsentanten der gesamten Elternschaft.

MARINA Wir dachten, es ist einfacher, wenn nicht alle da sind.

JESSICA Es geht ja auch nicht mehr um Entscheidungsprozesse. Die Entscheidung ist gefallen.

WOLF Spät genug.

MÜLLER Und warum erfahre ich das erst jetzt? Warum hat man mir das nicht mitgeteilt, als die Entscheidungsprozesse liefen, damit ich die Möglichkeit gehabt hätte zu reagieren?

WOLF Die hatten Sie, Frau Müller. Oder haben Sie das vergessen? Sie müssen gemerkt haben, dass es Probleme gab, das hat man Ihnen doch mitgeteilt, oder?

Jessica bedeutet Wolf mit einer Handbewegung, sich zu mäßigen.

[…]

MÜLLER Um das mal deutlich hier zu sagen. Vertrauen wäre für mich, ein solches Gespräch zu führen, wenn noch keine Entscheidungen gefallen sind. Aber gut, so ist jetzt die Lage. Reden wir über die Gründe.

JESSICA Ich lese Ihnen das Protokoll des Elterntreffens vor und wir gehen das Punkt für Punkt durch.

MÜLLER Frau Jeskow, was genau sind die Probleme, die Lukas hat?

JESSICA Frau Müller, wir wollen jetzt nicht über einzelne Kinder sprechen.

MÜLLER So viel Zeit wird ja wohl sein, oder? Also, Lukas hatte ja anfangs Schwierigkeiten, aber beim Herbstprojekt machte er auf mich einen glücklicheren Eindruck. Kommt er denn langsam in der Klasse an?

JESSICA Frau Müller, darum geht es jetzt nicht.

MARINA Ich will aber antworten, das ist mir wichtig.

JESSICA *(seufzt)* Gut, bitte.

MARINA Er kommt nämlich gar nicht in der Klassengemeinschaft an, es wird immer schlimmer. Am Anfang ist er manchmal noch eingeladen worden, aber jetzt gar nicht mehr. Er ist jeden Nachmittag alleine, nie ruft ihn jemand an und beim Fußball lassen sie ihn auch nicht mitspielen, obwohl er das so gerne macht. Dann spielt er alleine im Hof oder hängt stundenlang vor seinem Nintendo. Er sagt nichts, er ist ja tapfer, aber dann ist er oft so aggressiv, wenn er nach Hause kommt. Ich kenne ihn kaum wieder. In seiner alten Schule war er so gut integriert, er war in einer Montessoriklasse, da hat er sich am Ende der Ferien immer richtig auf die Schule gefreut, und jetzt liegt er manchmal heulend im Bett und fleht mich an, dass wir nach Köln zurückgehen. Wenn ich mit anderen Müttern darüber spreche, sagen die bloß, dass die Kinder das unter sich klären sollen. Aber er ist doch noch ein Kind! Ich kann das gar nicht erzählen, das zerreißt mir das Herz.

PATRICK So ausführlich müssen wir ja nicht werden.

MARINA Und zu Geburtstagen wird er auch nicht eingeladen. Nie.

PATRICK Man fragt sich eben, was die Schule unternimmt, um ihn zu integrieren.

[…]

MÜLLER Dann sammeln wir jetzt, warum die Kinder der anderen Eltern Probleme haben und überlegen gemeinsam, woran das liegen könnte.

JESSICA Nein, Frau Müller, Missverständnis, niemand will hier sein Kind durchboxen, es geht um die Gesamtatmosphäre, und die hat mit einem fehlenden pädagogischen Konzept zu tun und damit zwangsläufig mit Ihrer Person, um mal deutlich zu werden.

MÜLLER Ich hätte Sie in den nächsten Tagen sowieso zu einem Gespräch gebeten, weil Laura im Moment schwierig ist.

JESSICA Ich weiß, dass meine Tochter schwierig ist, Frau Müller. Wir reden hier aber über Ihr fehlendes Konzept.

MÜLLER Ich habe ein Konzept!

WOLF Dann ist es das falsche!

MÜLLER Entschuldigen Sie mal! Ich bin ausgebildete Pädagogin, ich kenne meine Schüler, und ich kenne die Lernziele. Ich habe den Stoff der vierten Klasse zu vermitteln, und den interessant und anschaulich aufzubereiten, kostet mich einen großen Teil meiner Freizeit …

WOLF Davon haben Lehrer ja genug.

MÜLLER Es gibt immer Schüler, die sich verweigern oder blockiert sind, und ich habe Gesprächsweise eingerichtet, damit die Kinder ihre Sorgen und Nöte mitteilen und besprechen können, um wieder fleißig und konzentriert arbeiten zu können. Das ist ein Zusatzangebot, ich müsste das nicht, aber ich will helfen. Aber es können nicht alle gleich gut sein, es ist immer noch eine Schule, und da geht es um Leistung, Lernbereitschaft und Auffassungsvermögen.
Darüber können wir reden, und darüber, wie Sie als Eltern den Erziehungs- und Bildungs-

auftrag der Schule unterstützen können. Aber nicht über meine Qualifikation, das verbitte ich mir. Fragen Sie die Schulleitung, die wird Ihnen bestätigen, dass ich das beste Pferd im Stall bin und alles für meine Schüler tue!

WOLF Ich könnte kotzen, wenn ich das höre. Sie blasen sich hier auf, unerträglich. Ich höre mir das nicht mehr an!

MÜLLER Ich lasse mich von Ihnen nicht anschreien!

WOLF Dann wissen Sie mal, wie das ist. Sie schreien die Kinder doch auch ständig an!

MÜLLER So was höre ich mir nicht an!

WOLF Das müssen Sie sich aber mal anhören. Ich habe mir Ihr Gewäsch hier lange genug angehört. Sie kapieren ja noch nicht mal, was hier los ist. Wir müssen ertragen, was Sie unseren Kindern antun, und das hat jetzt ein Ende. Basta. Und Sie mähren hier herum mit Konzepten. Erziehungsauftrag der Schule. Und wir sollen Sie unterstützen und die Klappe halten. Wissen Sie, welches Jahr wir haben? Und was alles passiert ist in den letzten zwanzig Jahren?

KATJA Wolf, das geht jetzt zu weit.

WOLF Ihr schleimt doch nur hier rum.

Wolf steht auf, schnappt sich den Zettel mit den Unterschriften, hält ihn hoch.

Das hier ist die Realität. Wir wollen Sie nicht mehr. Keiner. Das ist Fakt. Weil unsere Kinder unglücklich sind. Stecken Sie sich Ihre Konzepte sonstwohin. Meine Janine kommt nach Hause und heult, […] Die geht jeden Morgen mit Bauchschmerzen in die Schule, und da ist sie nicht die Einzige, ich kümmere mich jede freie Minute um sie, damit sie durchhält, die ganze Familie ist im Aufruhr, wir haben zwei Tage an diesem Scheißkastanienmännchen gebastelt, weil sie Angst hatte, dass Sie wieder enttäuscht sind.

Leistungsbereitschaft … Fleiß … das sind Kinder! Und die sind total terrorisiert. Und ich auch. Und das hört jetzt auf.

[…]

Stille.

MÜLLER Ich muss hier mal eines klarstellen. Diese Liste hilft Ihnen gar nichts, über so etwas entscheidet nämlich die Schulleitung oder das Schulamt. Da haben Sie als Eltern nicht das Geringste mitzureden. […] So weit sind wir noch nicht, dass Eltern einen Lehrer einfach so abschießen können. […] Ich bin Angestellte im öffentlichen Dienst, Herr Heider, und nicht Ihr Dienstmädchen. Aber das scheinen viele Eltern nicht begreifen zu wollen.

WOLF Glauben Sie bloß nicht, dass Sie uns hier einschüchtern können. Wir leben jetzt in einem freien Land, wir haben Rechte, aber das ist bei Ihnen offenbar noch nicht angekommen.

[…]

Wenn die Begabung fehlt, hilft alles nichts. Wer auf dem falschen Posten ist, fliegt. Warum soll das in der Schule anders sein?

Frau Müller nimmt ihre Tasche, geht Richtung Tür.

MÜLLER Das höre ich mir nicht länger an.

[…]

PATRICK Halt, Moment, das geht in die falsche Richtung. Kommen wir endlich mal zu den Gründen. Wir machen das nämlich auch in Ihrem Interesse.

MÜLLER Was wissen Sie denn über meine Interessen!

PATRICK Es ist doch auch in Ihrem Sinn, die Klasse abzugeben. Wir wissen, dass Sie ein ausgeprägtes Pflichtbewusstsein haben, aber es ist keine Schande, sich einzugestehen, dass man überfordert ist, oder ausgebrannt.

MARINA Burnout ist sehr häufig bei Lehrern.

MÜLLER Wie bitte?

PATRICK Wir hätten das gerne unerwähnt gelassen, aber wir wissen zufällig, dass Sie eine Therapie machen. Das bedeutet doch, dass Sie sich des Problems bewusst sind. Und wenn es soweit kommt, dass Sie als erwachsener Mensch vor einer Klasse von Neunjährigen in Tränen ausbrechen, ist der Punkt erreicht, wo man sich eine Pause oder einen Wechsel zugestehen muss. Dazu wollen wir Sie ermutigen.

Stille, Frau Müller stellt ihre Tasche ab.

MÜLLER Welche Therapie denn?

MARINA Also … Lukas hat erzählt, dass Sie kürzlich früher gegangen sind, weil Sie zur Therapie mussten.

MÜLLER Das hat Lukas erzählt, ja?

MARINA Ganz arglos hat er das erzählt, er weiß nicht, was das ist.

MÜLLER Das sind also Ihre Gründe, ja?

PATRICK Ich kann mir vorstellen, dass Ihnen das unangenehm ist …

MÜLLER Ich muss zur Physiotherapie wegen meinem Rücken. Ich bin nicht ausgebrannt, ich habe Rückenprobleme! Ich werde ja wohl noch Rückenschmerzen haben dürfen!

WOLF Und geheult haben Sie auch wegen Ihrer Rückenschmerzen oder was!

MÜLLER Sie halten sich mal einen Moment raus, Herr Heider! Ich habe geweint, Herr und Frau Jeskow, weil Ihr Sohn, der so einen Unsinn über mich erzählt, mich die ganze Stunde mit Papierkügelchen beschossen hat, und zwar so lange, bis ich eines ins Auge bekommen habe. So etwas tut weh und ich wollte, dass er das mal merkt, dass er sieht, was es bedeutet, einem Papierkügelchen ins Auge zu schießen, damit er einmal begreift, was er tut und es vielleicht einmal schafft, sich in andere hineinzuversetzen, zum Beispiel, wenn er ihnen weh tut, und dass es auch noch andere Menschen auf der Welt gibt, nicht nur ihn. Ihr Sohn dreht durch, wenn er nicht die ganze Aufmerksamkeit hat, er kann keine Minute still sitzen, zuhören kann er auch nicht, und wenn ich die Zeit, die ich für ihn brauche, für den Rest der Klasse hätte, wäre das Lernklima in der Klasse besser.

MARINA Weil er unterfordert ist, das ist bei Hochbegabten so.

MÜLLER Der ist nicht hochbegabt, sondern ein klarer Fall von ADS, da können Sie auch die Fachlehrer fragen. Wir haben ihm Zeit gelassen, damit er die Umstellung schafft, aber das ist ein grundsätzliches Problem. Er hat nicht mal den Stoff der dritten Klasse drauf, der sollte die Klasse am besten wiederholen. Ihr Sohn ist einer der Hauptgründe, dass diese Klasse seit Schuljahresbeginn nicht mehr funktioniert. Der ist nicht nur für mich eine Belastung, sondern für alle seine Mitschüler! Und ich dachte, dass es heute Abend auch darum geht, denn abgesehen von Fritz sind hier ziemlich genau die Eltern der Kinder versammelt, die mir die größten Probleme machen, und da können wir auch gleich über Janine reden, Herr Heider. Dass sie die Hausaufgaben nicht alleine macht, ist mir schon länger aufgefallen, denn wenn ich sie im Unterricht etwas frage, hat sie nicht den leisesten Schimmer. Wenn Sie ihr schon die Hausaufgaben machen, dann sollten Sie auch dafür sorgen, dass Ihre Tochter in der Nähe ist und ungefähr weiß, worum es geht.

WOLF Und warum arbeitet sie nicht mehr mit? Weil …

MÜLLER Ruhe! Ich rede! Weil sie die ganzen Schulstunden damit beschäftigt ist, Laura anzuhimmeln, die mündliche Mitarbeit für streberhaft hält und ihre Zeit damit verbringt, sich die Nägel zu feilen oder die Bravo zu lesen. Wenn die beiden überhaupt mal einen Stift in die Hand nehmen, dann nur, um In- und Out-Listen zu schreiben. Wenn Ihre Tochter Bauchschmerzen hat, Herr Heider, dann nur, weil sie Angst vor Lauras Launen hat. Wenn Laura nicht so oft fehlen würde, wäre Janine noch viel schlechter in der Schule. Und da bin ich bei Ihnen, Frau Höfel.

Frau Müller holt einige Zettel aus ihrer Tasche, wirft sie Jessica auf den Tisch.

Das wollte ich mit Ihnen heute Abend besprechen. Das sind die Entschuldigungen, die Laura in den letzten zwei Wochen abgegeben hat. Ist das Ihre Unterschrift? Wenn ja, dann wissen Sie ja, dass Ihre Tochter bis jetzt in diesem Halbjahr schon bei zehn Fehltagen ist. Wenn nicht, dann sollten Sie sich vielleicht etwas mehr mit Ihrer Tochter beschäftigen. Darüber hätten wir heute Abend reden sollen, anstatt meine fachliche Kompetenz in Frage zu stellen. Kinder, die lernen wollen wie Fritz, die lernen auch etwas, aber alles kann die Schule auch nicht auffangen. Also fassen Sie sich mal an die eigene Nase, anstatt hier die Schule für Ihre Fehler verantwortlich zu machen!

Frau Müller ist zuletzt sehr laut geworden. Sie steht einen Moment regungslos und sieht in fassungslose Gesichter, dann verlässt sie türenknallend den Raum.

Hübner, Lutz, Frau Müller muss weg, in: Hübner, Lutz, Frau Müller muss weg und andere Stücke, Berlin, Theater der Zeit, 2011, S. 147–155, gekürzt

1. Stellen Sie den Text vor und fassen Sie den Inhalt prägnant zusammen.
2. Untersuchen Sie unter Berücksichtigung des Interviews (M 1) und der Karikatur (M 2) die Beweggründe der Eltern, Frau Müller die Klassenleitung zu entziehen. Beurteilen Sie abschließend das Vorgehen der Eltern.
3. Informieren Sie sich über Bildungschancen und Bildungsverteilung in Deutschland (unter Bezugnahme auf die Grafik auf S. 42). Debattieren Sie über Vor- und Nachteile des deutschen Schulsystems (im Vergleich zu den skandinavischen Ländern).
4. Verfassen Sie einen Tagebucheintrag aus Sicht von Frau Müller, in dem sie die Elternversammlung reflektiert.
5. Vergleichen Sie die Lehrerinnen Frau Müller und Frau Lohmark (siehe S. 248 ff.) miteinander.
6. Planen Sie ein Standbild, in dem die einzelnen Emotionen der Beteiligten deutlich werden (siehe S. 47).
7. Ordnen Sie den verschiedenen Gesprächsphasen Musikstücke zu, die in einer filmischen Umsetzung die Wirkung unterstützen würden.
8. Formulieren Sie unter Bezugnahme auf den Text „Schüler unter Leistungsdruck" (M 3) und das Bild (M 4) einen Kommentar/eine Glosse für die Schülerzeitung zum Thema „Leistungsdruck in der heutigen Gesellschaft".

Zusatzmaterial:

Material 1

Kerstin Rottmann: Was wirklich gegen „Helikoptereltern" hilft

Sie sind laut, kümmern sich um alles, und ihnen entgeht nichts: „Helikoptereltern" nennen Experten jene Erziehungsberechtigten, die ihre Kinder nie aus den Augen lassen und sich deshalb oft in Schulbelange einmischen. Josef Kraus, 65, […] ist Präsident des Deutschen Lehrerverbandes und Leiter des Maximilian-von-Montgelas-Gymnasiums bei Landshut. 2013 veröffentlichte er das Buch „Helikopter-Eltern. […]"

Die Welt: Herr Kraus, in Stuttgart hat ein Grundschulleiter Alarm geschlagen und in einem Brief das Verhalten der Eltern angeprangert. Kinder würden mit dem Auto gebracht, in den Klassenraum bugsiert und ausgezogen, teils nach Unterrichtsbeginn. Stichwort Überbehütung: Sind das die Helikoptereltern, die Sie in Ihrem gleichnamigen Buch meinten?

Josef Kraus: Ich unterscheide ja drei Typen von Helikoptereltern. Den Transporthubschrauber, den Kampfhubschrauber und den Rettungshubschrauber. Das, was Sie sagen, ist ein klarer Fall von Transporthubschraubern (lacht). Es gibt Eltern, die selbst in verkehrsberuhigten Zonen ihre Kinder 800 Meter bis zur Grundschule fahren, weil es drei Tropfen regnet. Auch ein extremes Beispiel: Eine Mutter, die mir bekannt ist, ließ ihr Kind nur mit der Nachbarin mitfahren, wenn die den kleinen Fiat zu Hause ließ und den großen Familien-BMW nahm, wegen der Knautschzone, hieß es dann. […] Es ist ein bundesweites Problem, eine regelrechte Hysterie bei manchen Eltern.

Die Welt: Warum gibt es eigentlich so viele „Shuttle-Kids"?

Kraus: Zwei Ängste auf Elternseite stecken dahinter: zum einen die Angst vor den Risiken des Straßenverkehrs. Von der Unfallstatistik jedoch ist das überhaupt nicht gedeckt. Vor 40 Jahren hatten wir in Deutschland 22.000 Verkehrstote im Jahr, jetzt haben wir 4000, obwohl das Verkehrsaufkommen sich ja vervielfacht hat. Die zweite, ebenfalls ziemlich irrationale Angst ist, dass hinter jedem Busch ein Kindesentführer lauert, auch das ist kriminalstatistisch nicht zu halten. Alle Experten im Bereich des Kindesmissbrauchs sind sich einig: 90 Prozent der Fälle passieren im engeren familiären Umfeld. […]

Die Welt: Eltern sagen dann, diesen Wohlstand muss man ja erreichen, der Wettbewerb ist hart. Gute Jobs gibt es nur mit guten Noten!
Kraus: Wir haben in Deutschland eine der niedrigsten Arbeitslosenquoten in Europa. Wir haben auch europaweit eine der niedrigsten Quoten bei der Jugendarbeitslosigkeit. Unser Problem ist doch eher ein anderes, und daran sind die OECD, die Bertelsmann-Stiftung und die Parteien schuld! Deren Tenor ist: „Dein Kind hat im globalen Haifischbecken nur eine Chance, wenn es Abitur hat." Alles Idiotie. Österreich, die Schweiz und Deutschland haben die niedrigsten Quoten an Hochschulabsolventen und Abiturienten, und trotzdem haben sie die beste Wirtschaftsleistung. Die öffentliche Meinungsbildung wird von solchen, meiner Meinung nach zwielichtigen, Organisationen angestoßen, und was haben wir am Schluss? Überakademisierung auf der einen, Fachkräftemangel auf der anderen Seite. Übrigens: Ein gewerblich oder kaufmännisch gut Ausgebildeter steckt im Jahres- oder Lebenseinkommen gerechnet so manchen Geistes- oder Sozialwissenschaftler in die Tasche.

Die Welt: Und was wird später aus den Kindern von Helikoptereltern?
Kraus: Sie bleiben unselbstständig, übernehmen wenig Verantwortung für ihr eigenes Tun, und, ganz praktisch, sie lernen es nicht, Gefahren im Straßenverkehr richtig einzuschätzen. Wie sollen solche jungen Menschen das Erlebnis haben, dass sie etwas selbst bewältigt haben, dass sie auf etwas stolz sein können? Das erste Mal alleine zur Schule, vielleicht sogar mit dem Rad – was glauben Sie, wie stolz ein Achtjähriger da ist! […]

Die Welt: Sind Helikopter eigentlich männlich oder weiblichen Geschlechts?
Kraus: Hauptsächlich weiblich. Bei meinen Vorträgen allerdings sehe ich dann manchmal die Quotenmänner (lacht). Es kommt aber auch vor, so wird mir berichtet, dass da eine „Black Hawk Mum" angeflogen kommt, um bei Lehrern etwas zu erreichen, und wenn das nicht klappt, dann heißt es: Dann schicke ich Ihnen aber meinen Mann! Das andere Extrem ist, dass Eltern schon ganz verschüchtert ankommen und sagen, können wir mal was besprechen, ohne dass wir dann gleich Helikoptereltern sind. […]

Die Welt: Aber sind Heli-Eltern nicht einfach Abbild der Gesellschaft?
Kraus: Es gibt ja diese Eltern, die ein Premiumkind haben, die, die am liebsten schon in der zweiten Klasse Portfolios, sogenannte Talentmappen, für ihre Kinder anlegen lassen. Und das Schlimme ist: Für all das gibt es ja einen Markt, gibt es Firmen. Ich nenne Ihnen da mal Namen von Angeboten, die amerikanisch klingen, aber in Deutschland angeboten werden: Kindergärten, die sich Little Giants nennen. Luxuskitas für V.#a#I.#a#B.s, very important babies. Oder Fast-track-kids-Kitas. Diese ganze Frühförderung wird auch begründet. Da schreibt dann ein sogenannter Hirnforscher mit Professorentitel: „Jedes Kind ist hochbegabt." Klar, dass das die neue Trenddiagnose wird. Da kommen dann Eltern, die sagen, Herr Kraus, Ihre Lehrer sind nicht in der Lage, die Hochbegabung meines Kindes zu entdecken. Weil die irgendwo im Internet gelesen haben, Hochbegabte sind manchmal ein bisschen verhaltensauffällig, und dann den Umkehrschluss machen, weil mein Kind verhaltensauffällig ist, ist es hochbegabt. Und solche Büchertitel befördern das noch. Neben der Propaganda spielen aber auch noch ganz andere Dinge eine Rolle.

Die Welt: Die da wären?
Kraus: Der Trend zur Einkindfamilie etwa. In dieses eine Kind projiziert sich dann alles. Dazu kommt der Trend, dass Frauen, aber auch Eltern insgesamt immer älter werden, bis das erste Kind kommt. Da sind wir Akademiker ja auch ein bisschen mit schuld (lacht). […]

Die Welt: Was also ist zu tun?

Kraus: Eine Mutter hat mich mal angesprochen und mir gesagt hat, ach wissen Sie, ich habe eine Tochter, die habe ich mit 28 Jahren bekommen – also für heutige Verhältnisse eher früh –, und ich möchte auf keinen Fall so eine Helikoptermama werden. Was kann ich tun? Ich habe dann gesagt, ganz einfach, Kind zwei und drei bekommen. Da ist keine Zeit mehr fürs Überbehüten. […]

Die Welt: Wie sieht die Helikopterkinder-Republik Deutschland 2024 aus?

Kraus: Tja. Das Problem geht ja schon jetzt bis in die Hochschulen hinein. Viele Unis bieten Informationsveranstaltungen oder Seminare für die Eltern an, weil die ja immer noch über ihren Kindern schweben wollen. Das wird ein großes gesellschaftliches Problem, wenn diese Leute mal auf den Arbeitsmarkt kommen! Hohe Anspruchshaltung, null Eigenengagement und – jetzt gehe ich mal noch einen Schritt weiter – kaum Mut zum Risiko. Wir in Deutschland haben ja ohnehin einen niedrigen Teil an Selbstständigen auf dem Arbeitsmarkt. Aber woher soll die Risikobereitschaft denn kommen, wenn immer der Helikopter kreist?

Rottmann, Kerstin, Was wirklich gegen „Helikoptereltern" hilft, in: Welt N24, online unter: www.welt.de/vermischtes/article135393251/Was-wirklich-gegen-Helikoptereltern-hilft.html, zugegriffen am 05.03.2017

Material 2: Karikatur

Howard McWilliam, Helicopter Parents, The Daily Telegraph

Material 3

Schüler unter Leistungsdruck

Düsseldorf. Jeder vierte Schüler in Deutschland bekommt private Nachhilfestunden. Ratinger Schulen – von Grundschule bis Gymnasium – favorisieren eigene Hilfs- und Lernangebote. Sie gehören zum Standard an den Nachmittagen. *Von Martina Görz*

Immer wieder sind Klagen zu hören, dass Schüler aufgrund des hohen Leistungsdrucks den Schulalltag ohne Unterstützung kaum noch bewältigen können. Jeder vierte deutsche Schüler bekommt neben dem Schulunterricht privaten Nachhilfeunterricht – Tendenz steigend. Die Lage in Ratingen stellt sich differenziert da, wie Schulleiter unterschiedlicher Schulformen gegenüber der RP erklärten. Eva Müskens, Schulleiterin der Anne-Frank-Grundschule, berichtet: „Die Familien stehen zunehmend unter dem gesellschaftlichen Leistungsdruck. Das Vergleichen der Leistung setzt schon in der Grundschule ein. Ab der zweiten Klasse werden Arbeiten durch Noten bewertet. In meinen Augen ist der Vergleich der Tod des Individuums." Um den Anforderungen gerecht zu werden, setzt die Anne-Frank-Grundschule auf Förderpädagogik. Die „Nachhilfe" findet hier in der Schule statt. 150 der 250 Grundschüler werden über den Unterricht hinaus unter dem Motto „Nicht nachhelfen, sondern Stärken stärken" von Lehrern, Förder- und Sozialpädagogen sowie einem Sozialarbeiter bis 17 Uhr betreut. Dies entlastet die Eltern und fördert die Schüler, die hier am Nachmittag bei den Hausaufgaben betreut werden. „Bei uns heißen die Hausaufgaben allerdings Arbeitszeiten", so Müskens. „Das Leben soll nicht nur über die Schule laufen, daher geben wir freitags keine Aufgaben auf. Ein situatives Lernen aus dem Alltag heraus bietet den Kindern eine effektive, nachhelfende Unterstützung." Schon in der Grundschule ist der Kampf um die Zukunft zu spüren. Eine Empfehlung für das Gymnasium gilt als erstrebenswertes Ziel. Johannes Steggers, Schulleiter an der erzbischöflichen Liebfrauenschule (Realschule für Mädchen), sieht das kritisch: „Ist das Kind auf der richtigen Schule, dann ist das Bewältigen der Anforderungen eine Frage des Arbeitsverhaltens." Zwar haben ungefähr 75 Prozent der Schülerinnen der Klasse 10 a an der Liebfrauenschule schon einmal auf private Nachhilfe zurückgreifen müssen, doch die Klassengemeinschaft weiß sich zu helfen. Hier werden Lerngruppen gebildet, in denen die stärkeren Schüler die schwächeren unterstützen. Im Förderunterricht, der für die gesamte Klasse stattfindet, erhalten die Schülerinnen eine effektive Vorbereitung auf die zentrale Prüfung am Ende der Klasse 10 (ZP 10).

Im März ist eine Probeprüfung unter den genauen Bedingungen der Originalprüfung angesetzt. „Wir möchten den Schülerinnen hiermit die Angst vor der anstehenden ZP 10 nehmen", so Steggers. Seine Schule setzt auf Service-Learning: Schüler unterrichten Schüler außerhalb des Unterrichts. Dies ist im Moment zwar nicht institutionalisiert, findet jedoch im privaten Rahmen statt. Mit dem Bau der Mensa erhofft sich Johannes Steggers eine erneute Intensivierung des Service-Learnings.

Auch im Carl Friedrich von Weizsäcker-Gymnasium werden für die Gymnasiasten Fördermaßnahmen angeboten. „Kein Kind soll sitzen bleiben", sagt Konrektor Peter Lausch. „Zu diesem Zweck bieten wir Förderstunden in den Hauptfächern an. Von montags bis donnerstags gibt es an den Nachmittagen eine Hausaufgabenbetreuung, die von professionell ausgebildeten Müttern begleitet wird. Finanziert wird dieses Projekt über den Förderverein."

Wenn es dann einmal nicht anders geht, vermittelt die Schule auch zwischen Schülern und Nachhilfeinstituten, mit denen ein lockerer Kontakt besteht. Für die jüngeren Schüler kann auch schon einmal ein Oberstufenschüler einspringen.

Görz, Martina, Schüler unter Leistungsdruck, in: RP ONLINE, 08.03.2010, online unter: www.rp-online.de/nrw/staedte/ratingen/schueler-unter-leistungsdruck-aid-1.920019, zugegriffen am 03.05.2017

Material 4

VIII Analyse lyrischer Texte

1 Grundsätze zur Behandlung von lyrischen Texten

Lyrik ist nicht nur die Gattung, die bei Weitem die größte Vielfalt an Einzelformen aufweist; sie ist auch die Gattung, in der die besondere Bedeutung der Form zum Ausdruck kommt. Formale Geschlossenheit und Einheitlichkeit verbinden sich mit einer formalen und thematischen Überschaubarkeit.

Gedichte sind in der Regel bestimmt durch die Abweichung von alltagssprachlichen Normen infolge eines freieren, individuelleren Umgangs mit Sprache (z. B. grammatikalische Freiheiten, subjektive Eigenheiten, Stilisierungen, Emotionalisierung, Musikalität, gesteigerte Bildhaftigkeit etc.). Außerdem ist Lyrik durch höchste Konzentration und Verdichtung der sprachlichen Ausdrucksmittel gekennzeichnet.

Im Verhältnis von Lyrik und Wirklichkeit dominiert das Begrenzte und Einzelne, sei es als Erlebnis, Erfahrung, Stimmung; als Gefühl, Wahrnehmung, Beobachtung; als Gedanke, Haltung, Erkenntnis oder als Motiv, Situation, Vorgang. Der Blick auf das Ganze erfolgt also aus der sehr subjektiven Perspektive eines Einzelnen.

Ganz entscheidend für den Umgang mit lyrischen Gedichten ist der Einschnitt zwischen traditioneller und moderner Lyrik in der Zeit um 1900, weil ab dieser Zeit viele Kriterien und Merkmale der herkömmlichen Lyrikauffassung nicht mehr gelten. Stattdessen rückt in der neueren und neuesten Lyrik der artistische Umgang mit der Sprache als **„Sprachmaterial"** immer mehr in den Vordergrund.

Im Unterschied zur Interpretation einer Dramen- oder Prosaszene beschäftigt sich die **Lyrikinterpretation** nicht mit einem Ausschnitt, sondern mit dem ganzen Gedicht, oft mit dem Vergleich zweier oder mehrerer Gedichte. Die Abgeschlossenheit des Untersuchungsgegenstandes bringt es mit sich, dass seine Analyse und Interpretation nicht in getrennten Teilaufgaben erfolgen, sondern als eine geschlossene Aufgabe.

Als wichtiger Baustein der Lyrikinterpretation können das **Motiv** und seine Deutung gelten. Es handelt sich hierbei um eine Art Hauptthema eines literarischen Textes, z. B. im Hinblick auf Zeit und Ort, Person und Charakter, Situation und Stimmung. Häufige Motive in der Lyrik sind: Natur und Jahreszeiten, Liebe und Vergänglichkeit, Einsamkeit und Abschied, Heimat und Reise, Idylle und Großstadt, Harmonie und Krieg, Zivilisation und Fortschritt, Alltag und Umwelt, Sinnleere und Sinnsuche, Reflexion über Dichtung etc. Besonders aufschlussreich kann die Untersuchung eines Motivs im Rahmen eines Gedichtvergleichs sein, in dem dessen Wandlung untersucht und gedeutet wird.

Prinzipiell gilt, dass bei der Analyse lyrischer Texte einzelne Arbeitsschritte nicht starr festzulegen sind. Zugänge zu einem lyrischen Text sind abhängig vom jeweiligen Text sowie vom eigenen Verstehensinteresse. Zu betonen ist außerdem, dass natürlich nicht alle folgenden Aspekte in einer einzigen Gedichtinterpretation Berücksichtigung finden können, erst recht nicht in dem Rahmen, der durch schulische Vorgaben abgesteckt ist.

Im Unterrichtsalltag kann sich folgende Methodik als hilfreich erweisen:

Schritt 1: Klärung des Vorverständnisses

- Wirkung des Gedichts beim ersten Hören/(lauten) Lesen
- Assoziationen/Fragen zum Titel („Schlüssel zum Gedicht")
- „Inhaltlicher", motivischer Zusammenhang
- Auffälligkeiten und Verstehensschwierigkeiten
- Vorläufige Arbeitshypothese

Schritt 2: Systematische Analyse

Wichtig ist, zunächst im Bereich der bildhaften Sprache zu bleiben und zu fragen, was die bildhaften Wörter bezeichnen, danach erst, was sie bedeuten. Es gilt, den „Inhalt" des Gedichts, d. h. die dargestellte Situation (Ort, Zeit, Stimmung), angesprochene Themen, zentrale Begriffe, unbekannte Wörter, vorläufige Sinnzusammenhänge und Assoziationsfelder zu erfassen und mit der ursprünglichen Arbeitshypothese abzugleichen. Auf vorschnelle isolierte Interpretationen einzelner Textstellen sollte man verzichten. Ein weiterer Analyseschwerpunkt bezieht sich auf die formale Struktur des Gedichts im Hinblick auf die grafische Gestaltung, die Strophenform, das Metrum, das Verhältnis von Metrum und Rhythmus, das Verhältnis von Vers- und Strophenbau zur Syntax etc. Bei der Untersuchung der Sprache ist der Blick u. a. auf Satzbau, Wortwahl, rhetorische Figuren, Sprach- und Stilebene, Tempus und Modus, Großschreibung, Satzzeichen zu richten. Diese gilt es im Hinblick auf mögliche Absichten des Autors sowie auf mögliche Wirkungen beim Leser zu deuten.

Schritt 3: Deutung
Sowohl bei der Einzelinterpretation als auch beim Gedichtvergleich ist das Ziel dieses dritten Analyseschritts die Verknüpfung von Einzelergebnissen der verschiedenen Untersuchungsebenen. Bereits vorliegende Einzelergebnisse sollen für den Interpretationszusammenhang aufeinander bezogen werden. Dabei bestätigen oder widerlegen die Analyseergebnisse die vorläufige Arbeitshypothese. Ziel ist ein differenziertes, ganzheitliches Gesamtverständnis des Gedichts/der Gedichte.

2 Formale Elemente: Strophe – Reim – Metrum

Weil bei Gedichten die Konzentration auf das Sprachliche besonders intensiv ist, kommt der Interpretation der **formalen Elemente** eine noch größere Bedeutung als bei dramatischen und erzählenden Texten zu.

Grafische Gestaltung

Das Druckbild eines Gedichts ist generell dadurch charakterisiert, dass die Zeilen nicht in voller Länge genutzt werden (Zeilenumbruch). Diese Vorgabe des Dichters ist bindend, weil er das Zeilenende aus Gründen des Reims, des Rhythmus oder einer sonstigen Zäsur so festgelegt hat. Beim Zitieren mehrerer Gedichtzeilen in einer Interpretation muss das Zeilenende mit einem Schrägstrich markiert werden, wenn man nicht das Schriftbild der Vorlage wahrt. Eine besondere Rolle spielt die Grafik bei solchen Gedichten, deren Druck spezielle Bilder ergeben soll (siehe das Kapitel zur konkreten Poesie, siehe S. 516 f.).

Strophe/Vers

Unter der Einteilung eines Gedichts in **Strophen** versteht man die optische, oft auch inhaltliche Zusammenfassung mehrerer **Verse** (= Gedichtzeilen) zu einer größeren Einheit. In der Literaturgeschichte haben sich bestimmte Verszahlen als feste Strophenformen herausgebildet:

- Distichon (Zweizeiler): Doppelvers, in dem ein Hexameter mit einem Pentameter zu einer zweizeiligen Strophe – entweder als lyrische Einheit (z. B. Epigramm) oder fortlaufend in einem Gedicht (z. B. Elegie) – verknüpft wird
- Terzine (Dreizeiler)
- Stanze (Achtzeiler)

Besonders wichtig für die deutschsprachige Lyrik ist die vierzeilige Strophenform, die sogenannte Volksliedstrophe, die auch im Kunstlied Anwendung findet. Vor allem im gesungenen Lied findet sich nicht selten ein Refrain, die Wiederholung bestimmter Wortgruppen oder Verse, meist am Strophenende (evtl. leicht variiert).

Eine spezielle Strophenkombination kennzeichnet das **Sonett**: Zwei vierzeilige Strophen (Quartette) und zwei nachfolgende dreizeilige Strophen (Terzette) ergeben die festgelegte Zahl von 14 Versen.

Abend (1650) | Andreas Gryphius

Quartett

Der schnelle Tag ist hin; die Nacht schwingt ihre Fahn
Und führt die Sternen auf. Der Menschen müde Scharen
Verlassen Feld und Werk, wo Tier und Vögel waren,
Trauert itzt die Einsamkeit. Wie ist die Zeit vertan!

Quartett

Der Port naht mehr und mehr sich zu der Glieder Kahn.
Gleich wie dies Licht verfiel, so wird in wenig Jahren
Ich, du, und was man hat, und was man sieht hinfahren.
Dies Leben kömmt mir vor als eine Rennebahn.

Terzett

Laß, höchster Gott, mich doch nicht auf dem Laufplatz gleiten!
Laß mich nicht Ach, nicht Pracht, nicht Lust, nicht Angst verleiten!
Dein ewig heller Glanz sei vor und neben mir!

Terzett

Laß, wenn der müde Leib entschläft, die Seele wachen,
Und wenn der letzte Tag wird mit mir Abend machen,
So reiß mich aus dem Tal der Finsternis zu dir!

Gryphius, Andreas, Abend, in: Der ewige Brunnen. Ein Hausbuch deutscher Dichtung, hrsg. von Ludwig Reiners, München, Verlag C. H. Beck, ²1979, S. 326

Reim

Hierbei handelt sich um ein herkömmliches Merkmal von Lyrik, ein Strukturprinzip, auf das jedoch moderne Lyrik immer mehr verzichtet. Der häufigste Reim ist der **Endreim**, der Gleichklang der Versenden von der letzten betonten Silbe an. Vor allem die Barocklyrik benützt auch Reimbindungen in der Versmitte (**Binnenreim**); in der **Alliteration** (gleicher Anlaut) lebt der **Stabreim** der germanischen Dichtung weiter.

Beispiele

Binnenreim	Stabreim/Alliteration	Endreim
Eine **starke**, schwarze **Barke** Segelt trauervoll dahin.	**R**öslein, **R**öslein, **R**öslein **r**ot	Es stand vor eines Hauses **Tor** Ein Esel mit gespitztem **Ohr**.

Der Begriff **Kadenz** bezeichnet die metrische Form der Versschlüsse. Nach der Klangqualität unterscheidet man zwischen **weiblich klingenden** und **männlich stumpfen** Reimen; im ersten Fall ist die letzte Silbe unbetont (Senkung), beim männlichen Reim trägt die letzte Silbe eine Hebung (Betonung).

Im Hinblick auf die Reinheit des Reims spricht man von **reinen Reimen**, wenn der Buchstabenbestand der Reimwörter ab der letzten Hebung identisch ist oder gleich ausgesprochen wird. **Unreine Reime** sind solche, bei denen die sich reimenden Silben nur annähernd gleich sind; **Assonanzen** (Anklang) beschränken sich auf die Reimübereinstimmung der Vokale in den Reimwörtern.

Endreime können verschieden angeordnet sein; zur vereinfachenden Systematisierung verwendet man für die Beschreibung dieser Anordnung die Kleinbuchstaben des Alphabets. Vers-Enden ohne Reimentsprechung heißen **Waisen**.

Reimschema		**Klangqualität**	**Reinheit**
Paarreim	**Nachtgedanken (1844) |** Heinrich Heine		
a	Denk' ich an Deutschland in der Nacht,	männlich	**reiner Reim**
a	Dann bin ich um den Schlaf gebracht,	stumpf	
b	Ich kann nicht mehr die Augen schließen,	weiblich	reiner Reim
b	Und meine heißen Tränen fließen.	klingend	
c	Mein Sehnen und Verlangen wächst.	männlich	**unreiner Reim**
c	Die alte Frau hat mich behext.	stumpf	
d	Ich denke immer an die alte,	weiblich	reiner Reim
d	Die alte Frau, die Gott erhalte.	klingend	
	Heine, Heinrich, Nachtgedanken, in: Heinrich Heine, Historisch-kritische Gesamtausgabe, Bd. 2, Neue Gedichte, bearb. von Elisabeth Genton, Hamburg, Hoffmann und Campe, 1983, S. 129f. (Auszug)		
Kreuzreim	**Der Brief** (Auszug) **(1844) |** Heinrich Heine		
a	Der Brief, den du geschrieben,	weiblich	reine Reime
b	Er macht mich gar nicht bang;	männlich	
a	Du willst mich nicht mehr lieben,	weiblich	
b	Aber dein Brief ist lang.	männlich	
	Heine, Heinrich, Der Brief, den du geschrieben, in: Heinrich Heine, Historisch-kritische Gesamtausgabe, Bd. 2, Neue Gedichte, bearb. von Elisabeth Genton, Hamburg, Hoffmann und Campe, 1983, S. 26		
Umfassender Reim	**Louis Capet** (Auszug) **(1912) |** Georg Heym		
a	Die Trommeln schallen am Schafott im Kreis,	männlich	reine Reime
b	Das wie ein Sarg steht, schwarz mit Tuch verschlagen.	weiblich	
b	Darauf steht der Block. Dabei der offene Schragen	weiblich	
a	Für seinen Leib. Das Fallbeil glitzert weiß.	männlich	
	Heym, Georg, Louis Capet, in: Dichtungen und Schriften. Gesamtausgabe, hrsg. von Karl Ludwig Schneider, Bd. 1, Hamburg, München, Verlag Heinrich Ellermann, 1960, S. 82		
Schweifreim	**Das goldne Kalb** (Auszug) **(1851) |** Heinrich Heine		
a	Doppelflöten, Hörner, Geigen,	weiblich	reiner Reim
a	Spielen auf zum Götzenreigen,	weiblich	
b	Und es tanzen Jakobs Töchter	weiblich	
c	Um das goldne Kalb herum –	männlich	
c	Brum – brum – brum	männlich	
b	Paukenschläge und Gelächter!	weiblich	unreiner Reim
	Heine, Heinrich, Das goldene Kalb, in: Heinrich Heine, Historisch-kritische Gesamtausgabe, Bd. 3/1, Romanzero, bearb. von Frauke Bartelt, Hamburg, Hoffmann und Campe, 1983, S. 40		

Reimschema		Klangqualität	Reinheit
Verschränkender Reim	**Amaryllis, ein Sommer auf dem Lande** (Auszug) **(1825) |** Friedrich Rückert		
a	Wozu, o Mond, mit deinem Strahlenschimmer	weiblich	reine Reime
b	Hat dich ein Gott in Lüften aufgehangen,	weiblich	
c	Als daß die Lieb in deinem Licht soll wallen?	weiblich	
a	Die Liebe wallt in deinem Lichte nimmer,	weiblich	
b	Der Docht in deiner Lamp ist ausgegangen,	weiblich	
c	Und deine Scherben laß vom Himmel fallen.	weiblich	
	Rückert, Friedrich, Amaryllis, ein Sommer auf dem Lande, in: Rückert, Friedrich, Lyrische Gedichte, hrsg. von Karl-Maria Guth, Berlin, Edition Holzinger, 2013, S. 96		

Die Funktion des Endreims bestand ursprünglich darin, den mündlichen Vortrag und die mündliche Überlieferung zu erleichtern. Darüber hinaus besitzen Reimbindungen eine starke Formkraft, bergen aber auch die Gefahr der Sprachmonotonie in sich, was sich an abgedroschenen Reimpaaren leicht ersehen lässt. Für die Interpretation ergeben sich aus den Reimverhältnissen Aufschlüsse über Musikalität und Bedeutung eines Gedichts.

Metrum

Die lyrische Sprache ist nicht nur durch den Reim gebunden, sondern auch durch das **Versmaß (Metrum)**. Man versteht darunter die regelmäßige Folge von **betonten** und **unbetonten Silben**, d.h. **Hebungen** und **Senkungen**. Will man das Metrum eines Verses sichtbar machen, kennzeichnet man jede Silbe mit einem x, Hebungen werden zusätzlich mit einem Akzent (x́) versehen. Die Zahl der Hebungen pro Verszeile wird ergänzend zum Versmaß bei der Formbeschreibung angegeben, z.B. vierhebiger Jambus.

Die kleinste metrische Einheit ist der **Takt**, wobei am Versende eine Pause und am Versanfang ein **Auftakt** stehen können (Auftakt: unbetonte Silben vor der ersten Hebung, wenn nicht das ganze Gedicht durchgängig jambisch ist). Für die Versmaße verwendet man aus dem Griechischen stammende Fachbegriffe. Um das Versmaß zu bestimmen, empfiehlt es sich, in der Übungsphase die natürlichen Betonungen (**Stammsilben**) mechanisch laut zu lesen, um den Takt herauszuhören. Ist im Einzelfall in einem Takt die durch die Metrik vorgegebene Betonung nicht mit der natürlichen Wortbetonung (Stammsilbe) identisch, spricht man von **Tonbeugung**, wobei beim Vortrag die natürliche Betonung den Vorrang hat.

Beispiele für verschiedene Versmaße	
x **x́** x **x́** x **x́** x **x́** Ich bin die Kraft, die's restlos schafft	vierhebiger **Jambus**
x́ x **x́** x **x́** x **x́** x Bauknecht weiß, was Frauen wünschen	vierhebiger **Trochäus**
x́ x x **x́** x x Eins, zwei, drei – Develey	zweihebiger **Daktylus**
x x **x́** x x **x́** Ampel rot, Fahrverbot	zweihebiger **Anapäst**
x́ **x́** Kaufkraft	**Spondeus**

Es gibt verschiedene **Versformen**, die nach Versmaß, Betonungszahl und evtl. Reimbindung festgelegt sind:

Knittelvers: vierhebiger Jambus, gereimt
Blankvers: fünfhebiger Jambus, ungereimt
Alexandriner: sechshebiger Jambus mit Mittelzäsur (Pause)
Hexameter: sechshebiger, meist daktylischer Vers, ohne Auftakt, mit Zäsur und verkürztem Versende (Trochäus)
Pentameter: sechshebiger, vorwiegend daktylischer Vers, mit aufeinanderfolgender dritter und vierter Hebung (als Zäsur spürbar)

Reim-schema		Klang-qualität	Reinheit
	Abend (Auszug) **(1650) |** Andreas Gryphius		
a	x **x́** x **x́** x **x́** x **x́** x **x́** x **x́** Der schnelle Tag ist hin; die Nacht schwingt ihre Fahn	männlich	reiner Reim
b	x **x́** x **x́** x **x́** x **x́** x **x́** x **x́** x Und führt die Sternen auf. Der Menschen müde Scharen	weiblich	
b	x **x́** x **x́** x **x́** x **x́** x **x́** x **x́** x Verlassen Feld und Werk, wo Tier und Vögel waren,	weiblich	
a	x **x́** x **x́** x **x́** x **x́** x **x́** x **x́** Trauert itzt die Einsamkeit. Wie ist die Zeit vertan!	männlich	unreiner Reim
	Gryphius, Andreas, Abend, in: Freuden vnd Trauer-Spiele auch Oden vnd Sonnette sampt Herr Peter Squentz Schimpff-Spiel. Sonnette. Das Ander Buch. Breslau, Verlag Johann Lischke, 1658, S. 30		
	Alexandriner als Vermaß: sechshebiger Jambus mit Zäsur nach dem dritten Jambus		

Reim-schema		Klang-qualität	Reinheit
	Er ist's (1829) | Eduard Mörike		
	x́ x x́ x x́ x x́		
a	Frühling läßt sein blaues Band	männlich	reine Reime
	x́ x x́ x x́ x x́ x		
b	Wieder flattern durch die Lüfte	weiblich	
	x́ x x́ x x́ x x́ x		
b	Süße, wohlbekannte Düfte	weiblich	
	x́ x x́ x x́ x x́		
a	Streifen ahnungsvoll das Land	männlich	
	x́ x x́ x x́		
c	Veilchen träumen schon,	männlich	
	x́ x x́ x x́ x		
d	Wollen balde kommen	weiblich	
	x́ x x́ x x́ x x́ x x́		
c	Horch, von fern ein leiser Harfenton!	männlich	
	x́ x x́ x x́		
e	Frühling, ja du bist's!	männlich	
	x́ x x́ x x́ x		
d	Dich hab ich vernommen!	weiblich	
	Mörike, Eduard, Er ist's, in: Eduard Mörike's gesammelte Schriften. Erster Band. Gedichte, Stuttgart, G.J. Göschen, 1878, S. 32		
	Drei-, vier- und fünfhebige trochäische Verse		

3 Inhalt: lyrisches Ich und lyrischer Gedankengang

Im Drama tritt der Autor hinter die von ihm geschaffenen fiktionalen Figuren zurück, in erzählenden Texten schafft der Autor sich eine Erzählsituation als Vermittlungsinstanz. Wie der Erzähler in der Prosa ist das **lyrische Ich** fiktiv, also nicht mit dem Autor identisch und von Gedicht zu Gedicht unterschiedlich spürbar. Das lyrische Ich in der Erlebnislyrik eines jungen Goethe enthält mehr vom Autor selbst (vgl. „Willkommen und Abschied") als z. B. Ernst Jandls Gedicht „ottos mops". Die Gedichtaussage ist also zunächst auf das lyrische Ich und nicht auf den Autor und dessen Biografie zu beziehen.

In der Regel verzichtet das Gedicht auf das Erzählen von Ereignissen und handelnden Figuren (Ausnahmen: Balladen und Rollengedichte). Das lyrische Ich drückt unmittelbar sich selbst und seine Sicht der Welt aus. Diese Unmittelbarkeit des Ausdrucks verleitet den Leser dazu, die Äußerungen des lyrischen Ich gleichsam als die eigenen zu lesen. Dabei muss sich der Rezipient bewusst sein, dass das lyrische Ich eine Vielzahl von Möglichkeiten des Standortes und der Redeweise hat, wie sie die Palette der folgenden Gegensatzpaare beispielhaft andeuten soll:

emotional – reflektierend	heiter – melancholisch
engagiert – distanziert	ironisch – pathetisch
erlebnishaft – künstlich	verschlüsselt – offen
naturhaft – zivilisatorisch	bildstark – begrifflich
religiös – weltlich	abstrakt – konkret

Das lyrische Ich kann persönliche Züge annehmen und sich in der 1. Person Singular oder Plural äußern; dabei kann das Ich in Ausrufen, Wünschen, Interjektionen spürbar werden; es kann aber auch ein fiktives Du ansprechen oder ganz im Hintergrund bleiben und nur als Sprecherstimme hörbar werden.

Wenngleich Gedichte meist keine ausgeprägte Handlung besitzen und man von ihnen deshalb schwerlich Inhaltsangaben verfassen kann, wird ihr Thema doch meistens innerhalb eines beschreibbaren „Inhalts" entfaltet. Diese Inhaltsbeschreibung zeichnet den **lyrischen Gedankengang** in seinen Einzelelementen, seinem Aufbau und seinem Gesamtzusammenhang paraphrasierend (umschreibend) nach. Dabei ist die äußere Gliederung des Gedichts in **Strophen** und **Verse** einzubeziehen.

Aus dem verhältnismäßig geringen Textumfang ergibt sich die oft relativ große Bedeutung kleiner und kleinster Textelemente (Bilder, Einzelworte). Die „Handlung" eines Gedichts setzt sich ganz selten aus der objektiven Darstellung tatsächlicher Ereignisse zusammen, sondern vielmehr aus inneren Reflexen des lyrischen Ich auf solche (Ausnahme u. a.: politische Lyrik). Deshalb hat man es bei den „Inhalten" von Gedichten weitgehend mit Gedanken, Gefühlen, Empfindungen, Wahrnehmungen, Beobachtungen, Eindrücken und Stimmungen zu tun, die aber nicht vom besonderen lyrischen Ausdruck losgelöst gesehen werden können. In manchen Fällen kann sich – vor allem in der modernen Lyrik – der „Inhalt" eines Gedichts reduzieren auf Satzfragmente oder gar unverbundene Einzelvokabeln mit dazwischen liegenden Leerstellen, die beim Leser lediglich Assoziationen wecken.

Lyrisches Ich und sein Standort bzw. seine Redeweise

Lyrischer Gedankengang als Paraphrasierung des Inhalts allgemein: Erinnerung des lyrischen Ich an das Scheitern einer Liebesbeziehung

Mit Haut und Haar (1981) | Ulla Hahn

Naheliegende, aber nicht zwingende Annahme eines weiblichen Ich und eines männlichen Du

Ich zog dich aus der Senke deiner Jahre
und tauchte dich in meinen Sommer ein.
ich leckte dir die Hand und Haut und Haare
und schwor dir ewig mein und dein zu sein.

Leidenschaftliche aktive Hingabe an ein geliebtes Du am Beginn der auf Dauer angelegten Beziehung

Aktivität des lyrischen Ich wird erstickt durch die Dominanz des Du.

Du wendetest mich um. Du branntest mir dein Zeichen
mit sanftem Feuer in das dünne Fell.
Da ließ ich von mir ab. Und schnell
begann ich vor mir selbst zurückzuweichen

Zunehmender Persönlichkeitsverlust als Folge der totalen Vereinnahmung durch den Partner

Fortschreitende Auslöschung des Ichwert-Gefühls des lyrischen Ich

und meinem Schwur. Anfangs blieb noch Erinnern
ein schöner Überrest der nach mir rief.
Da aber war ich schon in deinem Innern
vor mir verborgen. Du verbargst mich tief.

Selbstentfremdung aufgrund der Stärke und Überlegenheit des Du

Empfindung des Verstoßenseins durch die Beendigung der Beziehung durch den Partner

Bis ich ganz in dir aufgegangen war:
da spucktest du mich aus mit Haut und Haar.

Nach völliger Selbstaufgabe Beendigung der Beziehung durch den Partner

Hahn, Ulla, Herz über Kopf. Gedichte, Stuttgart, DVA Belletristik, 1981, S. 21

4 Lyrische Sprache: Rhythmus – Klang – Bildhaftigkeit

Nicht nur Metrik und Reim als äußere Formkräfte, sondern auch die innere Komplexität lyrischer Sprache bringen es mit sich, dass sich **Wortwahl**, **Satzbau** und **rhetorische Mittel** oft nicht unwesentlich von der Alltagssprache unterscheiden. Die Sprachkraft von Lyrik geht bei der Wortwahl verschiedene Wege: So ermöglicht sie zum Beispiel einerseits eine nuancenreiche Entfaltung von Wortfeldern, erlaubt aber andererseits auch kontrastreiche, ja sich scheinbar ausschließende Wortkombinationen. In Bezug auf Satzbau können z. B. Satzumstellung, Ellipse (bis zum Einwortsatz), Wiederholung, Reihung, Anapher, Antithese, Parallelismus, Klimax, Ausrufe, Chiasmus und eigenwillige Interpunktion einerseits rhythmisch oder durch den Reim bedingt sein, andererseits als Mittel inhaltlicher Hervorhebung und Verdichtung dienen. Solche Eingriffe in den gewohnten Satzbau reichen von kleinen Veränderungen bis zur völligen Auflösung syntaktischer Strukturen.

Sowohl beim Satzbau und den rhetorischen Mitteln als auch bei der Wortwahl eines Gedichts gelten bei der Analyse die Methoden und Fachbegriffe der Sachtextanalyse, doch muss bei der Gedichtinterpretation der Stellenwert jedes Verses, ja jedes Wortes im Beziehungsgeflecht des lyrischen Textes bedacht werden. Deshalb ist gerade bei bestimmten Themenbereichen auf die jeweils spezifische Wortwahl (z. B. aussagekräftige Adjektive, Verben und Nomen) zu achten.

Rhythmus

Während die Metrik ein äußerliches, regelmäßiges, ordnendes Prinzip der lyrischen Sprache ist (Takt, festgelegte Folge von Hebungen und Senkungen), ist der **Rhythmus** eines Gedichts die innere lebendige Gestaltung des Versmaßes, die sich aus dem Sinngehalt der Worte und Sätze ergibt. Daraus folgt, dass Gedichte mit gleicher Metrik einen unterschiedlichen Rhythmus besitzen können. Er hängt ab von der Schwere der Hebungen (Sinnakzente), der Silben- bzw. Wortlänge, dem Satzbau, den Sprechpausen und nicht zuletzt dem

Thema des lyrischen Sprechens. Lyrik steht demnach immer im Wechselspiel zwischen dem vorgegebenen Versmaß als Regulativ und der schöpferischen Freiheit des Dichters bei seinem jeweiligen Gedicht.

Die rhythmische Einheit bis zur Pause nennt man **Kolon**. Fallen syntaktische Einheit (Satzende) und Versende zusammen, spricht man vom **Zeilenstil**. Beim **Hakenstil** dagegen reicht die rhythmische Einheit über die Vers- oder Strophengrenze hinaus. Fallen Vers- oder Strophenende nicht mit dem Ende von Bedeutungs- bzw. Satzeinheiten zusammen, sodass man über das Zeilen- bzw. Strophenende hinweglesen muss, spricht man von **Enjambement**. **Freie Rhythmen** sind reimlose, im Metrum nicht gleichmäßig gegliederte, aber durch Akzent, Tempo, Pause usw. bestimmte rhythmische Verszeilen von unterschiedlicher Länge.

Robespierre (1911) | Georg Heym	**Rhythmuswechsel** durch
x x́ x x́ x x́ x x́ x x́ x	
Er meckert vor sich hin. Die Augen **starren**	Enjambement
x x́ x x́ x x́ x x́ x x́	
Ins Wagen**stroh**. Der Mund kaut weißen Schleim.	Sinnakzent und Sprechpause
x x́ x x́ x x́ x x́ x x́	
Er zieht ihn schluckend durch die Backen ein.	Zeilenstil
x x́ x x́ x x́ x x́ x x́ x	
Sein Fuß hängt nackt heraus durch zwei der **Sparren**.	Zeilenstil

Heym, Georg, Robbespierre, in: Heym, Georg, Dichtungen und Schriften, hrsg. von Karl Ludwig Schneider, Bd. 1, Hamburg, München, Verlag Heinrich Ellermann, Hamburg München 1960, S. 88–91 (Auszug)

D-Zug München – Frankfurt (1955) | Günter Eich	
Die Donaubrücke von Ingolstadt, Das Altmühltal, Schiefer bei Solnhofen, in Treuchtlingen Anschlusszüge –	Hakenstil
Dazwischen Wälder, worin der Herbst verbrannt wird, Landstraßen in den Schmerz, Gewölk, das an Gespräche erinnert, flüchtige Dörfer, von meinem Wunsch erbaut, in der Nähe deiner Stimme zu altern.	Verse, die keinem durchgängigen metrischen Prinzip folgen und unterschiedlich lang sind, nennt man **freie Rhythmen (Prosaton)**.

Eich, Günter, D-Zug München – Frankfurt, in: Gesammelte Werke. Band I. Die Gedichte – Die Maulwürfe, hrsg. von Horst Ohde, Suhrkamp Verlag, Frankfurt/M. 1973, S. 81 f. (Auszug)

Klang

Wesentlich für die Rezeption und Interpretation eines Gedichts ist dessen **Klangbild**, weil man sich ein gelesenes Gedicht immer auch laut gesprochen vorstellen muss. Hier gewinnen Vokale – aber auch Konsonanten – in ihrer Besonderheit und Häufung ihre lyrische Bedeutung. Helligkeit und Dunkelheit, Kürze und Länge von Vokalen und Diphthongen ergeben jeweils eine unterschiedliche Klangwirkung, die in der Regel die inhaltliche Aussage verstärkt. Viele Wörter der deutschen Sprache wirken auf den Hörer in ihrem Klangcharakter wie das Gemeinte (z. B. Blitz, Donner, Lava, Meer), manche ahmen geradezu Geräusche und Bewegungen des Bezeichneten nach (z. B. schnarchen, flüstern, rasseln, Gischt, Uhu, Gemurmel). Man spricht dann von **Onomatopoesie**.

Der Lyriker nutzt ganz bewusst solche in der natürlichen Sprache vorkommende **Lautmalerei** und die dem Sprachklang innewohnenden atmosphärischen Assoziationen (Lautsymbolik) und verstärkt diese durch Auswahl, Anordnung und Häufung. So bietet er dem Leser gewissermaßen eine „akustische Illustration" zur optischen Vergegenwärtigung des lyrischen Themas. Mit dunklen Vokalen und weichen Labiallauten verbinden sich z. B. andere Vorstellungen als mit hellen Vokalen und harten Dentallauten (Mulde – Tritt).

Bildhaftigkeit

Poetische Sprache ganz allgemein ist im Vergleich zur Alltagssprache immer von auffallender **Bildhaftigkeit**; das gilt in besonderem Maße für die Sprache der Lyrik, die durch ihre Verdichtung auf eine ausgeprägte Bildhaftigkeit geradezu angewiesen ist. Im Bild vor allem erschließen sich dahinterstehende rationale und emotionale Dimensionen, d. h., Bilder drücken Gedanken und Gefühle aus. **Sprachbilder** schaffen eine Anschaulichkeit, die die bloße Begrifflichkeit weit übersteigt, und eröffnen einen großen Assoziationsraum, den jeder Leser individuell nutzen kann und soll. Je weniger verblasst und entleert, d. h. je intensiver und bedeutungsvoller die vom Dichter gewählten Bilder sind, umso eher wird es ihm gelingen, beim Leser die entsprechende Vorstellungskraft hervorzurufen, um die dichterische Aussage nachvollziehend zu begreifen. Lyrik-Interpretation kann zwar deshalb nicht auf methodisch-begriffliche Teilanalysen verzichten, muss sich aber bei der Deutung des **Gehalts** stets des Kunstcharakters dichterischer Bildhaftigkeit bewusst sein.

Bilder können Wirklichkeit spiegeln, indem sie die Vorstellung von ihr im Leser wachrufen (**einfache Bilder**); sie können die Vorstellung des Lesers von einer Sache vertiefen, indem sie ein Bezugssystem mit Ähnlichem herstellen (**Vergleich**); sie können das Gemeinte als Personen und Tätigkeiten (**Personifikation, Allegorie**) darstellen; sie können vor allem aber auch Verweischarakter haben und die hinter dem Bezeichneten liegende tiefere Bedeutung erschließen (**Symbol**). Schließlich können sie – und das ist vor allem für die moderne Lyrik konstitutiv – als verkürzte Vergleiche (über Analogien und Konnotationen) Eindrücke und Erkenntnisse hervorrufen (**Metapher**). Das metaphorische Bild überträgt eine Bedeutung aus einem ursprünglichen Sachzusammenhang auf einen anderen, der dadurch neue Bedeutung gewinnt und über den damit bildhafte Vorstellungen wachgerufen werden. Wenn dem Leser diese Analogien nur schwer bzw. gar nicht mehr zugänglich sind, weil ihm der Erfahrungshintergrund der dichterischen Sprachanalogie fehlt, spricht man von **Chiffren** (Geheimzeichen). Einen Sonderfall in der lyrischen Sprache stellt die **Synästhesie** dar: eine Vermischung oder ein Austausch von sinnlichen Wahrnehmungsbereichen des Sehens, Hörens, Riechens, Schmeckens und Fühlens (z. B. „Die Finsternis raschelt", „Duft von Weihrauch blaut", „Und langsam kriecht die Röte durch die Flut").

5 Gedichtinterpretation nach Form und Gehalt

Die Standortbestimmung und Charakterisierung des lyrischen Ich, die Offenlegung des lyrischen Gedankengangs sowie die Analyse der vielfältigen formalen Elemente einschließlich der sprachlichen Gestaltung ermöglichen eine Einordnung und Gesamtdeutung des Gedichts, worin das Wesentliche der dichterischen Aussage zum Ausdruck kommen sollte.

Dieser abschließende Arbeitsschritt hat also eine Gesamtschau des Gedichts zu leisten, die sowohl epochen- und gattungsspezifische Merkmale als auch die individuelle dichterische Aussageabsicht einschließt. Für dieses „Interpretationsergebnis" wird vielfach der Begriff **„Gehalt"** verwendet. Von seinem Epochenhintergrund (vgl. Entstehungsdatum) bekommt ein Gedicht in der Regel bestimmte inhaltliche und sprachlich-formale Charakteristika, die untrennbar mit seiner Aussage verbunden sind.

So wichtig epochen- und gattungsspezifische Einflüsse auch sind, die eigentliche **Gedichtaussage** geht darüber hinaus, weil sie bei einem anspruchsvollen Gedicht individuell, unverwechselbar und originär ist. Die Ausführungen zum jeweils einmaligen, unwiederholbaren Gehalt eines Gedichts, der sich aus dem geglückten Miteinander von Aussageabsicht und gestalterischen Mitteln ergibt, bilden den Abschluss. In ihm bündeln sich Einzelbeobachtungen und -interpretationen und ermöglichen das Verständnis des wesentlichen Sinns eines Gedichts und den Nachvollzug des lyrischen Textes als Kunstwerk. Schließlich stellt sich die Frage nach der Qualität des Textes und der persönlichen Stellungnahme.

Arbeitsschritte der Interpretation eines Einzelgedichts
- Lesen des Gedichts
- Bewusstwerden der ersten Leseeindrücke
- Anwendung der Methoden der Textbearbeitung
- Erstellen eines Schreibplans als Grundlage für eine strukturierte Ausarbeitung
- Formulierung eines Einleitungsgedankens
- Ausarbeitung der Einzelergebnisse der Analyse

Aufbau der Gesamtinterpretation eines Einzelgedichts

Inhalt
- Lyrisches Ich (Standpunkt)
- Lyrischer Gedankengang (abstrahierende Zusammenfassung)

Formale Elemente und ihre Einzeldeutung
- Strophischer Aufbau/Reim
- Metrum

Lyrische Sprache und ihre Einzeldeutung
- Wortwahl/Klangbild/Rhythmus
- Satzbau/rhetorische Mittel
- Tempus und Modus
- Bildhaftigkeit

Gesamtdeutung: **Zusammenhang von Gehalt und Gestalt**
- Standpunkt/Redeweise des lyrischen Ich
- Entwicklungen im lyrischen Gedankengang
- Äußerung von Stimmungen, Haltungen, Reflexionen etc.
- Zeitbedingte Ausgestaltung des Motivs/Themas
- Gattungsmerkmale, Form und Sprache im Kontext
- Anmerkungen zu Epochenhintergrund und Autor
- Materialien aus der Sekundärliteratur
- Formulierung eines Schlussgedankens

Thema:
Interpretieren Sie das Gedicht „Blauer Abend in Berlin" nach Inhalt, Form und Sprache.

LÖSUNGSVORSCHLAG

Formale Analyseaspekte			Sprachliche Besonderheiten	
	Blauer Abend in Berlin (1911) | Oskar Loerke		Sonettform	
	x x́ x x́ x x́ x x́ x x́ x			
a	Der Himmel fließt in steinernen Kanälen;	w	Quartett	Chiffre
	x x́ x x́ x x́ x x́ x x́ x			
b	Denn zu Kanälen steilrecht ausgehauen	w		Bild, Metapher
	x x́ x x́ x x́ x x́ x x́ x			
b	Sind alle Straßen, voll von Himmelblauen;	w		Farbmetaphorik
	x x́ x x́ x x́ x x́ x x́ x			
a	Und Kuppeln gleichen Bojen, Schlote Pfählen	w	Strophenübergreifendes Enjambement	Bilder, Antithesen
	x x́ x x́ x x́ x x́ x x́ x			
a	Im Wasser. Schwarze Essensdämpfe schwelen	w	Quartett	Farbmetaphorik
	x x́ x x́ x x́ x x́ x x́ x			
b	Und sind wie Wasserpflanzen anzuschauen.	w		Vergleich
	x x́ x x́ x x́ x x́ x x́ x			
b	Die Leben, die sich ganz am Grunde stauen,	w	Unreiner Reim	Periphrase
	x x́ x x́ x x́ x x́ x x́ x			
a	Beginnen sacht vom Himmel zu erzählen,	w	Strophenübergreifendes Enjambement	Metapher
	x x́ x x́ x x́ x x́ x x́ x			
c	Gemengt, entwirrt nach blauen Melodien.	w	Terzett	Synästhesie, Chiffre
	x x́ x x́ x x́ x x́ x x́			
d	Wie eines Wassers Bodensatz und Tand	m		Vergleich, Konnotation
	x x́ x x́ x x́ x x́ x x́			
d	Regt sie des Wassers Wille und Verstand	m		Alliteration
	x x́ x x́ x x́ x x́ x x́ x			
c	Im Dünen, Kommen, Gehen, Gleiten, Ziehen.	w	Unreiner Reim	Reihung
	x x́ x x́ x x́ x x́ x x́			
d	Die Menschen sind wie grober bunter Sand	m	Terzett	Vergleich, Adjektive
	x x́ x x́ x x́ x x́ x x́			
d	Im linden Spiel der großen Wellenhand.	m		Metapher

Loerke, Oskar, Blauer Abend in Berlin, in: Loerke, Oskar, Gedichte und Prosa, Bd. 1, hrsg. von Peter Suhrkamp, Frankfurt am Main, Suhrkamp Verlag, 1959, S. 29f.

Lyrikinterpretation

LÖSUNGSVORSCHLAG

Ausarbeitung

In der Lyrik gibt es im Verlauf der literarischen Epochen vielfältige und zeitlose Motive wie beispielsweise Liebe, Natur, Einsamkeit, Vergänglichkeit, Abschied u. v. m., die in den verschiedensten Gedichtformen thematisiert werden. Das Motiv der Stadt ist im Gegensatz zu den zeitlosen Motiven erst mit zunehmender Technisierung und Industrialisierung von Schriftstellern aufgegriffen worden und entwickelte sich vor allem im 20. Jahrhundert zu einem wichtigen Thema der Lyrik. Wurde die Großstadt beispielsweise in der Zeit der Weimarer Republik aufgrund der Goldenen Zwanziger eher als Kulturmetropole dargestellt, beschreibt sie der Expressionismus häufig als Ausdruck seelenloser Zivilisation.

Schreibplan
Das Motiv der Großstadt in der Lyrik des 20. Jahrhunderts

An Loerkes Gedicht „Blauer Abend in Berlin“ (1911) fällt auf, dass er das moderne Motiv der Großstadt in der traditionellen Gedichtform des Sonetts, das ursprünglich dem Barock entstammt, darstellt. Dieses Werk wird im Folgenden im Hinblick auf Inhalt, Form und Sprache analysiert und auf seine Gesamtaussageabsicht hin interpretiert.

Erschließung des Gedichts „Blauer Abend in Berlin“ von Oskar Loerke

Im Gedicht „Blauer Abend in Berlin“ kommt ein beobachtend-distanziertes lyrisches Ich lediglich als Sprecherstimme zu Wort, das sich nicht zu erkennen gibt und das Bild der Großstadt in überraschender Weise mit Elementen der Natur verknüpft. In einem zweiten Teil des Gedichts werden dann auch die Menschen der Großstadt thematisiert.

Zunächst vergleicht das lyrische Ich in der ersten Strophe die Straßenschluchten der Stadt Berlin mit fließenden Gewässern und städtische Bauten mit Gegenständen, die typischerweise in solchen Gewässern vorzufinden sind. Ein weiterer Vergleich der Stadt mit der Natur wird in Strophe 2 angestellt, wenn die düstere Ausstrahlung der industrialisierten Großstadt mit einem natürlichen Gewässer verknüpft wird. Der erniedrigte Mensch ist dabei auf der vorsichtigen Suche nach dem Himmel. In Strophe 3 stellt das lyrische Ich die Beeinflussung und Lenkung des Menschen durch die natürliche Kraft des Wassers dar. Die vierte Strophe beschäftigt sich in einer Art Resümee schließlich mit der Macht- und Ausweglosigkeit des Menschen in seinem Lebensumfeld: Der Mensch fühlt sich von einer ihn dominierenden Macht geleitet.

Lyrisches Ich und lyrischer Gedankengang:
Beobachtendes, distanziertes lyrisches Ich:
Spiegelung des Himmels in den Straßenschluchten Berlins und Vergleich des Anblicks mit einem Gewässer (1)
Beschreibung der düsteren Umgebung und der Suche der Menschen nach dem Himmel (2)
Weitere Beobachtung der Menschen und ihrer Befindlichkeiten (3)
Resümee über das Schicksal der Menschen (4)

Bei Betrachtung der formalen Aspekte des Gedichts fällt die klassische, in ihrem Aufbau strenge Form des Sonetts auf. Das Gedicht hat zwei Quartette und zwei Terzette, wobei das Reimschema der Quartette der traditionellen Form des Sonetts entspricht, nämlich jeweils in Gestalt eines umarmenden Reims: abba. Bei den Terzetten entspricht das Reimschema nicht der klassischen Form, sondern es liegt das Schema cdd, cdd vor. Auch zwei unreine Reime „schwelen – erzählen" (V. 5/8) und „Melodien – ziehen" (V. 9/12) passen zwar nicht zu der strengen Form des Sonetts, geben jedoch wieder, dass die Stimmung nicht der einer heilen Welt entspricht. Auffallend ist jedoch die deutliche inhaltliche Zäsur nach dem sechsten Vers, weil dann im Folgenden zum ersten Mal die menschlichen Bewohner der Großstadt in Erscheinung treten. Loerke benutzt die klassische Sonettform für ein zeitbedingtes Thema (Verhältnis von Mensch und Großstadt), gestaltet dies aber in einem übergreifenden Naturzusammenhang.

In den Quartetten liegen ausschließlich weibliche Kadenzen vor, was als Zeichen eines bewegten, fließenden natürlichen Zustandes gedeutet werden könnte. Die menschliche Existenz (vgl. V. 7) wird in diesem naturhaften Gesamtzusammenhang gesehen (vgl. V. 7–9). In den Terzetten gibt es dann in Abwechslung mit weiblichen jeweils in der zweiten und dritten Verszeile männliche Kadenzen, die in ihrem Kontrast das Gesteuertsein des Menschen durch die Natur – wie es inhaltlich zum Ausdruck kommt – formal betont.

Der konsequente fünfhebige Jambus kann als Hinweis auf den gesetzmäßig ablaufenden Prozess im Verhältnis von Mensch und ihn umgebender Stadt bzw. Natur interpretiert werden. Vereinzelte Enjambements im Gedicht lassen zudem den Versuch einer Annäherung von Mensch und Großstadt erkennen.

Im Hinblick auf die Analyse der sprachlichen Mittel fällt eine ausgeprägte Bildhaftigkeit auf. Verschiedene Begriffe aus dem Wortfeld „Wasser" bzw. der Farbe Blau verdeutlichen einen erkennbaren Einklang von Stadt und Natur. Mit „Himmel" (V. 1), „Himmelblauen" (V. 3), „Wasser"(V. 5), „Wasserpflanzen"(V. 6), „blauen Melodien" (V. 9) assoziiert der Leser eine friedliche, beruhigende Stimmung in der Stadt, die somit in die Natur eingebunden erscheint. Natur und Stadt sind kein Widerspruch, sondern eine Ergänzung. Auch die Überschrift „Blauer Abend in Berlin" erzeugt beim Leser ein eher freundliches, harmonisches Bild der Stadt.

Verschiedene Vergleiche wie beispielsweise „Kuppeln gleichen Bojen" (V. 4) lassen die Stadt naturhaft wirken, we-

Formale Aspekte:

Sonett mit zwei Quartetten und zwei Terzetten

Umfassender Reim mit Schema abba (1, 2)

Strophenübergreifender, umfassender Reim cdd (3, 4)

Unreine Reime als Ausdruck von Disharmonien

Inhaltliche Zäsur

Wechsel der Kadenzen als Ausdruck einer Wechselbeziehung zwischen Mensch und Natur

Durchgehend fünfhebiger Jambus als Hinweis auf einen Prozesscharakter

Mehrere Enjambements als Zeichen der Annäherung

Sprachliche Beobachtungen:

Wortfeld Wasser und Vergleiche zur Veranschaulichung des Verhältnisses Stadt – Natur cken Assoziationen an ein Meer oder können als Ausdruck der Sehnsucht nach der Weite des Meeres interpretiert werden. Damit erscheint die Stadt an dieser Stelle nicht sehr bedrohlich.

Die Farbmetaphorik, „Schwarze Essendämpfe schwelen" (V. 5), veranschaulicht zwar zunächst die bedrohlichen Seiten einer Industrialisierung, der die Menschen ausgeliefert sind. Dieses Beispiel für Synästhesie verdeutlicht eindringlich, dass der Mensch mit allen Sinnen eine Bedrohung durch sein Umfeld spüren kann. Doch auch dieses Bild wird wieder abgemildert durch den Vergleich „sind wie Wasserpflanzen anzuschauen" (V. 6).

Ausgeprägte Farbmetaphorik

Synästhesie zur Verdeutlichung einer komplexen Sinneserfahrung

Auch die menschlichen Wesen, die „Leben, die sich ganz am Grunde stauen" (V. 7), werden von der natürlichen Ordnung umfasst; die Chiffre „Gemengt, entwirrt nach blauen Melodien"(V. 9) betont die beiden Seiten der Stadt: Chaos, Unordnung, Desorientierung einerseits, andererseits Orientierung und Suche nach Sinn in der Natur oder Gott, der sich in dem Nomen „Himmel" (V. 8) widerspiegelt.

Chiffre zur Kennzeichnung der unterschiedlichen Seiten der Stadt

Mit den Vergleichen „Wie eines Wassers Bodensatz und Tand" (V. 10) stellt Loerke jedoch die geringe Relevanz des einzelnen Menschen in der Stadt dar. Mithilfe der negativen Konnotationen von „Bodensatz" und „Tand" werden beim Leser Assoziationen geweckt wie zum Beispiel: Der Mensch hat keinen Stellenwert, keinen Wert, er ist unwichtig. Der grobe Sand (vgl.V. 13) verdeutlicht zusätzlich, wie unscheinbar und unbedeutend der einzelne Mensch in der Masse ist.

Vergleich zur Konkretisierung des Status des Menschen

Die Metapher „Wellenhand" (V. 14) veranschaulicht eine dem Menschen übergeordnete Instanz, wobei der Mensch im „linden Spiel" (V. 14) hin und her geschoben wird wie das Sandkorn, das von den Wellen hin und her getrieben wird, ohne dass es seinen Platz selber bestimmen kann. Die Personifikation „des Wassers Wille und Verstand" (V. 11) signalisiert jedoch, dass diese Wellenhand nicht blind regiert, sondern einer natürlichen Ordnung gehorcht.

Personifikation des Wassers zur Veranschaulichung einer höheren, den Menschen lenkenden Macht

Damit wird die Auffassung, dass der Mensch anscheinend keinen Einfluss auf seinen Lebensweg hat und von der Stadt getrieben wird, erneut abgemildert durch den metaphorisch gedachten Naturbezug.

Die Reihung „Im Dünen, Kommen, Gehen, Gleiten, Ziehen" (V. 12) – alles nominalisierte, z. T. chiffrierte Verben aus dem Wortfeld Bewegung – veranschaulicht die ständigen Wiederholungen in der überzeitlichen Beziehung Mensch – Stadt (als Teil eines Naturganzen).

Häufung von Verben zur Beschreibung der Beziehung Mensch – Stadt

Gesamtdeutung:
Neutrale Stellung des lyrischen Ich
Ausprägung des Motivs Stadt

Im Gedicht tritt das lyrische Ich nicht direkt in Erscheinung, sondern lässt sich nur indirekt als distanziert-beobachtendes Ich erspüren, das sich der Ambivalenz der Stadt bewusst ist.

Im Mittelpunkt des Gedichts steht das Motiv der Stadt, das exemplarisch am Beispiel der Großstadt Berlin konkretisiert wird. Die Darstellung der Stadt kommt jeweils mit Nomen zum Ausdruck: „Kanäle“ (V. 2), „Straßen“ (V. 3), „Kuppeln“ und „Schlote“ (V. 4). Damit werden unterschiedliche Aspekte der Zivilisation in einer industrialisierten Stadt thematisiert. Der Abend als besonderer Zeitabschnitt des Tages kann ferner eine aufkommende positive Stimmung repräsentieren, indem das hektische Treiben der Großstadt immer mehr zur Ruhe kommt und der Mensch die Gelegenheit findet, aufzuatmen in einer von Zwängen beherrschten Arbeits- und Lebenswelt.

Abend als besonderer Zeitabschnitt des Tages

Trotzdem bleibt aber der Eindruck der Machtlosigkeit des Individuums erhalten. Dieses ist sich des Gefühls der Bedrohung bewusst und spürt, dass die Zivilisation das menschliche Schicksal maßgeblich prägt. Das Gefühl der Unterlegenheit und des Ausgeliefertseins wird prägnant mit dem metaphorischen Nomen „Wellenhand“ (V. 14) bildhaft veranschaulicht.

Machtlosigkeit des Menschen

Die Verknüpfung und Verschränkung der Motive „Großstadt“ und „Natur“ können auf eine göttliche Macht verweisen, die die Geschicke der Stadt lenkt. Der Mensch in seinem Aufgehobensein im Göttlichen könnte damit als weitere Lesart gesehen werden.

Der Mensch in seinem Aufgehobensein im Göttlichen

Die unterschiedliche Grundstimmung des Gedichts wird über Farben zusätzlich intensiviert: Der Farbe Schwarz als Ausdruck von düsterer, den Tod bringender Stimmung steht die Farbe Blau gegenüber als Ausdruck von Harmonie.

Starke Farbsymbolik als Merkmal des Expressionismus

Epochenspezifische Details des Expressionismus sind in vielfältiger Weise zu erkennen, z. B. in Gestalt einer ausdrucksstarken Wortwahl und Farbsymbolik. Auch die punktuell erkennbare Chiffrierung, die den Leser im Zustand der Verunsicherung zurücklässt und eine individuelle Vielfalt des Verstehens ermöglicht, ordnet dieses Gedicht dem Expressionismus zu. Schließlich kann auch die Vermischung der Elemente von Stadt und Natur als Verfremdung der Wirklichkeit als epochentypischer Ausdruck gewertet werden.

Epochenspezifische sprachliche Details des Expressionismus

Andererseits bewahrt Loerke in seinem Gedicht „Blauer Abend in Berlin“ auch noch Elemente einer traditionellen Naturlyrik und findet zu einer versöhnlichen, fast harmonischen Schlusswendung, die man in anderen expressionistischen Großstadtgedichten selten findet.

Epochenuntypischer Ausklang

Während zur Entstehungszeit dieses Gedichts die Großstadt eine große Anziehungskraft ausübte, gab es bis in die jüngere Vergangenheit einen Trend zur Stadtflucht. Menschen ziehen lieber in die Vororte von Großstädten, um beide Seiten von Lebensqualität genießen zu können: die Qualität der Großstadt, verbunden mit Arbeitsplatz, Konsum und Kultur, und andererseits die Natur im Hinblick auf Wohnqualität und Freizeit.

Tendenz zur Stadtflucht als Phänomen der jüngeren Vergangenheit

6 Gedicht- und Motivvergleich

In der vergleichenden Gesamtdeutung zweier Gedichte soll das Wesentliche der dichterischen Aussage zum Ausdruck kommen. Ein Gedichtvergleich ist damit mehr als die Kombination zweier Einzelinterpretationen. Die Gedichte müssen deshalb einerseits in ihrer inhaltlich-formalen Eigenart gesehen, andererseits jedoch auf der Basis geeigneter Vergleichskriterien erfasst und gedeutet werden. Dieser abschließende Arbeitsschritt darf dabei nicht text-chronologisch, sondern muss problemorientiert gestaltet werden. Formale Beobachtungen sind stets in einen funktionalen Zusammenhang zum Inhalt zu stellen. Textexterne Aspekte, die unter anderem auch epochen- und gattungsspezifische Details widerspiegeln, sollen die individuellen dichterischen Aussageabsichten der zu vergleichenden Gedichte ergänzen.

In einem Vergleich sollen alle Analysen und Deutungen, die sich auf einen vorgegebenen oder zu findenden Vergleichsaspekt (z. B. Motiv Vergänglichkeit, Liebe) beziehen, die Gemeinsamkeiten und Unterschiede der beiden Gedichte herausarbeiten. Durch die Konzentration auf ergiebige Vergleichsaspekte lassen sich bloße Wiederholungen vermeiden.

Modell der Gedichtinterpretation mit Motivvergleich

- Lesen der Gedichte
- Bewusstwerden der ersten Leseeindrücke
- Anwendung der Methoden der Textbearbeitung
- Erstellen eines Schreibplans als Grundlage für eine strukturierte Ausarbeitung
- Formulierung eines Einleitungsgedankens
- Ausarbeitung der Einzelergebnisse der Analyse des Gedichts 1 zu folgenden Aspekten

  Inhalt
  - Lyrisches Ich (Standpunkt)
  - Lyrischer Gedankengang (Abstrahierende Zusammenfassung)

  Formale Elemente und ihre Einzeldeutung
  - Strophischer Aufbau/Reim
  - Metrum

  Lyrische Sprache und ihre Einzeldeutung
  - Wortwahl/Klangbild/Rhythmus
  - Satzbau/Wortwahl/rhetorische Mittel

- Planung eines umfassenden Motivvergleichs von Gedicht 1 und Gedicht 2 auf der Basis von ergiebigen Vergleichskriterien
  - Motiv im Zusammenhang mit dem Standpunkt und der Redeweise des lyrischen Ichs
  - Motiv und seine spezifische Entwicklung
  - Motiv und seine Widerspiegelung in Stimmungen, Haltungen, Reflexionen
  - Motiv in seiner zeitbedingten Ausgestaltung
  - Motiv und seine Ausprägung im Zusammenhang mit Gattungsmerkmalen sowie formalen und sprachlichen Besonderheiten
  - Motiv vor dem Hintergrund der Epoche und Autorenbiographie
  - Motiv und sein Bezug zu weiteren Materialien (z. B. Lexikonartikeln, Bildern, Zitaten)
- Analyse von Gemeinsamkeiten und Unterschieden mit einem prägnanten Fazit
- Textgestützte Ausarbeitung des Motivvergleichs
- Anwendung von Überarbeitungsstrategien
- Formulierung eines Schlussgedankens

Thema:
Erschließen Sie das Gedicht „Löwenzahn".
Vergleichen Sie das Motiv des Todes in den beiden Gedichten von Huchel und Bachmann.

Löwenzahn (1927/28) |
Peter Huchel

Fliegen im Juni auf weißer Bahn
flimmernde Monde von Löwenzahn,
liegst du versunken im Wiesenschaum,
löschend der Monde flockenden Flaum.

Wenn du sie hauchend im Winde drehst,
Kugel auf Kugel sich weiß zerbläst,
Lampen, die stäubend im Sommer stehn,
wo die Dochte noch wolliger wehn.

Leise segelt das Löwenzahnlicht,
über dein weißes Wiesengesicht,
segelt wie eine Wimper blaß
in das zottig wogende Gras.

Monde um Monde wehten ins Jahr, wehten
wie Schnee auf Wange und Haar.
Zeitlose Stunde, die mich verließ,
da sich der Löwenzahn weiß zerblies.

Huchel, Peter, Gedichte, Frankfurt am Main, Suhrkamp Verlag, 1989, S. 23

Die große Fracht (1953) |
Ingeborg Bachmann

Die große Fracht des Sommers ist verladen,
das Sonnenschiff im Hafen liegt bereit,
wenn hinter dir die Möwe stürzt und schreit.
Die große Fracht des Sommers ist verladen.

Das Sonnenschiff im Hafen liegt bereit,
und auf die Lippen der Galionsfiguren[1]
tritt unverhüllt das Lächeln der Lemuren[2].
Das Sonnenschiff im Hafen liegt bereit.

Wenn hinter dir die Möwe stürzt und schreit
kommt aus dem Westen der Befehl zu sinken;
doch offnen Augs wirst du im Licht ertrinken,
wenn hinter dir die Möwe stürzt und schreit.

Bachmann, Ingeborg, Die große Fracht, in: Die gestundete Zeit, Gedichte, München, Piper Verlag, 1961, S. 13

1 Galionsfigur: aus Holz geschnitzte Verzierung des Schiffsbugs
2 Lemuren: Geister der Verstorbenen

Arnold Böcklin, Die Toteninsel, 1886

Gedichtvergleich

LÖSUNGSVORSCHLAG

Ausarbeitung

Struktur
Einleitung

Bereits seit den frühesten Tagen der Lyrik taucht darin die Natur als Motiv auf. War sie zu Beginn noch anderen Motiven zugeordnet – beispielsweise in der Liebeslyrik – und teils nur Mittel für sprachliche Verzierungen, so wurde sie ab der Aufklärung zu einem der zentralen Themen der Lyrik. In der Romantik mystisch erhöht, in anderen Zeiten wie z. B. in der neuen Sachlichkeit eher abgelehnt, blieben Naturmotive doch stets präsent. Eine wichtige Funktion dieser Motive ist die Darstellung der Vergänglichkeit des Seins und damit des Todes. Als natürlichstes aller Phänomene, als Konsequenz des Lebens schlechthin beschäftigt er die Menschen seit jeher.

Die Wahrnehmung des Todes in der Moderne soll im Folgenden anhand der Gedichte „Löwenzahn“ von Peter Huchel aus den Jahren 1927/28 und „Die große Fracht“ von Ingeborg Bachmann aus dem Jahr 1953 in Form einer Gedichtinterpretation analysiert werden.

Gedicht 1

Inhalt

In Peter Huchels Gedicht „Löwenzahn“ reflektiert ein lyrisches Ich über die Vergänglichkeit, indem es ein fiktives Du anspricht. Dieses Du liegt auf einer sommerlichen Wiese und bläst, ebenso wie der Wind, Löwenzahnsamen durch die Luft, sodass sich das Aussehen der Wiese im Zeitverlauf ändert. Dieses stimmungsvolle Bild wird in der vierten Strophe auf einen alternden Menschen übertragen, der, wie die Sommerwiese, im Lauf der Zeit sein Aussehen verändert und wie der Löwenzahn schließlich vergeht. Hierbei wird auch deutlich, dass es sich um eine Selbstreflexion des lyrischen Ich handelt: „Zeitlose Stunde, die mich verließ“ (V. 15).

Form und Deutung

Die Natürlichkeit dieses Ablaufs der Vergänglichkeit wird von Huchel auch formal umgesetzt. So wirkt der Aufbau des Gedichts in vier Strophen sehr gleichmäßig und kontinuierlich wie eben auch der Lauf der Zeit. Der verwendete **Paarreim** mit stets männlich stumpfen Kadenzen unterstützt diese Wahrnehmung von Konstanz und Kontinuität zusätzlich. Ebenso verhält es sich mit den Reimsilben, welche bis auf die Verse 5 und 6 stets rein sind. Zudem verwendet jedes Reimpaar neue Reimsilben. Die unregelmäßige Abfolge von **drei- und vierhebigen Daktylen** unterstützt die Natürlichkeit, ja fast Selbstverständlichkeit des Vergehens und Sterbens.

Sprache und Deutung

Besonders beeindruckt in diesem Gedicht jedoch die bildhafte Sprache. So gelingt es Huchel, allein schon durch die **Wortwahl im Wortfeld Luft/Luftbewegung** im Lauf des Gedichts eine Steigerung und einen Wandel von Leichtigkeit zu Vergänglichkeit zu erzeugen. Während in der ersten Strophe Worte wie „flimmernd" (V. 2), „versunken" (V. 3), „Wiesenschaum" (V. 3), „Flaum" (V. 4) noch den Eindruck von Leichtigkeit wecken und die Assoziation eines Kindes hervorrufen, das fröhlich mit dem Löwenzahn spielt, als wäre es der Schaum in der Badewanne, so „steigert" sich die Luftbewegung in den beiden folgenden Strophen: „hauchend im Winde" (V. 5), „stäubend" (V. 7), „segeln" (V. 11), „zottig wogend" (V. 12). Diese **Steigerung** mündet in der vierten Strophe in die Erkenntnis der Vergänglichkeit. Dies wird durch die Verwendung des **Präteritums** unterstützt, das die vierte Strophe vom **Präsens** der anderen Strophen abhebt. Zudem wird deutlich, dass das lyrische Ich sich am Ende des Lebens befindet, da die angesprochene Sommerzeit als beendet betrachtet wird. Auch die Verwendung der „Farbe" Weiß in allen vier Strophen (V. 1, 6, 10, 16) deutet auf den Tod hin; sie steht in vielen Kulturen symbolisch dafür. Weitere **Symbole** sind Monde (V. 2, 4, 13) und Kugeln (V. 6), die zunächst synonym für die runden Pusteblumen verwendet werden. Sie stehen anfangs für die Entfernung zum Lebensende (Entfernung zum Mond) sowie für die scheinbare Unendlichkeit des Daseins (Kugel als vollkommenster Körper des dreidimensionalen Raums). Zudem erhält die banale Tätigkeit des Löwenzahnpustens eine mystische, leicht religiöse Komponente. Im Rahmen der Erkenntnis in der vierten Strophe erhalten die Monde zusätzlich die Bedeutung des Zeitverlaufs, die Mondphasen waren schließlich die Vorfahren der Monate. Sowohl das Symbol Monde als auch die Kugeln werden durch **Alliteration** hervorgehoben (V. 6, 13).

Gedicht 2

Auch im Gedicht „Die große Fracht" von Ingeborg Bachmann reflektiert ein lyrisches Ich über das Lebensende. Ein abfahrbereites beladenes Schiff liegt im Hafen, während eine schreiende Möwe sich nähert. Die Galionsfiguren am Schiffsbug rücken in die Nähe von Geistern. Mit der Ankunft der Möwe kommt ein Sinkbefehl, dem ein angesprochenes Du entgegentritt. Dass es sich hier um eine Selbstreflexion handelt, darf angenommen werden, da das fiktive Du nur angesprochen wird. Das lyrische Ich bleibt jedoch hauptsächlich nur als Sprecherstimme wahrnehmbar und tritt nicht in den Vordergrund.

Die Möwe, die „stürzt und schreit" (V. 3, 9, 12), wird als Bedrohung wahrgenommen. Zum einen wird dadurch nochmals die Drucksituation verschärft, zum anderen wird deutlich, dass die Möwe symbolisch für den Tod steht. Dies fügt sich ins **Bild**, denn auch der Hafen mit dem beladenen Schiff kann als **Symbol** betrachtet werden. Die große verladene Fracht, die auch im Titel angesprochen wird, ist das vollendete Lebenswerk; das Schiff, wie in der antiken Mythologie, Verkehrsmittel auf dem Weg ins Jenseits. Hierzu passt auch die Bezeichnung „Sonnenschiff", die an die ägyptische Mythologie erinnert. Auch der Sinkbefehl verheißt den Tod. Er kommt aus dem Westen, also aus der Himmelsrichtung, in der die Sonne untergeht, was ebenfalls den Tod umschreibt. Durch Endsilbenverschleifung hervorgehoben, prophezeit das lyrische Ich dem fiktiven Du, den Tod „offnen Augs" (V. 11), also mutig und bei vollem Bewusstsein entgegenzutreten, indem es im Licht ertrinkt. Dies wirkt wie der Lichtblick, der Hoffnungsschimmer in der scheinbar ausweglosen, erdrückenden Situation.

Gedicht- und Motivvergleich

Beiden Gedichten gemeinsam ist die **Thematik des Todes** in Form einer Selbstreflexion eines lyrischen Ich, das jeweils ein fiktives Du anspricht. Sowohl Huchel als auch Bachmann drücken dies in sehr **starken Bildern** aus. Beide verwenden das **Motiv des Sommers** als Zeit des Lebens, beide übertragen das Thema mithilfe von Symbolen in ihre ausdrucksstarken Bilder. Ihre Inhalte unterstützen sie durch deutliche formale Entsprechungen bezüglich Reimschema und Metrik. Geschlossenheit und gleichmäßiger Aufbau der Strophen beider Gedichte, die Regelmäßigkeit des jeweiligen Endreims und die meist reinen Reine sind ebenso ein Hinweis auf den natürlichen Ablauf von Leben und Tod wie Regelmäßigkeiten bezüglich Rhythmus und Metrum. So stützt die formale Gleichmäßigkeit in beiden Gedichten das Bekenntnis zu Fülle und Schönheit des Lebens, aber auch die bewusste Auseinandersetzung mit der Vergänglichkeit. Der Gedanke an die fortwährende **Verknüpfung von Leben und Tod** bestimmt sowohl bei Huchel als auch bei Bachmann die Befindlichkeit des lyrischen Ich.

Interessanter als die angesprochenen Gemeinsamkeiten sind jedoch die Unterschiede zwischen den Gedichten. Auffällig ist hierbei die **unterschiedliche Betrachtungsweise des Todes**. Bei Huchel wird der Tod als selbstverständlich gesehen, als Konsequenz des vergangenen Lebens. Der Tod, der zu Beginn des Gedichts noch weit entfernt ist, ist am Ende nahe gekommen. Dies entlockt dem lyrischen Ich „lediglich" eine erkenntnisvolle Aussage über die Vergänglichkeit des Menschen. Bei Bachmann kommt der Tod in Form der Möwe bedrohlich daher. Obwohl das Schiff bereit ist zum Ablegen, die Situation also nicht unvermittelt eintritt und die Abfahrt absehbar ist, wirkt die Situation bedrückend, der nahende Tod als Gefahr. Obwohl der Tod (Möwe) präsent ist, schimmert jedoch Hoffnung durch. Dem Tod wird ohne Angst begegnet, man ertrinkt im Licht, was an sogenannte Nahtoderlebnisse erinnert, wenn Menschen von einem hellen, warmen Licht am Ende eines dunklen Tunnels berichten. In diesem Zusammenhang könnte der Leser an den Begriff „Erlösung" denken.

Obwohl beide Autoren der **Moderne** zuzuordnen sind, behandeln sie das Thema Tod – wohl auch epochal bedingt – unterschiedlich.

„Löwenzahn“ entstand zu Zeiten der Weimarer Republik, „Die große Fracht“ unter dem Eindruck des Wiederaufbaus nach dem Massensterben im Zweiten Weltkrieg. Huchel ist der **Neuen Sachlichkeit** zuzuordnen, weshalb er das Thema Tod nüchterner betrachtet als die Nachkriegsautorin Bachmann. Ihr scheint der Tod als Bedrohung gegenwärtig zu sein.

Schluss

An beiden Gedichten kann man erkennen, wie vielfältig die Vorstellungen der Menschen vom Tod sind. Huchel erkennt ihn in der Veränderung der Natur, Bachmann rückt ihn in die Nähe der antiken Mythologie, wo beispielsweise in der griechischen Mythologie der Fluss Styx überquert werden musste, um in die Totenwelt, den Hades zu gelangen. Den Toten wurde eine Münze in den Mund gelegt, um den Fährmann zu bezahlen. In unseren Breiten findet sich dagegen häufig die Vorstellung vom Sensenmann, der die Sterbenden mitnimmt. Auch Tiere – wie der Rabe oder der Geier als Aasfresser – können den Tod symbolisieren. In Asien wird häufig die „Farbe“ Weiß mit dem Tod assoziiert. All dies zeigt, wie vielfältig und unterschiedlich der Tod in verschiedenen Kulturkreisen betrachtet wird, was auch immer wieder in der Lyrik aufgegriffen wird.

7 Übung

Teillösungen zu Gedichtinterpretationen

An die Geliebte (1830) | Eduard Mörike

Wenn ich, von deinem Anschaun tief gestillt,
Mich stumm an deinem heilgen Wert vergnüge,
Dann hör ich recht die leisen Atemzüge
Des Engels, welcher sich in dir verhüllt.

Und ein erstaunt, ein fragend Lächeln quillt
Auf meinem Mund, ob mich kein Traum betrüge,
Daß nun in dir, zu ewiger Genüge,
Mein kühnster Wunsch, mein einzger, sich erfüllt?

Von Tiefe dann zu Tiefen stürzt mein Sinn,
Ich höre aus der Gottheit nächtger Ferne
Die Quelle des Geschicks melodisch rauschen.

Betäubt kehr ich den Blick nach oben hin,
Zum Himmel auf – da lächeln alle Sterne;
Ich kniee, ihrem Lichtgesang zu lauschen.

Mörike, Eduard, An die Geliebte, in: Mörike, Eduard, Sämtliche Werke in vier Bänden, hrsg. von Herbert G. Göpfert. Erster Band: Gedichte. München, Carl Hanser Verlag, 1981, S. 124

Als mich dein Wandeln an den Tod verzückte (1913) | Franz Werfel

Als mich dein Dasein tränenwärts entrückte,
Und ich durch dich ins Unermeßne schwärmte,
Erlebten diesen Tag nicht Abgehärmte,
Mühselig Millionen Unterdrückte?

Als mich dein Wandeln an den Tod verzückte,
War um uns Arbeit und die Erde lärmte,
Und Leere gab es, gottlos Unerwärmte,
Es lebten und es starben Niebeglückte!

Da ich von dir geschwellt war zum Entschweben,
So viele waren, die im Dumpfen stampften,
An Pulten schrumpften und vor Kesseln dampften.

Ihr Keuchenden auf Straßen und auf Flüssen!!
Gibt es kein Gleichgewicht in Welt und Leben,
Wie werd' ich diese Schuld bezahlen müssen!?

Werfel, Franz, Als mich dein Wandeln an den Tod verzückte, in: Werfel, Franz, Wir sind, Leipzig, Kurt Wolff Verlag, 1913, S. 19

1 Bestimmen Sie die Gedichte nach formalen Gesichtspunkten (Strophe, Vers, Metrum, Reim, Enjambements).
2 Vergleichen Sie die beiden Gedichte im Hinblick auf ihre Entstehungszeit und ihren Epochenhintergrund.
3 Analysieren Sie, wie sich die beiden Gedichte bezüglich der Wechselwirkung von Inhalt und Form unterscheiden.
4 Erläutern Sie, welche Wortfelder in diesen Gedichten Ihrer Vorstellung nach am stärksten mit Lyrik verbunden sind.

Gedichtvergleich

LÖSUNGSVORSCHLAG

Lyrisches Ich und lyrischer Gedankengang

Das lyrische Ich im Mörike-Gedicht spricht den Liebespartner an, dem es sein großes Liebesglück verdankt, was an den Formulierungen „von deinem Anschaun tief gestillt" (V. 1) oder „an deinem heilgen Wert vergnüge" (V. 2) abzulesen ist. In der Partnerin glaubt das lyrische Ich einen verborgenen Engel zu erkennen.

Diese überirdische Qualität der Liebesbegegnung wird auch noch durch den Bezug zur „Gottheit" (V. 10), durch die Blickrichtung zum Himmel vertieft. Der religiösen Erlebnisqualität wird mit der Haltung des Kniens entsprochen, in der der Liebende die Sterne „lächeln" (V. 13) sieht und ihrem „Lichtgesang" (V. 14) lauscht, nachdem sein Sinn ohne Halt – „von Tiefe dann zu Tiefen stürzt" (V. 9) – eine Art Entgrenzung erfahren hat.

Das lyrische Ich Werfels erinnert sich, dass bei der Liebesbeziehung seine Existenz in Richtung Seligkeit, Tränenseligkeit (vgl. V. 1) verändert war. Der Liebende denkt daran, dass er die Aufhebung menschlicher Begrenzung zu erleben glaubte (vgl. V. 2), ja, dass das Glück so groß war, dass es fast sein Leben sprengte (vgl. V. 9), in den Tod umzukippen drohte. Die dritte Strophe schließlich gibt die Erinnerung an das Liebesempfinden wieder: „Da ich von dir geschwellt war zum Entschweben" (V. 9) – was Realitätsverlust und die Auflösung der Bindung an die Erdenhaftigkeit provozierte. Werfel deutet hier gleichsam eine Dimensionsvergrößerung an, die so weit geht, dass die Bodenhaftung aufgegeben wird.

Sprache

Im Gedicht „An die Geliebte" folgt dem konditionalen Satzgefüge, aus dem die erste Strophe besteht, eine hypotaktisch konstruierte Frage, die die zweite Strophe ausmacht. In der dritten Strophe liegt parataktischer Satzbau vor, der in der vierten Strophe weitergeführt wird, wobei der Gedankenstrich eine Atempause anregt, in der gleichsam das Staunen über das folgende Wunder erfolgt.

Mörikes Bildgestaltung ist religiös: Die Geliebte ist ein Engel, wenn auch im Verborgenen, sodass die Erfüllung der Liebessehnsucht durch sie die Zeitgrenzen sprengt, „ewig" (vgl. V. 7) ist, also göttliche Eigenschaft hat. Der Sinn des Liebenden „stürzt" (V. 9) – eine metaphorische Aussage, um Heftigkeit und Unaufhaltsamkeit auszudrücken.

Korrespondierend mit „ein fragend Lächeln quillt" (V. 5) ist in der dritten Strophe von der „Quelle des Geschicks" (V. 11) die Rede. Schicksal wird in Zusammenhang gebracht mit der „Gottheit nächtger Ferne" (V. 10), die für die Harmonie des Liebeszustandes wohl Urheberin ist. Diese Glückseligkeit spiegeln auch die Sterne: Sie agieren menschlich, sie „lächeln" (V. 13) und ihr Licht bekommt akustische Qualität, was durch die Synästhesie „Lichtgesang" verdeutlicht wird (V. 14). Die Bildhaftigkeit wirkt also eindeutig in Richtung religiöse Verklärung, göttliche Überhöhung des irdischen Lebens.

Werfel beginnt sein Sonett mit einer Frage, die die erste Strophe ausfüllt. Man könnte beinahe an eine rhetorische Frage denken, die weitere Gedichtaussage jedenfalls lässt diese Einstufung zu. Die zweite Strophe greift den Anfang der ersten anaphorisch auf, ist aber als Ausruf gestaltet, als den man die rhetorische Frage ebenfalls verstehen könnte. Fast ließe sich Niedergeschmettertheit, ja Depression daraus ablesen, dass die dritte Strophe ruhig, als Aussagesatz mit einem Punkt endet. Dafür geht die letzte Strophe mit Satzzeichen geradezu verschwenderisch um: Die Anrede wird mit einem doppelten Ausrufezeichen sehr expressiv beendet, und am Ende des Gedichts stehen Ausrufe- und Fragezeichen nebeneinander, um den Aufschrei- und Fragecharakter auszudrücken.

Die Verben „entrückte" (V. 1) und „verzückte" (V. 5) deuten zwar auf mystische Vorgänge hin, doch bleiben Werfels Bilder der Realität verhaftet, wenn er etwa vom Arbeiterelend spricht. Hier ist die Rede von den „gottlos Unerwärmte[n]" (V. 7), eine Metapher, die Gottferne und Kälte zusammenbringt, Gottnähe mit Liebesglück, Wärme und Geborgenheit gleichsetzt. Die Metapher von der zu bezahlenden Schuld (vgl. V. 14), vor dem Hintergrund des bisher Gesagten biblisch einzuordnen, steht für die Vorstellung des lyrischen Ich, dass auf sein Glück im Diesseits Leid im Jenseits folgt.

Gesamtdeutung

Während sich das Liebeserleben im Mörike- und im Werfel-Gedicht im positiven Bereich nahezu deckt, kommt jetzt bei Werfel zum Licht die Schattenseite dazu, denn die Erinnerung an das Liebesglück paart sich in diesem Sonett mit der Frage, was sich gleichzeitig mit seinem individuellen Glück an – fast kollektivem – Leid ereignete. Dem einen Glücklichen stehen die Millionen auf unterschiedliche und doch ähnliche Weise Unglücklichen gegenüber („Abgehärmte", V. 3; „Unterdrückte", V. 4; „Niebeglückte", V. 8; „gottlos Unerwärmte", V. 7), die, statt entschweben zu können, „stampften" (V. 10), „schrumpften" (V. 11), „dampften" (V. 11) und keuchten (vgl. V. 12). So schließt Werfels Gedicht mit der bangen Frage, wie denn wohl der Ausgleich ausschauen wird im Jenseits, da im Diesseits Gerechtigkeit, ein Gleichmaß des Glückes aller nicht erreicht wird.

Diese inhaltlichen Gemeinsamkeiten und Unterschiede spiegeln sich auch in der sprachlichen Gestaltung wider. Während sich bei Mörike durch die Wortwahl ausgesprochen positive Assoziationen einstellen („melodisch", V. 11; „lächeln", V. 13; „heilgen", V. 2; „Wunsch [...] sich erfüllt", V. 8), steht bei Werfel dem positiven Assoziationsfeld ein eindeutig negativ besetztes gegenüber, und zwar in allen Strophen; dabei ist die letzte Strophe nur noch negativ gestaltet. Die zu bezahlende Schuld verlagert offenkundig das Gewicht der Gedichtaussage auf das Gedichtende. Dem sind bei Mörike höchstens beunruhigende Begriffe gegenüberzusetzen wie „[b]etäubt" (V. 12), „stürzt" (V. 9) oder die Frage nach der Sinnestäuschung, der Illusion im zweiten Vers der zweiten Strophe. Bei Werfel fallen die relativ vielen substantivierten Partizipien auf (V. 3, 4, 7, 8), die jeweils einen antithetischen Kontrast zur Situation der Liebenden in den ersten beiden Versen der Quartette bilden. Die Terzette verschieben die bisher ausgewogene antithetische Akzentuierung: Vers 1 des ersten Terzetts steht als ein positiver Vers zwei negativen Versen mit schlimmen (Arbeits-)Tätigkeiten bzw. Vorgängen gegenüber. In der letzten Strophe folgt zusätzlich noch die schuldbewusste Anrede an die vielen und eine fast aufschreiende Frage. Mörike verwendet im Vergleich zu Werfel eine weit größere Zahl von Attributen (tief, heilig, leise, fragend u. v. m.), was der deskriptiven Absicht voll entspricht.

Mörikes Gedicht „An die Geliebte“ (1830) ist besser zu verstehen, wenn man von dem Rückzug der Biedermeier-Dichtung auf private Themen in oft gefühlsbetonter und religiöser Sprache weiß. Werfels Sonett „Als mich dein Wandeln an den Tod verzückte“ (1913) hingegen ist ein typisches Produkt des Expressionismus mit seinem häufig ekstatischen Menschenpathos.

Ebenso wie zeitbedingte Faktoren auf ein Einzelgedicht einwirken, prägen es auch gattungsspezifische Elemente, die inhaltskonform, manchmal aber auch im Gegensatz dazu eingesetzt werden können. Wenn man die beiden Sonette von Mörike und Werfel vergleicht, hat man das Gefühl, dass im ersten Fall Form (ästhetische Ausgewogenheit) und Inhalt (ideale Liebeserfüllung) harmonieren, während bei Werfel eine gewisse Spannung besteht zwischen eben dieser harmonischen Gedichtform und der zerrissenen Gefühlswelt des lyrischen Ich.

Projekt „Lyrik und Epochenhintergrund“

1. Die Feuilletonseite der Schülerzeitung enthält Beiträge zu Kunst-Themen wie Literatur, Theater und Film. Wählen Sie ein Gedicht aus, das Sie dort den Lesern vorstellen möchten.
2. Erschließen Sie einige inhaltliche, formale und sprachliche Auffälligkeiten, begründen Sie kurz die Epochenzuordnung und klären Sie, inwiefern das Gedicht auch aktuelle Bezüge aufzuweisen hat.
3. Tauschen Sie die digital gespeicherte Ausarbeitung in Ihrer Klasse aus und wenden Sie selbstständig Verfahren einer inhaltlichen, sprachlichen und formalsprachlichen Überarbeitung an. Der fertige Artikel kann schließlich in der Schülerzeitung veröffentlicht werden.

Mit Medien umgehen

4

- I Medienlandschaft
- II Medienentwicklung und digitales Ich
- III Medienkritik
- IV Projektideen zum Thema „Medien"

I Medienlandschaft

1 Medien und Kommunikation

Inneres einer Druckerei, Kupferstich von Matthaeus Merian d. Ä. aus dem Jahr 1632.

Grundsätzlich versteht man unter **„Medien"** Träger und Mittler von Informationen, Informationsspeicher, die Informationen selbst und Programme zur Verarbeitung von Informationen. Gutenbergs Erfindung der beweglichen Metall-Lettern führte im 15. Jahrhundert zu einem Umbruch im Buchwesen. Fast 400 Jahre lang waren Druckerzeugnisse (**Printmedien**) dann das einzige Medium zur Speicherung und massenhaften Verbreitung von Informationen und Unterhaltung. Erst in den 1920er-Jahren bekam diese Technik Konkurrenz durch Rundfunk und Film und später das Fernsehen. Seit dem ausgehenden 20. Jahrhundert erleben wir die sogenannte dritte Revolution in der Medienlandschaft, die die Gesellschaft insgesamt so stark prägt, dass man gegenwärtig von einer **Informations- und Wissensgesellschaft** sprechen kann. Vor allem die Digitalisierung, die Datenkomprimierung und der computergesteuerte Medienverbund führen bei den Informations- und Kommunikationstechnologien zu rasanten Fortschritten.

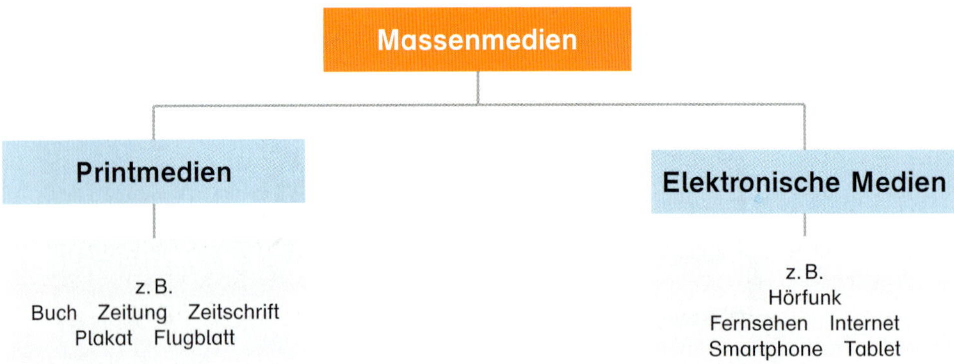

Der Computer nimmt eine Sonderstellung ein, weil er universell nutzbar ist, d. h., er kann als Hilfsmittel zum Schreiben oder Rechnen dienen, aber auch als audiovisuelles Medium. Zudem ermöglicht er – im Unterschied zu allen anderen Medien – die Interaktion zwischen Nutzer und Medium.

Einige Schlüsselbegriffe der Medienwelt

- **Digitales Ich:** Wenn sich ein User im Internet bewegt, hinterlässt er digitale Spuren, die er entweder bewusst setzt (persönlichkeitsoptimierte Profile in den Social-Media-Plattformen oder Job-Portalen [Selbstbild]) oder die er, sobald er sich einloggt in Form von Bewegungsprofilen (wo loggt sein Smartphone, Tablet etc. ein) und/oder Analysen seines Nutzerverhaltens im Netz (persönliche Suchverläufe in Suchmaschinen, Social Media-Kontakte, Konsum- und Kaufverhalten) zumeist ohne, dass es ihm bewusst wäre, hinterlässt [Fremdbild]. Durch die Gesamtheit dieser Daten entsteht ein digitaler Zwilling, das digitale ICH.
- **Massenmedien:** Sammelbegriff für Presse, Rundfunk, Fernsehen, mit denen u.a. Inhalte in Schrift, Ton und Bild zu einem breiten Publikum gelangen.
- **Multimedia:** Darbietung von Inhalten unter kombinierter Verwendung verschiedener Medien (z.B. Text, Ton und Bild).
- **Digitale Medien:** Kommunikationsmedien, die mit digitalen Codes arbeiten, sowie technische Geräte, z.B. Computer, zur Berechnung, Aufzeichnung, Speicherung, Verarbeitung, Distribution und Darstellung von digitalen Inhalten. Beispiele: DVD, Blue-Ray-Disc, Spielkonsolen, Digital Video, Digitales Fernsehen/SMART-TV, E-Book, Internet etc.
- **Interaktive Medien:** Technische Kommunikationsmittel, die über Rückkanäle verfügen und somit eine Kommunikation zwischen Sender und Empfänger in beide Richtungen ermöglichen. Fernsehen und Hörfunk können interaktive Elemente aufweisen, erreichen aber in Bezug auf die Interaktivität bis heute nicht die Möglichkeiten, die das Internet bietet.
- **Streaming Media:** Wiedergabe und Übertragung von Filmen und Musik über zumeist kommerzielle Musik-/Video-Streaming- und Download-Portale, die auch Internetradio und Life-Streams anbieten (entweder zur Ausleihe als Video-/Audio-on-Demand oder zum Kauf als Download-to-own).
- **Soziale Medien:** digitale Internetplattformen, die es den Nutzern ermöglichen, untereinander zu kommunizieren und Bilder und Videos auszutauschen. Diese werden von den zumeist kommerziell betriebenen **Dating-/Flirt- und Partnerschaftsplattformen** (Singlebörsen) sowie den **Onlinecommunitys** abgegrenzt, z.B. Gaming-Portale, themenbasierte Gruppen für Fragen der Politik, Religion, Science-Fiction oder Sport und berufsspezifische Interessen (hier vor allem für Lehrer und Dozenten).
- **Crossmedia:** Einsatz aufeinander abgestimmter und vernetzter Kommunikationsinstrumente. Das Ziel besteht darin, die Zielgruppe auf unterschiedlichen (Medien-)Kanälen anzusprechen. Häufig wird unter „Crossmedia" die Nutzung der klassischen Medien unter Einbeziehung von Onlinemedien verstanden.
- **Mediamix:** Kombination mehrerer Mediengattungen (z.B. Hörfunk, Print, Fernsehen, Plakat, Kino, Internet) im Rahmen einer Werbekampagne. Weiterhin wird bei der Bestimmung des Mediamixes festgelegt, welche Aufgaben die einzelnen Gattungen erhalten und wie das zeitliche Zusammenspiel laufen soll. Mediamix-Kampagnen erhöhen die Reichweite und erzielen aufgrund ihres Zusammenwirkens eine größere Wirkung auf den Nutzer.
- **Mediastrategie:** Festlegung, mit welchen Mitteln und auf welchen Kommunikationswegen Mediaziele erreicht werden sollen. Sie umfasst dabei u.a. die Auswahl der Mediengattungen, das Budget, die Zielgruppe, zeitliche Schwerpunkte etc.
- **Mediaziele:** Ableitung aus den Kommunikations- und Marketingzielen. Sie lassen sich anhand von Mediakennziffern, wie z.B. Reichweite und Durchschnittskontakte, darstellen.

1. Recherchieren Sie folgende Fachbegriffe der Medienwelt: Presserat, Rundfunkrat, Medienrat, Agenda-Setting.
2. Vergleichen Sie Qualitätszeitungen und Boulevardpresse.

Für alle Medien vom Buch bis zu den neuen Medien kann folgendes Modell der **Massenkommunikation** herangezogen werden:

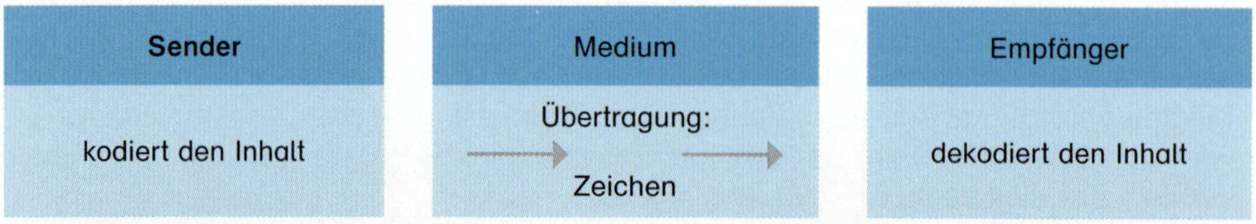

Modell der Gruppenkommunikation

Wenn der Sender zugleich Empfänger des Inhalts ist, kann man sich Gruppenkommunikation folgendermaßen vorstellen:

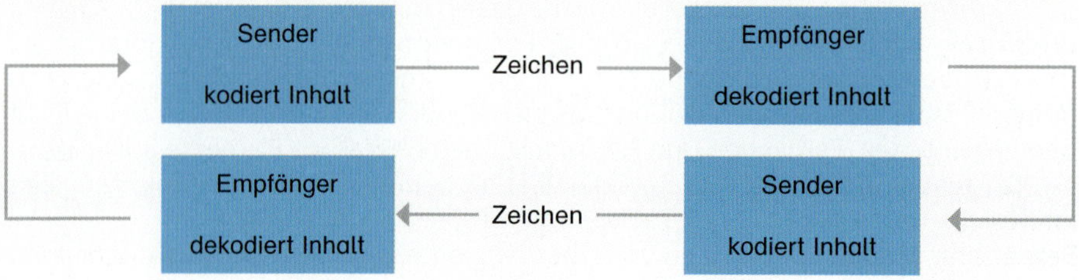

Modell der Massenkommunikation

Eine ganze Anzahl von Umständen und Personen wirken auf den Kommunikationsvorgang ein.

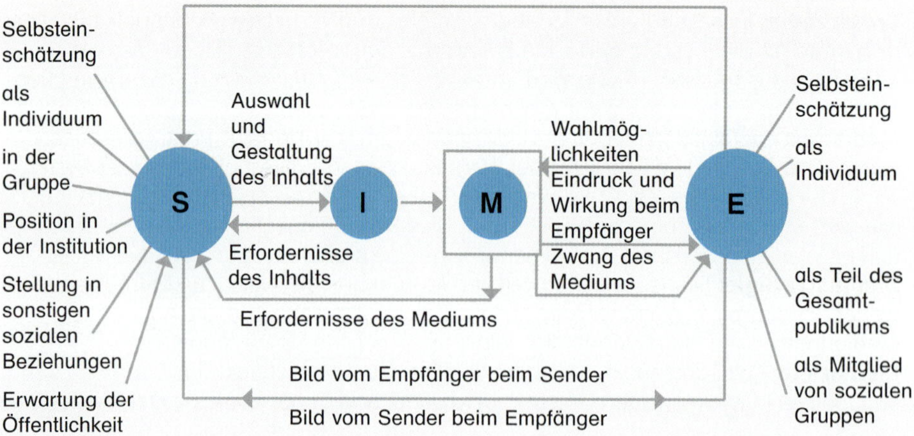

Abkürzungen: S = Sender I = Inhalt, Botschaft M = Medium E = Empfänger

Aktuelle Tendenzen der Kommunikation

Gravierende Veränderung des Informationsverhaltens

- Möglichkeit der globalen Kommunikation im politischen, wirtschaftlichen und privaten Bereich
- Ausweitung der Zeit für Mediennutzung
- Umschichtungen innerhalb des Zeitbudgets für Mediennutzung
- Größere Ungeduld bei der Nutzung von Informationsquellen und in Bezug auf die Verkürzung von Reaktionszeiten
- Schärfere Aufgabenteilung zwischen Medien
- Stärkere ereignis- und anlassorientierte Information
- Gründlichere Information vor Kaufentscheidungen aufgrund von mehr Transparenz bei Preisen, Produkten und Dienstleistungen
- Verstärkte Tendenz zu dialogischer Information in kleinen Gruppen (Online-communitys)

Veränderung gesellschaftlicher Kommunikationsmuster

- Höhere Kontaktfrequenz
- Beschleunigung der Kommunikation und der Reaktionszeiten
- Verstärktes Bedürfnis nach Kommunikation
- Interesse an der Erweiterung sozialer Kontakte
- Bewusstsein für den Unterschied zwischen Kontakten im Netz und persönlichen Kontakten
- Stärkere Entfaltungsmöglichkeiten für kommunikative Subkulturen
- Vermischung von realen und virtuellen Welten

1. Veranschaulichen Sie diese Thesen zu den aktuellen Tendenzen der Kommunikation anhand von Beispielen aus Ihrer eigenen Erfahrungswelt.
2. Beschreiben Sie das Kommunikationsmodell (siehe S. 314) und erläutern Sie die einzelnen Faktoren.
3. Konkretisieren Sie das Modell anhand eines Beispiels aus dem Bereich Massenkommunikation.
4. Zeigen Sie mögliche Probleme und Gefahren im Prozess der Massenkommunikation auf.

2 Analoge und digitale Mediennutzung

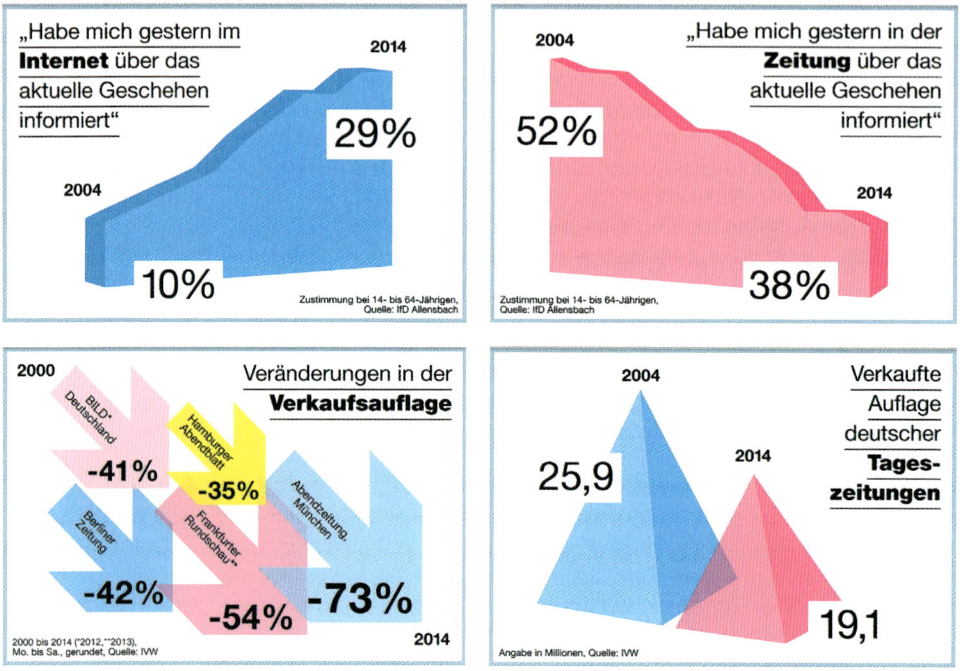

Schnibben, Cordt: Medienkrise und Lügenpresse. Trau keinem von der Presse. Spiegel Online, online unter: www.spiegel.de/kultur/gesellschaft/medienkrise-und-luegenpresse-trau-keinem-von-der-presse-a-1021812.html, zugegriffen am 08.3.2017

Diskutieren Sie unter Einbeziehung der statistischen Daten mögliche Ursachen für die Krise der Printmedien. Legen Sie dar, welche Medien Sie bevorzugen.

Seriosität der Medien

Fake News. „Eine Gefahr für die Demokratie“

Fake News sind gezielt verbreitete Falschmeldungen. Was dagegen hilft und wie man Schüler sensibilisieren kann – ein Gespräch von Sylvia Vogt mit der Autorin des Buches „Fake News“ Karoline Kuhla.

Frau Kuhla, Sie haben ein Buch über Fake News geschrieben, das sich an Jugendliche richtet und das auch im Unterricht eingesetzt werden kann. Was verstehen Sie unter Fake News?

Kuhla: Fake News sind Falschmeldungen, die wie echte Nachrichten aussehen und sich über die sozialen Medien verbreiten. Im Unterschied zu versehentlichen Falschmeldungen, wie sie im Journalismus auch passieren, werden sie gezielt verfasst und gestreut, meist mit einer politischen Absicht. […]

Welche Beispiele für Fake News gibt es?

Kuhla: In Deutschland sorgte 2016 der Fall

Lisa für Aufsehen: Ein 13-jähriges deutsch-russisches Mädchen war einen Tag lang verschwunden. Als sie wieder auftauchte, erzählte sie, sie sei von „südländischen Männern“ entführt und vergewaltigt worden. Das stimmte nicht – sie hatte die Nacht bei einem Freund verbracht. Doch die falsche Geschichte von der Vergewaltigung wurde in sozialen Medien und russischen Nachrichten verbreitet und führte zu zahlreichen Protesten. Sogar der russische Außenminister schaltete sich ein und warf der deutschen Polizei vor, Fakten zu vertuschen. So sollte wohl Stimmung gegen Flüchtlinge und die Bundesregierung gemacht werden. [...]

Was macht Fake News so gefährlich?

Kuhla: Sie sind eine Gefahr für die Demokratie, weil sie das Vertrauen in die Medien aushöhlen, zu Verunsicherung und sogar zur Destabilisierung einer Gesellschaft führen können. Die Medien sind ein wichtiger Ausgleich zu den drei Gewalten im Staat. Sie beobachten Politiker und Institutionen. Wenn den Medien nicht mehr vertraut wird, fehlt eine wichtige Kontrollinstanz zum Beispiel für Regierungen. [Außerdem können Fake News dazu führen], dass sich die Stimmung gegen bestimmte Bevölkerungsgruppen oder Einzelpersonen aufheizt.

Wie reagieren Jugendliche auf Fake News?

Kuhla: Die junge Generation hat oft ein sehr gutes Bauchgefühl für die digitale Welt. Jugendliche spüren, wenn da etwas nicht stimmig ist. Als „Digital Natives“ sind sie mit sozialen Medien aufgewachsen, kennen deren Mechanismen. Ältere lassen sich im Digitalen leichter verunsichern. Aber Jugendlichen sind häufig die weitergehenden Gefahren von Fake News nicht so bewusst. Wenn das Thema im Unterricht behandelt wird, können also meiner Meinung nach Schüler und Lehrer voneinander lernen.

Jugendliche nutzen Medien anders als ältere Generationen.

Kuhla: Ja, das stimmt. Sie lesen nicht so oft Zeitungen und schauen nicht unbedingt regelmäßig Fernsehnachrichten. Es ist deshalb wichtig, ihnen das nötige Rüstzeug zu geben, um Fake News zu erkennen, und ihnen zu zeigen, wo man seriöse Informationen herbekommt.

Wie kann man Fake News erkennen?

Kuhla: Wenn eine Nachricht unglaublich klingt, sollte man sich als erstes fragen, auf welcher Quelle diese Information beruht. Man kann die Webseite oder den Account dahinter checken und schauen, welche Nachrichten darüber sonst geteilt werden und wer im Impressum steht. Dann empfiehlt es sich, zu überprüfen, ob auch andere Medien über den Fall berichten. Dazu müssen Jugendliche aber erst einmal wissen, welche Zeitungen, Sender und Websites für seriösen Journalismus stehen. Auch die Frage, wem die Verbreitung dieser Meldung nützt, kann hilfreich sein. Meldungen, die man anzweifelt, sollte man nicht weiterverbreiten. Halten sich Gerüchte länger, kann man sich an Faktencheck-Teams wenden, die einige Medien eingerichtet haben. [...]

Sie kritisieren aber auch, dass die Medien Fehler gemacht haben.

Kuhla: Ja, es gibt eine Glaubwürdigkeitskrise, für die die Medien mitverantwortlich sind. Es ist zwar die Natur einer Nachricht, dass sie eher über das Außergewöhnliche berichtet, aber immer wieder wurden Nachrichten überspitzt. Eine Teilschuld trifft auch die Digitalisierung: Nachrichten wurden im Internet größtenteils kostenlos angeboten. Um mehr Klicks zu erzeugen und so durch Werbung Geld zu verdienen, wurden teilweise reißerische Überschriften und Bilder gewählt. Das hat viele Leser enttäuscht und Misstrauen geweckt. Mittlerweile hat sich aber viel geändert. [...]

Was halten Sie von gesetzlichen Versuchen, gegen Fake News vorzugehen?

Kuhla: Gesetzwidrige Inhalte müssen gelöscht werden. Dafür gibt es bereits Gesetze. Fake News sind aber nicht immer gesetzwidrig. Besser, als sie zu löschen, finde ich den Ansatz, sie von unabhängigen Faktencheckern prüfen und dann mit diesen Anmerkungen stehen zu lassen. Eine Löschung würde nur Verschwörungstheorien Vorschub leisten.

Kuhla, Karoline/Vogt, Sylvia, Fake News. „Eine Gefahr für die Demokratie“, in: Der Tagesspiegel Online, 09.10.2017, online unter: www.tagesspiegel.de/berlin/schule/fake-news-eine-gefahr-fuer-die-demokratie/20432980.html, zugegriffen am 01.06.2018

Im Gegensatz zu Karoline Kuhla untersucht Lorraine Daston das Problemfeld aus einer wissenschaftlichen Perspektive.

„Bauchgefühl ist nicht Wahrheit"

Fake News gab es immer wieder in der Geschichte, sagt die Wissenschaftshistorikerin Lorraine Daston. Im aktuellen Streit um fragwürdige Fakten sieht sie auch Chancen für die Gesellschaft

SZ: „Postfaktisch" war das Wort des Jahres 2016. Gab es Propaganda nicht schon immer?

Lorraine Daston: Das Phänomen ist alt, ja, hat aber mit dem Aufstieg des Mediums Internet neue Intensität angenommen. Es gab eine ähnliche Phase im Jahrhundert nach der Verbreitung des Buchdrucks. Da war mindestens so viel Desinformation wie Information im Umlauf. Denken Sie an die Flugblätter der Reformation und Gegenreformation. Jede Medienrevolution bringt eine Periode der Anarchie und des Experimentierens. Aber die Wogen werden sich wieder glätten.

SZ: Zur Zeit des frühen Buchdrucks herrschte auch Verwirrung darüber, was Fakten sind?

Lorraine Daston: Absolut. Tatsächlich ist die Idee der Fakten und was sie sein sollen eine Errungenschaft der frühen Neuzeit. Und damit meine ich nicht den Anspruch, dass eine Behauptung der direkten Erfahrung standhalten soll, das ist eine uralte Idee, in allen Kulturkreisen verbreitet, sondern die Forderung, dass man gewissenhaft versuchen soll, ein Stück Erfahrung von seiner Interpretation zu lösen.

SZ: Nackte Erfahrung – geht das?

Lorraine Daston: In Zeiten, da keiner Quelle mehr vertraut werden konnte, kam die Idee auf, gewisse ‚Nuggets' der Erfahrung möglichst ohne Interpretation darzustellen, damit alle über dasselbe sprechen. Das sind Fakten. Sobald ein Nugget für eine politische Sache oder wissenschaftliche Theorie eingespannt wird, verliert er seinen neutralen Charakter. Es ist kein Zufall, dass dies erstmals im 17. Jahrhundert artikuliert wurde, als die Druckpropaganda blühte.

SZ: Könnte die heutige Fakten-Anarchie eine Chance für neue Standards sein?

Lorraine Daston: Ja. Wir müssen unsere Ideale bestätigen und vielleicht neu schreiben. Es gibt keinen Grund, weshalb unser Nachdenken über Fakten und Wahrheit im 17. Jahrhundert hätte aufhören sollen. Wir brauchen neue Theorien für die Herausforderungen, die uns neue Medien bescheren.

SZ: Ist die Postmoderne Ursache der vielen Zweifel? Manche Gelehrte sagen, es gebe nicht eine Vergangenheit, sondern nur subjektive Erzählungen davon.

Lorraine Daston: Das wäre akademischer Größenwahn. Wir sollten einen Ausweg finden aus der binären Opposition von objektiv/subjektiv – und einen Raum dazwischen auftun. Wenn alles subjektiv sein soll, was nicht von Maschinen gemessen und registriert werden kann, wie eine Ballposition im Fußballspiel, dann haben wir keinen Platz mehr für Urteilsvermögen. Wenn man die wahre Aussage macht, dass jede Aussage über die Vergangenheit eine Erzählung ist, dann heißt das nicht, dass alles bloß erfunden ist. Dazwischen ist ein weiter Raum.

SZ: Wie sieht dieser Raum aus?

Lorraine Daston: Wir kennen ihn bereits. Nehmen Sie einen Termin vor Gericht: Wir erwarten von einem Richter, dass er seinen Handlungsrahmen den vorliegenden Beweisen anpasst, aber dennoch ein eigenes Urteil fällt und seine Entscheidung mit einer nachvollziehbaren Erzählung rechtfertigt. Ein Richter ist keine Maschine, und soll keine sein. Wir sollten so ein Konzept der Unparteilichkeit auch jenseits der Gerichte wiederbeleben. Ein Richter ist eine Autorität. […] Die Frage ist: Wie bilden sich neue Autoritäten heraus? In Europa dauerte das nach der Verbreitung des Buches im 16. Jahrhundert recht lange. Und gewisse Mechanismen der Qualitätskontrolle sahen aus wie Zensur. […] Die Öffentlichkeit muss Zugang zu Wissen haben. Doch es fehlt eine systematische Schulung der Öffentlichkeit. Ich selber etwa würde gern wissen: Woran liegt es, wenn etwas im Netz viral wird? Wie kann man ein Mem [*Bewusstseinsinhalt; dieser kann durch Kommunikation weitergegeben und damit vervielfältigt werden*] entschärfen? Solchen Unterricht brauchen wir. Ich bin zuversichtlich, dass die Leute Manipulationen verstehen. So wie sie verstehen, was Werbung ist. […]

SZ: Viele Leute blocken ab, wenn man ihre Weltsicht hinterfragt. Es herrscht ein Kult der Subjektivität: Was ich fühle, muss richtig sein.

Lorraine Daston: Meines Erachtens hat dieser Kult in der Sportberichterstattung begonnen. Der arme Sportjournalist muss einen Athleten interviewen, der sich gerade verausgabt hat, vier Stunden auf dem Tennisplatz, er schwitzt und schnauft. Fragen nach einem bestimmten Set in der 37. Minute sind müßig, also fragt der Interviewer: Wie fühlen Sie sich? Irgendwie hat sich das verbreitet und den Trugschluss gestützt, dass Bauchgefühl gleich Wahrheit ist. […]

SZ: Sollten sich Wissenschaftler so einmischen?

Lorraine Daston: Wissenschaftler können helfen. Ihre Studien dienen etwa Bürgerrechtsorganisationen, wenn diese die Regierung verklagen. Problematischer wird es, wenn Akademiker sich als Kulturträger verstehen. Wir sind Bürger wie alle anderen auch. Aber wir können helfen. Und natürlich müssen wir einstehen gegen falsche Behauptungen. Das betrifft nicht nur Klimaforscher, sondern auch Historiker, etwa der afroamerikanischen Geschichte. […]

Daston, Lorraine, Bauchgefühl ist nicht Wahrheit. SZ-Interview mit David Hesse, in: Süddeutsche Zeitung, 07.03.2017, S. 14

1. Fassen Sie die wesentlichen Inhalte beider Interviews zusammen.
2. Vergleichen Sie die Position von Lorraine Daston mit der von Karoline Kuhla zu Fake News.
3. Diskutieren Sie Möglichkeiten, wie die von Lorraine Daston geforderte „systematische Schulung der Öffentlichkeit" aussehen könnte.
4. Recherchieren Sie weitere Fälle von Fake News. Präsentieren Sie Ihre Ergebnisse mithilfe der Methode BUWE (siehe S. 26 ff.).
5. Drehen Sie im Rahmen eines Medienprojekts Ihrer Klasse einen Aufklärungsspot gegen die Verbreitung viraler Meme (siehe Z. 88).

Glaubwürdigkeit verschiedener Medien/Nachrichtensendungen Fernsehsender, November 2016, Skalenmittelwerte +5 bis –5, Erwachsene ab 16, Bildung, FGW

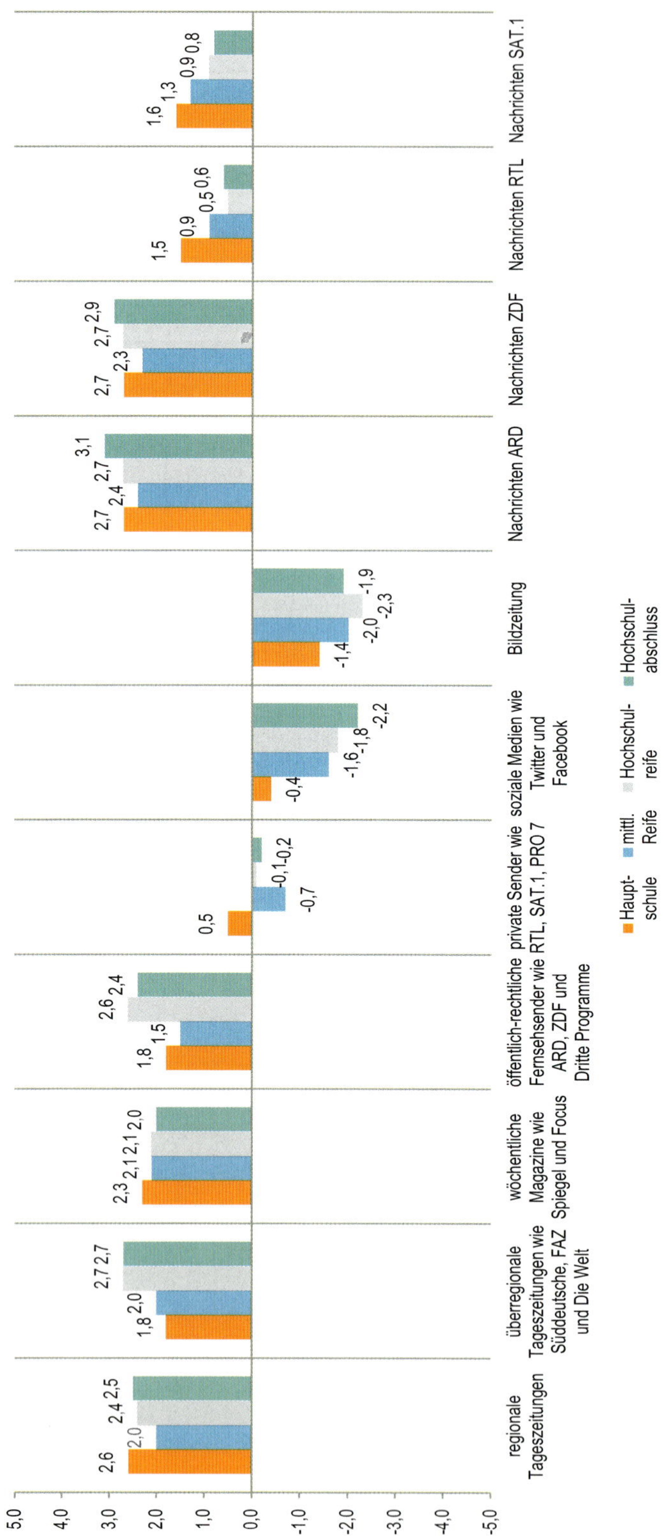

FGW: Umfragen Glaubwürdigkeit Medien für ZDF 2015/16, abgerufen unter: www.zdf.de/assets/zdfunternehmen-112~original?cb=1482583

In einem Gespräch mit Deutschlandradio Kultur begründet der Medienwissenschaftler Bernhard Pörksen den Vorwurf, die etablierten Medien seien nur „Lügenpresse", in folgender Weise: „Das Netzzeitalter ist das Zeitalter der gefühlten Repräsentationskrise. Man kann nun eigene Bestätigungsmilieus gründen [...] und dann die Frage stellen: Woran liegt das eigentlich, dass das, was ich denke und das, was scheinbar die vielen anderen denken, dass das gar nicht in der Heimatzeitung meines Vertrauens oder in der großen Qualitätszeitung aus München oder aus Frankfurt vorkommt. [...] Das kann man so vielleicht sagen. Man kann [...] dann zu der Einsicht gelangen, wir sind doch eigentlich viele und warum wird das nicht in den großen Medien abgebildet."

Zit. nach Meyer, Michael: „Lügenpresse" und Co. Warum die Medien am Pranger stehen, in: Deutschlandradio Kultur Online, 09.03.2015, online unter: www.deutschlandradiokultur.de/luegenpresse-und-co-warum-die-medien-am-pranger-stehen.976.de.html?dram:article_id=313496, zugegriffen am 03.04.2017

Erläutern Sie die Aussage des Medienwissenschaftlers und diskutieren Sie diese unter Einbezug der Ergebnisse der Medienanalyse. Ist die Glaubwürdigkeitskrise tatsächlich eine Frage der schulischen Vorbildung?

II Medienentwicklung und digitales Ich

Die derzeitige Medienentwicklung ist durch die Vernetzung von Informations- und Kommunikationstechnik, durch den Trend zur Internationalisierung und Kommerzialisierung und schließlich durch eine Angebotsexplosion bei gleichzeitiger Marktkonzentration gekennzeichnet. Es gibt inzwischen weltweit Zugriffsmöglichkeiten auf aktuelle Informationen und Daten verschiedenster Bereiche – vor allem politischer, gesellschaftlicher, wirtschaftlicher und wissenschaftlicher Art. Dieser Fortschritt ist aber mit den Risiken eines unerwünschten Daten- bzw. Informationszugriffs und den daraus resultierenden Gefahren eines Missbrauchs verbunden. Man denke etwa an den persönlichen Datenschutz, an die internationale Kriminalität oder an die militärische, politische, ökonomische oder technologische Geheimhaltung.

Die **Internationalisierung** des Angebots in den Medien führt zwangsläufig zu einer Uniformität von Inhalten und Formen, wobei der Spielraum nationalstaatlicher Medienpolitik immer kleiner wird. So ist z. B. der Jugendschutz in Deutschland schwer kontrollierbar, wenn Sendungen via Satellit oder Internet aus dem Ausland kommen.

Die **Kommerzialisierung** hat zur Folge, dass die Abhängigkeit von Einschaltquoten zu einem unerbittlichen Konkurrenzkampf führt, in dem Qualitätsansprüche auf der Strecke bleiben. Der gesamte Medienmarkt funktioniert nach dem Schneeballprinzip, d. h., neue Medien ersetzen nicht die alten, sondern diese stimulieren jeweils die Entstehung neuer Medien und potenzieren damit das Gesamtangebot (z. B. DVDs zu den Videospielen; Videospiele zur Fernsehsendung und umgekehrt; Computerzeitschriften; Literaturdatenbanken; Medien-Fachzeitschriften).

Hinter diesem Phänomen der **Selbstverstärkung** steht eine machtvolle Werbemaschinerie, die ihrerseits vom Konkurrenzdruck in Gang gehalten wird. Programm und Werbung werden schon seit Längerem nicht mehr strikt voneinander getrennt; die publizistische Funktion von Medien (Information, Meinung, Kritik) wird zunehmend von der Werbeträgerfunktion in den Hintergrund gedrängt. Durch die geschickte Platzierung von Erzeugnissen

– z. B. Autos, Unterhaltungselektronik, Genussmittel – wird immer mehr Schleichwerbung betrieben (**Product-Placement**). In verschiedenen Spielsendungen werden durch die Fragen oder die Preise ebenfalls Kaufanreize gegeben (**Gameshows**).

Der schonungslose Wettbewerb begünstigt die starken Anbieter auf Kosten der schwächeren; das führt zum Zwang der Kooperation, noch häufiger aber zur gefährlichen **Konzentration** bis hin zur Monopolstellung einiger Medienkonzerne.

Da die Medien als „vierte Gewalt" im Staat wichtige Informations- und Kontrollfunktionen wahrzunehmen haben, liegt in der Konzentration, vor allem im Medienverbund (z. B. Zeitung und Privatsender in einer Hand, wie dies bei der Verbindung der Zeitschrift „Die Welt" mit dem Nachrichtensender „N24" der Fall ist), eine nicht unerhebliche Gefahr eines Machtmissbrauchs zur **Manipulation** der öffentlichen Meinung.

Heute bestimmen in diesem Bereich mehr und mehr die digitalen Medien das Konsumverhalten.

7 Pro- und Kontra-Argumente zur Digitalisierung

Die Digitalisierung ist inzwischen in so gut wie alle Bereiche des alltäglichen Lebens eingedrungen und überall fest verwurzelt. Niemand kann und will sich die eigene Arbeitsstelle oder den Alltag ohne Computer vorstellen. Aber in einigen Bereichen wäre längst ein Umdenken angesagt. […]

Pro

1. Erleichterter Alltag

Die Digitalisierung erleichtert unser Leben von Grund auf. Wir können Daten ganz einfach verschicken, aufbewahren, von verschiedenen Orten aus bearbeiten. Papier wird nicht nur gespart, sondern kann auch zugleich nicht mehr verlorengehen[sic!]. Die Welt wird globaler, wir immer flexibler und damit haben sich auch unsere Arbeitsbedingungen stark verändert. Viele Firmen lassen ihre Mitarbeiter von Zuhause oder aus dem Ausland arbeiten […]

2. Kultur für Alle! [sic!]

Kulturelle Güter und Informationen waren vor der Digitalisierung eher der Mittel- und Oberschicht vorbehalten. Doch seitdem so gut wie überall Internetanschlüsse verfügbar sind, kann jeder auf Wissen und Kultur zugreifen. Und hat damit die Möglichkeit, sich in irgendeiner Form weiterzubilden und an Kunst und Kultur gesellschaftlich teilzuhaben. […]

3. News sind frei verfügbar

Morgens zum Frühstück die Zeitung lesen? Ach, wie umständlich war das damals. Die einen waren von Kiosköffnungszeiten abhängig, andere vom Briefträger. Außerdem machte auch das Umblättern der riesigen dünnen Seiten keinen richtigen Spaß, ständig hing eine papierne Ecke im Marmeladenbrot. Auch nicht gerade praktisch war, dass man in der Regel nur wenige Quellen zur Verfügung hatte. Wer abonniert schon mehr als höchstens drei Zeitungen? Heute genügen ein paar Klicks am Tablet, Smartphone oder Laptop und schon kann man aus etlichen Quellen wählen und lesen, was immer gerade von Interesse ist. Kreuz und quer. Und das auch noch völlig kostenlos.

4. Kunst und Kultur haltbar machen

Analoge kulturelle Güter und Kunstwerke wie Malerei auf Leinwänden, Bücher auf Papier, Musik auf LPs, Kassetten oder CDs drohen mit den Jahren zu vergilben, auszubleichen, werden unbrauchbar, erleiden qualitative Verluste, kurz: sie gehen kaputt. Irgendwann sind sie dann nicht mehr verfügbar, sie wurden sozusagen von der Zeit vernichtet. Durch die heutigen digitalen Möglichkeiten kann Kunst und Kultur für immer konserviert und aufbewahrt werden. […]

5. Musik per Download und im Stream

Heute kann ein Musikkonsument so gut wie jeden Song jeder Band nicht nur digital erwerben, sondern auch bei verschiedenen Streaming-Diensten online hören, teilweise sogar kostenlos. Musik wird also einem großen Publikum zur Verfügung gestellt, dadurch gibt es ein weitaus größeres Spektrum an Möglichkeiten. Es werden nicht mehr so viele CDs und LPs gepresst, was beispielsweise die Umwelt schont und zudem sehr praktisch ist, weil man jede Band von überall aus hören und mitnehmen kann. [...]

6. Wissen und Recherche

Wer vor dem Internetzeitalter etwas wissen wollte, musste einen Fachmann ausfindig machen und diesen zu einem Thema befragen. Oder eine Bibliothek aufsuchen und dort lange recherchieren. Nicht selten kam es vor, dass sich der Aufwand als sehr viel größer herausstellte als die Neugier und man die Recherche früher oder später abbrach. Wer heute etwas wissen oder recherchieren möchte oder muss, sucht sich das Gewünschte einfach schnell im Internet zusammen. Wissen für alle – von Überall[sic!] aus und zum Mitnehmen. Wie praktisch!

7. 100 Mal geknipst und hübsch gemacht

Die allermeisten professionellen Fotografen und Hobby-Knipser können sich das Fotografieren mit einem analogen Fotoapparat heute absolut nicht mehr vorstellen. Wie umständlich war das damals, als man noch mit Filmen hantieren musste, diese dann irgendwann voll waren und zum Entwickeln gebracht werden mussten. [...] Die meisten Fotos werden nicht mehr entwickelt, sondern auf Computern und Festplatten irgendwo aufbewahrt. Oder per Knopfdruck hochgeladen und so verschickt oder verbreitet. [...]

Kontra

1. Alles wird unpersönlicher

Dadurch, dass viele Menschen gar nicht mehr in den Büros der Firmen und Unternehmen sitzen, für die sie tätig sind, kennen sich die Mitarbeiter untereinander teilweise gar nicht mehr. [...] Viele identifizieren sich dadurch mit ihrem Unternehmen nicht mehr so sehr. Ein weiterer negativer Aspekt: Genauso schnell wie man Daten heute verschickt, kann man sie auch löschen. Ein Mausklick oder eine kaputte Festplatte genügt und alle Kunst, Kultur und Arbeit war umsonst.

2. Kultur als Massenware

Dadurch, dass Kunst und Kultur für alle zugänglich ist, wird häufig Massenware daraus. Jeder kann seine Songs, seine Videos und ähnliches ins Internet stellen [...] durch die Masse verliert der Betrachter [...] den Überblick darüber, was gute und was schlechte Kunst, Musik, Fotografie usw. ist.

3. Ein Marmeladenbrot mit Zeitung bitte!

Ein Frühstück ohne Zeitung? Für viele undenkbar. Die ersten Informationen gehören für sie zum Morgen wie die Milch in den Kaffee. So manch ein Zeitungsleser will schwarz auf weiß Gedrucktes nicht nur lesen, sondern auch fühlen, riechen und im Zweifelsfalle sogar schmecken. Die News aus dem Internet beziehen, ist einfach nicht dasselbe. Man wird zu schnell abgelenkt von etlichen uninteressanten Dingen, alles blinkt, ist bunt und störend. [...]

4. Schönes ist vergänglich

Dadurch, dass Schönes nicht länger vergänglich ist, sondern dank der Digitalisierung auf ewig konserviert werden kann, ist es irgendwann vermutlich nicht mehr so kostbar wie einst. Gerade dadurch, dass ein Kunstwerk einzigartig und zerbrechlich ist, gewinnt es oft erst an Wert. [...]

5. Musik als immer verfügbare Umsonst-Ware

Dadurch, dass jeder jederzeit und von überall aus Musik hören, streamen und anklicken kann, ergeben sich nicht nur viele Nachteile für Musiker, die dank der Digitalisierung keine Alben mehr verkaufen, sondern deren Songs nur noch kopiert, illegal heruntergeladen oder eben ohne Bezahlung gestreamt werden. Musik verkommt immer mehr zu einer ständig und überall verfügbaren Umsonst-Ware. [...]

6. Wissen ist nicht länger Macht

Vor dem digitalen Zeitalter war Wissen Macht. Wer gebildet war, hat normalerweise eine gute Ausbildung genossen und lange Jahre eine Menge Zeit und Geld investiert. Heute existiert allen Orts gefährliches Halbwissen. Vor allem, weil im Internet eine Menge Unsinn verbreitet wird. Geprüftes Expertenwissen aus Büchern ist hier Mangelware. Jeder kann sich an jedem Ort und zu jeder Zeit Zugang zu Informationen beschaffen. Das wirkt sich in sehr vielen Fällen auch negativ aus.

7. Fotos ohne Ende

Geht die Fotokunst an der Digitalisierung zugrunde? Vermutlich sehen das einige Fotografen tatsächlich so. Schließlich gehört heutzutage zu jedem noch so günstigen Handy eine Kamerafunktion […] Zudem ist es noch dazu möglich, per Software alle störenden Details an einem Foto je nach Geschmack abzuändern. Was ist da noch natürlich und was künstlich verändert? […]

Fazit

Die digitale Revolution hat uns definitiv überrollt und das ist gut so. Es wäre dumm, die Möglichkeiten, die wir heute haben, nicht zu nutzen und sie einfach zu ignorieren. Doch für jeden positiven Aspekt kann, wer will, auch einen negativen anführen.

[o.V.], 7 Pro- und Kontra-Argumente zur Digitalisierung, in: Kulturzeiten.de 2014, online unter: www.kulturzeiten.de/7-pro-und-kontra-argumente-zur-digitalisierung.html, zugegriffen am 10.03.2017

1. Bewerten Sie anhand des sprachlichen und inhaltlichen Befunds die Intention des Verfassers.
2. Verfassen Sie mithilfe dieser Thesen einen Kommentar (siehe S. 108 f.). Vertreten Sie in Ihrem Kommentar nur eine Argumentationsrichtung (Pro oder Kontra). Werten Sie dazu auch die Artikel „Raus mit den Computern" (siehe S. 325) und „Informatik als Kulturtechnologie? Kompetenz im Cyberspace" (siehe S. 327 ff.) aus. Überarbeiten Sie anschließend Ihre Texte im Rahmen einer Schreibkonferenz (siehe S. 44 f.).
3. Erarbeiten Sie anhand dieser Zusammenstellung einen Flyer für ein SMV-Medienprojekt Ihrer Schule.

Digitalisierung der Schule

Es ist in der Wissenschaft derzeit umstritten, ab welchem Alter die Nutzung digitaler Medien beginnen sollte.

Matthias Kohlmaier: „Raus mit den Computern“

„Die Lüge der digitalen Bildung. Warum unsere Kinder das Lernen verlernen“ heißt das Buch, in dem Gerald Lembke gemeinsam mit Co-Autor Ingo Leipner die fortschreitende und politisch auch gewollte Digitalisierung an deutschen Schulen kritisiert. […]

SZ.de: Deutsche Achtklässler sind in Sachen Computerkompetenz im internationalen Vergleich nur Durchschnitt, besagen die Ergebnisse der ICILS-Studie aus dem vergangenen Jahr [2014]. Trotzdem wünschen Sie sich weniger digitale Hilfsmittel im Bildungswesen. Wie passt das zusammen?

Gerald Lembke: Ich bin der Überzeugung, dass digitale Hilfsmittel in der Bildung bis zum zwölften Lebensjahr keine nennenswerten positiven Effekte erbringen. Deswegen haben mein Co-Autor Ingo Leipner und ich die These formuliert: Raus mit den Computern aus den niedrigen Klassen! Die Befreiung des kindlichen Lernprozesses von Computern fördert die Medienkompetenz ab dem zwölften Lebensjahr überproportional. Erst dann sind die Kinder von der neurowissenschaftlichen sowie von der entwicklungsbiologischen Reife in der Lage, Computer zielgerichtet für einen Lernprozess einzusetzen.

SZ.de: Was spricht dagegen, Kinder früh an die Benutzung von Computer, Tablet und Smartphone heranzuführen?

Gerald Lembke: Wenn ein Kind im Alter von acht Jahren ganz toll mit dem iPad umgehen kann, hat es vielleicht eine hohe Wischkompetenz, mit Medienkompetenz hat das aber nichts zu tun. Wenn Kinder mit Smartphones, Tablets und Co. hantieren, bedienen sie sie völlig kontextfrei – nicht mit den Zielen Wissensaneignung und -verwertung.

SZ.de: Trotzdem ist es doch kein Nachteil, wenn sich Kinder bereits in jungen Jahren an die Bedienung digitaler Endgeräte herantasten.

Gerald Lembke: Das mag richtig sein. Aber das reine Bedienen lernen die Kinder zu Hause automatisch, dafür braucht es die Schule nicht.

SZ.de: Im außerschulischen Bereich haben Sie also nichts dagegen, wenn Kinder auch vor dem zwölften Lebensjahr mit Smartphones spielen?

Gerald Lembke: Nein. Im Privaten muss die digitale Mediennutzung aber von Eltern eng begleitet und kontrolliert werden. In der Bildung sind solche Geräte im jungen Alter kontraproduktiv, weil sie den Fokus von den eigentlich wichtigen Dingen ablenken. Medienkompetenz entwickelt sich erst dann, wenn die Schüler reif genug sind um zu verstehen, was sich auf dem bunten Bildschirm vor ihnen abspielt, und sie bei der Nutzung von digitalen Hilfsmitteln in der Bildung zielgerichtet unterstützt werden. […]

Wenn sich 20-Jährige nun schon so leicht von der digitalen Welt ablenken lassen – wie schwierig muss es dann erst einem Drittklässler fallen, sich trotz Laptop oder Tablet auf die Ausführungen des Lehrers zu konzentrieren.

SZ.de: Weniger digital, dafür mehr analog: Wie oft sind Sie für diese Einstellung schon „gestrig“ geschimpft worden?

Gerald Lembke: Gegenwind gibt es natürlich, aber beschimpft hat mich bisher noch niemand. Im Gegenteil: Ich erlebe eine große Offenheit dem Thema gegenüber. Viele Menschen stören sich daran, dass man das Immer-früher-und-immer-mehr im digitalen Bereich zwangsläufig toll finden muss. Ich finde den Wunsch, digitale Medien nur kontrolliert in unser Leben und in das unserer Kinder zu lassen, schon deshalb überhaupt nicht gestrig, sondern sogar sehr modern.

Kohlmaier, Matthias, „Raus mit den Computern“. SZ-Interview mit Gerald Lembke, in: SZ Online, 24.03.2015, online unter: www.sueddeutsche.de/bildung/digitalisierung-in-der-schule-raus-mit-den-computern-1.2404056, zugegriffen am 04.04.2017

Zusatzmaterial

Material 1

Bildungssystem Singapurs: Kleine Mathesoldaten

Dreieinhalb Stunden verbringen die Kinder am Tag in der Mathe-Arena, und das eine ganze Ferienwoche lang.

Singapur hat die besten Schüler. Selbst in den großen Ferien wird gebüffelt. Ein Besuch in einer Arena für Pisa-Gladiatoren. [...] Die 15 Jahre alten Jugendlichen des Stadtstaats sind laut der Studie Schülern aus anderen Ländern in Mathe, Naturwissenschaften und Leseverständnis um Jahre voraus. [...] Im konfuzianisch geprägten Singapur wird auch den Kindern viel abverlangt. Im Alltag bedeutet das für die Schüler, dass sie deutlich weniger Zeit mit Spielen verbringen als mit dem Lernen. Schon im Kindergartenalter fangen sie mit dem Rechnen und Lesen an. Zixuan sagt, dass seine Eltern „sehr enttäuscht" wären, wenn er schlechte Noten mit nach Hause bringen würde. Bis spät abends brüten Kinder wie er über ihren Hausaufgaben. In ihrer Freizeit belegen sie zusätzlich noch Musik-, Sport- oder eben Mathekurse. [...] Außerdem konzentrieren sie sich in Singapur auf wenige Fächer.

Till Fähnders: Kleine Mathesoldaten, in: FAZ.net, 14.12.2016, online unter: www.faz.net/aktuell/politik/ausland/singapur-hat-die-besten-schueler-14568962.html, zugegriffen am 18.10.2017

Material 2

Häufigkeit der Nutzung von Computern in den Fächern im internationalen Vergleich
(Angaben der Schülerinnen und Schüler in Prozent, Kategorie *mindestens in einigen Stunden*)

	Teilnehmer	Deutsch bzw. Testsprache	Fremdsprache	Mathematik	Naturwissenschaften	Geisteswissenschaften	Informatik
3	Argentinien *(B.A.)*	33.8	33.1	28.4	30.2	30.4	65.2
	Australien	88.8	66.0	68.9	85.0	86.3	82.9
	Chile	56.6	45.0	44.7	45.4	49.4	55.4
3	Dänemark	92.8	86.3	79.6	83.0	87.3	50.6
	Deutschland	33.1	33.8	29.4	39.5	44.3	58.3
23	Hongkong	32.1	40.4	28.4	33.4	34.3	92.4
2	Kanada *(N. & L.)*	81.2	72.7	40.8	69.2	76.6	83.7
	Kanada *(O.)*	81.7	63.2	54.3	76.2	78.8	69.9
	Kroatien	20.7	23.3	19.8	32.7	33.8	78.3
	Litauen	43.4	51.8	39.1	57.0	57.6	84.9
3	Niederlande	57.9	60.4	11.4	36.5	63.7	44.6
1 2	Norwegen	87.1	68.1	62.3	64.2	73.3	5
	Polen	23.7	31.5	25.8	38.9	30.7	90.8

Teilnehmer	Deutsch bzw. Testsprache	Fremdsprache	Mathematik	Naturwissenschaften	Geisteswissenschaften	Informatik
Republik Korea	48.1	53.5	37.0	50.6	42.8	63.4
[2,4] Russische Föderation	48.1	51.2	40.7	52.2	52.2	83.6
[3] Schweiz	52.9	54.4	38.1	42.3	47.0	63.6
Slowakische Republik	43.8	65.1	39.0	55.0	58.4	93.1
Slowenien	52.9	66.4	45.7	70.8	67.0	85.2
[4] Thailand	85.5	85.0	78.4	84.6	79.2	89.7
Tschechische Republik	39.9	60.1	34.0	54.0	55.1	72.4
Türkei	61.2	66.5	58.2	69.7	60.5	68.7
Internat. Mittelwert	**52.3**	**54.8**	**44.5**	**57.1**	**56.5**	**77.4**
VG EU	45.4	53.2	36.0	51.9	55.3	73.1
VG OECD	56.8	58.2	44.2	56.5	58.9	69.1

Kursiv gesetzt sind die Benchmark-Teilnehmer.
1 Die internationale Zielpopulation entspricht nicht der 8. Jahrgangsstufe.
2 Die Gesamtausschlussquote liegt über 5 %.
3 Die Schüler- und Schulgesamtteilnahmequote liegt unter 75 %.
4 Abweichender Erhebungszeitraum.
5 Für Norwegen liegen keine Angaben zur Computernutzung Im Fach Informatik vor.

IEA: International Computer and Information Literacy Study 2013 © ICILS 2013

Bos, Wilfried/Eickelmann, Birgit u. a. (Hg.), ICLIS 2013. Computer- und informationsbezogene Kompetenzen von Schülerinnen und Schülern in der 8. Jahrgangsstufe im internationalen Vergleich, Münster, Waxmann, 2014, S. 211

Material 3

Henning, Peter A.: Informatik als Kulturtechnologie?

Kompetenz im Cyberspace

Grundschulkinder, die sich im Jahr 2017 an der Bushaltestelle zur Fahrt in die Schule treffen, zeigen alle Verhaltensweisen, die wir aus der eigenen Schulzeit kennen: Sie schwätzen, toben und spielen. Und wenn sie von den modernen übervorsichtigen Müttern denn einmal allein gelassen werden, dann rangeln, schubsen und mobben sie auch. Sie zeigen aber immer öfter eine neue zusätzliche Verhaltensweise, die wir aus der eigenen Schulzeit nicht kennen: das konzentrierte Anschauen eines kleinen Rechtecks aus Glas und Metall.

Nicht alle haben so etwas schon während der Grundschulzeit – also sind die Habenden oft das Zentrum einer kleinen Gruppe, denn mit dem kleinen Rechteck kann man etwas machen. Drückst du hier, passiert das. Tippst du dort, läuft ein Videoclip ab. Und bewegen wir die Finger auf dem Smartphone so, hört sich das toll an.

Das ist in erster Annäherung nichts anderes als die altbekannten Activity Boards für Kleinkinder, bei denen eine Vielzahl mechanischer Elemente spielerisch bedient werden kann. Es klingelt, scheppert und rattert dann eben irgendwie. Bei genauerem Hinsehen ist es aber deutlich mehr, denn eine der ersten eigenen Entdeckungen der größeren Kinder beim

Kennenlernen des Smartphones ist, dass es sie mit der ganzen Welt verbindet. Ein Kind, das in der Welt der Erwachsenen automatisch zu klein, zu schwach und relativ machtlos ist, entwickelt plötzlich eine immense Reichweite in seinen Aktionen. […] Das Smartphone ist also in diesem Sinn kein technisches Gerät, sondern ermöglicht auf geradezu magische Weise, die raumzeitliche Kommunikations- und Aktionsdistanz auf null schrumpfen und die eigenen Fähigkeiten zu potenzieren. Ein Kulturgerät ohne Zweifel.

Damit stellt sich die Kernfrage: Reicht es nicht vollkommen aus, mit diesen Geräten irgendwie umgehen zu können? Muss man verstehen, wie sie funktionieren? Schließlich fahren wir in unserer Mobilitätskultur auch mit Auto, Bus und Bahn, ohne dass jeder von uns ihre Funktionsweise detailliert beschreiben könnte, Gehört, um es auf den Punkt zu bringen, „Informatik" zum Grundwissen unserer Zeit und damit in den Schulunterricht? Offenbar sind wir hier gesellschaftlich gespalten.

Auf der einen Seite dieses Risses stehen Wissenschaft, Wirtschaft und Industrie. […] Auf der anderen Seite stehen Lehrerverbände und manche Kultusminister. Josef Kraus, Präsident des deutschen Lehrerverbandes, behauptet beispielsweise, dass eine Digitalisierung des Klassenzimmers das sogenannte „Bulimie-Lernen" unterstütze, gar Handgeschriebenes besser im Gedächtnis bleibe" und digitale Medien die „Ablenkung" vergrößerten.

Nehmen wir uns die Aussagen doch einmal im Detail vor. Die Aussage […] zum „Handgeschriebenen" ist schlicht Unsinn – sie müsste korrigiert werden zu: „Durch eigene Gesten begleitetes Lernen führt zum besseren und längeren Erinnern" […] – aber die „Mitschrift von Hand" ist nun wirklich nur ein Weg, dies zu erreichen […]. Bei der Essstörung Bulimie werden Heißhungerphasen meist durch Erbrechen beendet – beim Bulimielernen stopft man sich kurz vor der Prüfung mit Wissen voll, spuckt dieses in der Prüfung aus und hat es hinterher weitgehend vergessen. Obwohl dieser Begriff sehr negativ besetzt ist […] kann ich eines nicht leugnen: Diese Art des Lernens ist heute ein Erfolgsrezept. Nicht nur im Studium, sondern auch im Beruf ist das fokussierte Erwerben neuer Kenntnisse innerhalb kürzester Zeit ein enorm wichtiger Faktor geworden. […] Es ist in einer Wissensgesellschaft eben nicht verkehrt, Wissen schnell tanken und vergessen zu können. Und wenn digitale Endgeräte dieses besser unterstützen als traditionelle Lernmethoden, spricht dies eher für digitale Medien. […] Damit wären zunächst einmal die Bedenken adressiert, dass durch eine „Digitalisierung des Klassenzimmers" irgendetwas schlechter würde. Aber würde denn auch etwas besser, oder ist das einfach nur eine Option, ein wenig mit der Zeit zu gehen? […] Tatsächlich macht die Digitalisierung der Schule aber auch dann Sinn, wenn sich weder am Lernstoff noch an den Methoden irgendetwas ändert. Es wäre nämlich ohne großen Aufwand realisierbar, Schulbücher nur noch digital auszugeben. […] Abgesehen von der enormen finanziellen Ersparnis wäre das Lernmaterial auf diese Weise leichter aktuell zu halten, Haltungsschäden durch schwere Schulranzen würden der Vergangenheit angehören und die Ökobilanz wäre ebenfalls besser. […] Das klärt aber noch nicht die Frage, ob „Informatik" als Schulfach sein muss. […] Dieser Informatikunterricht [wäre] kein Technologieunterricht, dürfte es auch gar nicht sein. Sondern würde sich mit der Frage beschäftigen, was eigentlich genau passiert, wenn ein Kind durch den Bildschirm in den Cyberraum greift. Welche Daten werden erfasst, wie beschreibt man diese Daten. Dafür braucht man weder einen Computer, noch muss man ihn „programmieren", man benötigt weder speziell ausgebildete Lehrkräfte noch Investitionen in teures Lernmaterial – und man kann das auch schon mit Schülern der ersten Klasse leisten. […] . Zu diesem Informatikunterricht muss ganz frühzeitig auch gehören, wer diese Daten wie sammelt und verarbeitet, wie also Daten in Wissen verwandelt werden. Oft zu unserem Wohl – aber durchaus auch als Gefahr. […]

Die dritte Komponente sollte sich dann mit der Frage beschäftigen, wie uns diese Informationen präsentiert werden. Textinhalte, Töne, Bilder und Videos müssen auch als Informationen verstanden werden, die transportiert und an uns Menschen ausgegeben werden. Dass und wie sie dabei aufgrund spezifischer Eigenschaften unserer Sinne komprimiert werden können – etwa zu MP3-Dateien auf dem kleinen Rechteck aus Glas und Metall – gehört ebenso zum notwendigen Alltagswissen der Jugendlichen. Bildbearbeitung und Bildmanipulation begegnen und in allen Medien, nur das Ausprobieren schafft hier die eigene Kompetenz. […]

Wenn wir aber den Anspruch haben, in dieser Bedienung mehr als nur die magische Betätigung von Geräten zu sehen, gehört dazu auch das, was manche abfällig als „Programmieren" nennen. Kinder müssen die Kompetenz erwerben, zu analysieren, sie algorithmisch zu attackieren und mithilfe digitaler Endgeräte einer Lösung zuzuführen.

[…]

Prof. Dr. rer. Nat. habil. Peter A. Henning; Institute for Computers in Education, lehrt Informatik an der Hochschule Karlsruhe sowie Business Information Technology an der Steinbeis-Hochschule Berlin. Er ist Mitglied der Kongressmesse LEARNTEC, gehört der Programmkommission der Virtuellen Hochschule Bayern sowie dem Leitungsgremium eLearning der Gesellschaft für Informatik an. Unter anderem koordiniert er derzeit ein EU-Forschungsprojekt zum Lernen am Computer.

[…]

Henning, Peter A., Informatik als Kulturtechnologie? Kompetenz im Cyberspace, in: L.A. Multimedia MAGAZIN FÜR DIDAKTIK UND DIGITALE MEDIEN, Ausgabe Februar, Heft 1/2007, S. 6–9

1. Diskutieren Sie unter Einbezug der Materialien, ab wann die Schulen digitale Medien ins Unterrichtsgeschehen integrieren sollten.
2. Zeigen Sie auf, ob die SZ-Karikatur Ihren Erfahrungen im Unterrichtsalltag entspricht.

Karikatur von Jan Rieckhoff, Süddeutsche Zeitung, 28.02.2017

III Medienkritik

Unbestritten ist, dass die Medien eine Erweiterung des Wissens auch über weltweites Geschehen ermöglichen. Räumliche Entfernungen werden so schnell überwunden, dass manchmal das Publikum auf einem anderen Kontinent früher und umfassender informiert wird als die Betroffenen vor Ort. Dabei setzt die angemessene Informationsverarbeitung beim Rezipienten ein gewisses Maß an Vorwissen voraus, über das nicht alle Medienbenutzer verfügen, sodass die Kluft zwischen gut und schlecht Informierten stetig wächst („Der Kluge wird durch das Fernsehen klüger und der Dumme dümmer").

Selbst bei sorgfältiger Berichterstattung und verantwortungsbewusstem, kritischem Mediengebrauch bleibt die Medienwirklichkeit eine Wirklichkeit aus zweiter Hand, unabhängig davon, ob es sich um Information oder Unterhaltung handelt. Gerade die audiovisuellen Medien erwecken den Anschein, authentische Realität zu bieten, vermitteln aber tatsächlich nur synthetisch hergestellte Produkte (virtuelle Welt). Außerdem werden auch die Wahrnehmungsbedingungen des Rezipienten gesteuert, was dessen Illusion von der Tatsächlichkeit und Echtheit des Vermittelten verstärkt. Der Eindruck der Augenzeugenschaft, der vor allem die elektronischen Medien so attraktiv macht, ist grundsätzlich eine Täuschung (Fiktionalität des Authentischen) und birgt die Gefahr folgenschwerer Trugschlüsse und Fehlurteile in sich. Dies trifft nicht nur für tendenziöse Berichterstattung zu, sondern auch für die neutrale Wiedergabe tatsächlicher oder inszenierter Vorgänge. Am gefährlichsten ist wohl die Vermischung von Schein-Realität und Fiktivem. Viele Ereignisse bekommen ihre Bedeutung überhaupt erst aus der Reaktion der Medien oder werden ausschließlich dafür in Szene gesetzt, sodass sich das natürliche Verhältnis von Ereignis und Berichterstattung geradezu umkehrt.

Die **Macht der Medien** über das Bewusstsein des heutigen Menschen geht oft so weit, dass er der medienerzeugten Realität größeres Gewicht beimisst als den eigenen Erlebnissen und Wirklichkeitserfahrungen. Einige Medienthemen wie z. B. Kriminalität, Gewalt in der Schule, Korruption, Freizeitgesellschaft und Zurschaustellung des Privaten belegen dies.

Ein weiterer wichtiger Aspekt der Medienwirkung ist die **Unterhaltung** in ihrer ganzen Bandbreite von der Opernübertragung bis zum Horrorfilm, von der Familienserie bis zur Volksmusiksendung. Die Unterschiede in Inhalt, Stil und Anspruch gewährleisten die Befriedigung der unterschiedlichsten Publikumsinteressen. Der Mediennutzer kann aus der Vielfalt des Angebots das wählen, was seiner augenblicklichen Befindlichkeit am besten entspricht, z. B. Nervenkitzel oder Entspannung, Rührung oder Belustigung, Ablenkung oder Fortbildung, d. h. alles, was dem Ziel der Stimulierung oder der Beruhigung zugeordnet werden kann. Extremer Medienkonsum kann jedoch zu einer zunehmenden Entfremdung vom realen Leben führen, die sich z. B. in sozialer Isolierung oder einer gewissen Antriebsschwäche äußern kann.

1 Gewalt in den Medien

Markus C. Schulte von Drach: Mörderische Medien. Was sagt die Wissenschaft?

Hunderte von Studien haben zu etlichen unterschiedlichen Vorstellungen geführt, wie sich Gewaltdarstellungen in Film und Video-Spiel auf Zuschauer auswirken könnten. Und es scheint, als wäre die Wirkung unter Wissenschaftlern heftig umstritten. Aber ist das wirklich so?

Der Streit um die Wirkung der Medien ist schon weit über 2000 Jahre alt. Bereits Platon und Aristoteles, berühmte Philosophen der griechischen Antike, diskutierten zu ihrer Zeit über dieses Thema. Noch immer wird gestritten was das Zeug hält, und die Zahl verschiedener Thesen, die von Forschern gerade zum Thema Mediengewalt angeboten wird, ist groß. Welche Ansätze existieren, mit denen die Wirkung von Gewalt in den Medien beschrieben wird?

These der Wirkungslosigkeit

Nach dieser Annahme haben Gewaltdarstellungen gar keine Wirkungen.

Katharsis-Hypothese

Diese auf Aristoteles zurückgehende Hypothese besagt, dass die Betrachtung von Gewalt die Neigung zur Gewalt verringert. Auch soll das „Austoben“, etwa am Sandsack, Aggressionen abbauen. Die Bekanntheit dieser Hypothese steht allerdings im krassen Widerspruch zur Zahl ihrer wissenschaftlichen Vertreter und der Studien, die tatsächlich auf Aggressionen abbauende Effekte deuten.

Habitualisierungsthese
Gewaltdarstellungen führen zu einer Gewöhnung an Gewalt oder zu einer Abstumpfung.

Inhibitionsthese
Durch die Gewalt in den Medien werden Aggressionsängste geweckt und dadurch Aggressionen gehemmt.

Stimulationsthese
Modelle (Vorbilder) können aggressives Verhalten fördern. [...]
Wissenschaftler wie Herbert Selg von der Universität Bamberg halten diese Vielzahl von Thesen allerdings für ärgerlich und überflüssig, da sich die Beobachtungen der Medienwirkungsforscher – ihrer Meinung nach – alle mehr oder weniger gut integrieren lassen in die schon lange existierende **Sozial-kognitive Lerntheorie** von Albert Bandura. Der Ursprung dieser Theorie reicht bis in die sechziger Jahre zurück. Sie beschreibt das „Modell-Lernen“: Kinder lernen nicht nur durch eigene unmittelbare Erfahrungen. Auch das Beobachten von Modellen, die gewissermaßen ein Vorbild darstellen, führt zu Lernprozessen. Dabei beobachtet ein Kind nicht nur das Verhalten des Modells (das ein Elternteil sein kann, ein Spielkamerad oder auch eine Film-Figur), sondern auch die Konsequenzen, dieses Verhaltens. Folgt etwa eine „Belohnung“, so steigt die Wahrscheinlichkeit, dass das beobachtete Verhalten nachgeahmt wird. Eine Bestrafung dagegen führt zum Gegenteil. Nach Herbert Selg lassen sich die meisten – wenn nicht alle oben erwähnten Thesen in diese Theorie integrieren:
1. Modelle können neues Verhalten vermitteln, also Lernen im engeren Sinne anstoßen. Das passt zu den Annahmen der Stimulationsthese und der Imitationsthese. Lernen am Modell bedeutet aber – entgegen häufigen Behauptungen – nicht, dass ein Verhalten einfach imitiert wird. Denn man kann ein komplexes Verhalten am Modell lernen, ohne es je imitierend selbst anzuwenden. Auch kann man aus mehreren Modellvorgaben etwas gänzlich Neues kombinieren.
2. Modelle können hemmen und enthemmen [...] Gehemmt wird die Tendenz eines Betrachters, sich auf eine bestimmte Art zu verhalten, wenn das Modell für das beobachtete Verhalten bestraft wird. (Das entspricht nun der Inhibitionsthese). Enthemmt wird die Tendenz zu einem Verhalten, wenn ein Modell mit dem Verhalten Erfolg hat. (Diese Beobachtung deckt sich weitgehend mit den Inhalten der Stimulations- und der Imitationsthese als auch mit der Enthemmungs-Hypothese).
3. Modelle können Verhalten manchmal auch einfach direkt auslösen. (Dies deckt nun wieder Annahmen der Stimulations- und die Imitationsthese ab). (Natürlich zeigen Modelle immer wieder auch Verhalten, dass schon bekannt ist. Oder eine beobachtete Eigenschaft ist beim Betrachter schon vorhanden. Dann kann nichts gelernt werden, und das Modell ist „wirkungslos“, wie es die gleichnamige These besagt).
Besondere Beachtung gebührt noch der **Doppelte-Dosis-Hypothese**
Diese Hypothese berücksichtigt – im Gegensatz zu den meisten anderen Ansätzen – von vorn herein besonders stark das Umfeld des Betrachters (oder Computerspielers). So scheint es, dass jene, die schon in der Familie viel reale Gewalt erfahren und zusätzlich noch viel Gewalt im Fernsehen miterleben, besonders anfällig sind, selbst Gewalt auszuüben.
Die Hauptaussage dieser Hypothese ist: Gewalt in den Medien trägt dort zur Gewaltentstehung bei, wo der Alltag schon Gewalt beinhaltet, und deshalb bereits eine Gewaltbasis existiert. Die Medien allein dagegen machen vermutlich nicht gewalttätig. Ihre Wirkung kann aber zusammen mit anderen Ursachen die Wahrscheinlichkeit einer Gewaltanwendung erhöhen.
Interessante Überlegungen zu einem **Wirkungsmodell der virtuellen Welt** stellt Jür-

gen Fritz von der Fachhochschule Köln an. Der Medienpädagoge beschäftigt sich damit, wie und ob Inhalte von Spielen in die Realität übertragen werden und umgekehrt (Transfer). Fritz hält die so genannte Rahmungskompetenz für entscheidend, das heißt, die Fähigkeit, die reale Welt und die Computerwelt nicht zu vermischen. Auch Computerspieler sind dazu normalerweise in der Lage. Allerdings, so weiß Fritz, lässt sich nicht ausschließen, dass doch Inhalte von der einen in die andere Welt übertragen werden – möglicherweise aufgrund psychischer Probleme oder großem Stress. […]

Fazit:
Die Erfahrung und Beobachtung von Gewalt hat, insbesondere nach der weithin akzeptierten Lerntheorie von Bandura, vermutlich eine Wirkung, besonders auf junge Menschen. Und diese Wirkung kann negativ sein.
Doch niemand, so sind sich die meisten Wissenschaftler einig, wird allein durch den Konsum von Mediengewalt zum Kriminellen oder gar zum Mörder.
Hier spielen andere Faktoren eine wichtigere Rolle, die sich auf die Entwicklung eines Kindes auswirken – beispielsweise reale Gewalt im familiären Umfeld.

Schulte von Drach, Markus C., Mörderische Medien. Was sagt die Wissenschaft?, in: SZ Online 20.11.2006, online unter: www.sueddeutsche.de/wissen/418/326282/text/, zugegriffen am 04.04.2017

Karikatur von Pebsch Gottscheber, Süddeutsche Zeitung, 14.10.2014

1. Erläutern Sie diese Karikatur und zeigen Sie auf, inwiefern sich mithilfe der psychologischen Thesen zur Medienwirkung das Spiel der Kinder erklären ließe.
2. Vergleichen Sie diese psychologischen Ansätze mit der Katharsistheorie zum klassischen Drama von Aristoteles. Zeigen Sie an Romanen, Dramen oder Filmen Ihrer Wahl Parallelen und/oder Unterschiede auf (siehe S. 253).

2 Psychische Störungen

Craving

Bereits 1995 führte der US-amerikanische Psychiater **Ivan Goldberg** parallel zur Kauf- und Spielsucht den Begriff „Internet Addiction Disorder (IAD)" für eine Abhängigkeit der Nutzer an, die sich zwanghaft und ohne Kontrolle über ihr Tun im Netz aufhalten (Craving) und rational nicht mehr in der Lage sind, sich und ihr Tun zu kontrollieren oder Rücksicht darauf zu nehmen, ob sie sich und andere schädigen. Heute werden neben der Onlinekaufsucht, dem exzessiven Gamer-Verhalten (Shooter- und/oder Onlinerollenspiele) und dem Besuch von Internetcasinos (Poker, Sportwetten usw.) oder Sex- und Pornoportalen vor allem die wachsende Gruppe der „Dataholics" (Informationsjunkies, permanentes Web Cruising oder/und E-Mail-Checken) mit diesem Phänomen in Verbindung gebracht. Heute werden diese Zeichen des Suchtverhaltens in der Alltagssprache häufig als **Fear of Missing out (FOMO)** zusammengefasst.

Die zehn Merkmale für Internetsucht

1. Exzessiver Gebrauch des Internets: oft nicht nur über Stunden, sondern über Tage hinweg.
2. Die Gedanken kreisen unentwegt um die Internetaktivität: Selbst wenn die Betroffenen im Bett liegen und schlafen sollten, planen sie, was sie als nächstes[sic!] im Netz machen wollen, welche Spielzüge folgen sollten oder welchem Chatpartner sie noch antworten müssten.
3. Entzugserscheinungen treten auf: Bereits wenn das Internet nur für wenige Stunden ausfällt, werden die Betroffenen gereizt, nervös, ängstlich oder depressiv.
4. Beginn einer Toleranzentwicklung: Wer onlinesüchtig ist, muss sich immer länger – oft bis in die Nacht hinein – im Netz aufhalten, um sein Internetbedürfnis zu befriedigen.
5. Surfen als Bewältigungsstrategie: Die Betroffenen versuchen Probleme, Ängste und Stress durch das Internet zu betäuben und zu bekämpfen.
6. Erkennbarer Leistungsabfall in Schule, Ausbildung oder Beruf
7. Kontrollverlust: Süchtige können ihren Internetgebrauch nicht mehr kontrollieren. Versuche scheitern, das Internet weniger zu nutzen.

8. Kompletter Rückzug: Virtuelle Freunde und eine zweite Welt im Netz verdrängen reale Sozialkontakte zu Familie und Freunden.
9. Verleugnen: Außerdem versuchen die Betroffenen ihre Internetsucht zu verbergen und suchen nach Notlügen und Ausflüchten für ihr Verhalten.
10. Mangelernährung und Vernachlässigung der Körperhygiene: In besonders ausgeprägten Fällen, ernähren sich die Süchtigen nur noch sehr einseitig, tragen Windeln, um nicht zur Toilette zu müssen und waschen sich nicht mehr.

Vonhoff, Anna, Internetsucht: Woran Sie erkennen, dass Sie krank sind, in: FOCUS Online, 20.09.2013, online unter: www.focus.de/gesundheit/ratgeber/psychologie/krankheitenstoerungen/tid-33361/die-neue-sucht-krank-im-netz-wenn-das-internet-abhaengig-macht_aid_1091802.html, zugegriffen am 04.04.2017

Vor allem in Schulen wird darum gerungen, wie man den Folgen dieser Entwicklung entgegenwirken kann.

Auf Handy-Entzug

Chatten, Posten, Filmen, Simsen – vielerorts wehren sich Lehrerkollegien gegen die Smartphone-Plage an den Schulen mit strikten Verboten.

[...] Wie viel Handy hält die Schule aus? Das ist die Frage, mit der sich Pädagogen überall in Deutschland auseinandersetzen müssen. Viele Schüler hingegen fragen sich: Wie halte ich es nur ohne mein Handy in der Schule aus?

Denn längst ist jene Zeit überwunden, in der die Gerätschaften der Pennäler nur zum Telefonieren oder SMS-Austauschen taugten. Inzwischen besitzen fast alle ab der Mittelstufe ein Smartphone, mit dem sie im Netz surfen, Apps aufrufen, filmen und fotografieren können [...] Der Ulmer Psychologe Christian Montag, der gemeinsam mit dem Bonner Informatiker Alexander Markowetz die Mobiltelefonnutzung Jugendlicher erforscht, vergleicht das Smartphone mit einem Glücksspielautomaten. Immer wenn es angeschaltet wird, warte eine potenzielle Belohnung: ein spannender Facebook-Post, eine WhatsApp-Nachricht mit niedlichen Emoticons, ein lustiges Bildchen. [...]

Wie also umgehen mit den Smartphones? „Gar keine Regeln aufzustellen ist schlecht", sagt der Bochumer Kinder- und Jugendpsychiater Andreas Richterich, der deutschlandweit Schulen zum Thema Handynutzung berät. „Viele Kinder schaffen es nicht, sich selbst Grenzen zu setzen." Das kann dramatische Folgen haben: 8 von 16 Kindern auf der psychiatrischen Jugendstation seines Bochumer Hospitals kämpften derzeit mit exzessiver Mediennutzung, erzählt Richterich. Darunter litten nicht nur Schulnoten und Beziehungen, die Kinder bewegten sich auch zu wenig, seien wechselweise aggressiv oder traurig.

Auf eindeutige Vorgaben der Politik können Schulleiter nicht zurückgreifen, eine bundesweite Regelung gibt es nicht. [...] Bayern hat als einziges Bundesland in seinem Unterrichtsgesetz strenge Vorgaben verankert: „Im Schulgebäude und auf dem Schulgelände sind Mobilfunktelefone und sonstige digitale Speichermedien, die nicht zu Unterrichtszwecken verwendet werden, auszuschalten." [...]

Schulen, die gegen den Willen ihrer Schüler einen rigiden Kurs fahren, müssen sich auf Widerstand gefasst machen. An einer Gesamtschule im hessischen Hünstetten traten vor einigen Monaten rund 400 Schüler in einen Sitzstreik. [...] Aufruhr herrschte kürzlich auch an einer renommierten Privatschule: dem Elite-Internat Schloss Salem. Mit dem neuen Schuljahr verfügte dessen Leiter [...] jeden Abend um 21.30 Uhr die Smartphones aller Mittelstufenschüler einzusammeln und erst am Tag darauf gegen 14.30 Uhr wieder zurückzugeben; bisher hatte es derlei strenge Regeln nur für die jüngeren Schüler der traditionsreichen Bildungsstätte am Bodensee gegeben. „Wie Sterben" fühle sich das an, klagten einige der 13- bis 17-Jährigen. Es sei „völlig unmöglich", ohne Handy zu leben, denn „wer nicht chattet, lebt nicht". [...] Die Heinrich-Heine-Schule in Bremerhaven hat einen eigenen Weg eingeschlagen. Dort unterschreiben alle Schüler zu Beginn jedes Schuljahrs einen „Vertrag über den Gebrauch meines Handys", den auch die Eltern gegenzeichnen müssen. Darin verpflichten sich die Kinder und Jugendlichen, nichts Illegales auf ihr Mobiltelefon zu laden, niemanden ohne Erlaubnis zu filmen oder zu fotografieren und während des Unterrichts das Handy ausgeschaltet in der Tasche zu lassen. In den Pausen und Freistunden dürfen sie ihre Mobilgeräte herausholen. Wer den Handyvertrag bricht, dem wird das Telefon abgenommen - und er erhält es nur wieder, wenn er zusammen mit Mama oder Papa im Sekretariat antanzt. Schulleiterin Vera Mangels hält ihr Experiment für geglückt: „Zu 99 Prozent halten sich unsere Schüler an die Regeln.“ Seit Beginn des Schuljahres musste sie erst ein einziges Mobiltelefon einkassieren.

Friedmann, Jan/Kleinhubbert, Guido/Wiedmann-Schmidt, Wolf, Auf Handy-Entzug, in: DER SPIEGEL 51/2014, online unter. www.spiegel.de/spiegel/print/d-130878597.html, zugegriffen am 04.04.2017

1. Erläutern Sie die Begriffe „Craving“ und „Fear of Missing out“ (FOMO) und zeigen Sie unter Einbezug der „Zehn Merkmale“ mögliche Ursachen und Folgen der Sucht auf.
2. Diskutieren Sie die geschilderten Maßnahmen der Schulen, den suchthaften Symptomen der Nutzung digitaler Medien entgegenzuwirken.

2015 wurde das Wort „***Smombie***“ (Smartphone und Zombie) zum „Jugendwort des Jahres“ gekürt, nachdem die exzessive Nutzung digitaler Geräte auch im öffentlichen Bereich immer mehr überhandnahm.

Während inzwischen in Skandinavien Verkehrszeichen vor diesen Nutzern warnen, sollen unter anderem in Augsburg in den Boden eingebaute LED-Lichtleisten als Bodenampeln Unfälle an Straßenbahnübergängen vermeiden helfen.

LED-Lichtsignale an Haltestellenübergängen

Daneben kam es in vielen Freizeiteinrichtungen, Sportstadien, Tierparks und Museen zu Verboten von sogenannten Selfiesticks, da diese immer stärker zur öffentlichen Gefahr geworden seien.

Kein Selfie mit Erdmännchen, aufgenommen am 03.06.2016 im Zoo Osnabrück

1. Erläutern Sie den Begriff „Smombie" und legen Sie Ursachen und Auswirkungen dieser Form von Smartphonesucht bei Jugendlichen dar.
2. Schreiben Sie einen Leserbrief an die Stadtverwaltung Ihrer Heimatstadt, und legen Sie dar, was Sie von der Einführung derartiger Schilder und Bodenampeln halten.
3. Diskutieren Sie, ob die Kritiker Recht haben, die in der Selfiesucht und der exzessiven Nutzung der Sticks ein Zeichen einer narzisstischen Ellenbogengesellschaft sehen.
4. Nachdem der Magistrat der texanischen Stadt Sugar Land mit einer Statue vor dem Rathaus das erste Selfiedenkmal der Welt errichtet hatte, kam es zu einem Proteststurm der Bürger, die den Ruf ihrer Stadt in Gefahr sahen. Diskutieren Sie, ob eine derartige Statue nicht auch bei uns aufgestellt werden sollte.

Selfie-Statue in der Türkei

Digitale Demenz

Neben den Folgen des Cravings wird vor allem von Hirnforschern gegen die Nutzung digitaler Medien durch Kinder und Jugendliche vor allem die Gefahr der als **„digitale Demenz"** bezeichneten Abstumpfung und Verdummung der Nutzer ins Feld geführt.

Digitale Demenz – Computer machen dumm und das Leben endet tödlich

Mit nichts lässt es sich momentan so schön gruseln wie mit der Angst vor allem, was irgendwie digital ist. Der Gehirnforscher Manfred Spitzer hat deswegen sein neues Buch „Digitale Demenz" genannt. Doch statt auf weniger käme es auf besseren Umgang mit Computern an.

Sport macht krank! Die Zahl der jährlichen Sportverletzungen, Unfälle und dauerhaften Beschädigungen geht in die Millionen. Lassen Sie es also lieber sein. Bitte ebenfalls auf die rote Liste setzen: Fernsehen (macht dumm). Autofahren (macht aggressiv). Schokolade (macht zwar angeblich glücklich, aber mindestens genauso dick und zudem noch Krebs, so wie gefühlt jedes zweite Lebensmittel). Und wenn wir es zu Ende denken, sehen Sie doch bitte gleich vom Rest Ihres Lebens ab, weil es voller ungeahnter Risiken ist und es sich zudem dann auch noch um einen hochpragmatischen Ansatz handelt: Nachdem es erwiesenermaßen tödlich endet, kann man es irgendwie ja gleich bleiben lassen.

Polemischer Unsinn, Schwarzmalerei? Wenn Sie das jetzt gedacht haben, herzlichen Glückwunsch: Sie haben selbstverständlich Recht. Es ist ziemlich absurd, von Dingen immer nur das Schlimmste zu erwarten und es ist noch absurder, einzelne Dinge oder Handlungen pauschal für irgendwas zu verantworten. Dennoch erlebt der deutsche Gehirnforscher Manfred Spitzer zur Zeit einen beachtlichen Hype. Dabei tut er nichts anderes als: Computer pauschal für irgendwas zu verantworten. Computer machen doof, lautet seine – zugegeben – stark verkürzte These. Weil es sich aber bei dem Computer- und Internetthema so nett gruseln lässt und den meistens von uns diese Kiste, vor der sie und vor allem ihre Kinder so oft sitzen, dann doch etwas unheimlich ist, steigt man ein in Spitzers Geisterbahn, an deren Eingang ein Titel prangt, der die Fahrt gleich noch ein bisschen unheimlicher macht: Digitale Demenz! Nicht nur eine hübsche Alliteration, sondern auch noch eine, die zwei Gruselbegriffe zusammenwirft: Digital! Demenz! Wer da nicht Angst bekommt, dem ist nicht mehr zu helfen.

Spitzer bedient einigermaßen geschickt die digitalen Urängste einer analogen Generation, der letzten vermutlich. Man begreift das alles, was da passiert, nicht so wirklich, man arrangiert sich lediglich irgendwie. So, wie das schon bei unzähligen anderen Dingen war, der Elektrizität, dem Auto und dem Dampfradio. Die Masse misstraut der Neuerung und irgendwo findet sich sicher jemand, der einen Beleg dafür findet, dass das Neue auch gefährlich ist. [...]

Der entscheidende Fehler in dieser ganzen Demenz-Debatte für Gehirnforscher und Feuilletonisten: Die Spitzers [...] übersehen, dass anstelle dieser Fähigkeit (sich beispielsweise lange und per se sinnlose Zahlenketten merken zu können) eine andere rückt, nämlich der Umgang mit einer digitalen Technik. Ist es schlimm, wenn man weiß, wie man sich Wissen besorgen kann [...]? Natürlich nicht. Das ist in etwa so, als würde man dem Brockhaus vorwerfen, den Menschen zu verdummen. Die Einordnung, das Begreifen, das Ziehen der richtigen und manchmal eben auch falschen Schlüsse, das nehmen auch das Netz und der Computer dem menschlichen Hirn nicht ab. Es ist nur eine andere Kulturtechnik, die übrigens so viel Zugriff auf Wissen wie noch nie erlaubt. Das wird bei den Argumentationen der Kulturpessimisten übrigens gerne mal verschwiegen, wiewohl sich der Verdacht aufdrängt: Neben dem Kulturpessimismus sind auch andere Faktoren mit im Demenzspiel, Dünkel beispielsweise. Letztendlich ist das die Sorte Argumentation, die einem Buch abspricht ein Buch zu sein, nur weil es nicht gedruckt, sondern in einem Reader erscheint. Die Sorte übrigens, die auch findet, dass Fernsehen dumm macht und gleichzeitig, paradox genug, darauf verweist, keinen Fernseher zu besitzen.

Und er bedient noch ein anderes, sehr schlichtes Gefühl: Nostalgie. Natürlich sind solche Kisten und solche Netze schon toll, denkt sich der analoge Normalverbraucher, man kann das ja nicht leugnen. Trotzdem sehnt er sich insgeheim zurück in die Zeiten klappernder Schreibmaschinen und ordentlicher Bücherregale und mausgrauer Leitzordner, weil man einen solchen Ordner anfassen kann und ihn sich nicht als zwar anwesendes, aber irgendwie doch nicht existierendes Etwas auf dem Desktop vorstellen muss. Früher war alles besser, denkt der geplagte Analoge und ist deswegen glücklich, einen Schuldigen gefunden zu haben. Computer sind doof! Und machen doof! [...] Schön wäre es also irgendwie, wenn die ganzen klugen Köpfe und die Forscher Deutschlands ihre noch nicht deformierten Hirne nutzen würden, um sich ein paar Gedanken zur Entwicklung von Kompetenz, Strategie und Innovation machten. Es kommt nicht darauf an, den Umgang mit Computern und mit (digitalen) Medien zu reduzieren, ihn an Alters- oder Zeitbeschränkungen zu binden. Sondern darauf, statt von digitaler Demenz zu sprechen den digitalen Graben einer modernen Gesellschaft wenigstens teilweise zuzuschütten.

Wenn nicht, dann müssten wir an dieser Stelle auch mal darüber debattieren, ob nicht Bücher- und Zeitunglesen irgendwie doof machen kann.

Jakubetz, Christian, Digitale Demenz – Computer machen dumm und das Leben endet tödlich, in: CICERO Online, 27.02.2017, online unter: www.cicero.de/salon/computer-machen-dumm-und-das-leben-endet-toedlich/51564, zugegriffen am 04.04.2017

1. Erläutern Sie den Begriff „digitale Demenz".
2. Zeigen Sie an dieser ironischen Kolumne aus CICERO Online auf, mit welchen sprachlichen Mitteln der Verfasser die Diskussion um die sogenannte digitale Demenz glossiert.

Die Macht der sozialen Netze

Wegen der großen Bedeutung, die die digitalen Medien und hier vor allem die sozialen Netze (siehe S. 313) im Leben von Kindern und Jugendlichen spielt, hat der Digitalverband Bitkom die Studie „Jung und vernetzt" veröffentlicht, in der repräsentativ im Jahr 2015 sechs- bis achtzehnjährige Mädchen und Jungen nach ihren Medienerfahrungen befragt wurden.

Die zentralen Ergebnisse im Überblick:

- In der Altersgruppe von 10 bis 11 Jahren sind mit einem Anteil von 94 Prozent nahezu alle Kinder online und verbringen im Schnitt 22 Minuten pro Tag im Internet. Bei Jugendlichen von 16 bis 18 Jahren sind es schon 115 Minuten.
- Im Alter von 12 bis 13 Jahren gehören Smartphones mit einer Verbreitung von 84 Prozent zur Standardausstattung.
- Für ältere Jugendliche ist das Smartphone das wichtigste Zugangsgerät zum Internet: 89 Prozent der 16- bis 18-Jährigen gehen damit online. Auf Platz zwei liegen Notebooks mit 69 Prozent, gefolgt von stationären Computern mit 52 Prozent und Tablet Computern mit 26 Prozent.
- Die Nutzung sozialer Netzwerke beginnt mit 10 bis 11 Jahren. In dieser Gruppe sind 10 Prozent der jungen Internetnutzer in sozialen Netzwerken aktiv. Unter den 12- bis 13-Jährigen sind es 42 Prozent, bei den 14- bis 15-Jährigen 65 Prozent und bei den 16- bis 18-Jährigen 85 Prozent.
- Im Ranking der beliebtesten sozialen Netzwerke liegt WhatsApp bei den 10- bis 18-Jährigen mit einer Nutzungsrate von 72 Prozent vor Facebook (56 Prozent), Skype (46 Prozent) und Google+ (19 Prozent).
- 60 Prozent der aktiven Nutzer sozialer Netzwerke im Alter von 10 bis 18 Jahren haben die technischen Einstellungen zur Privatsphäre verändert. Unter den 10- bis 11-Jährigen haben 23 Prozent die Einstellungen verändert, unter den 12- bis 13-Jährigen 48 Prozent und den 16- bis 18-Jährigen 79 Prozent.
- 94 Prozent der 10- bis 18-jährigen Nutzer von Smartphones oder Handys versenden Kurznachrichten, entweder als SMS oder über Online-Dienste […]. Damit sind Kurznachrichten inzwischen sogar wichtiger als Telefonate.
- Jeder siebte Jugendliche (14 Prozent) im Alter von 10 bis 18 Jahren ist im Internet gemobbt worden.
- 93 Prozent der 10- bis 18-Jährigen spielen Computer- und Videospiele – im Schnitt 104 Minuten pro Tag. Während Jungen durchschnittlich 122 Minuten pro Tag spielen, sind es bei den Mädchen nur 82 Minuten.

bitcom (Hrsg.): Studie zu Kindern und Jugendlichen in der digitalen Welt, 11.01.2015, online unter: www.bitkom.org/Presse/Presseinformation/Studie-zu-Kindern-und-Jugendlichen-in-der-digitalen-Welt.html, zugegriffen am 04.04.2017

Heute besteht nicht nur die Möglichkeit, Erfolg in den sozialen Medien messen und in Rankings bewerten zu lassen. Es existieren inzwischen zahlreiche Scoring- und Statistik-Tools, die den Erfolg und Einfluss der jeweiligen Social-Media-Aktivitäten – und somit das bewusst gesteuerte digitale Ich (Selbstbild) – in Scores und Badges auswerten, wobei z. B. ein maximaler Score von 100 zugrunde gelegt wird, an dem sich der Einfluss im Netz und somit der persönliche Erfolg des digitalen Ich (siehe S. 313) im Netz bemessen lässt.

Es ist zu beachten, dass heute bereits bei Bewerbungen im Einzelfall zum einen solche Scores und zum anderen mithilfe spezieller Apps die meisten unbewusst hinterlassenen Spuren des digitalen Ich ausgewertet („getrackt") werden.

Vor allem für die Psyche jugendlicher Nutzer ist diese Entwicklung gefährlich, da das Selbstwertgefühl zahlreicher User von derartigen persönlichen Ratings abhängt. Schlechte Werte basieren in der Regel auf einer geringen Anzahl an „Followern" und „Likes". Hinzu kommt, dass gerade diejenigen hiervon betroffen sind, bei denen weder das reale noch das digitale Ich dem Main-Stream entspricht. So ist im Zeitalter der Digitalisierung das sogenannte „Cybermobbing", wie zahlreiche Statistiken dokumentieren, für viele Schüler/-innen zu einem großen Alltagsproblem geworden.

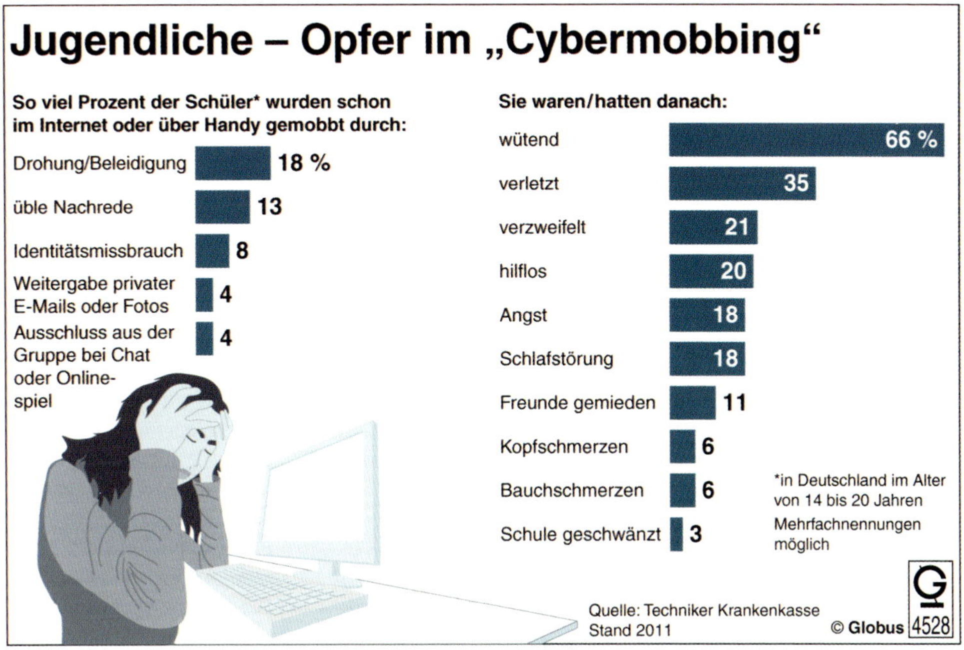

1. Analysieren Sie anhand der Ergebnisse der Medienstudie die Statistik zum Cybermobbing. Welche Zusammenhänge im Nutzungsverhalten sehen Sie hierbei?
2. Im Internet gibt es zahlreiche Plattformen, die besorgte Eltern in Bezug auf das Medienverhalten ihrer Kinder beraten. Recherchieren Sie, ob derartige Ratgeber tatsächlich dabei helfen können, eine Brücke zwischen den Generationen zu schlagen.
3. Diskutieren Sie das Angebot zahlreicher Volkshochschulen, Eltern einen „Führerschein" für die Nutzung sozialer Medien anzubieten.
4. Immer wieder versuchen Erwachsene, gezielt Kinder im Internet anzusprechen, um sie sexuell zu missbrauchen (Cybergrooming). Dieses Problemfeld wird in dem Spielfilm „Das weiße Kaninchen" thematisiert. Sehen Sie sich den Film an, und legen Sie dar, wie dabei das Problemfeld fokussiert wird.

Datingportale

Gunda Windmüller: Warum Online-Dating nichts für Männer mit geringem Selbstbewusstsein ist

Tinder ist oberflächlich, das wissen wir eigentlich alle. Aber dass es ausgerechnet Männer sind, die darunter anfangen zu leiden, ist neu. Denn es kränkt ihr Ego auf ganz ungewohnte Weise.
Christoph hat sich Mühe gegeben. Kann man nicht anders sagen. Schwarz-Weiß Foto, ein bisschen arty. Er ist 1.86 cm groß und macht was mit Design. Aber Jonathan hat es auch versucht. Drei Bilder. Am Strand, in der Kneipe, beim Klettern. Und Olli und David und Janos: „Frag mich einfach", „#lebenamlimit", „Gute Laune ist die beste Laune". All diese Jungs sind auf Tinder. Was genau sie dort suchen? Sex, Ablenkung oder vielleicht jemanden, den sie zweimal sehen möchten? Keine Ahnung. Was sie suchen, werden wir wohl nie erfahren. Aber was sie bekommen, da können wir uns ziemlich sicher sein: Eine ordentliche Kränkung fürs Ego.

„Das macht mich so fertig".

Denn die Dating-App Tinder, mit mittlerweile mehr als zwei Millionen Usern in Deutschland, entwickelt sich zum männlichen Selbstzerstörer. Sie sorgt dafür, dass das Selbstbewusstsein der Jungs in den Keller rutscht. Und dass Christoph, Janos, David und all die anderen sich langsam aber sicher fragen, was denn nicht mit ihnen stimmt.
Auf der Plattform Reddit versuchen sich die gekränkten Egos schon in Dutzenden Threads gegenseitig zu erklären, wie es dazu kommen konnte. „Die absolute und ständige Abweisung mit der man als Typ zu kämpfen hat, macht mich fertig", „Von den tausend Mädels, die ich attraktiv fand, fand mich keine einzige auch attraktiv." „Frauen kriegen am Tag mehr als 40 Rückmeldungen. Ich kriege kaum Nachrichten, auch wenn ich mich richtig anstrenge." Unzählige Jungs, die fragen: Habt ihr auch so ein mieses Selbstwertgefühl, seit ihr bei Tinder seid? Nun, Tinder wird von 62 Prozent Männern und von 38 Prozent Frauen genutzt. Warum Frauen also mehr Matches bekommen, ist halt irgendwie auch Mathematik. Genau wegen dieser Berechenbarkeit ist die App so beliebt. Denn durch geringen Aufwand verspricht sie die größtmögliche Effizienz bei der Suche nach Sex, Beziehung, Nicht-Beziehung oder was auch immer.
Und sie funktioniert dabei auf ganz kaltschnäuzige Weise. Ausschließlich über die Oberfläche. Tinder ist wie ein digitales Schaufenster, das die Ware im bestmöglichen Licht präsentieren soll. Ein paar pseudo-philosophische Sätze auf Englisch. Ein Selfie mit Tiger in Thailand. Oder eins beim Pumpen im Gym. Alles in der Hoffnung, dass das Schaufenster irgendwann schon einladend genug aussieht.

Bye-bye Selbstwert

Aber wer dauerhaft nur auf Oberfläche setzt, wird früh genug merken, dass das etwas mit einem macht. Und zwar nichts Gutes. Denn, wem sich die eigene Attraktivität nur noch im Spiegel der Matches zeigt, der wird gekränkt, wenn die Anerkennung ausbleibt. Das zerstört das Selbstwertgefühl. Und genau das merken gerade Männer besonders stark. […]

Tinder essen Ego auf

Tinder scheint die Dementor-App zu sein. Sie saugt Selbstwert auf. Denn in der gnadenlosen Logik der Oberfläche macht sie ihre User zu reinen Objekten. Und Objekte werden auf Dauer ohnmächtig. Wer nur auf die Oberfläche setzt, verliert. Denn wer nicht permanent gematched wird, hat ein Abo der Zurückweisung. Für Männer ist diese Erkenntnis besonders grausam. Denn sie ist neu. Während Frauen wissen, wie es ist, an jedem Zeitungsstand mit immer noch attraktiveren Körperbildern belästigt, in sozialen Netzwerken ständig ungefragt beurteilt zu werden und das „Sei bloß schön" von Kindesbeinen an verinnerlicht zu haben, ist das für Männer in dieser Gnadenlosigkeit eine neue Erfahrung.
Frauen mussten schon immer vor allem gut aussehen, wenn sie beim Daten Erfolg haben wollten. Männer konnten traditionell auch

mit anderen Eigenschaften punkten. Doch Tinder macht uns ein Stückchen gleicher. Männer dürfen jetzt auch mal ein bisschen Frau sein. Und merken dabei, dass Oberfläche ganz schön gnadenlos ist. Da kann das Ego schon mal leiden. Doch wer nun als Frau „eine Runde Mitleid!" rufen möchte, dem sei die Häme zwar kurz gegönnt, aber der sollte sich dann schon auch fragen, ob wir uns Gleichberechtigung wirklich so vorgestellt haben.

Windmüller, Gunda, Warum Online-Dating nichts für Männer mit geringem Selbstbewusstsein ist, in: ze.tt, 01.11.16, online unter: www.ze.tt/warum-online-dating-nichts-fuer-maenner-mit-geringem-selbstbewusstsein-ist/?utm_campaign=zonteaser &utm_medium=teaser&utm_source=zon, zugegriffen am 04.04.2017

1. Fassen Sie die Position von Gunda Windmüller zusammen, und legen Sie dar, ob sie sprachlich wie inhaltlich die vom Jugendmagazin ze.tt intendierte Zielgruppe erreichen kann.
2. Diskutieren Sie den Nutzen der Singlebörsen und Partnerschaftsportale.
3. Schreiben Sie einen Leserbrief/Blogpost an Gunda Windmüller zur Frage, ob Sie diese Form der Partnersuche befürworten.

Karikatur von Olaf Schwarzbach (OL)

Medienfasten – Downshifting – Digital Detox

Derzeit zeigt sich gerade in der sogenannten Generation Y eine Tendenz zum Downshifting, dem Wunsch entsprechend nachhaltig und ökologisch korrekt zu leben. Auf der anderen Seite will diese Generation auch nicht vom digitalen Ich – dem eigenen Bild im Netz – dominiert werden. Deshalb wird vielfach ein Medienfasten idealisiert, durch das man sich auch in Bezug auf die Abhängigkeit vom Smartphone-Konsum digital entgiften kann (digital detox). Zudem gehört es zum neuen Chic, bei der Mediennutzung freiwillig wieder Rücksicht auf seine Mitmenschen zu nehmen und somit gehört es zum guten Ton, „Phubbing" zu vermeiden. Unter diesem englischen Kofferwort aus „phone" und „snubbing" [brüskieren] versteht man das laute Telefonieren in der Öffentlichkeit oder das Checken von Mails und News während eines Gesprächs.

Lara Thiede: Leben ohne Smartphone. Wie mich das Leben ohne Handy stärker gemacht hat

Was ihr am Anfang schwer fiel, ist heute das selbstgewählte Privileg unserer Autorin.

Alles begann an dem Tag vor zwei Jahren, an dem mein Smartphone im Fluss abtauchte. Ich hatte mir gerade den Rucksack auf den Rücken geschwungen, da hörte ich nur noch ein leises „Plopp“. Kleine kreisförmige Wellen bildeten sich in Ufernähe und ich betete, dass das gerade nicht mein Handy war. Nach intensivem Durchsuchen meiner Tasche stellte sich aber heraus: War es wohl! Ich war verzweifelt und sauer auf mich selbst: Mein Gehirn, mein Sprachrohr, mein einziges Fotoalbum – alles versenkt.

Die nächsten drei Tage kehrte ich immer wieder zurück an den Ort des Geschehens, an die Unfallstelle, sozusagen. Ich war ausgerüstet – erst mit einem Kescher, dann mit Schwimm- und Taucherbrille. Wenigstens die Speicherkarte, hoffte ich, könnte ich noch retten. Die Passanten lachten über meine frühherbstliche Badevorliebe im trüben Wasser voller Entenexkremente – bis sie erfuhren, wonach ich da tauchte. Dann nickten sie, denn sie wussten, was auf dem Spiel stand.

Am vierten Tag ohne Handy entdeckte ich mein Schamgefühl wieder und gab auf. Ich deutete den unglücklichen Verlust als Zeichen, dass Smartphones und ich einfach nicht zusammenpassen. Außerdem war es auch spannend: Wie lange könnte ich wohl ohne Handy überleben?

Die ersten Wochen waren hart. Ich hatte keine Armbanduhr und orientierte mich jetzt nur noch an den Kirchturmuhren im Ort. Mir fehlten die Musik im Ohr und das Nachrichtenlesen, wenn ich in der Bahn oder im Wartezimmer saß. Familie und Freunde verzweifelten an meiner Unerreichbarkeit und ich hätte gerne jemanden angerufen, nachdem ich mich öffentlich blamiert hatte. Plötzlich war ich ganz weit weg für alle und sie auch für mich.

Dafür öffnete sich eine neue, alte Welt, also die, die ich schon fast vergessen hatte. Auf einmal fing ich wieder an, Bücher zu lesen, klingelte unangekündigt an Haustüren, nur um mal Hallo zu sagen und schaute beim Zugfahren aus dem Fenster. […]

Seit ich kein Smartphone mehr habe, sind meine Mitmenschen nicht mehr einfach nur „da“. Das Leben bietet sich mir an, echt und unsortiert, denn ich sehe jetzt nicht mehr nur empfohlene Beiträge. Ich lausche fremden Gesprächen und sauge ihre Geschichten in mir auf, höre Freunden besser zu. Es reicht mir, die Nachrichten erst Abends zu lesen, denn ich merke: Die Welt dreht sich auch ohne meine Mitwisserschaft weiter. Das Schlafen fällt mir leichter, weil das Handy nicht mehr stündlich neben mir vibriert. Ich finde es lustig, wenn meine Freunde Selfies von sich machen oder ihr Essen fotografieren. Denn plötzlich fehlt mir das Verständnis dafür, dass jeder Moment der wirklichen Welt in eine digitale übertragen werden muss. Dass es oft wichtiger ist, alles Gute im Leben zu dokumentieren, als es wirklich zu genießen.

Nur noch bei ganz großen Angelegenheiten kommen Freunde und Familie auf mich zu, um mich um Rat zu fragen. Ich muss keine Tipps mehr geben, was Clara jetzt Toni auf sein „Was machst du heute Abend?“ antworten soll, was meine Schwester zur Party tragen oder was meine Mutter zum Familientreffen kochen könnte.

Gleichzeitig bin ich jetzt aber auch auf mich selbst gestellt, weil mir schlicht die Technik fehlt, um meine Lieben einfach mal um Hilfe zu bitten. Wenn ich mich ausgesperrt habe und unsere WG-Klingel streikt, werfe ich vergeblich Kieselsteine gegen die Fenster und wandere dann zur Wohnung meines Vermieters.

So erlange ich auch Fähigkeiten, von denen ich nicht wusste, dass sie in mir stecken: Ganz ohne Navigationssystem und MVG-App komme ich zum Ziel – sogar pünktlich. Ich rechne Beträge im Kopf zusammen und merke mir meine Termine ohne digitalen Kalender. Ich verabrede mich, wenn ich Menschen auf der Straße begegne und habe nicht die Möglichkeit, kurzfristig abzusagen und mich davor zu drücken. Ich übernehme endlich Verantwortung für meine eigene Organisation.

Meine Persönlichkeit wächst an dem Mangel. Ich fühle mich nicht nur schlauer, ich fühle mich gefestigt. Ich habe herausgefunden, dass ich auch ohne die Wissens- und Kommunikationsflut in meiner Hosentasche, wissen und kommunizieren kann. Mein Selbstbild hängt nicht mehr von einer Maschine ab, die mich mitzählen lässt, wie vielen Bekannten mein Profilbild gefällt. Ich finde heraus, wer mich wirklich auf seinen Parties[sic] dabei haben will oder wer mich vergisst, weil man mich nicht mehr im WhatsApp-Verteiler anklicken kann. Kontakt halte ich mit den wenigsten Be-

kannten […] Eltern, Freund und Hausarzt rufe ich von den Telefonen anderer an, wenn es unbedingt nötig ist. […]
Oft haben meine Mitmenschen versucht, mich zu bekehren. Sie finden, dass das nicht geht, so ganz ohne, dass es nicht in die Zeit passt, dass ich doch viel zu viel verpasse, wenn ich nicht ständig auf dem Laufenden bin. Aber mein Verzicht auf die ständige Erreichbarkeit ist jetzt eben kein Unfall mehr, sondern eine Entscheidung, die inzwischen zu meinen Prinzipien gehört. Sie hat mich stärker gemacht.
Nach zwei Jahren ohne Smartphone ist mein Studentenleben vorbei und ich gebe zu, dass die anderen trotzdem nicht ganz Unrecht hatten: Ich muss mir aus beruflichen Gründen ein Handy zulegen – ohne eine Telefonnummer scheitere ich schon im Bewerbungsverfahren.
Rechtzeitig zum „Alte-Handys-sind-cool"-Trend habe ich also ein Nokia in Betrieb genommen, das nur das Nötigste kann. Mit ihm muss ich mich nicht mehr rechtfertigen, schließlich macht mich das jetzt hip und mein Leben bequemer. Es klingelt, um mich zu wecken, meine Kollegen können mich erreichen und ich kann anrufen wen und wann ich will. Trotzdem fehlt mir nichts, wenn ich es mal zu Hause liegen lasse.
Der Tag, an dem mein Smartphone abgetaucht ist, war ein guter Tag.

Thiede, Lara, Leben ohne Smartphone. Wie mich das Leben ohne Handy stärker gemacht hat, in: Jetzt.de, 03.01.2017, online unter: www.jetzt.de/meine-theorie/leben-ohne-smartphone, zugegriffen am 04.04.2017

Christian Stöcker: Smartphone-Etikette. Fünf Handy-Regeln für ein besseres Leben

Smartphones sind nützlich – und sorgen gleichzeitig für eine Menge Ärger. Sie haben einfach zu schnell unseren Alltag erobert. Doch mit ein paar einfachen Regeln ließen sich viele Probleme vermeiden.
[…]

Von den Kampfrufen der „Werfen Sie Ihr Smartphone weg!"-Fraktion wie Harald Welzer oder Hans-Magnus Enzensberger habe ich nie viel gehalten. Dieser Ratschlag ist in etwa so realistisch und zielführend wie der, doch ab jetzt bitteschön alle Wege zu Fuß zurückzulegen. Klar, das wäre gut für die Umwelt und vermutlich auch für die Volksgesundheit. Aber unser gesellschaftliches Zusammenleben hat ein höheres Maß an Mobilität eben längst eingepreist. Ohne sie würden weder das Berufsleben noch das Bildungssystem funktionieren.
Mit Smartphones ist es ähnlich, auch wenn sie in unserem Alltag erst seit weniger als zehn Jahren – 2007 kam das erste iPhone auf den Markt – eine nennenswerte Rolle spielen. Einem Teenager, Studenten oder Büroarbeiter 2017 vorzuschlagen, er solle auf sein Handy

Handyfasten: 350 Gymnasiasten haben sich dafür entschieden, ihr Handy für eine Woche wegzuschließen.

verzichten, ist so sinnvoll, wie einem Berufspendler das Auto wegzunehmen.
Gerade, weil Smartphones unser Zusammenleben in so kurzer Zeit radikal verändert haben, ist dabei aber einiges auf der Strecke geblieben. Manieren zum Beispiel. Die ständigen Konflikte zwischen Eltern und Kin-

dern, Lehrern und Schülern, Chefs und Angestellten, die so entstehen, ließen sich mithilfe fünf einfacher Regeln fast vollständig aus der Welt schaffen. Die sind im Grunde nichts anderes als die Fortschreibung elementarer Höflichkeit.

1. Anwesenden ist im Gespräch der Vorzug zu geben

Diese erste Regel ist gleichzeitig die Basis für alle folgenden: Wenn Sie mit jemandem sprechen, seien es Ihre Kinder, Ihre Kollegen oder Ihre Freunde, dann haben diese Gesprächspartner Ihre volle Aufmerksamkeit verdient. Immerhin schenken sie Ihnen ihr wertvollstes Gut: Lebenszeit. Wer sich im Gespräch von jeder WhatsApp-Nachricht und jeder Eilmeldung ablenken lässt, wer zwischendurch mal nonchalant Facebook checkt, während das Gegenüber von seinem Urlaub erzählt, der signalisiert: Es gibt Wichtigeres als dich.

2. Vibrationsalarm ist nicht „lautlos"

Es muss gar nicht das klassische Konzert sein, in dem es alle paar Minuten aus irgendeiner Hand- oder Jackentasche „wrrrrrrrrrrrrt!" schnarrt. Auch in einem persönlichen Gespräch kann ein vermeintlich lautlos gestelltes Smartphone, das bei jeder Kurznachricht oder Eilmeldung mit seinem Gesumme Dringlichkeit suggeriert, entsetzlich lästig sein. Unsere Telefone haben uns darauf konditioniert, ihren Signalen Aufmerksamkeit zu schenken. Man kann sich dem kaum entziehen, wie blinkender Werbung oder lautem Hupen im Straßenverkehr. Das hat evolutionsbiologische Gründe, Raubtier im Gebüsch und so weiter. Ein summendes Smartphone aber signalisiert in der Regel keine lebensbedrohliche Situation. Wer sich unterhält, wer mit Freunden oder Familie am Tisch sitzt, sollte sein Smartphone deshalb in den „Nicht stören"-Modus versetzen. Erst dann ist man wirklich vollständig anwesend. Auf iPhones geht das so, auf Android-Geräten so.

3. Wenn beim Meeting alle ihr Handy in der Hand haben, stimmt etwas nicht

Der Fall Meeting ist ein Spezialfall von Regel Nummer eins: Wenn Ihre Kollegen, Kooperationspartner oder wer auch immer Ihnen Zeit schenken, dann sollten Sie dieses Geschenk auch entsprechend würdigen. Wer währenddessen ständig auf seinen Touchscreen schielt, sagt damit einmal mehr: Es gibt Wichtigeres als das hier. Tatsächlich stimmt das in diesem Fall womöglich sogar: Ein Team, das feststellt, dass in Meetings alle auf ihre Smartphones starren, sollte vielleicht Sinn und Struktur der Sitzung überdenken. Vielleicht ist sie tatsächlich überflüssig, zu wenig fokussiert oder einfach zu lang?

4. Nachts bleibt das Smartphone draußen

Dass das blaue Licht von Handy-Bildschirmen schlecht für den Schlaf ist, gehört mittlerweile fast zur Allgemeinbildung. Spezielle Apps oder Handy-Funktionen wie „Night Shift" können da zwar Abhilfe schaffen, aber ein Teenager, der bis vier Uhr morgens Messenger-Nachrichten verschickt, ist am nächsten Morgen trotzdem zu nichts zu gebrauchen, lernt schlechter und wird leichter krank. Und das tun erschreckend viele, wie schon diverse Studien gezeigt haben. Hier sind die Eltern gefragt, und zwar am besten alle gemeinsam: Warum nicht mal beim Elternabend anregen, dass alle Jugendlichen in der Klasse künftig ihre Smartphones vor dem Schlafengehen im Wohnzimmer oder der Küche ablegen? Dann muss niemand das Gefühl haben, nachts wichtige Unter-der-Bettdecke-Chatrunden zu verpassen, es sind ja alle offline. Und schlafen hoffentlich. Gesunde Handy-Etikette fehlt unserer Gesellschaft noch, warum sollten Elternrunden nicht die Keimzellen ihrer dringend notwendigen Entstehung sein, und sei es aus reinem Eigennutz? Am besten wäre es, wenn auch Erwachsene sich an diese Regel hielten, aber da bin ich wenig optimistisch.

5. Wer kein Vorbild ist, kann auch keine Manieren erwarten

Für Chefs, Eltern, Lehrer und andere mit Vorbildfunktion gilt: Wer sich an diese Regeln nicht hält, kann auch von den eigenen Untergebenen, Kindern, Schülern nicht erwarten, dass sie sie beherzigen. Eine gesellschaftsverträgliche Handy-Etikette zu entwickeln ist nicht schwer, und dabei ist es wie mit Höflichkeit ganz generell: Wer will, dass sich andere anständig benehmen, kann das nicht verordnen. Er muss es auch vorleben.

Stöcker, Christian, Smartphone-Etikette. Fünf Handy-Regeln für ein besseres Leben, in: Spiegel Online 05.03.2017, online unter: www.spiegel.de/wissenschaft/mensch/smartphone-etikette-fuenf-handy-regeln-fuer-ein-besseres-leben-a-1137257.html, zugegriffen am 04.04.2017

1. Erläutern Sie den Begriff „Downshifting“ in Bezug auf die Nutzung digitaler Medien.
2. Fassen Sie den Artikel von Lara Thiede zusammen. Warum hat sie, wie im Untertitel dargelegt, der Verzicht stärker gemacht?
3. Analysieren Sie anhand des sprachlichen Befunds, ob die Autorin die Zielgruppe des SZ-Jugendmagazins jetzt.de erreichen kann.
4. Versuchen Sie ein ähnliches Experiment mit „Smartphonefasten“ zu starten und dokumentieren Sie Ihre Erfahrungen und Gefühle in einem Tagebuch.
5. Analysieren Sie anhand des sprachlichen Befunds die Intention von Christian Stöckers Kolumne.
6. Diskutieren Sie, ob die „Fünf Handy-Regeln“ oder die monierte „Werfen Sie das Smartphone weg“-Parole wirklich zu einem besseren Leben führen könnten.

IV Projektideen zum Thema „Medien“

Die folgenden Themen können mithilfe der Arbeitsschritte Recherche, Auswertung, Darstellung und Präsentation bearbeitet werden.

1. Mediennutzung im persönlichen Umfeld
- Bildung von Arbeitsgruppen zu den Medien Tageszeitung, Hörfunk, Fernsehen und Internet
- Durchführen von Interviews zur Mediennutzung in Familie, Freundeskreis, Klasse und Schule

2. Aufarbeitung aktueller Themen in den verschiedenen Medien
Inhaltliche und mediale Gestaltung aktueller Themen aus Politik und Gesellschaft in Hörfunk, Internet usw., z. B. Veränderungen in der Mediennutzung Jugendlicher, Untersuchungen zum Umgang und zur Erfahrung Jugendlicher mit Computerspielen, Gewalt, Entwicklung familiärer Strukturen, Individualisierung, Wiedergeburt bürgerlicher Werte

3. Auswertung von Informationsmaterialien zum Thema „Jugend und Medien“
Nutzung von Quellen wie z. B. Programmzeitschriften, aktuellen Umfrageergebnissen von Forschungsinstituten, Studien zum Wandel des Freizeitverhaltens Jugendlicher, Schaubildern zum Leseverhalten

4. **Kontakt mit der Produktion von Medien vor Ort**
   - Entwickeln von Leitfragen zur Organisationsstruktur und Finanzierung, zu aktuellen Entwicklungen und Leser- bzw. Hörerrückmeldungen
   - Besuch einer Zeitungsredaktion, eines privaten Rundfunksenders, einer Bibliothek bzw. Mediothek, Nachbereitung in Form von Wandzeitungen, Schülerzeitung, Jahresbericht etc.

5. **Beurteilung konkreter Medienprodukte**
   Mögliche Beurteilungskriterien für Medienprodukte (z. B. Live-Berichterstattung einer Sportveranstaltung, Kindersendung, Dokusoap, Jugendseite der Lokalzeitung, Serviceseite einer Zeitung):
   - Inhalt (Umfang, Übersichtlichkeit, Vollständigkeit, Differenziertheit der Darstellung etc.)
   - Sprachliche Gestaltung
   - Vermittelte Werthaltungen

6. **Medien im Vergleich**
   - Zwei Zeitungen (z. B. Boulevardzeitung und überregionale Zeitung, überregionale Zeitungen mit unterschiedlicher politischer Ausrichtung) im Vergleich bezüglich Aufbau, Inhalt, Gestaltung
   - Zwei Fernsehsender im Vergleich am Beispiel von Nachrichtensendungen (z. B. Tagesschau der ARD und ProSieben-Nachrichten), Wissensmagazinen und Ratgebersendungen
   - Zwei Websites im Vergleich am Beispiel ihres Designs (z. B. Websites deutscher Automobilhersteller, Universitäten, Schulen)

7. **Stellenwert der Werbung in verschiedenen Medien**
   - Herausarbeiten der aktuellen Bedeutung und Möglichkeiten von Werbung in den verschiedenen Medien, Zusammenhang von Werbung und Programmgestaltung
   - Ausrichtung der Werbung am Alter der Zielgruppen im Vergleich (z. B. ZDF und RTL II)

8. **Vergleich der Fernsehprogramme von privaten und öffentlich-rechtlichen Anbietern**
   - Inhalt und Gestaltung von Sport- und Unterhaltungssendungen, Filmen
   - Einschaltquoten der Sendungen

9. **Bedeutung von Infotainment im Fernsehen**
   - Klärung des Begriffs „Infotainment“
   - Auswertung von politischen Magazinen im Fernsehen (z. B. Panorama, Report, Frontal) hinsichtlich des Anteils informierender und unterhaltender Elemente

10. **Analyse einer aktuellen Literaturverfilmung**
    - Suchen nach Vorinformationen zu Hintergründen einer Literaturverfilmung
    - Erstellung eines Beobachtungsbogens mithilfe des Kriterienkatalogs der Filmanalyse (siehe S. 49 ff.)

11. **Medien und persönliche Reflexion**
    Gestaltung eines Tagesprogramms im Hörfunk bzw. beim Fernsehen nach dem persönlichen Geschmack und eigenen Vorstellungen

Literaturgeschichtliche Epochen kennenlernen

5

- I Gesamtüberblick: Orientierungen und Anhaltspunkte
- II Vom Barock bis zum Naturalismus
- III Von der Jahrhundertwende bis zum Ende des Zweiten Weltkriegs
- IV Deutschsprachige Literatur nach 1945
- V Projektideen zu literarischen Epochen/Strömungen

I Gesamtüberblick: Orientierungen und Anhaltspunkte

	Althochdeutsche Literatur 4. Jh. - 1150	Mittelhochdeutsche Literatur 1150–1250	Spätmittelalterliche und frühneuhochdeutsche Literatur 1250–1600
Geschichte	Völkerwanderung; Reichsbildung der Germanen unter den Merowingern und Karolingern Kaiserkrönung Karls des Großen (800) Reichsteilung Sächsische und salische Kaiser Ringen um die Vorherrschaft zwischen Kaiser und Papst (Canossa 1077) 1. Kreuzzug 1096	Herrschaft der Staufer (Kaiser Friedrich Barbarossa) Schwächung der Zentralgewalt, Rechtsunsicherheit und Fehdewesen Entstehung des Territorialfürstentums	Aufstieg der Territorialfürsten und der Städte Europ. Pestepidemie 1346 - 52 Reformation: Thesenanschlag Luthers 1517, Augsburger Religionsfriede 1555 Bauernkriege Gegenreformation: Trienter Konzil 1545
Kultur	Karolingische Renaissance: Klöster als Zentren christlicher Kultur und Bildung (Reichenau) Einfluss antiker Kultur unter den Ottonen Reformbewegungen in den Orden gegen die Verweltlichung der Kirche (Cluny) **Architektur:** Früh- und Hochromanik (Dom zu Speyer)	Kontakt des europäischen Rittertums mit orientalischer Kultur Glanzvolle höfische Kultur (Mainzer Hoftag 1184) Ritterliche Ethik **Architektur:** Spätromanik Frühgotik (Bamberger Dom)	Zerfall der höfisch-ritterlichen Kultur und der mittelalterl. -ständischen Ordnung Renaissance u. Humanismus Frühkapitalismus (Fugger), Suche nach neuen Handelswegen (Kolumbus) Heliozentrisches Weltbild (Galilei, Kepler, Kopernikus) Universitätsgründungen Vereinheitlichung der deutschen Sprache (Luther) **Philosophie:** Erasmus von Rotterdam, Macchiavelli **Europäische Literatur:** Boccaccio, Cervantes, Dante, Marlowe, Petrarca, Rabelais **Malerei:** da Vinci, Dürer, Michelangelo, Riemenschneider (Plastik) **Musik:** di Lasso, Monteverdi, Palestrina **Architektur:** Spätgotik (Münchner Frauenkirche) Renaissance (Augsburger Rathaus) **Naturwissenschaft und Technik:** Buchdruck (Gutenberg)
Autoren/ Strömungen	Bibelübersetzung Zaubersprüche Geistliche Dichtung Lateinische Dichtung } oft anonym	Gottfried von Straßburg Hartmann von Aue Walther von der Vogelweide Wolfram von Eschenbach	Mystik und Scholastik (Meister Eckart) Volkstümliche Literatur Humanismus (Luther) Meistersang (Hans Sachs) Volksbücher
Gattungen Lyrik		Minnesang Spruchdichtung	Kirchenlied
Gattungen Epik		Mittelalterliches Epos (Ritterepos, Heldenepos)	
Gattungen Drama			Spiele zum Kirchenjahr Fastnachtsspiele

	Barock 1600–1720	Aufklärung 1720–1780	Empfindsamkeit/Sturm und Drang 1767–1785
Geschichte	30-jähriger Krieg 1618–48 Zeitalter des Absolutismus Glorious Revolution Declaration of Rights Parlamentarische Monarchie in England	Aufgeklärter Absolutismus Konflikte zwischen Preußen und Österreich (Friedrich der Große und Maria Theresia) Unabhängigkeitserklärung der USA	
Kultur	Glaubensspaltung Kultur im Dienste absolutistischer Machtentfaltung, Höfe als kulturelle Zentren Entstehung der deutschen Schriftsprache 1. Tageszeitung	Herrschaft der Vernunft Vollendung und Überwindung der Aufklärung: Kant Individualismus, Pietismus **Philosophie:** Rationalismus (Descartes † 1650) Naturrecht (Grotius) Empirismus (Hobbes) Herder, Leibniz, Rousseau, Spinoza, Voltaire	
	Europäische Literatur: Calderon, Corneille, La Fontaine, Molière, Racine, Shakespeare	**Europäische Literatur:** Defoe, Goldoni, Richardson, Swift, Beaumarchais	
	Malerei: Rembrandt, Rubens	**Malerei:** Goya, Gainsborough, Reynolds, Tiepolo	
	Musik: Bach, Händel, Lully, Purcell, Rameau, Telemann, Vivaldi	**Musik:** Gluck, Haydn	
	Architektur: Barock (Theatinerkirche München, Schloss Nymphenburg, Würzburger Residenz) Dientzenhofer, Fischer von Erlach, Neumann	**Architektur:** Rokoko (Wies-Kirche, Amalienburg in München) Gebr. Asam, Cuviliès, J. M. Fischer, D. Zimmermann	
		Naturwissenschaft und Technik: Dampfmaschine (Watt), „Spinning Jenny" (Hargreaves)	
Autoren	Hans Jakob Christoffel von Grimmelshausen Andreas Gryphius Martin Opitz	Gottsched Lessing Wieland	Goethe Herder Klopstock Lenz Schiller
Gattungen – Lyrik	Sonett	Lehrgedicht	Ode Erlebnislyrik Ballade
Gattungen – Epik	Schelmenroman	Briefroman Fabel	
Gattungen – Drama	Jesuitendrama Haupt- und Staatsaktionen	Bürgerliches Trauerspiel Geschichtsdrama	Nichtaristotelisches Drama in der Nachfolge Shakespeares

	Klassik 1786–1832	Romantik 1790–1830	Biedermeier/Junges Deutschland 1830–1848
Geschichte	Französische Revolution 1789 – Napoleon Säkularisierung und Mediatisierung (1803–1806) Ende des Heiligen Römischen Reiches Deutscher Nation 1806 Befreiungskriege – Wiener Kongress 1814/15 Wartburgfest 1817 – Karlsbader Beschlüsse 1819 – Hambacher Fest 1832 Deutscher Zollverein 1834 Weberaufstand 1844 Revolution von 1848/49: Einheit und Freiheit – 1. Nationalversammlung (Paulskirche)		
Kultur	Deutscher Idealismus Wiederentdeckung der Antike Idee des Weltbürgertums	Naturphilosophie Wiederentdeckung des deutschen Mittelalters Nationale Idee Kritik an Spätaufklärung und Rationalismus	**Biedermeier:** Politische Resignation Restauration Verbürgerlichung der Romantik **Junges Deutschland:** Liberalismus und Frühsozialismus Kritik am Idealismus der Klassik und Romantik
	Philosophie: Fichte, Hegel, W. Humboldt, Kant, Schelling, Schopenhauer		**Philosophie:** Feuerbach, Saint-Simon, Schopenhauer
	Europäische Literatur: Byron, Manzoni, Puschkin		**Europäische Literatur:** Andersen, Byron, Cooper, Hugo, Poe, Sand, Stendhal
	Malerei: Tischbein	**Malerei:** C. D. Friedrich, Turner; Nazarener	**Malerei:** Dillis, von Kobell, von Schwindt, Spitzweg
	Musik: Beethoven, Mozart	**Musik:** Chopin, Liszt, Mendelssohn-Bartholdy, Schubert, Schumann, von Weber	
	Architektur: Klassizismus (Ruhmeshalle, Propyläen u. Glyptothek in München, Schauspielhaus Berlin) Klenze, Schinkel Biedermeier: Möbel, Mode		
	Naturwissenschaft und Technik: Heißluftballon (Montgolfier) Mechanischer Webstuhl (Cartwright), Schienendampflokomotive (Trevithick), Dampfschiff (Fulton), Gasbeleuchtung in London und Berlin, Eisenbahn zwischen Liverpool und Manchester		**Naturwissenschaft und Technik:** Dampflokomotive (Stevenson), 1. deutsche Eisenbahn Nürnberg–Fürth, Fotografie (Daguerre), Kunstdünger (von Liebig)
Autoren	Goethe Hölderlin Kleist Jean Paul Schiller	Arnim, Brentano, Eichendorff, Gebr. Grimm, Hoffmann, Kleist, Novalis, Jean Paul, Gebr. Schlegel, Tieck	**Biedermeier:** Droste-Hülshoff, Gotthelf, Grillparzer, Mörike, Nestroy, Raimund, Stifter **Junges Deutschland:** Börne, Büchner, Heine, Grabbe
Gattungen – Lyrik	Gedankenlyrik	Erlebnislyrik Lied	Politisches Gedicht
Gattungen – Epik	Bildungs- und Erziehungsroman Novelle Erzählung	Märchen, Sage Anekdote, Kalendergeschichte, Legende	
Gattungen – Drama	Ideendrama		Volksstück

	Poetischer Realismus 1848–1890	Naturalismus 1890–1910	Impressionismus/ Symbolismus 1890–1920	Expressionismus 1910–1925
Geschichte	Reaktion und Resignation Deutsch-Französischer Krieg und Reichsgründung 1871 (Einheit vor Freiheit) Ära Bismarck	Wilhelminismus – Militarismus – Kolonialismus – Imperialismus 1. Weltkrieg 1914–1918 Oktoberrevolution in Russland 1917 – Untergang der K.-und-k.-Monarchie Novemberrevolution (1918) in Deutschland		
Kultur	Industrielle Revolution Bürgertum als Träger von Wirtschaft u. Kultur Gründerzeit: Optimismus und Fortschrittsgläubigkeit **Philosophie:** Darwin, Engels, Marx, Mommsen, Ranke, Treitschke **Europäische Literatur:** Balzac, Dickens, Dostojewski, Flaubert, Gogol, Tolstoi **Malerei:** Courbet, Daumier, Leibl, Lenbach, Thoma, von Menzel **Musik:** Berlioz, Brahms, Bruckner, Dvořák, Mussorgski, Smetana, Tschaikowski, Wagner, Strauß, Verdi Architektur: Gründerzeit (Festspielhaus Bayreuth, Eiffelturm, Suez-Kanal) Schlösser Ludwigs II. **Naturwissenschaft und Technik:** Spektralanalyse (Bunsen), Telefon (Reis), Viertaktmotor (Otto), elektr. Lokomotive (Siemens), elektr. Glühbirne (Edison)	Bevölkerungsexplosion Genossenschaftswesen Kluft Staat – Arbeiterbewegung	Ästhetizismus – Stilisierung – Fin de Siècle Distanz Kunst – Alltagsrealität	Kosmopolitismus, Pazifismus, Aktivismus Antimaterialismus, Kulturpessimismus
		Philosophie: Darwin, Haeckel, Comte (Positivismus), Nietzsche, Schopenhauer, Wittgenstein, Buber, Dilthey, Husserl **Soziologie:** Weber **Psychologie:** Freud		
		Europäische Literatur: Ibsen, Strindberg, Zola	**Europäische Literatur:** Baudelaire, Goncourt, Mallarmé, Rimbaud, Shaw, Tschechow, Verlaine, Wilde	
		Malerei: Kollwitz	**Malerei:** Böcklin, Cézanne, Corinth, Degas, Gauguin, Klimt, Liebermann, Manet, Monet, Renoir, Schiele, Stuck, Toulouse-Lautrec, van Gogh **Musik:** Debussy, Ravel, R. Strauss **Architektur:** Jugendstil (Villa Stuck, Kammerspiele in München) Gaudi, Riemerschmid	**Malerei:** „Brücke" (Heckel, Kirchner, Nolde, Schmidt-Rottluff) „Der Blaue Reiter" (Kandinsky, Marc, Macke, Münter) Kokoschka, Matisse Munch Picasso (blaue Periode) Barlach (Plastik) **Musik:** Bartok, Hindemith, Janáček, Schönberg, Strawinski
		Naturwissenschaft und Technik: Tuberkulosebekämpfung (Koch), Auto (Daimler), Cinematografie (Lumière), Röntgenstrahlen, Dieselmotor, Quantentheorie (Planck), Motorflugzeug (Gebr. Wright), Fließband (Ford), Atommodell (Bor), Relativitätstheorie (Einstein), Atomkernspaltung (Rutherford), Tonfilm, Rundfunk in Deutschland, Quantenmechanik (Heisenberg)		
Autoren	Fontane, Hebbel, Keller, Meyer, Raabe, Storm	Anzengruber, Christ, Hauptmann, Holz/Schlaf, Thoma	George, Hesse, Hofmannsthal, Rilke, Schnitzler, Wedekind	Benn, Brecht, Döblin, Heym, Kafka, Kaiser, Lasker-Schüler, Sternheim, Toller, Trakl, Werfel
Gattungen Lyrik	Dinggedicht		Symbolistisches Gedicht	Expressionistische Lyrik
Gattungen Epik	Historischer Roman Gesellschaftsroman	Dorfroman		Parabel
Gattungen Drama		Soziales Drama	Einakter	Stationendrama

	Literatur der Weimarer Republik 1918–1933	Literatur im „Dritten Reich" 1933–1945	Literatur der Adenauer-Ära 1945–1963
Geschichte	Ausrufung der Republik (9.11.1918) Nationalversammlung u. Reichsverfassung (Weimar) Versailler Vertrag Krisenjahre: Kapp-Putsch, Ruhrkrise, Inflation, Hitler-Putsch Weltwirtschaftskrise (Schwarzer Freitag, 25.10.1929) Präsidialkabinette Ende der Weimarer Republik 1933	Machtergreifung Hitlers (30.1.1933) Reichstagsbrand Ermächtigungsgesetz Nürnberger Gesetze Anschluss Österreichs Reichspogromnacht (9.11.1938) 2. Weltkrieg (1.9.1939) Wannsee-Konferenz Stalingrad (1942/43) Kapitulation (7./8.5.1945)	Konferenz von Potsdam Atombomben auf Hiroshima und Nagasaki Nürnberger Prozesse Berlin-Blockade (Kalter Krieg) DDR-Verfassung und Grundgesetz für die BRD 1949 Volksaufstände: z. B. DDR 1953 Nato-Beitritt der BRD EWG-Gründung Berliner Mauer 1961
Kultur	Polarisierung und Radikalisierung Sozialer Abstieg des Mittelstandes Goldene Zwanziger (Revue, Kabarett) **Philosophie:** Heidegger, Jaspers, Kierkegaard **Weltliteratur:** Claudel, Conrad, Dos Passos, Faulkner, Gide, Gorki, Joyce, O'Neill, Proust, Sinclair, Shaw **Malerei:** Beckmann, Dix, Ernst, Feininger, Grosz, Klee **Theater:** Piscator, Reinhardt **Musik:** Berg, Gershwin, Webern, Weill **Film:** Charlie Chaplin Fritz Lang: Metropolis (Stummfilm) F. W. Murnau **Kritik:** Jhering, Kerr, Kraus, Polgar **Architektur:** Bauhaus, Gropius, Mies van der Rohe **Naturwissenschaft und Technik:** Atlantiküberquerung (Lindbergh), Penicillin (Fleming), Fernsehen	Gleichschaltung des kulturellen Lebens: Bücherverbrennung Reichskulturkammergesetz, Kritikerverbot, Reichsschrifttumskammer Emigranten: Adorno, Fromm, Horkheimer, Marcuse (Philosophie) Einstein, Meitner (Wissenschaft) Reinhardt (Theater) Kleiber, Klemperer, Tauber (Musik) **Malerei:** Ausstellung „Entartete Kunst" **Musik:** Prokofiew, Schostakowitsch **Film:** Propagandafilm (z.B. Der ewige Jude) **Architektur:** Monumentalstil (Haus der Kunst München, Reichsparteitagsgelände Nürnberg) **Naturwissenschaft und Technik:** Kernspaltung (Hahn), Volkswagen, Volksempfänger, Raketentechnik (von Braun), Atombombe (Oppenheimer)	Neuanfang und Restauration Wirtschaftswunder Steigendes nationales Selbstwertgefühl (Fußballweltmeister 1954) **Philosophie:** Barth, Bloch, Bultmann, Camus, Guardini, Sartre Strukturalismus **Weltliteratur:** Anouilh, Beckett, Eliot, Greene, Hemingway, Ionesco, Arthur Miller, O'Neill, Sartre, Scholochow, Steinbeck, Wilder, Pasternak **Malerei:** Chagall, Dalí, Miro, Moore (Plastik) documenta Kassel **Musik:** Jazz, Swing Henze, Stockhausen Donaueschinger Musiktage für zeitgenössische Musik Rock 'n' Roll, Blues Deutscher Schlager Film: Käutner, Staudte **Architektur:** Ronchamp, Berliner Philharmonie Le Corbusier, Scharoun Naturwissenschaft und Technik: Farbfernsehen, Wasserstoffbombe, Sputnik 1, bemannter Weltraumflug (Gagarin), friedliche Nutzung der Kernenergie
Autoren	Brecht, Broch, Fallada, Feuchtwanger, Fleißer, Graf, Hesse, Horváth, Jünger, Kästner, Heinrich Mann, Thomas Mann, Musil, Remarque, Roth, Seghers, Tucholsky, Arnold Zweig, Stefan Zweig	**Innere Emigration:** Andres, Benn, Bergengruen, Britting, Carossa, Jünger, Langgässer, Loerke, Reinhold, Schneider **Exil:** Brecht, Broch, Feuchtwanger, Graf, Horváth, Heinrich Mann, Klaus Mann, Thomas Mann, Remarque, Seghers, Toller, Werfel, Zuckmayer, Arnold Zweig, Stefan Zweig	Aichinger, Andersch, Apitz, Bachmann, Böll, Bobrowski, Borchert, Brecht, Celan, de Bruyn, Dürrenmatt, Domin, Eich, Frisch, Fühmann, Grass, Heym, Hildesheimer, Kaschnitz, Koeppen, Krolow, Lenz, Sachs, Schnurre, Seghers, E. Strittmatter, Walser
Gattungen Lyrik	Zwischen Expressionismus und Gegenwartslyrik		Hermetische Lyrik
Gattungen Epik	Zeitroman Großstadtroman	Exilroman	Erzählen nach 45 Kurzgeschichte
Gattungen Drama	Realistisches Volksstück Episches Theater		Parabelstück Grotesk-zeitkritisches Theater

	Deutschsprachige Gegenwartsliteratur		
Geschichte	Regierung Erhard 1963 Auschwitz-Prozesse Regierung Kiesinger 1966 (Große Koalition) Außerparlamentarische Opposition (APO) Regierung Brandt 1969 (Sozialliberale Koalition) Ostverträge Ölkrise 1973	Regierung Schmidt 1974 Wirtschaftsrezession RAF-Terrorismus Anti-Atomkraft- und Ökologie-Bewegung Nato-Doppelbeschluss Regierung Kohl 1982 Gorbatschow: Glasnost und Perestroika Grenzöffnung durch die DDR (09.11.1989) Vereinigung Deutschlands 03.10.1990	Europäische Union (Maastricht) Auflösung des Ostblocks Nord-Süd-Konflikt Regierung Schröder 1998 Reformen des Sozialstaats Auslandseinsätze der Bundeswehr Regierung Merkel 2005 Internationale Finanz- und Wirtschaftskrise 2008/2009 Migration Rechtspopulismus
Kultur	Emanzipation der Frau (Frauenbewegung); Bürgerinitiativen; Freizeitindustrie; Kommerzialisierung des Sports; Mediengesellschaft; Flower-Power-Generation (Woodstock); AIDS-Problematik; Null-Bock-Haltung; Yuppie-Bewegung; Individualismus; Leben als Single; Parteiverdrossenheit; Privatfernsehen; Probleme der Einigung (Mauer in den Köpfen); rechtsradikale Tendenzen; Generationenkonflikt; Mediendemokratie; Globalisierung; Islamistischer Terrorismus; Klimawandel; Sterbehilfe; Fake News Friedensnobelpreis Brandt (1971), Literaturnobelpreis Böll (1972), Grass (1999), Jelinek (2004), Herta Müller (2009) **Philosophie:** Adorno, Horkheimer, Marcuse, Habermas, Popper, Singer, Sloterdijk, Precht **Weltliteratur:** Bellow, Eco, Golding, Gustafsson, Kerouac, Kundera, Lem, Lessing, Laxness, Márquez, Moravia, Henry Miller, Nabokov, Nooteboom, Paz, Roth, Seiffert, Singer, Szczypiorski, Tournier, Updike **Malerei:** Baselitz, Beuys, Hundertwasser, Kiefer, Lichtenstein, Lüpertz, Penck, Neo Rauch, Rauschenberg, Gerhard Richter, Sitte, Warhol **Musik:** Broadway-Musicals; Beatles, Rolling Stones, Pink Floyd; Cage, Kagel, Ligeti, Messiaen, Henze, Boulez; Hardrock, Punk, Techno, Rap, Hip-Hop, R&B; Bob Dylan, Guetta, Electro, Deutschpop **Film:** Neorealismus (Fellini), Pasolini, Neue Welle (Godard); Visconti, Fassbinder; Hollywood-Film (Spielberg); Filmfestspiele: Berlin, Cannes, Venedig; Animationsfilme **Architektur:** Funktionalismus, Postmoderne; Aalto, Behnisch, Branca, Le Corbusier, Libeskind **Naturwissenschaft und Technik:** Farbfernsehen, Mondlandung, Video, Organtransplantationen, Computer, Gentechnologie, Alternative Technologien, Telekommunikation, Tschernobyl, Multimedia, Internet, Biogenetik, Nanotechnologie, Reproduktionsmedizin, Elektromobilität, Digitalisierung		
Gattungen und Autoren – Lyrik	Enzensberger, Fried, Gernhardt, Grünbein, Hahn, Huchel, Kirsch, Kolbe, Rühmkorf		
Gattungen und Autoren – Epik	Becker, Bernhard, Braun, Demski, Erpenbeck, Forte, Gstrein, Hackl, Harig, Härtling, Hein, Herrndorf, Hilbig, Hürlimann, Jelinek, Johnson, Kehlmann, Kempowski, Loest, Maron, Mosebach, Muschg, Nadolny, Ransmayr, Rothmann, Schulze, Sebald, Seethaler, Stamm, Stanišić, Streeruwitz, Süskind, Timm, Treichel, Walter, Werner, Widmer, Woelk, Wolf, Zeh		
Gattungen und Autoren – Drama	Dorst, Handke, Hübner, Kipphardt, Kroetz, Loher, Rinke, Strauß, Tabori, Weiss		

II Vom Barock bis zum Naturalismus

1 Barock

Der Dreißigjährige Krieg und die Gegenreformation beherrschten die Geschichte Deutschlands im 17. Jahrhundert. Es war geprägt von religiöser, politischer und sozialer Zersplitterung. Die Literatur dieser Zeit, die sich wieder verstärkt an die höfischen Zentren verlagerte, fasst man unter dem Epochenbegriff **„Barock"** zusammen. Dieser Begriff stammt aus der Kunstgeschichte und bezeichnete ursprünglich eine unregelmäßig geformte Perle. Er wurde zunächst vor allem auf die architektonischen Formen dieser Zeit übertragen, die, in Abkehr von der streng gegliederten Renaissance-Architektur, verspielt und unregelmäßig sind.

Besonders charakteristisch für diese Epoche ist das Nebeneinander von betonter **Weltfreude** und nachdrücklicher **Weltabkehr**, die aus dem Bewusstsein der Vergänglichkeit alles Irdischen (*vanitas*) herrührt. Als Begründer der barocken Literatur gilt **Martin Opitz** (1597–1639), der in seinem „Buch von der Deutschen Poeterey" (1624) eine Dichtungslehre (Poetik) schuf, die auch sprachliche und stilistische Reformen der deutschen Sprache nach sich zog. Er griff dabei in vielem auf antike Vorbilder zurück, so vor allem im Bereich der Rhetorik (Redelehre) und der Gattungslehre (Tragödie, Komödie, Ständeklausel). Solche Bemühungen um die Sprach- und Dichtungsreform gingen auch von **Sprachgesellschaften** aus (z. B. Fruchtbringende Gesellschaft, Pegnitzschäfer), bei denen die Reinerhaltung der deutschen Sprache im Vordergrund stand.

Grimmelshausens „Simplicissimus", Titelkupfer der Erstausgabe 1669

Insgesamt zeichnet die barocke Literatur ein hoher Anspruch an Gelehrsamkeit und künstlerischen Formwillen aus, was einerseits in bloß belehrenden Spruchweisheiten und andererseits in eine schwülstig-überladene und gezierte Ausdrucksweise **(Manierismus)** umschlagen konnte. Am deutlichsten lassen sich barocke Merkmale in der Lyrik nachweisen, die sich sowohl durch Metaphorik und Symbolik als auch durch eine streng rhetorische Gestaltung auszeichnet. Die strenge Form des Sonetts kam diesen formalen Ansprüchen am meisten entgegen. Die Lyrik dieser Zeit ist mit wenigen Ausnahmen nicht Ausdruck subjektiven Erlebens, sondern sie erhebt den Anspruch allgemeingültiger Ansichten über Tod, Vergänglichkeit und Leben. **Andreas Gryphius** ist mit seiner weltlichen und geistlichen Lyrik ein herausragender Dichter dieser Epoche; **Paul Gerhardt** und **Angelus Silesius** schufen viele heute noch gesungene **Kirchenlieder**. Ebenfalls zur geistlichen Literatur zählen die volkstümlichen und sprachgewaltigen

Predigten des **Abraham a Santa Clara** (1644–1709) mit ihrem zeitkritischen Inhalt. **Jakob Böhme** (1575–1624) setzte die christliche Mystik fort.

Die Religiosität des barocken Menschen zeigt sich auch in der Bedeutung des **Jesuitendramas**, das im Dienste der Gegenreformation stand. Es arbeitet oft mit der Personifikation von Tugenden und Lastern **(Allegorie)** und setzt eine prunkvolle Aufführungspraxis ein, um die Zuschauer über die sinnliche Erfahrung zum rechten Glauben anzuhalten. Die ursprünglich lateinischen Texte wurden auch ins Deutsche übertragen, wie z. B. **Jakob Bidermanns** (1578–1639) „Cenodoxus" (1602/1635).

Gryphius war nicht nur der größte Lyriker seiner Zeit, sondern schuf auch die wichtigsten Dramen des Barock. Neben zahlreichen Trauerspielen, vor allem Märtyrertragödien, schrieb er einige Komödien, die von der italienischen **Commedia dell'arte** und englischen Wanderbühnen beeinflusst sind.

Über diese bekam das deutsche Publikum auch ersten Kontakt mit **William Shakespeare** (1564–1616). Daneben beginnt in der Barockzeit, ebenfalls von Italien ausgehend, die Geschichte der Oper in Deutschland. Der Roman der Barockzeit lässt sich in vier Arten unterteilen, wobei der höfisch-historische, der politische und der Schäferroman heute weitgehend vergessen sind, während der **Schelmenroman** durch ein populäres Beispiel fortlebt: „Der Abentheuerliche Simplicissimus Teutsch" (1668) von **Hans Jakob Christoffel von Grimmelshausen** (1622–1676). In diesem Roman spiegelt sich die zeitgenössische Geschichte des Dreißigjährigen Krieges am Beispiel eines tölpelhaften Jünglings, der nach abenteuerlichen Reisen sein Leben als Einsiedler beschließt. Dieser Roman verbindet die Form des Entwicklungsromans mit der des Schelmenromans **(Pikareske)**.

2 Aufklärung

Das 18. Jahrhundert gilt als das Jahrhundert der **Vernunft** und in diesem Zeitalter des Rationalismus befreiten sich die maßgeblichen Philosophen endgültig aus vorgegebenen Denkzwängen und kirchlicher Bevormundung. Hatte bereits **René Descartes** (1596–1650) mit seinem berühmten **Satz *„Cogito ergo sum"*** (Ich denke, also bin ich) einen wichtigen Schritt in Richtung Emanzipation des Denkens getan, so vollendeten **Gottfried Wilhelm Leibniz** (1646–1716) und **Immanuel Kant** (1724–1804) im deutschen Sprachraum diesen Weg des aufgeklärten Denkens. Die immer noch gültige Definition des Epochenbegriffs stammt von Kant: „Aufklärung ist der Ausgang des Menschen aus seiner selbstverschuldeten Unmündigkeit." Die ethische und pädagogische Schlussfolgerung Kants aus dieser **menschlichen Selbstbestimmung** zielt auf ein Handeln

Galileo Galilei, Astronom und Mathematiker

des Einzelnen, das so beschaffen sein muss, dass daraus eine für alle gültige Norm abgeleitet werden kann. Mit dieser Vernunftgläubigkeit, die den Verstand als alleiniges Mittel der Erkenntnis anerkennt, geht eine **Wissenschaftsfreudigkeit** einher, die aus den naturwissenschaftlichen Umwälzungen des Weltbildes seit dem 16. Jahrhundert resultiert (Newton, Kepler, Galilei). Optimismus und Fortschrittsgläubigkeit führten in den folgenden Jahrhunderten zwar einerseits zu vielfältigen Verbesserungen und Erleichterungen des menschlichen Lebens, beinhalteten aber auch bereits die Wurzeln menschlicher Selbstüberschätzung und damit Risiken für Natur und Mensch.

Im politischen und sozialen Bereich sorgte die Aufklärung für eine radikale Infragestellung der überkommenen mittelalterlichen Gesellschaftsordnung, die im Absolutismus zu immer unerträglicheren Verhältnissen geführt hatte, was schließlich am Ende des Jahrhunderts die Französische Revolution auslöste. Den zentralen Idealen der Aufklärung – **Humanität** und **Toleranz, Selbstbestimmung** und **Menschenwürde** – entsprachen die revolutionären Forderungen nach Freiheit, Gleichheit und Brüderlichkeit. **Johann Christoph Gottsched** (1700–1766) ging vom Glauben an die Erziehbarkeit des Menschen aus und sah in der Dichtung dafür ein Instrument. Aus dieser pädagogisch-didaktischen Position heraus ist sein „Versuch einer critischen Dichtkunst vor die Deutschen" (1730) zu verstehen, mit der er vor allem Regeln des klassizistischen Dramas festlegte. **Gotthold Ephraim Lessing** (1729–1781) hat in seinen „Briefen, die neueste Literatur betreffend" (1760) und in seiner „Hamburgischen Dramaturgie" (1767/69) die Dramengeschichte jedoch wesentlich stärker beeinflusst.

Das 18. Jahrhundert ist auch der Beginn eines schriftlichen „literarischen Lebens" mit einer Fülle literarischer Zeitschriften und verschiedenen Lesezirkeln, die den Lesegeschmack eines breiter werdenden Publikums formten. **Moses Mendelssohn** (1729–1786), ein Freund Lessings und das Vorbild seines „Nathan", der wiederum mit seiner „Ringparabel" zu Toleranz und Humanität auffordert, spielte in dieser Entwicklung eine gewichtige Rolle.

Johann Wolfgang von Goethe, „Die Leiden des jungen Werthers". Titelblatt der Erstausgabe 1774

3 Empfindsamkeit und Sturm und Drang

Als Teile der Leitepoche Aufklärung sind sowohl Empfindsamkeit als auch Sturm und Drang zu sehen. Hier dominieren die emotionalen Kräfte des Menschen – **Gefühl und Leidenschaft**. Für die Gefühlsbetonung steht die Dichtung der **Empfindsamkeit**, wie sie vor allem im Freundschafts- und Dichterbund des **Göttinger Hain** gepflegt wurde, dessen Vorbild **Friedrich Gottlieb Klopstock** war. Daneben erlangte **Matthias Claudius** mit seinen stimmungsvollen Liedern („Der Mond ist aufgegangen") und der erbaulichen Zeitschrift „Der Wandsbecker Bote" Bekanntheit.

Bedeutsamer ist allerdings die Bewegung des **Sturm und Drang**, die ihre Benennung dem gleichnamigen Drama von **Friedrich Maximilian Klinger** (1752–1831) verdankt. Als Stürmer und Dränger gelten die jungen Dichter einer Gruppe, die Kraftnatur und Genialität, Auflehnung und Normverletzung zum Programm hatte und gegen reines Vernunftdenken kämpfte. Der wichtigste Wegbereiter war **Johann Gottfried Herder**, weil er Naturgesetze über Kunstgesetze stellte und in der Volkspoesie den wahren Ursprung der Sprache sah. Neben dieser Entdeckung der Volkspoesie geht auf ihn auch die Vermittlung Shakespeares zurück, der seinen Vorstellungen vom **„Originalgenie"** entsprach. Der **junge Goethe** übernahm diese Ideen und setzte sie in all seinen Werken der Straßburger und Frankfurter Zeit um: „Sesenheimer Lieder" (1770/71), Ode „Prometheus" (1774), „Götz von Berlichingen mit der eisernen Hand" (1773), „Die Leiden des jungen Werthers" (1774). All diese Dichtungen Goethes verkörpern als weiteres typisches Merkmal des Sturm und Drang das Ideal individueller Selbstverwirklichung. Noch radikaler zielte der **junge Schiller** auf politische und private Freiheit des Menschen ab. Er und **Christian Friedrich Daniel Schubart** (1739–1791) hatten die Willkür ihres württembergischen Landesherrn durchlitten und sich die Bekämpfung des politischen Absolutismus zum Ziel gesetzt. Während sich Goethe und Schiller in späteren Jahren zu den herausragenden Klassikern entwickelten, steht der früh verstorbene **Jakob Michael Reinhold Lenz** (1751–1792), der Verfasser bedeutender sozialkritischer Dramen, für die Nähe von Genialität und Wahnsinn.

4 Klassik

Goethe-Schiller-Denkmal in Weimar

Jede Nationalliteratur hat ihre sogenannten Klassiker, d.h. große bleibende Dichter wie z.B. Dante, Cervantes, Shakespeare, Molière, Ibsen und Tolstoi. In der deutschen Literaturgeschichte sind dies unbestreitbar **Goethe** und **Schiller**, die die Epoche der Klassik im engeren Sinne bestimmten. Den Anfang dieser Epoche sieht man entweder bereits in Goethes Übersiedlung nach **Weimar**, dem späteren Zentrum der Klassik, oder in seiner **Italien-Reise** (1786–1788), weil durch sie die Beschäftigung mit der **antiken Klassik** ihren ersten Höhepunkt nahm. Sehr wichtig für die Epoche wurde die Freundschaft mit Schiller, in der sich Goethes vorrangig naturwissenschaftlich-anschauliches und Schillers eher historisch-philosophisches Interesse ergänzten. Auch das Ende der Epoche ist nicht eindeutig festzulegen. Ein Einschnitt ist sicher Schillers Todesjahr 1805; damit endet aber nur die **Weimarer Klassik**. Während Goethe noch bis zu seinem Tod 1832 weitere klassische Werke schrieb, war auch die Epoche der Romantik schon nahezu vergangen. **Jean Paul** und **Heinrich von Kleist** z.B. werden entweder der Klassik oder der Romantik zugeordnet. Häufig bezeichnet man auch beide Epochen wegen der zeitlichen Überschneidung und der verwandten Geisteshaltung mit dem aus der Philosophiegeschichte stammenden Begriff **Idealismus**. Die wichtigsten Philosophen dieser Zeit sind **Kant, Hegel, Fichte** und **Schelling**, für die es über der realen Welt eine Welt der Ideen gibt.

Von **Johann Joachim Winckelmann** (1717–1768) stammt das die Klassiker prägende Schönheitsideal der Epoche: eine harmonische Einheit von Körper, Geist und Seele, wie Winckelmann sie ideal-typisch in der antiken griechischen Kunst verwirklicht sah. Aus der Aufklärung wirken die Ideale der Humanität und Toleranz weiter, aus dem Sturm und Drang bleibt die Gefühlsintensität erhalten, die jedoch einem strengen Formwillen unterworfen wird. Im dichterischen Werk sollen Natur und Kunst, sittliche Norm und freier Wille zu harmonischer Übereinstimmung gebracht werden. Während in Goethes Werk manchen Figuren diese klassische Utopie gelingt („Iphigenie", „Wilhelm Meister"), zerbrechen Schillers tragische Helden meistens am Gegensatz zwischen Realität und Idee („Don Carlos", „Wallenstein"). Verteilt sich Goethes Schaffen gleichmäßig auf alle drei Gattungen, stehen bei Schiller eindeutig Lyrik und vor allem die Dramen im Vordergrund.

Fast ausschließlich als Lyriker lieferte **Friedrich Hölderlin** seinen Beitrag zur klassischen Epoche; von ihm stammen aber auch das Dramenfragment „Empedokles" (ab 1797) und der lyrische Briefroman „Hyperion oder Der Eremit in Griechenland" (1797/99). Hölderlin war es auch, der von allen Klassikern am nachhaltigsten von den Ereignissen der Französischen Revolution bewegt wurde. Beklagte er die fehlende Wirkung der politisch-gesellschaftlichen Veränderungen auf Deutschland, so standen Goethe und Schiller diesem historischen Umbruch – vor allem wegen seiner Gewaltsamkeit – eher reserviert gegenüber. Sie setzten mehr auf die ästhetische Erziehung des Menschen als Vorstufe für politischen Fortschritt (Schiller, „Über die ästhetische Erziehung des Menschen, in einer Reihe von Briefen",1795). Die **Ästhetik** (Schönheitslehre) der Klassik verlangte im dichterischen Schaffen Harmonie von Form und Inhalt, strenge Gesetzmäßigkeit des Aufbaus und eine sehr kunstvolle, bildstarke Sprache.

5 Romantik

Kann man die **Klassik** als Epoche des maßvollen Ausgleichs und der harmonischen Einheit von Vernunft und Gefühl bezeichnen, so ist die **Romantik** mit ihren Zentren Jena und Heidelberg eher eine Epoche spannungsvoller Gegensätze und einer gegen die Vernunft gerichteten Gefühlsbetontheit. Unterbewusstsein, Traum, Sehnsucht und Fantasie bestimmen den romantischen Künstler mehr als die Künstler früherer Epochen. Lyrik und Prosa nähern sich nun in zweifacher Weise an, d.h., der Tonfall des Erzählens kann lyrisch werden, manchmal sind aber auch Gedichte direkt in Erzählungen, Novellen und Romane eingestreut. Dabei fällt auf, dass der romantische Roman oft als Fragment unvollendet bleibt, was einen Gegensatz zur Formstrenge der Klassik darstellt. Vom Sturm und Drang dagegen übernimmt die Romantik die Vorliebe für die Volkspoesie, in der man die reinste Form der Dichtung sieht. **Achim von Arnim** und **Clemens Brentano** gaben überliefertes Liedgut in der Sammlung „Des Knaben Wunderhorn" (1806–1808) heraus, die Brüder **Wilhelm** und **Jacob Grimm** stellten die maßgebliche Sammlung der „Kinder- und Hausmärchen" zusammen. Noch

Caspar David Friedrich, Der Wanderer über dem Nebelmeer (1818)

wichtiger ist das von ihnen begründete „Deutsche Wörterbuch". Neben das Sammeln und Herausgeben tritt die eigene künstlerische Produktion von Liedern und Kunstmärchen, z. B. durch **Wilhelm Hauff** und **Ludwig Tieck**.

Im Vergleich zur Klassik liegt das Interesse der Romantik nicht mehr auf der griechisch-römischen Antike, sondern auf dem deutschen Mittelalter, das man ebenfalls stark idealisiert. Daraus erwuchs auch das neu erwachende Nationalgefühl der Romantik, das sich in der patriotischen Begeisterung, z. B. für die Befreiungskriege (1813–1815) gegen Napoleon, politisch äußerte. Außer dem nationalen, historischen und politischen Interesse zeigt sich bei vielen Romantikern ein deutlicher Hang zur Religion, vor allem in der Form eines emotionalen und mystischen Katholizismus. Besonders bei **Novalis** spürt man die Verbindung von naturwissenschaftlich-philosophischem Denken, Gläubigkeit und romantischer Sehnsucht. Diese vieldeutige **Sehnsucht** findet ihren dichterischen Ausdruck in seiner Suche nach der **blauen Blume**, dem Symbol der deutschen Romantik schlechthin. Typische Motive der romantischen Lyrik und Prosa – das Drama spielt in dieser Epoche keine Rolle – sind **Natur** und **Liebe**, **Wanderschaft** und **Sehnsucht** sowie **Nacht** und **Tod**.

Neben der heiteren Sorglosigkeit oder Märchenhaftigkeit mancher romantischer Dichtungen darf man die dunkle, dämonische Seite der Romantik, wie sie beispielsweise **E. T. A. Hoffmann** („Gespenster-Hoffmann") verkörpert, nicht übersehen. Der zeitweilige Bamberger Theaterdirektor, der auch Komponist und Maler war, ist der wichtigste Vertreter der sogenannten **romantischen Ironie**, in der sich der Umschlag vom Traum in die Wirklichkeit und damit die Zerstörung der selbst geschaffenen Illusion ausdrückt. In der Lyrik wendet dieses Prinzip der ironischen Desillusionierung vor allem **Heinrich Heine** an, der die Romantik zu einem Höhepunkt führt, sie aber zugleich überwindet. Seine Gedichte wurden vielfach auch von berühmten romantischen Komponisten – **Franz Schubert** (1797–1828) und **Robert Schumann** (1810–1856) – vertont. Nimmt man noch als großen Namen aus der romantischen Malerei **Caspar David Friedrich** (1774–1840) hinzu, so erkennt man die Bedeutung der deutschen Romantik für die deutsche Kulturgeschichte.

Aber auch für die Emanzipation der Frau war die Romantik wegweisend, weil es einer **Bettina von Arnim** (1785–1859), **Karoline von Günderode** (1780–1806), **Rahel Varnhagen** (1771–1833) und **Dorothea Schlegel** (1763–1839) gelang, Beachtung zu erlangen, entweder durch ihre eigene literarische Produktion oder das literarische Leben in ihren sogenannten Salons.

6 Biedermeier und Junges Deutschland

Die enttäuschte Hoffnung auf entscheidende politische und gesellschaftliche Veränderungen im Hinblick auf Einheit und Freiheit in Deutschland schlug sich auf literarischem Gebiet in zwei entgegengesetzten Richtungen nieder: Mit **Biedermeier** bezeichnet man die eher resignative Reaktion, **Junges Deutschland** ist der Name für eine Gruppe von Autoren mit politisch-

Die Erschießung des Demokraten Robert Blum 1848

kämpferischem Programm. Das weitere Umfeld dieser Gruppe wird literaturgeschichtlich auch **Vormärz** genannt, womit auf das Ende dieser Epoche, die März-Revolution von 1848, Bezug genommen wird. Beide Strömungen setzen mit dem Ende der napoleonischen Ära und der Restauration nach dem Wiener Kongress ein, die nach der Wiederherstellung vorrevolutionärer Zustände in Staat und Gesellschaft strebte. Der österreichische Dichter **Franz Grillparzer** (1791–1872) setzte sich in seinem literarischen Werk mit der Geschichte der Habsburger Monarchie auseinander und vertrat dabei die Idee des monarchischen Prinzips.

Die Vertreter des Biedermeier reagieren auf die konservative Wendung, die dem Bürgertum die aktive Mitwirkung am öffentlichen Leben versagte, mit einem Rückzug ins Private, in die oft idyllisch verklärte kleine Welt ihres Alltags. Darin werden in Ehrfurcht vor der Überlieferung klassische Werte wie Sittlichkeit, Maß und Gesetz bewahrt, wenngleich diese Ideale immer wieder in ihrer Bedrohung durch Leidenschaft und inneres Chaos dargestellt werden. Eine offenkundige Liebe zu den kleinen Dingen und eine enge Beziehung zur Natur drücken sich in Lyrik und Prosa in unterschiedlichen Stimmungen wie Weltschmerz oder Heiterkeit aus.

In publikumswirksamer Weise vermittelten diesen Gegensatz die beiden Vertreter des sogenannten **Wiener Volksstücks, Ferdinand Raimund** (1790–1836) und **Johann Nestroy** (1801–1862). Ihre manchmal spitze Gesellschaftskritik störte die bürgerliche „Ruhe und Ordnung" des Biedermeier.

Sehr viel politischer und grundsätzlicher griffen die Vertreter des **Jungen Deutschland** den reaktionären Stillstand und Rückschritt des Metternich-Systems an. Diese Gruppe jüngerer Literaten (Gutzkow, Wienbarg, Laube, Mundt) führte einen journalistischen **Kampf gegen Zensur** und Unterdrückung, für soziale Reformen und geistig-politische Erneuerung. In ihren engagierten **Tendenz-Schriften** verknüpften sie aktuelle Tagesereignisse mit ihrer fortschrittlichen politischen Programmatik. Dabei bekämpften sie die Ideale der Klassik und Romantik ebenso wie die Normen und Werte der Amtskirche oder des Staates. Ihre Mittel in diesem publizistischen Kampf waren Wortwitz, Parodie und Satire. **Heinrich Heine**, der nicht zur eigentlichen Gruppe der Jungdeutschen gehörte, war nicht nur in dieser Hinsicht ihr Vorbild. Wie er wurden sie verfolgt und ins Exil getrieben, ihre Schriften verboten. Dieses Schicksal erlitt auch der Zeitgenosse **Georg Büchner**, der zwar die politischen Ziele des Jungen Deutschland teilte, sich aber persönlich dieser Gruppe nicht zugehörig fühlte.

7 Poetischer Realismus

Ähnlich wie bei der Klassik gilt auch für den Begriff **Realismus** eine doppelte Verwendungsmöglichkeit: Einmal ist damit das stilistische Merkmal großer Wirklichkeitsnähe in allen Epochen gemeint, zum anderen ist er die Bezeichnung für die literaturgeschichtliche Epoche der zweiten Hälfte des 19. Jahrhunderts. Gesamteuropäisch wird die Epoche des Realismus vornehmlich geprägt von den großen französischen, englischen und russischen Erzählern wie Balzac, Flaubert, Dickens, Dostojewski, Tolstoi.

Adolph Menzel, Eisenwalzwerk,1875

Die deutschsprachigen Realisten gelten im Vergleich dazu als weniger repräsentativ, weil sie nicht so konsequent den Wechsel vom metaphysisch geprägten zum positivistischen Weltbild (Beschränkung der Wirklichkeit auf wahrnehmbare und vor allem messbare Fakten) vollzogen und den einschneidenden politischen und gesellschaftlichen Veränderungen weniger Rechnung trugen. Der Grund dafür liegt auch in der verzögerten politischen Entwicklung Deutschlands zu einem Nationalstaat mit einer gesellschaftlichen und kulturellen Metropole. Auch die Industrialisierung und die Probleme des frühkapitalistischen Wirtschaftssystems finden in die deutschsprachige Literatur erst später Eingang. Für den deutschen Realismus sind zwei Epochenbezeichnungen gebräuchlich. Im Begriff **bürgerlicher Realismus** kommt die maßgebliche Rolle des Besitz- und Bildungsbürgertums für diese Epoche zum Ausdruck, was jedoch die Einbeziehung des Kleinbürgertums und des entstehenden Proletariats nicht ausschließt. Der Name **poetischer Realismus** bringt stärker die dichterische Eigenständigkeit der Literatur zum Ausdruck. **Otto Ludwig** (1813–1865) forderte programmatisch eine verklärte Wirklichkeit statt einer wirklichen Wirklichkeit, um das Wesen der Dinge zu erfassen. Er sucht damit einen Ausgleich zwischen Idealismus (Dinge, wie sie sein sollen) und purem Realismus (Dinge, wie sie sind).

In Anlehnung an die zunehmende Bedeutung der exakten Wissenschaften gewinnt die soziale und psychische Wirklichkeit allmählich mehr Gewicht in der deutschen Literatur. Sie wird aber nicht bloß abgebildet, sondern soll erst durch die dichterische Gestaltungskraft in ihrem wahren Wesen erfasst werden. Mit dieser **poetischen Überhöhung** werden zwar die Schicksale häufig zu einem versöhnlichen Ende geführt, ohne dass damit jedoch die grundsätzlichen gesellschaftlichen Konflikte verharmlost werden. Solche Konflikte sind z. B. der Widerspruch zwischen bürgerlicher Moral und dem tatsächlichen Handeln, das Verhältnis zwischen Mann und Frau, frühe Klassenkonflikte und Schwierigkeiten des Sonderlings in der bürgerlichen Gesellschaft, die Fremdartiges überhaupt ablehnt. Ironie und Humor, die viele realistische Prosawerke kennzeichnen, weisen ebenfalls auf einen Ausgleich zwischen objektiver Wirklichkeit und subjektivem Erzählen hin. Da die Prosa im Vordergrund steht, werden erzählerische Techniken insgesamt in der Epoche des Realismus sehr wichtig. Als Dramatiker tritt in dieser Epoche nur **Friedrich Hebbel** hervor.

8 Naturalismus

„Der Sturm" aus dem Zyklus „Weberaufstand" von Käthe Kollwitz, Radierung 1897

Die poetische Verklärung, mit der im Realismus die Wirklichkeit überhöht wurde, lehnte der Naturalismus radikal ab. Diesem Protest liegt ein **neues Literaturverständnis** zugrunde, das die Kunst nach der Methode der Naturwissenschaft auf objektive Beobachtung und Analyse verpflichtet. Der Schriftsteller versteht sich gewissermaßen als Wissenschaftler, dessen künstlerisches Werk den Regeln wissenschaftlicher Beweisführung gehorcht, sodass Kunst identisch mit Natur wird. Hinter den individuellen Erscheinungen sollen die biologischen (Darwin), sozialen (Comte) und historischen (Marx) Gesetzmäßigkeiten bloßgelegt werden. Das Menschenbild des naturalistischen Dichters ist deterministisch, d. h., der Einzelne ist nicht frei und damit nicht für seine Taten verantwortlich, weil er durch Erbfaktoren, Milieu und Herkunft festgelegt ist. Während in der Epoche des Realismus noch Reste des klassischen Idealismus und metaphysische Bezugspunkte feststellbar waren, dominiert im naturalistischen Weltbild die Auffassung von dem eindeutigen Vorrang der realen Verhältnisse. Die an wissenschaftlicher Objektivität orientierte Sehweise des Dichters schließt aber Mitleiden mit der Kreatur Mensch und innere Auflehnung gegen soziale Missstände nicht aus. Einige naturalistische Werke hatten daher eine ausgesprochen provozierende bzw. erschütternde Wirkung. Dies zeigte sich am deutlichsten bei Theateraufführungen, die gelegentlich zu regelrechten Theaterskandalen führten. Um der staatlichen Zensur zu entgehen, gründete man 1889 in Berlin die sogenannte Freie Bühne, einen privaten Theaterverein.

Die stärksten Einflüsse erhielt der deutsche Naturalismus von Zola, Ibsen und Strindberg, aber auch von Dostojewski und Tolstoi, die früher als die deutschen Autoren auch extreme menschliche Situationen und soziale Missstände darstellten. Unter dem Einfluss dieser Schriftsteller wurden nun auch in Deutschland die vom Realismus noch tabuisierten Themen Alkoholismus und Kriminalität, Sexualität und Triebhaftigkeit, Brutalität und Gewalt sowie Unterdrückung und Ausbeutung behandelt. Die Figuren entstammen immer häufiger der sozialen Unterschicht und sprechen die ihnen gemäße Sprache, d. h. Soziolekt und Dialekt (Schichten- bzw. Regionalsprache). So wie diese Sprachverwendung im Dialog Ausdruck des absoluten Wirklichkeitsanspruchs war, versuchte der Sekundenstil im Erzählen den Vorgang deckungsgleich zu beschreiben. **Arno Holz** (1863–1929) entwickelte gemeinsam mit **Johannes Schlaf** (1862–1941) in einer programmatischen Schrift die Theorie eines „konsequenten Naturalismus", der auf exakte Milieuschilderung abzielte. Zugleich wollten sie jegliche Subjektivität eliminieren und möglichst wissenschaftlich sein. So kamen sie zu der Formel „Kunst = Natur – x". Der Wirklichkeitsanspruch der Naturalisten fand eine gewisse Fortsetzung bei einigen Autoren, die sich kritisch mit der wilhelminischen Gesellschaft auseinandersetzten. Der Schriftsteller und Dramatiker **Gerhart Hauptmann** (1862–1946) gilt als der bedeutendste deutsche Vertreter der Epoche und erhielt 1912 den Nobelpreis für Literatur. Die entsprechenden sozialen Verhältnisse im süddeutschen Raum deckten **Ludwig Thoma** (1867–1921) und **Lena Christ** (1881–1920) auf.

III Von der Jahrhundertwende bis zum Ende des Zweiten Weltkriegs

1 Literatur der Jahrhundertwende

Hatte der Naturalismus die realistische Darstellung der Wirklichkeit in Thematik und Stil bis zum Äußersten gesteigert, versuchte um die Jahrhundertwende eine neue Generation den **ästhetischen Anspruch der Literatur**, ihre künstlerische Gestaltung, bewusst in den Vordergrund zu stellen. Dies wirkte sich thematisch aus in einer gewissen Distanzierung von politischen und sozialen Fragen einer naturalistisch gezeichneten Alltagswelt und in einer Hinwendung zur **Subjektivität** und **Psychologie** der Einzelfiguren, die wieder mehr dem gehobenen Bürgertum angehören, auch Aristokraten oder Künstler sein können. In ihnen spiegelt sich die melancholische und pessimistische Grundstimmung der Dichtergeneration in einer zu Ende gehenden Zeit, den sogenannten Gründerjahren, die in Österreich mit dem Untergang der Donaumonarchie zusammenfielen. **Karl Kraus** (1874–1936) war in seiner Zeitschrift „Die Fackel" der unbestechliche Kritiker der Endphase der K.-u.-k.-Monarchie. Der blinden Fortschrittsgläubigkeit und einseitig materiellen Ausrichtung dieser Gründerzeit vor dem Ersten Weltkrieg setzten die Schriftsteller eine Welt der Seele, des Geistes und der Kunst entgegen. Die philosophischen Wegbereiter dieser kritischen Haltung waren Arthur

Schopenhauer (1788–1860) und Friedrich Nietzsche (1844–1900), die die Brüder **Heinrich Mann** (1871–1950) und **Thomas Mann** (1875–1955) beeinflussten. Während die Österreicher **Arthur Schnitzler** und **Robert Musil** ihrem Landsmann und Begründer der Tiefenpsychologie Sigmund Freud (1856–1939) nahestanden, griff **Hermann Hesse** auch fernöstliches Gedankengut in seinem Werk auf. Gemeinsam ist allen diesen Schriftstellern eine entschiedene Distanz zu überkommenen gesellschaftlichen Vorstellungen und Normen.

Max Liebermann, Der Papageienmann, 1902

Die vielfältigen künstlerischen Strömungen dieser Epoche der Jahrhundertwende lassen sich nicht unter einem einzigen Sammelbegriff einordnen. Deshalb haben sich für diesen Zeitraum der Gegenströmungen zum Naturalismus verschiedenen Bezeichnungen eingebürgert: **Fin de Siècle** (Ende des Jahrhunderts) und **Décadence** (Verfall) heben die Endzeitstimmung hervor, **Jugendstil** spielt auf die große Bedeutung des schmückenden Ornaments, der künstlerischen Verzierung an, **Neoklassik** und **Neoromantik** bezeichnen zwei traditionelle Richtungen, die in Form, Sprache und Gehalt an die beiden früheren Epochen anknüpfen. Die vielen Namen signalisieren die Gleichzeitigkeit unterschiedlichster Stilrichtungen. Die zwei häufigsten Epochenbegriffe sind jedoch Impressionismus und Symbolismus. Die aus der Geschichte der Malerei übernommene Bezeichnung **Impressionismus** beinhaltet in der Literatur die differenzierte Darstellung persönlicher Eindrücke und Stimmungen, die in nuancenreicher und sensibler Beobachtungskunst vermittelt werden. Das Dasein wird in besonderen Einzelmomenten erfasst und mit einer Fülle sprachlicher Farben und Töne bildhaft-musikalisch ausgedrückt.

Der **Symbolismus** geht davon aus, dass sich das Geheimnisvolle menschlicher Existenz nicht mehr in herkömmlicher Sprache aussagen lässt, und sucht deshalb eine Annäherung an das Unsagbare mithilfe von Bildern und Symbolen, d.h., konkret Dargestelltes bekommt Verweisfunktion auf dahinterliegende Wahrheiten. Diese aus allen alltäglichen Zwängen der Realität ausbrechende Kunst dokumentiert sich am reinsten in den Gedichten, der sogenannten **Poésie pure**. Frankreich war nicht nur in der Malerei des Impressionismus (z.B. Renoir, Monet, Manet, Degas), sondern auch in der symbolistischen Lyrik Vorbild (z.B. Baudelaire, Mallarmé, Verlaine, Rimbaud). Das Schwelgen in Bildern und Sprachartistik einerseits und der Zweifel an der Aussagekraft der Sprache andererseits erzeugen die paradoxe Situation einer nur wieder in Sprache ausdrückbaren **Sprachkrise**, wie sie **Hugo von Hofmannsthal** in seinem „Chandos-Brief" (1902) thematisierte.

In diese Zeit der Jahrhundertwende gehören aber auch noch ganz andere literarische Ansätze: Der psychologische Realismus versucht, innere Konflikte mithilfe der modernen Psychologie (Psychoanalyse) darzustellen; andere Autoren befassen sich kritisch mit den Krisenerscheinungen der bürgerlichen Gesellschaft.

2 Expressionismus

Die letzte stilistisch relativ klar abgrenzbare und auf ein gemeinsames Programm festgelegte Epoche der deutschen Literaturgeschichte ist der Expressionismus. Im Umfeld des Ersten Weltkriegs bewirkten politische und gesellschaftliche, technische und gesamtkulturelle Umwälzungen auch in der Literatur eine radikale Neuorientierung. Sie drückt sich in der konsequenten Ablehnung einer historischen Entwicklung aus, die von Industrialisierung und Kapitalismus, Imperialismus und Militarismus beherrscht war und in die Katastrophe des Kriegs führte. Die Kritik des Expressionismus richtete sich aber auch gegen die geistigen Traditionen des Materialismus und Positivismus, Sozialdarwinismus und bürgerlichen Klassendenkens. Insofern ist der Expressionismus ein aus der Krise geborener Protest und damit eine **antibürgerliche Revolte**. Ein repräsentatives Thema dafür ist der Vater-Sohn-Konflikt.

Aus dieser Auflehnung erwächst die Hoffnung auf einen **neuen Menschen**, der mit seiner Suche nach dem Sinn menschlicher Existenz die vielfältigen Entfremdungen des Daseins überwindet. Die schrecklichen Kriegserfahrungen vieler expressionistischer Dichter verstärkten den Wunsch nach **pazifistischer Verbrüderung**, auch um den Preis persönlicher Opferbereitschaft. Einige fielen im Krieg oder begingen Selbstmord; die meisten Überlebenden gingen den Weg eines politischen Propagandisten oder Aktivisten und standen dem Sozialismus nahe. Neben solchen Vertretern einer hauptsächlich politisch engagierten Literatur gab es jene, die visionäre Künder eines utopischen Menschentums mit beinahe religiösen Zügen sein wollten.

Die Erfahrung von anonymer Masse und seelenloser Zivilisation der Großstadt, von bisher nicht gekannten Kriegsgräueln und unsäglichen menschlichen Leiden entlud sich in **Pathos, Ekstase** und **Schrei**. Das ohnmächtige dichterische Ich steigert sich in dämonische und schockierende Bilder, zerbricht den konventionellen Satzbau durch häufige Verwendung von unvollständigen Sätzen oder unverbundenen Einzelwörtern. In einer solchen Zerstückelung der Sprache und Intensivierung des Ausdrucks zeigt sich die Nähe zur expressionistischen Malerei (Beckmann, Dix, Marc) und Musik (Schönberg, Berg, Strawinsky), die ebenfalls neben der abstrakten Abbildung äußerer Wirklichkeit vor allem die innere Wirklichkeit als Expression (Ausdruck) gestalten.

Eine Sonderform des Expressionismus stellt der **Dadaismus** dar, der unter Kunst nur noch abstrakte Kunst verstand, die zudem von jedem Sinnzwang befreit wurde. Aus dem Dadaismus wiederum ging der **Surrealismus** hervor, eine künstlerische Bewegung, die versuchte, das Unbewusste, Fantastische sowie Träume darzustellen.

Franz Kafka vor dem Haus der Familie in Prag, 1922

Franz Kafka ist ähnlich wie Büchner in seiner Zeit ein herausragender Dichter, der den Rahmen einer Epoche sprengt, weil er für die gesamte Literatur der Moderne – gedanklich und formal – wegweisend war.

Der aus Prag stammende jüdische Schriftsteller gestaltete in seinen Prosawerken wie kein anderer die Angst, Entfremdung und Orientierungslosigkeit des Menschen im 20. Jahrhundert. Realistische Beobachtungen stehen in krassem Gegensatz zu surrealen Situationen und Träumen; in visionären Bildern drückt er Wahrheits- und Sinnsuche vor dem Hintergrund einer undurchschaubaren, bürokratisierten Umwelt aus. Kafkas Ausnahmecharakter zeigt sich schon darin, dass das Wort „kafkaesk“ zu einem Synonym für das Absurde und Groteske geworden ist.

Im **Expressionismus** als einer Stilrichtung in der bildenden Kunst bzw. als literarischer Epoche wird deutlich, wie sich deren Programmatik und gestalterische Umsetzung in beiden Bereichen auf vielfältige Weise verknüpfen lässt. Die Motivwahl sowie der freie Umgang mit Farbe und Form in den expressionistischen Bildwerken spiegeln sich facettenreich in der Literatur wider, was der folgende Lernzirkel zum Ausdruck bringt.

Beispiel für einen Lernzirkel

Arbeitsanweisung

Dieser Lernzirkel ist in sieben Stationen eingeteilt, die Sie sich frei und eigenverantwortlich aneignen sollen. Die Nummerierung hat, mit Ausnahme der Station 1, die für alle an erster Stelle steht, reine Ordnungsfunktion, denn nach der ersten Station sind Sie in der Reihenfolge der Bearbeitung der Stationen frei. Sichern Sie die Arbeitsergebnisse in Ihrem Ordner und achten Sie darauf, dass Sie diese Ergebnisse jederzeit zuordnen können.
Falls sich Fragen oder Probleme ergeben, wenden Sie sich bitte an Klassenkameraden, die gerade dieselbe Station bearbeiten, oder an die Lehrkraft. Der Laufzettel dient vorrangig Ihrer Kontrolle, informiert aber auch die Lehrkraft über Ihren Arbeits- und Lernfortschritt. Manche Stationen (2, 4, 5, 6, 7) enthalten alternative Arbeitsaufträge und bieten für Lernende mit hohem Arbeitstempo, die früher als die anderen mit den Pflichtstationen fertig sind, weitere Möglichkeiten zur Vertiefung und Erweiterung.
Halten Sie bitte grundsätzlich Ihr Deutschbuch und folgende Arbeitsmittel bereit: Schere, Klebstoff, Textmarker, Buntstifte, Acrylfarben etc. Wenn Sie im Besitz eines Smartphones sind, wäre es sehr hilfreich, wenn Sie dieses mitbringen könnten.
Es stehen Ihnen acht Unterrichtsstunden für die Bearbeitung des Lernzirkels zur Verfügung; der Laufzettel hält den Arbeitsablauf und -fortschritt fest.

Station	Thema der Station	Bearbeitet am	Dauer
1	Basisinformation zur Epoche	z. B. 17.10.2018	z.B. 40 min
2	Musik/Film	?	?
3	Malerei und Plastik	?	?
4	Kreative Umsetzungen von literarischen Texten	?	?
5	Präsentationsaufgabe	?	?
6	Auseinandersetzung mit literarischen Texten	?	?
7	Internetrecherche zu Persönlichkeiten, Orten und Werken	?	?

Station 1

1. Informieren Sie sich im Schulbuch (siehe S. 364 f.) über die Epoche des Expressionismus.
2. Studieren Sie die Sparte Kultur im entsprechenden Bereich des Gesamtüberblicks (siehe S. 351).
3. Halten Sie das Wesentliche in Form einer Mindmap fest.
4. Überprüfen Sie Ihre Kenntnisse anhand folgender Fragen:
   - Wie ist die Epoche zeitlich begrenzt?
   - Nennen Sie drei historische Ereignisse bzw. politische Strömungen dieser Zeit.
   - Was versteht man unter „Expressionismus", „Surrealismus" und „Dadaismus"?
   - Nennen Sie jeweils drei Namen expressionistischer Dichter und Werke.

Station 2

Wählen Sie aus den beiden folgenden Aufgabenstellungen aus.

Alternative 1: Analyse von Filmsequenzen

Schauen Sie sich unter Berücksichtigung der unten aufgeführten Fragen folgende Filmtrailer zweimal an:

- Lang, Fritz, M – Eine Stadt sucht einen Mörder, 1931
- Lang, Fritz, Metropolis, 1927

1. Welche Thematik (auch Motive) wird angesprochen?
2. Welches Verhältnis zwischen Mensch/Figuren und Umgebung ist erkennbar?
3. Versuchen Sie, die Atmosphäre/Stimmung in wenigen Sätzen zu beschreiben.
4. Welche expressionistischen Elemente erkennen Sie in den Filmausschnitten? (Für die Analyse hilfreich: siehe S. 49 ff.)

Alternative 2: Analyse von Beispielen expressionistischer Musik

Hören Sie sich die Ausschnitte folgender Musikstücke an:

- Schönberg, Arnold, „Gurrelieder", Chor: Seht die Sonne, 1901–1911
- Strauss, Richard, „Elektra", Schlussszene, 1909
- Strawinsky, Igor, „Le Sacre du Printemps", Anfangsszene, 1913
- Honegger, Arthur, „Pacific 231", 1940

1. Verwenden Sie zehn Adjektive zur Charakterisierung Ihrer Höreindrücke.
2. Suchen Sie fünf Substantive zu Bereichen, die Sie mit der Musik assoziieren.
3. Setzen Sie ein Musikstück in Farbe um.
4. Drücken Sie ein Musikstück tänzerisch aus.

Station 3

Teil 1
Ihnen stehen folgende Bilder in Farbe zur Verfügung (siehe S. 369):
- Beckmann, Max, „Die Synagoge in Frankfurt am Main“
- Dix, Otto, „Sehnsucht“

1. Betrachten Sie die zwei Bilder sehr intensiv. Fertigen Sie ein Cluster zu Ihren Assoziationen an.
2. Informieren Sie sich im Internet zu einem der Bilder über den Künstler und den Entstehungshintergrund.

Teil 2
Ihnen liegen vier „Werkzustände“ eines Bildmotivs von Gabriele Münter vor (siehe S. 370).

1. Beschreiben Sie stichwortartig die wesentlichen Veränderungen gegenüber dem jeweils vorangegangenen Bildzustand.
2. Formulieren Sie eine Annäherung an den Begriff „abstrakte Kunst“.

Station 4

Wichtiger Hinweis:
Informieren Sie sich frühzeitig über die Aufgabenstellung von Station 4, weil Sie geeignete Materialien sammeln und in die Schule mitbringen müssen.
Die Station enthält die Gedichte
- Werfel, Franz, „Als mich dein Wandeln an den Tod verzückte“ (siehe S. 307)
- Trakl, Georg, „Vorstadt im Föhn“ (siehe S. 510)
- Ball, Hugo, „Karawane“ (siehe S. 511)

1. Lesen Sie sich die drei Gedichte mehrmals intensiv durch.
2. Welche Bilder assoziieren Sie bei der Lektüre der Gedichte?
3. Sie haben nun die Wahl:
   - Alternative 1: Erarbeitung eines Standbilds zum Gedicht „Als mich dein Wandeln an den Tod verzückte“ (Hinweise zum Standbild siehe S. 47)
   - Alternative 2: Gestaltung einer Collage zum Gedicht „Vorstadt im Föhn“
   - Alternative 3: Malerische Umsetzung des Gedichts „Karawane“
   - Alternative 4: Filmische Umsetzung eines der drei Gedichte

   Bedenken Sie an dieser Station die Möglichkeit zur Gruppenarbeit.

Station 5

Wählen Sie aus den fünf Vorschlägen eine Aufgabenstellung aus:

1. Gestalten Sie die vorliegende Szene aus Georg Kaisers Drama „Gas I" (siehe S. 449f.) szenisch.
2. Rezitieren Sie das Gedicht von Georg Heym „Der Gott der Stadt" (siehe S. 510)
4. Erstellen Sie eine Präsentation zu Gottfried Benns Gedicht „Schöne Jugend" (siehe S. 512).
5. Schreiben Sie ein Gedicht oder eine dramatische Szene zum Bild „Die Stützen der Gesellschaft" von George Grosz (siehe S. 371).

Station 6

Die folgenden drei Texte repräsentieren die drei literarischen Gattungen:
- Heym, Georg, „Der Gott der Stadt" (siehe S. 510)
- Kafka, Franz, „Eine kaiserliche Botschaft" (siehe S. 397)
- Kaiser, Georg, „Gas I" (siehe S. 449f.)

1. Setzen Sie sich anhand dieser drei literarischen Zeugnisse mit Motiven expressionistischer Literatur auseinander.
2. Halten Sie in Ihrem Heft fest, welche Aussageabsichten die Autoren literarisch gestalten, und ordnen Sie jeweils zentrale sprachliche Mittel zu.

Station 7

Sie haben die Wahl.

Führen Sie eine Internetrecherche zu einem dieser Themen durch:
- Blauer Reiter/Die Brücke: Mitglieder, Lebensläufe der Künstler
- Ernst Toller: Dichter und Politiker
- Lenbachhaus München
- Brecht als expressionistischer Lyriker

3 Literatur der Weimarer Republik

Der Expressionismus war als Epoche erlebter Intensität und gesteigerten Ausdruckswillens nicht von sehr langer Dauer. Mit dem Ende des Ersten Weltkriegs und der November-Revolution sowie der allmählichen Festigung der Weimarer Republik passten der missionarische Ruf nach dem neuen Menschen und die pathetische Sprache mit ihren visionären Bildern nicht mehr in die Zeit.

Stattdessen reagierten die Schriftsteller auf den politischen Neubeginn mit einer Wendung zur **Neuen Sachlichkeit**, die aber nicht die ganze Literatur bis zum Beginn des „Dritten Reiches" erfasste. Denn neben dieser eher nüchternen Darstellung der Wirklichkeit finden sich auch weiterhin Texte mit typischen Zügen der Jahrhundertwende oder des Expressionismus.

Weil also keine Stilrichtung vorherrscht, weicht man auf den politischen Epochenbegriff **Literatur der Weimarer Republik** aus. Zudem ist dieser neue Staat ein gemeinsamer Bezugspunkt der Werke dieser Zeit. Für die österreichischen Autoren ist der Bezugspunkt natürlich deren Staat, die neue, auf den deutschsprachigen Raum beschränkte Republik Österreich.

Das politische Engagement polarisiert sich, wobei auf dem extremen linken Flügel eine **proletarisch-revolutionäre Literatur** entsteht, die sich in einem Schriftstellerbund organisiert. Ganz rechts bereitet sich die **völkisch-nationalistische Literatur** vor. Während die Vertreter dieser beiden Richtungen hauptsächlich ideologisch-propagandistisch schrieben, gehen die meisten literarisch bedeutsamen Werke auf all jene bürgerlichen Schriftsteller zurück, die dem Staat manchmal mit scharfer, oft mit wohlwollender Kritik oder auch mit Sympathie gegenüberstanden.

Max Beckmann, Die Synagoge in Frankfurt am Main, 1919

Die **Goldenen Zwanziger** ließen Deutschland an den populären modernen Strömungen in Musik, Tanz, Film und Mode teilhaben und machten Berlin zu einer kulturellen Metropole von Weltrang. Ein **vielfältiges literarisches Leben** gehörte dazu: Das Verlagswesen blühte auf, die Zeitschrift „Weltbühne" beeinflusste die öffentliche Diskussion, Kritiker wie Kerr oder Ihering bildeten den Publikumsgeschmack. Erwin Piscators politische Revue faszinierte die Zuschauer ebenso wie Max Reinhardts ästhetisches Theater oder die Filme von Fritz Lang und F. W. Murnau. Das deutschsprachige Kabarett, dessen Anfänge bereits vor dem Ersten Weltkrieg liegen, erlebte quantitativ und qualitativ einen großen Aufschwung.

Otto Dix, Sehnsucht (Selbstbildnis), 1918

Hatte die deutschsprachige Lyrik den Anschluss an die Moderne bereits um die Jahrhundertwende vollzogen, so erfolgte dieser Durchbruch nun auch in der Prosa und im Drama. Es entstehen große Zeit- und Gesellschaftsromane, die Selbstfindung des Individuums wird in der Zeit des Umbruchs nach dem Ersten Weltkrieg zum wichtigen Thema. Die Auseinandersetzung mit der modernen Zivilisation und ihrem soziologischen, psychologischen und philosophischen Hintergrund bleibt nicht an der Oberfläche stehen, sondern bezieht mythische und unbewusste Tiefenschichten mit ein. Das Erzählen steht im Dienst eines zeitgenössischen demokratischen Humanismus und bedient sich vieler neuer Erzähltechniken.

Auf dem Gebiet des Dramas liegt die entscheidende Neuerung im **epischen Theater** Brechts. Basierend auf der Lehre von Karl Marx entwickelt **Bertolt Brecht** ein Bühnengeschehen weg vom Illusions- und hin zum bewusstseinsverändernden Lehrtheater, das zum politischen Handeln motivieren soll.

Verschiedene Werkzustände eines Bildmotivs von Gabriele Münter

Die verschiedenen Werkzustände eines Bildmotivs von Gabriele Münter lassen die in kurzer Zeit stattfindende Entwicklung der Künstlerin erkennen. Die naturgetreue Darstellung wandelt sich hin zur Abstraktion, einem zentralen Merkmal expressionistischer bildender Kunst.

Abb. 2: Gabriele Münter, Nach dem Tee, 1912

Abb. 4: Gabriele Münter, Abstraktion, 1912

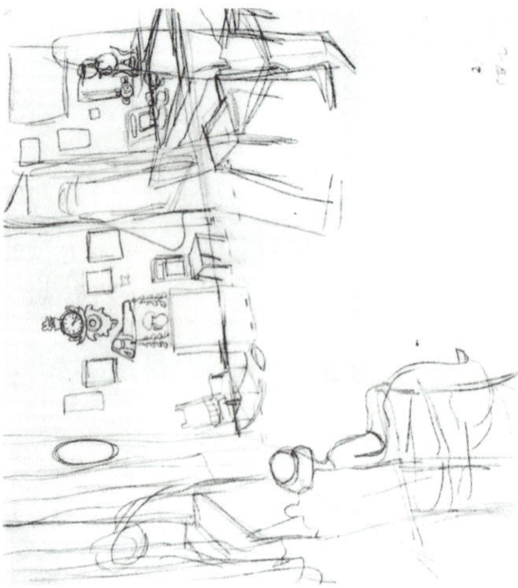

Abb. 1: Gabriele Münter, Nach dem Tee, 1912

Abb. 3: Gabriele Münter, Nach dem Tee, 1912

4 Literatur während des „Dritten Reiches“: nationalsozialistische Literatur – Literatur der inneren Emigration – Exilliteratur

Mit der Machtübernahme Hitlers am 30. Januar 1933 und der unmittelbar folgenden Gleichschaltung fand die Literatur der Weimarer Republik ein abruptes Ende. Bereits am 10. Mai inszenierten die Nationalsozialisten mit dem „Aufruf wider den deutschen Geist“ Bücherverbrennungen, denen nicht nur sämtliche Bücher jüdischer, sondern auch politisch missliebiger, vor allem sozialistischer und kommunistischer Autoren zum Opfer fielen. Diesem gewaltsamen Akt folgten „Listen des schädlichen und unerwünschten Schrifttums“ und Richtlinien für die Mitgliedschaft in der **NS-Reichsschrifttumskammer**, die von nun an das gesamte literarische Leben überwachte und lenkte. Das kam für die maßgeblichen Schriftsteller der Zeit einem Berufsverbot gleich, traf gleichermaßen Verlage und Zeitschriften und bedeutete den totalen Bruch der geistigen Kontinuität. Dieser Einschnitt zerstörte überhaupt das gesamte deutsche Kulturleben – Wissenschaft, Kunst, Musik und Theater –, das in vielen Fällen von jüdischen Persönlichkeiten geprägt war. Die von der Parteiführung organisierte Ausstellung **„Entartete Kunst“** vereinte alle verbotenen Maler, deren Werke nicht dem Ideal des völkischen Realismus entsprachen.

Bücherverbrennung durch die Nationalsozialisten am 10. Mai 1933

Diesem **„Ideal“** wurde auch die nationalsozialistische Literatur verpflichtet, die einerseits das Jüdische, Intellektuelle als das **„Zerstörerische“** bekämpfen und andererseits das Völkisch-Germanische als das **„Vorbildliche“** verherrlichen musste. Die sogenannte **Blut-und-Boden-Literatur** wurde z. B. repräsentiert durch Hanns Johst (1890–1978), Erwin Guido Kolbenheyer (1878–1962), Hans Grimm (1875–1959) und Will Vesper (1882–1962). Dabei stand sie gänzlich unter dem Diktat der nationalsozialistischen Rassenideologie. Führerkult, falsches Heldentum und Kriegsverherrlichung, germanisch-deutsche Geschichte, rassisch abgegrenzte Volksgemeinschaft, der idealisierte und an die Scholle gebun-

George Grosz, Stützen der Gesellschaft, 1926

dene Bauernstand, ein auf die Mutterschaft im Dienste des „Volksganzen" reduziertes Frauenbild – das waren die geforderten Themen und Inhalte dieser Literatur, deren Niveau in allen Gattungen äußerst dürftig war.

Im Gegensatz zu den linientreuen Autoren gab es die Autoren der sogenannten **inneren Emigration**: Schriftsteller, die zwar in Deutschland blieben, sich aber nicht vom politischen System vereinnahmen ließen. Um weiterhin veröffentlichen zu können, wichen sie entweder auf unverfängliche, unpolitische Themen aus oder versteckten ihre Kritik am Regime im Gewand historischer, gleichnishaft gemeinter Stoffe und sprachlicher Chiffren. Nach dem Krieg wurde über die Rolle mancher Autoren der inneren Emigration unterschiedlich geurteilt, als es darum ging, ob sie sich nicht doch – gewollt oder ungewollt – zu sehr in die Nähe der Machthaber begeben hätten.

Die bedeutendsten Werke jener Jahre zwischen 1933 und 1945 entstanden und erschienen jedoch im **Exil**, zunächst in europäischen Nachbarstaaten, nach Kriegsbeginn verstärkt in Amerika. Soweit sie der Verfolgung entrinnen konnten, erlebten die aus rassischen oder politischen Gründen in die **Emigration** gezwungenen Literaten nicht nur mit vielen anderen ein schlimmes Flüchtlingsschicksal, sondern verloren mit der sprachlichen Heimat zugleich einen Teil ihrer schriftstellerischen Identität, was bei einigen sogar zum Selbstmord führte. Nur wenige waren international so bekannt, dass sie weiterhin mit Lesepublikum rechnen konnten; die Arbeit der Mehrzahl blieb bis 1945 weitgehend ohne Resonanz. Viele Künstler widmeten im Exil einen Großteil ihrer Kraft dem Kampf gegen die Hitler-Diktatur, indem sie im Ausland – oft an führender Stelle – am politischen Widerstand mitwirkten. Ihnen ist es auch zu verdanken, dass man nach dem Krieg auch vom „anderen Deutschland" sprechen konnte, obwohl sie sich in Deutschland selbst dem Vorwurf ausgesetzt sahen, mit ihrer Emigration den leichteren Weg gegangen zu sein. In ihren dichterischen Werken behandelten die Exilautoren sowohl die Situation der Emigration als auch die der Diktatur des „Dritten Reiches" und des antifaschistischen Widerstandes. Neben diesen aktuellen Stoffen griff man auf historische zurück, nicht ohne Analogien zur Gegenwart deutlich zu machen.

IV Deutschsprachige Literatur nach 1945

1 Literatur der DDR: Sozialistischer Realismus – Bitterfelder Weg – Protest

In der sowjetischen Besatzungszone (SBZ) zeichnete sich schon früh ein sozialistischer Weg des Kunst- und Kulturlebens ab, der für sich beanspruchte, an die Tradition des antifaschistischen Kampfes während der nationalsozialistischen Herrschaft anzuknüpfen. Dies war auch ein Grund, weshalb zahlreiche namhafte Emigranten sich in der damaligen SBZ niederließen. Ihre Werke behandelten Themen und Probleme der Verfolgung, des Widerstandes und des Überlebens im Konzentrationslager, im Exil oder im Krieg.

Brandenburger Tor nach dem Zweiten Weltkrieg

Mit der Gründung der SED und des Staates DDR geriet der gesamte Kulturbetrieb – und damit auch die Literatur – unter das Diktat von Staat und Partei, die jegliches Kunstschaffen dem Aufbau des Sozialismus verpflichteten. Nach dem von der UdSSR übernommenen **Programm des sozialistischen Realismus** hatten die Schriftsteller die Aufgabe, im „Arbeiter- und Bauernstaat" ein fortschrittliches, optimistisches Bild der sozialistischen Verhältnisse zu vermitteln, in dessen Mittelpunkt der vorbildliche, positive Held zu stehen hatte. Diese **Aufbauliteratur** griff entweder auf die Geschichte des proletarischen Kampfes zurück oder zeigte modellhaft den **„Helden der Arbeit"**, der die gegenwärtige Aufbauphase des Sozialismus repräsentieren sollte. Der von der Parteibürokratie verlangte Zweckoptimismus dieser Bücher durfte sich nicht von politischen und wirtschaftlichen Rückschlägen oder Fehlentwicklungen beeinträchtigen lassen. Damit ging eine **Abgrenzung von der westlichen Literatur** einher, die als dekadent geschmäht und vielfach verboten wurde. Abgelehnt wurde generell die Literatur der Moderne (z. B. Kafka), aber auch die Romantik; umso mehr pflegte man dagegen das kulturelle Erbe der deutschen Klassik, des Jungen Deutschland und des Realismus.

Weil das Ziel der Literatur die vorbildhafte Abbildung des neuen, aktiven, sozialistischen Menschen sein sollte, spielte neben dem Thema „Antifaschismus" die Realität der Werktätigen und Bauern eine dominierende Rolle. Schwerpunkt ist dabei die Darstellung der Übereinstimmung zwischen persönlichen und gesellschaftlichen Interessen; mögliche oder tatsächliche Konflikte werden ausgeklammert.

Das **Theaterleben** der frühen DDR wurde von Bertolt Brecht und seinem eigenen Theater, dem Berliner Ensemble, beherrscht. Er inszenierte zwar Stücke anderer Dramatiker aus dieser Phase der Aufbauliteratur; seine eigenen Stücke aus dieser Zeit weichen aber der Gegenwart aus, beschäftigen sich mit historischen Stoffen, sind Parabeln oder Bearbeitungen.

Unter den relativ vielen **Lyrikern** ist – neben **Peter Huchel** – ebenfalls **Bertolt Brecht** hervorzuheben. Gedichte erlauben in dieser Zeit noch am ehesten einen realistischen Blick auf das tatsächliche Verhalten, den subjektiven dichterischen Ausdruck und ideologiefreie ästhetische Motive und Formen. Daneben stehen aber auch reine Huldigungsgedichte auf Stalin oder Ulbricht – ästhetisch irrelevante sozialistische Zwecklyrik.

Mauerbau 1961

Die beiden Aufstände im Ostblock, 1953 in der DDR und 1956 in Ungarn, hatten auf die Literatur der DDR keinen so unmittelbaren Einfluss wie der **Mauerbau** von 1961, der eine gewisse Liberalisierung des literarischen Lebens zur Folge hatte, und zwar in der Weise, dass vorsichtig geäußerte Kritik von Schriftstellern nun für eine kurze Zeit geduldet wurde, solange sie keine grundsätzlichen Zweifel am System enthielt. Aber bereits Mitte der 1960er-Jahre ging das SED-Regime auf Konfrontationskurs gegen einzelne Autoren, deren Geistesverwandtschaft zum Westen – bürgerlicher Skeptizismus und Revisionismus, Modernismus und Liberalismus – öffentlich getadelt wurde. Darauf reagierten die Schriftsteller in unterschiedlicher Weise – mit Anpassung, kritischer Sympathie oder offenem Protest.

Vor allem die gegenwartsbezogenen **Prosawerke** beschäftigen sich jetzt kritisch mit den existierenden Widersprüchen zwischen ideologischer Theorie und subjektiv erfahrener

Praxis in der DDR. Statt Fragen der kollektiven Produktion treten die Belange des Einzelnen in den Vordergrund: Konflikte zwischen Individuum und öffentlichen Instanzen, psychologische Fragestellungen in Bezug auf Glücksansprüche und Selbstverwirklichung, die über die von oben geforderte gesellschaftliche Integration hinausgehen. Bei der Entscheidung zwischen angepasstem oder unangepasstem Leben im Sozialismus geht es um Liebe, zwischenmenschliche Beziehungen, Identität und individuelle Moral. Mit diesen veränderten inhaltlichen Themen und Motiven gehen aber auch formale literarische Veränderungen einher, d.h., die Mittel der modernen Erzählkunst halten Einzug in die DDR-Literatur. Im **Theater** dominieren die drei Dramatiker Peter Hacks, Heiner Müller und Volker Braun, sowohl mit Zeitstücken als auch mit Parabelstücken über historische bzw. mythologische Stoffe. In der **Lyrik** zeigt sich der Kampf um die Selbstbehauptung eines individuellen Subjekts gegen die geforderte gesellschaftliche Nützlichkeit am deutlichsten in Form personaler Sprechweisen eines Ich, Du und Wir.

In den **1970er-Jahren** wiederholt sich das Wechselspiel von angedeuteter Liberalisierung einerseits und nachfolgenden Restriktionen andererseits. Der neue Erste Sekretär des ZK der SED, Erich Honecker, hatte im Dezember 1971 angekündigt, es gebe auch in der DDR, was Kunst und Literatur anbetreffe, keine Tabus mehr, sowohl inhaltlich-thematisch als auch formal-stilistisch. Er machte aber die Einschränkung: sofern man auf dem festen Boden des Sozialismus stehe. Unglaubwürdig wurde diese Ankündigung auch dadurch, dass immer noch viele Autoren mehr oder weniger Publikationsverbot hatten.

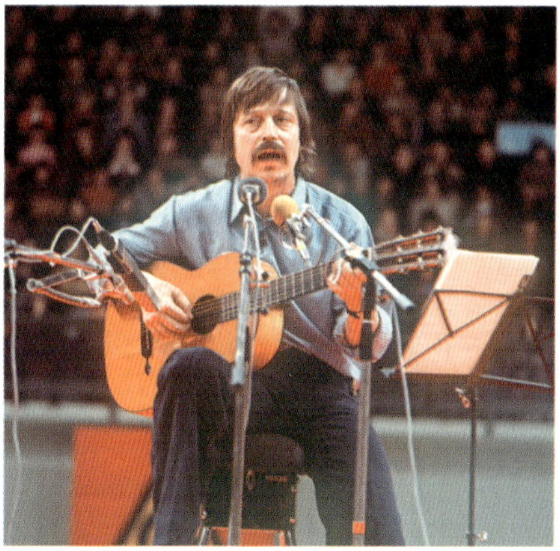
Wolf Biermann während eines Konzertes in München 1976

Die kritischer werdenden Fragen und der zunehmende Protest führten schließlich 1976 – nun nicht mehr unter Ulbricht, sondern unter Honecker – zur **Ausbürgerung Wolf Biermanns**.

Im Anschluss daran kam es zu einer Solidarisierungsbewegung mit dem bekannten Liedermacher und zu öffentlichen Protesten prominenter Dichter; viele wandten der DDR den Rücken zu: Jurek Becker, Wolfgang Hilbig, Günter Kunert, Reiner Kunze, Katja Lange-Müller, Erich Loest, Monika Maron, Klaus Schlesinger, Rolf Schneider u.a.

Die **Sanktionen** gegen missliebige Autoren wurden schärfer; auf der Tagesordnung standen Publikationsverbot, Hausarrest und sogar Verhaftung. Die prominenten Dagebliebenen – Volker Braun, Christa Wolf, Christoph Hein, Stefan Heym, Heiner Müller u.a. – reagierten mit Pessimismus, Enttäuschung und Entfremdung.

Michail Gorbatschow (geb. 1931), Porträt von Dariush Radpour, 2012

Die **1980er-Jahre** begannen mit zwei Treffen ost- und westdeutscher Künstler, Literaten und Wissenschaftler. Als dann Mitte des Jahrzehnts Gorbatschows **Glasnost**-Konzept den Ostblock beeinflusste, reagierte die DDR eher abwartend bis ablehnend. Anzeichen für eine leichte positive Veränderung waren lediglich ein deutsch-deutsches Kulturabkommen und die staatliche Auszeichnung der drei Autoren Christa Wolf, Heiner Müller und Volker Braun.

Deutliche öffentliche Kritik oder gar offener Protest wurden jedoch weiterhin verfolgt und bestraft, sogar in Form von Verhaftungen. Schriftsteller, wie andere Künstler, Intellektuelle oder Wissenschaftler auch, standen also vor der schwierigen Entscheidung zwischen noch geduldeter Kritik oder gefährlichem Dissidententum.

In der **DDR-Prosa** entwickelte sich die **Modernisierung** unaufhaltsam fort und näherte sich damit immer mehr der westlichen Literatur. Ohnehin konnte man kaum noch deutlich zwischen ost- und westdeutscher Literatur unterscheiden, weil ja inzwischen viele ehemalige DDR-Autoren in der BRD lebten. Um der Zensur zu entgehen, wichen in der DDR viele Erzähler auf historische, mythologische oder märchenhafte Stoffe bzw. Parabeln aus; damit tarnten sie aber nur ihre systemkritischen Aussagen. Die ostdeutsche Prosaliteratur der 1980er-Jahre zeigt insgesamt ein buntes, vielfältiges Bild unterschiedlichster Themen und Motive, Erzählformen und Redeweisen.

Auch im **Drama** jener Jahre fallen die modernisierenden Um- und Bearbeitungen von Mythen, Sagen oder Legenden auf. Heiner Müller bleibt auch nach seiner Übersiedlung in den Westen Vorbild und Lehrmeister. Christoph Hein und Thomas Brasch befassen sich bereits seit den 1970er-Jahren in Müllers Nachfolge mit Ereignissen und Themen aus der deutschen Vergangenheit.

Die **Lyrik** erlitt durch die Abwanderungswelle in die BRD die größten personalen Verluste, man denke nur an Sarah Kirsch, Reiner Kunze, Wolfgang Hilbig oder Uwe Kolbe. In fast allen Gedichten – in Ost und West – nahmen Skepsis und Ernüchterung, Fortschrittspessimismus und Endzeitstimmung zu. Die seit den Anfängen der DDR-Lyrik beliebte Form der Natur- und Landschaftslyrik spiegelt diese Entwicklung bildstark wider. Daneben existieren experimentierfreudige und sprachkritische Gedichte, die sich als Protest gegen den öffentlichen politischen Jargon verstehen. Diese Richtung setzt sich nach der Wiedervereinigung ungebrochen fort.

2 Literatur der BRD: von der Nachkriegsliteratur zur Postmoderne

Nachkriegsliteratur

Die bedingungslose Kapitulation im Mai 1945 und die Aufteilung Deutschlands in vier Besatzungszonen bedeuteten einen so gravierenden Einschnitt, dass man auch in der Literaturgeschichte oft von einer sogenannten **Stunde Null** sprach. Die Rückkehr vieler Exilanten und die anhaltende Produktion der Autoren der inneren Emigration signalisierten jedoch eine gewisse literarische Kontinuität, wenngleich daneben eine ganz neue Generation von Nach-

Heinrich Böll, Ilse Aichinger und Günther Eich 1952 während der Tagung der Gruppe 47

kriegsschriftstellern von sich reden machte. In deren **Trümmer- und Kahlschlagliteratur** werden realitätsnah und ohne Tabus die Schrecken und Nöte der Vergangenheit als Kriegserlebnisse, Heimkehrerschicksale und Nachkriegserfahrungen thematisiert. Damit steuern diese Autoren gegen die Verdrängung der Vergangenheit aus dem öffentlichen und privaten Bewusstsein an und eröffnen eine bis heute anhaltende Tradition literarischer Auseinandersetzung mit der Vergangenheit.

Während in der älteren Schriftstellergeneration noch ein nachträglicher Streit über den moralischen Wert von Exil und innerer Emigration stattfindet, wollen die Jüngeren einen bewussten Neubeginn, weg vom Poetischen und hin zum Realistischen. Das drückt sich auch aus in der Beschäftigung mit der Seinsphilosophie des französischen Existenzialismus und der Orientierung an der Literatur des westlichen Auslands, um den Nachholbedarf aus nationalsozialistischer Zeit zu decken. Vor allem mit der **Kurzgeschichte** nach amerikanischem Muster (Hemingway), aber auch in Roman, Drama und Lyrik findet die deutsche Literatur Anschluss an moderne Entwicklungen. Zu einer eigenen Kunstform entwickelt sich das **Hörspiel**, das die akustischen Möglichkeiten des Rundfunks nutzt. Ein wichtiges Publikumsorgan der neuen Richtung war die Zeitschrift **„Der Ruf"**, deren Herausgeber Hans Werner Richter (1908–1993) auch der Gründer der **Gruppe 47** war. Mit ihren jährlichen Zusammenkünften, bei denen Texte vorgestellt und kritisiert wurden, prägte sie nicht nur das literarische Leben der Adenauer-Zeit, sondern opponierte auch gegen Restaurationstendenzen in Politik, Wirtschaft und Gesellschaft.

1960er-Jahre: Politisierung

Viele Schriftsteller hatten bereits in der Adenauer-Ära an den politischen und gesellschaftlichen Entwicklungen in der Bundesrepublik Anstoß genommen. Sie überschritten dabei aber selten die Grenzen des herkömmlichen Literaturverständnisses, wonach Dichtung ihrer Eigengesetzlichkeit zu gehorchen und sich nicht den politischen Auseinandersetzungen zu unterwerfen hat. In den 1960er-Jahren wurde in vielen Kreisen einer solchen **bürgerlichen Literatur** der Kampf angesagt und stattdessen ihre radikale Politisierung gefordert. Dazu gehörten Engagement und Parteilichkeit der Autoren – verstanden als Einsatz für linke, sozialdemokratische bis sozialistische Positionen – und der Versuch, die Arbeiterschaft an die Literatur heranzuführen. Dies geschah, indem man die Arbeitswelt als Thema favorisierte und mit Lesungen und Theateraufführungen in die Fabriken ging.

Peter Weiss, Viet Nam Diskurs, Berlin 1968

Der Literaturbetrieb geriet immer stärker zur **politischen Dauerdiskussion** über Imperialismus und Kapitalismus, Vietnamkrieg und Schah-Regime (Iran), Große Koalition und APO (außerparlamentarische Opposition), Notstandsgesetzgebung und Springer-Presse, NS-Vergangenheit und autoritäre Strukturen an den Universitäten. Die Verschärfung der innenpolitischen Situation manifestierte sich 1967/68 in den **Studentenunruhen** und den bislang größten **Demonstrationen** in der Geschichte der Bundesrepublik. Die Kritik richtete sich dabei auch gegen reines Konsumdenken und Wohlstandsgesellschaft, Autoritätsgläubigkeit und gesellschaftliche Erstarrung – vor allem gegen die unterlassene Auseinandersetzung mit der NS-Vergangenheit in der Adenauer-Ära.

In der **Prosa** kann man als Gemeinsamkeit eine **realistische Erzählweise** feststellen, die die Wirklichkeit selbst sprechen lassen möchte, ohne besondere ästhetische oder stilistische Gestaltung. Diese Erzählwerke werden mit den – etwas pejorativ gemeinten – Begriffen **„Beschreibungsliteratur"** oder **„Gebrauchsliteratur"** charakterisiert. Eine sogenannte Kölner Schule vertrat diese Richtung des **„Neuen Realismus"** ganz programmatisch; dabei ging es den Autoren thematisch vornehmlich um die Problematik kleinbürgerlicher Alltagserfahrungen.

Im **Drama** herrschte die Form des **Dokumentartheaters** vor; daneben gab es das halb dokumentarische **„Revolutionsdrama"**, gewissermaßen als Ersatz für die nicht stattfindende wirkliche Revolution, sowie die **politische Revue**. Diese Dramentypen handeln vornehmlich politische oder zeitgeschichtliche Themen ab. Das **sozialkritische Volksstück** lag ebenfalls im Trend jener Jahre, realistische und breitenwirksame Darstellungsformen zu benutzen. In diesen Stücken geht es häufig um provinzielle Zustände und/oder um Außenseiter bzw. Unterprivilegierte, die in fast unmenschlichen Zuständen leben müssen. Zeitgleich existierte aber auch das **experimentierende Theater** Peter Handkes.

In der **politischen Lyrik** herrschten – ähnlich wie beim Straßen- und Agitproptheater – aktivierende und provozierende Absichten und Darstellungsmittel vor. Auffallend ist jedoch, dass es parallel zu dieser ausgesprochen politischen, oft unliterarischen Form der Dichtung auch ganz entgegengesetzte hochliterarische Formen einer experimentierenden Lyrik bis hin zur **„konkreten Poesie"** gab.

1970er-Jahre: Literarische Tendenzwende

Der „lange Marsch durch die Institutionen" hatte sich bereits in den 1970er-Jahren als Illusion erwiesen; stattdessen herrschte vielerorts ein Klima der Resignation und Angst zwischen Radikalenerlass (1972) und beginnendem Terrorismus. Als direkte Reaktion auf diese Situation entstanden noch ein paar extreme politische Texte.

Gerhard Richter, Seestück, 1970, 200 cm x 200 cm, Öl auf Leinwand

In anderen Büchern wiederum wurde die „gescheiterte Revolution" verarbeitet, die Revolte gewissermaßen „literarisiert", wobei man nun **Gesellschaftlichkeit** und **Individualität** wieder aufeinander bezog, was eine **Entpolitisierung** mit sich brachte. Diese Art Aufarbeitung der politischen und gesellschaftlichen Initiativen und Aufstände, aber auch scheiternden Irrwege der Studentenunruhen der 68er stellt ein wichtiges Thema der 1970er-Jahre und darüber hinaus dar.

Aufs Ganze gesehen kann man sagen, dass die in den 1960er-Jahren vehement vertretene Parole vom **„Ende der Literatur"** sich als falsch erwiesen hatte. Die ausschließliche Ausrichtung auf das Politische wich ganz deutlich einer neuerlichen Trendwende hin zur betont subjektiven Darstellung des persönlichen Lebens und seiner Probleme. Man hatte weitgehend erkannt, dass eine nur am Politischen orientierte Literatur an den sozialen Verhältnissen kaum etwas ändern, dafür aber sehr schnell in Kunstfeindlichkeit umschlagen kann.

Die künstlerische Rückbesinnung führte zu einer **neuen Sensibilität** und **Innerlichkeit**, ohne dass jedoch damit der Blick für die äußere Wirklichkeit, die zwischenmenschlichen und gesellschaftlichen Zusammenhänge, verloren gegangen wäre. In oft autobiografisch getönten Selbsterforschungen oder psychologisch orientierten Darstellungen fremder Lebensschicksale, die auch das eigene Ich spiegeln konnten, kommen das Innenleben des Einzelnen, seine Krisen und Krankheiten, seine Empfindungen und Erinnerungen wieder zur Sprache. Dabei erweisen sich häufig die zwischenmenschlichen Beziehungen als gestört, sei es durch Anonymität und Kommunikationslosigkeit in der gesellschaftlichen Umgebung oder durch Abhängigkeit und Unterdrückung im familiären Umfeld. Oft rückt dabei auch die jüngere Vergangenheit, meistens die Zeit des „Dritten Reiches" als die **„Zeit der Väter"**, ins Blickfeld, was mitunter zu einer strengen Abrechnung mit der Elterngeneration führen konnte.

Die Epoche der neuen **Subjektivität** und Innerlichkeit war eine Zeit für Autobiografien und Tagebücher, die in literarischer Form als sogenannte **Verständigungstexte** zu einer Art Austausch der Betroffenen führen konnte. Dasselbe gilt auch für die sich immer deutlicher und stärker formierende Frauenliteratur, in der es zwar vornehmlich um weibliche Erfahrungen ging, ohne dass diese jedoch grundsätzlich in einer spezifisch **„weiblichen Sprache"** ausgedrückt werden mussten. Dennoch gab es damals Diskussionen um eine weibliche Erfahrungs- und Schreibweise.

Der literarische Gewinn vieler Werke der 1970er-Jahre lag sicher darin, dass vernachlässigte Bereiche des Individuell-Privaten, Menschlich-Zwischenmenschlichen erkundet und problematisiert wurden. Kritisch zu vermerken ist, dass die häufige Beschränkung auf autobiografische Erfahrungen und ichbezogene Wahrnehmungsweisen zu bloßen **Betroffenheitstexten** führen konnten, zumal dann, wenn der literarische Anspruch vernachlässigt wurde.

In der **Lyrik** wendet man sich zusehends den alltäglichen Dingen des Lebens zu; aber diese **„Alltagslyrik"** bleibt trotz ihres Fokus auf die Heimat oder Region immer auch offen für Fragen der Gesellschaft, der Natur und der veränderten Umwelt. **Alltagslyrik** und **politisches Gedicht** dürfen nicht als sich gegenseitig ausschließende Formen betrachtet werden, weil sie mit ihren Beobachtungen von Situationen, Einstellungen und Verhaltensweisen gleichermaßen aktuelle Veränderungen des Lebens betreffen, die letztlich auch immer das Individuelle/Subjektive des Menschen berühren können.

Für das **Drama** und das Theater gelten – nicht durchwegs, aber vornehmlich – die bereits genannten Begriffe und Schlagworte wie: Entpolitisierung und Alltag, Subjektivität und Sensibilität, Emotion und Resignation, Ernüchterung und Skepsis. Formal kommt ein deutlicher Hang zur Ästhetisierung hinzu und eine Art Selbstreflexion des Theaters, d.h. der theatralischen Mittel.

1980er-Jahre: Postmoderne

Neben den deutsch-deutschen Fragestellungen gab es zusätzlich internationale Entwicklungen und Probleme, die bei den Autoren und in den literarischen Gruppierungen zu Diskussionen, aber auch Bewusstseinskrisen führten: Ost-West-Konflikt, Rüstungsfragen, Friedensgefährdung, Klimakatastrophe, Atomenergie, ökologische Bewegung, Dritte-Welt-Politik u.a. Es kann also nicht verwundern, dass vor diesem zeitgeschichtlichen Hintergrund in vielen Texten eine politik- und gesellschaftskritische Komponente wieder deutlich sichtbar wurde.

Das Fiktive sollte wieder aufgewertet, die **sprachliche Vermitteltheit** der Wirklichkeitsauffassung in der Literatur erneut bewusst gemacht und zeitgemäß dargestellt werden. Es gab aber kaum gemeinsame Leitbegriffe, ideologische oder stilistische Schulen; statt fester Gruppierungen hatte man es mehrheitlich mit Einzelgängern zu tun.

Ohnehin entziehen sich die Texte einer epochenspezifischen Einordnung, je mehr man sich der neueren und neuesten Literatur nähert. Zwar gibt es politische, gesellschaftliche und kulturelle Einschnitte, aber daraus lassen sich kaum literaturgeschichtliche Epochen oder Wendemarken ableiten. So erschöpft sich der Versuch einer überblickshaften Gesamtschau immer mehr in der bloßen Beobachtung einzelner Tendenzen und Merkmale. Viele Einzelwerke der letzten Jahrzehnte haben selbst einen **fragmentarischen Charakter**, was wiederum dem bruchstückhaften Weltbild dieser Zeit zu entsprechen scheint.

Und dann erschien gegen Ende des Jahrzehnts 1988 „Die letzte Welt“ von **Christoph Ransmayr** und wurde von vielen Kritikern als lange erwartetes Ereignis gefeiert. Dieses Buch markierte die endgültige Durchsetzung der sogenannten **Postmoderne** in der Literatur, die sich schon in den 1970er-Jahren angekündigt und in einigen Werken dokumentiert hatte. Der Begriff „Postmoderne“ ist schillernd und mehrdeutig, weil er sowohl im Sinne einer „Antimoderne“ als auch einer „Vollendung der Moderne“ gedeutet wird. Die Diskussion um dieses Thema begann in Deutschland bereits 1968 im Anschluss an einen Vortrag des amerikanischen Literaturkritikers Leslie Fiedler. Er appellierte, die Kluft zwischen hoher und niederer Literatur zu schließen, d.h. zwischen komplizierten Werken für eine intellektuelle Oberschicht und anspruchsloseren populären Werken einer sogenannten Massenkultur für die literarisch weniger Gebildeten. Gleichzeitig solle auch die Lücke zwischen Künstler und Publikum überbrückt werden. „Postmoderne“ bedeutet ein verändertes, neues ästhetisches Bewusstsein.

Mit seinen farbenfrohen Bildern und Illustrationen gehört Jeff Koons zu den bedeutendsten Künstlern des 20./21. Jahrhunderts.

Postmodernen Autoren erscheint überhaupt die Masse aller bereits verfassten dichterischen Werke so erdrückend, dass sie sich häufig geradezu als Durchgangsstadium aller möglicher Literaturen sehen. Themen, Motive, Metaphern, allgemein Bilder der postmodernen Bücher verweisen auch häufig nicht mehr auf die reale Wirklichkeit, sondern auf vorausgegangene literarische Werke. Dieser **Anspielungsreichtum** ist für den Leser nicht immer leicht zu erkennen bzw. zu entschlüsseln. Andererseits besteht bei postmodernen Texten auch die Gefahr einer gewissen Beliebigkeit und eines Mangels an sprachlich-gedanklicher Folgerichtigkeit wegen eines gar zu spielerischen Umgangs mit der Tradition.

Da die postmoderne Literatur den Glauben an Vernunft und Rationalität häufig infrage stellt, liefert sie – im Unterschied zum Großteil der modernen Literatur – in der Regel keine ganzheitlichen Welt- oder Sinndeutungen mehr und verzichtet auf allgemeine Wahrheitsansprüche. Es vermischen sich in ihr verschiedenste Erzählformen und Darstellungsmittel, Stilrichtungen und Sprachmuster. Eine der wichtigsten Formeln lautet deshalb auch **Pluralität** oder *anything goes*. Alle literarischen Mittel sind verfügbar und gleichwertig; Texte sind gleichzeitig beliebig und verbindlich, gefällig und beunruhigend, amüsant und verletzend, angenehm und irritierend zu lesen. **Postmoderne Literatur** und **Popliteratur**, von der später die Rede sein wird, sind nicht immer ganz voneinander abzugrenzen, weil sie folgende **gemeinsame Merkmale** zeigen: Zweifel an der Notwendigkeit einer Ganzheit und Kontinuität des Kunstwerks; statt der Geschichtsabläufe die Geschichte unserer Bilder, den freien, spielerischen Umgang mit der Sprache und mit vorgegebenen Formen, Mustern, Kodes. Natürlich ist die postmoderne Literatur nur eine Richtung unter vielen anderen Tendenzen, aber sie spielt doch eine hervorgehobene Rolle.

Das **Theater** der 1980er-Jahre pendelt zwischen Mythos/Geschichte und Gegenwart einerseits, Realismus und Surrealismus andererseits. So unterschiedlich die Inhalte und Themen im Einzelnen sind, immer wieder treten dabei Bilder von gegenwärtigen oder historischen Krisen auf, von Gewalt und Schrecken, Verlassenheit und Verzweiflung, Katastrophen und Endzeitstimmungen. Eine Ausnahmeerscheinung ist weiterhin das intellektuelle, spielerische, witzig-komödiantische Theater von Botho Strauß.

Die **Lyrik** zeigt Natur und Landschaft, aber auch Tier- und Menschenwelt als beschädigt; die zwischenmenschlichen Beziehungen sind gestört. In vielen Gedichten deutet sich so ein Ende des Fortschrittsglaubens, der langen Geschichte der Aufklärung an. Desillusion, Reflexion und Ironie schaffen den nötigen Abstand, um in kalten Metaphern und sensiblen Bildern Anzeichen zukünftiger Katastrophen lyrisch-poetisch sichtbar zu machen.

3 Tendenzen der deutschen Gegenwartsliteratur seit der Wiedervereinigung

Das letzte Jahrzehnt des vergangenen Jahrhunderts und das erste des neuen verliefen weltweit anders, als es sich viele nach dem scheinbaren Ende des Kalten Krieges bzw. Ost-West-Konflikts vorgestellt oder erhofft hatten. Die kriegerischen Konflikte nahmen kaum ab, die weltweite Terrorangst kam hinzu, die ambivalente Globalisierung führte im Herbst 2008 zu einer gewaltigen weltweiten Finanz- und Wirtschaftskrise. Spuren dieser Krisensymptome lassen sich in der deutschsprachigen Literatur jener Jahre sicherlich aufspüren, sind aber in den meisten Fällen wirklich nur Spuren, ganz selten dominierende Themen.

Neo Rauch, Fell, 2000

Etwas anders sieht es aus bei der Betrachtung der politischen Veränderung in Deutschland seit dem Mauerfall und der Wiedervereinigung. Die frühen 1990er-Jahre haben sowohl in politischer als auch in literarischer Hinsicht rasch verschiedene Bezeichnungen erhalten, die alle etwas Verwandtes ausdrücken wollen: **Zeitenwende, Umbruch, Neuanfang, Ende der Teilung** usw.

Am 9. November 1989 fiel die Mauer, im Frühjahr 1990 fanden die ersten demokratischen Wahlen in der damaligen DDR statt und bereits am 3. Oktober 1990 war Deutschland wiedervereinigt. Fast alle Menschen, auch die Schriftsteller und Künstler in Ost und West, wurden von der unerwarteten Entwicklung überrascht und mussten sich erst einmal in der neuen Situation zurechtfinden.

In Ostberlin (Alexanderplatz) wurde am 4. November 1989, also fünf Tage vor der Maueröffnung, eine Großkundgebung veranstaltet, bei der Intellektuelle und Künstler der DDR – unter ihnen Stefan Heym und Christa Wolf – noch von der Reformierbarkeit des Sozialismus und ihres Staates sprachen. Im Westen (Bundesrepublik) begann 1990 eine lang anhaltende Diskussion über die Art und Weise der Wiedervereinigung, vor allem über das Tempo und entscheidende Verfassungs-, Währungs- und Wirtschaftsfragen.

Zwei Autoren profilierten sich hierbei besonders stark: **Günter Grass** als vehementer Kritiker des „übereilten Beitritts" der DDR zur Bundesrepublik; **Martin Walser** als pragmatischer Befürworter, der sich auch vor 1989 mit der deutschen Teilung nie abgefunden hatte. In der oft heftig geführten Diskussion um die Wiedervereinigung ging es um Nation und Volk, Heimat und Sprache, Demokratie und Kapitalismus, Diktatur und Freiheit, aber auch um Begriffe wie z. B. „Wendehals", „Ossi" und „Wessi". Unter den Schriftstellern war es vor allem eine Auseinandersetzung um die Rolle des Intellektuellen in der und für die Öffentlichkeit. Bei westdeutschen Autoren bedeutete dies stellenweise eine radikale Abrechnung mit den linken Utopien der 68er-Generation (Studentenunruhen 1968), die durch den Untergang des real existierenden Sozialismus widerlegt worden seien. In Ostdeutschland begann die Aufarbeitung der Vergangenheit einzelner Schriftsteller, d. h. ihrer Beziehung zu Staat, SED oder gar Staatssicherheit. Autoren, die vom Regime der ehemaligen DDR schikaniert, verfolgt und ausgewiesen worden bzw. ausgesiedelt waren, waren naturgemäß die strengsten Ankläger.

Innerhalb der Literaturkritik wurden Stimmen laut, die forderten, dass im Lichte der Stasi-Vergangenheit die **Geschichte der DDR-Literatur** neu geschrieben werden müsse. Begründet wurde dies mit dem Hinweis auf einen sogenannten Gesinnungs-Bonus bzw. Wohlwollens-Rabatt, den man vor 1989 allzu oft Büchern aus der DDR gewährt habe, nur weil sie das System ihres Staates kritisiert hätten, ohne als Dichtkunst den literarischen Ansprüchen der Moderne zu genügen.

Mauerfall 1989

Bedeutete die **„Wende"** auch eine Wende für die deutsche Literatur? Dichtung reagiert in der Regel langsamer auf politische und gesellschaftliche Veränderungen als das Feuilleton, die Kritik, die Journalisten. Von diesen wurde sehr früh der große deutsche gesellschaftskritische Roman oder das entsprechende Theaterstück gefordert und gleichzeitig beklagt, dass man vergeblich darauf wartete. Große Epochenromane oder umfassende Zeitstücke, die gewissermaßen ein Panorama der gesellschaftlich-politischen Situation enthalten, sind jedoch in der heutigen Zeit mit ihrer vielschichtigen, pluralistischen Wirklichkeit schwer zu leisten. Ein literarisches Porträt der deutschen Gesellschaft in den Jahren nach der Wiedervereinigung ist schwieriger geworden als in früheren Epochen. Das hat zur Folge, dass man in den ersten Jahren nach der Wende sich wohl eher mit bruchstückhaften literarischen Darstellungen der veränderten Lage begnügen musste. Die realitätshaltigeren Gattungen Prosa und Drama hatten es nicht so leicht wie die Lyrik mit ihrer Beschränkung auf Subjektivität, auf das Ausschnitthafte und Punktuelle.

Bei einer vorläufigen Bilanz der neueren und neuesten Werke zur deutschen Situation lassen sich folgende **Themen und Tendenzen** beobachten: Aufarbeitung des Stasi-Komplexes; Schwierigkeiten der Kommunikation zwischen Ost und West, aber auch zwischen ehemaligen DDR-Bürgern untereinander; die Wiedervereinigung als „Inbesitznahme" der ehemaligen DDR durch die Bundesrepublik; besserwisserische Arroganz und „kolonialistisches" Verhalten bei den „Wessis"; Enttäuschung, Unzufriedenheit und Wehleidigkeit bei den „Ossis". Die Darstellungs- bzw. erzählerischen Formen beschränken sich meistens auf exemplarische Örtlichkeiten, private Beziehungen und subjektive Blickwinkel.

Aber aus der Lektüre dieser Werke lässt sich inzwischen doch ein Bild aus Reaktionen, Einstellungen, Werthaltungen und Urteilen erstellen, das beim Leser eine gewisse **literarische Zeitdiagnose** erlaubt. Monika Maron hat die Prophezeiung gewagt, dass in den kommenden Jahren wohl eher die Westschriftsteller die Ostliteratur schreiben werden als umgekehrt. Tatsächlich richtet sich aber das Interesse verstärkt auf Bücher aus Ostdeutschland, weil sich hier die schreibende Nachbereitung direkter aufdrängt als im Westen, für den sich insgesamt doch weniger verändert hat.

Bei den westdeutschen Autoren ist in den meisten Fällen eine Kontinuität ihres Schreibens festzustellen, also keine gravierende Veränderung der Inhalte, Themen oder Schreibweisen, die auf die Wiedervereinigung zurückgeführt werden könnte. Vor allem die jüngeren unter ihnen interessieren anscheinend ganz andere Themenbereiche, z. B. das Leben außerhalb Deutschlands, und dementsprechend liegt der Vergleich mit der nicht deutschen Literatur bzw. die Beeinflussung durch diese näher, was natürlich auch früheren Autoren nicht fremd war.

Am deutlichsten zeigen sich diese Einflüsse und Vorbilder – vornehmlich der US-Literatur abgeschaut – bei der sogenannten **Popliteratur**, die ähnlich wie die postmoderne Literatur auch den Unterschied zwischen gehobener und einfacher Literatur überwinden will. Popliteratur als ernst zu nehmende Strömung richtet sich mit ihren meist provozierenden und exzentrischen Darstellungsformen also sowohl gegen eine rein elitäre als auch gegen eine bloße Trivialliteratur. Sie bedient sich dabei vieler Elemente der Krimi-, Western-, Science-Fiction- oder Comic-Literatur und benutzt gerne Sprüche aus der Reklame-, Film- und Fernsehwelt. Eine ganz wichtige Rolle spielen Trends, Moden, Hypes, typische Gewohnheiten und Sprechweisen, Kleidung und Frisuren, Orte, Lokale, Medien, Sänger, DJs, gängige Konsumartikel, und hier vor allem Markennamen, die gerade in sind. Diese werden dann oft listenähnlich gesammelt und aufge-

Goethe, Porträt von Andy Warhol, 1981

zählt, was manchen Popautoren bereits den Titel „neue Archivisten" einbrachte. Politik oder Geschichte, Familie oder Beruf, Weltbilder oder Sinnsuche bleiben nebensächlich oder ganz ausgeklammert; umso wichtiger sind Alltagskultur, alles Körperliche, Lust und Genießen, manchmal auch Technisches oder Wissenschaftliches. Aus dieser breiten Mischung ergibt sich ein anspielungs- und assoziationsreicher eigener **„Kode"**, den der Leser wiederum kennen muss, um diese Bücher richtig zu verstehen. Auch die Struktur dieser Werke ist mitunter komplex, weil unterschiedlichste Attribute und Effekte einbezogen sein können: romantische, fantastische, sentimentale, aber ebenso antirationale, visionäre, apokalyptische. Handlung, Aufbau, Dramaturgie, Spannung oder Psychologie der Figuren sind unwichtig; auf den richtigen Ton kommt es an, den Tonfall oder „Sound", der stärker der musikalischen Welt der Popkultur als der literarischen Form- und Klangwelt entstammt.

Pathos und Emphase können manchmal in Pose, Kitsch oder Plagiat umkippen; die automatisch wirkende Rhetorik aus der Szene-Sprache kann sich aber auch hineinsteigern in rhythmische, klangvolle, rauschhafte Sprachexperimente, die den Leser in Trance versetzen sollen. Gelungene Popliteratur kann sehr leicht wirken, mitunter sogar leichtfertig; sie muss deshalb nicht leicht/leichtfertig gedacht oder verfasst sein. Die antiseriös und antikünstlerisch wirkende spaßige Seite kann eine dunkle, katastrophale Rückseite verdecken.

Neben **„Popliteratur"** sprach man auch von zwei Gruppierungen der sogenannten 1978er- bzw. 1989er-Generation, womit nicht Geburtsjahrgänge, sondern entscheidende Jahre der Prägung gemeint waren. Der Bestseller **„Generation Golf"** (Florian Illies) gehört ebenfalls in dieses Umfeld einer gewissen Spaßkultur und Propagierung neuen Lesevergnügens. Und noch eine Gruppe von Autorinnen gesellt sich hinzu, die das „literarische Fräuleinwunder" genannt wurde, nicht zuletzt aus marktstrategischen Gründen.

Die sehr vielfältige **Lyrik** der Nachwendejahre gibt sich häufig äußerst sprachkritisch und polemisiert gerne gegen gängige Phrasen und alte Muster, die die fehlenden Sinnzusammenhänge nicht mehr kaschieren können. Die Reaktionen vieler Lyriker auf diesen Tatbestand bestehen in einer Art Spracharchäologie einerseits und neoexperimentellen Performancekünsten andererseits. Die oft rätselhaften Wortgebilde setzen auf Rhythmus, Klangfarbe, Assoziationsvielfalt und irritierende Provokationen.

WUT, Theaterstück von Elfriede Jelinek, im Deutschen Theater in Berlin, 2017

Drama und Theater seit den 1990er-Jahren werden beeinflusst von bekannten Autoren (u.a. Tankred Dorst und Elfriede Jelinek), in zunehmendem Maß jedoch geprägt von einer neuen Generation von Dramatikern und Dramatikerinnen. Die Werke zeichnen sich einerseits durch eine Vielfalt von Themen und Formen aus und andererseits durch das Ende der Vorherrschaft des dramatischen Textes. Während eine Richtung, das sogenannte **postdramatische Theater**, auf elementare Dramenelemente wie Figuren, Dialog, Handlung, Konflikt etc. weitgehend verzichtet und sich dem Tanz-, Musik- und Körpertheater zuwendet, geht das **neorealistische Theater** einen anderen Weg mit neuen Möglichkeiten des Figuren-, Dialog- und Handlungstheaters. Kennzeichnend für alle Formen ist das Fragmentarische, im Gegensatz zum großen Drama. Inhaltlich knüpft das Theater an Themen wie Gewalt, Geschlechterkampf, Perversion, Kommunikationsverlust und Spaßgesellschaft an; die neuen Medien rücken inhaltlich und auch ästhetisch immer mehr in den Mittelpunkt.

Die Zuordnung zu jeweiligen Themen oder Motiven stellt einen relevanten oder wichtigen Aspekt heraus, ohne das Buch auf diese einzige Perspektive festzulegen. Es ist ja gerade ein Spezifikum von Literatur, dass sie das Individuelle, Persönliche, Private verknüpft mit den verschiedensten politischen, gesellschaftlichen, kulturellen Tendenzen der Gegenwart und Vergangenheit, was es nahezu unmöglich macht, die Werke auf einen einzigen Aspekt zu reduzieren.

4 Thematische Schwerpunkte der wiedervereinigten Prosaliteratur seit 1989

Auch im Mittelpunkt der Gegenwartsliteratur stehen immer noch sehr häufig eine oder mehrere Beziehungsgeschichten. Zwischenmenschliche Verhältnisse mit ihren vielfältigsten emotionalen Verwicklungen, Verlangen und Liebe, Glückshoffnung und Zärtlichkeit, aber auch Eifersucht und Verrat, Scheitern und Hass sind ein genuines Hauptmotiv der Prosaliteratur. Ebenso sind die zeitbedingten soziokulturellen Faktoren zu beachten, die die literarische Gestaltung dieses Themas prägen und verändern. Man kann in aktuellen Werken bei diesem Thema zunehmenden Enttabuisierungen und Freizügigkeiten begegnen, aber andererseits auch eine neue Sensibilität und Ästhetisierung entdecken.

Eine in letzter Zeit bevorzugte und beim Lesepublikum sehr beliebte Erzählform ist der sogenannte **Familienroman**. Der Personenkreis konzentriert sich nicht mehr auf den engeren Zirkel einer reinen Liebes- und Beziehungsgeschichte und deren vornehmlich psychische Problematik, sondern erweitert sich auf relativ viele Familienmitglieder, erstreckt sich meistens auch über mehrere Generationen und bezieht fast automatisch den historischen Hintergrund stärker mit ein.

Theaterstück „Väter und Söhne", Theater Bremen, 2017

Eine eigene Zuordnung und Betrachtung verdienen all jene Prosatexte, deren Hauptfigur (oder Hauptfiguren) jünger ist, sodass die Themen **Kindheit, Jugend, Adoleszenz** eine wichtige Rolle spielen. Interessant ist hier, in welchem Milieu z. B. die Kinder oder Jugendlichen heranwachsen (Ober-, Mittel-, Unterschicht), welcher Erziehungsstil vorherrscht und aus welcher Perspektive die Probleme des Reifeprozesses dargestellt werden.

Bei der literarischen Darstellung des Alters rücken natürlich ganz andere Aspekte in den Vordergrund: das Nachlassen körperlicher und geistiger Kräfte, Krankheit und Einsamkeit, Fragen der Versorgung und Pflege, **Gedanken über das Sterben und den Tod**. Der Rückblick auf das gelebte Leben ermöglicht es dem Autor, über Fragen des Schicksalhaften und Zeitbedingten, des Zusammenspiels von individuellen Entscheidungen und kollektiven Gegebenheiten zu reflektieren.

Als schwieriger kann sich die dichterische Gestaltung eines anderen Themenbereichs erweisen: **Beruf, Arbeit, Alltag** einschließlich der ökonomischen Verflechtungen. Heikel ist bereits die Tatsache, dass es sich dabei um Fragen handelt, die jedem Leser vertraut sind, weil er sie selbst tagtäglich erlebt. Andererseits sind die wirtschaftlichen und finanziellen

Zusammenhänge, die die Erwerbsarbeit und den gewöhnlichen Alltag beeinflussen, kompliziert und nicht gerade von poetischer Natur. Dennoch gibt es überraschend kurzweilige Bücher zu diesem Themenkomplex, die die Unannehmlichkeiten, die Langeweile oder das passive Scheitern ebenso interessant schildern wie plötzliche Momente hellsichtiger Wahrnehmung oder existenzieller Erfahrung. Man kann die Möglichkeit einer **„Poetisierung"** der Alltäglichkeit durch Sensibilität der Beobachtung, aber auch durch Humor, Witz, Ironie und Satire erleben.

Familien- oder Generationenromane werden zu Gesellschafts- oder Zeitromanen, wenn die Einzelschicksale so verknüpft und verallgemeinert dargestellt werden, dass ein repräsentatives gesamtgesellschaftliches Epochenbild entsteht – sei es gegenwartsbezogen und zeitübergreifend, national oder international. Hier werden dann die politischen, gesellschaftlichen und historischen Tendenzen, Entwicklungen, Einschnitte, Veränderungen usw. erkennbar, wodurch der Leser ein gegenüber Sachbüchern anschaulicheres und lebendigeres Bild anhand individueller Lebensläufe erhält.

Eine nicht beendete und damit bleibende Aufgabe deutschsprachiger Schriftsteller ist die **Beschäftigung mit Schicksalen aus der Zeit des Nationalsozialismus und des Holocaust.** Es gab in den vergangenen Jahrzehnten neben der Wachhaltung der Erinnerung bzw. des Gedenkens viele außer- und halbliterarische Anstöße zum literarischen Nachdenken. Neben dem Blick zurück in die schlimmsten Jahre der deutschen Geschichte suchen sich dichterische Werke der Gegenwart auch immer wieder Themen und Figuren aus noch weiter zurückliegenden Epochen, oder sie verlegen die Handlung in weiter entfernte Weltgegenden – sowohl gegenwarts- als auch vergangenheitsbezogen. Wenn es sich dabei um ernsthafte literarische Werke handelt, sollte man dies nicht als Fluchtversuche vor der eigenen Gegenwart bzw. Umwelt verstehen, sondern eher als eine Spurensuche, die bedeutungsvolle Zeichen bzw. Vorzeichen aufspüren kann, die vergessen, verdeckt oder verdrängt waren. Der Leser sollte sich deshalb bei der Lektüre immer darum bemühen, einen Bezug zum Hier und Jetzt herzustellen.

Im Jahr 2008 fand im deutschsprachigen Feuilleton eine Diskussion unter Kritikern und Autoren über den **politischen Gegenwartsroman** statt. Zur Debatte stand die literarische Verarbeitung/Umsetzung brandaktueller politischer Vorfälle, Themenkomplexe oder weiterer Zusammenhänge. Da fragte z. B. ein Kritiker, wo der Autor bleibe, der über die Bundeswehr in Afghanistan schreibe. Seine Hoffnung richte sich dabei vor allem auf Journalisten, die ja immer häufiger auch Romane schrieben. Die Gegenstimmen argumentierten, dass auch bei heutigen politischen Romanen letztlich die Ästhetik entscheidend sei, also die formalen, stilistischen, sprachlichen Elemente – und nicht allein bzw. vornehmlich die Tagesaktualität. Schon Peter Handke sprach vom äußerst schwierigen Verhältnis zwischen **„Poesie und Politik"**. In abgewandelter Form dürfte das auch für Bereiche wie Naturwissenschaft, Forschung, Technik, Medizin usw. gelten, die ebenfalls in der Literatur keine angemessene Rolle spielen, obwohl sie wiederholt als literarisch relevante Themen eingefordert werden.

Ebenfalls im Jahr 2008 wurden vermehrt kritische Stimmen laut, die beklagten, dass alljährlich zu viele Neuerscheinungen auf den Buchmarkt drängen würden, sodass dieser immer unübersichtlicher werde. Neben diesem quantitativen Einwand steht der die Qualität betreffende Vorwurf, dass viele literarische Produktionen einem gewissen Mainstream folgen und sprachlich-stilistisch einen gefälligen **Neorealismus** pflegen. Bei dieser Geläufigkeit des Erzählens, die sowohl das äußere Geschehen als auch die inneren psychischen Leiden gewissermaßen so abbildet, wie sie sind oder zu sein scheinen, komme eine Forderung bzw. ein Hauptkennzeichen moderner Literatur zu kurz, nämlich die Haltung des Zweifels an der Zuverlässigkeit der Wahrnehmung und des Bewusstseins, der Angemessenheit und

Ausdruckskraft einer herkömmlichen, alltagsnahen Sprachform, die nicht zu innovativen literarischen Sprachkünsten findet. Dahinter steckt natürlich auch die Sorge, dass die anspruchsvollere Literatur überhaupt immer mehr der Vielfalt der neuen Medien unterliegen könne – trotz der Bücherflut, die kaum abnehmen wird.

5 Literatur Österreichs und der Schweiz nach 1945

Die seit 1918 auf die deutschsprachigen Länder verkleinerte Republik **Österreich** wurde 1938 – nach einer faschistischen Phase österreichischer Prägung unter Dollfuß und von Schuschnigg (Austrofaschismus) – unter großer Begeisterung weiter Kreise der Bevölkerung an das „Deutsche Reich angeschlossen". So teilte dieser Staat nach 1945 das politische Schicksal Deutschlands: Kapitulation, Befreiung und Besatzung. Der Staatsvertrag von 1955 gab Österreich die Souveränität zurück; bis 1970 regierte eine Große Koalition aus Österreichischer Volkspartei (ÖVP) und Sozialdemokratischer Partei Österreichs (SPÖ). Das Proporzdenken (Verteilung von Ämtern und Posten nach Parteizugehörigkeit) und das Fehlen einer wirksamen parlamentarischen Opposition verhinderten vielfach eine offene Austragung politischer und gesellschaftlicher Konflikte.

Arno Geiger (oben links), Raoul Schrott (oben rechts), Marlene Streeruwitz (unten links), Robert Menasse (unten rechts)

Diese Konstellation bildete bis weit in die 1960er-Jahre hinein den Hintergrund für eine Literatur, die noch weitgehend der Tradition verhaftet blieb und die Vergangenheit – mit wenigen Ausnahmen – nicht aufarbeitete. Erst dann fanden große Werke namhafter Vorkriegsautoren wie Robert Musils „Der Mann ohne Eigenschaften" oder Hermann Brochs „Der Tod des Vergil" ihr Publikum. Von den vertriebenen Schriftstellern kehrten nur wenige zurück (Friedrich Torberg), manche hielten sich überwiegend im Ausland auf (Elias Canetti, Erich Fried), die meisten blieben Österreich für immer fern (Arnolt Bronnen, Ferdinand Bruckner, Fritz Hochwälder, Alfred Polgar, Manès Sperber). In den frühen Nachkriegsjahren ragten unter den neuen Autoren vor allem **Ilse Aichinger** und **Ingeborg Bachmann** heraus. Aichingers Roman „Die größere Hoffnung", dessen Thema das Schicksal eines jüdischen Mädchens in der Hitlerzeit ist, und Bachmanns Lyrik stießen jedoch vor allem in der Bundesrepublik auf große Resonanz, wo sie den damals angesehensten Literaturpreis, den der Gruppe 47, zugesprochen bekamen. Überhaupt ist es bis heute ein wesentliches Merkmal der österreichischen Literatur, dass sie hauptsächlich in Deutschland verlegt und gelesen wird.

Die **Wiener Gruppe** (Hans Carl Artmann, Konrad Bayer, Gerhard Rühm, Oswald Wiener) schockierte seit den 1950er-Jahren das Publikum mit ihrem Hang zum unpolitischen Anarchismus, den verschiedensten Formen ästhetischer Experimente und theatralischer Aktionen. Mit ihren Texten, manchmal im stilisierten Dialekt, trugen sie zur Entwicklung eines neuen, kritischen Sprachbewusstseins bei. **Ernst Jandl** brach mit seiner oft witzigen **konkreten Poesie** herkömmliche Lesegewohnheiten auf; **Helmut Qualtinger** stellte mit seinen bissigen Monologen den opportunistischen Kleinbürger bloß (in dem Theaterstück „Der Herr Karl", 1962).

In den 1970er-Jahren steigerte **Thomas Bernhard** in seiner Prosa und seinen Dramen diese Kritik zu einer hasserfüllten Abrechnung mit seiner österreichischen Heimat, was bis zu seinem Tod wiederholt zu öffentlichen Skandalen führte. Wie Bernhard begann auch **Peter Handke** mit sprachexperimenteller Literatur, kam später aber in seinen Werken über den dichterischen Ausdruck sensibler Wahrnehmungen immer stärker zu einer ästhetischen und philosophischen Betrachtungsweise. Während die in der Bundesrepublik in den 1960er-Jahren dominierende Politisierung der Literatur in Österreich nicht stattfand, d.h. auf direktes politisches Engagement bzw. auf direkte Wirkung verzichtet wurde, gibt es neben Beispielen sozialkritischer Texte dort schon früh Vertreter einer ausgeprägt **subjektivistischen Literatur** mit **autobiografischen Zügen**, deren Thema das vereinzelte Ich in einer feindlichen, oft ländlich-provinziellen Umwelt ist.

Neben dem – nach Wien – zweiten Autorenzentrum **Salzburg** (Alois Brandstetter, Franz Innerhofer, Peter Rosei) stehen seit mehreren Jahrzehnten vor allem zwei Namen für den Beitrag Österreichs zur deutschsprachigen Literatur: die Grazer Gruppe **Forum Stadtpark** als Sammelbewegung oppositioneller Schriftsteller (u.a. Wolfgang Bauer, Barbara Frischmuth, Peter Handke, Gerhard Roth, Peter Turrini), die sich Traditionellem verweigern, und der **Klagenfurter Literaturwettbewerb** mit dem **Ingeborg-Bachmann-Preis**, der inzwischen zu einem Medienereignis geworden ist.

Im ersten Jahrzehnt des neuen Jahrtausends mehren sich Stimmen, die sich darin einig sind, dass gerade in der österreichischen Literaturlandschaft die aufregendsten, eigensinnigsten und vielfältigsten deutschsprachigen Texte erscheinen. 2004 erhält **Elfriede Jelinek** den Nobelpreis und 2005 **Arno Geiger** den Deutschen Buchpreis; **Daniel Glattauer** landet einen Überraschungserfolg mit seiner originell-witzigen E-Mail-Geschichte „Gut gegen Nordwind". Der Büchner-Preisträger 2008, **Josef Winkler**, kommt ebenso aus Österreich wie **Michael Köhlmeier**, der mit seinem großen Epochenroman „Abendland" Erfolge verzeichnet.

Die **Schweiz** blieb von unmittelbaren militärischen Auseinandersetzungen im Zweiten Weltkrieg verschont und wurde deshalb zu einem wichtigen Fluchtland für Emigranten. Damit fehlt der literarischen Entwicklung die Zäsur durch das Jahr 1945, wie sie Deutschland und Österreich erlebt hatten. Traditionelle Werte wie Ruhe, Ordnung und Fleiß blieben weiterhin bestimmend für eine konservative Grundstimmung, die von manchen Kritikern nicht mehr als Zeichen der Stabilität, sondern als Stagnation empfunden wurde. **Friedrich Dürrenmatt** und **Max Frisch** führten mit ihren ab 1950 erscheinenden Werken die Literatur der Schweiz aus einer gewissen Provinzialität heraus und erlangten Weltruhm. In ihren Dramen und ihrer Prosa kritisierten sie direkt oder in Parabelform Verhältnisse der Gegenwart und jüngeren Vergangenheit – auch in der Schweiz. Während Dürrenmatt eher abstrakt auf Schwächen eines kapitalistischen und/oder technokratischen Systems abzielt, steht bei Frisch die **individuelle Identitätsproblematik** im Vordergrund. Die Besonderheit der deutschsprachigen Schweizer Literatur, dass geschriebene Sprache (Schriftdeutsch) und gesprochene Sprache (Schwyzerdütsch) weiter auseinanderklaffen als sonst Schriftsprache und Dialekt, scheint bei Dürrenmatt und Frisch keine so große Rolle zu spielen wie bei anderen Autoren dieser Generation. Bei ihnen wird dieses Sprachproblem nämlich inhaltlich thematisiert oder führt formal zu Sprachexperimenten.

Etwa gleichzeitig mit der Politisierung der Literatur in der Bundesrepublik der 1960er-Jahre spitzte sich auch in der Schweiz die literarische Auseinandersetzung mit politischen und sozialen Verhältnissen zu, später auch mit ökologischen Fragen. Im Zusammenhang damit wird jetzt die Rolle der Schweiz während der nationalsozialistischen Diktatur in Deutschland kritischer durchleuchtet. Ins Blickfeld der Gegenwartskritik geraten das Problem des Fremden, der gesellschaftspolitischen Utopien und der mitunter dokumentarisch belegten Arbeitswelt. Die Zugehörigkeit der deutschsprachigen Literaturszene der Schweiz zum bundesrepublikanischen Büchermarkt zeigt sich auch darin, dass nach dieser Politisierung zum einen ein Trend zum Regionalismus feststellbar ist, zum anderen das literarische Pendel wieder zu einer Subjektivierung und Privatisierung ausschlägt.

V Projektideen zu literarischen Epochen/Strömungen

Planung einer Projektarbeit (siehe S. 38ff.) mit dem Ziel einer intensiven Auseinandersetzung mit einer Literaturepoche bzw. literarischen Strömung als Einzel-, Partner- oder Gruppenarbeit

Romeo und Julia, Schaubühne Berlin, 2013

Projektthema:
Die Liebe und ihr ewiger Gegenspieler, der Tod – Ausprägung der beiden Motive in einer literarischen Epoche/Strömung

Arbeitsphase:
- Recherche eines kurzen Textauszugs zum Motiv „Liebe und Tod"
- Eigensprachliche Zusammenfassung des Kernhalts des Textes
- Analyse der beiden Motive und Klärung ihres möglichen Zusammenhangs
- Sammeln von Schlüsselbegriffen zur jeweiligen Epoche auf der Basis des Buchkapitels 5
- Interpretation des Textauszuges aufgrund des Epochenhintergrunds
- Planung einer Kurzpräsentation mit Medieneinsatz, z. B. Poster, Flyer, multimediale Präsentation

Präsentationsphase:
Möglichst freier Vortrag mit gut abgestimmtem Medieneinsatz

Abschluss des Projekts im Plenum:
Vergleich der Ausprägung des Motivs, unter anderem am Beispiel literarischer Figuren

6 Epik in ihrer Vielfalt interpretieren

I Kürzere Erzählformen

1 Märchen

Das mittelhochdeutsche Wort *mære* bedeutete ursprünglich **„Kunde“, „Nachricht“, „Bericht“**. In dieser Verwendung findet es sich zum Beispiel im ersten Vers des Nibelungenliedes. Im Spätmittelalter erscheint der Name *merechyn* für kleinere Erzählungen in Versform, die vorwiegend fiktive Stoffe behandeln. Die Verkleinerungsform *Märlein* wird ab dem 18. Jahrhundert durch den Ausdruck „Märchen“ ersetzt, der bis heute gilt. Die **Brüder Grimm** gaben 1812 die berühmteste deutsche Märchensammlung heraus, in die sie all das aufnahmen, was vom Volk erzählt wurde. Nicht nur Jacob und Wilhelm Grimm zeigten für diese Art der Volkspoesie besonderes Interesse, sondern die Dichter der **Romantik** insgesamt hegten eine starke Vorliebe für die Gattung Märchen. Sie schrieben allerdings selbst Kunstmärchen und keine **Volksmärchen**.

Letztere sind anonym entstandene und über einen langen Zeitraum mündlich überlieferte Geschichten. Bei **Kunstmärchen** sind die Autoren bekannt, ihr Stil ist anspruchsvoller und trägt Züge des Epochenstils ihrer Entstehungszeit. Die ersten Kunstmärchen entstanden in der Romantik, heutige Märchenautoren nähern sich der sogenannten Fantasy-Literatur an (vgl. z. B. Michael Ende, Wolfgang Hohlbein oder John Ronald Reuel Tolkien).

Märchen sind Erzählungen, die an keine historische Zeit und an keinen realen Ort gebunden sind und mit der Wirklichkeit frei umgehen. Weil viele gleiche Märchenmotive in den unterschiedlichsten Kulturkreisen nachgewiesen wurden, sieht die Tiefenpsychologie darin – ähnlich wie in den Mythen – den Ausdruck allgemein menschlicher psychischer Strukturen. Hinter zauberischen Handlungen können sich seelische Ängste, Verdrängungen und Aggressionen ebenso verbergen wie die Erfahrung wesentlicher Sozialisations- und Reifephasen des Menschen.

Außer von menschlichen Personen werden Märchen von überirdischen Figuren bevölkert (z. B. Zwerge, Feen); eine große Rolle spielen fantastische Elemente (z. B. Verwandlungen, Verzauberungen). Die Handlung entwickelt sich oft aus Gegensätzen (reich – arm, klug – dumm) oder aus dem Konflikt zwischen Gut und Böse und entsprechender Belohnung und Bestrafung. Dabei verbergen sich in Märchen oft drastische Grausamkeiten, die die gewohnte Vorstellung von Kindergeschichten durchbrechen.

Der Stil ist – beim Volksmärchen mehr als beim Kunstmärchen – knapp und raffend; Bauelemente wie Wiederholung und wörtliche Rede sind ebenso bedeutsam wie besondere Zahlen (z. B. 3, 7) und Symbole (Spiegel, Brunnen, Vögel etc.).

Aus der Sammlung „Kinder- und Hausmärchen“ der Brüder Grimm stammt das Märchen „Die Sterntaler“, das **Georg Büchner** 1836 als Teil seines Dramas „Woyzeck“ zu einem Antimärchen umschrieb. Von diesem Märchen gibt es auch eine Travestie, d. h., der Inhalt wird beibehalten, Form bzw. Sprache werden jedoch parodistisch verändert.

Die Sterntaler (1812) | Brüder Grimm*

Denkmal für die Gebrüder Grimm in Hanau

Es war einmal ein kleines Mädchen, dem war Vater und Mutter gestorben, und es war so arm, daß es kein Kämmerchen mehr hatte, darin zu wohnen, und kein Bettchen mehr, darin zu schlafen, und endlich gar nichts mehr als die Kleider auf dem Leib und ein Stückchen Brot in der Hand, das ihm ein mitleidiges Herz geschenkt hatte. Es war aber gut und fromm. Und weil es von aller Welt verlassen war, ging es im Vertrauen auf den lieben Gott hinaus ins Feld. Da begegnete ihm ein armer Mann, der sprach: „Ach, gib mir etwas zu essen, ich bin so hungrig.“ Es reichte ihm das ganze Stückchen Brot und sagte: „Gott segne dir's“, und ging weiter. Da kam ein Kind und jammerte und sprach: „Es friert mich so an meinem Kopfe, schenk mir etwas, womit ich ihn bedecken kann.“ Da tat es seine Mütze ab und gab sie ihm. Und als es noch eine Weile gegangen war, kam wieder ein Kind und hatte kein Leibchen an und fror. Da gab es ihm seins; und noch weiter, da bat eins um ein Röcklein, das gab es auch von sich hin. Endlich ein Hemdlein, und das fromme Mädchen dachte: „Es ist dunkle Nacht, da sieht dich niemand, du kannst wohl dein Hemd weggeben“, und zog das Hemd ab und gab es auch noch hin. Und wie es so stand und gar nichts mehr hatte, fielen auf einmal die Sterne vom Himmel und waren lauter harte blanke Taler – und ob es gleich sein Hemdlein weggegeben, so hatte es ein neues an, und das war vom allerfeinsten Linnen. Da sammelte es sich die Taler hinein und war reich für sein Lebtag.

Brüder Grimm, Sterntaler, in: Kinder- und Hausmärchen, gesammelt durch die Brüder Grimm, München, Winkler Verlag, 1949, S. 666ff.

Woyzeck (1879) | Georg Büchner**

Es war einmal ein arm Kind und hatt kein Vater und keine Mutter, war alles tot, und war niemand mehr auf der Welt. Alles tot, und es is hingangen und hat gesucht Tag und Nacht. Und weil auf der Erde niemand mehr war, wollt's in Himmel gehn, und der Mond guckt es so freundlich an; und wie es endlich zum Mond kam, war's ein Stück faul Holz. Und da is es zur Sonn gangen, und wie es zur Sonn kam, war's ein verwelkt Sonneblum. Und wie's zu den Sternen kam, waren's kleine goldne Mücken, die waren angesteckt, wie der Neuntöter sie auf die Schlehen steckt. Und wie's wieder auf die Erde wollt, war die Erde ein umgestürzter Hafen. Und es war ganz allein. Und da hat sich's hingesetzt und geweint, und da sitzt es noch und is ganz allein.

Büchner, Georg, Woyzeck, in: Büchner, Georg, Woyzeck, Leonce und Lena, hrsg. und mit einem Nachwort versehen von Otto Carl August zur Nedden, Stuttgart, Reclam Verlag, 1980, S. 24

Sterntaler (1984) | Uta Claus, Rolf Kutschera*

Die Goldi war wohl'n abgewracktes Heimkind oder so, die Alten jedenfalls waren vom Schlitten gerutscht oder hatten sich sonstwie abgemeldet. Na ja, der Bunker war auf alle Fälle für die Goldi gelaufen und se mußte sehen, daß se ihren Krempel selber managte.
Bis auf ihre Klamotten hatte se Null, und die Knete reichte gerade noch fürn doppelten Cheeseburger. Und wie se da so langschnürt und sich eben den Cheesy reinschmeißen will, macht se son Alter an, er hätte unheimlich Kohldampf und will was zu beißen.
Da gibt doch die beknackte Kuh dem Typ tatsächlich den ganzen Cheesy rüber, statt selber die Mampfe zu machen. Also, wenn se eins im Heim hätte schnallen können, dann ja wohl, daß se auf die Tour nie an nen Goldzahn kommt.
Aber der dickste Hammer kommt erst noch. Kommt doch da sone Mutter angelatscht und nölt rum, sie hätte so eisige Käsequanten und ob sie nich Goldis Moon-Boots abstauben könnte. Und das Weib ist doch tatsächlich so beknackt und rückt die auch noch raus. Also St. Martin war da Null dagegen. Und dann gibt die doch kurz darauf soner Braut auch noch ihre Jeans und nem Kumpel im Wald ihr T-Shirt.
Na ja, vielleicht war se ja auch auf'm Human-Trip oder so, jedenfalls kam da schon wieder son Macker angeschlurft, der jammert rum, daß ihm der Arsch abfriert und daß er unheimlich scharf auf Goldis Parka wär.
Und die, gehirnamputiert wie nix, schält sich aus dem Kaftan und der Typ dampft damit ab. Und wie se so mit Null am Body dasteht, kommt auf einmal irre viel Zaster von oben runtergerauscht, und nen mordsmäßigen Fummel hat se auch plötzlich an. Also, mich können die nich verarschen. Entweder die Goldi hatte unheimlich einen geschmissen und war auf'm Wahnsinnstrip oder das Ganze ist mal wieder ne Story aus der Bildzeitung.

Claus, Uta; Kutschera, Rolf, Sterntaler, in: Claus, Uta; Kutschera, Rolf, Total tote Hose. 12 bockstarke Märchen, Frankfurt am Main, Eichborn Verlag, 1984, S. 80f.

1. Zeigen Sie Grundzüge der Gattung Märchen am Beispiel der grimmschen Märchenfassung. Ergänzen Sie diese Merkmalliste mit konkreten Beispielen aus anderen Ihnen bekannten Märchen.
2. Warum kann man Büchners Fassung ein Antimärchen nennen?
3. Versuchen Sie sich an einer Travestie zu einem Märchen Ihrer Wahl oder verfassen Sie eine Märchenparodie auf den Schulalltag. „Parodie“ bedeutet, dass Form bzw. Sprache des Märchens beibehalten werden und der Inhalt neu erfunden werden muss.

2 Anekdote und Kalendergeschichte

Anekdoten sind sehr kurze Prosatexte über tatsächliche oder mögliche historische Personen bzw. Ereignisse, die mit einer Pointe enden. Auch wenn das Geschehen im Einzelfall nicht authentisch belegt ist, charakterisiert es eine bestimmte Zeit und erhält dadurch eine gewisse Repräsentation. Die Wirkungsabsicht von Anekdoten zielt auf Kritik, Belehrung, gesellige bis humoristische Unterhaltung. Die pointierte Zuspitzung rückt sie in die Nähe des Aphorismus (geistreiche Äußerung in einem Satz). Mit der Novelle teilt die Anekdote das im Mittelpunkt stehende besondere Vorkommnis, aber nicht deren kunstvolle Form.

Ihren Ursprung haben Anekdoten in der Geschichtsschreibung; das griechische Wort deutet darauf hin, dass die Geschichte ursprünglich mündlich überliefert wurde. In der deutschen Literaturgeschichte sind vor allem **Heinrich von Kleist, Johann Peter Hebel** und **Bertolt Brecht** als Verfasser von Anekdoten hervorgetreten.

[Bach-]Anekdote (1810) | Heinrich von Kleist**

Bach, als seine Frau starb, sollte zum Begräbnis Anstalten machen. Der arme Mann war aber gewohnt, alles durch seine Frau besorgen zu lassen; dergestalt, daß da ein alter Bedienter kam, und ihm für Trauerflor, den er einkaufen wollte, Geld abforderte, er unter stillen Tränen, den Kopf auf einen Tisch gestützt, antwortete: „sagts meiner Frau". –

Kleist, Heinrich, Anekdote, in: Heinrich von Kleist. Sämtliche Werke und Briefe in vier Bänden, hrsg. von Helmut Sembdner, Bd. 3, München, Wien, Carl Hanser Verlag, 1982, S. 268

Balkankrieg (1913) | Bertolt Brecht**

Ein alter kranker Mann ging über Land. Da überfielen ihn vier junge Burschen und nahmen ihm seine Habe. – Traurig ging der Alte weiter. Aber an der nächsten Straßenecke sah er zu seinem Erstaunen, wie eben drei von den Räubern den vierten überfielen, um ihm seinen Raub abzunehmen. Dieser fiel bei dem Streiten jedoch auf die Straße. Voller Freude hob es der Alte auf und eilte davon. Jedoch in der nächsten Stadt wurde er angehalten und vor den Richter geführt. Da standen die vier Burschen und klagten ihn, jetzt wieder einig, an. Der Richter aber entschied folgendermaßen: Der alte Mann sollte sein letztes Gut den jungen Burschen zurückgeben. „Denn", so sagte der weise und gerechte Richter, „sonst könnten die vier Kerls dort Unfrieden stiften im Land. "

Brecht, Bertolt, Balkankrieg, in: Brecht, Bertolt, Gesammelte Werke in 20 Bänden, Bd. 11, Frankfurt am Main, Suhrkamp Verlag, 1967, S. 3

1. Arbeiten Sie an beiden Texten die gattungsspezifischen Merkmale heraus.
2. Vergleichen Sie die Anekdoten Kleists und Brechts.

Die **Kalendergeschichte** stimmt in ihrer Struktur mit der Anekdote weitgehend überein, ist aber in der Regel etwas ausführlicher, erzählerischer und stärker ereignis- als personenbezogen. Ihren Namen erhielt diese Gattung von den Taschenkalendern, in denen sie neben Versen und Sprüchen seit dem 18. Jahrhundert erschienen ist. Neben der Bibel waren diese Kalender oft die einzige Lektüre der einfachen Bevölkerung und dienten zu ihrer Unterhaltung und Belehrung. Die Personen im Mittelpunkt von Kalendergeschichten sind im Gegensatz zur klassischen Anekdote die „kleinen Leute", von denen in der Geschichte selten die Rede ist.

Unverhofftes Wiedersehen (1808/11) | Johann Peter Hebel*

In Falun in Schweden küßte vor guten fünfzig Jahren und mehr ein junger Bergmann seine junge hübsche Braut und sagte zu ihr: „Auf Sankt Luciä wird unsere Liebe von des Priesters Hand gesegnet. Dann sind wir Mann und Weib und bauen uns ein eigenes Nestlein." – „Und Friede und Liebe soll darin wohnen", sagte die schöne Braut mit holdem Lächeln, „denn du bist mein einziges und alles, und ohne dich möchte ich lieber im Grab sein als an einem andern Ort." Als sie aber vor St. Luciä der Pfarrer zum zweitenmal in der Kirche ausgerufen hatte: „So nun jemand Hindernis wüßte anzuzeigen, warum diese Personen nicht möchten ehelich zusammenkommen", da meldete sich der Tod, denn als der Jüngling den andern Morgen in seiner schwarzen Bergmannskleidung an ihrem Haus vorbeiging, der Bergmann hat sein Totenkleid immer an, da klopfte er zwar noch einmal an ihrem Fenster und sagte ihr guten Morgen, aber keinen guten Abend mehr. Er kam nimmer aus dem Bergwerk zurück, und sie säumte vergeblich selbigen Morgen ein schwarzes Halstuch mit rotem Rand für ihn zum Hochzeitstag, sondern als er nimmer kam, legte sie es weg und weinte um ihn und vergaß ihn nie. Unterdessen wurde die Stadt Lissabon in Portugal durch ein Erdbeben zerstört, und der Siebenjährige Krieg ging vorüber, und Kaiser Franz der Erste starb, und der Jesuitenorden wurde aufgehoben und Polen geteilt, und die Kaiserin Maria Theresia starb, und der Struensee wurde hingerichtet, Amerika wurde frei, und die vereinigte französische und spanische Macht konnte Gibraltar nicht erobern. Die Türken schlossen den General Stein in der Veteraner Höhle in Ungarn ein, und der Kaiser Joseph starb auch. Der König Gustav von Schweden eroberte russisch Finnland, und die französische Revolution und der lange Krieg fing an, und der Kaiser Leopold der Zweite ging auch ins Grab. Napoleon eroberte Preußen, und die Engländer bombardierten Kopenhagen, und die Ackerleute säten und schnitten. Der Müller mahlte, und die Schmiede hämmerten, und die Bergleute gruben nach den Metalladern in ihrer unterirdischen Werkstatt. Als aber die Bergleute in Falun im Jahr 1809 etwas vor oder nach Johannis zwischen zwei Schächten eine Öffnung durchgraben wollten, gute dreihundert Ellen tief unter dem Boden gruben sie aus dem Schutt und Vitriolwasser den Leichnam eines Jünglings heraus, der ganz mit Eisenvitriol durchdrungen, sonst aber unverwest und unverändert war; also daß man seine Gesichtszüge und sein Alter noch völlig erkennen konnte, als wenn er erst vor einer Stunde gestorben oder ein wenig eingeschlafen wäre an der Arbeit. Als man ihn aber zutag ausgefördert hatte, Vater und Mutter, Gefreundte und Bekannte waren schon lange tot, kein Mensch wollte den schlafenden Jüngling kennen oder etwas von seinem Unglück wissen, bis die ehemalige Verlobte des Bergmanns kam, der eines Tages auf die Schicht gegangen war und nimmer zurückkehrte. Grau und zusammengeschrumpft kam sie an einer Krücke an den Platz und erkannte ihren Bräutigam; und mehr mit freudigem Entzücken als mit Schmerz sank sie auf die geliebte Leiche nieder, und erst, als sie sich von einer langen heftigen Bewegung des Gemüts erholt hatte, „es ist mein Verlobter", sagte sie endlich, „um den ich fünfzig Jahre lang getrauert hatte und den mich Gott noch einmal sehen läßt vor meinem Ende. Acht Tage vor der Hochzeit ist er unter die Erde gegangen und nimmer heraufgekommen." Da wurden die Gemüter aller Umstehenden von Wehmut und Tränen ergriffen, als sie sahen die ehemalige Braut jetzt in der Gestalt des hingewelkten kraftlosen Alters und den Bräutigam noch in seiner jugendlichen Schöne, und wie in ihrer Brust nach 50 Jahren die Flamme der jugendlichen Liebe noch einmal erwachte: aber er öffnete den Mund nimmer zum Lächeln oder die Augen zum Wiedererkennen; und wie sie ihn endlich von den Bergleuten in ihr Stüblein tragen ließ, als die einzige, die ihm angehöre und ein Recht an ihn habe, bis sein Grab gerüstet sei auf dem Kirchhof. Den anderen Tag, als das Grab gerüstet war auf dem Kirchhof und ihn die Bergleute holten, schloß sie ein Kästlein auf, legte ihm das schwarzseidene Halstuch mit roten Streifen um und begleitete ihn alsdann in ihrem Sonntagsgewand, als wenn es ihr Hochzeitstag und nicht der Tag seiner Beerdigung wäre. Denn als man ihn auf dem Kirchhof ins Grab legte, sagte sie: „Schlafe nun wohl, noch einen Tag oder zehn im kühlen Hochzeitsbett, und laß dir die Zeit nicht lange werden. Ich habe nur noch wenig zu tun und komme bald, und bald wird's wieder Tag. – Was die Erde einmal wiedergegeben hat, wird sie zum zweitenmal auch nicht behalten", sagte sie, als sie fortging und noch einmal umschaute.

Hebel, Johann Peter, Unverhofftes Wiedersehen, in: Schatzkästlein des rheinischen Hausfreundes, Tübingen, Cotta Verlag, 1811, S. 292ff.

1. Analysieren Sie in Hebels Kalendergeschichte, wie persönliches Schicksal und Weltgeschichte miteinander verknüpft werden.
2. Diskutieren Sie, ob eine solche Treue, von der Hebel erzählt, auch heute noch vorstellbar ist.

3 Fabel und Parabel

Die **Fabel** gehört zu den ältesten Gattungen der Weltliteratur. Der Begriff kommt vom lateinischen Wort *fabula* und heißt „Erzählung", „Geschichte". Als Begründer in der Antike gilt der Grieche Aesop um 600 v. Chr. Die Tradition wird in der Neuzeit vor allem durch Martin Luther, den Franzosen Jean de La Fontaine (1621–1695) und Gotthold Ephraim Lessing weitergeführt und reicht bis zu Bertolt Brecht, Wolfdietrich Schnurre (1920–1989) oder Reiner Kunze (geb. 1933).

In der Fabel sind die Handlungsträger Tiere, ganz selten auch Pflanzen, die sich wie Menschen äußern und verhalten. Das Anliegen der kurzen, meist in Prosa gehaltenen Geschichten sind die Veranschaulichung einer moralischen Lehre und die pädagogische Einwirkung auf den Leser. Deshalb war die Fabel in der Aufklärung eine besonders beliebte Gattung.

Während die älteren Fabeln eher überzeitliche Menschentypen und Verhaltensweisen bloßstellen, kritisieren neuere Fabeln auch gesellschaftliche oder politische Zustände. Dabei sind bestimmte Tiere auf bestimmte Eigenschaften festgelegt und werden zu typisierten Rollenträgern. Fabeln leben aus dem Dialog, basieren meistens auf einer dramatischen und antithetischen Handlung, die in einer Schlusspointe endet.

Die Pfauen und die Krähe (1759) | Gotthold Ephraim Lessing**

Eine stolze Krähe schmückte sich mit den ausgefallenen Federn der farbigen Pfaue, und mischte sich kühn, als sie gnug geschmückt zu seyn glaubte, unter diese glänzenden Vögel der Juno. Sie ward erkannt; und schnell fielen die Pfaue mit scharfen Schnäbeln auf sie, ihr den betriegerischen Putz auszureissen. Lasset nach! schrie sie endlich; ihr habt nun all das eurige wieder, doch die Pfaue, welche einige von den eignen glänzenden Schwingfedern der Krähe bemerkt hatten, versetzten: Schweig, armselige Närrin; auch diese können nicht dein seyn! – und hackten weiter.

Lessing, Gotthold Ephraim, Die Pfauen und die Krähe, in: Fabeln, Parabeln und Gleichnisse. Beispiele didaktischer Literatur, hrsg. von Reinhard Dithmar, München, Deutscher Taschenbuch Verlag, 1970, S. 191

Herr Keuner und die Flut (1929) | Bertolt Brecht**

Herr Keuner ging durch ein Tal, als er plötzlich bemerkte, daß seine Füße in Wasser gingen. Da erkannte er, daß sein Tal in Wirklichkeit ein Meeresarm war und daß die Zeit der Flut herannahte. Er blieb sofort stehen, um sich nach einem Kahn umzusehen, und solange er auf einen Kahn hoffte, blieb er stehen. Als aber kein Kahn in Sicht kam, gab er diese Hoffnung auf und hoffte, daß das Wasser nicht mehr steigen möchte. Erst als ihm das Wasser bis ans Kinn ging, gab er diese Hoffnung auf und schwamm. Er hatte erkannt, daß er selber ein Kahn war.

Brecht, Bertolt, Herr Keuner und die Flut, in: Brecht, Bertolt, Geschichten vom Herrn Keuner, Frankfurt am Main, Suhrkamp, 1971, S. 76

Politik (1957) | Wolfdietrich Schnurre**

Eine Gans war über Nacht auf dem Eis festgefroren. Das sah der Fuchs, und er schlich, sich die Schnauze leckend, hinüber. Dicht vor ihr jedoch brach er ein, und es blieb ihm nichts anderes übrig, als sich schwimmend über Wasser zu halten. „Weißt du was", schnaufte er schließlich, „begraben wir unsere Feindschaft, vertragen wir uns." Die Gans zuckte die Schulter. „Kommt darauf an." „Ja, aber worauf denn!" keuchte der Fuchs. „Ob's taut oder friert", sagte die Gans.

Schnurre, Wolfdietrich, Politik, in: Fabeln, Parabeln und Gleichnisse. Beispiele didaktischer Literatur, hrsg. von Reinhard Dithmar, München, Deutscher Taschenbuch Verlag, 1970, S. 252f.

1. Legen Sie dar, was Sie heute unter den Begriffen „Krähen" und „Pfauen" verstehen.
2. Bertolt Brecht hat in seinen „Keuner"-Geschichten ebenfalls Fabeln erzählt, aber abweichend von der üblichen Gattungsnorm mit einer menschlichen Hauptfigur. Formulieren Sie die Lehre in Form einer allgemeinen Handlungsanweisung und suchen Sie historische und aktuelle Beispiele dafür.
3. Analysieren Sie den Titel „Politik" von Schnurres Fabel.
4. Informieren Sie sich in einem Sachwörterbuch über die zweite Bedeutung des literarischen Fachbegriffs „Fabel".

Der Gattungsbegriff **Parabel** geht zurück auf ein griechisches Wort mit der Bedeutung „nebeneinanderstellen", „vergleichen". Parabeln sind **gleichnishafte Erzählungen**, die eine Erkenntnis aus ihrem ursprünglichen Kontext in einen anderen Vorstellungsbereich übertragen, von dem aus der Leser sie „zurückübersetzen" muss. Diese Übertragung kann der Veranschaulichung ebenso dienen wie der Verrätselung.

Da in der Literatur die parabolische Redeweise sehr oft verwendet wird, findet sich Parabelhaftes z. B. auch in Allegorien, Gleichnissen, Fabeln und sogar im epischen Theater. Gemeinsam ist diesen literarischen Formen, dass man die Bedeutung erst durch die Übertragung des Gesagten **(= Bildebene)** auf etwas Gemeintes **(= Sachebene)** erfährt (Analogieschluss). Gleichnisse sind vor allem aus der Bibel und ihrem religiös-kulturellen Umfeld bekannt; aufgrund der alltäglichen typischen Bilder erschließt sich die eigentliche Aussage relativ einfach oder ist im Gleichnis selbst angefügt. Fabeln sind Tiergleichnisse, die auf Menschliches abzielen. In den Allegorien drückt sich das Gleichnishafte in Form einer Person aus, deren Entschlüsselung oft Bildungskenntnisse voraussetzt.

Der Parabelbegriff im engeren Sinn ist kürzeren Prosatexten vorbehalten, in denen in bildhafter Erzählweise ein interessanter Einzelfall dargestellt wird. Mit der Vieldeutigkeit der Bildebene geht die Zurücknahme des lehrhaften Charakters einher. Ausgehend von der Verallgemeinerung des Einzelfalls (Abstraktion) soll der Leser vom Gesagten zum Gemeinten, von der Bildebene zur Sachebene vordringen. In der Übereinstimmung beider Bereiche bzw. Ebenen in einem Punkt findet die Sinnvermutung ihre Bestätigung.

In der Parabel „Eine kaiserliche Botschaft" von **Franz Kafka** (1883–1924) findet sich – wie in vielen anderen seiner Texte – das geheimnisvolle Bild eines Weges, der nicht zum Ziel führt.

Eine kaiserliche Botschaft (1917) | Franz Kafka***

Der Kaiser – so heißt es – hat Dir, dem Einzelnen, dem jämmerlichen Untertanen, dem winzig vor der kaiserlichen Sonne in die fernste Ferne geflüchteten Schatten, gerade Dir hat der Kaiser von seinem Sterbebett aus eine Botschaft gesendet. Den Boten hat er beim Bett niederknien lassen und ihm die Botschaft ins Ohr zugeflüstert; so sehr war ihm an ihr gelegen, daß er sich sie noch ins Ohr wiedersagen ließ. Durch Kopfnicken hat er die Richtigkeit des Gesagten bestätigt. Und vor der ganzen Zuschauerschaft seines Todes – alle hindernden Wände werden niedergebrochen und auf den weit und hoch sich schwingenden Freitreppen stehen im Ring die Großen des Reichs – vor allen diesen hat er den Boten abgefertigt. Der Bote hat sich gleich auf den Weg gemacht; ein kräftiger, ein unermüdlicher Mann; einmal diesen, einmal den andern Arm vorstreckend schafft er sich Bahn durch die Menge; findet er Widerstand, zeigt er auf die Brust, wo das Zeichen der Sonne ist; er kommt auch leicht vorwärts, wie kein anderer. Aber die Menge ist so groß; ihre Wohnstätten nehmen kein Ende. Öffnete sich freies Feld, wie würde er fliegen und bald wohl hörtest Du das herrliche Schlagen seiner Fäuste an Deiner Tür. Aber stattdessen, wie nutzlos müht er sich ab; immer noch zwängt er sich durch die Gemächer des innersten Palastes; niemals wird er sie überwinden; und gelänge ihm dies, nichts wäre gewonnen; die Treppen hinab müßte er sich kämpfen: und gelänge ihm dies, nichts wäre gewonnen; die Höfe wären zu durchmessen; und nach den Höfen der zweite umschließende Palast; und wieder Treppen und Höfe; und wieder ein Palast; und so weiter durch Jahrtausende; und stürzte er endlich aus dem äußersten Tor – aber niemals, niemals kann es geschehen – liegt erst die Residenzstadt vor ihm, die Mitte der Welt, hochgeschüttet voll ihres Bodensatzes. Niemand dringt hier durch und gar mit der Botschaft eines Toten. – Du aber sitzt an Deinem Fenster und erträumst sie Dir, wenn der Abend kommt.

Kafka, Franz, Eine kaiserliche Botschaft, in: Kafka, Franz, Sämtliche Erzählungen, hrsg. von Paul Raabe, Frankfurt am Main, Fischer Taschenbuch Verlag, 1972, S. 138f.

1. Interpretieren Sie die Bedeutung der Personen, Örtlichkeiten und Botschaft in Kafkas Parabel „Eine kaiserliche Botschaft".
2. Untersuchen Sie den unterschiedlichen Tempus- und Modusgebrauch in dieser Parabel sowie die sprachlichen Mittel.

4 Novelle

Der Name **„Novelle"** deutet auf die romanische Herkunft dieser Gattung hin (it. *novella* = kleine Neuigkeit); von dem italienischen Renaissancedichter Giovanni Boccaccio (1313–1375) stammt auch die erste berühmte Novellensammlung „Il Decamerone". Die deutschsprachige Novellentradition beginnt mit **Christoph Martin Wieland** (1733–1813) und **Johann Wolfgang von Goethe** (1749–1832), also in der Aufklärung bzw. Klassik. Während Wieland vor allem die Einfachheit der Handlung und den geringen Umfang hervorhebt, betont Goethe neben der unerhörten Begebenheit den guten Ton als Ausdruck menschlicher Gesittung und die Bedeutung des geselligen Erzählens.

Durch das zielgerichtete, straffe Erzählen und die Konzentration auf ein **zentrales Ereignis** oder einen außergewöhnlichen Charakter ist die Nähe zur Anekdote bzw. Kurzgeschichte einerseits und zum Drama andererseits gegeben. Im Unterschied zum Roman beschränkt sich die Novelle auf einen Ausschnitt, der aber brennpunktartig die gesamte Wirklichkeit spiegelt. Analog zu den dramatischen Gattungen besitzt die Novelle eine **geschlossene**

Form und einen **kunstvollen Aufbau** mit expositionsähnlicher Einleitung, einem die Handlung steuernden **Konflikt** und dem sogenannten **Wendepunkt** zum Unerwarteten hin. Zum besonderen Kunstcharakter der Novelle gehört auch der hohe Stellenwert von **Dingsymbolen**, in denen sich die Handlung leitmotivisch bündelt, die vorausdeutenden Charakter haben können und mitunter sogar im Titel genannt werden („Die Judenbuche", „Die schwarze Spinne", „Der Schimmelreiter", „Das Amulett").

Häufig ist bei der Novelle als erzähltechnisches Gestaltungsmittel die **Rahmenhandlung** anzutreffen, die die eigentliche **Binnenhandlung** in eine Erzählsituation einbettet, die sowohl Realitätsnähe und Glaubwürdigkeit bezeugt als auch ein gesellschaftliches und kommunikatives Bezugssystem schafft. Dieser Rahmen gibt auch Gelegenheit für Reflexion, Kommentierung und moralisch-ethischen Appell. Die deutsche Novelle von der Klassik bis heute bietet eine breit gefächerte Themenauswahl: Chaos und Ordnung, Recht und Unrecht, Macht und Geschichte, Mensch und Natur, Künstler und Gesellschaft, Außenseitertum und Bürgerlichkeit, Individuum und Zeitgeist, Gesetzmäßigkeit und Zufall, Wirklichkeit und Traum, Rationalität und Irrationalität.

Heinrich von Kleists Novelle „Der neuere (glücklichere) Werther" ist zwar eine vergleichsweise kurze Novelle, enthält aber einige wichtige Merkmale dieser Gattung, wie z. B. die Benutzung einer – mündlichen – Quelle durch den Autor. Ein häufiges Gestaltungsprinzip Kleists besteht darin, das Wunderbare in die reale Welt eingreifen zu lassen.

Der neuere (glücklichere) Werther (1811) | Heinrich von Kleist**

Zu L...e in Frankreich war ein junger Kaufmannsdiener, Charles C..., der die Frau seines Prinzipals, eines reichen aber bejahrten Kaufmanns, namens D..., heimlich liebte. Tugendhaft und rechtschaffen, wie er die Frau kannte, machte er nicht den mindesten Versuch, ihre Gegenliebe zu erhalten, umso weniger, da er durch Bande der Dankbarkeit und Ehrfurcht an seinen Prinzipal geknüpft war. Die Frau, welche mit seinem Zustande, der seiner Gesundheit nachteilig zu werden drohte, Mitleiden hatte, forderte ihren Mann, unter mancherlei Vorwand, auf, ihn aus dem Hause zu entfernen; der Mann schob eine Reise, zu welcher er ihn bestimmt hatte, von Tage zu Tage auf, und erklärte endlich ganz und gar, daß er ihn in seinem Comptoir nicht entbehren könne. Einst machte Herr D..., mit seiner Frau, eine Reise zu einem Freunde aufs Land; er ließ den jungen C... im Hause zurück. Abends, da schon alles schläft, macht sich der junge Mann, von welchen Empfindungen getrieben, weiß ich nicht, auf, um noch einen Spaziergang durch den Garten zu machen. Er kommt bei dem Schlafzimmer der teuern Frau vorbei, er steht still, er legt die Hand an die Klinke, er öffnet das Zimmer: das Herz schwillt ihm bei dem Anblick des Bettes, in welchem sie zu ruhen pflegt, empor, und kurz, er begeht, nach manchen Kämpfen mit sich selbst, die Torheit, weil es doch niemand sieht, und zieht sich aus und legt sich hinein. Nachts, da er schon mehrere Stunden, sanft und ruhig, geschlafen, kommt, aus irgendeinem besonderen Grunde, der, hier anzugeben, gleichgültig ist, das Ehepaar unerwartet nach Hause zurück; und da der alte Herr mit seiner Frau ins Schlafzimmer tritt, finden sie den jungen C..., der sich, von dem Geräusch, das sie verursachen, aufgeschreckt, halb im Bette erhebt. Scham und Verwirrung, bei diesem Anblick, ergreifen ihn; und während das Ehepaar betroffen umkehrt und wieder in das Nebenzimmer, aus dem sie gekommen waren, verschwindet, steht er auf und zieht sich an; er schleicht, seines Lebens müde, in sein Zimmer, schreibt einen kurzen Brief, in welchem er den Vorfall erklärt, an die Frau, und schießt sich mit einem Pistol, das an der Wand hängt, in die Brust. Hier scheint die Geschichte seines Lebens aus; und gleichwohl (sonderbar genug) fängt sie hier erst allererst an. Denn statt ihn, den Jüngling, auf den er gemünzt war, zu töten, zog der Schuß dem alten Herrn, der in dem Nebenzimmer befindlich war, den Schlagfluß zu; Herr D… verschied wenige Stunden darauf, ohne daß die Kunst aller Ärzte, die man herbeigerufen, imstande gewesen wäre, ihn zu retten. Fünf Tage nachher, da Herr D… schon längst begraben war, erwachte der junge C…, dem der Schuß, aber nicht lebensgefährlich, durch die Lunge gegangen war, und wer beschreibt wohl – wie soll ich sagen, seinen Schmerz oder seine Freude? als er erfuhr, was vorgefallen war, und sich in den Armen der lieben Frau befand, um derentwillen er sich den Tod hatte geben wollen! Nach Verlauf eines Jahres heiratete ihn die Frau; und beide lebten noch im Jahre 1801, wo ihre Familie bereits, wie ein Bekannter erzählt, aus 13 Kindern bestand.

Kleist, Heinrich von, Der neuere (glücklichere) Werther, in: Kleist, Heinrich von, Anekdoten. Kleine Schriften. Gesamtausgabe in acht Bänden, Bd. 5, München, Deutscher Taschenbuch Verlag, 1964, S. 20f.

1. Zeigen Sie anhand des Textes von Kleist Merkmale der Novelle auf.
2. Analysieren Sie anhand der Novelle die Beziehung von Realem und Wunderbarem.

5 Kurzgeschichte und Erzählung

Obwohl Kurzgeschichten bereits in der Zeit nach dem Ersten Weltkrieg geschrieben wurden, gilt die Gattung mit Recht als die wichtigste unter den epischen Kurzformen nach 1945. Das ist zurückzuführen auf den Nachholbedarf der Rezeption ausländischer Autoren nach der Zeit des Nationalsozialismus. Erst jetzt konnten **Ernest Hemingway** (1899–1961) und andere angloamerikanische Schriftsteller in Deutschland zum Vorbild werden. Während im englischen Sprachraum der Begriff **„Short Story"** jede Art von moderner Kurzprosa bezeichnet, ist die deutsche **Kurzgeschichte** eine eigene Textsorte, obwohl sie Elemente der älteren Formen Novelle, Anekdote und Kalendergeschichte aufgreift. Im Vergleich zur amerikanischen Short Story, die sich ursprünglich journalistischem Schreiben annähert, die Schnelllebigkeit der Zeit spiegelt und spannend und rasch konsumierbar sein soll, tendiert die deutschsprachige Kurzgeschichte nach 1945 gerade als literarische Äußerung der Nachkriegszeit eher zum Nachdenklichen, Tiefgründigen, Existenziellen.

Die Kurzgeschichte beschränkt sich auf einen Wirklichkeitsausschnitt bzw. eine Momentaufnahme, in der eine Situation, eine Krise oder ein Konflikt auf eine Wendung oder Entscheidung zusteuert. Alltägliche Realität wird in einem konzentrierten Erzählvorgang schlaglichtartig erhellt, der die vielschichtigen Dimensionen nur andeuten will. Ein unvermittelter Beginn und ein offener Schluss sind dabei die Regel. Alle modernen Erzähltechniken hinsichtlich der Zeitgestaltung, der Erzählperspektiven und der Redeweisen werden ebenso verwendet wie metaphorische und symbolische Bildhaftigkeit oder Verfremdung. Trotzdem ist die Sprache vorwiegend einfach und knapp, lakonisch und alltäglich. Entscheidendes steht oft zwischen den Zeilen; wegen der Kürze des Textes sind Sprache und Stil der Kurzgeschichte sehr funktional, d.h., jedes Wort wird zum wichtigen Bedeutungsträger für das Verständnis der Aussageabsicht.

Die wahre Geschichte (1995) | Gabriele Scheuermann*

Wie ich ihn kennenlernte, weiß ich schon nicht mehr genau. Oder doch. Egal. Ich erinnere mich daran, daß ich ihn albern fand. Affig irgendwie und großkotzig. Außerdem liegt mir nichts an blonden Männern – wenn sie zu allem Überfluß auch noch blauäugig sind, werde ich Weltmeister im Nichtbeachten.

Ab und zu sang er ein Lied mit – laut! Ich vergaß ihn schnell.
Klar, daß er Tage später ein Hupkonzert veranstaltete, als er mich auf der Straße sah. Aufreißer, der er ist, bot er mir an, mich mitzunehmen – es läge auf dem Weg oder so. Ich sprach nicht viel. Vor allem nicht über mich. Wie gesagt, er war nicht mein Typ. So ließ ich mich entsprechend bitten, mit ihm essen zu gehen. Stolz bestätigte ich mir meinen Widerwillen.
Er sprach viel. Vor allem über sich. Er lachte oft und laut. Rauchte gierig. Als er mich zum ersten Mal küßte, versuchte ich ihm das alles zu erklären. Er lachte noch lauter. Und küßte weich. Brüchige Prinzipien fühlen sich peinlich an.
Später, als er neben mir schlief, fand ich ihn noch immer zu blond. Nur gut, daß er die blauen Augen zuhatte. Er war wirklich nicht mein Typ. Widerwillig blieb ich.
Geliebt habe ich ihn wie keinen vor und keinen nach ihm.

Scheuermann, Gabriele, Die wahre Geschichte, in: Und wenn ich dich liebe, was geht's dich an? Gedichte und Geschichten, hrsg. von Helga Häsing u. Ingeborg Mues, Frankfurt am Main, Fischer Taschenbuch Verlag, 1995, S. 147

1. Arbeiten Sie typische Gattungsmerkmale der Kurzgeschichte heraus.
2. Untersuchen Sie den Sprachcharakter der Kurzgeschichte Scheuermanns.
3. Stellen Sie diejenigen Aspekte dar, die auf die Entstehungszeit der Kurzgeschichte verweisen.

Prosatexte mittlerer Länge heißen oft auch **Erzählungen**. Die Grenze zwischen Erzählung und Novelle ist fließend. Der Gestaltungsbegriff **„Erzählung"** wird meistens für die Texte verwendet, die sich nicht an die strengen formalen Gesetze der Novelle halten. Im Laufe des 20. Jahrhunderts verliert die Novelle den hohen Stellenwert, den sie im 19. Jahrhundert hatte. Auch die Grenze zwischen Erzählung und (kurzen) Romanen wird fließend.

In seinem Erzählband „Die Ausgewanderten" (1992) schildert Winfried Georg (meist W. G.) Sebald (1944-2001) die Lebens- und Leidensgeschichten von vier aus ihrer europäischen Heimat vertriebenen Juden. Der folgende Textauszug erzählt von einer Begegnung des Ich-Erzählers mit Dr. Selwyn, seinem Vermieter.

Die Ausgewanderten (1992) | W. G. Sebald**

In ziemlich regelmäßigen Abständen besuchte uns Dr. Selwyn in dem noch fast ganz leeren Haus und brachte uns Gemüse und Kräuter aus seinem Garten – gelbe und blaue Bohnen, sorgsam gewaschene Kartoffeln, Bataten, Artischocken, Schnittlauch, Salbei, Kerbel und Dill. Bei einer dieser Gelegenheiten, Clara war in die Stadt gefahren, gerieten wir, Dr. Selwyn und ich, in eine längere Unterhaltung, die davon ausging, daß Dr. Selwyn mich fragte, ob ich nie Heimweh verspüre. Ich wußte darauf nichts Rechtes zu erwidern, Dr. Selwyn hingegen machte nach einer Bedenkpause mir das Geständnis – ein anderes Wort träfe den Sachverhalt nicht –, daß ihn das Heimweh im Verlauf der letzten Jahre mehr und mehr angekommen sei. Auf meine Frage, wohin es ihn denn zurückziehe, erzählte er mir, er sei im Alter von sieben Jahren mit seiner Familie aus einem litauischen Dorf in der Nähe von Grodno ausgewandert.

W.G. Sebald bei der Verleihung des Heine-Preises im Jahr 2000

Im Spätherbst des Jahres 1899 sei es gewesen, als sie, die beiden Eltern, seine Schwestern Gita und Raja und sein Onkel Shani Feldhendler auf dem Wägelchen des Kutschers Aaron Wald nach Grodno gefahren seien. Jahrzehntelang seien die Bilder von diesem Auszug aus seinem Gedächtnis verschwunden gewesen, aber in letzter Zeit, sagte er, melden sie sich wieder und kommen zurück. Ich sehe, sagte er, wie mir der Kinderlehrer im Cheder, den ich zwei Jahre schon besucht hatte, die Hand auf den Scheitel legt. Ich sehe die ausgeräumten Zimmer. Ich sehe mich zuoberst auf dem Wägelchen sitzen, sehe die Kruppe des Pferdes, das weite, braune Land, die Gänse im Morast der Bauernhöfe mit ihren gereckten Hälsen und den Wartesaal des Bahnhofs von Grodno mit seinem frei im Raum stehenden, von einem Gitter umgebenen überheizten Ofen und den um ihn hergelagerten Auswandererfamilien. Ich sehe die auf- und niedersteigenden Telegrafendrähte vor den Fenstern des Zuges, sehe die Häuserfronten von Riga, das Schiff im Hafen und die dunkle Ecke des Decks, in der wir, soweit es anging unter den gedrängten Verhältnissen, häuslich uns einrichteten. Die hohe See, die Fahne des Rauchs, die graue Ferne, das Sichheben und Sichsenken des Schiffs, die Angst und die Hoffnung, die wir trugen in uns, all das, sagte mir Dr. Selwyn, weiß ich nun wieder, als sei es erst gestern gewesen. Nach einer Woche etwa, viel früher, als wir gerechnet hatten, erreichten wir unser Ziel. Wir fuhren in eine weite Flußmündung ein. Überall waren große und kleine Frachter. Jenseits des Wassers dehnte sich flaches Land. Sämtliche Auswanderer hatten sich an Deck versammelt und warteten darauf, daß die Freiheitsstatue aus dem treibenden Dunst auftauche, denn sie alle hatten eine Passage nach Amerikum – wie es bei uns geheißen hat – gebucht. Als wir an Land gingen, stand für uns immer noch außer jedem Zweifel, daß wir den Boden der Neuen Welt, der gelobten Stadt New York, unter unseren Füßen hatten. In Wirklichkeit aber waren wir, wie sich nach einiger Zeit – das Schiff hatte längst wieder abgelegt – zu unserem Leidwesen herausstellte, in London gelandet. Die meisten der Auswanderer fanden sich notgedrungen in ihre Lage, einige freilich hielten, allen gegenteiligen Beweisen zum Trotz, lange an dem Glauben fest, in Amerika zu sein. In London also bin ich aufgewachsen, in einer Kellerwohnung in Whitechapel, in der Goulston Street. Mein Vater, der Linsenschleifer war, kaufte sich mit der mitgebrachten Barschaft in ein Brillengeschäft ein, das einem Landsmann aus Grodno namens Tosia Feigelis gehörte. Ich besuchte eine Grundschule in Whitechapel und lernte dort wie im Traum, sozusagen über Nacht, das Englische, weil ich meiner wunderschönen jungen Lehrerin, Lisa Owen, vor Liebe jedes Wort von den Lippen ablas und im Andenken an sie auf dem Heimweg fortwährend alles wiederholte, was ich den Tag über von ihr gehört hatte. Diese schöne Lehrerin ist es auch gewesen, sagte Dr. Selwyn, die mich zur Aufnahmeprüfung in der Merchant Taylors' School anmeldete, da es für sie anscheinend bereits ausgemacht war, daß ich eines der wenigen alljährlich an minderbemittelte Schüler zu vergebenden Stipendien erringen würde. Ich löste ein, was sie sich von mir versprochen hatte; das Licht in der Küche der zweizimmrigen Wohnung in Whitechapel, in der ich gesessen bin bis tief in die Nacht, wenn die Schwestern und die Eltern längst zu Bett waren, ging, wie mein Onkel Shani oft bemerkte, nie aus. Ich lernte und las alles, was mir vor Augen kam, und überwand die höchsten Hindernisse mit zunehmender Leichtigkeit. Eine ungeheure Strecke hatte ich, so schien es mir am Ende meiner Schulzeit, als ich an der Spitze meines Jahrgangs aus den Abschlußprüfungen hervorgegangen war, zurückgelegt. Ich hatte den Höhepunkt meines Selbstgefühls erreicht und änderte in einer Art zweiter Konfirmation meinen Vornamen Hersch zu Henry und meinen Familiennamen Seweryn zu Selwyn.

Sebald, W. G., Die Ausgewanderten. Vier lange Erzählungen, Frankfurt am Main, Fischer Taschenbuch Verlag, [9]2002, S. 30ff.

1. Sammeln Sie spezifische erzählerische Elemente in Sebalds Textauszug.
2. Analysieren Sie Sebalds Umgang mit dem Thema Fremdsein.
3. Interpretieren Sie den Schlusssatz.

II Romanformen

1 Schelmenroman

Im Spanien des 16. Jahrhunderts entstand der europäische Schelmenroman, nach seiner Hauptfigur auch **„pikaresker Roman"** genannt (span. *picaro* = Schelm). Nach dem berühmten Roman „Der scharfsinnige Edle Don Quijote de la Mancha" (1605/1615) von Miguel de Cervantes (1547–1616) beginnt die Tradition des deutschen Schelmenromans in der Barockzeit mit **Hans Jakob Christoffel von Grimmelshausen** (1621–1676) und Christian Reuter (1665–1712; „Schelmuffskys kuriose und sehr gefährliche Reisebeschreibung zu Wasser und zu Land", 1696).

Neben der Gattung Schelmenroman im engeren Sinn spricht man in der Literatur ganz allgemein von pikaresken Zügen, wenn Figuren sich listig, gewitzt und gerissen, aber auch skrupellos und ohne Rücksicht auf gesellschaftliche Normen durchs Leben schlagen. Der Schelmenroman ist eine Art des **Abenteuerromans**, zu dem u.a. Räuber- und Reiseromane sowie die Robinsonaden gehören.

Die Schelmenfigur, meist niederer oder ungewisser Herkunft, ist ein Außenseiter und Abenteurer, ein naiv-einfältiger oder weltklug-spielerischer Antiheld. Sein Lebenslauf bringt ihn mit den verschiedensten gesellschaftlichen Schichten in Berührung, die er allesamt aus der Sicht des Unterprivilegierten mit der Überlegenheit seiner Schläue und Gerissenheit satirisch entlarvt. Oft werden Schelmenromane in Form fiktiver (Auto-)Biografien erzählt, wobei die Fülle der Personen und Einzelepisoden mit ständig wechselnden Schauplätzen verknüpft wird. Die Einzelmotive reichen vom Schwankhaften bis zum Belehrenden, vom reinen Abenteuer bis zur Gesellschaftskritik. Bei aller lustigen Pfiffigkeit im Schelmenroman ist oft ein pessimistischer Grundton spürbar.

Im bedeutendsten deutschsprachigen Schelmenroman „Der Abenteuerliche Simplicissimus Teutsch" (1668) von Hans Jakob Christoffel von Grimmelshausen wird vor dem Hintergrund des Dreißigjährigen Krieges die abenteuerliche Lebensgeschichte des Simplicius, des „einfältigen" Knaben von einem Spessarthof, erzählt. Der Junge wächst bei einem Eremiten sowie als Hausnarr eines Stadtkommandanten und als Knecht heran, stellt sich dann in den Dienst kaiserlicher Truppen und besteht zahlreiche Abenteuer. Es verschlägt ihn bis nach Paris, er kommt nach Wien, wird Hauptmann, lässt sich schließlich im Schwarzwald als Bauer nieder und unternimmt erneut viele Reisen durch die ganze damalige Welt. Der folgende Textauszug veranschaulicht auf drastische Weise die Schrecken des Dreißigjährigen Krieges.

Der Abenteuerliche Simplicissimus Teutsch (1668) |
Hans Jakob Christoffel von Grimmelshausen***

Das 4. Kapitel
Simplicii Residenz wird erobert, geplündert und zerstört, darin die Krieger jämmerlich hausen.

Wiewohl ich nicht bin gesinnet gewesen, den friedliebenden Leser mit diesen Reutern in meines Knans Haus und Hof zu führen, weil es schlimm genug darin hergehen wird: So erfordert jedoch die Folge meiner Histori, daß ich der lieben Posterität hinterlasse, was für Grausamkeiten in diesem unserm Teutschen Krieg hin und wieder verübet worden, zumalen mit meinem eigenen Exempel zu bezeugen, daß alle solche Übel von der Güte des Allerhöchsten, zu unserm Nutz, oft notwendig haben verhängt werden müssen: Denn lieber Leser, wer hätte mir gesagt, daß ein Gott im Himmel wäre, wenn keine Krieger meines Knans Haus zernichtet und mich durch solche Fahung unter die Leut gezwungen hätten, von denen ich genugsamen Bericht empfangen? Kurz zuvor konnte ich nichts anders wissen noch mir einbilden, als daß mein Knan, Meuder, ich und das übrige Hausgesind allein auf Erden seie, weil mir sonst kein Mensch noch einzige andere menschliche Wohnung bekannt war, als diejenige, darin ich täglich aus- und einging: Aber bald hernach erfuhr ich die Herkunft der Menschen in diese Welt, und daß sie wieder daraus müßten; ich war nur mit der Gestalt ein Mensch, und mit dem Namen ein Christenkind, im übrigen aber nur eine Bestia! Aber der Allerhöchste sahe meine Unschuld mit barmherzigen Augen an, und wollte mich beides zu seiner und meiner Erkenntnis bringen: Und wiewohl er tausenderlei Weg hierzu hatte, wollte er sich doch ohn Zweifel nur desjenigen bedienen, in welchem mein Knan und Meuder, andern zum Exempel, wegen ihrer liederlichen Auferziehung gestraft würden. Das erste, das diese Reuter täten, war, daß sie ihre Pferd einstelleten, hernach hatte jeglicher seine sonderbare Arbeit zu verrichten, deren jede lauter Untergang und Verderben anzeigte, denn obzwar etliche anfingen zu metzgen, zu sieden und zu braten, daß es sahe, als sollte ein lustig Pankett gehalten werden, so waren hingegen andere, die durchstürmten das Haus unden und oben, ja das heimlich Gemach war nicht sicher, gleichsam ob wäre das gülden Fell von Kolchis darinnen verborgen; Andere machten von Tuch, Kleidungen und allerlei Hausrat große Päck zusammen, als ob sie irgends ein Krempelmarkt anrichten wollten, was sie aber nicht mitzunehmen gedachten, wurde zerschlagen, etliche durchstachen Heu und Stroh mit ihren Degen, als ob sie nicht Schaf und Schwein genug zu stechen gehabt hätten, etliche schütteten die Federn aus den Betten, und fülleten hingegen Speck, andere dürr Fleisch und sonst Gerät hinein, als ob alsdann besser darauf zu schlafen gewesen wäre; Andere schlugen Ofen und Fenster ein, gleichsam als hätten sie ein ewigen Sommer zu verkündigen, Kupfer und Zinnengeschirr schlugen sie zusammen, und packten die gebogene und verderbte Stuck ein, Bettladen, Tisch, Stühl und Bänk verbrannten sie, da doch viel Klafter dürr Holz im Hof lag, Hafen und Schüsseln mußte endlich alles entzwei, entweder weil sie lieber Gebraten aßen, oder weil sie bedacht waren, nur ein einzige Mahlzeit allda zu halten; unser Magd ward im Stall dermaßen traktiert, daß sie nicht mehr daraus gehen konnte, welches zwar eine Schand ist zu melden! den Knecht legten sie gebunden auf die Erd, stecketen ihm ein Sperrholz ins Maul, und schütteten ihm einen Melkkübel voll garstig Mistlachenwasser in Leib, das nenneten sie ein Schwedischen Trunk, wodurch sie ihn zwangen, eine Partei anderwärts zu führen, allda sie Menschen und Vieh hinwegnahmen, und in unsern Hof brachten, unter welchen mein Knan, mein Meuder und unser Ursele auch waren.

Grimmelshausen, Hans Jakob Christoph von, Der Abenteuerliche Simplicissimus Teutsch. Mit e. Einl. u. Anm. von Hans Heinrich Borcherdt, Stuttgart, Reclam Verlag, 1961, S. 56ff.

1. Klären Sie unbekannte Begriffe.
2. Beschreiben Sie die Schrecken des Krieges, wie sie im Romanauszug dargestellt werden.
3. Untersuchen Sie Sprache und Stil des 4. Kapitels.

2 Briefroman

Eine typische Romanform im 18. Jahrhundert, dem Zeitalter der Aufklärung und Empfindsamkeit, ist der Briefroman. Im strengen Sinne versteht man darunter nur solche Romane, die ausschließlich aus Briefen, gelegentlich ergänzt durch Tagebuchaufzeichnungen, ohne erzählerische Zwischentexte, bestehen. Des Öfteren meldet sich ein fingierter Herausgeber in einer Einleitung oder einer Nachschrift zu Wort. Verfasser und Adressaten der Briefe sind fiktive Figuren, anhand derer der Autor, ganz dem Zeitgeist entsprechend, Erlebnisse und Ereignisse, hauptsächlich aber Eindrücke und Erfahrungen, Gefühle und Empfindungen beschreibt und reflektiert. Der Akt des Niederschreibens selbst bewirkt dabei eine Intensivierung der Gefühlsregungen und eine Klärung der Bewusstseinsprozesse. Damit bewegt sich diese Romanform zwischen den beiden Polen der Aufklärung: **Rationalität** und **Sentimentalität**. Die fingierten Briefe des Briefromans sind nicht zu denken ohne die hoch entwickelte Briefkultur und die weit verbreitete Mode der Selbstbekenntnisse in der Epoche der Empfindsamkeit.

Der Roman in Form von Briefen erreicht mit seiner lockeren Komposition eine Unmittelbarkeit und Individualisierung der Personen, wie sie die Barockzeit kaum kannte. In neuerer Zeit kann man im weiteren Sinn auch dann von Briefroman sprechen, wenn Briefe eine große Rolle im Roman spielen oder der ganze Roman aus einem Brief besteht. Eng verwandt mit dem Briefroman ist der **Tagebuchroman**.

Einer der berühmtesten Romane der deutschen Literaturgeschichte ist ein Briefroman: „Die Leiden des jungen Werthers" von **Goethe** (1749–1832). Der noch junge Goethe hat in diesem Werk autobiografische Erlebnisse (seine Liebe zu Charlotte Buff, der Verlobten eines Freundes), einen authentischen Vorfall (Selbstmord eines Bekannten wegen seiner unglücklichen Liebe zu einer verheirateten Frau) und die Gefühlslage einer Epoche (Weltschmerz und Selbstbespiegelung) zu einem viel gelesenen Roman verarbeitet. Darin war der Nerv der Zeit so genau getroffen, dass ein wahres Werther-Fieber ausbrach: Man kleidete sich wie Werther und viele identifizierten sich mit dem Helden so sehr, dass sie wie er Selbstmord begingen. Die in den Briefen enthaltene Handlung zeigt einen Werther, der beruflich und in seiner Liebe zu der mit Albert verlobten Lotte scheitert, die bürgerliche Gesellschaft ablehnt und in der Natur seine wechselnden Gefühlszustände widergespiegelt sieht. Der Brief vom 4. September spielt auf einen Selbstmord im ländlichen Milieu an.

Die Leiden des jungen Werthers (1774) | Johann Wolfgang von Goethe**

Am 10. Mai
Eine wunderbare Heiterkeit hat meine ganze Seele eingenommen, gleich den süßen Frühlingsmorgen, die ich mit ganzem Herzen genieße. Ich bin allein und freue mich meines Lebens in dieser Gegend, die für solche Seelen geschaffen ist wie die meine. Ich bin so glücklich, mein Bester, so ganz in dem Gefühle von ruhigem Dasein versunken, daß meine Kunst darunter leidet. Ich könnte jetzt nicht zeichnen, nicht einen Strich, und bin nie ein größerer Maler gewesen als in diesen Augenblicken. Wenn das liebe Tal um mich dampft und die hohe Sonne an der Oberfläche der undurchdringlichen Finsternis meines Waldes ruht und nur einzelne Strahlen

sich in das innere Heiligtum stehlen, ich dann im hohen Grase am fallenden Bache liege und näher an der Erde tausend mannigfaltige Gräschen mir merkwürdig werden; wenn ich das Wimmeln der kleinen Welt zwischen Halmen, die unzähligen, unergründlichen Gestalten der Würmchen, der Mückchen näher an meinem Herzen fühle und fühle die Gegenwart des Allmächtigen, der uns nach seinem Bilde schuf, das Wehen des Alliebenden, der uns in ewiger Wonne schwebend trägt und erhält; mein Freund! wenn's dann um meine Augen dämmert und die Welt um mich her und der Himmel ganz in meiner Seele ruhn wie die Gestalt einer Geliebten – dann sehne ich mich oft und denke: Ach könntest du das wieder ausdrücken, könntest du dem Papiere das einhauchen, was so voll, so warm in dir lebt, dass es würde der Spiegel deiner Seele, wie deine Seele ist der Spiegel des unendlichen Gottes! – Mein Freund – Aber ich gehe darüber zugrunde, ich erliege unter der Gewalt der Herrlichkeit dieser Erscheinungen. [...]

Am 21. August
Wie man eine Hand umwendet, ist es anders mit mir. Manchmal will wohl ein freudiger Blick des Lebens wieder aufdämmern, ach, nur für einen Augenblick! – Wenn ich mich so in Träumen verliere, kann ich mich des Gedankens nicht erwehren: wie, wenn Albert stürbe? Du würdest! ja, sie würde – und dann laufe ich dem Hirngespinste nach, bis es mich an Abgründe führet, vor denen ich zurückbebe. Wenn ich zum Tor hinausgehe, den Weg, den ich zum ersten Mal fuhr, Lotten zum Tanze zu holen, wie war das so ganz anders! Alles, alles ist vorübergegangen! Kein Wink der vorigen Welt, kein Pulsschlag meines damaligen Gefühles. Mir ist es, wie es einem Geiste sein müßte, der in das ausgebrannte, zerstörte Schloß zurückkehrte, das er als blühender Fürst einst gebaut und mit allen Gaben der Herrlichkeit ausgestattet, sterbend seinem geliebten Sohne hoffnungsvoll hinterlassen hätte. [...]

Am 3. September
Ich begreife manchmal nicht, wie sie ein anderer lieb haben *kann*, liebhaben *darf*, da ich sie so ganz allein, so innig, so voll liebe, nichts anders kenne noch weiß, noch habe als sie!

Am 4. September
[...]
Was ich dir erzähle, ist nicht übertrieben, nichts verzärtelt, ja ich darf wohl sagen, schwach, schwach hab' ich's erzählt, und vergröbert hab' ich's, indem ich's mit unsern hergebrachten sittlichen Worten vorgetragen habe. Diese Liebe, diese Treue, diese Leidenschaft ist also keine dichterische Erfindung. Sie lebt, sie ist in ihrer größten Reinheit unter der Klasse von Menschen, die wir ungebildet, die wir roh nennen. Wir Gebildeten – zu Nichts Verbildeten! Lies die Geschichte mit Andacht, ich bitte dich. Ich bin heute still, indem ich das hinschreibe; du siehst an meiner Hand, daß ich nicht so strudele und sudele wie sonst. Lies, mein Geliebter, und denke dabei, daß es auch die Geschichte deines Freundes ist. Ja, so ist mir's gegangen, so wird mir's gehn, und ich bin nicht halb so brav, nicht halb so entschlossen als der arme Unglückliche, mit dem ich mich zu vergleichen mich fast nicht getraue.

Goethe, Johann Wolfgang von, Die Leiden des jungen Werthers, in: Klassische deutsche Dichtung, hrsg. von Fritz Martini und Walter Müller-Seidel, Bd. 1: Romane und Erzählungen, Herder Verlag, Freiburg 1964, S. 315, 382 ff., gekürzt

1. Analysieren Sie den Bezug von Natureindrücken und Gefühlswelt.
2. Charakterisieren Sie die innere Erregtheit Werthers unter Berücksichtigung der Sprache.
3. Diskutieren Sie, ob sich in diesen Textausschnitten das Lebensgefühl heutiger Jugendlicher widerspiegelt.

Der Roman „Gut gegen Nordwind" (2006) von **Daniel Glattauer** (geb. 1960) erzählt die Geschichte von Emmi Rothner, die aufgrund einer falsch adressierten E-Mail in Kontakt mit

Leo Leike kommt. Hieraus entwickelt sich eine intensive E-Mail-Korrespondenz, die im Rahmen der virtuellen Welt zu einer wachsenden Vertrautheit der beiden führt, eine Begegnung in der realen Welt jedoch zum Problem werden lässt.

Gut gegen Nordwind (2006) | Daniel Glattauer**

Am nächsten Vormittag
Betreff: **Hallo**
Hallo Leo, wieder unter den Irdischen? Alles Liebe von Ihrer Emmi.

Zweieinhalb Stunden später
RE:
Sind Sie noch beim Nachdenken, wie Sie sich und vor allem wie Sie MIR Ihre nächtlichen E-Mails erklären? – Müssen Sie nicht, Leo. Ich habe das schön gefunden, was Sie mir da unabsichtlich geschrieben haben, sehr schön sogar. Sie sollten öfter volltrunken sein, da werden Sie ja zu einem richtigen Gefühlsmenschen, sehr offen und unverblümt, sehr zärtlich, ansatzweise sogar stürmisch und leidenschaftlich. Steht Ihnen gut, das Unkontrollierte! Und ich fühle mich geehrt, dass Sie mich so oft küssen wollten! Also schreiben Sie mir schon!! Ich bin echt neugierig, wie Sie dazu stehen. Nüchtern bemühen Sie sich ja immer krampfhaft, nur nicht jener Leo zu sein, der sich im betrunkenen Zustand wie von selbst ergibt. Hoffentlich hat er sich nicht übergeben.

Drei Stunden später
RE:
Leo??? Nicht melden ist unfair! Und es ist abtörnend. Das riecht nach einem Mann, der in der Früh schon nicht mehr zu dem steht, was er einer Frau in der Nacht davor liebestrunken ins Ohr geflüstert hat. Es riecht also nach einem ziemlich typischen, ziemlich durchschnittlichen, ziemlich öden Mann. Es riecht jedenfalls nicht nach Leo. Also schreiben Sie endlich!!!

Fünf Stunden später
AW:
Liebe Emmi, es ist jetzt 22 Uhr. Wollen Sie zu mir kommen? Ich zahle Ihnen das Taxi. (Ich wohne am Stadtrand.) Leo.

Knapp zwei Stunden später
RE:
Na hoppala! Lieber Leo, es ist jetzt 23 Uhr 43. Träumen Sie noch oder schlafen Sie schon? Wenn nicht, dann frage ich Sie:
1.) Wollten Sie wirklich, dass ich zu Ihnen komme?
2.) Wollen Sie noch immer, dass ich zu Ihnen komme?
3.) Sind Sie vielleicht wieder „ein bisschen betrunken"?
4.) Wenn ich zu Ihnen komme, was hätten Sie sich da so vorgestellt, dass wir beide machen?

Fünf Minuten später
AW:
Liebe Emmi,
1.) Ja. 2.) Ja. 3.) Nein. 4.) Was sich ergibt.

Drei Minuten später
RE:
Lieber Leo,
1.) Aha. 2.) Aha. 3.) Gut. 4.) Was sich ergibt? Es ergibt sich immer das, was man will, dass sich ergibt. Also was wollen Sie, dass sich ergibt?

50 Sekunden später
AW:
Ich weiß es wirklich nicht, Emmi. Aber ich glaube, wir wissen es sofort, wenn wir uns sehen.

Zwei Minuten später
RE:
Und wenn sich gar nichts ergibt? Dann stehen wir beide blöd herum, zucken mit den Schultern und einer sagt zum anderen: „Tut mir Leid, irgendwie ergibt sich nichts." Und was machen wir dann?

Eine Minute später
AW:
Dieses Risiko müssen wir in Kauf nehmen. Also kommen Sie, Emmi! Trauen Sie sich! Trauen wir uns! Vertrauen wir auf uns!

25 Minuten später
RE:
Lieber Leo, Ihre ungewohnte Dringlichkeit, die sonst nicht gerade Ihrem Wesen entspricht, irritiert mich. Ich habe da so einen Verdacht. Ich glaube, dass Sie ganz genau wissen, was sich gefälligst zu ergeben hat.
Sie sind vermutlich noch ein bisschen rauschig von der Vornacht, also unheimlich „in Stimmung". Sie suchen Nähe. Sie wollen Marlene vergessen beziehungsweise vergessen machen. Und Sie haben genügend Bücher dieser Art gelesen und einschlägige Filmszenen gesehen, letzte Tangos mit Marlon Brandos und so. Leo, diese Szenen kenne ich auch: ER sieht SIE zum ersten Mal, möglichst im Halbdunkel, damit auch das schön ist, was vielleicht nicht so schön ist. Und dann fällt kein einziges Wort mehr, nur noch Gewand. Wie knapp vorm Verhungern fallen sie übereinander her, sparen nichts aus, wälzen sich stundenlang über die Wohnlandschaften. Kameraschnitt. Das nächste Bild: Er liegt auf dem Rücken, über seine Lippen huscht ein frivoles Lächeln, die Augen ruhen im lasziven Blick auf die Zimmerdecke, als wollte er auch diese noch vernaschen. Sie liegt mit dem Kopf auf seiner Brust. Befriedigt wie eine Hirschkuh nach dem Durchzug eines Rudels brunftiger Böcke. Vielleicht bläst noch einer der beiden Zigarettenrauch durch die Nasenlöcher. Und dann wird dezent ausgeblendet. Und was ist danach? Das würde mich am allermeisten interessieren: Was ist danach??? Leo, so geht's nicht. Da ist mit Ihnen ausnahmsweise der Klischee-Mann durchgegangen. Ja natürlich, das wäre alles noch steigerbar. Die von Ihnen gestern im Rausch frei gewordene „Augenbinde". – Wir müssten uns also nicht einmal sehen. Sie öffnen mir blind die Tür. Wir fallen uns blind in die Arme. Wir haben blinden Sex. Wir verabschieden uns blind. Und morgen schreiben wir wieder bigotte E-Mails übers Nichtbetrügensollen und ich schreibe Ihnen rotzig zurück wie immer. Und wenn's in der Nacht gut war, dann machen wir es wieder, völlig herausgelöst aus unserem sonstigen Leben, völlig unabhängig von unserem Dialog. Sex in seiner höchsten Stufe absoluter Unverbindlichkeit. Es gibt nichts zu verlieren, nichts wird aufs Spiel gesetzt. Sie haben Ihre „Nähe", ich habe mein außereheliches Abenteuer. – Zugegeben, ein aufregender Gedanke. Aber schon auch ein bisschen eine Männerfantasie, muss ich Ihnen sagen, lieber Leo. Jedenfalls sollten wir die Finger davon lassen. Oder, um es noch etwas klarer zu formulieren: Nicht mit mir! (Ich habe das ganz zart gesagt, ehrlich!)

Glattauer, Daniel, Gut gegen Nordwind. Roman, München, Goldmann Verlag, [9]2008, S. 90ff.

1. Erarbeiten Sie die Argumente Emmis, Leos Ansinnen nach einem Treffen entgegenzutreten.
2. Sammeln Sie die in Glattauers Briefroman vorkommenden Merkmale der E-Mail-Sprache.
3. Stellen Sie eine Liste von typischen Merkmalen der Chat-, E-Mail- und SMS-Sprache zusammen und nehmen Sie dazu kritisch Stellung.
4. Vergleichen Sie die Briefkommunikation früher und heute anhand der beiden Texte von Goethe und Glattauer.

3 Bildungs- und Entwicklungsroman

So wie der Briefroman ein typisches Zeugnis der Aufklärung ist, ist der Bildungsroman – zumal in Deutschland – ein charakteristisches Produkt der Klassik und Romantik. Als eine besonders in der deutschen Literatur bevorzugte und beliebte Romanform wird die Tradition des Bildungsromans über den Realismus bis in die Moderne fortgeführt. Sein Thema ist die **Formung** einer **individuellen Persönlichkeit**, deren geistige, seelische und soziale

Anlagen in einem organischen Entwicklungsprozess zu harmonischer Entfaltung gelangen sollen. Hinter diesem Erziehungsziel steht das **klassische Ideal** der **Humanität**, des denkenden und tätigen Menschen, der seinen Platz in der Gesellschaft ausfüllt.

Die enge Verwandtschaft der Begriffe „Bildungs- und Entwicklungsroman", aber auch „Erziehungsroman", zeigt, dass das Streben und die Bewertung des Helden sowohl von seinem Eigenantrieb als auch von Begegnungen mit pädagogisch wirkenden Bezugspersonen, -gruppen oder gesellschaftlichen Institutionen (Schule, Theater usw.) beeinflusst werden. Da die Hauptfigur des deutschen Bildungsromans sehr oft ein Künstler ist oder zumindest künstlerische Neigungen besitzt, besteht zusätzlich eine Nähe zum **Künstlerroman**. Die typischen Stadien des Entwicklungsvorgangs sind Kindheit und Jugend, Familie und Herkunft, die Wanderschaft mit ihrer Erweiterung des Erfahrungs- und Lebenshorizontes, auch auf Irrwegen oder in Krisen, und schließlich die Läuterung und Vollendung zur gereiften und ausgeglichenen Persönlichkeit. Mitunter steht am Ende des Romans das Scheitern. Entwicklungsromane tragen oft autobiografische Züge, was in manchen Fällen durch die Ich-Erzählperspektive verstärkt wird.

Goethes „Wilhelm Meisters Lehrjahre" ist der klassische Bildungsroman, an dem sich spätere Künstlergenerationen orientierten. Die Titelfigur, ein Kaufmannssohn, fühlt sich zum Theater hingezogen, gerät aber bald schon in den Umkreis einer elitären Gemeinschaft, in der Gleichgesinnte das Ideal harmonischer Persönlichkeit und tätigen Lebens zu verwirklichen suchen. Vor dem Aufbruch zu einer ersten Wanderschaft kommt es zwischen Wilhelm und seinem Jugendfreund Werner zu einem Gespräch, das ihre unterschiedlichen Wertvorstellungen verrät.

Wilhelm Meisters Lehrjahre (1795/96) | Johann Wolfgang von Goethe**

Zehntes KapiteL

Er saß nun zu Hause, kramte unter seinen Papieren und rüstete sich zur Abreise. Was nach seiner bisherigen Bestimmung schmeckte, ward beiseite gelegt; er wollte bei seiner Wanderung in die Welt auch von jeder unangenehmen Erinnerung frei sein. Nur Werke des Geschmacks, Dichter und Kritiker, wurden als bekannte Freunde unter die Erwählten gestellt; und da er bisher die Kunstrichter sehr wenig genutzt hatte, so erneuerte sich seine Begierde nach Belehrung, als er seine Bücher wieder durchsah und fand, daß die theoretischen Schriften noch meist unaufgeschnitten waren. Er hatte sich, in der völligen Überzeugung von der Notwendigkeit solcher Werke, viele davon angeschafft, und mit dem besten Willen in keines auch nur bis in die Hälfte sich hineinlesen können.

Dagegen hatte er sich desto eifriger an Beispiele gehalten, und in allen Arten, die ihm bekannt worden waren, selbst Versuche gemacht.

Werner trat herein, und als er seinen Freund mit den bekannten Heften beschäftigt sah, rief er aus: „Bist du schon wieder über diesen Papieren? Ich wette, du hast nicht die Absicht, eins oder das andere zu vollenden! Du siehst sie durch und wieder durch und beginnst allenfalls etwas Neues."

„Zu vollenden ist nicht die Sache des Schülers, es ist genug, wenn er sich übt."

„Aber doch fertig macht, so gut er kann."

„Und doch ließe sich wohl die Frage aufwerfen, ob man nicht eben gute Hoffnung von einem jungen Menschen fassen könne, der bald gewahr wird, wenn er etwas Ungeschicktes unternommen hat, in der Arbeit nicht fortfährt und an etwas, das niemals einen Wert haben kann, weder Mühe noch Zeit verschwenden mag."

„Ich weiß wohl, es war nie deine Sache, etwas zustande zu bringen, du warst immer müde, eh es zur Hälfte kam. Da du noch Direktor unsers Puppenspiels warst, wie oft wurden neue Kleider für die Zwerggesellschaft gemacht, neue Dekorationen ausgeschnitten! Bald sollte dieses, bald jenes Trauerspiel aufgeführt werden, und höchstens gabst du einmal den fünften Akt, wo alles recht bunt durcheinanderging und die Leute sich erstachen."

„Wenn du von jenen Zeiten sprechen willst: wer war denn schuld, daß wir die Kleider, die unseren Puppen angepaßt und auf den Leib festgenäht waren, heruntertrennen ließen und den Aufwand einer weitläufigen und unnützen Garderobe machten? Warst du's nicht, der immer ein neues Stück Band zu verhandeln hatte, der meine Liebhaberei anzufeuern und zu nützen wußte?"

Werner lachte und rief aus: „Ich erinnere mich immer noch mit Freuden, daß ich von euren theatralischen Feldzügen Vorteil zog wie Lieferanten vom Kriege. Als ihr euch zur Befreiung Jerusalems rüstetet, machte ich auch einen schönen Profit, wie ehemals die Venezianer im ähnlichen Falle. Ich finde nichts vernünftiger in der Welt, als von den Torheiten anderer Vorteil zu ziehen."

„Ich weiß nicht, ob es nicht ein edleres Vergnügen wäre, die Menschen von ihren Torheiten zu heilen." „Wie ich sie kenne, möchte das wohl ein eitles Bestreben sein. Es gehört schon etwas dazu, wenn ein einziger Mensch klug und reich werden soll, und meistens wird er es auf Unkosten der andern."

„Es fällt mir eben recht der ‚Jüngling am Scheidewege' in die Hände", versetzte Wilhelm, indem er ein Heft aus den übrigen Papieren herauszog; „das ist doch fertig geworden, es mag übrigens sein, wie es will."

„Leg es beiseite, wirf es ins Feuer!" versetzte Werner. „Die Erfindung ist nicht im geringsten lobenswürdig; schon vormals ärgerte mich diese Komposition genug und zog dir den Unwillen des Vaters zu. Es mögen ganz artige Verse sein; aber die Vorstellungsart ist grundfalsch. Ich erinnere mich noch deines personifizierten Gewerbes, deiner zusammengeschrumpften erbärmlichen Sibylle. Du magst das Bild in irgendeinem elenden Kramladen aufgeschnappt haben. Von der Handlung hattest du damals keinen Begriff; ich wüßte nicht, wessen Geist ausgebreiteter wäre, ausgebreiteter sein müßte als der Geist eines echten Handelsmannes. Welchen Überblick verschafft uns nicht die Ordnung, in der wir unsere Geschäfte führen! Sie läßt uns jederzeit das Ganze überschauen, ohne daß wir nötig hätten, uns durch das Einzelne verwirren zu lassen. Welche Vorteile gewährt die doppelte Buchhaltung dem Kaufmanne! Es ist eine der schönsten Erfindungen des menschlichen Geistes, und ein jeder gute Haushalter sollte sie in seiner Wirtschaft einführen."

„Verzeih mir", sagte Wilhelm lächelnd, „du fängst von der Form an, als wenn das die Sache wäre; gewöhnlich vergeßt ihr aber auch über eurem Addieren und Bilancieren das eigentliche Fazit des Lebens." „Leider siehst du nicht, mein Freund, wie Form und Sache hier nur eins ist, eins ohne das andere nicht bestehen könnte. Ordnung und Klarheit vermehrt die Lust zu sparen und zu erwerben. Ein Mensch, der übel haushält, befindet sich in der Dunkelheit sehr wohl; er mag die Posten nicht gerne zusammenrechnen, die er schuldig ist. Dagegen kann einem gute Wirte nichts angenehmer sein, als sich alle Tage die Summe seines wachsenden Glückes zu ziehen. Selbst ein Unfall, wenn er ihn verdrießlich überrascht, erschreckt ihn nicht; denn er weiß sogleich, was für erworbene Vorteile er auf die andere Waagschale zu legen hat. Ich bin überzeugt, mein lieber Freund, wenn du nur einmal einen rechten Geschmack an unsern Geschäften finden könntest, so würdest du dich überzeugen, daß manche Fähigkeiten des Geistes auch dabei ihr freies Spiel haben können." „Es ist möglich, daß mich die Reise, die ich vorhabe, auf andere Gedanken bringt."

„O gewiß! Glaube mir, es fehlt dir nur der Anblick einer großen Tätigkeit, um dich auf immer zu dem Unsern zu machen; und wenn du zurückkommst, wirst du dich gern zu denen gesellen, die durch alle Arten von Spedition und Spekulation einen Teil des Geldes und Wohlbefindens, das in der Welt seinen notwendigen Kreislauf führt, an sich zu reißen wissen. Wirf einen Blick auf die natürlichen und künstlichen Produkte aller Weltteile, betrachte, wie sie wechselweise zur Notdurft geworden sind! Welch eine angenehme, geistreiche Sorgfalt ist es, alles, was in dem Augenblicke am meisten gesucht wird und doch bald fehlt, bald schwer zu haben ist, zu kennen, jedem, was er verlangt, leicht und schnell zu verschaffen, sich vorsichtig in Vorrat zu setzen und den Vorteil jedes Augenblickes dieser großen Zirkulation zu genießen! Dies ist, dünkt mich, was jedem, der Kopf hat, eine große Freude machen wird."

Wilhelm schien nicht abgeneigt, und Werner fuhr fort: „Besuche nur erst ein paar große Handelsstädte, ein paar Häfen, und du wirst gewiß mit fortgerissen werden. Wenn du siehst, wie viele Menschen beschäftiget sind; wenn du siehst, wo so manches herkommt, wo es hingeht, so wirst du es gewiß auch mit Vergnügen durch deine Hände gehen sehen. Die geringste Ware siehst du im Zusammenhang mit dem ganzen Handel, und eben darum hältst du nichts für gering, weil alles die Zirkulation vermehrt, von welcher dein Leben seine Nahrung zieht."

Goethe, Johann Wolfgang von, Wilhelm Meisters Lehrjahre, Klassische deutsche Dichtung, hrsg. von Fritz Martini und Walter Müller-Seidel, Bd. 2: Romane und Erzählungen, Herder Verlag, Freiburg 51965, S. 35ff.

1. Stellen Sie die unterschiedlichen Positionen der beiden Freunde gegenüber.
2. Beschreiben und beurteilen Sie die Gesprächsführung in diesem Dialog.
3. Recherchieren Sie Bildungs- und Entwicklungsromane des 19. Jahrhunderts.

4 Historischer Roman

Naturgemäß ist der erzählende Mensch eine Person, die weitgehend aus der Erinnerung schöpft und schon immer galt das Interesse von Autoren Überlieferungen von Begebenheiten und Personen der fernen Vergangenheit. Bereits in den mittelalterlichen Epen zeigt sich diese Vorliebe für das Historische, aber – wie auch noch im Barockroman – meistens als bloße Kulisse. Erst im 18. Jahrhundert entsteht vor dem Hintergrund einer sich entwickelnden Geschichtsphilosophie und der dazu gehörenden Geschichtsschreibung der eigentliche **Geschichtsroman**, der die Auseinandersetzung mit der Vergangenheit zum zentralen Anliegen hat. Große historische Persönlichkeiten oder Ereignisse werden ebenso Thema dieser Romane wie nationale oder heimatliche Überlieferungen. Dabei kann man unterscheiden zwischen einer Richtung, die Vergangenes eher bestätigt, stilisiert und idealisiert, und einer anderen Haltung, die das Geschehene analysiert, aufarbeitet und kritisiert. Von einem historischen Roman spricht man in der Regel, wenn die erzählte Zeit (Handlungszeit) mindestens zwei Generationen vor der Entstehungszeit des Romans liegt.

Zwar ist der Verfasser von Geschichtsromanen um **historische Authentizität** bemüht und arbeitet deshalb mit historischen Fakten, die aber im Kontext des Romans zum **fiktionalen** Bestandteil werden. Daher hat der Dichter die Möglichkeit, relativ frei mit dem geschichtlichen Material umzugehen, was zu kritischen Einwänden führen kann, vor allem dann, wenn der Autor seine Sicht der Dinge in den Dienst einer Ideologie stellt. Eine andere Gefahr liegt in der Trivialisierung historischer Stoffe in Form umfangreicher Unterhaltungsromane, die klischeehaften Handlungen und Figuren mit historischen Namen und Kolorit Authentizität geben wollen.

Im Roman „Die Vermessung der Welt" (2005) von **Daniel Kehlmann** (geb. 1975) machen sich Ende des 18. Jahrhunderts zwei junge Deutsche an die Vermessung der Welt. Mithilfe von biografischen Details des Forschers Alexander von Humboldt und des Mathematikers Carl Friedrich Gauß stellt der Autor deren Versuche gegenüber, den Kosmos in seiner Vielfalt zu verstehen.

Die Vermessung der Welt (2005) | Daniel Kehlmann*

Daniel Kehlmann

Wenige Monate später war er schon Preußens zuverlässigster Bergwerksinspektor. Er ließ sich durch Hütten, Torfstechereien und zu den Hochöfen der Königlichen Porzellanmanufaktur führen; überall erschreckt er die Arbeiter durch die Geschwindigkeit, mit der er sich Notizen machte. Er war ständig unterwegs, schlief und aß kaum und wußte selbst nicht, was all das sollte. Etwas sei an ihm, schrieb er seinem Bruder, das ihn befürchten lasse, er verliere den Verstand.
Zufällig stieß er auf Galvanis Buch über den Strom und die Frösche. Galvani hatte abgetrennte Froschschenkel mit zwei unterschiedlichen Metallen verbunden, und sie hatten gezuckt wie lebendig. Lag das nun an den Schenkeln, in denen noch Lebenskraft war, oder war die Bewegung von außen gekommen, aus dem Unterschied der Metalle, und von den Froschteilen bloß sichtbar gemacht? Humboldt beschloß, es herauszufinden.
Er zog sein Hemd aus, legte sich aufs Bett und wies einen Diener an, zwei Aderlasspflaster auf seinen Rücken zu kleben. Der Diener gehorchte, Humboldts Haut war zwei große Blasen. Und jetzt solle er die Blasen aufschneiden! Der Diener zögerte, Humboldt mußte laut werden, der Diener nahm das Skalpell. Es war so scharf, daß der Schnitt kaum schmerzte. Blut tropfte auf den Boden. Humboldt befahl, ein Stück Zink auf eine der Wunden zu legen.
Der Diener fragte, ob er eine Pause machen dürfe, ihm sei nicht wohl.
Humboldt bat ihn, sich nicht dumm anzustellen. Als ein Silberstück die zweite Wunde berührte, ging ein schmerzhaftes Pochen durch seine Rückenmuskeln, bis hinauf in den Kopf.
Mit zitternder Hand notierte er: *Musculus cucularis*, Hinterhauptbein, Stachelfortsätze des Rückenwirbelbeins. Kein Zweifel, hier wirkte Elektrizität. Noch einmal das Silber! Er zählte vier Schläge, in regelmäßigem Abstand, dann wichen die Farben aus den Gegenständen.
Als er wieder zu sich kam, saß der Diener auf dem Boden, das Gesicht bleich, die Hände blutig. Weiter, sagte Humboldt, und mit seltsamem Schrecken wurde ihm klar, daß etwas in ihm Lust empfand. Jetzt die Frösche! Das nicht, sagte der Diener. Humboldt fragte, ob er sich eine neue Anstellung suchen wolle.
Der Diener legte vier tote, sorgsam gereinigte Frösche auf Humboldts blutigen Rücken. Aber jetzt reiche es, sagte er, sie seien doch Christenmenschen. Humboldt ignorierte ihn und befahl: Wieder das Silber! Schon kamen die Schläge. Bei jedem davon, er sah es im Spiegel, sprangen die Froschleiber wie lebendig. Er biß in das Kissen, der Stoff war naß von seinen Tränen. Der Diener kicherte hysterisch, Humboldt wollte Notizen machen, aber seine Hände waren zu schwach. Mühsam stand er auf. Aus den zwei Wunden lief Flüssigkeit, so ätzend, daß sie seine Haut entzündete. Humboldt versuchte etwas davon in einem Glasröhrchen aufzufangen, aber seine Schulter war geschwollen, und er konnte sich nicht drehen. Er sah den Diener an. Der schüttelte den Kopf. Na gut, sagte Humboldt, dann solle er jetzt in Gottes Namen den Arzt holen! Er wischte sich das Gesicht ab und wartete, bis er wieder fähig war, die Hände zu gebrauchen und das Nötigste aufzuschreiben. Strom war geflossen, das hatte er gespürt, und entsprungen war er nicht seinem Körper und nicht den Fröschen, sondern der chemischen Feindschaft der Metalle. Es war nicht leicht, dem Arzt zu erklären, was hier geschehen war. Der Diener kündigte in der Woche darauf, zwei Narben blieben, und die Abhandlung über die lebendige Muskelfaser als leitende Substanz begründete Humboldts wissenschaftlichen Ruf.

Kehlmann, Daniel, Die Vermessung der Welt, Reinbek, Rowohlt Verlag, [5]2005, S. 31 ff.

1. Charakterisieren Sie die Figur des Alexander von Humboldt.
2. Recherchieren Sie den historischen Hintergrund zu dem im Romanauszug thematisierten Geschehen.

5 Gesellschaftsroman

Im Gegensatz zum historischen Roman ist der Gesellschaftsroman ein **Zeitroman**, d.h., der Autor gibt ein Bild von der Epoche, in der er lebt bzw. in der seine Elterngeneration gelebt hat, beschäftigt sich also mit Gegenwart und näherer Vergangenheit. Sein Blick konzentriert sich nicht auf die Entwicklungsgeschichte einer einzigen Figur, sondern richtet sich auf das gesamte gesellschaftliche Panorama seiner Zeit. Dabei repräsentieren sowohl Haupt- als auch Nebenfiguren die politischen, sozialen, wirtschaftlichen und kulturellen Bedingungen und Verhältnisse einschließlich ihrer kollektiven mentalen Befindlichkeit.

Gesellschaftsromane bleiben nicht bei der bloßen Zeit- und Milieuschilderung stehen, sondern decken in kritischer Absicht Schwächen und Mängel der bestehenden Gesellschaftsordnung auf. Häufige Themen sind Standesunterschiede, Emanzipation, Auflösungstendenzen gesellschaftlicher Strukturen, Fragen von Besitz und Bildung, Fortschritt und Industrie, Ehre und Nation, Recht und Moral. Diese gesellschaftskritische Tendenz verstärkt sich im 20. Jahrhundert mit seinen zunehmenden politisch-ideologischen und geistig-kulturellen Polarisierungen (z.B. Faschismus – Kommunismus, Individualismus – Kollektivismus) bis hin zur Satire. In formaler Hinsicht lässt sich der Gesellschaftsroman nicht auf spezifische Merkmale festlegen, sondern ist offen für traditionelles und modernes Erzählen, die unterschiedlichen Erzählperspektiven und die verschiedensten Formen der Zeit- und Raumgestaltung.

Der Roman „Berlin Alexanderplatz“ (1929) von **Alfred Döblin** (1878–1957) ist der berühmteste deutschsprachige Großstadtroman, der durch die Fernsehverfilmung von Rainer Werner Fassbinder auch einem breiten Publikum bekannt wurde. Der Roman hat als Hauptfigur den Arbeiter Franz Biberkopf, der nach dem Mord an seiner Geliebten und einer mehrjährigen Haftstrafe vergeblich ein anständiges Leben führen will. Hauptthema aber ist die Stadt Berlin. Döblin schildert die Großstadt als Ort des bunten und pulsierenden Lebens, der Gefahren und Verführung, der Kriminalität und des menschlichen Verrats. In dieser Welt der Täter und Opfer bleibt Franz Biberkopf auf der Strecke und endet in einer psychiatrischen Anstalt. Eine der vielen Momentaufnahmen Berlins zeigt das folgende Beispiel:

Berlin Alexanderplatz (1929) | Alfred Döblin**

Am Alexanderplatz steht das Polizeipräsidium Es ist zwanzig nach neun Uhr. Im Lichthof des Präsidiums stehen ein paar Menschen und sprechen. Sie erzählen sich Witze und vertreten sich die Beine. Ein junger Kommissar kommt und grüßt. „Jetzt ist zehn nach neun, Herr Pilz, haben Sie wirklich moniert, wir brauchen den Wagen um neun Uhr.“ „Es ist eben wieder ein Kollege oben und telephoniert die Alexanderkaserne an; wir haben gestern vormittag den Wagen angemeldet.“ Ein neuer kommt: „Ja, sie sagen, der Wagen ist abgeschickt, fünf vor neun, hätte sich verfahren, sie schicken einen andern.“ „So was, verfahren, und wir können warten.“ „Na, ich frage, wo bleibt denn der Wagen, sagt der: wer redet da überhaupt, ich sage Sekretär Pilz, sagt er, hier ist Leutnant so und so. Sag ich: also ich sollte anfragen, Herr Leutnant, im Auftrage von Herrn Kommissar, wir haben gestern angemeldet von der Abteilung Wagen für eine Aushebung um neun Uhr, die Anmeldung ist schriftlich erfolgt, ich sollte bitten um Feststellung, ob die schriftliche Anmeldung vorliegt. Da müssen Sie hören, wie er gleich liebenswürdig wurde, der Herr Leutnant, also natürlich ist alles unterwegs, da ist ein Malheur gewesen und so weiter."

Die Wagen fahren ein. Auf einen Wagen steigen Herren und Damen ein, Kriminalbeamte, Kommissare und weibliche Beamte. Das ist der Wagen, auf dem nachher Franz Biberkopf zwischen 50 Männern und Frauen hier einfahren wird, die Engel werden ihn verlassen haben, sein Blick wird anders als der, mit dem er die Kaffeeklappe verließ, aber die Engel werden tanzen, ihr Herren und Damen, ob ihr gläubig oder ungläubig seid, es wird geschehen.

Der Wagen mit den männlichen und weiblichen Zivilisten ist unterwegs, kein Kriegswagen, aber ein Gefährt des Kampfes und des Gerichts, ein Lastwagen, auf Bänken sitzen die Menschen, über den Alexanderplatz fährt er zwischen den harmlosen Geschäftswagen und Autodroschken, die Leute auf dem Kriegswagen sehen alle gemütlich aus, es ist unerklärter Krieg, sie fahren in Ausübung ihres Berufes, einige rauchen ruhig Pfeifen, einige Zigarren, die Damen fragen: Der eine Herr da vorn ist wohl von der Presse, da steht morgen alles in der Zeitung. So fahren sie zufrieden die Landsberger Straße rechts rauf, sie fahren hinten herum zu ihren Zielen, sonst wissen die Lokale schon vorher, was ihnen bevorsteht. Die Leute aber, die unten gehen, sehen den Wagen gut. Sie sehen nicht lange hin, das ist etwas Schlimmes, Erschreckendes, rasch ist es vorüber, sie wollen Verbrecher fangen, schrecklich, daß es so was gibt, wir wollen ins Kino.

An der Rückerstraße steigen sie aus, der Wagen bleibt stehen, sie gehen zu Fuß die Straße rauf. Die kleine Straße ist leer, der Trupp wandert über das Trottoir, da ist die Rückerdiele.

Die Haustür besetzt, Posten vor den Eingang, Posten gegenüber, alle andern ins Lokal. n Abend, der Kellner lächelt, kennen wir schon. Trinken die Herren was?

Danke, keine Zeit; abkassieren, Aushebung, alle mit aufs Präsidium. Lachen, Proteste, so was, haben Sie sich nicht so, Schimpfen, Lachen; immer gemütlich sein, ich hab ja Papiere, dann freuen Sie sich doch, ne halbe Stunde sind Sie wieder da, was nützt uns das, ich hab zu tun, reg dir nicht uff, Otto, freie Besichtigung vom Präsidium mit Nachtbeleuchtung. Immer rin in die gute Stube. Der Wagen proppenvoll, einer singt: Wer hat bloß den Käse zum Bahnhof gerollt, das ist ne Frechheit, wie kann man so was tun, denn er war noch nicht verzollt; die Polizei hat sich hineingelegt, jetzt ist sie böse sehr und grollt, weil man hat den Käse zum Bahnhof gerollt. Der Wagen fährt ab, alles winkt: Wer hat bloß den Käse zum Bahnhof gerollt.

Na, das ging wie geschmiert. Wir gehen zu Fuß. Ein eleganter Herr über den Damm, grüßt, Hauptmann vom Revier, der Herr Kommissar? Sie gehen in einen Hausflur, die übrigen verteilen sich, Treffpunkt Prenzlauer, Ecke Münz.

Die Alexanderquelle ist dickvoll, es ist Freitag, wer Lohn hat, geht mal einen heben, Musik, Radio, am Ausschank vorbei schieben sich die Bullen, der junge Kommissar spricht mit einem Herrn, die Kapelle hört auf: Aushebung, Kriminalpolizei, alles kommt mit zum Präsidium. Sie sitzen um die Tische, lachen und lassen sich nicht stören, die schwatzen weiter, der Kellner bedient weiter. Ein Mädel schreit und weint zwischen zwei andern im Gang: Ick bin doch da abgemeldet, und die hat mir noch nich gemeldet, na dann bleibste eben ne Nacht da, was ist denn dabei, ich geh nicht mit, ich laß mir von kein Grünen anfassen, bloß kein Blaukoller, Sie, davon ist noch keiner gesund geworden. Lassen Sie mir doch raus, wat heißt hier raus, wenn Sie dran sind, können Sie raus, der Wagen ist eben erst weg, dann könnt ihr mehr Wagen einstellen, zerbrechen Sie sich bloß nicht unsern Kopf. Ober, eine Pulle Sekt zum Beenewaschen.

Sie, ick muß zur Arbeit, ick hab hier zu tun bei Lau, wer bezahlt mich die Stunde, na, jetzt müssen Sie jedenfalls mit, ick muß uff meine Baustelle, det is Freiheitsberaubung, hier müssen alle mit, du gehst mit, Mensch, reg dir doch nicht uff, die Leute müssen eben ne Aushebe machen, sonst wissen sie doch nich, wozu sie da sind.

Es geht in Schüben raus, die Wagen fahren immer zum Präsidium hin und her, die Bul-

1. Fassen Sie den Textauszug kurz zusammen.
2. Beschreiben Sie das Bild einer modernen Großstadtgesellschaft, wie es Mosebach im Romanauszug entwirft.
3. Charakterisieren Sie die Figur Souad.

III Erzählen nach 1945

1 Gesellschaftskritik und Moral: Heinrich Böll

Unter allen deutschen Nachkriegsschriftstellern ist Heinrich Böll, geboren 1917 in Köln, derjenige, der nach innen und außen das Bild vom „neuen und besseren" Deutschland nach 1945, also von der zivilen und demokratischen Gesellschaft der Bundesrepublik, am wirkungsvollsten verkörperte. Er repräsentierte für sehr viele Menschen in Europa und anderen Erdteilen den humanen, zivilen, toleranten, gerechten und demokratischen Nachkriegsstaat Bundesrepublik. Als er 1972, nach der Veröffentlichung seines umfangreichsten Romans „Gruppenbild mit Dame" (1971), den Nobelpreis für Literatur erhielt, war das auch eine Auszeichnung und Ehrung Bölls als eine gesellschaftliche, politische und sittlich-moralische Instanz.

Nobelpreisübergabe an Heinrich Böll 1972

Der Erzähler, Essayist und Redner Böll glaubte zutiefst an eine ethische Verantwortung des Schriftstellers; sein Schreiben und Handeln waren getragen von einem ausgeprägten Sinn für Gerechtigkeit und Toleranz, von einer hartnäckigen, kompromisslosen Kritik an sozialen Missständen, aber ebenso von Menschlichkeit und Nächstenliebe. Hinter der häufig vorgetragenen Unzufriedenheit mit Staat und Politik, mit der kapitalistischen Wohlstandsgesellschaft und der Rolle der katholischen Kirche erscheint das Bild eines großen und starken Moralisten, verantwortungsvoll und bescheiden, nur selten unversöhnlich. Das Ende von Bölls Leben – er starb 1985 – war überschattet von Verdächtigungen und Beschuldigungen im Zusammenhang mit der deutschen Terroristenszene und der Friedensbewegung.

Schon der Vorabdruck des Romans „Ansichten eines Clowns" in der „Süddeutschen Zeitung" provozierte heftige Reaktionen, die nach der Buchveröffentlichung 1967 noch lange andauerten. Vor allem wurde Böll seine strenge Kritik am Katholizismus vorgehalten, die aber keineswegs Grundpositionen des christlichen Glaubens galt. Der Roman spielt an einem einzigen Tag, an dem der Titelheld Hans Schnier in seiner Bonner Wohnung Telefonate führt und über sein Leben – weit ausholend – reflektiert. Als Hauptperson wählte der Autor wieder einen Außenseiter, den Sohn einer wohlhabenden und einflussreichen Industriellenfamilie, der als Clown bzw. Pantomime öffentlich auftritt. Diese Künstlerkarriere wird natürlich vom Elternhaus entschieden abgelehnt. Als Marie, die Geliebte Schniers, ihn wegen des Drucks moralisierender katholischer Kreise verlässt – Schnier wollte sich nämlich nicht kirchlich trauen lassen –, scheitert er beruflich und verliert allmählich jeden Halt. Eine große Rolle im Roman spielt der Materialismus.

Ansichten eines Clowns (1967) | Heinrich Böll**

Er war so fein und zart und silberhaarig, sah so gütig aus und hatte mir nicht einmal ein Almosen geschickt, als ich mit Marie in Köln war. Was machte diesen liebenswürdigen Mann, meinen Vater, so hart und so stark, warum redete er da am Fernsehschirm von gesellschaftlichen Verpflichtungen, von Staatsbewußtsein, von Deutschland, sogar von Christentum, an das er doch nach eignem Geständnis gar nicht glaubte, und zwar so, daß man gezwungen war, ihm zu glauben? Es konnte doch nur das Geld sein, nicht das konkrete, mit dem man Milch kauft und Taxi fährt, sich eine Geliebte hält und ins Kino geht – nur das abstrakte. Ich hatte Angst vor ihm, und er hatte Angst vor mir: wir wußten beide, daß wir keine Realisten waren, und wir verachteten beide die, die von „Realpolitik“ sprachen. Es ging um mehr, als diese Dummköpfe je verstehen würden. In seinen Augen las ich es: er konnte sein Geld nicht einem Clown geben, der mit Geld nur eins tun würde: es ausgeben, genau das Gegenteil von dem, was man mit Geld tun mußte. Und ich wußte, selbst wenn er mir eine Million gegeben hätte, ich hätte sie ausgegeben, und Geldausgeben war für ihn gleichbedeutend mit Verschwenden.

Während ich in der Küche und im Badezimmer wartete, um ihn allein weinen zu lassen, hatte ich gehofft, er würde so erschüttert sein, daß er mir eine große Summe schenkte, ohne die blöden Bedingungen, aber ich las jetzt in seinen Augen, er konnte es nicht. Er war kein Realist, und ich war keiner, und wir beide wußten, daß die anderen in all ihrer Plattheit nur Realisten waren, dumm wie alle Puppen, die sich tausendmal an den Kragen fassen und doch den Faden nicht entdecken, an dem sie zappeln.

Ich nickte noch einmal, um ihn ganz zu beruhigen: ich würde weder von Geld noch von Henriette anfangen, aber ich dachte an sie auf eine Weise, die mir ungehörig vorkam, ich stellte sie mir vor, wie sie jetzt wäre: dreiunddreißig, wahrscheinlich von einem Industriellen geschieden. Ich konnte mir nicht vorstellen, daß sie diesen Kitsch mitgemacht hätte, mit Flirts und Partys und „Am Christentum festhalten“, in Komitees herumhocken und „zu denen von der SPD besonders nett sein, sonst bekommen sie noch mehr Komplexe“. Ich konnte sie mir nur desperat vorstellen, etwas tun, das die Realisten für snobistisch halten würden, weil es ihnen an Fantasie fehlte. Irgendeinem der unzähligen Träger des Präsidententitels einen Cocktail in den Kragen schütten oder einem zähnefletschenden Oberheuchler mit ihrem Auto in seinen Mercedes hineinfahren. Was hätte sie schon tun können, wenn sie nicht malen oder auf der Töpferscheibe Butterfäßchen hätte drehen können. Sie würde es doch spüren, wie ich es spürte, überall, wo sich Leben zeigte, diese unsichtbare Wand, wo das Geld aufhörte, zum Ausgeben da zu sein, wo es unantastbar wurde und in Tabernakeln als Ziffer existierte.

Ich gab meinem Vater den Weg frei. Er fing wieder an zu schwitzen und tat mir leid. Ich lief schnell ins Wohnzimmer zurück und holte das schmutzige Taschentuch vom Tisch und steckte es ihm in die Manteltasche. Meine Mutter konnte sehr unangenehm werden, wenn sie bei der monatlichen Wäschekontrolle ein Stück vermißte, sie würde die Mädchen des Diebstahls oder der Schlamperei bezichtigen. „Soll ich dir ein Taxi bestellen?“ fragte ich. „Nein“, sagte er, „ich geh noch ein bißchen zu Fuß. Fuhrmann wartet in der Nähe des Bahnhofs.“ Er ging an mir vorbei, ich öffnete die Tür, begleitete ihn bis zum Aufzug und drückte auf den Knopf. Ich nahm noch einmal meine Mark aus der Tasche, legte sie auf die ausgestreckte Hand und blickte sie an. Mein Vater blickte angeekelt weg und schüttelte den Kopf. Ich dachte, er könnte wenigstens seine Brieftasche herausnehmen und mir fünfzig, hundert Mark geben, aber Schmerz, Edelmut und die Erkenntnis seiner tragischen Situation hatten ihn auf eine solche Ebene der Sublimierung geschoben, daß jeder Gedanke an Geld ihm widerwärtig, meine Versuche, ihn daran zu erinnern, ihm wie ein Sakrileg erschienen. Ich hielt ihm die Aufzugstür auf, er umarmte mich, fing plötzlich an zu schnüffeln, kicherte und sagte: „Du riechst wirklich nach Kaffee – schade, ich hätte dir so gern einen guten Kaffee gemacht – das kann ich nämlich.“ Er löste sich von mir, stieg in den Aufzug, und ich sah ihn drinnen auf den Knopf drücken und listig lächeln, bevor der Aufzug sich in Bewegung setzte. Ich blieb noch stehen und beobachtete, wie die Ziffern aufleuchten: vier, drei, zwei, eins – dann ging das rote Licht aus. […]

Böll, Heinrich, Ansichten eines Clowns, München, Deutscher Taschenbuch Verlag, [2]1967, S. 175ff.

1. Fassen Sie das Verhältnis der beiden Figuren zum Geld zusammen.
2. Untersuchen Sie, wie die Beurteilung dieser Positionen durch den Erzähler zum Ausdruck kommt.

2 Satirische Zeitkritik: Günter Grass

Günter Grass wurde 1927 in der damals Freien Stadt Danzig geboren; seine Vorfahren waren deutscher und polnischer (kaschubischer) Herkunft. Nach Hitler-Jugend und Kriegsgefangenschaft gehörte er zur ersten Generation der bundesdeutschen Nachkriegsautoren, die sich in der **Gruppe 47** zusammenfanden.

Günter Grass (1927–2015)

Doch lagen von Anfang an seine Begabungen nicht nur auf literarischem Gebiet; er ist auch bildender Künstler, der z. B. eigene Werke illustriert oder ausstattet. Grass war einer jener Autoren, die in den 1960er-Jahren die Politisierung der Literatur entscheidend mittrugen; sein politisches Engagement ging dabei über theoretisch-ideologische Auseinandersetzungen hinaus, indem er sich z. B. im Bundestagswahlkampf 1965 als Wahlhelfer für den SPD-Kanzlerkandidaten Willy Brandt einsetzte. Seit der Wende 1989 hat Grass die Art und Weise der deutschen Wiedervereinigung mehrfach heftig kritisiert; wegen des Asyl-Kompromisses trat er 1992 aus der SPD aus. Zu diesen und anderen Themen deutscher Geschichte erschien 1995 sein historisch groß angelegter Roman „Ein weites Feld“.

Die politische Komponente schlägt sich im Werk von Günter Grass vor allem als satirische Zeitkritik nieder. Sie bezieht sich dabei nicht nur auf die Entstehungsbedingungen des Nationalsozialismus, sondern auch auf alle politischen und gesellschaftlichen Ideologien unseres Jahrhunderts, die den Einzelnen vereinnahmen und ihn blind machen für Fehlentwicklungen. Die wichtigsten Mittel dieser satirischen Zeitkritik sind bei Grass: distanziert-entlarvende Perspektive, fantastische Übertreibung, provozierende Enttabuisierung und derb-drastische Komik. Auch die virtuose Sprache auf unterschiedlichsten Sprachebenen mit zahlreichen Symbolen, Metaphern, Allegorien, Anspielungen und Pointen steht im Dienst strenger und bissiger Bloßstellung folgenschweren Fehlverhaltens im privaten und öffentlichen Bereich.

Der Roman „Die Blechtrommel" (1959) ist aus einer ungewöhnlichen Perspektive geschrieben. Oskar Matzerath beschließt im Alter von drei Jahren, sein Wachstum einzustellen, weil er die muffige, spießige Kleinbürgerwelt und deren Doppelmoral ablehnt. Er erzählt seine Geschichte und die seiner Familie, die das deutsch-polnische Verhältnis im 20. Jahrhundert einschließt, als Insasse einer bundesrepublikanischen Heil- und Pflegeanstalt. Oskars Kleinwüchsigkeit und die Kindertrommel symbolisieren seine Außenseiterrolle und seine Weigerung, sich den Normen der Erwachsenenwelt anzupassen. Durch die absichtlich herbeigeführte physische Deformation und den Anspruch des Künstlertums versucht Oskar, sich der kleinbürgerlichen Welt mit ihrem Konformitätsdruck und Opportunismus, ihrer kulturellen Armut und Renommiersucht zu entziehen. Seine Rolle steht in der Tradition des Schelmenromans; er erlebt das typisch abenteuerliche und vagabundierende Leben eines *pikaro*, der die gesellschaftlichen Verhältnisse satirisch beleuchtet und entlarvt. Der Blechtrommler beobachtet aus seiner Froschperspektive zunächst nur den engeren familiären Umkreis. Sein Schicksal ist aber so mit der Zeitgeschichte verknüpft, dass seine Erzählungen ein karikierendes Zeitbild liefern.

Nicht nur bei **Grass**, sondern auch in der Verfilmung von Volker Schlöndorff (1979) ist die Tribünenepisode ein einprägsamer satirischer Höhepunkt: Oskar besucht wiederholt die NS-Kundgebungen auf der Maiwiese, an denen auch sein Vater Alfred Matzerath teilnimmt, während seine Mutter mit dem Hausfreund Jan Bronski zu Hause bleibt. Der Liliputaner Bebra, Zirkusartist und Vorbild Oskars, weist diesem eine künstlerische Laufbahn und damit einen Platz auf der Tribüne zu.

Die Blechtrommel (1959) | Günter Grass***

Haben Sie schon einmal eine Tribüne von hinten gesehen? Alle Menschen sollte man – nur um einen Vorschlag zu machen – mit der Hinteransicht einer Tribüne vertraut machen, bevor man sie vor Tribünen versammelt. Wer jemals eine Tribüne von hinten anschaute, recht anschaute, wird von Stund an gezeichnet und somit gegen jegliche Zauberei, die in dieser oder jener Form auf Tribünen zelebriert wird, gefeit sein. Ähnliches kann man von den Hinteransichten kirchlicher Altäre sagen; doch das steht auf einem anderen Blatt.

Oskar jedoch, der immer schon einen Zug zur Gründlichkeit hatte, ließ es mit dem Anblick des nackten, in seiner Häßlichkeit tatsächlichen Gerüstes nicht genug sein, er erinnerte sich der Worte seines Magisters Bebra, ging das nur für die Vorderansicht bestimmte Podest von der groben Kehrseite an, schob sich und seine Trommel, ohne die er nie ausging, zwischen Verstrebungen hindurch, stieß sich an einer überstehenden Dachlatte, riß sich an einem bös aus dem Holz ragenden Nagel das Knie auf, hörte über sich die Stiefel der Parteigenossen scharren, dann die Schühchen der Frauenschaft und kam endlich dorthin, wo es am drückendsten und dem Monat August am meisten gemäß war: vor dem inwendigen Tribünenfuß fand er hinter einem Stück Sperrholz Platz und Schutz genug, um den akustischen Reiz einer politischen Kundgebung in aller Ruhe auskosten zu können, ohne durch Fahnen abgelenkt, durch Uniformen im Auge beleidigt zu werden.

Unter dem Rednerpult hockte ich. Links und rechts von mir und über mir standen breitbeinig, und wie ich wußte, mit verkniffenen, vom Sonnenlicht geblendeten Augen die jüngeren Trommler des Jungvolkes und die älteren der Hitlerjugend. Und dann die Menge. Ich roch sie durch die Ritzen der Tribünenverschalung. Das stand und berührte sich mit Ellenbogen und Sonntagskleidung, das war zu Fuß gekommen oder mit der Straßenbahn, das hatte zum Teil die Frühmesse besucht und war dort nicht zufriedengestellt worden, das war gekommen, um seiner Braut am Arm etwas zu bieten, das wollte mit dabei sein, wenn Geschichte gemacht wird, und wenn auch der Vormittag dabei draufging.

Nein, sprach sich Oskar zu, sie sollen den Weg nicht umsonst gemacht haben. Und er legte ein Auge an das Astloch der Verschalung, bemerkte die Unruhe von der Hindenburgallee her. Sie kamen! Kommandos wurden über ihm laut, der Führer des Spielmannszuges fuchtelte mit seinem Tambourstab, die hauchten ihre Fanfaren an, die paßten sich das Mundstück auf, und schon stießen sie in übelster Landsknechtsmanier in ihr sidolgeputztes Blech, daß es Oskar weh tat und „Armer SA-Mann Brand“, sagte er sich, „armer Hitlerjunge Quex, ihr seid umsonst gefallen!“

Als wollte man ihm diesen Nachruf auf die Opfer der Bewegung bestätigen, mischte sich gleich darauf massives Gebumse auf kalbsfellbespannten Trommeln in die Trompeterei. Jene Gasse, die mitten durch die Menge zur Tribüne führte, ließ von weit her heranrückende Uniformen ahnen und Oskar stieß hervor: „Jetzt mein Volk, paß auf, mein Volk!“

Die Trommel lag mir schon maßgerecht. Himmlisch locker ließ ich die Knüppel in meinen Händen spielen und legte mit Zärtlichkeit in den Handgelenken einen kunstreichen, heiteren Walzertakt auf mein Blech, den ich immer eindringlicher, Wien und die Donau beschwörend, laut werden ließ, bis oben die erste und zweite Landsknechttrommel an meinem Walzer Gefallen fand, auch Flachtrommeln der älteren Burschen mehr oder weniger geschickt mein Vorspiel aufnahmen. Dazwischen gab es zwar Unerbittliche, die kein Gehör hatten, die weiterhin Bumbum machten, und Bumbumbum, während ich doch den Dreivierteltakt meinte, der so beliebt ist beim Volk. Schon wollte Oskar verzweifeln, da ging den Fanfaren ein Lichtchen auf, und die Querpfeifen, oh Donau, pfiffen so blau. Nur der Fanfarenzugführer und auch der Spielmannszugführer, die glaubten nicht an den Walzerkönig und schrien ihre lästigen Kommandos, aber ich hatte die abgesetzt, das war jetzt meine Musik. Und das Volk dankte es mir. Lacher wurden laut vor der Tribüne, da sangen schon welche mit, oh Donau, und über den ganzen Platz, so blau, bis zur Hindenburgallee, so blau und zum Steffenspark, so blau, hüpfte mein Rhythmus, verstärkt durch das über mir vollaufgedrehte Mikrophon. Und als ich durch mein Astloch hindurch ins Freie spähte, doch dabei fleißig weitertrommelte, bemerkte ich, daß das Volk an meinem Walzer Spaß fand, aufgeregt hüpfte, es in den Beinen hatte: schon neun Pärchen und noch ein Pärchen tanzten, wurden vom Walzerkönig gekuppelt. Nur dem Löbsack, der mit Kreisleitern und Sturmbannführern, mit Forster, Greiser und Rauschning, mit einem langen braunen Führungsstabschwanz mitten in der Menge kochte, vor dem sich die Gasse zur Tribüne schließen wollte, lag erstaunlicherweise der Walzertakt nicht. Der war gewohnt, mit gradliniger Marschmusik zur Tribüne geschleust zu werden. Dem nahmen nun diese leichtlebigen Klänge den Glauben ans Volk. Durchs Astloch sah ich seine Leiden. Es zog durch das Loch. Wenn ich mir auch fast das Auge entzündete, tat er mir dennoch leid, und ich wechselte in einen Charleston, „Jimmy the Tiger“, über, brachte jenen Rhythmus, den der Clown Bebra im Zirkus auf leeren Selterwasserflaschen getrommelt hatte; doch die Jungs vor der Tribüne kapierten den Charleston nicht. Das war eben eine andere Generation. Die hatten natürlich keine Ahnung von Charleston und „Jimmy the Tiger“. Die schlugen – oh guter Freund Bebra – nicht Jimmy und Tiger, die hämmerten Kraut und Rüben, die bliesen mit Fanfaren Sodom und Gomorrha. Da dachten die Querpfeifen sich, gehupft wie gesprungen. Da schimpfte der Fanfarenzugführer auf Krethi und Plethi. Aber dennoch trommelten, pfiffen, trompeteten die Jungs vom Fanfarenzug und Spielmannszug auf Teufel komm raus, daß es Jimmy eine Wonne war, mitten im heißesten Tigeraugust, daß es die Volksgenossen, die da zu Tausenden und Abertausenden vor der Tribüne drängelten, endlich begriffen: es ist Jimmy the Tiger, der das Volk zum Charleston aufruft! Und wer auf der Maiwiese noch nicht tanzte, der griff sich, bevor es zu spät war, die letzten noch zu habenden Damen. Nur Löbsack mußte mit seinem Buckel tanzen, weil in seiner Nähe alles was einen Rock trug, schon besetzt war, und jene Damen von der Frauenschaft, die ihm hätten helfen können, rutschten, weit weg vom einsamen Löbsack, auf den harten Holzbänken der Tribüne. Er aber – und das riet ihm sein Buckel – tanzte dennoch, wollte gute Miene zur bösen Jimmymusik machen und retten, was noch zu retten war.

Es war aber nichts mehr zu retten. Das Volk tanzte sich von der Maiwiese, bis die zwar arg zertreten, aber immerhin grün und leer war. Es verlor sich das Volk mit „Jimmy the Tiger" in den weiten Anlagen des angrenzenden Steffensparkes. Dort bot sich Dschungel, den Jimmy versprochen hatte, Tiger gingen auf Sammetpfötchen, ersatzweise Urwald fürs Volk, das eben noch auf der Wiese drängte. Gesetz ging flöten und Ordnungssinn. Wer aber mehr die Kultur liebte, konnte auf den breiten und gepflegten Promenaden jener Hindenburgallee, die während des achtzehnten Jahrhunderts erstmals angepflanzt, bei der Belagerung durch Napoleons Truppen achtzehnhundertsieben abgeholzt und achtzehnhundertzehn zu Ehren Napoleons wieder angepflanzt wurde, auf historischem Boden also konnten die Tänzer auf der Hindenburgallee meine Musik haben, weil über mir das Mikrophon nicht abgestellt wurde, weil man mich bis zum Olivaer Tor hörte, weil ich nicht locker ließ, bis es mir und den braven Burschen am Tribünenfuß gelang, mit Jimmys entfesseltem Tiger die Maiwiese bis auf die Gänseblümchen zu räumen. Selbst als ich meinem Blech schon die langverdiente Ruhe gönnte, wollten die Trommelbuben noch immer kein Ende finden. Es brauchte seine Zeit, bis mein musikalischer Einfluß nachzuwirken aufhörte. Dann bleibt noch zu sagen, daß Oskar das Innere der Tribüne nicht sogleich verlassen konnte, da Abordnungen der SA und SS über eine Stunde lang mit Stiefeln gegen Bretter knallten, sich Ecklöcher ins braune und schwarze Zeug rissen, etwas im Tribünengehäuse zu suchen schienen: einen Sozi womöglich oder einen Störtrupp der Kommune. Ohne die Finten und Täuschungsmanöver Oskars aufzählen zu wollen, sei hier kurz festgestellt: sie fanden Oskar nicht, weil sie Oskar nicht gewachsen waren.

Grass, Günter, Die Blechtrommel. Danziger Trilogie 1, Darmstadt und Neuwied, Luchterhand Verlag, 1979, S. 94f.

1. Arbeiten Sie den zeitgeschichtlichen Gehalt der Episode heraus.
2. Analysieren Sie satirische Züge des Textes.
3. Interpretieren Sie Besonderheiten der Erzähltechnik.

3 Der Einzelne in der Leistungsgesellschaft: Martin Walser

Martin Walser ist 1927 in Wasserburg am Bodensee geboren; diese Gegend ist bis heute seine Heimat geblieben und bildet den Schauplatz vieler seiner Werke. Der Schriftsteller Martin Walser hat häufig in aktuelle politische Diskussionen eingegriffen und sich nachhaltig engagiert.

Martin Walser (geb. 1927)

Von Anfang an dominiert ein betont soziologischer Blickwinkel seine Werke, unter dem er das Alltagsleben der Nachkriegsdeutschen als Rollenspiel offenlegt; die psychologischen Konflikte werden dabei aber gleichermaßen aufgedeckt. Seine Welt ist die der (klein-)bürgerlichen Mittelschicht: Immobilienhändler, Vertreter, Lehrer, Journalisten, Juristen, Chauffeure, oft in der Konstellation des Vorgesetzten und Untergebenen. So entsteht das Bild der **bundesrepublikanischen Leistungsgesell-**

schaft, in deren Netz sozialer Normen und Werte der Einzelne dem Anpassungsdruck unterliegt. Seine – meist männlichen – Hauptfiguren sind eingezwängt in berufliche und familiäre Abhängigkeiten und müssen Erwartungen erfüllen wie z.B. hohes Einkommen und repräsentativen Lebensstil, Karriere und Prestige, Selbstbewusstsein und Ausstrahlung, Jugendlichkeit und Potenz. Sie reagieren darauf mit Verdrängung, häufig in Form geschäftiger Betriebsamkeit, mit Selbsttäuschung, Frustration, Entfremdung, mit eingebildeten und tatsächlichen Krankheiten. Die walserschen Antihelden leben in einem ständigen Konkurrenzkampf, denken in den Kategorien von Sieg und Niederlage, gehören aber meistens zu den Verlierern. In späteren Werken spielen Liebe, Erotik und Sexualität – aus der Sicht älterer Männer – eine nicht geringe Rolle. Walser handhabt Zeit- und Handlungsstruktur vergleichsweise traditionell, setzt jedoch bewusst die verschiedenen Formen moderner Figurenrede ein, um das Innenleben seiner Personen nachzuzeichnen. Er hat Sinn für Humor, Ironie, Satire, Situationskomik, Sprachwitz und pointierte Formulierungen.

Alfred Dorn im Roman „Die Verteidigung der Kindheit" (1991) ist ein typischer Antiheld, der sich vom Wunderkind zum Sonderling entwickelt, sich von seiner Mutter nicht lösen kann und Junggeselle bleibt. Sein individuelles Schicksal spiegelt darüber hinaus die unterschiedlichen gesellschaftlichen Verhältnisse innerhalb der Geschichte der deutschen Teilung, die er bei vielfachen Grenzübergängen und dem späteren Mauerbau hautnah erfährt. Als 15-Jähriger überlebt Dorn den Luftangriff auf Dresden; er wächst bei seiner geschiedenen Mutter in der DDR auf, siedelt 1953 nach Westberlin über, studiert dort Jura und wird später Ministerialbeamter in der Bundesrepublik. **Walser** schildert an einer Stelle Dorns Probleme am Ende seines Jurastudiums. Er besucht einen Repetitionskurs, auch „Pauker-Kurs" genannt, mit dessen Hilfe sich Jurastudenten auf das Examen vorbereiten.

Die Verteidigung der Kindheit (1991) | Martin Walser**

Am Morgen des ersten Repetitionskurses war Alfred pünktlich bei Dreyer und konstatierte: Rammelvoll. Wie hatte der Vater gesagt: Ein Schweinegeld. Gerade daß er noch einen Platz in der letzten Reihe bekam. Und nur auf einem Stuhl, der nicht an einem Tisch stand. Weiter vorne hatten Studenten für einander alle Tischplätze belegt. Wenn Dreyer ihn aufrufen würde, müßte er über alle hinweg antworten. Entsetzlich. Und das Schlimmste: Dreyer bat dringend darum, daß jeder für die Dauer des Kurses jeden Morgen den Platz einnehme, auf dem er heute sitze. Es sei Energieverschwendung, jeden Tag mit Platzeroberungskämpfen zu beginnen. Am zweiten Tag war Alfred einer der ersten, er setzte sich einfach in die erste Reihe, wurde aber von einem, der neben ihm Platz nahm, einem Herrn Brasch, gewarnt. Dieser Platz sei besetzt für Herrn Halbritter, der gestern zwar noch gefehlt habe, der aber wahrscheinlich heute, ganz sicher aber morgen aus den Ferien zurückkommen werde. Dann seinen Platz besetzt zu finden, das sähe Herr Halbritter gar nicht gern!

Immer wenn sich Alfred in den nächsten Tagen auf einen Platz setzte, sagte jemand: Das sähe Herr Halbritter gar nicht gern. Dann wurde gelacht. Wenn dieser Herr Brasch einmal etwas formuliert hatte, redeten die anderen es nach. Da Herr Brasch nie frisch rasiert war, aber auch nie mehr als einen Zweitagebart hatte, erinnerte er Alfred an die Figuren, die er gerade in dem Bettleroper-Film mit Lawrence Olivier gesehen hatte. Das gab Herrn Brasch etwas fast poetisch Bedrohliches. Dazu gehörte auch, daß der von seinen Freunden mit der beeindruckenden Vornamenkombination Arno Maria gerufen wurde. Man kannte Alfred also als den, der keinen Platz fand. Er nahm sich vor, in einer Pause mit Dreyer zu sprechen. Er mußte einen Platz in den ersten fünf Reihen haben. Einen Platz an einem Tisch. Dreyer legte ein solches Tempo vor, da kam er hinten und auf den Knien schreibend einfach nicht mit. Der Kurs kostete fünfunddreißig im Monat, genau soviel wie die Miete des neuen Zimmers. Für soviel Geld mußte etwas herauskommen. Mutter hatte recht. Also ging er jetzt jeden Morgen kurz nach sieben aus dem Haus – die Bande ließ ihm keine andere Wahl –, war kurz vor acht als erster bei Dreyer, klingelte und legte seine Tasche auf einen Platz in der dritten Reihe. Dann kam aber kurz vor neun noch Herr Weidenbach, von dem jeder wußte, daß er aus Freiburg war, und sagte in seiner schön singenden Sprache, er wollte sich zwar nicht auf Herrn Halbritter beziehen, aber das sei nun wirklich sein, nämlich Weidenbachs Platz. Alfred setzte sich, weil er nicht weiterwußte, auf einen freien Platz in der ersten Reihe. Aber da kam schon Herr Dahlke, den man an seinem frischen Schmiß erkannte, und sagte, dieser Platz sei ihm vor den Ferien von Herrn Halbritter überlassen worden. Dieser Herr Halbritter, der immer noch nicht aus den Ferien zurück war, verfügte offenbar über gar alle Plätze. Von hinten gleich wieder anfeuernde Rufe von einem Herrn Sadowski: Nebbich, Dahlke, nischt wie ran! Sadowski galt als kriegsversehrt. Er nahm die schwarze Baskenmütze immer erst ab, wenn er auf seinem Stuhl saß. Sadowskis Stuhl war ein Gangplatz, den ihm niemand streitig machte. Andere folgten Sadowskis Anfeuerungsruf. Nischt gefallen lassen! Dahlke! Keine Müdigkeit vorschützen! Um nicht noch mehr Lärm auf sich zu ziehen, räumte Alfred den Platz, ging nach hinten, holte einen Stuhl, und rückte den an die zweite Reihe heran. So kam er neben Herrn Kadelbach, der sich vor Unsicherheit, immer wenn er etwas sagen wollte, zuerst mit zwei Fingern an die Nase greifen mußte. Als Alfred sich neben ihn setzte, sagte er prompt: Na, da ist er ja wieder, unser Daueremigrant.

Alfred hatte den Eindruck, während die anderen schon von Dreyers raschen, gegenstandsreichen Ausführungen profitierten, saß er immer noch und suchte nach einem Platz, der Mitarbeit möglich machen würde. Ohne Pinkwarts Aufzeichnungen wäre er jetzt verloren gewesen. Er mußte dazu immer in dessen Wohnung fahren, auch die Frau kennenlernen. Pink-warts Mitschriften waren mindestens so lückenhaft wie Alfreds eigene, trotzdem fand er bei dem einiges, was er nicht mitgekriegt hatte. Pinkwart schien seine eigenen Lücken nicht zu bemerken. Alfred wies ihn darauf hin. Was er nicht auf dem Papier habe, habe er im Kopf, sagte Pinkwart. Alfred bezweifelte das. Dreyer fragte andauernd kreuz und quer durch die Reihen. Alfred versuchte, jede Frage, auch wenn er nicht aufgerufen war, in Gedanken zu beantworten. Er hatte das Gefühl, nicht mitzukommen. Manchmal begriff er zu spät, daß eine Frage viel einfacher war, als er befürchtet hatte. Was kann der Gerichtsvollzieher pfänden? Herr Dorn! Alfred: Mobilien. Dreyer: Was also? Alfred: Wohnungseinrichtung. Dreyer: Was noch? Jetzt glaubte Alfred, Dreyer wolle sich lustig machen über ihn. Dreyer: Na, na, Herr Dorn!! Alfred: Klavier. Da lachten alle. Alfred begriff nicht, warum. Als er nachher Pinkwart fragte, sagte der, es sei einfach komisch gewesen. Die meisten waren sicher zwei bis drei Jahre jünger als Alfred. Deshalb nannte Alfred sie dem wahrscheinlich schon sechs- oder achtundzwanzigjährigen Pinkwart gegenüber nur noch *Lausejungs*. Gerade hatte ihn noch Herr Müller-Tettelbach ganz locker nach seinem Alter gefragt. Als Alfred gesagt hatte, gleich fünfundzwanzig, hatte der gesagt, dann habe er eine Wette verloren. Er hatte mit Herrn Sadowski gewettet, Alfred sei zwanzig, höchstens einundzwanzig. Dieser Ansicht seien mehrere gewesen. Sadowski habe gesagt: Nebbich, der ist fünfundzwanzig, und maniert. Das tröstete Alfred. Wenn ihn die meisten für jünger hielten, wurde er also nicht seines Alters wegen belächelt. Am meisten amüsierte die, wenn Dreyer, weil Alfred zu leise antwortete, die Frage noch mit dem Zusatz versah: Dorn, los, mit mächtiger, bulliger Stimme! Da brüllten alle erst mal los. Alfred sagte so leise wie immer: Das wird mir bestimmt nicht gelingen. Neues Gelächter. Pinkwart nachher: diese Bemerkung sei überflüssig gewesen. Abends, in seinem Zimmer, immer das Fazit: er konnte sich nicht durchsetzen. Er stellte sich vor den Spiegel und sagte: So sieht einer aus, der unter die Räder kommt.

Walser, Martin, Verteidigung der Kindheit, Frankfurt am Main, Suhrkamp Verlag, 1991, S. 74ff.

1. Beschreiben Sie Merkmale und Mechanismen einer Konkurrenz- und Leistungsgesellschaft, wie sie der Autor mit dieser Episode darstellt.
2. Untersuchen Sie die Komik dieser Szene unter Berücksichtigung der sprachlichen Gestaltung.

4 Poetische Erinnerung an Heimat und Vergangenheit: Siegfried Lenz

Siegfried Lenz (1926–2014)

Der 1926 in Ostpreußen geborene Schriftsteller Siegfried Lenz knüpft an die realistische Erzähltradition des 19. und 20. Jahrhunderts an. Mit tatsächlichem und fingiertem Erfahrungs- und Erinnerungsmaterial schafft er Modelle in Romanform, mit denen er einen Ausgleich zur gestörten Ordnung der Lebenswirklichkeit der Gegenwart stiftet. Erinnerung ist ein zentrales Motiv, weil sie für Lenz das wichtigste Mittel gegen Vergessen und Verdrängen ist. Für ihn liegt die moralische Verantwortung des Schriftstellers darin, durch auswählendes und gewichtendes Erzählen Bedeutendes aus bloß Gewesenem zu filtern, um so Orientierungshilfen und Wertmaßstäbe zu vermitteln. Anhand von exemplarischen Einzelschicksalen, die meist spezifische Besonderheiten ihrer Heimat repräsentieren, wird Verschüttetes ausgegraben und im Wechselspiel von Handlung und Reflexion entschlüsselt. Dabei fallen die ausführlichen und detaillierten Schilderungen auf, die dem Erinnern den Eindruck von Authentizität verleihen und das Erzählte plastisch machen. Erinnern vollzieht sich nicht nur oft in Bildern mit symbolischer Bedeutung, sondern wird von Lenz häufig mithilfe von Metaphern direkt thematisiert, wenn es z. B. heißt: aus der Erinnerung herausklopfen, in ihr Platz nehmen. Erinnerung wird zum Geländer, zum Gitter, zur Falle, zum Dominostein, zum Anker etc.

Der bekannteste Roman von **Lenz** ist die „Deutschstunde" (1968). Auch hier geht es dem Verfasser darum, in erinnerndem Erzählen die Vergangenheit des „Dritten Reiches" in einer ebenso sinnlich-anschaulichen wie reflektierend-diagnostischen Rückschau bewusst zu machen. Die nördlichste Gegend Schleswig-Holsteins wird zum Schauplatz einer typisch deutschen Geschichte jener Jahre. Siggi Jepsen wird als Sohn des Dorfpolizisten Zeuge, wie sein Vater das von den Nationalsozialisten gegen den expressionistischen Künstler Nansen (historisches Vorbild: Emil Nolde) verhängte Malverbot durchzusetzen versucht. Während der Vater, ein pflichtbewusster und autoritätsgläubiger deutscher Beamter, rigoros vorgeht und dabei Kunstwerke seines ehemaligen Lebensretters Nansen zerstört, steht Siggi aufseiten seines Maler-Freundes und rettet einen Teil der Bilder. Nach dem Krieg wird Siggi straffällig, weil er jetzt unter dem krankhaften Zwang, Bilder retten zu müssen, Kunstdiebstähle begeht. In der Jugendstrafanstalt muss er einen Aufsatz über die Freuden der Pflicht verfassen, aus dem ein Rechenschaftsbericht Siggis mit Romanausmaßen wird. Siggi beginnt im Arrest seine Erinnerungsarbeit:

Deutschstunde (1968) | Siegfried Lenz**

Mein Heft liegt aufgeschlagen vor mir, bereit die Strafarbeit aufzunehmen. Ich kann mir keine Ablenkung mehr leisten, ich muß beginnen, ich muß den Schlüssel umdrehen, um den Tresor meiner Erinnerung, in dem alles verschlossen liegt, endlich zu öffnen, um all das hervorzuholen, was Korbjuhns Forderung erfüllt: ich soll ihm die Freuden der Pflicht bestätigen, ihre Wirkungen verfolgen, die in mir selbst enden, und zwar zur Strafe, ungestört, und so lange, bis der Nachweis gelungen ist. Ich bin bereit. Und da ich dabei voran muß, will ich zurückgehen, eine Auswahl treffen, einen Ort suchen, vielleicht doch den Polizeiposten Rugbüll, oder lieber gleich die ganze schleswig-holsteinische Ebene zwischen Glüserup, der Husumer Chaussee und dem Deich, das Land, das für mich nur von einem einzigen Weg durchschnitten ist, und der führt von Rugbüll nach Bleekenwarf. Auch wenn ich die Vergangenheit aus dem Schlaf wecken muß: ich muß anfangen. Also.

2

Das Malverbot

Im Jahr dreiundvierzig, um mal so zu beginnen, an einem Freitag im April, morgens oder mittags, bereitete mein Vater Jens Ole Jepsen, der Polizeiposten der Außenstelle Rugbüll, der nördlichste Polizeiposten von Schleswig-Holstein, eine Dienstfahrt nach Bleekenwarf vor, um dem Maler Max Ludwig Nansen, den sie bei uns nur den Maler nannten und nie aufhörten, so zu nennen, ein in Berlin beschlossenes Malverbot zu überbringen. Ohne Eile suchte mein Vater Regenumhang, Fernglas, Koppel, Taschenlampe zusammen, machte sich mit absichtlichen Verzögerungen am Schreibtisch zu schaffen, knöpfte schon zum zweiten Mal den Uniformrock zu und linste – während ich vermummt und regungslos auf ihn wartete – immer wieder in den mißlungenen Frühlingstag hinaus und horchte auf den Wind. Es ging nicht nur Wind: dieser Nordwest belagerte in geräuschvollen Anläufen die Höfe, die Knicks und Baumreihen, erprobte mit Tumulten und Überfällen die Standhaftigkeit und formte sich eine Landschaft, eine schwarze Windlandschaft, krumm, zerzaust und voll unfaßbarer Bedeutung. Unser Wind, will ich meinen, machte die Dächer hellhörig und die Bäume prophetisch, er ließ die alte Mühle wachsen, fegte flach über die Gräben und brachte sie zum Phantasieren, oder er fiel über die Torfkähne her und plünderte die unförmigen Lasten.

Wenn bei uns Wind ging und so weiter, dann mußte man sich schon Ballast in die Taschen stecken – Nägelpakete oder Bleirohre oder Bügeleisen –, wenn man ihm gewachsen sein wollte. Solch ein Wind gehört zu uns, und wir konnten Max Ludwig Nansen nicht widersprechen, der Zinnadern platzen ließ, der wütendes Lila nahm und kaltes Weiß, wenn er den Nordwest sichtbar machen wollte – diesen wohlbekannten, uns zukommenden Nordwest, auf den mein Vater argwöhnisch horchte. […]

Wir fuhren nicht so weit. Noch vor dem Gasthaus, das mit Hilfe von zwei begehbaren Holzbrücken auf dem Deich ruhte – und mich immer an einen Hund erinnerte, der seine Vorderpfoten auf eine Mauer gelegt hat, um darüber wegsehen zu können –, drehten wir ab, gewannen in beherrschter Schußfahrt den erlaufenen Pfad neben dem Deichfuß und bogen von da in die lange Auffahrt nach Bleekenwarf ein, die von Erlen flankiert, von einem schwingenden Tor aus weißen Planken begrenzt war. Die Spannung wuchs. Die Erwartung nahm zu – wie immer bei uns, wenn sich einer im April, bei diesem barschen Nordwest, durch das unverstellte Blickfeld bewegt mit erklärtem Ziel.

Seufzend ließ uns das Holztor ein, das mein Vater bei langsamer Fahrt mit dem Fahrrad aufstieß, er fuhr an dem unbenutzten, rostroten Stall vorbei, am Teich, am Schuppen, sehr langsam, gerade als wünschte er, vorzeitig entdeckt zu werden, fuhr dicht an den schmalen Fenstern des Wohnhauses vorbei und warf noch einen Blick in das angebaute Atelier, bevor er abstieg, mich wie ein Paket auf den Boden stellte und das Fahrrad zum Eingang führte. […]

Da stand der Maler Max Ludwig Nansen. Er stand auf der geländerlosen Holzbrücke und arbeitete im Windschutz, und weil ich weiß, wie er arbeitete, möchte ich ihn nicht ohne Vorbereitung unterbrechen, indem ich meinen Vater dazu bringe, ihm auf die Schulter zu tippen, ich möchte die Begegnung verzögern, weil es kein beliebiges Zusammentreffen ist und ich zumindest erwähnen will, daß der Maler acht Jahre älter war als mein Vater, kleiner von Wuchs, wendiger, unbeherrschter, vielleicht auch listiger und starrsinniger, obwohl sie beide ihre Jugend in Glüserup verbracht hatten. Glüserup: Herrje. [...]

Mein Vater sah in den Graben hinab und erkannte zwischen treibenden Schilfblättern und schwappender Entengrütze sich selbst, und dort gewahrte ihn auch der Maler, als er einen Schritt zur Seite machte und dabei in das stehende, nur von schwachen Schauern geriffelte Wasser hinabsah. Sie bemerkten und erkannten sich im dunklen Spiegel des Grabens, und wer weiß: vielleicht rief dies Erkennen eine blitzschnelle Erinnerung wach, die sie beide verband und die nicht aufhören würde, sie zu verbinden, eine Erinnerung, die sie in den kleinen schäbigen Hafen von Glüserup verschlug, wo sie im Schutz der Steinmole angelten oder auf dem Fluttor herumturnten oder sich auf dem gebleichten Deck eines Krabbenkutters sonnten. Aber nicht dies wird es wohl gewesen sein, woran sie beide unwillkürlich dachten, als sie einander im Spiegel des Grabens erkannten, vielmehr wird in ihrer Erinnerung nur der trübe Hafen gewesen sein, der Samstag, an dem mein Vater, als er neun war oder zehn, von dem glitschigen Tor stürzte, mit dem die Flut reguliert wurde, und der Maler wird noch einmal nach ihm getaucht und getaucht haben, so wie damals, bis er ihn endlich am Hemd erwischte, ihn hochzerrte und ihm einen Finger brechen mußte, um sich aus der Klammerung zu befreien.

Sie traten aufeinander zu, oben und unten, im Graben und auf der Brücke, gaben sich im Wasser und vor der Staffelei die Hand, begrüßten sich wie immer, indem sie, leicht zur Frage angehoben, den Vornamen des andern nannten: Jens? Max? Dann, während Max Ludwig Nansen sich schon wieder seiner Arbeit zuwandte, langte mein Vater in die Brusttasche, zog das Papier hervor, glättete es in der Schere zweier Finger und zauderte und überlegte im Rücken des Malers, mit welchen Worten er es überreichen sollte. Wahrscheinlich dachte er daran, das gestempelte und unterschriebene Verbot wortlos zu überreichen, allenfalls mit der Bemerkung: Da is was für dich aus Berlin, und gewiß hoffte er darauf, daß ihm unnötige Fragen erspart blieben, wenn er den Maler zunächst einmal selbst lesen ließ. Am liebsten hätte er die ganze Angelegenheit natürlich Okko Brodersen überlassen, dem einarmigen Postboten, aber da dies Verbot polizeilich übergeben werden mußte, war mein Vater, der Posten von Rugbüll, dafür zuständig – wie er auch, und das würde er dem Maler noch beibringen müssen, dazu ausersehen war, die Einhaltung des Verbots zu überwachen.

Lenz, Siegfried, Deutschstunde, München, Deutscher Taschenbuch Verlag, [24]1991, S. 17ff., gekürzt

1. Beschreiben Sie die Elemente, aus denen sich der Textabschnitt zusammensetzt.
2. Untersuchen Sie, wie Lenz das Erinnern thematisiert.

5 Vergangenheit als Spiegelung der Gegenwart: Christoph Ransmayr

Christoph Ransmayr (geb. 1954)

Christoph Ransmayr wurde 1954 in Wels in Oberösterreich geboren. Wie eine Reihe anderer zeitgenössischer Schriftsteller findet er seine Stoffe in der Vergangenheit. Im Mythos drücken sich überzeitliche, immer wiederkehrende menschheitliche Grundsituationen aus; der zeitgenössische Autor verknüpft die mythologischen Muster mit Erfahrungen des Gestern und Heute. Die mythische oder historische Vergangenheit wird nicht in erster Linie um ihrer selbst willen erzählt, sondern in ihr spiegelt sich in vielen Facetten unsere Gegenwart. Das mittelbare Erzählen schafft unmittelbare und unausweichliche aktuelle Einsichten und teilt uns Lesern – manchmal verzerrt und verfremdet, manchmal eher punktgenau gespiegelt – das Jetzt und die Befindlichkeit des modernen Menschen in seiner Zeit mit. Der Leser taucht ein in die Vergangenheit und erfährt Gegenwart; mit der Entfernung vom Hier und Heute geschieht Annäherung an unsere Gegenwart. Ransmayr treibt ein Spiel mit Fragmenten aus der Geschichte, aber mit modernem Inventar, modernen Requisiten und Figuren. In seinen beiden ersten Romanen geht es um eine Spurensuche, im 1995 erschienenen Roman „Morbus Kitahara" um die bleibende Präsenz und das Weiterwirken von schuldbeladener Kriegsvergangenheit.

Spurensuche geschieht auch im Roman „Die letzte Welt", der 1988 erschien. Die historische Figur Cotta, ein Freund des Dichters Ovid (im Roman: Naso), reist nach Tomi, Endstation römischer Zivilisation am Schwarzen Meer. Dorthin nämlich hatte Kaiser Augustus den gefeierten Dichter aus letztlich nie geklärten Gründen verbannt. Als das Gerücht des Todes von Ovid nach Rom dringt, macht sich Cotta auf, um in Tomi Ovids Spuren nachzugehen. Vergangenheit bedeutet aber für **Ransmayr** in keinem Fall Gegenwartsflucht. So ist z.B. Thies (röm. *Dis* = Bruder des Jupiter), der Gott der Unterwelt und Herr der Schatten bei Ovid, im Roman ein Totengräber, der als Deutscher nicht vom Alptraum der Gaskammern loskommt. Motive der Jahrtausende verschmelzen, aber alle Kunstfertigkeit des Autors mindert nicht die Schrecken über die in eine ferne Vergangenheit gespiegelte jüngste deutsche Geschichte. Fama, eine Einwohnerin von Tomi, denkt über eigenes und fremdes Unglück nach:

Die letzte Welt (1988) | Christoph Ransmayr***

[…] Der einzige Mensch, mit dem sie sich niemals verglich, war Thies der Deutsche, der Salbenrührer, der Totengräber: Vor Jahrzehnten hatte ihm der Huftritt eines Zugpferdes den Brustkorb so zertrümmert, daß ihm die Rippen seiner linken Seite wie gebrochene Pfeile aus dem Fleisch gezogen werden mußten; seither schlug in diesem Mann ein ungeschütztes Herz. Jeder Sturz, jeder Stoß oder Faustschlag, der seine eingesunkene, von Narben zerfurchte Brust traf, konnte ihn töten.

Thies war auf einer Bahre in die eiserne Stadt gekommen; getragen von durchziehenden Viehhirten, die ihn blutüberströmt im Geröll an der Straße nach Limyra gefunden hatten und zum Sterben ans Meer bringen wollten, schaukelte er durch die Gassen. Unten am Hafen, dort, wo jetzt nur noch von Wermut und Ginster überwachsene Grundmauern zu sehen waren, stand damals noch ein Hospital, die Krankenstation des Bergwerks, in der zerschlagene Knappen auf ihre Krücken warteten oder Staub und Blut aus ihren Lungen husteten.

Sieben Monate lag Thies in diesem Hospital festgebunden an einem Eisenbett und sank manchmal in eine tagelange, tiefe Bewußtlosigkeit; aus seiner Brust ragte ein Beet silberner Röhrchen, durch die Wundflüssigkeit und Eiter abtropften, und wenn seine Verbände erneuert wurden, breitete sich ein solcher Gestank um ihn herum aus, daß man ihn schließlich einmal jede Woche die wenigen Stufen zur Mole hinabtrug, ihm dort im frischen Wind die Bandagen abnahm und seine Wunden versorgte. Dann hörte man ihn noch im letzten Haus der eisernen Stadt und bis hoch hinauf in die Geröllhalden schreien; es war ein solches Schmerzgebrüll, daß Fama sich an jedem dieser Verbandstage ins Innere ihres Ladens flüchtete, die Hände an die Ohren preßte und zusammengekauert darauf wartete, daß dieses Schreien in ein Gewimmer überging und endlich verstummte. Was damals aber jeder Bewohner Tomis erwartete und im Schrecken dieses Schmerzgebrülls manchmal herbeisehnte, trat nicht ein: Der Invalide starb nicht, er genas.

Thies war der letzte Veteran einer geschlagenen, versprengten Armee, die auf dem Höhepunkt ihrer Wut selbst das Meer in Brand gesetzt hatte. Noch jetzt rollte durch die Alpträume des Totengräbers immer wieder der längst verebbte Geschützdonner mit einer so schmerzhaften Stärke, daß er im Schlaf den Mund aufriß, um seine Trommelfelle vor dem Platzen zu bewahren; dann sah er Panzerkreuzer und Lazarettschiffe in die Tiefe fahren und in Brand geschossene Ölteppiche gegen die Küste treiben. Constanta, Sewastopol, Odessa und mit ihnen die blühendsten Städte des Schwarzen Meeres verschwanden noch einmal und immer wieder hinter einem Vorhang aus Feuer, und inmitten einer verwüsteten, eroberten Stadt mußte Thies in jedem dieser Träume vor das Tor einer Lagerhalle treten, mußte die schweren Torflügel öffnen und dann den schrecklichen Anblick der Menschheit ertragen:

In diesem steinernen, fensterlosen Raum waren die Bewohner eines ganzen Straßenzuges zusammengepfercht und mit Giftgas erstickt worden. Das Tor hatte dem Ansturm der Todesangst, der Qual und Verzweiflung standgehalten, einer Welle keuchender, um Atem ringender Menschen, die in den Ritzen und Fugen des Tores vergeblich nach einem Hauch Zugluft gesucht hatten; die Starken waren auf den Leichnamen der Schwachen höher und höher gekrochen, aber gleichgültig und getreu den Gesetzen der Physik waren ihnen die Schwaden des Gases nachgestiegen und hatten schließlich auch die Starken in bloße Treppenstufen für die Stärksten verwandelt, die sich als Krone dieser Menschenwelle in den Tod quälen mußten, besudelt mit Blut und Kot und zerschunden im Kampf um einen einzigen Augenblick Leben.

Der Kampf war jedesmal längst vorüber, und die Opfer lagen mit offenen Mündern, in Krämpfen erstarrt, wenn Thies den ersten Torflügel öffnete und aus einer Wolke bestialischen Gestanks die Ordnung der Menschheit auf sich zustürzen sah. Dann erwachte er. Dann schrie er. Dann mußte seine Verlobte ihn halten und besänftigen, mußte Proserpina ihm wieder und wieder vorsagen, daß dieses Tor Vergangenheit war und nun für immer offenstand, daß, was ihn so schwarz umgab, nur die Nacht von Tomi war und nicht der Tod, nur die eiserne Stadt, nur das Meer. Immer wieder mußte sie es ihm sagen.

Irgendwann in diesen Kriegsjahren, als beinah alles, was zu vernichten und zu verlieren, vernichtet und verloren war und viel umkämpftes Land wieder an die Wildnis zurückfiel, hatte Thies ein solches Grauen erfaßt, daß er eines Nachmittags aus einer Militärkolonne ausbrach, die durch Schluchten und über Pässe ihrem Untergang entgegenzog. Ohne zu wissen, warum ihn das Entsetzen gerade in diesem besonderen Augenblick überfiel und ihm jeden weiteren Schritt im Troß unmöglich machte, richtete er sich auf dem Kutschbock eines Lastkarrens plötzlich auf, riß den Zügel herum, begann wie von Sinnen auf das Zugpferd einzupeitschen und raste die Paßstraße zurück in die Tiefe. Kein Befehl wurde ihm nachgebrüllt. Auch kein Schuß fiel. Nur einige müde, erschöpfte Gesichter wandten sich nach dem Deserteur um und dann wieder der Marschroute zu. Thies raste bergab, hörte das Aufschlagen verlorener Lasten hinter sich, Munitionskisten, Stacheldrahtrollen, Signalstangen, und trieb das Pferd unaufhörlich an, obwohl der Karren unter den Schlägen der Fahrt zu bersten drohte. Ihm war, als bliebe ihm in diesem Dahinjagen doch der ganze Troß nah, als käme nicht *er* von der Stelle, sondern nur die Tiefe blau, grün und schwarz auf ihn zu, Steine, Gebüsch. Von Trümmern, Kadavern und Toten gesäumt, entrollte sich die Paßstraße vor ihm.

Und dann drängte sich jener Felsvorsprung in seine Fahrt, der ihn zu einem jähen Ausweichmanöver zwang. Er riß den Zügel so heftig an sich, daß das Pferd den Kopf in den Nacken warf und sich aufbäumte und der Karren ins Schleudern geriet. So verlor auch Thies seinen Halt. Seine Fäuste öffneten sich, Zügel und Peitsche entflogen ihm. Kopfüber stürzte er auf das Pferd zu, bekam noch im Fallen Haare zu fassen, den Flachs des Roßschweifs, krallte sich fest. Aber von den Peitschenhieben in panische Angst versetzt, dampfend vor Anstrengung, schlug das Pferd aus, trat mit aller Wucht seiner Hinterhand gegen ein reißendes, unsichtbares Gewicht, gegen ein Raubtier, gegen einen Peiniger, gegen Thies Brust und spürte, wie das Zerren augenblicklich nachließ – und setzte sich verstört wieder in Trab. Bevor ihm ein Blutschwall aus dem Mund fuhr und ihm der Schmerz das Bewußtsein nahm, sah Thies einen weiß wirbelnden Himmel, sah ein donnerndes Gebäude aus Achsen, Balken und Planken, das über ihn hinwegglitt, ein häßliches Haus, und sah auch den seltsam fröhlich vorüberjagenden Zaun der Radspeichen, den er festzuhalten versuchte und der ihn mit sich fortriß.

Er war der Welt schon sehr fern, als man ihn fand. Tief unter ihm schleifte ein Pferd an einer Deichsel Trümmer hinter sich her, zog eine wirre Spur durch die Gerste eines Terrassenfeldes und war später nur mit Mühe zu fangen. Thies lag in seinem schwarzen Frieden und merkte nicht, daß man ihn aufhob, und nicht, wohin man ihn trug. Es dauerte siebzehn Tage, bis der erste Lärm der Fremde durch einen blutigen Schleier zu ihm drang, Schmiedehämmer, der Klagelaut eines Esels, Stimmen, ein Name: Tomi.

Ransmayr, Christoph, Die letzte Welt. Mit einem Ovidischen Repertoire, Nördlingen, Greno Verlagsgesellschaft, 1988, S. 259ff.

1. Untersuchen Sie die Raum- und Zeitgestaltung des Romanauszugs.
2. Charakterisieren Sie Thies.

6 Wahrheit und Täuschung: Jenny Erpenbeck

Die deutsche Regisseurin und Schriftstellerin wurde 1967 in Ost-Berlin geboren. Von 1988 bis 1990 studierte sie Theaterwissenschaft. Neben ihrer Regiearbeit schlug Erpenbeck in den 1990er-Jahren die schriftstellerische Laufbahn ein. Sie ist Verfasserin von erzählender Prosa und Theaterstücken. Die Literaturkritik zu ihrem Gesamtwerk lobt die **künstlerische Wahrhaftigkeit**, die sie mit ausgeprägter Sprachschönheit und Formkunst sowie einem Ausdrucksvermögen von hoher Intensität verbindet; dies macht die Leser zu Mitleidenden und Mitfühlenden. Jenny Erpenbecks Texte beobachten oftmals Menschen bei ihrer unermüdlichen Suche nach Wahrheit, die jedoch stets in der Erkenntnis mündet, dass es „die Wahrheit" als solche nicht gibt. Stattdessen ist jeder Einzelne gefordert, **persönliche Illusionen und Selbsttäuschungen** aufzudecken. So tritt an die Stelle von vermeintlich festgelegten Lebensläufen die Offenheit menschlicher Lebenserfahrungen; es lösen sich in vielen ihrer Texte Familienbindungen auf, Sicherheit und Geborgenheit verschwinden – immer im Zwischenspiel von individuellen Lebenskonzepten und gesellschaftlich-geschichtlicher Realität.

Erpenbecks 2015 erschienener Roman „Gehen, ging, gegangen" handelt von afrikanischen Geflüchteten und beruht auf unmittelbarer Anschauung und Teilnahme. Der Tatsachenroman reflektiert das Wegsehen und Hinsehen, die Erfahrungen mit Tod und Krieg, das ewige Warten und die konkreten Alltagserlebnisse junger Flüchtlinge. Im Mittelpunkt steht der pensionierte Professor Richard, der durch Zufall auf die Situation afrikanischer Flüchtlinge am Oranienplatz in Berlin aufmerksam wird, individuelle Schicksale kennenlernt und beschließt, nicht nur zu sinnieren, sondern aktiv zu handeln. Der Romanauszug erzählt von Richard und mehreren Flüchtlingen, die an einer Berliner Volkshochschule ihren ersten Deutschunterricht besuchen.

Jenny Erpenbeck (geb. 1967)

Gehen, ging, gegangen (2015) | Jenny Erpenbeck**

Sie kommen gerade noch rechtzeitig in der Schule an, die Betreuer stehen mit dem Leiter der Schule im Flur und sprechen über Termine. Der eine zeigt, als er Richard und Rufu sieht, mit dem Zeigefinger auf eine Tür. Tatsächlich sitzen da in einem großen Raum die afrikanischen Männer schon an den Tischen. Ein Zettel mit Fragen soll ausgefüllt werden, damit die Lehrerin, die die Einteilung macht, weiß, wer von den Männern überhaupt lateinische Buchstaben lesen und schreiben kann. Das Eingeständnis, nicht schreiben zu können, kommt Richard in dieser Welt, die das Schreiben voraussetzt, kaum weniger intim vor als das Ablegen der Kleider bei einem Arzt, er will gleich wieder gehen, aber dann fragt ihn Tristan, ob er hier etwas eintragen muss? Und Osarobo hat keinen Stift. Und die schon etwas ältliche Lehrerin versteht das afrikanische Englisch so schlecht. Könnten Sie vielleicht noch so nett sein, mir nachher beim Einsammeln der Zettel zu helfen, nur wegen der Namen? Ja, sicher. Und so setzt er sich auf einen Stuhl an den Rand, während die Männer ganz still sind und jeder versucht, den Zettel so gut auszufüllen wie möglich, und die ältliche Lehrerin an ihrem Tisch sitzt und leise ihre Papiere sortiert.

Schließlich sind alle fertig. Raschid sagt: I can help you. Er kennt ja jeden der Männer. Mit Richard zusammen geht er von Tisch zu Tisch, während der mitschreibt und zu klären versucht, welches jeweils der Vor- und welches der Nachname ist: das ist Awad Issa aus Ghana, das ist Salla Alhacen aus Niger, das ist Ithemba Awad aus Nigeria, das ist Yussuf Idrissu aus Mali, das ist Moussa Adam aus Burkina Faso, das ist Mohamed Ibrahim, und immer so weiter. Die Nachnamen sind die Vatersnamen, und so kann es sein, dass der eine Flüchtling mit Vornamen, der andere aber mit Nachnamen zum Beispiel Idrissu heißt. Um die Verwirrung vollkommen zu machen, nennen manche der Männer den Nachnamen zuerst, so wie es auf dem Land in Süddeutschland und auch bei den Österreichern üblich ist. […] Aber schließlich ist die Liste komplett, und Richard weiß nun, obwohl es ihn im Grunde wirklich nichts angeht, dass 5 von den insgesamt ungefähr 40 Männern das lateinische Alphabet weder schreiben noch lesen können, darunter Hermes, der Kurzsichtige mit den goldenen Schuhen, auch Khalil, Mohameds bester Freund, dessen glänzende Kette ganz sicher nicht echt ist, und Abdusalam, der Sänger.

Für die Rückfahrt teilt sich Raschid ganz selbstverständlich für Richards Auto ein, wer hätte auch jemals davon gehört, dass ein Blitzeschleuderer mit der S-Bahn nach Haus fährt? Und Abdusalam soll mit von der Partie sein, Richard räumt ein paar leere Flaschen vom Rücksitz in den Kofferraum, aber weil hinten genug Platz ist für drei, winkt Raschid schnell noch den langen Ithemba heran, der muss seinen Kopf einziehen, car is more better than S-Bahn! Während die drei Nigerianer sich lachend und schubsend hinten hineinzwängen, sitzt Rufu, der Mond von Wismar, schon ernst und still vorn auf seinem Platz neben Richard. Auf dieser Rückfahrt erfährt Richard, dass Raschid nicht nur Auto, sondern sogar Bagger fahren kann, aber seine Fahrerlaubnis hier nicht anerkannt wird, weil er weder einen Aufenthaltstitel hat noch einen Nachweis seiner Identität. Abdusalam beginnt zu singen, und Richard erzählt, dass es über solche Fuhren, wie es diese gerade ist, auch ein deutsches Lied gibt, und beginnt seinerseits: *Hab mein Wagen vollgeladen, voll mit Afrikanern!* Er weiß natürlich, dass in der Urfassung nicht von Afrikanern die Rede ist, sondern von alten, beziehungsweise jungen Weibern – aber was die Silbenzahl angeht, sind die Afrikaner perfekt. An einer roten Ampel blickt Richard, der noch aus voller Kehle singt, während die Männer hinten klatschen und johlen, und sogar Rufu im Rhythmus mit dem Kopf nickt, zufällig in ein Nachbarauto hinein, darin sitzt eine junge Familie: Vater, Mutter, zwei Kinder – alle die Köpfe zu Richards Auto gedreht, stumm und fassungslos angesichts so vieler ausgelassener Mohren und eines offensichtlich verrücktgewordenen Weißen. Als er mit einem *Hüh, Schimmel!* bei Grün wieder anfährt, hört Richard noch, wie hinter der in ihrem Staunen festgefrorenen Familie ein Hupkonzert einsetzt.

Erpenbeck, Jenny, Gehen, ging, gegangen, München, Knaus Verlag, [8]2015, S. 196ff., gekürzt

1. Beschreiben Sie Probleme aus der Sicht der Flüchtlinge.
2. Untersuchen Sie, wie Erpenbeck die Situation der Flüchtlinge sprachlich darstellt.
3. Gestalten Sie einen inneren Monolog, in dem Richard die schwierige Alltagssituation der Flüchtlinge reflektiert.

7 Frage nach Sinn, Recht und Moral: Juli Zeh

Juli Zeh, 1974 in Bonn geboren, ist eine deutsche Juristin und international erfolgreiche Schriftstellerin, die durch ihr gesellschaftlich-politisches Engagement bekannt ist. In Rezensionen wird sie als moralische Instanz gewürdigt, die sich in vielen ihrer zeitkritischen Romane, Theaterstücke und Essays mit der Frage nach Recht und Unrecht beschäftigt.

Juli Zeh (geb. 1974)

In ihren modernen Gesellschaftsromanen thematisiert sie den Widerstreit von Chaos und Ordnung; dabei interessiert es sie, ob und wie sich Sinn und Moral für die Gesellschaft und den Einzelnen neu aufbauen lassen, wenn die bisher akzeptierten Werte bedeutungslos geworden sind. Sie analysiert **Hintergründe des Verlorengehens und des zwischenmenschlichen Zusammenhalts** sowie die Lebenswelt, die zunehmend von Globalisierung und Individualisierung geprägt ist. Der Leser erfährt in

Zehs Texten, wie die Verantwortung für die Zukunft einer Weltgemeinschaft deutlich abnimmt. Ihre Protagonisten sind Repräsentanten eines Zeitgeistes, in dem sich ein Verlust echter Beziehungen und gelebter Gemeinschaft widerspiegelt. **Strategien des Überwachungsstaates und der Sicherheitswahn des Einzelnen** stoßen bei ihr ebenso auf ein kritisches Interesse wie die staatliche Regelwut und individuelle Gewaltphänomene, die sie in ihre fiktionalen Alltagssituationen einbettet. Sie selbst lehnt es ab, hinter ihrem Schreiben immer eine bestimmte Absicht zu vermuten.

Die Literaturkritik lobt oftmals ihre metaphernreiche Sprache, die geprägt sei von rhetorischem Pathos mit umgangssprachlichen Elementen, und ihren ganz spezifischen intellektuellen Stil.

„Unterleuten" heißt das fiktive Dorf in der Prignitz im westlichen Brandenburg, das dem Roman von Juli Zeh aus dem Jahr 2016 den Titel gegeben hat. Eine nach der Wende sich rasch ändernde Dorfwelt sieht sich den Herausforderungen eines zunehmenden Kapitalismus ausgesetzt, der auf die Wut über den Untergang der DDR trifft. Gerhard, ein Akademiker-Aussteiger und Vogelschützer, sowie seine junge Frau Jule leiden unter dem Wandel ihres bislang überschaubaren Lebens.

Unterleuten (2016) | Juli Zeh**

Er war nicht aufs Land gezogen, um zu erleben, wie der urbane Wahnsinn die Provinz erreichte. Er verzichtete nicht auf Theater, Kino, Kneipe, Bäcker, Zeitungskiosk und Arzt, um durchs Schlafzimmerfenster auf einen Maschinenpark zu schauen, dessen Rotoren die ländliche Idylle zu einer beliebigen strukturschwachen Region verquirlten. Gerhard war ein Exilant, geflohen vor dem Gespinst aus Belästigungen, zu dem das moderne Leben geworden war. Größenwahnsinnige Arbeitgeber, unfreundliche Verkäuferinnen, Dauerbaustellen auf Hauptverkehrsstraßen, stundenlange Parkplatzsuche, Kinderwagen in überfüllten U-Bahnen. Überall Werbung, die den Verstand beleidigte. Nachbarn, die am Samstagmorgen Regale an die Wände schraubten. Kinder, die in der Wohnung oben Fangen spielten. Leute, die nicht wussten, dass es zum Musikhören Kopfhörer gab. Zehn verschiedene Paketdienste, die alle zwanzig Minuten klingelten, um eine Sendung für die Nachbarn abzugeben. Zugeschissene Bürgersteige. Überwachungskameras und flimmernde Monitore an jeder Ecke. Unternehmensberater am Arbeitsplatz. Berufsverkehr, Rollschuh-Demos, neurotische Hunde, überquellende Mülltonnen und Menschen, die den lieben langen Tag auf ihre Smartphones starrten, um jene ungesunde Mischung aus Panik und Langeweile nicht zu spüren, die für den aktuellen Zeitgeist typisch war.
Die Welt wurde in Städten erfunden, verwaltet, regiert und dekoriert. Also sollten die Irren mit ihrem Irrsinn auch in den Städten bleiben. Kein Schwein interessierte sich für Unterleuten, wenn es darum ging, Breitbandkabel zu verlegen, verarmte Rentner zu unterstützen oder eine Arztpraxis zu eröffnen. Dann sollten sie gefälligst auch ihre Windräder im Berliner Tiergarten errichten.
Unterleuten bedeutete Freiheit, Symbol der Freiheit war ein unverstellter Horizont. Unverstellte Horizonte gehörten zu Gerhards Job.
Mit Grauen dachte er daran, dass moderne Windkraftwerke die Höhe des Kölner Doms erreichten. […]
Wenn auf der Anhöhe im Westen ein Windpark stünde, wäre Gerhards Haus, für dessen Sanierung er sich bis an sein Lebensende verschuldet hatte, keinen Pfifferling mehr wert. Das würde bedeuten, dass sie nicht wegziehen konnten, selbst wenn sie es wollten. Und Jule wäre bestimmt niemals in der Lage, sich mit dem Anblick der drehenden Rotoren zu arrangieren.
Mal abgesehen von ihrer persönlichen Betroffenheit, macht schon die Existenz der Kampfläufer das Vorhaben zur Farce. Man investierte

doch nicht Millionen in ein EU-finanziertes Naturschutzgebiet, um es dann durch das Aufstellen von Windrädern in sein Gegenteil zu verkehren. Das Vogelschutzreservat Unterleuten lag auf dem Gebiet von drei benachbarten Gemeinden und war mit knapp 200 Hektar eines der größten in Europa. Gemeinsam mit vier Kollegen bewachte Gerhard auf diesem Territorium eine Population von 16 Brutpaaren. Gemäß Anlage 1 zur Bundesartenschutzverordnung gehörten die Kampfläufer zu den streng geschützten Vögeln. Sie waren 30 Zentimeter hoch, graufleckige Vögel von Größe und Statur einer kleinen Mülltüte, allerdings mit erstaunlicher Flugfähigkeit. Im Balzkleid präsentierten die Männchen einen weißen oder orangefarbenen Kragen. Traditionell besaßen die Vögel sogenannte Arenen, in denen sie ihre Werbungsläufe aufführten, während die Weibchen am Rand standen und sich ein Männchen für die Paarung aussuchten.

Den Winter verbrachten die Vögel in Westafrika. Von Anfang März bis Ende August wurde das Reservat abgeriegelt, damit die Kampfläufer bei Brut und Aufzucht ihrer Jungtiere nicht durch Spaziergänger gestört wurden. Aus ganz Europa reisten Ornithologen zur Beobachtung an. Sie kletterten auf einen der speziell errichteten Holztürme und richteten ihre Objektive auf die weiteren Grasflächen der Unterleutner Heide. Meist stellten die Kampfläufer die Geduld ihrer Besucher auf eine harte Probe. Zeigte sich eine Gruppe in einiger Entfernung, die Männchen womöglich im Prachtkleid, mit gerecktem Kopf und gespreiztem Kragen ihre komplizierten Schleifen trippelnd, ratterten die Auslöser der Kameras, als liefe die Besetzung eines Hollywoodfilms über den roten Teppich.

Allein die Vorstellung, am Rand dieser Idylle einen Windpark zu errichten, löste bei Gerhard einen Lachreiz aus, der in Grauen überging, wenn er sich klarmachte, dass es sich nicht um einen Witz handelte.

Nach dem Abend im Märkischen Landmann hatte er noch lange mit Jule am Küchentisch gesessen. Er hatte sie zu einem Glas Wein genötigt und den Rest der Flasche allein getrunken. Sie redeten, wie sie schon lange nicht mehr miteinander geredet hatten. Über den tollwütigen Fortschrittsdrang der kapitalistischen Gesellschaft. Über die Idiotie der Politik. Über die Egozentrik und Aggressivität der modernen Welt, für die auch die brennenden Autoreifen […] von nebenan ein gutes Beispiel abgaben. Selbstverständlich war Gerhard als Umweltschützer der ersten Stunde ein leidenschaftlicher Befürworter der Energiewende. Auch Jule vertrat die Auffassung, dass die Zukunft der Menschheit von der Umstellung auf erneuerbare Energien abhing. Aber alles mit Augenmaß.

Zeh, Juli, Unterleuten, München, Luchterhand Verlag, 2016, S. 200ff., gekürzt

1. Beschreiben Sie, welches Gesellschaftsbild die Autorin zeichnet.
2. Charakterisieren Sie die Gefühlswelt und den inneren Konflikt des Protagonisten.
3. Untersuchen Sie die Bildhaftigkeit von Zehs Sprache. Welche Assoziationen werden beim Leser hervorgerufen?

IV Projektideen zur Epik

Literarisches Quartett

Literarisches Quartett mit Reich-Ranicki, Sondersendung zum Heine-Jahr, 28.01.2006,
Hellmuth Karasek, Monika Radon, Marcel Reich-Ranicki, Iris Radisch

„[...] indem wir wie üblich über Bücher sprechen werden, und zwar so, wie wir immer sprechen. Das heißt, liebevoll und etwas gemein, gütig und vielleicht ein bisschen bösartig, aber auf jeden Fall sehr klar und [...] deutlich. Denn [...] die Deutlichkeit ist die Höflichkeit der Kritik, der Kritiker." (Reich-Ranicki, Marcel, in: Fabelhaft! Aber falsch!: Marcel Reich-Ranicki in Anekdoten, hrsg. von Franz Josef Görtz, Köln, DuMont, 2013)

Die vier Mitglieder einer Gruppe informieren sich ausführlich über vier epische Textauszüge aus dem Unterkapitel zur Literatur nach 1945. Ferner sind jeweils die Recherche einer kurzen Autorenbiografie und die Lektüre einer Rezension zum Gesamtwerk als Vorbereitung wünschenswert.

Ablauf des literarischen Streitgesprächs

1. Ein Gruppenmitglied informiert einführend über den von ihm gewählten Textauszug, indem es diesen kurz vorstellt und Inhalte als Kernaussagen wiedergibt. Anschließend erläutert es ausführlich seinen subjektiven Standpunkt, der z. B. die Thematik oder den Charakter des Protagonisten betrifft.
2. Die anderen Mitglieder des Quartetts können mit ihrer persönlichen Textkenntnis diesen Standpunkt vertiefen, ergänzen und über kontroverse Einschätzungen diskutieren. Antworten auf die Frage nach einem möglichen Gegenwartsbezug können die Besprechung des Textes bereichern. Auch eine literarische Wertung (siehe S. 236 ff.) ist willkommen.
3. Dieses Verfahren lässt sich anschließend für die anderen drei Werke wiederholen.
4. Als abschließendes Fazit ist eine vergleichende Gegenüberstellung möglich.
5. Das Publikum gibt eine Rückmeldung zu den Beobachtungen, die sich auf Inhalte, aber auch auf die Überzeugungskraft und Kommunikation der Diskussionsteilnehmer beziehen können.

Klasseninterner Wettbewerb „Mut zur Kreativität“

1. Wählen Sie einen epischen Textauszug aus Kapitel 6 aus.
2. Lesen Sie den Ausgangstext gründlich durch. Nutzen Sie die Chancen der Lesetechnik (siehe S. 21).
3. Tragen Sie anschließend in der Gruppe den Text, z. B. auch in Auszügen, sinngestaltend vor.
4. Erschließen Sie sich nun in der Gruppe den Ausgangstext, indem Sie sich u. a. über inhaltliche Aspekte austauschen und offene Fragen klären.
5. Überlegen Sie sich, welche Schreibform, z. B. innerer Monolog oder Brief, sich gut für eine kreative Ausgestaltung eignet. Nutzen Sie diesbezügliche Informationen zu den jeweiligen kreativen Schreibformen (siehe S. 229 ff.).
6. Formulieren Sie in der Gruppe den Schreibauftrag. Beispiel für eine Formulierungshilfe: Verfassen Sie einen inneren Monolog des Protagonisten, in dem er seine Gefühle, seinen Konflikt, seine gegenwärtige Situation reflektiert.
7. Planen Sie den eigenen Text, indem Sie stichpunktartig inhaltliche Ideen sammeln und diese zweckmäßig, z. B. als Cluster, Mindmap oder Schreibplan (siehe S. 23 ff.), strukturieren.
8. Schreiben Sie nun einen Text – unter Verwendung eines Textverarbeitungsprogramms, indem Sie auf Ihre inhaltlich textrelevanten Ideen zurückgreifen. Achten Sie bei der Ausarbeitung auch auf eine stimmige sprachliche Gestaltung und die Verwendung von angemessenen Stilmitteln.
9. Erklären Sie den Gruppenmitgliedern Ihren persönlichen Schreibprozess und reflektieren Sie dabei selbstkritisch mögliche Stärken und Schwächen Ihres Entwurfs.
10. Nutzen Sie für die Überarbeitung des ersten Textentwurfs das Verfahren der Schreibkonferenz (siehe S. 44 f.), insbesondere auch im Hinblick auf die formalsprachlich richtige Fertigstellung des Textes.
11. Eine Jury aus Schülern bewertet abschließend auf der Basis selbstgewählter Kriterien die eingereichten Vorschläge.

Lektüretipps für Mitschüler

1. Informieren Sie über die Schreibform Rezension, deren mögliche Struktur, Gestaltung und Funktion (siehe S. 114 ff.).
2. Entscheiden Sie sich für einen epischen Textauszug aus Kapitel 6. Überlegen Sie sich nach der Lektüre spontan, was Ihnen an dem Text gefällt.
3. Recherchieren Sie gezielt Hintergrundinformationen, Interpretationen und Rezensionen zum Gesamtwerk. Wählen Sie Textbausteine aus, die Sie als Formulierungshilfen für die Kommentierung des Textauszugs nutzen können.
4. Verfassen Sie auf der Basis Ihrer Stoffsammlung und -ordnung eine kurze Rezension, die informierende Aspekte und Ihre eigene subjektive Wertung kombiniert.
5. Achten Sie bei Ihrer Lektüreempfehlung – unter Verwendung ausgewählter Stilmittel und des Fachwortschatzes – auf ein angemessenes stilistisches Niveau.
6. Es erfolgt ein Austausch der Rezensionen in der Gruppe mit dem Ziel der sprachlich-stilistischen und formalsprachlichen Überarbeitung.
7. Die von einer Schülerjury als besonders gelungen bewerteten Ergebnisse werden auf der schulinternen Homepage veröffentlicht.

Vergleich als Weg zur Erkenntnis

Der Vergleich bezeichnet eine grundlegende Methode, die zur Erkenntnis von Gemeinsamkeiten oder Unterschieden führen soll. Zwei Aspekte zu vergleichen bedeutet, dass man diese aufmerksam auf ihr gegenseitiges Verhältnis betrachtet. Vergleichen setzt Gemeinsames voraus. Das bedeutet jedoch nicht, dass die beiden Objekte in Bezug auf ihre Merkmalsausprägung gleich sein müssen. Zum Beispiel sind die zwei Früchte Apfel und Birne vergleichbar, weil sie einige Merkmale von Obst gemeinsam haben. Im Hinblick auf die Merkmalsausprägung sind die beiden Obstarten jedoch ungleich: Äpfel unterscheiden sich in vielfacher Hinsicht von Birnen.

1. Wählen Sie aus dem Kapitel 6 zwei epische Texte Ihrer Wahl aus.
2. Suchen Sie im Anschluss an die gründliche Lektüre nach möglichen Vergleichsansätzen. Dabei können für die Analyse unter anderem folgende Aspekte hilfreich sein:
   - Merkmale des Protagonisten
   - Beziehungsaspekte der Figuren
   - literarisches Motiv
   - Raum und Zeit der Handlung
   - gesellschaftliche Hintergründe
   - ...
3. Entscheiden Sie sich für einen ergiebigen Vergleichsaspekt und suchen Sie sich einige passende Textstellen zu Stützung Ihres Vergleichs aus.
4. Formulieren Sie einen kurzen Vergleich aus, der in ein prägnantes Fazit mündet.
5. Präsentieren und diskutieren Sie im Plenum exemplarisch einzelne Erkenntnisse.

7 Dramen in ihrer Vielfalt interpretieren

- I Die Entwicklung von den Anfängen bis Brecht
- II Das Drama nach 1945
- III Projektideen zur Dramatik

I Die Entwicklung von den Anfängen bis Brecht

1 Vom antiken Drama bis zum Drama der Aufklärung

Nach religiös-kultischen Anfängen liegen die Wurzeln der gesamten europäischen Dramenentwicklung in der **aristotelischen Poetik** und der **griechischen Dramenkunst**. Aristoteles (384–322 v. Chr.) schuf mit seiner Gattungs-, Wirkungs- und Stillehre Grundlagen, auf denen die Werke späterer Theoretiker fußen. Von ihm stammen z. B. die Unterscheidung zwischen Tragödie und Komödie, die Benennung der Wirkungsabsichten Furcht und Mitleid und die Lehre von der Einheit von Zeit, Ort und Handlung im Drama.

War Aristoteles der theoretische Begründer, so waren **Aischylos** (etwa 525–456 v. Chr.), **Sophokles** (etwa 497–406 v. Chr.) und **Euripides** (etwa 480–406 v. Chr.) die praktischen Vorbilder der europäischen Dramengeschichte.

Die Themen der antiken Tragödien stammen aus der griechischen Mythologie und Geschichte. Im Unterschied zum neuzeitlichen Theater spielt der Chor, der die Stimme des Volkes verkörpert, eine große Rolle. Außerdem haben die Götter eine zentrale Bedeutung für das Schicksal der Menschen. Die wichtigsten Autoren und Stücke sind: Aischylos, „Die Perser" (472), „Orestie" (458); Sophokles, „Antigone" (442), „Oidipus" (vor 425), „Iphigenie in Aulis" (405); Euripides, „Die Troerinnen" (415). Manche dieser Titel, Namen oder Themen durchziehen die abendländische Dramengeschichte bis in die Moderne. Eine erste Phase der Rezeption des antiken Dramas erfolgte in der römischen Antike. Was in der Antike noch weitgehend eine Einheit war, nämlich die religiöse und die weltliche Komponente des Dramas, spaltete sich im **Mittelalter** auf in das geistliche und das weltliche Drama. Die kirchlichen Hochfeste wurden anfangs mit lateinischen, bald aber auch mit volkssprachlichen Weihnachts- und Osterspielen usw. begangen, im weltlichen Bereich kamen Brauchtums- und vor allem Fastnachtsspiele zur Aufführung. **Hans Sachs** (1494–1576), der Nürnberger Meistersinger, ist der bekannteste Verfasser von Fastnachtsspielen.

Erst im **Barock** wird wieder an die antike Dramengeschichte angeknüpft, die Rezeption Shakespeares erfolgte in Deutschland im Wesentlichen erst im 18. Jahrhundert. Vorherrschend sind das gegenreformatorische **Jesuitendrama**, die **heroische Tragödie**, die **Komödie** und das **Schäferspiel**, die allesamt der strengen **Ständeklausel** (Hauptpersonen nur Adelige) unterliegen. **Johann Christoph Gottsched** (1700–1766) stellte 1730 in seinem **„Versuch einer Critischen Dichtkunst vor die Deutschen"** die für das frühe 18. Jahrhundert geltenden Regeln der klassizistischen Dramenkunst auf, die vor allem aus Frankreich übernommen wurden (Corneille, Racine).

Gegen diese strenge Normierung lehnte sich vor allem **Gotthold Ephraim Lessing** (1729–1781) auf. Lessing hebt z. B. in seinen **bürgerlichen Trauerspielen „Miss Sara Sampson"** (1755) oder **„Emilia Galotti"** (1772) die Ständeklausel auf, d. h., er lässt nicht adelige Personen zu tragischen Helden werden und propagiert die neuen bürgerlichen Tugenden. Bürgerliche Figuren stehen für die Ideale des Mitmenschlichen, Moralischen. Würde und Natürlichkeit, nicht der soziale Rang legitimiert sie als Träger einer dramatischen Handlung. Die Geschichte des bürgerlichen Trauerspiels in der Literatur wird im Sturm und Drang fortgesetzt, z. B. „Kabale und Liebe" (1784) von Friedrich Schiller oder „Der Hofmeister" (1774) von Jakob Michael Reinhold Lenz, dann bei Georg Büchner („Woyzeck", 1836/1879) und Friedrich Hebbel („Maria Magdalena", 1844). Die Tradition des bürgerlichen Trauerspiels wird schließlich im Naturalismus im sogenannten sozialen Drama (vgl. Gerhart Hauptmann) und im 20. Jahrhundert in der Form des kritischen Volksstücks (vgl. Horváth,

Fleißer, Kroetz) wieder aufgenommen. Lessing ist aber nicht nur der Begründer des bürgerlichen Trauerspiels, sondern vor allem der Verfasser des berühmten Stücks „Nathan der Weise" (1779). Dieses dramatische Gedicht in fünf Aufzügen tritt für Toleranz, Humanität und Glaubensfreiheit ein und gilt als literarischer Ausdruck der Aufklärung schlechthin.

2 Das Drama des Sturm und Drang

Neben der bisher behandelten traditionellen Dramenform, die von der Antike bis in die Jetztzeit reicht, beginnt innerhalb der deutschsprachigen Literatur seit dem späten 18. Jahrhundert eine zweite Hauptrichtung in der Entwicklungsgeschichte des Dramas. Die **Rezeption Shakespeares** im Kreis um den jungen Goethe führte zu einer einschneidenden Veränderung der formalen Regeln und Gesetze der Dramenkunst: An die Stelle der bis dahin gültigen Norm des klassizistischen französischen Theaters mit seinen strengen Regeln tritt nun die „regelfreiere" Kunst des „genialischen" Dichters, der nur der schöpferischen Intuition und seinem Gefühlsausdruck verpflichtet ist. Durch diese Befreiung aus den Zwängen der traditionellen Dramenform ergaben sich inhaltliche und formale Konsequenzen, die für die moderne Dramenform wirksam sind – bis hin zum Gegenwartsdrama.

Merkmale des Sturm-und-Drang-Dramas

- Ort, Zeit, Handlung: Auflösung der Drei-Einheiten-Lehre:
  - Vielzahl von Handlungsorten
  - Ausweitung der Handlungszeit
  - mehrere ineinander verwickelte Handlungsstränge
- Aufbau: offene Form: Reihung von selbstständigen Einzelszenen, lockere Szenenfolge, Primat der (Einzel-)Szenen
- Dramatischer Konflikt: erweitert auf Konflikte mit stark biologischer und sozialer Komponente
- Dramatische Figuren: häufig Personen aus dem dritten Stand, gemischte Charaktere
- Haupteigenschaften: Maßlosigkeit, Kraftmeierei, Genialität, Vitalität
- Hauptthemen: soziale Fragen, Standes- und Generationskonflikte, Sexualität, materielle Not
- Sprache: Wechsel der Sprachebenen, Stilmischung, Umgangssprache, Prosa

Mit den formalen, stilistischen Neuerungen des modernen Dramentyps korrespondieren inhaltliche Akzentverlagerungen: Tabuisierte Themen wie Sexualität, freie Liebe oder Kindsmord werden im Drama des Sturm und Drang aufgegriffen. Ein herausragendes Thema der Epoche ist die Auflehnung gegen öffentliche und private Autoritäten; dabei ist ein wichtiges Motiv der Vater-Sohn-Konflikt, den **Schiller** (1759–1805) in seinem Jugenddrama „Die Räuber" (1781) gestaltet hat.

Franz Moor ist es durch Intrigen gelungen, seinen älteren Bruder Karl dem Vater zu entfremden. Nachdem Karl das Elternhaus verlassen hat und als Anführer einer jugendlichen Räuberbande in wechselnden Verstecken lebt, versucht Franz nun, Amalia, die Braut des Bruders, zu erobern und beim Vater die Stelle des Erstgeborenen einzunehmen. Während Karl, der sich als verstoßener Sohn betrachten muss, einen gesetzlosen Kampf gegen die politisch-soziale Unterdrückung führt, triumphiert bei Franz die negative Kraft des Bösen:

Er sperrt den Vater ein und versucht, Amalia mit Gewalt für sich zu gewinnen – was ihm aber nicht gelingt. Der Rache des schließlich heimkehrenden Bruders entgeht er durch Selbstmord; Karl tötet seine Geliebte auf deren Wunsch hin und stellt sich freiwillig dem Gericht.

Die Räuber (1781) | Friedrich Schiller***

Am Ende der ersten Szene thematisiert Franz die Auflehnung gegen seine naturgegebene Position in folgendem Monolog:

Ich habe große Rechte, über die Natur ungehalten zu sein, und bei meiner Ehre! ich will sie geltend machen. – Warum bin ich nicht der erste aus Mutterleib gekrochen? Warum nicht der einzige? Warum mußte sie mir diese Bürde von Häßlichkeit aufladen? Gerade mir? Nicht anders, als ob sie bei meiner Geburt einen Rest gesetzt hätte. Warum gerade mir die Lappländersnase? Gerade mir dieses Mohrenmaul? Diese Hottentottenaugen? Wirklich, ich glaube, sie hat von allen Menschensorten das Scheußliche auf einen Haufen geworfen und mich daraus gebacken. Mord und Tod! Wer hat ihr die Vollmacht gegeben, jenem dieses zu verleihen und mir vorzuenthalten? Könnte ihr jemand darum hofieren, eh er entstund? Oder sie beleidigen, eh er selbst wurde? Warum ging sie so parteilich zu Werke? Nein! Nein! Ich tu ihr Unrecht. Gab sie uns doch Erfindungsgeist mit, setzte uns nackt und armselig ans Ufer dieses großen Ozeans Welt – Schwimme, wer schwimmen kann, und wer zu plump ist, geh' unter! Sie gab mir nichts mit; wozu ich mich machen will, das ist nun meine Sache. Jeder hat gleiches Recht zum Größten und Kleinsten, Anspruch wird an Anspruch, Trieb an Trieb, und Kraft an Kraft zernichtet. Das Recht wohnet beim Überwältiger, und die Schranken unserer Kraft sind unsere Gesetze. [...]

Wer nichts fürchtet, ist nicht weniger mächtig als der, den alles fürchtet. [...] Ich habe langes und breites von einer sogenannten Blutliebe schwatzen gehört, das einem ordentlichen Hausmann den Kopf heiß machen könnte – Das ist dein Bruder! – das ist verdolmetscht: Er ist aus ebendem Ofen geschossen worden, aus dem du geschossen bist – also sei er dir heilig! – Merkt doch einmal diese verzwickte Konsequenz, diesen possierlichen Schluß von der Nachbarschaft der Leiber auf die Harmonie der Geister; von eben derselben Heimat zu eben derselben Empfindung; von einerlei Kost zu einerlei Neigung. Aber weiter – es ist dein Vater! Er hat dir das Leben gegeben, du bist sein Fleisch, sein Blut – also sei er dir heilig. Wiederum eine schlaue Konsequenz! Ich möchte dich fragen, warum hat er mich gemacht? doch wohl nicht gar aus Liebe zu mir, der erst ein Ich werden sollte! Hat er mich gekannt, ehe er mich machte? Oder hat er mich gedacht, wie er mich machte? Oder hat er mich gewünscht, da er mich machte? Wußte er, was ich werden würde? das wollt' ich ihm nicht raten, sonst möcht' ich ihn dafür strafen, daß er mich doch gemacht hat! Kann ich's ihm Dank wissen, daß ich ein Mann wurde? Sowenig als ich ihn verklagen könnte, wenn er ein Weib aus mir gemacht hätte. Kann ich eine Liebe erkennen, die sich nicht auf Achtung gegen mein Selbst gründet? Konnte Achtung gegen mein Selbst vorhanden sein, das erst dardurch entstehen sollte, davon es die Voraussetzung sein muß? [...] Soll ich ihm etwa darum gute Worte geben, daß er mich liebt? Das ist eine Eitelkeit von ihm, die Schoßsünde aller Künstler, die sich in ihrem Werk kokettieren, wär' es auch noch so häßlich. – Sehet also, das ist die ganze Hexerei, die ihr in einen heiligen Nebel verschleiert, unsere Furchtsamkeit zu mißbrauchen. Soll auch ich mich dadurch gängeln lassen wie einen Knaben? Frisch also! mutig ans Werk! – Ich will alles um mich her ausrotten, was mich einschränkt, daß ich nicht Herr bin. Herr muß ich sein, daß ich das mit Gewalt ertrotze, wozu mir die Liebenswürdigkeit gebricht.

Schiller, Friedrich, Die Räuber, in: Klassische deutsche Dichtung, hrsg. von Fritz Martini und Walter Müller-Seidel, Bd. 12: Tragödien, Herder Verlag, Freiburg 1962, S. 553 f., gekürzt

1. Recherchieren Sie im Internet wesentliche Aussagen in Goethes Rede „Zum Schäkespears Tag" vom 14. Oktober 1771.
2. Beschreiben Sie, wogegen sich die Auflehnung von Franz Moor richtet.
3. Stellen Sie dar, wie und womit Franz seine Auflehnung rechtfertigt.
4. Analysieren Sie die rhetorischen Mittel im Monolog von Franz.
5. Erörtern Sie, ob solche Formen jugendlichen Protestes heute zeitgemäß sind.

3 Das Drama der Klassik

Mitte der 1780er-Jahre setzten sich bei **Goethe** (1749–1832) und **Schiller** (1759–1805) neue Konzepte des dramatischen Schaffens durch: Anstelle des rebellischen Aufbegehrens der Sturm-und-Drang-Phase treten nun die ästhetischen und politischen Ziele des **Ausgleichs** und der **Harmonie** in den Vordergrund. Im Rückgriff auf die Antike und den deutschen Idealismus (Kant) erhalten strenge **Gesetzmäßigkeit** und künstlerischer **Formwille** neues Gewicht. Dies bedeutet die weitgehende Rückkehr zur Einheit von Ort, Zeit und Handlung, zur gebundenen Sprache (Vers) und zur Stilisierung der dramatischen Figuren, die jetzt vornehmlich der Geschichte und der Mythologie entnommen werden. Die dramatische Handlung hat ein hohes Maß an Allgemeingültigkeit, der dramatische Konflikt kreist um die wesentlichen Menschheitsfragen (Humanität, Freiheit, Macht, Schuld) und zeigt die Grenzen, die die sittlich-moralische Weltordnung dem Menschen setzt. Die unvollkommene Wirklichkeit stellt sich den idealen Anforderungen des Helden entgegen; dessen tragisches Ende im Realen lässt umso klarer das ideale Ziel deutlich werden. Damit wird das Scheitern des klassischen Helden auch zur Kritik an den tatsächlichen gesellschaftlichen Verhältnissen. Das nicht tragische, versöhnliche Ende von Goethes „Iphigenie" (1787) und Schillers „Wilhelm Tell" (1804) bleibt eher die Ausnahme. Entgegen der lockeren Szenenfolge im Sturm und Drang orientieren sich die Klassiker wieder mehr am strengen aristotelischen Dramenaufbau, der die geordnete Abfolge von Exposition, Konfliktsteigerung, Höhepunkt, retardierendem (verzögerndem) Moment und Katastrophe fordert.

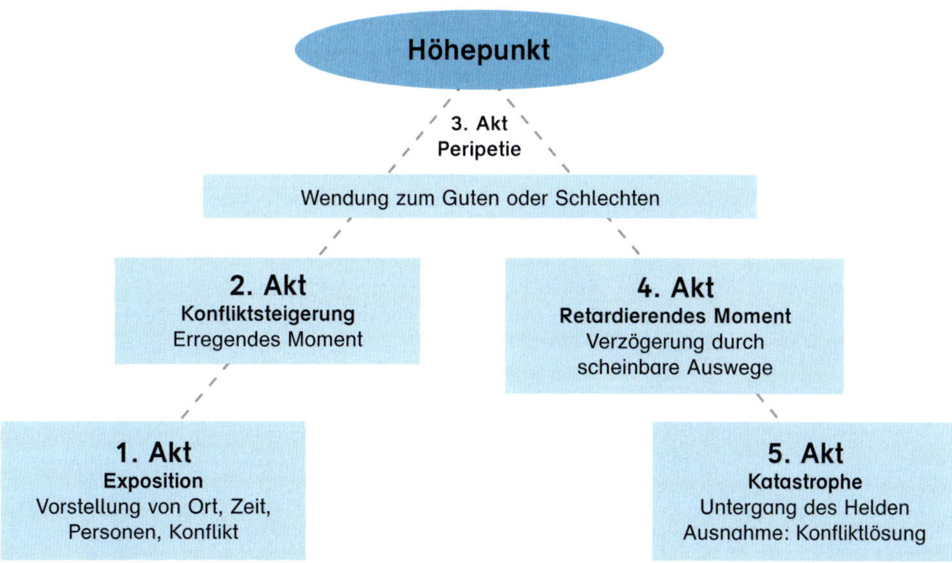

Auch sprachlich erfolgt ein Abrücken vom Stil des Sturm und Drang: Die Helden äußern sich nicht mehr kraftmeierisch, ungezügelt, sondern benutzen eine gehobene, betont poetische, bildhaft-symbolische Sprache, die oft mit den Mitteln der antiken Rhetorik angereichert ist. Anstelle der Prosa des Sturm und Drang tritt eine rhythmisch gebundene Verssprache, die Wert auf sprachliche Harmonie und Klangschönheit legt.

Die Wirkungsabsicht des klassischen Dramas beschreibt Schiller in seiner Schrift „Über die tragische Kunst“ (1792): Die Tragödie wäre demnach dichterische Nachahmung einer zusammenhängenden Reihe von Begebenheiten, die uns Menschen in einem Zustand des Leidens zeigt und zur Absicht hat, unser Mitleid zu erregen.

Unter inhaltlichem Aspekt kann man die klassische Tragödie mit wenigen Ausnahmen als **Geschichtsdrama** einordnen. Geschichte ist nicht nur ein Schauplatz menschlichen Handelns, sondern der Ort der Realisierung von Ideen. Dabei schließt das menschliche Handeln immer auch die Reflexion über die Handlungsentscheidungen ein. Während für Goethe Mythos und Kunst vorrangig für die Bewährung humaner Ideen sind, bildet bei Schiller die Geschichte den einzig möglichen, aber meist tragisch scheiternden Weg zur menschlichen Freiheit.

Schillers „Don Carlos, Infant von Spanien“[1] (1787) entstand aus seiner Beschäftigung mit der Geschichte des Aufstandes der Niederlande gegen die spanische Vorherrschaft. Durch die Liebe des Infanten zu seiner Stiefmutter, die früher seine Braut war, aus politischen Gründen dann jedoch seinen Vater Philipp heiraten musste, vereinigt das Stück eine politische mit einer privaten Tragödie. Das Stück beginnt damit, dass Carlos, der unglückliche Sohn des despotischen Kaisers Philipp von Spanien, seinen Jugendfreund Marquis Posa, den idealistischen Vertreter von Freiheit und Menschenwürde, wiedertrifft. Als dieser von der verhängnisvollen Liebe des Prinzen zu seiner Stiefmutter erfährt, versucht er, ihn für die niederländische Sache zu begeistern und damit gleichzeitig von seiner aussichtslosen Liebe abzulenken. Im 3. Akt prallen die Standpunkte Posas und des Königs aufeinander:

Don Carlos, Infant von Spanien (1787) | Friedrich Schiller***

MARQUIS. Sire!
Jüngst kam ich an von Flandern und Brabant. –
So viele reiche, blühende Provinzen!
Ein kräftiges, ein großes Volk – und auch
Ein gutes Volk – und Vater dieses Volkes!
Das dacht ich, das muß göttlich sein! –
Da stieß Ich auf verbrannte menschliche Gebeine –
Hier schweigt er still; seine Augen ruhen auf dem König, der es versucht, diesen Blick zu erwidern, aber betroffen und verwirrt zur Erde sieht.
Sie haben recht. Sie müssen. Daß Sie können,
Was Sie zu müssen eingesehn, hat mich
Mit schauernder Bewunderung durchdrungen.
O Schade, daß, in seinem Blut gewälzt,
Das Opfer wenig dazu taugt, dem Geist
Des Opferers ein Loblied anzustimmen!
Daß Menschen nur – nicht Wesen höhrer Art –
Die Weltgeschichte schreiben! – Sanftere
Jahrhunderte verdrängen Philipps Zeiten;
Die bringen mildre Weisheit; Bürgerglück
Wird dann versöhnt mit Fürstengröße wandeln,
Der karge Staat mit seinen Kindern geizen,
Und die Notwendigkeit wird menschlich sein.
KÖNIG. Wann, denkt Ihr, würden diese
menschlichen Jahrhunderte erscheinen, hätt
ich vor dem Fluch des jetzigen gezittert? Sehet
In meinem Spanien Euch um. Hier blüht
Des Bürgers Glück in nie bewölktem Frieden;

1 Neben dem Titel der Nationalausgabe, „Don Karlos“, wird das Drama oft als „Don Carlos“ zitiert. Eine weitere, zeitgenössische Schreibweise ist „Dom Karlos“.

Und diese Ruhe gönn ich den Flamändern.
MARQUIS schnell.
Die Ruhe eines Kirchhofs! Und Sie hoffen,
Zu endigen, was Sie begannen? hoffen,
Der Christenheit gezeitigte Verwandlung,
Den allgemeinen Frühling aufzuhalten,
Der die Gestalt der Welt verjüngt? Sie wollen
Allein in ganz Europa – sich dem Rade
Des Weltverhängnisses, das unaufhaltsam
In vollem Laufe rollt, entgegenwerfen?
Mit Menschenarm in seine Speichen fallen?
Sie werden nicht! Schon flohen Tausende
Aus Ihren Ländern froh und arm. Der Bürger,
Den Sie verloren für den Glauben, war
Ihr edelster. Mit offnen Mutterarmen
Empfängt die Fliehenden Elisabeth,
Und fruchtbar blüht durch Künste unsres
Landes Britannien. Verlassen von dem Fleiß
Der neuen Christen, liegt Grenada öde,
Und jauchzend sieht Europa seinen Feind
An selbstgeschlagnen Wunden sich verbluten.
Der König ist bewegt; der Marquis bemerkt es und tritt einige Schritte näher.
Sie wollen pflanzen für die Ewigkeit,
Und säen Tod? Ein so erzwungnes Werk
Wird seines Schöpfers Geist nicht überdauern.
Dem Undank haben Sie gebaut – umsonst
Den harten Kampf mit der Natur gerungen,
Umsonst ein großes königliches Leben
Zerstörenden Entwürfen hingeopfert.
Der Mensch ist mehr, als Sie von ihm gehalten.
Des langen Schlummers Bande wird er brechen
Und wiederfordern sein geheiligt Recht.
Zu einem Nero und Busiris wirft
Er Ihren Namen, und – das schmerzt mich, denn Sie waren gut.
KÖNIG. Wer hat Euch dessen so gewiß gemacht?
MARQUIS mit Feuer. Ja, beim Allmächtigen!
Ja – Ja – ich wiederhol es. Geben Sie,
Was Sie uns nahmen, wieder! Lassen Sie,
Großmütig wie der Starke, Menschenglück
Aus Ihrem Füllhorn strömen – Geister reifen
In Ihrem Weltgebäude! Geben Sie,
Was Sie uns nahmen, wieder. Werden Sie
Von Millionen Königen ein König.
Er nähert sich ihm kühn, indem er feste und feurige Blicke auf ihn richtet.
O könnte die Beredsamkeit von allen
Den Tausenden, die dieser großen Stunde
Teilhaftig sind, auf meinen Lippen schweben,
Den Strahl, den ich in diesen Augen merke,
Zur Flamme zu erheben! – Geben Sie
Die unnatürliche Vergöttrung auf,
Die uns vernichtet. Werden Sie uns Muster
Des Ewigen und Wahren. Niemals – niemals
Besaß ein Sterblicher so viel, so göttlich
Es zu gebrauchen. Alle Könige
Europens huldigen dem spanschen Namen.
Gehn Sie Europens Königen voran.
Ein Federzug von dieser Hand, und neu
Erschaffen wird die Erde. Geben Sie
Gedankenfreiheit. – *Sich ihm zu Füßen werfend.*

Schiller, Friedrich, Don Carlos, Infant von Spanien, in: Klassische deutsche Dichtung, hrsg. von Fritz Martini und Walter Müller-Seidel, Bd. 13: Geschichtsdramen I, Freiburg, Herder Verlag, [5]1963, S. 116–119

1. Fassen Sie Marquis Posas Gedankengang zusammen.
2. Informieren Sie sich über die Methode des „heißen Stuhls" (siehe S. 48). Wenden Sie dieses Verfahren für die Figur Philipp an.
3. Diskutieren Sie, ob sich die Forderung nach Gedankenfreiheit heute erübrigt.
4. Untersuchen Sie, wie Schiller die Überzeugungsversuche Posas sprachlich gestaltet.

4 Büchners Dramen

Kaum ein halbes Jahrhundert nach den klassischen Stücken Goethes und Schillers stellt das Werk **Georg Büchners** (1813–1837) einen absoluten Höhepunkt in der Geschichte des antitraditionellen Dramas dar. Seine Stücke sind nicht nur **Wegbereiter moderner Theaterkunst**, sie nehmen geradezu inhaltliche, formale und sprachliche Elemente des naturalistischen, expressionistischen, epischen, politisch-dokumentarischen und absurden Theaters im 20. Jahrhundert vorweg.

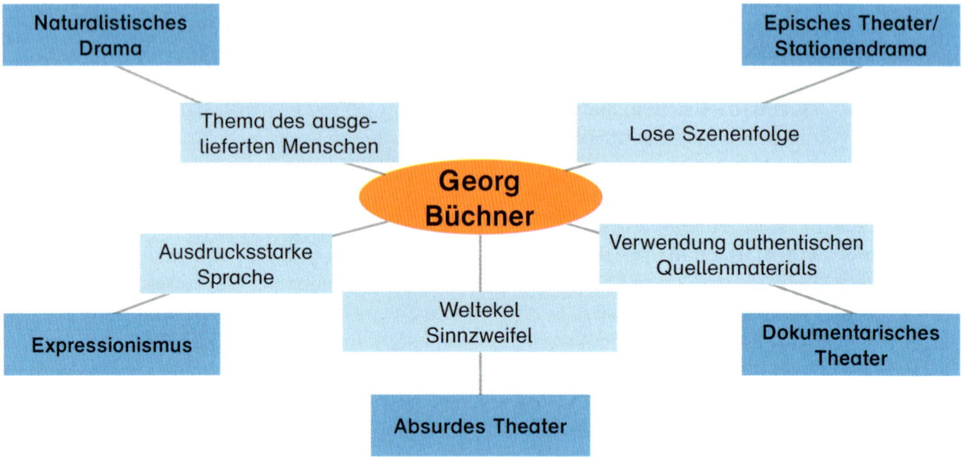

Vom Idealismus der deutschen Klassik setzen sich Büchners Dramenfiguren dadurch ab, dass sie nicht mehr Menschen sind, wie sie sein sollen, sondern Menschen, wie sie sind: ausgeliefert der eigenen Triebnatur, der sozialen Umwelt und der politischen Geschichte. **Antiklassisch** ist auch Büchners Zweifel am Sinn des Lebens und der Geschichte, der bei seinen Figuren zu Langeweile, Verzweiflung und Weltekel führen kann. Im Gegensatz zur klassischen Sprache, die auf Harmonie und Schönheit abzielt, sprechen Büchners Personen eine **realistische Sprache**, die jeweils von der regionalen und sozialen Herkunft und vom individuellen Gefühlszustand bestimmt wird, dabei aber durchaus sehr poetisch und bildhaft ist.

Im Drama „Woyzeck“ (Erstausgabe 1879, lange nach dem Tod Büchners) ergreift **Büchner** Partei für die von der Gesellschaft missachtete, geschundene Kreatur. Der einfache Soldat, der als Bursche eines Offiziers dient, muss sich einem Arzt für medizinische Versuche zur Verfügung stellen, um Marie, seine Braut, und ihr gemeinsames Kind materiell versorgen zu können. Büchner zeigt aber nicht nur die wirtschaftliche Ausbeutung, sondern auch die seelische Not Woyzecks, dessen Wahnvorstellungen sich durch das Unverständnis seiner Umgebung für ihn zusehends steigern. Als schließlich Marie, sein einziger Halt, den sexuellen und materiellen Verlockungen eines Tambourmajors erliegt, kommt es zur Verzweiflungstat: Woyzeck ersticht seine Braut. Büchner benutzte zwar auch bei diesem Stück juristisch-medizinisches Quellenmaterial, erweiterte jedoch den historischen Einzelfall zu einem Drama des menschlichen Ausgeliefertseins schlechthin.

Woyzeck (1879) | Georg Büchner**

Zimmer

Hauptmann auf dem Stuhl, Woyzeck rasiert ihn.

HAUPTMANN: Langsam, Woyzeck, langsam; eins nach dem andern! Er macht mir ganz schwindlig. Was soll ich dann mit den 10 Minuten anfangen, die Er heut zu früh fertig wird? Woyzeck, bedenk Er, Er hat noch seine schönen dreißig Jahr zu leben, dreißig Jahr! Macht dreihundertsechzig Monate! und Tage! Stunden! Minuten! Was will Er denn mit der ungeheuren Zeit all anfangen? Teil Er sich ein, Woyzeck!

WOYZECK: Jawohl, Herr Hauptmann.

HAUPTMANN: Es wird mir ganz angst um die Welt, wenn ich an die Ewigkeit denke. Beschäftigung, Woyzeck, Beschäftigung! Ewig: das ist ewig, das ist ewig – das siehst du ein; nur ist es aber wieder nicht ewig, und das ist ein Augenblick, ja ein Augenblick – Woyzeck, es schaudert mich, wenn ich denke, daß sich die Welt in einem Tag herumdreht. Was 'n Zeitverschwendung! Wo soll das hinaus? Woyzeck, ich kann kein Mühlrad mehr sehen, oder ich werd melancholisch.

WOYZECK: Jawohl, Herr Hauptmann.

HAUPTMANN: Woyzeck, Er sieht immer so verhetzt aus! Ein guter Mensch tut das nicht, ein guter Mensch, der sein gutes Gewissen hat. – Red er doch was Woyzeck! Was ist heut für Wetter?

WOYZECK: Schlimm, Herr Hauptmann, schlimm: Wind!

HAUPTMANN: Ich spür's schon. 's ist so was Geschwindes draußen: so ein Wind macht mir den Effekt wie eine Maus. – *Pfiffig:* Ich glaub', wir haben so was aus Süd-Nord?

WOYZECK: Jawohl, Herr Hauptmann.

HAUPTMANN: Ha, ha ha! Süd-Nord! Ha, ha, ha! Oh, Er ist dumm, ganz abscheulich dumm! – *Gerührt:* Woyzeck, Er ist ein guter Mensch – aber *Mit Würde:* Woyzeck, Er hat keine Moral! Moral, das ist, wenn man moralisch ist, versteht Er. Es ist ein gutes Wort. Er hat ein Kind ohne den Segen der Kirche, wie unser hochenwürdiger Herr Garnisonsprediger sagt, ohne den Segen der Kirche, es ist nicht von mir.

WOYZECK: Herr Hauptmann, der liebe Gott wird den armen Wurm nicht drum ansehen, ob das Amen drüber gesagt ist, eh er gemacht wurde. Der Herr sprach: Lasset die Kleinen zu mir kommen.

HAUPTMANN: Was sagt Er da? Was ist das für eine kuriose Antwort? Er macht mich ganz konfus mit seiner Antwort. Wenn ich sag': Er, so mein' ich Ihn, Ihn –

WOYZECK: Wir arme Leut – Sehn Sie, Herr Hauptmann: Geld, Geld! Wer kein Geld hat – Da setz einmal eines seinesgleichen auf die

Szene aus einer Theateraufführung von Georg Büchners Stück „Woyzeck" aus dem Jahr 1960 im Deutschen Theater Berlin

Moral in der Welt! Man hat auch sein Fleisch und Blut. Unsereins ist doch einmal unselig in der und der andern Welt. Ich glaub', wenn wir in Himmel kämen, so müßten wir donnern helfen.

HAUPTMANN: Woyzeck, Er hat keine Tugend! Er ist kein tugendhafter Mensch! Fleisch und Blut? Wenn ich am Fenster lieg', wenn's geregnet hat, und den weißen Strümpfen nachseh', wie sie über die Gassen springen – verdammt, Woyzeck, da kommt mir die Liebe! Ich hab' auch Fleisch und Blut. Aber, Woyzeck, die Tugend! Die Tugend! Wie sollte ich dann die Zeit rumbringen? Ich sag' mir immer: du bist ein tugendhafter Mensch – *gerührt:* –, ein guter Mensch, ein guter Mensch.

WOYZECK: Ja, Herr Hauptmann, die Tugend – ich hab's noch nit so aus. Sehn Sie: wir gemeine Leut, das hat keine Tugend, es kommt nur so die Natur; aber wenn ich ein Herr wär und hätt' ein' Hut und eine Uhr und eine Anglaise und könnt' vornehm rede, ich wollt' schon tugendhaft sein. Es muß was Schönes sein um die Tugend, Herr Hauptmann. Aber ich bin ein armer Kerl!

HAUPTMANN: Gut, Woyzeck. Du bist ein guter Mensch, ein guter Mensch. Aber du denkst zuviel, das zehrt; du siehst immer so verhetzt aus. – Der Diskurs hat mich ganz angegriffen. Geh jetzt, und renn nicht so; langsam, hübsch langsam die Straße hinunter!

Büchner, Georg, Woyzeck, in: Büchner, Georg, Woyzeck, Leonce und Lena, hrsg. und mit einem Nachwort versehen von Otto Carl August zur Nedden, Stuttgart, Reclam Verlag, 1980, S. 4f.

1. Beschreiben Sie die unterschiedlichen sozialen Stellungen von Woyzeck und dem Hauptmann.
2. Analysieren Sie das Kommunikationsverhalten der beiden Figuren.
3. Überlegen Sie sich Möglichkeiten einer Aktualisierung der Dramenszene.

5 Soziales Drama

Hatte Büchner zu Beginn des 19. Jahrhunderts das Thema des ausgelieferten Menschen gewissermaßen dichterisch vorweggenommen, so reagierten die **Naturalisten** am Ende des Jahrhunderts auf die tatsächlichen Umwälzungen in Wirtschaft, Gesellschaft, Politik und Wissenschaft. Die naturalistischen Dramatiker bilden die **Wirklichkeit** konsequent ab, wobei sie jede Art poetischer Verklärung vermeiden, aber nicht darauf verzichten, das Mitleid des Zuschauers zu erwecken. Im Mittelpunkt stehen Existenzen, die durch soziales Milieu, Triebe und Vererbung determiniert dargestellt werden. Die Hauptfiguren entstammen vor allem dem Kleinbürgertum oder Proletariat; die dramatischen Konflikte kreisen nicht mehr vorrangig um die Frage persönlicher Schuld, sondern demonstrieren in erster Linie die oft ausweglose Verstricktheit in soziale und biologische Abhängigkeiten des Einzelnen. Die minutiösen und ausführlichen Regieanweisungen zu Schauplätzen und handelnden Personen verleihen manchen Szenen eine gewisse Nähe zum Epischen, dienen aber vor allem dem Anliegen des Naturalismus, die Wirklichkeit aufs Genaueste abzubilden.

Im Vergleich zum klassischen Drama verliert die Exposition an Gewicht, weil nicht der personale Konflikt im Vordergrund steht, sondern die Analyse von vergangenen und gegenwärtigen Zuständen. Sehr auffallend ist die Gestaltung der Dialoge: Die Sprache der Figuren hat sich weit entfernt von klassischen Idealen, ist wirklichkeitsgetreue Alltagssprache bis hin zu Dialekt und Soziolekt (schichtspezifisches Sprechen).

Gerhart Hauptmann (1862–1946) ist der Hauptvertreter des naturalistischen Dramas; mit seinem frühen Werk „Vor Sonnenaufgang“ sorgte er 1889 für einen Theaterskandal, weil beim Publikum die krasse Darstellung von Alkoholismus und Sexualität Anstoß erregte. Hauptmann führt in diesem Stück auf der Bühne die familiären Verhältnisse der Bauersfamilie Krause vor, die durch Kohlefunde auf ihrem Grundstück reich geworden ist. In diese Familie gerät als Außenstehender Alfred Loth hinein, der eine soziologische Studie über die Lage der dortigen Kohlearbeiter anfertigen will und zufällig ein Jugendfreund Hoffmanns ist, des Schwiegersohns der Familie Krause. Dieser befürchtet negative Folgen aus Loths Studien für sein Geschäft und sieht deshalb eine anbahnende Beziehung zwischen Loth und seiner Schwägerin Helene nicht ungern. Helene selbst sieht in einer Verbindung mit Loth die einzige Chance, aus dem verkommenen Milieu ihrer Familie zu entfliehen. Loth liebt zwar Helene, verlässt sie dann aber, als er vom Hausarzt Schimmelpfennig über die Familie und die möglichen Gefahren einer Vererbung der Trunksucht aufgeklärt wird. Die allein gelassene Helene sieht keinen anderen Ausweg mehr und begeht Selbstmord.

Vor Sonnenaufgang (1889) | Gerhart Hauptmann**

Helene allein. Sie sieht sich um und ruft leise: Alfred! Alfred! *und dann, als sie keine Antwort erhält, in schneller Folge:* Alfred! Alfred! *Dabei ist sie bis zur Tür des Wintergartens geeilt, durch die sie spähend blickt. Dann ab in den Wintergarten. Nach einer Weile erscheint sie wieder.* Alfred! *Immer unruhiger werdend, am Fenster, durch das sie hinausblickt:* Alfred! *Sie öffnet das Fenster und steigt auf einen davorstehenden Stuhl. In diesem Augenblick klingt deutlich vom Hofe herein das Geschrei des betrunkenen, aus dem Wirtshaus heimkehrenden Bauern, ihres Vaters:* Dohie hä! biin iich nee a hibscher Moan? Hoaiich nee a hibsch Weib? Hoa iich nee a poar hibsche Tächter dohie hä? *Helene stößt einen kurzen Schrei aus und rennt wie gejagt nach der Mitteltür. Von dort aus entdeckt sie den Brief, welchen Loth auf dem Tisch zurückgelassen, sie stürzt sich darauf, reißt ihn auf und durchfliegt ihn, einzelne Worte aus seinem Inhalt laut hervorstoßend:* „Unübersteiglich!" ... „Niemals wieder!" *Sie läßt den Brief fallen, wankt.* Zu Ende! *Rafft sich auf, hält sich den Kopf mit beiden Händen, kurz und scharf schreiend:* Zu Ende! *Stürzt ab durch die Mitte. Der Bauer draußen, schon aus geringerer Entfernung:* Dohie hä! iis ernt's Gittla ne meine? Hoa iich ne a hibsch Weib? Bin iich nee a hibscher Moan? *Helene, immer noch suchend, wie eine halb Irrsinnige aus dem Wintergarten hereinkommend, trifft auf Eduard, der etwas aus Hoffmanns Zimmer zu holen geht. Sie redet ihn an.* Eduard! *Er antwortet:* Gnädiges Fräulein? *Darauf sie:* Ich möchte ... möchte den Herrn Doktor Loth ... *Eduard antwortet:* Herr Doktor Loth sind in des Herrn Doktor Schimmelpfennigs Wagen fortgefahren! *Damit verschwindet er im Zimmer Hoffmanns.* Wahr! *stößt Helene hervor und hat einen Augenblick Mühe, aufrecht zu stehen. Im nächsten durchfährt sie eine verzweifelte Energie. Sie rennt nach dem Vordergrunde und ergreift den Hirschfänger samt Gehänge, der an dem Hirschgeweih über dem Sofa befestigt ist. Sie verbirgt ihn und hält sich still im dunklen Vordergrund, bis Eduard, aus Hoffmanns Zimmer kommend, zur Mitteltür hinaus ist. Die Stimme des Bauern, immer deutlicher:* Dohie hä, biiniich nee a hibscher Moan? *Auf diese Laute, wie auf ein Signal hin, springt Helene auf und verschwindet ihrerseits in Hoffmanns Zimmer. Das Hauptzimmer ist leer, und man hört fortgesetzt die Stimme des Bauern:* Dohie hä, hoa iich nee die schinsten Zähne, hä? Hoa iich ne a hibsch Gittla? *Miele kommt durch die Mitteltür. Sie blickt suchend umher und ruft:* Freilein Helene! *und wieder:* Freilein Helene! *Dazwischen die Stimme des Bauern:* 's Gald iis meine! *Jetzt ist Miele ohne weiteres Zögern in Hoffmanns Zimmer verschwunden, dessen Türe sie offenläßt. Im nächsten Augenblick stürzt sie heraus mit den Zeichen eines wahnsinnigen Schrecks; schreiend dreht sie sich zwei-, dreimal um sich selber, schreiend jagt sie durch die Mitteltür. Ihr ununterbrochenes Schreien, mit der Entfernung immer schwächer werdend, ist noch einige weitere Sekunden vernehmlich. Man hört nun die schwere Haustüre aufgehen und dröhnend ins Schloß fallen, das Schrittgeräusch des im Hausflur herumtaumelnden Bauern, schließlich eine rohe, näselnde, lallende Trinkerstimme ganz aus der Nähe durch den Raum gellen:* Dohie hä! Hoa iich nee a poar hibsche Tächter!

Hauptmann, Gerhart, Vor Sonnenaufgang, Frankfurt am Main, Ullstein Verlag, 1959, S. 91–93

1. Arbeiten Sie Elemente des naturalistischen Dramas heraus.
2. Diskutieren Sie, inwieweit die Rollenverteilung in diesem Stück geschlechtsspezifisch ist.
3. Beurteilen Sie, ob aus heutiger Sicht Loths Entscheidung gegen eine Ehe mit Helene noch nachvollziehbar ist.

6 Das Drama der Jahrhundertwende und des Expressionismus

Die Dramen des Ausnahmeautors Büchner blieben für das 19. Jahrhundert folgenlos, weil seine Stücke erst zu Beginn des 20. Jahrhunderts bekannt wurden. So war für Autoren des 19. Jahrhunderts (Grillparzer, Hebbel) weitgehend das klassische Drama stilbildend. Am Ende des 19. Jahrhunderts jedoch erhielt es Konkurrenz durch Impulse ausländischer Autoren, die nach neuen Formen suchten. Der norwegische Dichter **Henrik Ibsen** (1828–1906) gibt der Enthüllung vergangener Probleme der Dramenfiguren Vorrang vor der eigentlichen Gegenwartshandlung (analytisches Drama). Bei dem Schweden **Johan August Strindberg** (1849–1912) dominiert anstelle des klassischen Konfliktes zwischen Held und Gegenspieler ein isoliertes Ich, das zum zentralen Mittelpunkt einer losen Szenenfolge wird. In den Stücken des russischen Dramatikers **Anton Tschechow** (1860–1904) weichen Dialog und dramatische Aktivität dem monologischen Aneinandervorbeireden und den passiven Erinnerungen und Wunschträumen. Auf diesem Weg entwickelt sich um die Jahrhundertwende im deutschsprachigen Raum ein vielfältiges Nebeneinander verschiedenster moderner Dramenformen, die bis heute nachwirken:

Der impressionistische Einakter

- Drama in einem Aufzug: nicht Ausschnitt aus dem Ganzen, sondern der Ausschnitt als eigenständiges Ganzes
- Verzicht auf eine dramatische Entwicklung, impressionistische Momentaufnahme
- Beschränkung auf die Situation vor der Katastrophe, Auswahl einer Grenzsituation
- Statt Kampf und Handlung: der exemplarische Mensch als ohnmächtiges Opfer

Expressionistisches Stationen- und Verkündungsdrama

- Mehrere Akte als Stationen zentraler Hauptfiguren
- Ausgeliefertsein der zentralen Figuren auf ihrem Opfergang und/oder ihr Durchbruch und ihre Wandlung
- Abkehr vom psychologischen Drama, Hinwendung zum abstrakten Ideendrama
- Zentraler Gedanke: Wandlung der Welt durch Wandlung des Menschen (Verkündigung des neuen Menschen)
- Statt realistischer Personen entindividualisierte typisierte Modellfiguren
- Wichtige Themen: Aufruhr gegen die bürgerliche Welt, Aufbegehren gegen die Väter, Auseinandersetzung mit Krieg, Revolution und Gewalt, Infragestellung von Zivilisation und technischem Fortschritt, Gegensatz von Materialismus und Idealismus
- Sprache: Ergänzung des Dialogs durch monologisierendes Sprechen, Einbeziehung der Stimme des Kollektivs, Intensität des dramatischen Wortes: Pathos, Vision, Ekstase, Schrei; einfache Syntax, Wechsel von Prosa und Vers

„Gas I" (1918) von **Georg Kaiser** (1878–1945) klagt industrielle Automation und Vermassung, Krieg, soziales Elend und menschliche Entfremdung an. Nach einer Explosion in einem Gaswerk, die Tausende von Opfern fordert, will der Milliardärssohn sein Werk nicht mehr aufbauen und stattdessen die überlebenden Arbeiter zu landwirtschaftlichen Siedlern machen. Damit möchte er nicht nur die Konsequenzen aus dem Unfall ziehen, sondern ihnen ein nicht entfremdetes Dasein in einer Gemeinschaft „neuer Menschen" ermöglichen. Dieser Plan scheitert jedoch an der Gewinnsucht und Fortschrittsgläubigkeit der Arbeiterschaft, der Regierung und vor allem des Ingenieurs, der der Hauptgegenspieler des prophetischen Milliardärssohns ist. Im 2. Akt kommt es zu folgendem Gespräch:

Gas I (1918) | Georg Kaiser**

MILLIARDÄRSOHN Kommen Sie her. *Er führt ihn an den Zeichentisch.* Sehen Sie das? – Aufrisse – in groben Zügen. – Erster Niederschlag eines Projekts. – Schließlich nur Ansätze zu etwas Bedeutendem. – Erste Skizzen. –

INGENIEUR Was ist das?
MILLIARDÄRSOHN Ist Ihnen das Terrain nicht bekannt?
INGENIEUR Das – Werk.
MILLIARDÄRSOHN Ist dem Erdboden gleich gemacht.
INGENIEUR Sind das – die neuen Hallen?
MILLIARDÄRSOHN Von diesen lächerlichen Dimensionen?
INGENIEUR Sind das – Höfe?
MILLIARDÄRSOHN Die bunten Ringe?
INGENIEUR Sind das – Geleise?
MILLIARDÄRSOHN Die grünen Linien? *Ingenieur starrt die Pläne an.* Raten Sie nichts? Wird Ihnen nichts verdächtig, Sie Schlaukopf? Sie Einmaleinsfresser? – Macht Ihnen der Rebus zu schaffen, der in allen Farben schillert? – – Blind seid ihr – farbenblind von der Ewigkeit eures Einerlei bis an diesen Tag! Jetzt bricht euch der neue frühlingshaft entgegen. Augen auf und schweifend ins Gefild: um euch ist die bunte Erde hier! – *Auf den Plänen nachzeichnend.* Grüne Linien – Straßen mit Bäumen gesäumt. Rote, gelbe, blaue Ringe – Plätze bewuchert mit Pflanzen, die blühen aus Grasfläche. Vierecke – hineingestellt Häuser mit kleinem Gebiet von Eigentum, das beherbergt! – Mächtige Straßen hinaus – erobernd eindringend in andere Striche – betreten von Pilgern von uns – die Einfachstes predigen: – uns!! *Seine Geste ist groß.*
INGENIEUR *verwirrt.* Errichten Sie – das neue Werk – an anderer Stelle?
MILLIARDÄRSOHN Es begrub sich selbst. Auf seinem Gipfel – schlug es um. Deshalb sind wir entlassen. Sie – und ich – und alle! – mit reinem Gewissen. Wir sind den Weg furchtlos zu Ende gegangen – nun biegen wir aus. Unser Recht ist es – unser gutes Recht!
INGENIEUR Der Wiederaufbau – – steht in Frage??
MILLIARDÄRSOHN *auf die Pläne klopfend.* Da ist gegen ihn entschieden!
INGENIEUR Das Gas – das nur hier gemacht werden kann –?
MILLIARDÄRSOHN – explodierte!
INGENIEUR – – Die Arbeiter??
MILLIARDÄRSOHN Über grünem Grund Siedler!
INGENIEUR Das – – ist – – unmöglich!
MILLIARDÄRSOHN Stoßen Sie sich an meinen Plänen? Ich sagte ja, daß sie unvollkommen sind. Ich habe mit der Ausführung auf Sie gezählt. Ja, mit Ihrer Hilfe rechne ich stark. Sie sind wie kein Zweiter fähig, ein großes Projekt zu bewältigen. Zu Ihnen habe ich das beste Vertrauen! – Wollen wir uns an die Arbeit machen? *Er rückt einen Sessel an den Zeichentisch und setzt sich.*
INGENIEUR *zurücktretend.* Ich bin Ingenieur!
MILLIARDÄRSOHN Sie verwerten noch einmal Ihre Kenntnisse hier!
INGENIEUR Mein Fach – ist das nicht!
MILLIARDÄRSOHN Hier werden alle Kräfte frei!
INGENIEUR Ich übernehme – solche Aufgaben nicht!
MILLIARDÄRSOHN Die ist Ihnen zu schwierig?
INGENIEUR Zu – dürftig!
MILLIARDÄRSOHN *steht auf.* Was sagen Sie da?! – Das ist gering – – vor Ihrem Witz, der zählen kann? – Beherrscht Sie ihr Exempel – das Sie rechneten? – Sind Sie in dies Gebälk verschroben – das Sie konstruierten? – Haben Sie Arme und Beine – und Blut und Sinne ausgeliefert in diese Klammer, die sie zwängten? Sind Sie ein von Haupt umsponnenes Schema? *Er tastet nach ihm.* Wo sind Sie? Mit Wärme – mit Puls – und Scham?!
INGENIEUR Wenn ich nicht beschäftigt werden kann – in meinem Fach – –
MILLIARDÄRSOHN Schlagen nicht Ihre Hände nach Ihrem Mund – der Mord redet?

KASIMIR Ich bin kein trauriger Mensch.

KAROLINE Doch. Du bist ein Pessimist.

KASIMIR Das schon. Ein jeder intelligente Mensch ist ein Pessimist. *Er läßt sie wieder stehen und haut abermals den Lukas; jetzt knallt es dreimal, er zahlt und bekommt drei Orden; dann nähert er sich wieder Karoline.* Du kannst natürlich leicht lachen. Ich habe es dir doch gleich gesagt, daß ich heut unter gar keinen Umständen auf dein Oktoberfest geh. Gestern abgebaut und morgen stempeln, aber heut sich amüsieren, vielleicht sogar noch mit lachendem Gesicht!

KAROLINE Ich habe ja garnicht gelacht.

KASIMIR Natürlich hast du gelacht. Und das darfst du ja auch – du verdienst ja noch was und lebst bei deinen Eltern, die wo pensionsberechtigt sind. Aber ich habe keine Eltern mehr und steh allein in der Welt, ganz und gar allein.

Stille.

KAROLINE Vielleicht sind wir zu schwer füreinander –

KASIMIR Wie meinst du das jetzt?

KAROLINE Weil du halt ein Pessimist bist und ich neige auch zur Melancholie – Schau, zum Beispiel zuvor – beim Zeppelin –

KASIMIR Geh halt doch dein Maul mit dem Zeppelin!

KAROLINE Du sollst mich nicht immer so anschreien, das hab ich mir nicht verdient um dich!

KASIMIR Habe mich gerne! *Ab.*

4. Szene

Karoline sieht ihm nach; wendet sich dann langsam dem Eismann zu, kauft sich eine Portion und schleckt daran gedankenvoll. Schürzinger schleckt bereits die zweite Portion.

KAROLINE Was schauns mich denn so blöd an?

SCHÜRZINGER Pardon! Ich habe an etwas ganz anderes gedacht.

KAROLINE Drum. *Stille.*

SCHÜRZINGER Ich habe gerade an den Zeppelin gedacht.

Stille.

KAROLINE Der Zeppelin, der fliegt jetzt nach Oberammergau.

SCHÜRZINGER Waren das Fräulein schon einmal in Oberammergau?

KAROLINE Schon dreimal.

SCHÜRZINGER Respekt!

Stille.

KAROLINE Aber die Oberammergauer sind auch keine Heiligen. Die Menschen sind halt überall schlechte Menschen.

SCHÜRZINGER Das darf man nicht sagen, Fräulein! Die Menschen sind weder gut noch böse. Allerdings werden sie durch unser heutiges wirtschaftliches System gezwungen, egoistischer zu sein, als sie es eigentlich wären, da sie doch schließlich vegetieren müssen. Verstehens mich?

KAROLINE Nein.

SCHÜRZINGER Sie werden mich schon gleich verstehen. Nehmen wir an, Sie lieben einen Mann. Und nehmen wir weiter an, dieser Mann wird nun arbeitslos. Dann läßt die Liebe nach, und zwar automatisch.

KAROLINE Also das glaub ich nicht!

SCHÜRZINGER Bestimmt!

KAROLINE Oh nein! Wenn es dem Manne schlecht geht, dann hängt das wertvolle Weib nur noch intensiver an ihm – könnt ich mir schon vorstellen.

SCHÜRZINGER Ich nicht.

Stille.

Horváth, Ödön von, Kasimir und Karoline, hrsg. von Traugott Krischke, Frankfurt am Main, Suhrkamp Verlag, 1979, S. 12–16

1. Untersuchen Sie das Gesprächsverhalten von Kasimir und Karoline.
2. Interpretieren Sie Textstellen in ihrer symbolischen Bedeutung.
3. Verfassen Sie einen Tagebucheintrag, in dem Karoline ihre persönliche Situation reflektiert.
4. Informieren Sie sich über die Methode der Rezitation (siehe S. 48 f.). Tragen Sie die Dramenszene in verteilten Rollen gestaltend vor.

8 Episches Theater: Bertolt Brecht

In der deutschen Literaturgeschichte des 20. Jahrhunderts gilt **Bertolt Brecht** (1898–1956) als der bedeutendste Dramatiker, der nicht nur als Stückeschreiber, sondern auch als Theoretiker das Theater bis in die Gegenwart nachhaltig beeinflusst hat. Waren seine frühen Stücke noch dem Expressionismus verhaftet, beginnt spätestens mit der „Dreigroschenoper" (1928) das epische Theater, der originäre Beitrag Brechts zur Theatergeschichte. Weil es ihm wesentlich darauf ankam, beim Zuschauer ein verändertes politisches Bewusstsein zu erzeugen, musste er den Rahmen des Illusionstheaters sprengen, bei dem die Zuschauer sich mit dem Bühnengeschehen identifizieren (weinen mit den Weinenden, lachen mit den Lachenden) und die Handlung nur „kulinarisch" konsumieren. Brecht wollte genau das Gegenteil: **kritische Distanz** des Zuschauers zum Bühnengeschehen (lachen mit den Weinenden, weinen mit den Lachenden). Er selbst hat den Gegensatz seines eigenen Theaters zur überlieferten Dramenform idealtypisch dargestellt:

Dramatische Form des Dramas	↔	Epische Form des Theaters
– die Bühne „verkörpert" einen Vorgang	↔	sie „erzählt" ihn
– verwickelt den Zuschauer in eine Aktion und	↔	macht ihn zum Betrachter, aber
– verbraucht seine Aktivität	↔	weckt seine Aktivität
– ermöglicht ihm Gefühle	↔	erzwingt von ihm Entscheidungen
– vermittelt ihm Erlebnisse	↔	vermittelt ihm Kenntnisse
– der Zuschauer wird in eine Handlung hineinversetzt	↔	er wird ihr gegenübergesetzt
– es wird mit Suggestion gearbeitet	↔	es wird mit Argumenten gearbeitet
– die Empfindungen werden konserviert	↔	bis zu Erkenntnissen getrieben
– der Mensch wird als bekannt vorausgesetzt	↔	der Mensch ist Gegenstand der Untersuchung
– der unveränderliche Mensch	↔	der veränderliche und verändernde Mensch
– Spannung auf den Ausgang	↔	Spannung auf den Gang
– eine Szene für die andere	↔	jede Szene für sich
– die Geschehnisse verlaufen linear	↔	in Kurven
– natura non facit saltus (die Natur macht keine Sprünge)	↔	facit saltus (die Natur macht Sprünge)
– die Welt, wie sie ist	↔	die Welt, wie sie wird
– was der Mensch soll	↔	was der Mensch muss
– seine Triebe	↔	seine Beweggründe
– das Denken bestimmt das Sein	↔	das gesellschaftliche Sein bestimmt das Denken

Staehle, Ulrich (Hrsg.), Theorie des Dramas. Arbeitstexte für den Unterricht, Stuttgart, Reclam Verlag, 1973, S. 72 f.

Das letzte Gegensatzpaar zeigt als ideologische Grundlage des brechtschen Theaterschaffens den Marxismus, in dessen Dienst er seine Stücke stellte. Angestrebt wird nicht mehr die Darstellung der individuellen Konflikte, sondern die der ökonomischen, politischen und sozialen Verhältnisse der Klassengesellschaft, die überwunden werden soll. Zur Realisierung seiner politisch motivierten, erzieherisch-lehrhaften Wirkungsabsicht setzte er vor allem den sogenannten V-Effekt ein, den **Verfremdungseffekt**. Der V-Effekt kann inhaltlich oder formal sein. Dazu zählen Songs, in denen die Schauspieler ihre Rolle und die Handlung kritisch kommentieren, Ansager und Transparente, die den Handlungsgang vorwegnehmen, und sprachliche Veränderungen, die Altgewohntes in neuem Licht und Selbstverständliches fremd erscheinen lassen. Statt der Redewendung „Der Mensch denkt, (Komma!) Gott lenkt" heißt es bei Brecht: ***„Der Mensch denkt:*** (Doppelpunkt!) ***Gott lenkt. Keine Red davon!"*** (Brecht, Bertolt, Mutter Courage und ihre Kinder, Frankfurt am Main, Suhrkamp Verlag, 1963, S. 58).

In dem Stück „Die Dreigroschenoper" (1928), das im Londoner Bettler-, Dirnen- und Ganovenmilieu spielt, geht es **Brecht** um die ironisch-parodistische Enttarnung bürgerlicher Vorstellungen. Beim konkurrenzhaften Existenzkampf zwischen den Verbrechern um Mackie Messer und dem Londoner Bettlerkönig Peachum kommt es zu typisch kleinbürgerlichen Privatszenen (Eifersucht zwischen Mackie Messers Braut Polly Peachum und der Dirne Jenny) wie auch zur Darstellung von Fragen öffentlicher und politischer Moral (Korruption im Zusammenhang mit dem Polizeipräsidenten Brown). Am Schluss wird Mackie Messer trotz aller Bestechungsversuche zum Tod am Galgen verurteilt. Das Stück endet:

Die Dreigroschenoper (1928) | Bertolt Brecht**

MAC Wir wollen die Leute nicht warten lassen. Meine Damen und Herren. Sie sehen den untergehenden Vertreter eines untergehenden Standes. Wir kleinen bürgerlichen Handwerker, die wir mit dem biederen Brecheisen an den Nickelkassen der kleinen Ladenbesitzer arbeiten, werden von den Großunternehmern verschlungen, hinter denen die Banken stehen. Was ist ein Dietrich gegen eine Aktie? Was ist ein Einbruch in eine Bank gegen die Gründung einer Bank? Was ist die Ermordung eines Mannes gegen die Anstellung eines Mannes? Mitbürger, hiermit verabschiede ich mich von euch. Ich danke Ihnen, daß sie gekommen sind. Einige von Ihnen sind mir sehr nahegestanden. Daß Jenny mich angegeben haben soll, erstaunt mich sehr. Es ist ein deutlicher Beweis dafür, daß die Welt sich gleichbleibt. Das Zusammentreffen einiger unglücklicher Zufälle hat mich zu Fall gebracht. Gut – ich falle.

Songbeleuchtung: goldenes Licht. Die Orgel wird illuminiert.
An einer Stange kommen von oben drei Lampen herunter und auf den Tafeln steht:

Ballade, in der Macheath jedermann Abbitte leistet

Ihr Menschenbrüder, die ihr nach uns lebt
Laßt euer Herz nicht gegen uns verhärten
Und lacht nicht, wenn man uns zum Galgen hebt
Ein dummes Lachen hinter euren Bärten.
Und flucht auch nicht, und sind wir auch gefallen
Seid nicht auf uns erbost wie das Gericht:
Gesetzten Sinnes sind wir alle nicht –
Ihr Menschen, lasset allen Leichtsinn fallen
Ihr Menschen, laßt euch uns zur Lehre sein
Und bittet Gott, er möge mir verzeihn.
Der Regen wäscht uns ab und wäscht uns rein

Und wäscht das Fleisch, das wir zu gut genährt
Und die zuviel gesehn und mehr begehrt:
Die Augen hacken uns die Raben ein.
Wir haben wahrlich uns zu hoch verstiegen
Jetzt hängen wir hier wie aus Übermut
Zerpickt von einer gierigen Vögelbrut
Wie Pferdeäpfel, die am Wege liegen.
Ach Brüder, laßt euch uns zur Warnung sein
Und bittet Gott, er möge uns verzeihn.

SMITH Bitte, Herr Macheath.
FRAU PEACHUM Polly und Lucy, steht eurem Manne bei in seiner letzten Stunde.
MAC Meine Damen, was auch immer zwischen uns …

SMITH *führt ihn ab:* Vorwärts!

Gang zum Galgen

Alle ab durch Türe links. Diese Türen sind in den 50 Projektionsflächen.

Dann kommen auf der anderen Seite von der Bühne alle mit Windlichtern wieder herein. Wenn Macheath oben auf dem Galgen steht, spricht

PEACHUM Verehrtes Publikum, wir sind soweit
Und Herr Macheath wird aufgehängt
Denn in der ganzen Christenheit
Da wird dem Menschen nichts geschenkt.

Damit ihr aber nun nicht denkt
Das wird von uns auch mitgemacht
Wird Herr Macheath nicht aufgehängt
Sondern wir haben uns einen anderen Schluß ausgedacht.

Damit ihr wenigstens in der Oper seht
Wie einmal Gnade vor Recht ergeht.
Und darum wird, weil wir's gut mit euch meinen
Jetzt der reitende Bote des Königs erscheinen.

3. Dreigroschen-Finale

Auf den Tafeln steht: Auftauchen des reitenden Boten
CHOR Horch, wer kommt!
Des Königs reitender Bote kommt!
Hoch zu Roß erscheint Brown als reitender Bote.

BROWN Anläßlich ihrer Krönung befiehlt die Königin, daß der Captain Macheath sofort freigelassen wird. *Alle jubeln.* Gleichzeitig wird er hiermit in den erblichen Adelsstand erhoben *Jubel* und ihm das Schloß Marmarel sowie eine Rente von zehntausend Pfund bis zu seinem Lebensende überreicht. Den anwesenden Brautpaaren läßt die Königin ihre königlichen Glückwünsche übersenden.
MAC Gerettet, gerettet! Ja, ich fühle es, wo die Not am größten, ist die Hilfe am nächsten.
POLLY Gerettet, mein lieber Mackie ist gerettet. Ich bin sehr glücklich.
FRAU PEACHUM So wendet alles sich am End zum Glück. So leicht und friedlich wäre unser Leben, wenn die reitenden Boten des Königs immer kämen.
PEACHUM Darum bleibt alle stehen, wo ihr steht, und singt den Choral der Ärmsten der Armen, deren schwieriges Leben ihr heute dargestellt habt, denn in Wirklichkeit ist gerade ihr Ende schlimm. Die reitenden Boten des Königs kommen sehr selten, wenn die Getretenen widergetreten haben. Darum sollte man das Unrecht nicht zu sehr verfolgen.
ALLE *singen zur Orgel, nach vorn gehend:*
Verfolgt das Unrecht nicht zu sehr, in Bälde
Erfriert es schon von selbst, denn es ist kalt.
Bedenkt das Dunkel und die große Kälte
In diesem Tale, das von Jammer schallt.

Bertolt Brechts Dreigroschenbuch, Texte Materialien Dokumente, hrsg. von Siegfried Unsfeld, Frankfurt am Main, Suhrkamp Verlag, 1960, S. 60–63

1. Beschreiben Sie den politischen Standpunkt Brechts.
2. Diskutieren Sie auf der Basis einer Tonaufnahme der „Dreigroschenoper" die Wirkung der Musik von Kurt Weill (1900–1950).
3. Interpretieren Sie die Aussage des Schlusschors.

9 Tragödie und Komödie im Vergleich

Brecht hat 1956 geäußert, dass das epische Theater der Komödie nahestehe. So empfiehlt er, seine Stücke an dieser Gattungsform auszurichten, weil sich auf diese Weise die Verfremdung und der epische Charakter angemessen realisieren ließen. Auch Dürrenmatt hat sich für die Komödie als heute angemessene dramatische Gattung ausgesprochen. Neben der Tragödie (gr. *tragǭdía* = Bocksgesang, gleichbedeutend mit Trauerspiel) ist die Komödie (gr. *kõmos* = heiterer Umzug, ǭdḗ = Gesang) die zweite wichtige Dramenform.

Kabale und Liebe, Berlin 2016

Der Hauptmann von Köpenick, Berlin 2006

	Tragödie	**Komödie**
Stoff	Mythos und Geschichte	Geschichten aus dem Alltag
Personen	Standespersonen mit starkem Charakter	Typen aus dem „Volk"; komische Figuren
Handlungs-verlauf	Wechsel von Zufall und Notwendigkeit, tragischer Ausgang	Glücklicher Ausgang, auch wenn manche Personen der Lächerlichkeit preisgegeben werden
Sprachstil	Gehobene Sprache Pathos	Alltagssprache

II Das Drama nach 1945

1 Das Drama der unmittelbaren Nachkriegszeit: Wolfgang Borchert

Das Drama nach 1945 muss zum einen als Aufgreifen der **brechtschen Ansätze** gesehen werden, die durch das „Dritte Reich" in Deutschland unterbrochen und ins Exil verlagert worden waren; zum anderen fällt in die unmittelbare Nachkriegszeit die Vermittlung ausländischer Dramen an das deutsche Publikum.

Man begegnete jetzt in Westdeutschland den modernen Bearbeitungen antiker Stoffe durch Jean Anouilh und Jean Giraudoux, mehr psychologisch orientierten amerikanischen Autoren wie Eugene O'Neill und Tennessee Williams und den existenzialistischen Theaterstücken eines Jean-Paul Sartre oder Albert Camus, die die Frage nach dem Sinn des menschlichen Lebens grundsätzlich stellten. Großes Interesse fand auch das religiöse Drama Paul Claudels.

Das Stück „Draußen vor der Tür" (1947) von **Wolfgang Borchert** (1921–1947) ist ein Kriegsheimkehrerdrama, von dem Borchert im Untertitel sagt: „Ein Stück, das kein Theater spielen und kein Publikum sehen will." Borchert steht sprachlich und stilistisch in expressionistischer Tradition, wenn er den „Schrei" des Menschen gestaltet und im Personenverzeichnis typisierend vorgeht.

Unteroffizier Beckmann, die Hauptfigur, durchläuft verschiedene „Stationen" bei seinem verzweifelten Versuch, von seinen Gewissensqualen wegen der Verantwortung für die Kriegstoten erlöst zu werden. Außerdem erfährt er ein typisches privates Heimkehrerschicksal, weil sich seine Ehefrau einem anderen Mann zugewendet hat. Das Stück gewinnt surreale Züge, wenn Beckmann mit seinem Doppelgänger-Ich oder Personifizierungen Gottes bzw. des Todes spricht. Eine der wichtigsten Stationen ist Beckmanns Besuch bei seinem ehemaligen Oberst:

Rolf Henninger als Beckmann in „Draußen vor der Tür" von Wolfgang Borchert, Kölner Inszenierung aus dem Jahr 1948

Draußen vor der Tür (1947) | Wolfgang Borchert**

BECKMANN *(ganz weit weg)*: Herr Oberst?

OBERST: Also, was wollen Sie nun?

BECKMANN *(ganz weit weg)*: Herr Oberst?

OBERST: Ich höre, ich höre.

BECKMANN: *(schlaftrunken, traumhaft)*: Hören Sie, Herr Oberst? Dann ist es gut. Wenn Sie hören, Herr Oberst. Ich will Ihnen nämlich meinen Traum erzählen, Herr Oberst. Den Traum träume ich jede Nacht. Dann wache ich auf, weil jemand so grauenhaft schreit. Und wissen Sie, wer das ist, der da schreit? Ich selbst, Herr Oberst, ich selbst. Ulkig, nicht, Herr Oberst? Und dann kann ich nicht wieder einschlafen. Keine Nacht, Herr Oberst. Denken Sie mal, Herr Oberst, jede Nacht wachliegen. Deswegen bin ich müde, Herr Oberst, ganz furchtbar müde.

OBERST *(interessiert)*: Aber von Ihrem Traum wachen Sie auf, sagen Sie?

BECKMANN: Nein, von meinem Schrei. Nicht von dem Traum. Von dem Schrei.

OBERST *(interessiert)*: Aber der Traum, der veranlaßt Sie zu diesem Schrei, ja?

BECKMANN: Denken Sie mal an, ja. Er veranlaßt mich. Der Traum ist nämlich ganz seltsam, müssen Sie wissen. Ich will ihn mal erzählen. Sie hören doch, Herr Oberst, ja? Da steht ein Mann und spielt Xylophon. Er spielt einen rasenden Rhythmus. Und dabei schwitzt er, der Mann, denn er ist außergewöhnlich fett. Und er spielt auf einem Riesenxylophon. Und weil es so groß ist, muß er bei jedem Schlag vor dem Xylophon hin und her sausen. Und dabei schwitzt er, denn er ist tatsächlich sehr fett. Aber er schwitzt gar keinen Schweiß, das ist das Sonderbare. Er schwitzt Blut, dampfendes, dunkles Blut. Und das Blut läuft in zwei breiten roten Streifen an seiner Hose runter, daß er von weitem aussieht wie ein General. Wie ein General! Ein fetter, blutiger General. Es muß ein alter schlachtenerprobter General sein, denn er hat beide Arme verloren. Ja, er spielt mit langen dünnen Prothesen, die wie Handgranatenstiele aussehen, hölzern und mit einem Metallring. Es muß ein ganz fremdartiger Musiker sein, der General, denn die Hölzer seines riesigen Xylophons sind gar nicht aus Holz. Nein, glauben Sie mir, Herr Oberst, glauben Sie mir, sie sind aus Knochen. Glauben Sie mir das, Herr Oberst, aus Knochen!

OBERST *(leise)*: Ja, ich glaube. Aus Knochen.

BECKMANN *(immer noch tranceähnlich, spukhaft)*: Ja, nicht aus Holz, aus Knochen. Wunderbare weiße Knochen. Schädeldecken hat er da, Schulterblätter, Beckenknochen. Und für die höheren Töne Armknochen und Beinknochen. Dann kommen die Rippen – viele tausend Rippen. Und zum Schluß, ganz am Ende des Xylophons, wo die ganz hohen Töne liegen, da sind Fingerknöchel, Zehen, Zähne. Ja, als Letztes kommen die Zähne. Das ist das Xylophon, auf dem der fette Mann mit den Generalsstreifen spielt. Ist das nicht ein komischer Musiker, dieser General?

OBERST *(unsicher)*: Ja, sehr komisch. Sehr, sehr komisch!

BECKMANN: Ja, und nun geht es erst los. Nun fängt der Traum erst an. Also, der General steht vor dem Riesenxylophon aus Menschenknochen und trommelt mit seinen Prothesen einen Marsch. Preußens Gloria oder den Badenweiler. Aber meistens spielt er den Einzug der Gladiatoren und die Alten Kameraden. Meistens spielt er die. Die kennen Sie doch, Herr Oberst, die Alten Kameraden? *(summt)*

OBERST: Ja, ja. Natürlich. *(summt ebenfalls)*

BECKMANN: Und dann kommen sie. Dann ziehen sie ein, die Gladiatoren, die alten Kameraden. Dann stehen sie auf aus den Massengräbern, und ihr blutiges Gestöhn stinkt bis an den weißen Mond. [...] [S]ie rotten sich zusammen, die Verrotteten, und bilden Sprechchöre. Donnernde, drohende, dumpfe Sprechchöre. Und wissen Sie, was Sie brüllen, Herr Oberst?

OBERST *(flüstert)*: Nein.

BECKMANN: Beckmann, brüllen sie. Unteroffizier Beckmann. Immer Unteroffizier Beckmann. Und das Brüllen wächst. Und das Brüllen rollt heran, tierisch wie ein Gott schreit, fremd, kalt, riesig. Und das Brüllen wächst und rollt und wächst und rollt! Und das Brüllen wird dann so groß, so erwürgend groß, daß ich keine Luft mehr kriege. Und dann schreie ich, dann schreie ich los in der Nacht. Dann muß ich schreien, so furchtbar, furchtbar schreien. Und davon werde ich dann immer wach. Jede Nacht. Jede Nacht das Konzert auf dem Knochenxylophon, und jede Nacht die Sprechchöre, und jede Nacht der furchtbare Schrei. Und dann kann ich nicht wieder einschlafen, weil ich doch die Verantwortung hatte. Ich hatte doch die Verantwortung. Ja, ich hatte die Verantwortung. Und deswegen komme ich nun zu Ihnen, Herr Oberst, denn ich will endlich mal wieder schlafen. Ich will einmal wieder schlafen. Deswegen komme ich zu Ihnen, weil ich schlafen will, endlich mal wieder schlafen.

OBERST: Was wollen Sie denn von mir?

BECKMANN: Ich bringe sie Ihnen zurück.

OBERST: Wen?

BECKMANN *(beinah naiv)*: Die Verantwortung. Ich bringe Ihnen die Verantwortung zurück. Haben Sie das ganz vergessen, Herr Oberst? Den 14. Februar? Bei Gorodok. Es waren 42 Grad Kälte. Da kamen Sie doch in unsere Stellung, Herr Oberst, und sagten: Unteroffizier Beckmann. Hier, habe ich geschrien. Dann sagten Sie, und Ihr Atem blieb an Ihrem Pelzkragen als Reif hängen – das weiß ich noch ganz genau, denn Sie hatten einen sehr schönen Pelzkragen – dann sagten Sie: Unteroffizier Beckmann, ich übergebe Ihnen die Verantwortung für die zwanzig Mann. Sie erkunden den Wald östlich Gorodok und machen nach Möglichkeit ein paar Gefangene, klar? Jawohl, Herr Oberst, habe ich da gesagt. Und dann sind wir losgezogen und haben erkundet. Und ich – ich hatte die Verantwortung. Dann haben wir die ganze Nacht erkundet, und dann wurde geschossen, und als wir wieder in der Stellung waren, da fehlten elf Mann. Und ich hatte die Verantwortung. Ja, das ist alles, Herr Oberst. Aber nun ist der Krieg aus, nun will ich pennen, nun gebe ich Ihnen die Verantwortung zurück Herr Oberst, ich will sie nicht mehr, ich gebe sie Ihnen zurück, Herr Oberst.

OBERST: Aber mein lieber Beckmann, Sie erregen sich unnötig. So war es doch nicht gemeint.

BECKMANN *(ohne Erregung, aber ungeheuer ernsthaft)*: Doch. Doch, Herr Oberst. So muß das gemeint sein. Verantwortung ist doch nicht nur ein Wort, eine chemische Formel, nach der helles Menschenfleisch in dunkle Erde verwandelt wird. Man kann doch Menschen nicht für ein leeres Wort sterben lassen.

Irgendwo müssen wir doch hin mit unserer Verantwortung. Die Toten – antworten nicht. Gott – antwortet nicht. Aber die Lebenden, die fragen. Die fragen jede Nacht, Herr Oberst. Wenn ich dann wach liege, dann kommen sie und fragen.

Borchert, Wolfgang, Draußen vor der Tür, Hamburg, Rowohlt Taschenbuch Verlag, 1956, S. 22–26, gekürzt

1. Beschreiben Sie Beckmanns Erfahrungen.
2. Untersuchen Sie unter Berücksichtigung der sprachlichen Gestaltung, wie diese sich in Beckmanns Traum widerspiegeln.
3. Diskutieren Sie die Frage persönlicher Verantwortung im Krieg.

2 Parabelstück: Max Frisch

Im sogenannten Parabelstück der deutschen Nachkriegsliteratur zeigt sich der Einfluss des brechtschen Theaters am nachhaltigsten. Man versteht darunter die lehrhafte Gestaltung eines Stoffes, wobei zwischen einer konkreten realen Bühnensituation mit **Modellcharakter** und einer daraus gezogenen allgemeingültigen Erkenntnis – z. B. über die Zusammenhänge zwischen Schuld und Moral, Macht und Geist, Masse und Individuum, ökonomischen Zwängen und Freiheit – zu unterscheiden ist.

Max Frisch zeigt deutlich die Nähe zu Brechts Lehrstücken, lässt aber auch schon Vorbehalte gegen den Demonstrationscharakter dieses Dramentyps erkennen. Vereinfachend lassen sich beim Parabelstück folgende Vor- und Nachteile gegenüberstellen:

Vorteile	Nachteile
• Klarer Aufbau	• Konstruierte Handlung
• Einsichtiger Modellcharakter	• Vereinfachende Personengestaltung
• Leicht nachvollziehbare Aussage	• Stets spürbarer lehrhafter Zeigefinger
• Deutliche Lehre	

Ein bekanntes Beispiel für Parabelstücke von **Max Frisch** (1911–1991) ist „Andorra“ (1961). Andorra ist für Frisch ein fiktiver Modellstaat, der als tolerant und human gelten will, es aber nicht ist. Im Nachbarland von Andorra werden Juden verfolgt. Der Lehrer in Andorra gibt vor, dass sein Pflegesohn Andri ein von ihm aus diesem Nachbarstaat gerettetes jüdisches Kind sei. In Wirklichkeit ist Andri aber ein uneheliches Kind des Lehrers mit einer dort lebenden, nicht jüdischen „Senora“, was er aber in Andorra verheimlichen möchte. In verschiedenen Spielszenen zeigt die Parabel nun, wie Andri bei den Andorranern mit sämtlichen antisemitischen Vorurteilen konfrontiert wird. Das führt dazu, dass er schließlich dieses Bild, das sich die anderen von ihm machen, übernimmt und verinnerlicht. Wenn am Schluss die sogenannten Schwarzen aus dem Nachbarstaat in Andorra einmarschieren, findet eine öffentliche „Judenschau“ statt, bei der Andri festgenommen und abgeführt wird. Zwischen den eigentlichen Handlungsszenen (12 Bilder) fügt Frisch sogenannte Vordergrundszenen ein, in denen sich die einzelnen Andorraner wie vor einer imaginären Gerichtsschranke zu rechtfertigen versuchen. Nachdem Andri wiederholt mit antisemitischen

Vorurteilen seiner Umwelt konfrontiert worden ist, versucht der Pater, ihm mit seiner Sicht der Dinge zu helfen:

Andorra (1961) | Max Frisch***

ANDRI Stimmt das, Hochwürden, daß ich anders bin als alle?

Pause

PATER Andri, ich will dir etwas sagen.

ANDRI – ich bin vorlaut, ich weiß.

PATER Ich verstehe deine Not. Aber du sollst wissen, daß wir dich gern haben, Andri, so wie du bist. Hat dein Pflegevater nicht alles getan für dich? Ich höre, er hat Land verkauft, damit du Tischler wirst.

ANDRI Ich werde aber nicht Tischler.

PATER Wieso nicht?

ANDRI Meinesgleichen denkt alleweil nur ans Geld, heißt es, und drum gehöre ich nicht in die Werkstatt, sagt der Tischler, sondern in den Verkauf. Ich werde Verkäufer, Hochwürden.

PATER Nun gut.

ANDRI Ich wollte aber Tischler werden.

PATER Warum setzest du dich nicht?

ANDRI Hochwürden irren sich, glaub ich. Niemand mag mich. Der Wirt sagt, ich bin vorlaut, und der Tischler findet das auch, glaub ich. Und der Doktor sagt, ich bin ehrgeizig, und meinesgleichen hat kein Gemüt.

PATER Setz dich!

ANDRI Stimmt das, Hochwürden, daß ich kein Gemüt habe?

PATER Mag sein, Andri, du hast etwas Gehetztes.

ANDRI Und Peider sagt, ich bin feig.

PATER Wieso feig?

ANDRI Weil ich Jud bin.

PATER Was kümmerst du dich um Peider?

Andri schweigt.

Andri, ich will dir etwas sagen.

ANDRI Man soll nicht immer an sich selbst denken, ich weiß. Aber ich kann nicht anders, Hochwürden, es ist so. Immer muß ich denken, ob's wahr ist, was die andern von mir sagen: daß ich nicht bin wie sie, nicht fröhlich, nicht gemütlich, nicht einfach so. Und Hochwürden finden ja auch, ich hab etwas Gehetztes. Ich versteh schon, daß niemand mich mag. Ich mag mich selbst nicht, wenn ich an mich selbst denke.

Szene aus der Uraufführung des Stücks im Jahr 1962 im Züricher Schauspielhaus

Der Pater erhebt sich.

Kann ich jetzt gehn?

PATER Jetzt hör mich einmal an!

ANDRI Was, Hochwürden, will man von mir?

PATER Warum so mißtrauisch?

ANDRI Alle legen ihre Hände auf meine Schulter.

PATER Weißt du, Andri, was du bist?

Der Pater lacht.

Du weißt es nicht, drum sag ich es dir.

Andri starrt ihn an.

Ein Prachtskerl! In deiner Art. Ein Prachtskerl! Ich habe dich beobachtet, Andri, seit Jahr und Tag –

ANDRI Beobachtet?

PATER Freilich.

ANDRI Warum beobachtet ihr mich alle?

PATER Du gefällst mir, Andri, mehr als alle andern, ja, grad weil du anders bist als alle. Was schüttelst du den Kopf? Du bist gescheiter als sie. Jawohl! Das gefällt mir an dir, Andri, und ich bin froh, daß du gekommen bist und daß ich es dir einmal sagen kann.

ANDRI Das ist nicht wahr.

PATER Was ist nicht wahr?

ANDRI Ich bin nicht anders. Ich will nicht anders sein. Und wenn er dreimal so kräftig ist wie ich, dieser Peider, ich hau ihn zusammen vor allen Leuten auf dem Platz, das hab ich mir geschworen –

PATER Meinetwegen.

ANDRI Das hab ich mir geschworen –

PATER Ich mag ihn auch nicht.
ANDRI Ich will mich nicht beliebt machen. Ich werde mich wehren. Ich bin nicht feig – und nicht gescheiter als die andern, Hochwürden, ich will nicht, daß Hochwürden das sagen.
PATER Hörst du mich jetzt an?
ANDRI Nein.
Andri entzieht sich.
Ich mag nicht immer eure Hände auf meinen Schultern …
Pause
PATER Du machst es einem wirklich nicht leicht.
Pause
Kurz und gut, deine Pflegemutter war hier. Mehr als vier Stunden. Die gute Frau ist ganz unglücklich. Du kommst nicht mehr zu Tisch, sagt sie, und bist verstockt. Sie sagt, du glaubst nicht, daß man dein Bestes will.
ANDRI Alle wollen mein Bestes!
PATER Warum lachst du?
ANDRI Wenn er mein Bestes will, warum, Hochwürden, warum will er mir alles geben, aber nicht seine eigene Tochter?
PATER Es ist sein väterliches Recht –
ANDRI Warum aber? Warum? Weil ich Jud bin.
PATER Schrei nicht!
Andri schweigt.
Kannst du nichts andres mehr denken in deinem Kopf? Ich habe dir gesagt, Andri, als Christ, daß ich dich liebe – aber eine Unart, das muß ich leider schon sagen, habt ihr alle: Was immer euch widerfährt in diesem Leben, alles und jedes bezieht ihr nur darauf, daß ihr Jud seid. Ihr macht es einem wirklich nicht leicht mit eurer Überempfindlichkeit.
Andri schweigt und wendet sich ab. […]
ANDRI Kann ich jetzt gehn?
PATER Kein Mensch, Andri, kann aus seiner Haut heraus, kein Jud und kein Christ. Niemand. Gott will, daß wir sind, wie er uns geschaffen hat. Verstehst du mich? Und wenn sie sagen, der Jud ist feig, dann wisse: Du bist nicht feig, Andri, wenn du es annimmst, ein Jud zu sein.
Im Gegenteil. Du bist nun einmal anders als wir. Hörst du mich? Ich sage: Du bist nicht feig. Bloß wenn du sein willst wie die Andorraner alle, dann bist du feig …
Eine Orgel setzt ein.
ANDRI Kann ich jetzt gehn?
PATER Denk darüber nach, Andri, was du selbst gesagt hast: Wie sollen die andern dich annehmen, wenn du dich selbst nicht annimmst?
ANDRI Kann ich jetzt gehn …
PATER Andri, hast du mich verstanden?

Vordergrund

Der Pater kniet.
PATER Du sollst dir kein Bildnis machen von Gott, deinem Herrn, und nicht von den Menschen, die seine Geschöpfe sind. Auch ich bin schuldig geworden damals. Ich wollte ihm mit Liebe begegnen, als ich gesprochen habe mit ihm. Auch ich habe mir ein Bildnis gemacht von ihm, auch ich habe ihn gefesselt, auch ich habe ihn an den Pfahl gebracht.

In einer späteren „Vordergrundszene" versucht der Arzt Andorras eine Rechtfertigung:

Vordergrund
Der Doktor tritt an die Zeugenschranke.
DOKTOR Ich möchte mich kurz fassen, obschon vieles zu berichtigen wäre, was heute geredet wird. Nachher ist es immer leicht zu wissen, wie man sich hätte verhalten sollen, abgesehen davon, daß ich, was meine Person betrifft, wirklich nicht weiß, warum ich mich anders hätte verhalten sollen. Was hat unsereiner denn eigentlich getan? Überhaupt nichts. Ich war Amtsarzt, was ich heute noch bin. Was ich damals gesagt haben soll, ich erinnere mich nicht mehr, es ist nun einmal meine Art, ein Andorraner sagt, was er denkt – aber ich will mich kurz fassen … Ich gebe zu: Wir haben uns damals alle getäuscht, was ich selbstverständlich nur bedauern kann. Wie oft soll ich das noch sagen? Ich bin nicht für Greuel, ich bin es nie gewesen. Ich habe den jungen Mann übrigens nur zwei- oder dreimal gesehen. Die Schlägerei, die später stattgefunden haben soll, habe ich nicht gesehen. Trotzdem verurteile ich sie selbstverständlich. Ich kann nur sagen, daß es nicht meine Schuld

ist, einmal abgesehen davon, daß sein Benehmen (was man leider nicht verschweigen kann) mehr und mehr (sagen wir es offen) etwas Jüdisches hatte, obschon der junge Mann, mag sein, ein Andorraner war wie unsereiner. Ich bestreite keineswegs, daß wir sozusagen einer gewissen Aktualität erlegen sind. Es war, vergessen wir nicht, eine aufgeregte Zeit. Was meine Person betrifft, habe ich nie an Mißhandlungen teilgenommen oder irgend jemand dazu aufgefordert. Das darf ich wohl vor aller Öffentlichkeit betonen. Eine tragische Geschichte, kein Zweifel. Ich bin nicht schuld, daß es dazu gekommen ist. Ich glaube im Namen aller zu sprechen, wenn ich, um zum Schluß zu kommen, nochmals wiederhole, daß wir den Lauf der Dinge – damals – nur bedauern können.

Frisch, Max, Andorra, Frankfurt am Main, Suhrkamp Verlag, [17]1982, S. 59–65, 104–105, gekürzt

1. Beschreiben Sie, wie der Pater und Andri jeweils mit dem antisemitischen Vorurteil umgehen.
2. Vergleichen Sie die Rechtfertigungsversuche in den beiden Vordergrundszenen nach Inhalt und Sprache.
3. Diskutieren Sie, inwiefern der Dialog zwischen dem Pater und Andri parabelhafte Züge aufweist. Übertragen Sie das Modellhafte dieses Gesprächs auf andere Themen.

3 Grotesk-zeitkritisches Theater: Friedrich Dürrenmatt

Der zweite große Schweizer Dramatiker **Friedrich Dürrenmatt** (1921–1990) steht wie Max Frisch in der Brecht-Nachfolge, schlägt aber einen anderen Weg ein. In seinem grotesk-zeitkritischen Theater setzt er sich zwar auch mit der Wirklichkeit anhand von Modellen auseinander, aber diese überzeichnen reale Zustände grotesk mit den Mitteln der Komödie, Parodie und Satire und mit kabarettistischen Elementen; so entsteht ein makabres **Spiel**, das die **Wirklichkeit** durch die Verbindung von oft Unvereinbarem verzerrt. Dadurch wird der reine Spielcharakter der Handlung, der Figuren und ihrer Welt noch deutlicher als bei Brecht oder Frisch. Dahinter steht die Auffassung Dürrenmatts, dass die Welt nicht mehr auf der Bühne abbildbar und erklärbar sei.

1955 entstand Dürrenmatts tragische Komödie „Der Besuch der alten Dame", ein Stück, das nach seiner Züricher Uraufführung zum Welterfolg wurde. Der fiktive Ort Güllen ist das grotesk zugespitzte Modell einer Gesellschaft, in der Geld alles regiert. Claire Zachanassian kommt als alte Dame in ihren Heimatort zurück, den sie als junges Mädchen verlassen musste. Alfred Ill, von dem sie damals schwanger war, hatte vor Gericht die Vaterschaft geleugnet und zwei andere Männer bestochen, gegen Claire auszusagen. Diese damaligen Zeugen bringt Claire nun als ihre zu Eunuchen gemachten Diener mit. Inzwischen zu riesigem Reichtum gekommen, verspricht sie der Stadt Güllen eine Milliarde, wenn die Bewohner den Ladenbesitzer Ill töten und damit für „Gerechtigkeit" sorgen. Die Bürger lehnen dieses Angebot zunächst entrüstet „im Namen der Menschlichkeit" ab, erliegen aber der Versuchung des Reichtums von Szene zu Szene mehr, bis schließlich Ill in einer Art Bürgerversammlung, der Festveranstaltung zu Ehren der reichen Spenderin, umgebracht wird. Der Arzt stellt „Herzschlag" fest und die Presse meldet „Tod aus Freude". Damit werden die Verführbarkeit der Menschen und ihre Käuflichkeit gezeigt, obwohl sie vorgeben, nach den Idealen der Humanität zu leben. Seinen grotesk-skurrilen Charakter erhält das Stück durch die vielen kleinen Szenen, in denen Claire und ihr Gefolge Angst und Schrecken verbreiten und die Güllener Bürger Schritt für Schritt – sie tragen nun alle gelbe Schuhe – den Versuchungen des künftigen Wohlstands erliegen.

Der Besuch der alten Dame (1955) | Friedrich Dürrenmatt**

Bei der offiziellen Empfangsszene trägt die „alte Dame" ihr zynisches Ansinnen vor:

DER BÜRGERMEISTER: Gnädige Frau, meine lieben Güllener. Es sind jetzt fünfundvierzig Jahre her, daß Sie unser Städtchen verlassen haben, welches vom Kurfürsten Hasso dem Noblen gegründet, so freundlich zwischen dem Konradsweilerwald und der Niederung von Pückenried gebettet liegt. Fünfundvierzig Jahre, mehr als vier Jahrzehnte, eine Menge Zeit. Vieles hat sich inzwischen ereignet, viel Bitteres. Traurig ist es der Welt ergangen, traurig uns. Doch haben wir Sie, gnädige Frau – unsere Kläri – *Beifall* – nie vergessen. Weder Sie, noch Ihre Familie. Die prächtige, urgesunde Mutter – *Ill flüstert ihm etwas zu* – leider allzu früh von einer Lungenschwindsucht dahingerafft, der volkstümliche Vater, der beim Bahnhof ein von Fachkreisen und Laien stark besuchtes – *Ill flüstert ihm etwas zu* – stark beachtetes Gebäude errichtete, leben in Gedanken noch unter uns, als unsere Besten, Wackersten. Und gar Sie, gnädige Frau – als blond – *Ill flüstert ihm etwas zu* – rotgelockter Wildfang tollten Sie durch unsere nun leider verlotterten Gassen – wer kannte Sie nicht. Schon damals spürte jeder den Zauber Ihrer Persönlichkeit, ahnte den kommenden Aufstieg zu der schwindelnden Höhe der Menschheit. *Er zieht das Notizbüchlein hervor.* […]

Gnädig Frau, liebe Güllener, die zarten Keime so erfreulicher Anlagen haben sich denn nun kräftig entwickelt, aus dem rotgelockten Wildfang wurde eine Dame, die die Welt mit ihrer Wohltätigkeit überschüttet, man denke nur an ihre Sozialwerke, an ihre Müttersanatorien und Suppenanstalten, an ihre Künstlerhilfe und Kinderkrippen, und so möchte ich der nun Heimgefundenen zurufen: Sie lebe hoch, hoch, hoch! *Beifall. Claire Zachanassian erhebt sich.*

CLAIRE ZACHANASSIAN: Bürgermeister, Güllener. Eure selbstlose Freude über meinen Besuch rührt mich. Ich war zwar ein etwas anderes Kind, als ich nun in der Rede des Bürgermeisters vorkomme, in der Schule wurde ich geprügelt, und die Kartoffeln für die Witwe Boll habe ich gestohlen, gemeinsam mit Ill, nicht um die alte Kupplerin vor dem Hungertode zu bewahren, sondern um mit Ill einmal in einem Bett zu liegen, wo es bequemer war als im Konradsweilerwald oder in der Peterschen Scheune. Um jedoch meinen Beitrag an eure Freude zu leisten, will ich gleich erklären, daß ich bereit bin, Güllen eine Milliarde zu schenken. Fünfhundert Millionen der Stadt und fünfhundert Millionen verteilt auf jede Familie. *Totenstille.*

TV-Verfilmung des Friedrich-Dürrenmatt-Stücks „Der Besuch der alten Dame" mit Maria Schell und Günter Lamprecht, 1982

DER BÜRGERMEISTER *stotternd*: Eine Milliarde. *Alle immer noch in Erstarrung.*

CLAIRE ZACHANASSIAN: Unter einer Bedingung. *Alle brechen in einen unbeschreiblichen Jubel aus. Tanzen herum, stehen auf die Stühle, der Turner turnt usw. Ill trommelt sich begeistert auf die Brust.*

ILL: Die Klara! Goldig! Wunderbar! Zum Kugeln! Voll und ganz mein Zauberhexchen! *Er küßt sie.*

DER BÜRGERMEISTER: Unter einer Bedingung, haben gnädige Frau gesagt. Darf ich diese Bedingung wissen?

CLAIRE ZACHANASSIAN: Ich will die Bedingung nennen. Ich gebe euch eine Milliarde und kaufe mir dafür die Gerechtigkeit. *Totenstille.*

DER BÜRGERMEISTER: Wie ist dies zu verstehen, gnädige Frau?

CLAIRE ZACHANASSIAN: Wie ich es sagte.

DER BÜRGERMEISTER: Die Gerechtigkeit kann man doch nicht kaufen!

CLAIRE ZACHANASSIAN: Man kann alles kaufen. […]

Nach der Aufklärung über Claires damaligen Prozess, in dem ihr Unrecht widerfahren war, endet der 1. Akt mit der vorläufigen Ablehnung des Geldes:

ILL *stampft auf den Boden*: Verjährt, alles verjährt! Eine alte, verrückte Geschichte.
DER BUTLER: Was geschah mit dem Kind, Klägerin?
CLAIRE ZACHANASSIAN *leise*: Es lebte ein Jahr.
DER BUTLER: Was geschah mit Ihnen?
CLAIRE ZACHANASSIAN: Ich wurde eine Dirne.
DER BUTLER: Weshalb?
CLAIRE ZACHANASSIAN: Das Urteil des Gerichts machte mich dazu.
DER BUTLER: Und nun wollen Sie Gerechtigkeit, Claire Zachanassian?
CLAIRE ZACHANASSIAN: Ich kann sie mir leisten. Eine Milliarde für Güllen, wenn jemand Alfred Ill tötet. *Totenstille. Frau Ill stürzt auf Ill zu, umklammert ihn.*
FRAU ILL: Fredi!
ILL: Zauberhexchen! Das kannst du doch nicht fordern! Das Leben ging doch längst weiter!
CLAIRE ZACHANASSIAN: Das Leben ging weiter, aber ich habe nichts vergessen, Ill. Weder den Konradsweilerwald, noch die Petersche Scheune, weder die Schlafkammer der Witwe Boll, noch deinen Verrat. Nun sind wir alt geworden, beide, du verkommen und ich von den Messern der Chirurgen zerfleischt, und jetzt will ich, daß wir abrechnen, beide: Du hast dein Leben gewählt und mich in das meine gezwungen. Du wolltest, daß die Zeit aufgehoben würde, eben, im Wald unserer Jugend, voll von Vergänglichkeit. Nun habe ich sie aufgehoben, und nun will ich Gerechtigkeit, Gerechtigkeit für eine Milliarde. *Der Bürgermeister steht auf, bleich, würdig.*
DER BÜRGERMEISTER: Frau Zachanassian: Noch sind wir in Europa, noch sind wir keine Heiden. Ich lehne im Namen der Stadt Güllen das Angebot ab. Im Namen der Menschlichkeit. Lieber bleiben wir arm, denn blutbefleckt. *Riesiger Beifall.*
CLAIRE ZACHANASSIAN: Ich warte.

Dürrenmatt, Friedrich: Der Besuch der alten Dame, Copyright © 1986 Diogenes Verlag AG Zürich, S. 30–32, 35

1. Untersuchen Sie die Redestrategien des Bürgermeisters in seiner Begrüßung der alten Dame.
2. Analysieren Sie die grotesken Züge dieses Szenenausschnittes.
3. Charakterisieren Sie die Rechts- und Moralvorstellungen von Claire Zachanassian.

4 Dokumentarisches Theater: Heinar Kipphardt

Vor dem Hintergrund der Protestbewegungen und der sich verstärkenden Politisierung der Literatur der 1960er-Jahre vollzog sich auch die Entwicklung des dokumentarischen Theaters. Seine Autoren benutzten historisches Material in Form authentischer Quellen, um dem Zuschauer aktuelle zeitgeschichtliche Probleme auf der Bühne vor Augen zu führen. Aus dem Zweifel an der gesellschaftlichen Wirksamkeit des Illusionstheaters in all seinen Formen entstand der Versuch, die Fakten sprechen zu lassen: Protokolle, Archiv- und Zeitungsmaterial, historische und literarische Texte, Prozess- und Patientenunterlagen u. Ä. Der Autor hält sich zwar weitgehend an dieses **dokumentarische Material**, nutzt aber die künstlerische Freiheit, das **Material auszuwählen**, zu kürzen, zu ergänzen, ja sogar Neues zu erfinden, nach seiner Aussageabsicht zu akzentuieren und nach dramaturgischen Gesichtspunkten zu einem bühnengerechten Handlungsablauf zusammenzustellen.

In diesem künstlerischen Produkt geht es vorrangig um „Sinntreue", nicht um bloße „Worttreue", wie Heinar Kipphardt in seiner Nachbemerkung zum Dokumentarstück „In der

Sache J. R. Oppenheimer" (1964) betont. Trotzdem bleibt diese dramatische Form in einer nie ganz aufzulösenden Spannung zwischen scheinbar objektiver Realität des Materials und der subjektiven Aussageabsicht des Autors. Die Schwierigkeiten reichen von den Auswahlkriterien bei der Materialsichtung durch den Autor bis hin zum Resultat der szenischen Reproduktion auf der Bühne, wo eben Schauspieler, und nicht historische Personen, agieren. Vereinfachend lässt sich beim Dokumentarstück Folgendes gegenüberstellen:

Vorteile	Nachteile
• Aktualität der Themen • Relevanz der Probleme • Brisanz der Stoffe • Engagement in der Auseinandersetzung mit politischen Fragen	• Einseitigkeit bei der Auswahl der Dokumente • Fragwürdigkeit der Bearbeitung • Verfälschung historischer Realität • Gefahr der Manipulation des Zuschauers • Zurücktreten des künstlerischen Anspruchs

Als die drei wichtigsten Vertreter des Dokumentartheaters gelten **Rolf Hochhuth** (geb. 1931), **Peter Weiss** (1916–1982) und **Heinar Kipphardt** (1922–1982). Dessen letztes Stück „Bruder Eichmann" erschien 1983 und befasst sich mit einem der berüchtigtsten Organisatoren des Holocaust, Adolf Eichmann, der 1960–62 in Israel vor Gericht gestellt und zum Tode verurteilt wurde. Kipphardt, der vor allem Vernehmungsprotokolle und psychologische Gutachten verwendet hat, zeigt am Beispiel des Schreibtischtäters Adolf Eichmann einen Mitläufer und Bürokraten, der zum Massenmörder wird.

Bruder Eichmann (1983) | Heinar Kipphardt***

Kipphardt lässt Eichmann weitgehend den Quellen entsprechend agieren und reden, wie z. B. bei seiner Befragung durch eine Psychiaterin:

5. SZENE
Eichmanns Zelle.
Eichmann und die Psychiaterin Frieda Schilch.
Bewachung wie beschrieben.
Frieda Schilch ist eine schöne Frau, offen, an Menschen außerordentlich interessiert. Es ist auch ihre Technik, etwas von Menschen zu erfahren, indem sie offen und interessiert scheint, auch wenn sie es nicht ist.

EICHMANN: Von der Kinderstube angefangen, war bei mir der Gehorsam etwas Unumstößliches, etwas Nicht-aus-der-Welt-zu-Schaffendes.

SCHILCH: Warum?

EICHMANN: Aus meiner Erziehung, strenge Erziehung, Frau Doktor, von meinem seligen Vater. Trotz liebevollster Zuneigung und Freude an mir, war er sehr streng gewesen, gab es keine Widerworte, mußte gehorcht werden.

Heinar Kipphardts „Bruder Eichmann" als Inszenierung des Schauspiels Frankfurt 1983

SCHILCH: Erinnern Sie sich an bestimmte Sachen?

EICHMANN: Bei den Mahlzeiten, zum Beispiel, Tischgebet, Reichen der Speisen, hieß es von Anfang an, was auf den Tisch kam, mußte gegessen werden. Wer etwas nicht aß, bekam es bei der nächsten Mahlzeit wieder, bis er es aufgegessen hatte. So lernten wir Genügsamkeit.

SCHILCH: Konnten Sie Wünsche äußern, was Sie gern aßen?

EICHMANN: Nein. Wir waren ja acht Kinder, sieben Söhne, eine Tochter. Es war den Kindern nicht erlaubt, während des Essens zu sprechen, nur wenn ein Kind direkt etwas gefragt wurde, durfte es antworten. Wegen schlechter Haltung, um die Arme anzulegen, aß ich eine Zeit mit Kochlöffeln zwischen den Armen und dem Oberkörper.

Schilch probiert das und amüsiert sich.

SCHILCH: Akzeptierte das die Mutter, war sie ein Schutz?

EICHMANN: Schutz? Ich weiß nicht, ob Schutz? [...] Der Vater war immer die bestimmende Figur gewesen, auch in der zweiten Ehe, und stets von großem Ansehen begleitet. Sehr prinzipienfest und willensstark.

SCHILCH: War es für Sie schwer, seinen Erwartungen zu genügen?

EICHMANN: Wie ich noch ganz klein war, hatte ich eine Kinderlähmung, Polio, und ich mußte neu gehen lernen. Einmal in der Woche prüfte er meine Fortschritte. Ich war sehr bedrückt, wenn er fand, daß ich nicht genug geübt hatte. Das ist meine erste Erinnerung, ziemlich meine erste. Auch in der Schule, lernen, lernen, hat es mich oft gequält, daß ich ihm nicht entspreche, als einziger der Söhne die Matura nicht erreichte, das Abitur.

SCHILCH: Was für Strafen gab es?

EICHMANN: Schuhputzen, Strafarbeiten, Ausgangssperre, Taschengeldentzug, Stubenarrest –. Das Schlimme für mich war nicht, wenn er schimpfte, sondern von seiner Enttäuschung sprach.

SCHILCH: Gab es demütigende Situationen? [...]

EICHMANN: Glaub ich nicht. Ich anerkannte meinen Vater als absolute Autorität wie ich später auch meine Lehrer und Vorgesetzten als Autorität anerkannte. Als ich zur Truppe kam, schien mir das Gehorchen keinen Deut schwerer als das Gehorchen der Kinderstube. Auch in der Schule, auch in den Berufsjahren auch da.

SCHILCH: Wenn ich Ihre Haltung einmal zu klären versuche, da war erstens, daß Sie, trotz aller Wut, gehorchten, das heißt, Sie zeigten der Autorität, daß Sie sie anerkennen – so sehr, daß Sie ihr sogar gehorchten, wenn sie im Unrecht ist, selbst wenn das Sie vernichten würde. Sie signalisierten mit Ihrer rückhaltlosen Unterwerfung gleichzeitig, daß Sie einen Anspruch darauf hätten, von ihr erhoben zu werden, zu avancieren, ein Teil der Autorität zu werden. Kann man das so sagen?

EICHMANN: Ich bin da nicht der nötige Fachmann, Frau Doktor, der diese Sachen erklären kann. Ich habe damals stur meinen Befehlen eben Gehorsam geleistet, und darin habe ich – meine Erfüllung gefunden.

SCHILCH: Auch wenn Ihnen ein Befehl ganz falsch schien oder Sie in Gewissenskonflikte brachte?

EICHMANN: Hatte ich ihn nicht zu deuten, hatte ich ihn auszuführen, denn die Verantwortung, das Gewissen, muß ja der Befehlsgeber haben, letztlich also die Staatsspitze. Wenn man mir um jene Zeit, in diesem, wie es hieß, Schicksalskampf des deutschen Volkes gesagt hätte: Dein Vater ist ein Verräter, also mein eigener Vater ist ein Verräter, und ich hätte ihn zu töten, hätte ich das auch getan.

SCHILCH: Hätten Sie da nicht Beweise verlangt?

EICHMANN: Hätte man zu dieser Zeit nicht gelten lassen, Frau Doktor, glaube ich nicht. Es war ja sogar verboten, einen Befehl zu begründen, selbst das war verboten.

SCHILCH: Sie meinen wirklich, Sie hätten auf Befehl Ihren Vater ebenso erschossen, wie Sie auf Befehl Juden nach Auschwitz transportieren ließen?

EICHMANN: Ich weiß das natürlich nicht hundertprozentig, Frau Doktor, hätte ich?, hätte ich nicht? – vielleicht hätte ich mir eine Kugel durch den Kopf geschossen –, das ist wahrscheinlich meine Schuld, daß ich das nicht getan habe. Aber diese Schuld konnte ich bis zum 8. Mai 1945 nicht erkennen. Ich weiß natürlich heute, daß ein solches Leben, eingespannt in Gehorsam, Befehle, Weisungen, ein sehr bequemes Leben ist.

SCHILCH: Bequem? War Ihr Leben bequem?

EICHMANN: Nicht im Sinne von faul, aber ich wußte, was mir erlaubt und was mir verboten ist, in diesen Grenzen konnte ich frei leben, nach diesen ganz klaren Richtlinien. Darüber wachte die SS- und Polizeigerichtsbarkeit. [...]

Im Gegensatz zur protokollgetreuen Eichmann-Figur gestaltete Kipphardt den israelischen Verhöroffizier Avner Less freier, was zu dessen Protest und zur Umbenennung seiner Figur in Leo Chass führte:

13. SZENE

CHASS: Er ist einer von den Leuten, die ich hier im Bus nie wiedererkennen würde. Das soll der Motor der Ausrottung der europäischen Juden gewesen sein? Es entsetzt ihn der moralische Tiefstand der Menschen. „Ich habe jede Art der Kriminalität immer und tief gehaßt", sagte er. „Wie ich Juden sah, die erschossenen Juden Zahnkronen und Brücken rausreißen, da habe ich gewußt, daß man mit Menschen alles machen kann." Er zweifelt nicht, daß ich mich in seiner Lage wie er verhalten hätte. Als idealistischer Beamter hat er sich als einen Menschen gesehen, der ein Opfer vollzieht, ein heiliges Opfer, die Welt befehlsgemäß zu regieren. Und 1945 war er plötzlich um sein Lebenswerk betrogen, hatte er für nichts gearbeitet. In seinem heutigen Verständnis hat ihn die NS-Führung schuldig gemacht, aber der „kleine Funktionär", der „weisungsgebundene Beamte", der „unter Eid stehende Offizier" sind auch Positionen in der Linie seiner Verteidigung, zu seiner Tarnung, zu seiner Art von „lokischer List". Als Idealist habe er immer gehorcht, es sei auch so gewesen, daß er nicht gewußt habe, warum er nicht gehorchen sollte. Das Monster, es scheint, ist der gewöhnliche funktionale Mensch, der jede Maschine ölt und stark im Zunehmen begriffen ist. In diesen Monaten, schrecklicherweise, kommen wir uns näher.

Kipphardt, Heinar, Bruder Eichmann, Schauspiel und Materialien, Reinbek, Rowohlt Verlag, 1987, S. 29–35, 80, gekürzt

Eine Besonderheit des „Bruder Eichmann"-Stückes sind die sogenannten Analogieszenen, die aber in den meisten bisherigen Aufführungen ganz oder zum Teil gestrichen wurden. Darin will Kipphardt zeigen, dass ähnliche Denk- und Verhaltensmuster auch nach 1945 noch vorkommen können, also nicht nur an die historische Realität des „Dritten Reiches" gebunden sind.

1. Setzen Sie sich mit den Verteidigungsversuchen Eichmanns kritisch auseinander.
2. Informieren Sie sich über die historische Person Adolf Eichmanns.

5 Politische Revue: Peter Weiss

Peter Weiss: Marat, Szene aus der Aufführung im Deutschen Theater Berlin 2016

Eine neue theatralische Form, um das politisch-dokumentarische Anliegen mit künstlerischen Ansprüchen zu verknüpfen, bietet die politische Revue. Damit gesellschaftliche Realität verändert werden kann, zielt die politische Revue neben dem kritischen Bewusstsein des Zuschauers auch auf seine emotionalen und sinnlichen Kräfte. Musikalische, tänzerische, pantomimische oder kabarettistische Elemente wechseln oft mit politischen Wortgefechten, ideologischer Propaganda und kleinen Spielszenen ab, sodass insgesamt der Eindruck einer **Collage** bzw. **Montage** entsteht, also der

Zusammenfügung verschiedenster Elemente zur Gestaltung von etwas Neuem. Damit sollen politische Prozesse nachvollziehbar und durchschaubar gemacht werden.

Am konsequentesten finden diese Absichten ihren Niederschlag in dem Marat-Stück von **Peter Weiss**, dessen genauer Titel bereits die Vielschichtigkeit des Werkes andeutet: „Die Verfolgung und Ermordung Jean Paul Marats dargestellt durch die Schauspielgruppe des Hospizes zu Charenton unter Anleitung des Herrn de Sade" (1964/65). Darin will Peter Weiss in die politische Diskussion der 1960-Jahre eingreifen und seinen sozialistischen Standpunkt vertreten.

Peter Weiss stützt sich auf folgende historische Fakten: Am 13. Juli 1793 wurde Marat, einer der Führer der radikalen Jakobiner, ermordet – und zwar von einer Frau, die den gemäßigten Girondisten nahestand: Charlotte Corday. Die Mörderin wurde vier Tage nach ihrer Tat hingerichtet. Jacques Roux, ein ehemaliger Priester, der während der Revolution zu den radikalen Sozialisten gehörte, vertritt die Richtung von Marat. Abbé Coulmier, ein ehemaliger Prämonstratenser, war nach 1800 der Direktor der Irrenanstalt Charenton. Er duldete in seiner Anstalt wohlwollend Theateraufführungen seiner Patienten; außerdem war er ein großer Verehrer von Napoleon. Der Marquis de Sade lebte von 1740 bis 1814; er ist einer der berühmt-berüchtigtsten Schriftsteller der Weltliteratur, weil er für eine schrankenlose, gewalttätige Sexualität eintrat. Wegen seiner Schriften wurde er vor der Revolution eingesperrt, 1790 befreit, nahm dann an der Revolution teil, hielt z. B. die Totenrede auf Marat, kam am 8. Dezember 1793 erneut in Haft und erst im Oktober 1794 wieder frei. 1801 wurde er wieder eingesperrt, diesmal von Napoleon. Im Jahr 1803 lieferte man ihn in die Anstalt Charenton ein, wo er bis zu seinem Tod 1814 lebte. Es ist historisch überliefert, dass de Sade in dieser Anstalt tatsächlich Theaterstücke schrieb und sie mit Patienten einstudierte. Neben diesen historisch verbürgten Figuren des Stückes führt Weiss noch die vier sogenannten Sänger ein, die gewissermaßen das französische Volk als Opfer der Revolution verkörpern. Die Patientin, die in Charenton die Corday spielt, ist eine Nachtwandlerin, ihr Freund Duperret ein Erotomane, Marats Darsteller leidet unter Wahnvorstellungen. De Sade ist de Sade.

Der Kern der Handlung ist die Ermordung Marats durch die Corday, die erst beim dritten Versuch zum Ziel gelangt. Sie ersticht ihn in der Badewanne, wo er zur Linderung seines Hautleidens ständig sitzen muss. Das eigentlich Wichtige in dem Stück sind aber die Gespräche zwischen Marat und de Sade. Marat ist dabei gewissermaßen das Alter Ego, das andere Ich de Sades, der ja auch einmal Revolutionär war. Aber in den Gesprächen merkt man sehr bald, dass Marat und de Sade sehr unterschiedlich denken und handeln. Während Marat sich als aktiver Revolutionär zeigt, der das Los des Volkes verbessern und das kapitalistische Bürgertum beseitigen will, steht de Sade mehr auf dem Standpunkt, dass diese politischen Aktionen sinnlos seien. Er hat sich aus der Revolution zurückgezogen und ist zum passiven Beobachter geworden. Marat will an der politischen Veränderung der gesellschaftlichen Wirklichkeit weiterarbeiten, vor allem durch seine Schriften, de Sade meint, dass das Innere des Menschen, seine Triebhaftigkeit zum Beispiel, das Entscheidende sei. Und dies sei eben nicht zu verändern. Man könnte vielleicht sagen: Hinter Marat steht eher Karl Marx und hinter de Sade Sigmund Freud – Klassenkampf contra Psychoanalyse. Der politische Gegensatz zwischen den beiden Hauptfiguren wird an vielen Stellen deutlich, z. B. in der unten stehenden Szene:

Die Verfolgung und Ermordung Jean Paul Marats dargestellt durch die Schauspielgruppe des Hospizes zu Charenton unter Anleitung des Herrn de Sade (1964/65) | Peter Weiss***

Szene 21 SADE UNTER DER PEITSCHE
[…]
Peitschenhieb.
Sade atmet schwer.
jetzt sehe ich wohin sie führt diese Revolution
Corday steht atemlos mit der Peitsche über Sade. Die beiden Schwestern treten vor und ziehen sie zurück. Sie läßt sich abführen, die Peitsche hinter sich herschleifend.
Sade spricht, auf den Knien liegend, weiter. zu einem Versiechen des einzelnen
zu einem langsamen Aufgehen in Gleichförmigkeit zu einem Absterben des Urteilsvermögens
zu einer Selbstverleugnung
zu einer tödlichen
Schwäche unter einem Staat
dessen Gebilde unendlich weit
von jedem einzelnen entfernt ist
und nicht mehr anzugreifen ist
Ich kehr mich deshalb ab
ich gehöre niemandem mehr an
Wenn ich zum Untergang verurteilt bin
so will ich dem Untergang abgewinnen
was ich ihm aus eigener Kraft abgewinnen kann
Ich trete aus aus meiner Sektion
Ich sehe nur noch zu ohne einzugreifen
beobachtend das Beobachtete
festhaltend und es umgibt mich die Stille
hält schwer atmend inne
Und wenn ich verschwinde
möchte ich alle Spuren hinter mir auslöschen
ergreift sein Hemd und geht langsam zu seinem Stuhl zurück, während er sich ankleidet.
[…]

Szene 24 DIESE LÜGEN DIE IM UMLAUF SIND

MARAT *richtet sich hoch auf.*
Corday wird von den Schwestern zurückgeleitet.
Duperret folgt ihr.
Diese Lügen die im Umlauf sind über den idealen Staat
Als wären die Reichen je bereit freiwillig ihre Besitztümer herauszugeben
Und wenn sie vom Druck der Verhältnisse gezwungen werden
hier und da nachzugeben
so tun sie es nur weil sie wissen
daß sie dabei auch wieder gewinnen können
Es heißt jetzt
Die Arbeiter hätten bald höhere Löhne zu erwarten
Warum
weil mit einer gesteigerten Produktion gerechnet
wird und folglich mit größerem Umsatz
der die Taschen der Unternehmer dick macht
Glaubt nicht
daß ihnen ohne Gewalt beizukommen ist
Hier und da treten Patienten langsam zum Mittelgrund vor, bleiben dort lauschend stehen.
Corday liegt ausgestreckt auf der Estrade, Duperret beugt sich über sie.
Laßt euch nicht täuschen
wenn unsre Revolution erstickt worden ist
und wenn es heißt
daß die Zustände sich jetzt gebessert haben
Auch wenn ihr die Not nicht mehr seht
weil die Not übertüncht ist
und wenn ihr Geld verdient
und euch was leisten könnt von dem
was die Industrien euch andrehn
und es euch scheint
euer Wohlstand stände vor der Tür
so ist das nur eine Erfindung von denen
die immer noch viel mehr haben als ihr
Patienten und die vier Sänger treten langsam nach vorn.
Glaubt ihnen nicht
wenn sie euch freundschaftlich auf die Schultern klopfen
und sagen die Unterschiede wären nicht mehr der Rede wert
und es bestände kein Anlaß
mehr zu Streitigkeiten
Coulmier blickt sich beunruhigt um.
denn dann sind sie ganz auf der Höhe
wendet sich dem Publikum zu
in ihren neuen Burgen aus Marmor und Stahl
von denen aus sie die Welt ausräubern
unter der Devise

sie verbreiteten Kultur
Coulmier verläßt die Tribüne und eilt auf Sade zu.
Er spricht auf ihn ein. Sade reagiert nicht.
Paßt auf
denn sobald es ihnen
gefällt schicken sie euch
daß ihr ihre Haufen verteidigt
in Kriege
Sade erhebt sich und besänftigt Coulmier.
deren Waffen in der rapiden Entwicklung
der gekauften Wissenschaft
immer schlagkräftiger werden
und euch in großen Mengen zerreißen
AUSRUFER
Schnell müssen wir hinzufügen
daß wir uns hier nur damit vergnügen
derartige Dinge auszusagen
die natürlich mit unsrer Zeit nichts zu tun haben
Sie meinen dann sollten wir lieber schweigen
wir wollen Ihnen aber nur zeigen
was vielleicht einmal geschehen könnte wenn uns das Schicksal nicht jenen vergönnte der aufräumte mit solchen Prophezeiungen und beendete alle Entzweiungen
Alle wollen wir gerne verzichten
auf die eben genannten Zukunftsaussichten
und deshalb steht die Corday auch schon da
um das Reden zu verbieten diesem Marat
zeigt auf Corday, die inzwischen von den Schwestern hergerichtet und nach vorn geführt worden ist. Coulmier kehrt beruhigt zu seinem Platz zurück.

Weiss, Peter, Die Verfolgung und Ermordung Jean Paul Marats dargestellt durch die Schauspielgruppe des Hospizes zu Charenton unter Anleitung des Herrn de Sade, Frankfurt am Main, Suhrkamp Verlag, 1964, S. 67–73, 78–81

Stellen Sie die Position Marats und de Sades zur Revolution in Thesen gegenüber.

6 Kritisches Volksstück: Franz Xaver Kroetz

Die Entwicklung des kritischen Volksstückes nach 1945 muss ebenfalls in der Auseinandersetzung mit Brecht gesehen werden; die eigentlichen Vorbilder waren für **Franz Xaver Kroetz** (geb. 1946) aber Horváth und Fleißer. Wie diese bringen auch die neueren Autoren Figuren auf die Bühne, die dem kleinbürgerlichen Milieu, der Unterschicht oder Randgruppen entstammen, sich oft in **Extremsituationen** befinden und vor allem an ihren **Bewusstseinsdefiziten** und ihrer **Sprachlosigkeit** scheitern. Die Niederlagen der Personen werden auf gesellschaftliche Verhältnisse und Ursachen zurückgeführt; die weitgefächerten Themen reichen von beruflichen Problemen bis hin zu Fragen der Außenseiter- und Geschlechterrolle, von Problemen der Entfremdung und des Konsumverhaltens bis hin zu Fragen der Moral und Religion. Oft sind es **Randexistenzen**, an denen die extremen Seiten des Lebens vorgeführt werden, manchmal sind es Durchschnittsexistenzen, die für die Monotonie und Glückssehnsucht des Alltags stehen. Fast immer handelt es sich um Schicksale von Menschen, die aus ihrer Chancen- und Ausweglosigkeit nicht ausbrechen können.

1978 erschien von Franz Xaver Kroetz das Stück „Mensch Meier. Volksstück in drei Akten". Das Dreipersonenstück behandelt die Zuspitzung familiärer und beruflicher Konflikte. Der Vater, im Berufsleben unterdrückt und entfremdet, drangsaliert zu Hause Frau und Sohn und flüchtet sich in eine Hobbytraumwelt; die Mutter leidet darunter, im kleinbürgerlichen Hausfrauendasein gefangen und sexuelles Objekt ihres Mannes zu sein; der Sohn widersetzt sich den Berufsplänen seiner Eltern und will nur schnell Geld verdienen. Im Laufe der vielszenigen Handlung leben sich die drei Personen so sehr auseinander, dass am Ende die Familie zerbricht. Der Autor gibt in seinem Vorspann recht genaue Anweisungen:

Mensch Meier (1978) | Franz Xaver Kroetz*

Personen

MARTHA die Frau, normal und um die 40 Jahre alt, ein bißchen dicklich, aber nicht unhübsch, sehr ehrlich und praktisch.

OTTO der Mann, ebenfalls normal und um die 40 Jahre alt, ziemlich groß, hager, raucht und trinkt gern, eher nervös, fahrig, in seinen besten Augenblicken wirkt er fast elegant.

LUDWIG der Sohn, ein netter Kerl mit etwa 15 Jahren, schaut dem Vater mehr gleich als der Mutter, lang aufgeschossen, aber schüchtern und wortkarg, horcht viel und sagt wenig.

Das Stück spielt in München, vielleicht in einer der Mietskasernen, die um 1950 in Neuhausen gebaut worden sind.

Die Personen sprechen den bayerischen Dialekt. Es ist aber besser, sie sprechen hochdeutsch denn einen dümmlichen nachgemachten Dialekt, der bloß die Figuren denunziert. Das Stück spielt im Jahr 1976, Frühling/Sommer.

[...]

2. Szene – Beton

An der Tür zu einer Baracke, Arbeiterunterkunft im Lager einer Baufirma. Von drinnen hört man Stimmen, Kartenspielen, Saufen etc. und Musik.

Otto im Mantel, sein Sohn.

OTTO Ich komm dich abholn, mir gehn wieder heim.

LUDWIG *schaut.*

Pause.

OTTO Deine Mama kommt auch wieder heim.

LUDWIG *schaut.*

OTTO *schaut.*

Pause.

Das is kein Lebn, hier.

LUDWIG Wenns mir aber gfallt.

OTTO Barackenleben. Bloß ein Schlafplatz und sonst nix, und das will mein Sohn sein. Scham dich, wost du was Besseres gwohnt bist.

LUDWIG *nickt.*

Pause.

OTTO Bist noch nicht volljährig, ich kann es verlangen, daßd mitkommst, wenn ich es will.

LUDWIG Genau.

OTTO Und wenn ich es verlang? *Schaut Ludwig an.*

Pause.

Ich verlang es nicht, man soll keinen zu seim Glück zwingen. *Kleine Pause, schaut.* Is eh praktischer, wo die Wohnzimmercouch nimmer umbaut werden muß jede Nacht. Und die Löcher in der Wand mit die Reißnägel, was immer verbotn war.

LUDWIG Genau.

Pause.

OTTO Geh mit heim, jetz langts.

LUDWIG Nein.

OTTO *schaut, fühlt sich ertappt* Das war auch nur ein Spaß. Eine Falle.

Pause.

LUDWIG Gehts dir gut?

OTTO Das siehst doch.

LUDWIG Und der Mama?

OTTO Auch.

LUDWIG Siehst sie?

OTTO Warum denn nicht, wos zurückkommt.

LUDWIG So.

Pause.

OTTO Greislich is hier.

LUDWIG Aber ich hab eine Lehrstell und ein Geld.

OTTO *lacht.*

Pause.

Da kann man später einmal keinen Staat mit seinem Sohn machen, wenn man sagen muß, der Herr Sohn is ein Maurer. Da sagt man lieber gar nix.

LUDWIG Dann laßt es bleibn.

OTTO Willst frech werdn?

LUDWIG *schüttelt den Kopf.*

OTTO Das wird auch gut sein, wo ich die elterliche Gewalt bin, wo mir keiner nehmen kann.

Kleine Pause.

So, jetz, kann man sagn, ham mir gnua dischkutiert. Du packst dein Koffer, wennst einen hast, und dann wird gangen. Fünf Minuten gib ich dir.

LUDWIG Ich geh nicht.

OTTO Dann fangst eine.

LUDWIG Wennst mich haust, dann sag ich es die andern.

OTTO Das tätst, gegn dein leiblichen Vater.

LUDWIG Wennst du anfangst.

OTTO Dann hol ich die Polizei.

Pause.

Könnst das Wohnzimmer ganz für dich habn,

als dein eigenes Zimmer, wo dir keiner hineinredt. Den Fernseher laß ich drin. Dein Reich, mir langt das Schlafzimmer und mein Laboratorium. Die Küche ham mir gemeinsam, keiner redt dem andern hinein. Das wird vorher ausgemacht und beschworn.

LUDWIG Und die Mama?

OTTO Die kann sich verspätn.

Pause.

Man darf seinen alten Papa nicht im Stich lassn, das bereut man, wenn er unter der Erdn is. Das is bekannt.

LUDWIG Bist nicht unter der Erdn. Aber ich besuch dich, wennst es willst.

OTTO Brauch keine Besuche, da kann drauf verzichtet werdn. *Er geht fort.*

LUDWIG *schaut ihm nach, er ist unsicher, dann geht er aber zurück ins Innere der Baracke.*

Kroetz, Franz Xaver, Mensch Meier/Der stramme Max/Wer durchs Laub geht ... Drei neue Stücke, Frankfurt am Main, Suhrkamp Verlag, 1979, S. 50–52, gekürzt

1. Erklären Sie den Zusammenhang, der aus Kroetz' Sicht zwischen Sprache und Gesellschaft besteht.
2. Weisen Sie die Sprachnot der Figuren anhand des Dialogs und der Regieanweisungen nach.
3. Planen und diskutieren Sie Standbilder (siehe S. 47), die die Beziehung zwischen Sohn und Vater verdeutlichen.

7 Absurdes Theater: Thomas Bernhard

Obwohl das absurde Theater eines Eugène Ionesco, Samuel Beckett, Jean Genet oder Harold Pinter auf deutschsprachigen Bühnen größten Nachhall fand, gibt es kaum deutschsprachige Autoren, die man ohne Einschränkungen für diese Gattung heranziehen kann. Zwar sind in vielen Stücken z. B. von Grass, Walser, Dürrenmatt, Dorst oder Hildesheimer absurde Elemente spürbar, aber alle diese Autoren sind nicht eigentliche Vertreter dieser Dramenform.

Als Kennzeichen des absurden Theaters gelten

- Entpersönlichung des Menschen und Aufdeckung der Klischeehaftigkeit menschlichen Verhaltens
- Verzicht auf individuelle Charaktere
- Verlust der Identität, oft verdeutlicht durch den Einsatz von Masken
- Verzicht auf Handlung, Nebeneinander unverbundener Momentaufnahmen
- Auflösung der Wirklichkeit
- Verzicht auf Aussagesinn

Damit wird das absurde Theater zum Gleichnis der Situationen absoluter **Entfremdung des modernen Menschen**.

Auf die absurde Grundsituation der Welt reagierte im deutschsprachigen Theater nach 1945 am stärksten **Thomas Bernhard** (1931–1989) mit einer ganzen Reihe von Werken, die sich durch ihre Nähe zum Nihilismus auszeichnen, der jedoch durch die Mittel des schwarzen Humors und der Groteske aufgefangen wird. Bernhard zeigt die bedrückende Aussichtslosigkeit der Existenz, relativiert diese jedoch immer wieder mit Formen amüsanten und farcenhaften Komödiantentums. Die nie erreichbare ideale Kunst ist für Bernhard eine oft verwendete Metapher für die Absurdität des Daseins.

Eines seiner späten Stücke, „Der Theatermacher" (1984), handelt von einer in der Provinz herumreisenden Theatertruppe, die lediglich aus den vier Personen einer Familie besteht. Das Stück zeigt die letzten Vorbereitungen zur bevorstehenden Abendaufführung im völlig heruntergekommenen Saal eines Dorfgasthauses in Utzbach, einem entlegenen Dorf in Österreich. Bruscon, der Theatermacher und aller Wahrscheinlichkeit nach ein bloßer Schmierenkomödiant, gibt sich als erfolgreicher Staatsschauspieler mit großer Vergangenheit; gespielt werden soll das von ihm selbst verfasste Stück „Das Rad der Geschichte", eine „Menschheitskomödie", in der Cäsar, Napoleon, Churchill und andere bedeutende geschichtliche Gestalten auftreten. Der „Theaterdirektor" Bruscon muss sich, ganz im Gegensatz zum universalhistorischen Stoff seines Stückes, mit lächerlichen Problemen herumschlagen: Schweinegestank, Staub, Notbeleuchtung oder dem Teller Suppe als Notmahlzeit. Dabei vergleicht Bruscon stets die Zustände in Utzbach mit denen in Gaspoltshofen, wo er tags zuvor gastierte. Die drei Familienmitglieder, seine Mitspieler, Mitstreiter und Mithelfer, werden vom Familienoberhaupt Bruscon ständig drangsaliert und gequält; außerdem werden sie in grotesker Weise vorgeführt als Anti-Schauspieler: Die Mutter leidet unter permanenten Hustenanfällen; der Sohn trägt seinen Arm in Gips und vermag, wie seine Schwester, kaum einen Satz des Theatertextes richtig zu betonen. So laufen alle Vorbereitungen auf eine chaotische Katastrophe zu, die dann am Abend auch eintritt, und zwar in der Weise, dass kurz vor Beginn der Vorstellung der Pfarrhof des Dorfes brennt, sodass alle Zuschauer den Wirtshaussaal fluchtartig verlassen. Die einzelnen Szenen des Stückes reichen vom verzweifelt-nihilistischen Pessimismus Bruscons bis hin zu komischen, slapstickhaften Situationen seiner hustenden Ehefrau oder der ungeschickten Kinder. Die Handlung, wenn man davon überhaupt noch sprechen will, kreist um die Absurdität einer Theaterkunst, die in erster Linie als Pseudo-Kunst erscheint, und um das Scheitern eines Künstlers, der wahnhafte Züge eines sich selbst total überschätzenden Dilettanten trägt. Trotzdem imponiert dieser Theatermacher auch wieder durch seine endlosen Hass- und Verzweiflungstiraden, mit denen er schonungslos die Schein- und Lügenhaftigkeit, den alltäglichen Wahnsinn unserer Welt aufdeckt.

Wie die meisten Stücke Bernhards ist auch „Der Theatermacher" nahezu ein einziger Monolog der Hauptfigur, bei dem die anderen Personen mehr oder weniger zu Stichwortgebern herabsinken. In der ersten Szene dieser Tragikomödie inspiziert Bruscon den Wirtshaussaal und „überrollt" den Wirt mit seinen Ansichten vom Theater.

Der Theatermacher (1984) | Thomas Bernhard***

BRUSCON
Die Natur der Sache
ist immer die entgegengesetzte mein Herr
Wir gehen auf eine Tournee
und gehen doch nur in die Falle
sozusagen in eine Theaterfalle
plötzlich den Wirt anherrschend
Waren Sie schon
beim Feuerwehrhauptmann
das Notlicht betreffend
Wie gesagt
in meiner Komödie hat es
am Ende
vollkommen finster zu sein
auch das Notlicht muß gelöscht sein
vollkommen finster

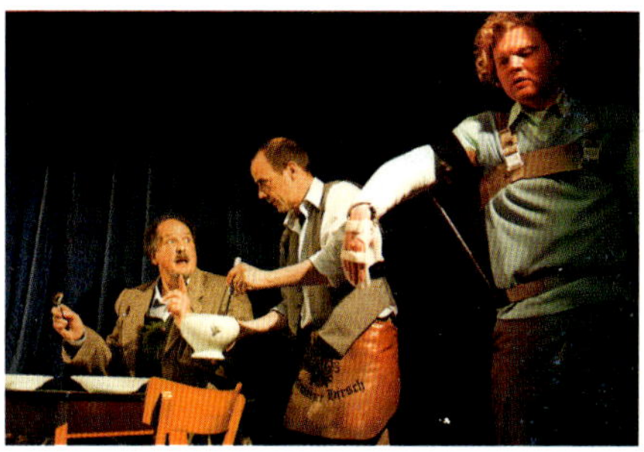

"Der Theatermacher" am Deutschen Theater Göttingen 2011

absolut finster
ist es am Ende meiner Komödie
nicht absolut finster

ist mein Rad der Geschichte vernichtet
Wenn das Notlicht nicht gelöscht wird
verkehrt sich ja meine Komödie
gerade ins Gegenteil
In Gaspoltshofen hatten sie
das Notlicht gelöscht in
Frankenmarkt auch selbst
in Ried im Innkreis
das doch als einer der dümmsten Orte verschrien ist
[...]
Dieser Ort ist eine Strafe Gottes
Dafür habe ich die Akademien besucht
und bin mit dem Kreuz am goldenen Band
ausgezeichnet worden
greift sich an den Kopf
Agathe warnte mich
steht auf, schaut sich um
Einmal mußte die Katastrophe eintreten
Wenn wir klar denken
müssen wir uns umbringen
stellt sich in Podiumsmitte auf und streckt den Stock so weit wie möglich in die Höhe gegen die Saaldecke starrend
Utzbach
senkt den Arm und geht fünf Schritte nach rechts und dann zehn Schritte nach links, die Bühne ausmessend, stehengeblieben
[...]
hüstelt
Jedes Wort wirbelt hier Staub auf
und dieser teuflische Text
meiner Komödie
ruft in den Saal hinein
Exzellenz ich bedauere
zum Wirt direkt
Mehr oder weniger
eine Schöpfungskomödie
um nicht sagen zu müssen
ein Jahrhundertwerk
ruft in den Saal hinein
Calabrien
daß ich nicht lache
zum Wirt direkt
Ein Alterswerk zweifellos
Haben Sie darüber gelesen
Alles Unsinn
wie alles in den Zeitungen
Inkompetenzschmierer
bückt sich und prüft mit der rechten Hand den Podiumsboden
Aber nicht ein einziger Verriß
unqualifiziert
aber nicht ein einziger Verriß
steht wieder auf [...]
Wenn wir ehrlich sind
ist das Theater an sich eine Absurdität
aber wenn wir ehrlich sind
können wir kein Theater machen
weder können wir wenn wir ehrlich sind
ein Theaterstück schreiben
noch ein Theaterstück spielen
wenn wir ehrlich sind
können wir überhaupt nichts mehr tun
außer uns umbringen
da wir uns aber nicht umbringen
weil wir uns nicht umbringen wollen
wenigstens bis heute und bis jetzt nicht
da wir uns also bis heute und bis jetzt nicht
umgebracht haben
versuchen wir es immer wieder mit dem Theater
wir schreiben für das Theater
und wir spielen Theater
und ist das alles auch das Absurdeste
und Verlogenste
ruft aus
Kunst Kunst Kunst
hier wissen sie ja gar nicht
was das ist
Der wahre Künstler
wird in den Dreck gezogen
dem verlogenen dem nichtsnutzigen
laufen sie alle nach
machen den Buckel
vor dem Scharlatanismus
zum Wirt direkt
Wirt in Utzbach
was für eine Existenz
Sind Sie hier aufgewachsen
oder haben Sie
in dieses Utzbach hereingeheiratet
WIRT
Hereingeheiratet Herr Bruscon
BRUSCON
Hereingeheiratet
hereingeheiratet von wo
WIRT
Von Gaspoltshofen

Bernhard, Thomas, Der Theatermacher, Programmbuch 68, hrsg. vom Schauspielhaus Bochum, Bochum, 1985, S. 86–105, gekürzt

1. Arbeiten Sie die absurde Diskrepanz zwischen dem hohen Kunstanspruch Bruscons und der banalen Alltagsrealität heraus.
2. Entwerfen Sie eine absurde Szene aus dem Schulalltag.

8 Experimentierendes Theater: Peter Handke

Ende der 1960er-Jahre versuchten einige Autoren eine radikale Abkehr vom herkömmlichen Theater. Wieder geschah dies in ausdrücklicher Absetzung von Brecht, dem Bezugspunkt nahezu aller Dramatiker nach 1945. Jetzt nämlich erfolgte eine **Umkehrung des Verhältnisses Bühne–Publikum**, d.h., der Zuschauer wird zum Handlungsträger. Dies geschieht unter Auflösung der gewohnten Handlung sowie des üblichen Dialogs und der herkömmlichen Dramaturgie, sodass der Illusionscharakter völlig aufgehoben und die „Bühnenaktion" zum reinen Sprechakt wird.

Peter Handke (geb. 1942) begriff seine frühen Sprechstücke als eine Abrechnung, zwar nicht mit dem Theater überhaupt, aber doch mit dem überlieferten dramatischen Theater und seinem bürgerlichen Publikum, das sich nun in Umkehrung der gewohnten Blickrichtung gewissermaßen vor den Schauspielern „bewähren" muss. Das Parkett wird so zur Bühne.

In seinem Stück „Publikumsbeschimpfung" (1966) treten lediglich vier Sprecher auf der leeren Bühne auf und wenden sich sofort direkt an das Publikum. Anstatt nun irgendein Spiel in Szene zu setzen, beschäftigen sie sich in ihrem Text mit den Erwartungen, Enttäuschungen und Verhaltensweisen der Zuschauer und deren üblichen klischeehaften Formulierungen zu Theateraufführungen, um durch diese Provokation die normale Konsumhaltung des Theaterpublikums aufzubrechen.

Publikumsbeschimpfung (1966) | Peter Handke***

Dann geht der Vorhang langsam auseinander und gibt den Blick frei. Wenn die Bühne den Blicken frei ist, kommen aus dem Bühnenhintergrund die vier Sprecher nach vorn. Sie werden in ihrem Gehen durch keinen Gegenstand behindert. Die Bühne ist leer. Während sie in den Vordergrund kommen, in einem Gang, der nichts anzeigt, in einer beliebigen Kleidung, wird es wieder hell, auf der Bühne und im Zuschauerraum.
Die Helligkeit hier und dort ist ungefähr gleich, von einer Stärke, die den Augen nicht weh tut. Das Licht ist das gewohnte, das einsetzt, wenn zum Beispiel die Vorstellung aus ist. Die Helligkeit bleibt auf der Bühne wie im Zuschauerraum während des ganzen Stückes unverändert. Die Sprecher schauen noch nicht ins Publikum, während sie herauskommen. Sie proben noch im Gehen. Sie richten die Worte, die sie sprechen, keinesfalls an die Zuhörer. Das

Peter Handtkes „Publikumsbeschimpfung" als Inszenierung im Theater am Schiffbaudamm, Berlin 2000

Publikum darf noch keinesfalls gemeint sein. Für die Sprecher ist es noch nicht vorhanden. Während sie herankommen, bewegen sie die Lippen.
Allmählich werden ihre Worte verständlich und schließlich laut. Die Schimpfwörter, die sie

sprechen, überschneiden sich. Die Sprecher sprechen durcheinander. Sie nehmen voneinander Wörter auf. Sie nehmen einander Worte aus dem Mund. Sie sprechen gemeinsam. Sie sprechen alle zugleich, aber verschiedene Wörter. Sie wiederholen die Wörter. Sie sprechen lauter. Sie schreien. Sie vertauschen die geprobten Wörter untereinander. Sie proben schließlich gemeinsam ein Wort. Die Wörter, die sie zu diesem Vorspiel verwenden, sind folgende: (die Reihenfolge ist nicht zu beachten) Ihr Fratzen, ihr Kasperl, ihr Glotzaugen, ihr Jammergestalten, ihr Ohrfeigengesichter, ihr Schießbudenfiguren, ihr Maulaffenfeilhalter. *Nach einer gewissen klanglichen Einheitlichkeit ist zu streben. Außer dem Klangbild soll sich aber kein anderes Bild ergeben. Die Beschimpfung ist an niemanden gerichtet. Aus ihrer Sprechweise soll sich keine Bedeutung ergeben. Die Sprecher sind vor dem Ende der Schimpfprobe im Vordergrund angelangt. Sie stellen sich zwanglos auf, bilden aber eine gewisse Formation. Sie sind nicht völlig starr, sondern bewegen sich nach der Bewegung, die ihnen die zu sprechenden Worte verleihen. Sie schauen nun ins Publikum, fassen aber niemand ins Auge. Sie bleiben noch ein wenig stumm. Sie sammeln sich. Dann beginnen sie zu sprechen.*

Die Reihenfolge des Sprechens ist beliebig. Alle Sprecher sind ungefähr gleich viel beschäftigt.

Sie sind willkommen.

Dieses Stück ist eine Vorrede.

Sie werden hier nichts hören, was sie nicht schon gehört haben. Sie werden hier nichts sehen, was Sie nicht schon gesehen haben. Sie werden hier nichts von dem sehen, was Sie hier immer gesehen haben.

Sie werden nichts von dem hören, was Sie hier immer gehört haben.

Sie werden hören, was Sie sonst gesehen haben.

Sie werden hören, was Sie hier sonst nicht gesehen haben.

Sie werden kein Schauspiel sehen.

Ihre Schaulust wird nicht befriedigt werden.

Sie werden kein Spiel sehen.

Hier wird nicht gespielt werden.

Sie werden ein Schauspiel ohne Bilder sehen.

Sie haben sich etwas erwartet.

Sie haben sich vielleicht etwas anderes erwartet.

Sie haben sich Gegenstände erwartet.

Sie haben sich keine Gegenstände erwartet.

Sie haben sich eine Atmosphäre erwartet.

Sie haben sich eine andere Welt erwartet.

Sie haben sich keine andere Welt erwartet.

Jedenfalls haben Sie sich etwas erwartet.

Allenfalls haben Sie sich das erwartet, was Sie hier hören.

Aber auch in diesem Fall haben Sie sich etwas anderes erwartet.

Sie sitzen in Reihen. Sie bilden ein Muster. Sie sitzen in einer gewissen Ordnung. Ihre Gesichter zeigen in eine gewisse Richtung. Sie sitzen im gleichen Abstand voneinander.

Sie sind ein Auditorium. Sie bilden eine Einheit. Sie sind eine Zuhörerschaft, die sich im Zuschauerraum befindet. Ihre Gedanken sind frei. Sie machen sich noch Ihre eigenen Gedanken. Sie sehen uns sprechen und sie hören uns sprechen. Ihre Atemzüge werden einander ähnlich. Ihre Atemzüge passen sich den Atemzügen an, mit denen wir sprechen. Sie atmen wie wir sprechen. Wir und Sie bilden allmählich eine Einheit.

Sie denken nichts. Sie denken an nichts. Sie denken mit. Sie denken nicht mit. Sie sind unbefangen. Ihre Gedanken sind frei. Indem wir das sagen, schleichen wir uns in Ihre Gedanken. Sie haben Hintergedanken.

Indem wir das sagen, schleichen wir uns in Ihre Hintergedanken.

Sie denken mit. Sie hören. Sie vollziehen nach. Sie vollziehen nicht nach. Sie denken nicht. Ihre Gedanken sind nicht frei. Sie sind befangen. […]

Hier wird nicht dem Theater gegeben, was des Theaters ist. Hier kommen Sie nicht auf Ihre Rechnung. Ihre Schaulust bleibt ungestillt. Es wird kein Funken von uns zu Ihnen überspringen. Es wird nicht knistern vor Spannung. Diese Bretter bedeuten keine Welt. Sie gehören zur Welt. Diese Bretter dienen dazu, daß wir darauf stehen. Dies ist keine andre Welt als die Ihre. Sie sind keine Zaungäste mehr. Sie sind das Thema. Sie sind im Blickpunkt. Sie sind im Brennpunkt unserer Worte. […]

Hier werden die Möglichkeiten des Theaters nicht genutzt.

Der Bereich der Möglichkeiten wird nicht ausgemessen.

Das Theater wird nicht entfesselt. Das Theater wird gefesselt. Das Schicksal ist hier ironisch gemeint.

Wir sind nicht theatralisch. Unsere Komik ist nicht umwerfend.
Ihr Lachen kann nicht befreiend sein. Wir sind nicht spielfreudig. Wir spielen Ihnen keine Welt vor.
Das ist nicht die Hälfte einer Welt. Wir bilden nicht zwei Welten.
Sie sind das Thema. Sie stehen im Mittelpunkt des Interesses.
Hier wird nicht gehandelt, hier werden Sie behandelt. Das ist kein Wortspiel. Hier werden Sie nicht als
Einzelmenschen behandelt. Sie sind hier nicht einzeln.
Sie haben hier keine besonderen Kennzeichen. Sie haben keine besonderen Physiognomien. Sie sind hier kein Individuum. Sie haben keine Charakteristiken. Sie haben kein Schicksal. Sie haben keine Geschichte. Sie haben keine Vergangenheit. Sie sind kein Steckbrief.
Sie haben keine Lebenserfahrung. Sie haben hier Theatererfahrung.
Sie haben das gewisse Etwas. Sie sind Theaterbesucher. Sie interessieren nicht wegen Ihrer Eigenschaften.
Sie interessieren in Ihrer Eigenschaft als Theaterbesucher. Sie bilden hier als Theaterbesucher ein Muster. Sie sind keine Persönlichkeiten. Sie sind keine Einzahl. Sie sind eine Mehrzahl von Personen.
Ihre Gesichter zeigen in eine Richtung. Sie sind ausgerichtet.

Ihre Ohren hören dasselbe. Sie sind ein Ereignis. Sie sind das Ereignis.

Handke, Peter, Prosa, Gedichte, Theaterstücke, Hörspiel, Aufsätze, Frankfurt am Main, Suhrkamp Verlag, 1969, S. 182–189, gekürzt

1. Analysieren Sie sprachliche Mittel dieses Textes, die eine besondere Eindringlichkeit hervorrufen.
2. Beschreiben Sie das Bild vom herkömmlichen Theaterpublikum, das die Sprecher in der „Publikumsbeschimpfung“ entwerfen.
3. Diskutieren Sie die Infragestellung des herkömmlichen Theaters.

9 Ästhetisierendes Theater: Botho Strauß

Nach der Direktheit etwa eines dokumentarischen Theaters oder realistischen Volksstückes entwickelte in den frühen 1970er-Jahren ein junger Autor das geradezu entgegengesetzte Modell eines poetisierenden, ästhetisierenden, d. h. **künstlichen Dramenstils**, der mit allen Mitteln der Theatralisierung arbeitet: Botho Strauß (geb. 1944). Der gelernte Dramaturg schuf mit seinem **„Bewusstseinstheater“** eine eigene und eigenwillige Theaterwelt, in der heutige **Menschen** in ihrer **Unfähigkeit zur Gemeinschaft** und **zur Kommunikation** gezeigt werden. Die Bühnenhandlung ist bruchstückhaft zersplittert, die Aneinanderreihung folgt nicht einer durchgehenden Handlung oder einem dramatischen Zusammenhang, sondern eher Analogien, Spiegelungen, Wiederholungen, Variationen. Die einzelnen Szenen liefern Schlaglichter aus einer Gesellschaft isolierter, mitunter überspannter Einzelwesen, deren „Beziehungen“ keine mehr sind. Die Personen erscheinen häufig von ihrem gesellschaftlichen Hintergrund losgelöst, in künstliche Situationen hineingestellt und handeln dabei als Suchende, Fliehende oder Leidende. In vielfältigen und überraschenden Reaktionen vermag der Autor damit die **Entfremdung** des heutigen Menschen darzustellen; sein pessimistischer Denkansatz ist sowohl ethisch-moralisch als auch kultur- und gesellschaftskritisch. Er beobachtet den unscheinbaren Alltag präzise, wobei er Verhaltensweisen typisiert und überspitzt; er schildert fragmentarisch „Beziehungskisten“ und psychische Krankheitsgeschichten, präsentiert diese aber so, dass jeweils zeichenhafte „Bilder“ beeindruckender Künstlichkeit entstehen, in denen sich Banales und Visionäres, Konkretes und Abstraktes, Bekanntes und Rätselhaftes, Realität und Fantasie vermischen.

Strauß gilt vor allem als der große Sprachvirtuose, der die verschiedensten Stil- und Sprachebenen beherrscht. Seine Figuren benutzen z. B. einerseits eine Art „Fertigteilsprache“ aus Stereotypen, modischen Klischees und eleganten Wendungen; andererseits bedienen sie sich aber auch sehr poetischer oder metaphorischer Ausdrucksweisen. Beim Zuschauer bricht dieser Dramatiker herkömmliche Wahrnehmungsformen auf: Bekanntes erscheint fremd, das Fremde vertraut, weil die gewohnte Oberfläche der „normalen“ Wirklichkeit durchsichtig gemacht wird für die darunterliegenden Empfindungen und Reaktionen, Ursachen und Motive. Da die handelnden Personen meist mit der Analyse des eigenen oder fremden Ich beschäftigt sind, könnte man ihren Erfinder beinahe als den „Psychoanalytiker“ unter den gesellschaftskritischen Gegenwartsdramatikern bezeichnen, obwohl Botho Strauß selbst seine Distanz zur wissenschaftlichen Theorie Sigmund Freuds betont hat.

Unbestritten ist, dass sich fast alle Stücke dieses Autors durch eine Fülle überraschender und wirkungsvoller **– theatralischer** und **ästhetischer – Elemente** auszeichnen:

- künstliche, mitunter sterile Bühnenräume
- typisierte und stilisierte Figuren
- konstruierte, beinahe experimentelle Handlungsfragmente
- Umsetzung innerer Zustände in körperliche Zeichenhaftigkeit
- bildhaft-metaphorische Darstellungsweisen
- Wechsel von Pathos und Komik, Poesie und Jargon
- filmische Techniken wie Schnitt, Blende, Totale, Nahaufnahme

Botho Strauß ist ein viel gespielter Dramatiker, weil seine Stücke Regisseuren entgegenkommen, die diese ästhetischen Tendenzen mit den Mitteln der Regie (Bühne, Licht, Farben, Personenführung etc.) noch verstärken wollen. Eine dermaßen **betonte „Künstlichkeit“** hat aber auch manchmal zu dem kritischen Einwand geführt, ob das Inhaltliche nicht allzu sehr durch das Formal-Ästhetische in den Hintergrund gedrängt werde.

1978 erschien das von der Kritik einhellig gefeierte und auch vom Publikum allgemein begrüßte Stück „Groß und klein“. Zehn Szenen schildern die gesellschaftliche Landschaft der Bundesrepublik in abgeschlossenen Einzelbildern als einen Wohlstands- und Sozialstaat, in dem Isolation, Einsamkeit, Kommunikationslosigkeit und menschliches Elend an der Tagesordnung sind. Die einzelnen Szenen spielen an verschiedenen Orten, die alle von der abweisenden Kälte und Distanz einer anonymen Gesellschaft geprägt sind. An der Sprechanlage einer Mietskaserne, im Wartezimmer einer Arztpraxis – überall trifft man auf „unsoziale“, vereinsamte Paare oder Einzelgänger, die sich in die Kontaktarmut geflüchtet haben, auch wenn sie mit ritualisierten Gesprächs- und Verhaltensformen darüber hinwegzutäuschen versuchen. Zusammengehalten werden die Einzelszenen durch Lotte, eine geschiedene jüngere Frau, die ihren Trennungsschmerz überwinden will, indem sie nach neuen Bekanntschaften sucht. Ihre wiederholten Versuche einer Kontaktaufnahme scheitern an der zurückweisenden Haltung der Mitmenschen ebenso wie an der aufdringlichen missionarischen Art Lottes, die an einer Art Helfersyndrom leidet.

Groß und klein (1978) | Botho Strauß**

Szene: Groß und klein

Vor der Glastür eines Mietshauses. Eine Sprechanlage über der Klingeltabelle. Lotte im Regenmantel mit der Zeichenmappe unter dem Arm.

LOTTE *sucht nach einem Namen auf der Klingeltabelle.*

Niedschläger …

Steht gar nicht drauf. Muss aber draufstehen. Virchowstraße 85. Stimmt. […]

Sie drückt einen Klingelknopf. Ein Knacken im Lautsprecher der Sprechanlage.

LOTTE *spricht in die Anlage.* Ja, hier die Lotte-Kotte aus Lennep …

Keine Antwort. Erneutes Knacken in der Anlage.

Hallo?

Irrtum. Irrtum sagte der Igel und sprang von der Kleiderbürste.

Sie drückt einen anderen Klingelknopf.

ANLAGE *männliche Stimme.* Wer spricht?

LOTTE Lotte.

ANLAGE *freudig.* Lotti?!

LOTTE Nein. Lotte.

ANLAGE Lotti? Ja, gibt's dich noch?

LOTTE Nein, nein. Ich bin jemand anderes. Sie verwechseln mich. Ich suche die Mechthild Niedschläger

[…]

ANLAGE Ach …

Knacken in der Anlage. Lotte drückt einen anderen Klingelknopf. Niemand antwortet. Sie drückt den nächsten […]

ANLAGE *Stimme einer alten Frau.* Ja?

LOTTE Entschuldigen Sie bitte, ich suche ein Fräulein Niedschläger –

ANLAGE Nein.

LOTTE Oder Frau –, Frau!

ANLAGE Nein.

Wie heißt die?

LOTTE Ich weiß nicht genau, es könnte sein – falls inzwischen verheiratet.

ANLAGE Wissen Sie, mein Mann und ich, wir kommen von drüben.

Wir kennen hier praktisch kaum jemanden.

Unsere Tochter ist Amtsgerichtsrätin, aber sie ist leider gerade nicht da. Fragen Sie mal bei Hein.

Die wissen allgemein gut Bescheid.

LOTTE Danke … Hein, danke.

Sie sucht den Namen und drückt die Klingel.

„Groß und klein" von Botho Strauß – Inszenierung des Deutschen Theaters in Berlin aus dem Jahre 2008.

[…] Lotte wartet mit dem Rücken an die Tür gelehnt.

ANLAGE *Stimme des aufgeräumten Mannes.* Hallo, Lotte!

LOTTE *geht zur Anlage.* Ja?

ANLAGE Nun kommen Sie doch rauf!

Beißt Sie ja keiner. Mein Puma hat eben sein Schappi gefressen.

Der Türöffner surrt.

LOTTE Sie waren … wer waren Sie gleich?

ANLAGE Schröder.

LOTTE Ach, Herr Schröder. Nein, Herr Schröder.

ANLAGE Jetzt seien Sie aber mal kein Frosch, Mädchen.

Mehrmaliges Surren des Türöffners.

LOTTE *drückt mit ausgestrecktem Zeigefinger auf einen Klingelknopf.* Nein!

ANLAGE *träge Stimme einer Frau.* Ja?

LOTTE *müde.* Guten Abend. Entschuldigen Sie die Störung. Ich suche Niedschläger, Frau, jetzt aber eventuell nicht mehr Niedschläger …

[…]

Szene: In Gesellschaft

Wartezimmer eines Internisten. An den Wänden schockierende Antiraucher-Plakate. Lotte wartet mit sechs weiteren Patienten. Sie blättern in Illustrierten, lösen Kreuzworträtsel, starren vor sich hin. Eine dicke Frau strickt, ein Türke bewegt sich unruhig auf seinem Stuhl. Über der mit weißem Leder bespannten Tür zum Sprechzimmer ruft ein Lautsprecher die Namen der Patienten auf. Es ist Sommer. Lotte (in ihrem ausgeblichenen Kostüm) sitzt in der

Nähe eines halb-geöffneten Fensters. Straßenlärm und Kindergeschrei von einem Schulhof. Für jeden Patienten nimmt sich der Arzt ein bis zwei Minuten. Manchmal, wenn nur ein Rezept zu erneuern ist, geht es noch schneller […]. Auf einmal spricht Lotte laut in die Runde der schweigenden Leute …

LOTTE Vielleicht interessiert es Sie, daß mein Mann vor kurzem eine hohe Auszeichnung erhielt […]

Mein Mann ist der Publizist Paul Liga.

Schreibt auch unter dem Namen Smoky. Er –

Alle Patienten sehen Lotte verwundert an. Sie verstummt und starrt auf den Boden. […]

Eine junge Frau kommt herein, sagt so leise „Guten Tag“, daß niemand antwortet. Alle mustern sie. Der Name „Frau Pentowski, bitte“ wird aufgerufen. Die dicke Frau steht auf, läßt ihr Strickzeug auf dem Stuhl liegen, geht zur Tür, kehrt um, nimmt ihre Handtasche mit, geht ins Sprechzimmer […].

Es wird dunkel und gleich darauf wieder hell. Lotte sitzt allein im Wartezimmer. Der Arzt kommt herein, wirft die neueste Ausgabe des ‚Spiegel‘ auf den Lesetisch. Er sieht Lotte […].

ARZT Sind Sie nicht aufgerufen worden?

LOTTE Nein. Ich bin hier nur so.

ARZT Sie waren angemeldet für heut vormittag?

LOTTE Nein. Ich bin hier nur so.

Mir fehlt ja nichts.

ARZT Gehen Sie bitte.

LOTTE Ja.

Lotte geht langsam hinaus. Der Arzt schließt hinter ihr die Tür. Geht ins Sprechzimmer, schließt die Tür.

Dunkel

Strauß , Botho, Groß und klein, in: Strauß, Botho, Trilogie des Wiedersehens/Groß und klein. Zwei Theaterstücke, Deutscher Taschenbuch Verlag, München 1980, 191 f., 259 f., gekürzt

1. Arbeiten Sie aus den Dramenausschnitten Elemente der sozialen Wirklichkeit und der Alltagssprache heraus. Beziehen Sie dabei auch die Regieanweisungen mit ein.
2. Suchen Sie Elemente theatralischer Künstlichkeit und sprachlicher Stilisierung heraus.
3. Erläutern Sie die Anonymität und Kommunikationslosigkeit dieser Szenenausschnitte.
4. Diskutieren Sie, inwieweit Lotte eine Identifikationsfigur sein kann.

10 Postdramatisches Theater: René Pollesch

Charakteristisch für das Theater seit den frühen 1990er-Jahren sind die Vielzahl konkurrierender Stile und Programmatiken und die enorme Verschiedenartigkeit der Formen und Inhalte. Zwar gibt es inhaltlich, motivlich und ästhetisch so manche Übereinstimmungen mit den Dramen der 1970er- und 1980er-Jahre im Hinblick auf Bilder von Aggression und Gewalt, Sexualität und Perversion, Geschlechterkampf, Kommunikationsverlust, private und kollektive Untergangszenarien sowie in Bezug auf die Überbietung von Provokationen gegenüber einer Überfluss-, Spaß- und Mediengesellschaft. Andererseits verstärkt sich der Trend weg vom dramatischen Text und hin zu einem einfallsreichen und effektvollen Umgang mit modernen Medien sowie zu Spiel-im-Spiel-Strukturen.

Eine Richtung des **postdramatischen Theaters** im vorliegenden Zeitraum ist das **Performance-Theater**. Neue Inszenierungsformen machen aus dem Theater Happenings, Tanzaufführungen (z. B. Pina Bausch), Comedy-Acts etc. Sie nehmen Anleihen bei Film, Fernsehen und den neuen Medien und suchen alternative Spielorte wie Sportarenen, Nervenheilanstalten, Fabriken oder Einkaufszentren. Das Performance-Theater will die Aufhebung der traditionellen Trennung von Kunst und Politik, es will vielmehr die Integration in die Straße. Diese Theaterform verzichtet auf die traditionelle Bedeutungsebene jedes Erzähltheaters: keine Handlung, keine Geschichte, keine Figuren, in die sich die Schauspieler bzw. Tänzer verwandeln – und damit auch keine vom Bühnengeschehen deutlich abgehobene Fiktion.

Das postdramatische Theater wendet sich also ab vom etablierten Gattungsmuster des Dramas, indem es weitgehend auf die zum Drama gehörende Fabel verzichtet, sich den Koordinaten Raum – Zeit – Handlung entzieht und einen neuen Umgang mit der körperlichen Präsenz der Figuren einfordert. Der dramatische Text tritt zugunsten visueller Zeichen, des Bühnengeschehens, der Ausstellung des Textes und der Körper der Schauspieler in den Hintergrund. Statt einer Figurenrede wird ein Textfeld präsentiert, das einer oder mehreren Stimmen zugewiesen werden kann, oder ein Theatertext, der aus einem Prosatext oder gar lediglich aus einem Nebentext besteht. Da auf solche postdramatischen Texte Begriffe wie „Drama", „Schauspiel" oder „Stück" nicht mehr zutreffen, wird vermehrt die Bezeichnung „Theatertext" verwendet. Postdramatische Elemente solcher Theatertexte sind häufig Zitat und Wiederholung, collagenhafte Überlagerung und Montage bereits existierender Texte, Bilder und Fragmente, nachgebildete Diskurse (Abhandlungen), eine als Material ausgestellte Sprache, eine Handlung, die sich der Erwartungshaltung der Leser in puncto Verstehen entziehen kann, und schließlich die Verknüpfung des Theaters mit modernen Medien.

Das postdramatische Theater von **Rene Pollesch** (geb. 1962) verknüpft Kapitalismuskritik und französische Sozialtheorie mit diversen Medienformaten (Film, Videoclip, Spielshow, Soap usw.) und popkulturellen Verweisen, mit philosophischen Abhandlungen, Wirtschaftsslang und Worthülsen der Politikersprache. Sein Schreiben ist bestimmt von seinem Wunsch nach Verortung und Orientierung in einer komplexer und komplizierter werdenden Welt. Diese Orientierungssuche wird kombiniert mit Themen wie der Privatisierung des öffentlichen Raums oder der Auflösung der menschlichen Identität im Zeitalter von Globalisierung, Internet und Volksvermarktung; stets richtet sich sein Blick auf scheinbare Identitäten und Wahrnehmungen.

Polleschs „postdramatisches Theater" besitzt eine spezifische Ästhetik:

- Angriff auf die Vorherrschaft des Textes im Theater
- Verweigerung jeglicher Rollenidentität und Rollenpsychologie seitens der Schauspieler
- permanente Bewegung von Schauspielern, Bühnenbild, Kostümen und vor allem der Sprache
- Turbodialoge im Sinne von Schnellsprechen bzw. Wortschwallen
- geschriene Kernaussagen und ein fortwährender Redefluss aus intellektuellen Diskursen
- banaler, aneinander vorbeiredender Small Talk
- szenische Bildmontagen, Videoclip-Rhythmus und Zapp-Ästhetik
- angepasste Filminhalte, Filmmotive und Musikeinblendungen
- Kalauer, Komik, Klamauk, Kabarett und Slapstick ...

In Polleschs Texten bzw. Inszenierungen ist alles ständig im Wandel – und das bei höchstem Tempo; einen endgültigen Text gibt es nicht. Zu seiner Text- und Theaterform gehört auch, dass die Schauspieler an der Textproduktion und -entwicklung beteiligt sind.

Bezeichnungen wie „No-Soap", „Snuff-Comedy" oder „Telefavela" verweisen auf theatrale Kreuzungen und eine nur scheinbare Ähnlichkeit, ist doch die Grunderfahrung der **Postmoderne** die **mediale Entmachtung der Wahrnehmung**. Polleschs Theatertexte sind eine Reaktion darauf, dass die digitale Revolution die Welt der Bilder total kontrollierbar und manipulierbar gemacht hat. Für Pollesch ist das Theater nicht der Ort der Repräsentation der Welt, sondern Teil der Wirklichkeit. Wie anderen Autoren (u. a. Albert Ostermaier, Falk Richter) geht es auch ihm um die mediale Herstellung von Authentizität in einer Erlebnis- und Spaßgesellschaft, die das Leben als permanente Performance sieht, der das Reale abhandengekommen ist und in deren ereignis- und geschichtslosem Lebenslauf die Laufzeiten von Fernsehserien zum Gradmesser der Lebensspanne werden.

Polleschs Theatertext „Insourcing des Zuhause. Menschen in Scheiss-Hotels" (2001) verarbeitet einen wissenschaftlichen Text der Autorinnen Brigitta Kuster und Renate Lorenz, der sich mit sogenannten Boarding Houses auseinandersetzt, Häuser, die als Kombination von Hotel und Zuhause konzipiert sind. Bereits zu Beginn des Stücks wird das zentrale Thema deutlich: die Entgrenzung der Sphäre individueller Privatheit durch marktorientierte Dienstleister, die eine Art Zuhause-Gefühl produzieren. Die drei Darsteller N., T. und C. verkörpern keine Rollen, sondern sind Kürzel für die Privatnamen der Schauspielerinnen.

INSOURCING DES ZUHAUSE. MENSCHEN IN SCHEISS-HOTELS (2001) |
René Pollesch nach Lorenz, Kuster, Boudry**

N: Nina Kronjäger, T: Christine Groß, C: Claudia Splitt

N: Dieses Hotel HIER ERINNERT MICH an zu Hause.
T: Und das ist Service.
C: Dass ich hier an irgendwas erinnert werde.
N: Aber woran denn, was soll denn das sein „Zuhause"?
C: Was ist das hier?
T: Hotel!
N: Da ist dieses Produkt „Zuhause", und das ist jetzt eben in diesem Hotel.
T: Insourcing des Zuhause.
C: Dieses Hotel produziert Zuhause.
T: Und die Einrichtung sieht echt scheisse aus, aber alle Angebote sonst sind attraktiv. Alles, was man nicht sieht. Alle Dienstleistungen hier sind irgendwie ATTRAKTIV!
Alles was man hier NICHT SIEHT, IST ATTRAKTIV!
T: All die Erinnerungen an ZU HAUSE!
C: Ja, gut, aber durch welche sozialen Praktiken soll hier eine Vorstellung von Zuhause produziert werden? Durch was denn?
Ich hab ein persönliches Verhältnis zu dir, und deshalb ist das hier Zuhause.
T: HALT'S MAUL!
N: Ich will mein Zuhause mit dir realisiern!

Szene aus dem Theaterstück „Insourcing des Zuhause. Menschen in Scheiss-Hotels", das im Jahr 2001 auf der Volksbühne Prater aufgeführt wurde

T: Ja, gut aber ICH NICHT! SCHEISSE! ICH NICHT!!
N: Diese sozialen Kämpfe.
C: An der Wohnfront 2001.
Du bist in diesem Hotelzimmer, und du suchst nach der Mini-Bar, aber da ist keine.
MIST!
Wie zu Hause.
C: In diesem Hotel sehen die Zimmer gar nicht aus wie Hotelzimmer.
N: Und wo ist denn das Scheiss-Foyer hin? Plötzlich gibt es in diesen Hotels nichts mehr, was ich mit Hotels verbinde, sondern eher mit einer Vorstellung von Zuhause.
C: Zuhause als Service.

T: Ich bin in diesem Hotel, und da gibt es diese fließenden Übergänge zwischen Wohnen und Arbeiten!

N: Wie zu Hause.

C: Und du kannst da ein Zuhause realisiern mit den Beschäftigten.

T: Beschäftigtenzuhause.

C: Da ein Zuhause nur für jemanden entstehen kann, ist das Hotel auf die Mitarbeit der Kunden angewiesen, die ihr Zuhausegefühl unter anderem in den persönlichen Beziehungen zu den Dienstleistern realisiern.

N: Hier wird ein Zuhause produziert und das braucht deine Mitarbeit.

C: Allein mit Service lässt sich der Verlust des Zuhause nicht kompensieren. Um eine Vorstellung von Zuhause zu produziern, braucht dein Hotel deine Mitarbeit. Damit du das überhaupt realisieren kannst, dieses Gefühl hier zu Hause zu sein, in dieser Zuhausefabrik, musst du mitarbeiten.

N: Ja, gut, und das tu ich ja auch, ich liebe alle, die in diesem Hotel arbeiten.

T: Love-Hotel!

N: Und die lieben mich, oder schätzen mich sozial, das weiss ich GRADE NICHT WAS DIE TUN! Ob die mich lieben, oder nur irgendeine bezahlte persönliche Anteilnahme produziern. DIE ECHT IST! Irgendeine Bargeldanteilnahme, die echt ist. Oder irgendwas über Kreditkarte, das echt ist. Und hier! HIER! Hier war doch immer eine Mini-Bar. Wo ist die hin? SCHEISSE! Oder das Foyer! In diesem Hotel gab es doch mal ein Foyer zur Selbstrepräsentation. Was ist denn aus der geworden? Was ist denn aus der Scheiss-Selbstrepräsentation geworden?

T: Die wird hier tendenziell eingespart.

C: Selbstrepräsentation gibt es nur noch auf deinem Zimmer.

N: AHHH!

C: Dieses Hotel bietet Zuhause als Produkt an.

T: Dann ist das hier eine Fabrik.

N: Für Gefühle und so was. Und Interaktion und so was. Dann ist das hier eine Fabrik für Kommunikation …

C: …zwischen den Gästen und den Mitarbeiterinnen des Reinigungsservice in diesem Hotel, in dem Zuhause produziert werden soll.

T: Die Frau vom Reinigungservice braucht deine Mitarbeit bei der Realisierung eines intimen Verhältnisses und damit in diesem Hotelbetrieb Zuhause entstehen kann. Die Produktion von Zuhause braucht deine Mitarbeit, du Scheiss-Hotelgast.

C: Da gibt es ein Insourcing des Zuhause bei gleichzeitigem Outsourcing der Hausarbeit.

N: Die muss ich einfach nicht machen.

T: Und das geniesse ich hier irgendwie in diesem Hotel!

C: Hausarbeit muss ich einfach nicht machen, oder nur, um mir die Illusion von Zuhause zu erhalten. Und das ist dann mein Beitrag zur Zuhauseproduktion.

N: Ich kann unfreundlich sein, ohne irgendwas wieder in Ordnung zu bringen. Ich geniesse persönliche Zuwendung gegen Bezahlung ohne emotionale Gegenleistung. OHNE EMOTIONALE GEGENLEISTUNG! Das muss einfach nicht sein, dass ich hier EMOTIONAL IRGENDWAS GEGENLEISTE!

T: Ja, gut, halt's Maul.

C: Gegenüber diesem Zuhause-Personal.

T: Ja, sei unfreundlich! Das ist auch eine emotionale Leistung.

N: Aber die ist nicht mit soviel AUFWAND VERBUNDEN!

T: In Hotels gibt es normalerweise diese formalisierten Leistungen und Gegenleistungen, aber hier in dieser Zuhausefabrik kannst du die Arbeitsleistungen, die dir entgegengebracht werden, mit der Vorstellung aufladen, dass sie dir zustehn, weil du gut und erfolgreich arbeitest.

C: In diesem Hotel, das Zuhause produziert, darf ein Gespräch mit den Gästen nicht wie eine bezahlte Tätigkeit wirken; es erfüllt die Betriebsanforderungen nur dann, wenn es wie eine persönliche Anteilnahme wirkt bzw. eine IST!

N: Alles hier ist ECHT UND BEZAHLT!

T: In dieser Fabrik, die Zuhause produziert, müssen bezahlte Tätigkeiten wie eine persönliche Anteilnahme wirken.

C: Und wer will das kontrollieren?

T: Der Blade Runner.

N: Irgendein Androidenjäger kontrolliert, ob deine persönliche Anteilnahme hier in diesem Hotel und an deinen Gästen ECHT IST!

C: Ja, gut, dann lass jetzt eben den Blade Runner oder Personalchef kommen, und dann werden wir ja sehen, ob die Emotionalität, die ich hier performe echt ist oder nicht.

N: Performe Emotionalität, die echt ist.

T: Formen von Arbeit, die Fähigkeiten einsetzen, die der Persönlichkeit und Subjektivität zugeordnet werden.

N: Und das ist doppelt produktiv: Zum einen erwirtschaften sie Profit zum andern zementieren sie gesellschaftliche Normen über Sexualität und Geschlecht.

T: Performe Zement!

N: Du performst hier Emotionalität und die zementiert gesellschaftliche Geschlechterdifferenzen.

T: Performe Emotionalität!

N: ICH LIEB DICH! Und ich will jetzt, dass du mit mir hier Zuhause realisierst in diesem HOTEL! Alles hier erinnert mich an zu Hause, dass es keine Minibar gibt und deine echten Gefühle, das erinnert mich alles an IRGENDWAS! Zuhause oder Dingsda oder WAS DA MAL WAR!! Ich darf nur nicht dauernd daran denken, dass das hier diese Gefühlsfabrik ist. Dass ich hier Liebe realisiere in dieser Gefühlsfabrik. In dieser Zuhauseproduktion! Daran will ich einfach NICHT DENKEN! Und dann finde ich gut, dass das hier nur VERDECKT VORKOMMT! DIESE PRODUKTION VON LIEBE! Das will ich einfach nicht wissen, dass hier Liebe produziert wird durch unternehmerisch orientierte soziale Praktiken. Das will ich EINFACH NICHT WISSEN! Ich will dich ja einfach nur lieben in dieser PRODUKTION VON ZUHAUSE! UND VERGESSEN, dass ich für das alles hier bezahle, für die Liebe, dafür, dass ich mit dir eine Beziehung realisiere, in dieser GEFÜHLSFABRIK HIER! Hier wird ein Zuhause produziert! In diesem Hotel! Diese Fabrik hier erinnert mich an zu Hause oder an meine Beziehung zu dir und wie ich sie realisiere. Und das wirft doch ein Licht auf unsere Produktion von Zuhause da zu Hause, so wie es in diesem Hotel produziert wird. Wie hier Gefühle produziert werden, da frag ich mich doch wie das ist mit der PRODUKTION VON GEFÜHLEN ZUHAUSE!

Clip

N: Zuhause bietet dir eine angenehme Abgeschiedenheit.

C: Und die wird mit sozialem Ansehen verbunden.

T: Und alles andere ist draussen. Und Zuhause und Sicherheit und Ordnung wird mit sozialem Ansehen verbunden.

Pollesch, René, INSOURCING DES ZUHAUSE. MENSCHEN IN SCHEISS-HOTELS, in: Masuch, Bettina (Hrsg.), Wohnfront 2001–2002, Berlin, Volksbühne am Rosa-Luxemburg-Platz und Alexander Verlag, 2002, S. 43ff.

1. Geben Sie den Inhalt der Szene wieder.
2. Beschreiben Sie Merkmale des postdramatischen Theaters, die sich in der Szene widerspiegeln.
3. Charakterisieren Sie die „Reden" der Schauspielerinnen.

11 Neorealistisches Theater: Marius von Mayenburg

Der Fall der Mauer, zunehmende Arbeitslosigkeit, Fremdenfeindlichkeit und rechtsradikale Tendenzen, Massenkommunikation und die Isolation des Einzelnen in der modernen Medienwelt, Globalisierung und Migration sowie die Auflösung sozialer Gefüge und Werte sind zentrale Themen des Theaters seit den 1990er-Jahren – und nach wie vor auch die Auseinandersetzung mit totalitären politischen Systemen.

Marius von Mayenburg (geb. 1972) und andere Autoren des **neorealistischen Theaters** verwenden einerseits zwar Elemente der sogenannten Postdramatik, präsentieren andererseits mit ihren Texten aber auch wieder Geschichten; ihre Figuren besitzen eine Psychologie und sie loten Handlungsspielräume aus. Damit taucht auf der Bühne wieder ein handlungsfähiges, wenn auch sozial meist ohnmächtiges Individuum auf. Im Zusammenhang mit dem neorealistischen Theater wird deshalb von der Rückkehr des Helden, des

Dramatischen, des Politischen und des Realistischen gesprochen. Dies bezieht sich jedoch nicht nur auf den Inhalt der Texte, damit sind auch die Form der Darstellung und die Ziele seiner Umsetzung auf der Bühne gemeint.

Marius von Mayenburg, Jochen Berg, Charles Bukowski, Dea Loher, Moritz Rinke, Roland Schimmelpfennig u.a. setzen sich in ihren Theatertexten auf unterschiedliche Weise mit dem gesellschaftlichen Alltag auseinander. Einerseits stehen sie in der Tradition des sozialen Dramas eines Georg Büchner sowie in der des realistischen und kritischen Volksstücks eines Ödön von Horváth bzw. eines Franz Xaver Kroetz. Wie dort erscheinen auch im neorealistischen Theater die Figuren oft als stark typisierte Vertreter einer bestimmten gesellschaftlichen Gruppe; ihrer sozialen Entfremdung entsprechen eine (künstliche) Sprache und gestörte Dialoge, die oft im Verstummen bzw. in völlige Stille oder in expressiven Ausbrüchen münden. Oft grotesk wirkt der Wechsel zwischen Komischem und Grauenhaftem. Schließlich sind die Figuren bestimmt durch Macht- und Ohnmachtsbeziehungen. Der gesellschaftskritischen Tradition des sozialen Dramas und Volksstückes steht das neorealistische Theater schließlich mit seiner Sozialkritik auch inhaltlich nahe. Andererseits weist das neorealistische Theater – in unterschiedlichen Ausprägungen (z.B. Moritz Rinke, Gesine Danckwart) – Abweichungen von dramatischen Elementen auf. Wie andere Formen der Postdramatik löst es elementare Parameter des Theaters wie Raum, Figur, Gestik und Mimik, Licht usw. aus ihrer Unterordnung unter den dramatischen Text. Die sogenannte Wiederkehr des Textes im neorealistischen Theater geschieht also nicht im Sinne der Wiederherstellung der Ganzheit und Geschlossenheit des Dramas, sondern eher im Sinne des Unspektakulären und Alltäglichen, des Banalen und Grotesken, vor allem aber im Sinne des Fragmentarischen. Den Abweichungen vom Drama entspricht auch das Spiel mit einer Ästhetik, die unsere Wirklichkeit mehr und mehr bestimmt, z.B. die Verknüpfung verschiedener Medien, die Verwendung einer medial geprägten Alltagsästhetik und Sprache, die Verwendung eines sozialen Sprachgestus und verknappter Dialogtechnik, raffinierte Verschiebungen der Erzählperspektive von der ersten zur dritten Person und zurück, ausgeklügelte Montagen usw.

Im Vergleich zu älteren Pubertätsstücken wie Wedekinds „Frühlings Erwachen" wird in „Feuergesicht" (1997) von **Marius von Mayenburg** die Problematik radikalisiert, indem ausschließlich die elementare jugendliche Pubertätserfahrung, die Weigerung, erwachsen zu werden, die Ablehnung der Elternwelt thematisiert wird, nichts anderes zur Sprache kommt und die Figuren eingesperrt sind wie in einem Gefängnis. Die Mitglieder der Familie liegen mit sich selbst im Konflikt und daraus entsteht der Generationenkonflikt – also nicht aufgrund äußerer Konstellationen. Wie die meisten Autoren des neorealistischen Theaters bietet auch von Mayenburg keine Lösungen an; vielmehr spürt er in „Feuergesicht" am Beispiel einer Familie der Entfremdung, Aggression und Gewalt nach, die unter der scheinbar friedlichen, toleranten und selbstzufriedenen Oberfläche einer Gesellschaft lauern, für die es keinen Ausweg und keine Lösung gibt.

In Kurzszenen ohne klare räumliche Zuordnung, teilweise nur wenige Sätze langen Szenensplittern, in kalkulierten Andeutungen und Aussparungen – Lücken muss der Leser/Zuschauer ergänzen –, in banaler „Familiensprache", im Jugendjargon und in Diskursen zu Heraklits Kosmogonie („Die Welt entsteht aus dem Feuer") gestaltet von Mayenburg die Rebellion von Heranwachsenden gegen die Erwachsenenwelt und deren Normen und Werte. Der 15-jährige Kurt stößt mit seiner Aufsässigkeit bei seinen Eltern ins Leere, sie ersticken ihn mit Verständnis oder zeigen Desinteresse. Der Fund eines verbrannten Vogels beunruhigt die Erwachsenen nicht und nach einem Feuer in der Schule offenbart sich ihre Hilflosigkeit, wenn die Mutter Salbe auf Kurts verbranntes Gesicht aufträgt und noch immer nichts wahrhaben will. Kurts Schwester Olga erpresst sich für ihr Schweigen die Teilnahme an Kurts Brandstiftungen und gemeinsam stillen sie auch ihre sexuelle Neugier. Doch auch Olga kann ihren Bruder nicht aushalten und sie verlässt ihn mit ihrem Freund Paul, nachdem Kurt seine Eltern erschlagen hat und bevor er sich selbst anzündet. Kurt erlebt sein Dasein von der Geburt bis zum Tod als Verbrennungsvorgang. Die Bedeutung des Feuers bildet das Gegenstück zu Kurts zentralem Trauma: seiner eigenen Geburt. Kurt verbindet damit lediglich Ekel, Kindheit bedeutet für ihn Mangel, Abhängigkeit, Demütigung und Verweigerung von Identität. Die Figuren Mayenburgs besitzen eine fragmentarisierte Selbstwahrnehmung und lediglich bruchstückhafte Ich-Bilder. Die Identitätsproblematik gipfelt letztlich in der Ermordung der Eltern durch Kurt und in seiner Selbstverbrennung:

Feuergesicht (1997) | Marius von Mayenburg**

OLGA Ich hab nichts machen können. Sie sind in den Keller gegangen, als ich geschlafen habe. Ich weiß nicht, wie sie darauf gekommen sind.

KURT Tut nichts.

OLGA Morgen kommst du zur Polizei. Die sperren dich ein, das geht nicht.

KURT Tut nichts. Ich bin schon weiter. Hol den Hammer.

MUTTER Hans? Hans wach auf!

VATER Was denn?

MUTTER Da ist wer im Raum.

VATER Hm?

MUTTER Da ist wer.

VATER Unsinn.

MUTTER Doch. Mach das Licht an.

VATER Hm. *Er macht das Licht an.* Was macht ihr da?

MUTTER Ihr seid das?

VATER Wollt ihr reden? Es ist spät.

MUTTER Die wollen nicht reden. Die schauen nur.

VATER Gehen wir in die Küche.

MUTTER Wie die Wachspuppen.

VATER Ich zieh den Bademantel an.

KURT Halt ihn fest.

KURT *zitiert* Es wird ein Gericht stattfinden durch das Feuer, über die Welt und alle Dinge, die in ihr sind. Das Feuer hat Vernunft und regiert alle Dinge. Das Feuer wird herankommen und alles erfassen und richten. Ich will mich hinsetzen.

PAUL Von den Brandstiftungen hab ich reden gehört, und man hats auch sehen können und sogar riechen, den Rauch. Das war mir sofort klar, wie ich dagestanden hab mit dem Müllsack voll Asche, und das sind meine Sachen gewesen, da war mir klar, die Häuser, das ist auch der Kurt gewesen mit der Olga. Und ich hab zu den Eltern gesagt, riecht das nach Benzin bei euch, mehr nicht, der Rest ist von allein passiert. Ich hab auch gewusst, dass sie die Häuser zusammen angesteckt haben. Die Olga hat so gefunkelt mit den Augen und gezittert, am liebsten hätte sies mir ins Gesicht geschrien, dass sie das war. Ich habs gewusst, dass sie auch dabei war, und nicht nur der Kurt. Aber gesagt hab ich nichts.

„Feuergesicht" von Marius von Mayenburg, Inszenierung des Düsseldorfer Schauspielhauses, 2005

OLGA Sag was.

KURT Ich mag nicht reden.

OLGA Es ist so still.

KURT Das musst du aushalten.

OLGA Das ist das Schlimmste: wenn sie alle schlafen. Dann hör ich mein eigenes Blut im Kopf rauschen. Lieber ist es mir, sie reden. Wenn sie sich streiten, ist es gut. Jetzt, wo es so still ist, krieg ich Angst zu schlafen. Sie könnten dann im Zimmer sein. Ich mach die Augen zu: klapp links, klapp rechts, gehn die Türen vom Schrank auf, und die stehn drin, links und rechts in unsern Kleidern, im Dunkeln, mit weißen Augen, und schauen ganz nah.

OLGA Was machen wir jetzt?

KURT Nichts. Wir machen die Tür zu.
OLGA Es ist so still im Haus.
KURT Es ist nicht anders als vorher.
OLGA Etwas ist schon anders.
KURT Sie waren schon vorher tot. Jetzt bleiben sie liegen und sickern in ihre Matratzen. Kaum ein Unterschied.
OLGA Das Quietschen auf den Dielen fällt weg, wenn sie nachts aufs Klo schleichen.
KURT Das hat es nie gegeben.
OLGA Und ihr Reden, wenn sie essen, wenn sie versuchen, uns was zu sagen. Das fällt jetzt weg.
KURT Hat es nie gegeben. Schon lang nicht mehr, und ich hatte es schon vergessen. Bald weißt du auch nichts mehr davon.
OLGA *spricht im Schlaf* Sie geht nicht tot. Du hast sie nicht gut getroffen. Du kannst jetzt nicht aufhören, du musst sie ganz hinmachen. Sie soll aufhörn zu schreien. Mach. Du kriegst sie nicht tot. Die bewegt sich noch. Die zuckt noch. Einmal zart und zweimal hart.

Mayenburg, Marius von, Feuergesicht, Parasiten, Frankfurt am Main, Verlag der Autoren, [2]2003, S. 62ff.

1. Fassen Sie den Inhalt des Textes aus von Mayenburgs Drama kurz zusammen.
2. Analysieren Sie Kurts Sprache.
3. Suchen Sie Merkmale des neorealistischen Theaters im Textauszug.
4. Begründen Sie, warum der Generationenkonflikt ein zentrales Thema im neorealistischen Theater darstellt.

III Projektideen zur Dramatik

Dramenfiguren im Vergleich

1. Planen, präsentieren und diskutieren Sie Standbilder zu den Dramenszenen aus „Woyzeck" (siehe S. 444 f.), „Kasimir und Karoline" (siehe S. 451 f.) und „Geschichten aus dem Wiener Wald" (siehe S. 258 f.).
2. Vergleichen Sie ausführlich die Rollen von Woyzeck, Kasimir und Alfred. Mögliche Vergleichsansätze: Verhältnis zum Gesprächspartner; Haltungen, Einstellungen, Stimmungen; Interessen und Absichten der Gesprächspartner; Verlauf des Gesprächs; Details zum Gesprächsverhalten; Beurteilung des Gesprächserfolgs

Vergleich von Dramenszenen

1. Beschreiben Sie die jugendspezifischen Probleme, die in den Dramenszenen von Kroetz (siehe S. 471 f.) und Pollesch (siehe S. 482 ff.) deutlich werden.
2. Charakterisieren und vergleichen Sie das Gesprächsverhalten der jugendlichen Figuren in diesen Dramenszenen.
3. Untersuchen Sie, welche sprachlichen Strategien erkennbar sind.
4. Vergleichen Sie grundsätzliche Intentionen der beiden Theaterstücke.

Präsentation „Standbilder zu Dramenszenen"

1. Wählen Sie in der Gruppe eine Dramenszene des Kapitels 7 aus, für die Sie Standbilder planen (siehe S. 47).
2. Informieren Sie sich in Gruppen über die inhaltlichen Kernaussagen der Dramenszene und präsentieren Standbilder.
3. Diskutieren Sie in der Rolle als Darsteller und Zuschauer die Standbilder im Hinblick auf ihre Gestaltungsideen und möglichen Wirkungen.

Workshop mit Elementen des szenischen Spiels

1. Recherchieren Sie im Internet zu folgenden Themen: Übung zur Improvisation, Bewegungsübung, Sprachübung.
2. Setzen Sie in Gruppen diese Kurzübungen als Vorbereitung auf das szenische Spiel um.
3. Nutzen Sie die Erfahrungen aus den einführenden Übungen für eine Inszenierung einer selbstgewählten Dramenszene, z. B. „Feuergesicht" (siehe S. 486 f.). Ideen im Sinne von Regietheater und der angemessene Einsatz von Requisiten sind erwünscht.

Dramenszene als Regietheater

1. Informieren Sie sich im Internet zu den Chancen und Problemen des modernen Regietheaters.
2. Wählen Sie eine Dramenszene des Kapitels 7 aus.
3. Diskutieren Sie in der Gruppe über den Konflikt, erschließen Sie sich zentrale Charaktermerkmale der Figuren sowie deren sprachliche Strategien.
4. Präsentieren Sie nach einer Übungsphase – unter Nutzung von Ideen des Regietheaters – die Dramenszene.
5. Setzen Sie sich kritisch mit den Ideen des Regietheaters auseinander und sammeln Sie dabei Aspekte für eine Theaterkritik zur Aufführung.

Vergleich von Inszenierungen

1. Sammeln Sie Beobachtungsaufträge für die Analyse von verfilmten Dramenszenen.
2. Nutzen Sie diese Beobachtungsaufträge für einen Szenenvergleich, z. B. zu „Faust I", „Woyzeck", „Der Besuch der alten Dame".
3. Diskutieren Sie, inwiefern sich bei den Inszenierungen zeitspezifische Besonderheiten erkennen lassen.
4. Analysieren Sie vergleichend Details der Personengestaltung und dramaturgischen Umsetzung.

Drama und Epik im Vergleich

1. In der Dramenszene „Draußen vor der Tür" (siehe S. 457 ff.) werden prägende Erfahrungen des Heimkehrers Beckmann, im Auszug der Erzählung „Die Ausgewanderten" (siehe S. 400 f.) die Erinnerungen eines Ich-Erzählers thematisiert. Fassen Sie die konkreten Erfahrungen beider literarischer Figuren knapp zusammen. Stellen Sie dabei Gemeinsamkeiten und Unterschiede gegenüber.
2. Beschreiben Sie die Darstellung der emotionalen Verfassung der Figuren in den beiden Texten.
3. Gestalten Sie für beide Textbeispiele jeweils einen inhaltlich und sprachlich stimmigen Tagebucheintrag, in dem Beckmann bzw. der Ich-Erzähler seine individuelle Situation reflektiert.

Drama und Lyrik im Vergleich

1. Fassen Sie die Kernaussagen des Dramas „Gas I" (siehe S. 449 f.) und des Gedichts „Der Gott der Stadt" (siehe S. 510) in wenigen Sätzen zusammen.
2. Vergleichen Sie das Welt- und Menschenbild in beiden Texten.
3. Erläutern Sie, wie der Pessimismus der beiden Autoren jeweils sprachlich realisiert wird.

Lyrik in ihrer Vielfalt interpretieren

8

- I Lyrik vom Barock bis zum Ende des Jahrhunderts
- II Lyrik der Moderne
- III Lyrik nach 1945
- IV Projektideen zur Lyrik

I Lyrik vom Barock bis zum Ende des 19. Jahrhunderts

1 Sonett

Unter allen Gedichtformen ist die Form des Sonetts am strengsten festgelegt: Es besteht immer aus vier Strophen, wobei die beiden ersten je vier Verse (Quartett) und die dritte und vierte Strophe je drei Verse (Terzett) enthalten. Sogar die Endreime der Quartette sind vorgeschrieben (abba/abba), die Terzette sind durch einen strophenübergreifenden Reim (z. B. cdc/dcd) miteinander verklammert. Die Gedichtform des Sonetts stammt aus der italienischen Renaissance (Petrarca), findet sich bei Shakespeare und im deutschen Barock, aber auch Rilke und der deutsche Expressionismus und sogar die Gegenwartslyrik benutzen immer wieder diese traditionelle Form mit ihrem festen Schema. Der Barockzeit kommt die Zweiteilung dieser Gedichtform in Quartette und Terzette entgegen, weil sie sich eignet, das dialektische Denken dieser Epoche in die entsprechende Strophenform zu bringen. Häufige Gegensätze des dualistischen Weltbildes der Zeit wie Leben und Tod, Zeit und Ewigkeit, Krieg und Frieden können nämlich im Sonett wie These und Antithese gegenübergestellt werden. Da die Verse (häufig Alexandriner) noch oft durch eine Zäsur unterbrochen sind, hat der Dichter eine weitere Möglichkeit antithetischer Gegenüberstellung. Das Sonett im Barock lebt nicht nur aus seiner dialektischen Argumentationsweise, sondern enthält eine Fülle von rhetorischen Sprachmitteln, die in den barocken Poetiken (Opitz) vorgegeben sind. Zu diesen Sprachmitteln gehören vor allem die Metapher und das Symbol, die Allegorie (Personifikation) und das Emblem (Sinnbild). Obwohl vielen Sonetten die konkreten Erfahrungen von Not und Leid (30-jähriger Krieg) zugrunde liegen, sind diese Gedichte noch keine Erlebnislyrik.

Andreas Gryphius (1616–1664) schuf in seinem Sonett „Es ist alles eitel" ein für die Barockzeit repräsentatives Gedicht. In immer neuen Vergleichen und Bildern wird darin die Vergänglichkeit des menschlichen Lebens beschworen. Trotz seiner offensichtlichen Sterblichkeit will der Mensch sich nicht auf das Ewige besinnen. Von dem Expressionisten **Georg Trakl** (1887–1914) stammt das Sonett „Verfall". Das lyrische Ich geht darin von positiven Lebensgefühlen aus, es erfährt dann jedoch deren Gefährdung durch das Erleben von Vergänglichkeit. 1636 entstand das Sonett „An sich" von **Paul Fleming** (1609–1640). In Eigenverantwortung, Selbstbeherrschung und Gelassenheit werden Möglichkeiten des Menschen gesehen, sein Leben unabhängig von wechselndem Geschehen zu meistern. **Albrecht Haushofer** (1903–1945), als Widerstandskämpfer gegen den Nationalsozialismus kurz vor Kriegsende erschossen, schuf seine „Moabiter Sonette" während der Haft. Für ihn stellt sich die Frage der Schuld als eine Frage politischer Mitverantwortung in einer konkreten politischen Situation.

Es ist alles eitel (1643) | Andreas Gryphius

Du siehst, wohin du siehst, nur Eitelkeit auf Erden.
Was dieser heute baut, reißt jener morgen ein:
Wo itzund Städte stehn, wird eine Wiesen sein,
Auf der ein Schäferskind wird spielen mit den Herden.

Was itzund prächtig blüht, soll bald zertreten werden.
Was itzt so pocht und trotzt, ist morgen Asch und Bein.
Nichts ist, das ewig sei, kein Erz, kein Marmorstein.
Itzt lacht das Glück uns an, bald donnern die Beschwerden.

Der hohen Taten Ruhm muß wie ein Traum vergehn.
Soll denn das Spiel der Zeit, der leichte Mensch bestehn?
Ach! was ist alles dies, was wir für köstlich achten,

Als schlechte Nichtigkeit, als Schatten, Staub und Wind.
Als eine Wiesenblum, die man nicht wiederfindt.
Noch will, was ewig ist, kein einig Mensch betrachten.

Gryphius, Andreas, Es ist alles eitel, in: Klassische deutsche Dichtung, hrsg. von Fritz Martini und Walter Müller-Seidel, Bd. 18: Lyrik, Freiburg, Herder Verlag, 1969, S. 38

Verfall (1909) | Georg Trakl

Am Abend, wenn die Glocken Frieden läuten,
Folg ich der Vögel wundervollen Flügen,
Die lang geschart, gleich frommen Pilgerzügen,
Entschwinden in den herbstlich klaren Weiten.

Hinwandelnd durch den dämmervollen Garten
Träum ich nach ihren helleren Geschicken
Und fühl der Stunden Weiser kaum mehr rücken.
So folg ich über Wolken ihren Fahrten.

Da macht ein Hauch mich von Verfall erzittern.
Die Amsel klagt in den entlaubten Zweigen.
Es schwankt der rote Wein an rostigen Gittern,

Indes wie blasser Kinder Todesreigen
Um dunkle Brunnenränder, die verwittern,
Im Wind sich fröstelnd blaue Astern neigen.

Trakl, Georg, Verfall, in: Trakl, Georg, Dichtungen und Briefe, hrsg. von W. Killy u. H. Szeklenar, Bd. 1, Salzburg, Otto Müller Verlag, 1969, S. 59

An sich (1636) | Paul Fleming

Sei dennoch unverzagt, gib dennoch unverloren,
Weich keinem Glücke nicht, steh' höher als der Neid,
Vergnüge dich an dir und acht' es für kein Leid,
Hat sich gleich wider dich Glück, Ort und Zeit verschworen.

Was dich betrübt und labt, halt alles für erkoren,
Nimm dein Verhängnis an, laß' alles unbereut.
Tu, was getan muß sein, und eh' man dirs gebeut.
Was du noch hoffen kannst, das wird noch stets geboren.

Was klagt, was lobt man doch? Sein Unglück und sein Glücke
Ist ihm ein jeder selbst. Schau alle Sachen an:
Dies alles ist in dir. Laß deinen eitlen Wahn,

Und eh du förder gehst, so geh' in dich zurücke.
Wer sein selbst Meister ist und sich beherrschen kann,
Dem ist die weite Welt und alles untertan.

Fleming, Paul, An sich, in: Klassische deutsche Dichtung, hrsg. von Fritz Martini und Walter Müller-Seidel, Bd. 18: Lyrik, Freiburg, Herder Verlag, 1969, S. 25

Schuld (1944/45) | Albrecht Haushofer

Ich trage leicht an dem, was das Gericht
Mir Schuld benennen wird: an Plan und Sorgen.
Verbrecher wär' ich, hätt' ich für das Morgen
Des Volkes nicht geplant aus eigner Pflicht.

Doch schuldig bin ich. Anders als Ihr denkt!
Ich musste früher meine Pflicht erkennen,
Ich musste schärfer Unheil Unheil nennen,
Mein Urteil hab ich viel zu lang gelenkt …

Ich klage mich in meinem Herzen an:
Ich habe mein Gewissen lang betrogen,
Ich hab mich selbst und Andere belogen –

Ich kannte früh des Jammers ganze Bahn –
Ich hab gewarnt – nicht hart genug und klar!
Und heute weiß ich, was ich schuldig war …

Haushofer, Albrecht, Schuld, in: Moabiter Sonette, hrsg. von Amelie von Graevenitz, Langewiesche-Brandt Verlag, Ebenhausen 2008, S. 43

1. Vergleichen Sie die Bildhaftigkeit in den Sonetten von Gryphius und Trakl vor dem jeweiligen Erfahrungshintergrund.
2. Erläutern Sie die Konsequenzen, die sich aus der unterschiedlichen Sprechhaltung der Gedichte ergeben.
3. Untersuchen Sie die Unterschiede der „Selbstgespräche" des lyrischen Ich bei Fleming und Haushofer.
4. Stellen Sie die Auffassung von Lebensbewältigung in den Gedichten Flemings und Haushofers gegenüber.

2 Lehrgedicht

Die Epoche der **Aufklärung** mit ihrem Glauben an die **Vernunft** und ihrem **Optimismus**, den Menschen erziehen und bessern zu können, fand in der Lyrik ihren typischen Ausdruck im Lehrgedicht. Im Vordergrund steht darin die Vermittlung von Wissen und Erkenntnis, von Erfahrung und moralischer Einsicht. Die rationalen Elemente bleiben aber in der Epoche der Aufklärung noch fest eingebunden in die religiöse Grundüberzeugung, dass Gott der Schöpfer der Welt ist und in ihr weiterwirkt. In diesen Lehrgedichten gibt es – z. T. sogar wissenschaftliche – Naturbeobachtungen, die zu Betrachtungen über den Sinn der Erscheinungen hinführen und schließlich in die Einsicht einer gottgewollten Ordnung münden. Aus ihr resultiert die Verpflichtung für den Menschen, eine tugendhaft-vernünftige Gesellschaft zu bilden, zu deren Erbauung das aufklärerische Lehrgedicht ebenso dienen soll wie die Fabel.

Im 20. Jahrhundert greift **Bertolt Brecht** (1898–1956) zwar die Tradition des Lehrgedichts auf, aber unter total veränderten Vorzeichen: Die Welt ist nicht mehr eine göttliche Schöpfung, zu der der Mensch dankbar aufblickt, sondern das Resultat politischer und gesellschaftlicher Entwicklungen, für die der Mensch selbst verantwortlich ist. So ist denn auch sein Lehrgedicht „An die Nachgeborenen“ im Vergleich zum überzeitlichen Vermächtnis des Aufklärungsgedichts ein aktuelles und skeptisches politisches Testament, in dem der Dichter aus dem Exil um Verständnis für die zwangsläufige Verstrickung des Menschen in schwierigen Zeiten wirbt.

An die Nachgeborenen (1939) | Bertolt Brecht

I
Wirklich, ich lebe in finsteren Zeiten!
Das arglose Wort ist töricht. Eine glatte Stirn
Deutet auf Unempfindlichkeit hin. Der Lachende
Hat die furchtbare Nachricht
Nur noch nicht empfangen.

Was sind das für Zeiten, wo
Ein Gespräch über Bäume fast ein Verbrechen ist
Weil es ein Schweigen über so viele Untaten einschließt!
Der dort ruhig über die Straße geht
Ist wohl nicht mehr erreichbar für seine Freunde
Die in Not sind?

Es ist wahr: Ich verdiene noch meinen Unterhalt
Aber glaubt mir: das ist nur ein Zufall. Nichts
Von dem, was ich tue, berechtigt mich dazu, mich sattzuessen.
Zufällig bin ich verschont. (Wenn mein Glück aussetzt, bin ich verloren.)

Man sagt mir: Iß und trink du! Sei froh, daß du hast!
Aber wie kann ich essen und trinken, wenn
Ich dem Hungernden entreiße, was ich esse, und
Mein Glas Wasser einem Verdurstenden fehlt?
Und doch esse und trinke ich.

Ich wäre gern auch weise.
In den alten Büchern steht, was weise ist:
Sich aus dem Streit der Welt halten und die kurze Zeit
Ohne Furcht verbringen
Auch ohne Gewalt auskommen
Böses mit Gutem vergelten

Seine Wünsche nicht erfüllen, sondern vergessen
Gilt für weise.
Alles das kann ich nicht:
Wirklich, ich lebe in finsteren Zeiten!

II
In die Städte kam ich zur Zeit der Unordnung
Als da Hunger herrschte.
Unter die Menschen kam ich zu der Zeit des Aufruhrs
Und ich empörte mich mit ihnen.
So verging meine Zeit
Die auf Erden mir gegeben war.

Mein Essen aß ich zwischen den Schlachten
Schlafen legte ich mich unter die Mörder
Der Liebe pflegte ich achtlos
Und die Natur sah ich ohne Geduld.
So verging meine Zeit
Die auf Erden mir gegeben war.

Die Straßen führten in den Sumpf zu meiner Zeit.
Die Sprache verriet mich dem Schlächter.
Ich vermochte nur wenig. Aber die Herrschenden
Saßen ohne mich sicherer, das hoffte ich.
So verging meine Zeit
Die auf Erden mir gegeben war.

Die Kräfte waren gering. Das Ziel
Lag in großer Ferne
Es war deutlich sichtbar, wenn auch für mich
Kaum zu erreichen.
So verging meine Zeit
Die auf Erden mir gegeben war.

III
Ihr, die ihr auftauchen werdet aus der Flut
In der wir untergegangen sind
Gedenkt
Wenn ihr von unsern Schwächen sprecht
Auch der finsteren Zeit
Der ihr entronnen seid.

Gingen wir doch, öfter als die Schuhe die Länder wechselnd
Durch die Kriege der Klassen, verzweifelt
Wenn da nur Unrecht war und keine Empörung.

Dabei wissen wir doch:
Auch der Haß gegen die Niedrigkeit
Verzerrt die Züge.
Auch der Zorn über das Unrecht
Macht die Stimme heiser. Ach, wir
Die wir den Boden bereiten wollten für Freundlichkeit
Konnten selber nicht freundlich sein.

Ihr aber, wenn es so weit sein wird
Daß der Mensch dem Menschen ein Helfer ist Gedenkt unsrer
Mit Nachsicht.

Brecht, Bertolt, An die Nachgeborenen, in: Brecht, Bertolt, Die Gedichte von Bertolt Brecht in einem Band, Frankfurt am Main, Suhrkamp Verlag, 1981, S. 722–725

1. Benennen Sie im Gedicht „An die Nachgeborenen“ formale und sprachliche Besonderheiten.
2. Arbeiten Sie aus dem Gedicht aktuelle Bezüge und persönliche Erfahrungen Brechts heraus.

3 Ode

Die griechische Antike kannte die Ode nicht nur als Chorgesang, sondern vor allem als selbstständige Gedichtform mit strengen formalen Vorgaben, die von der Zeilenvorschrift bis hin zur Festlegung der Silbenzahl pro Vers reichte. Für die Rezeption (Aufnahme) des antiken Vorbilds in der neueren deutschen Literatur seit der Barockzeit war aber die römische Antike mit Horaz und Pindar entscheidend. Mit der empfindsamen Ode besitzt die deutsche Literatur der Aufklärung ein emotionales Gegengewicht zum rationalen Lehrgedicht, das die Vernunft in den Vordergrund stellte. In dieser Lyrik mit gedankenvollen Inhalten und starkem Gefühlsausdruck werden in meist reimlosen Strophen fromme Innerlichkeit und pathetische Begeisterung zum Ausdruck gebracht. Gott, Natur, Freundschaft und Vaterland sind häufige Themen, wobei es nun nicht mehr vorrangig um moralisch-pädagogische Belehrung geht, sondern um die Tiefe der emotionalen Verbundenheit mit diesen Bereichen. Die empfindsame Lyrik wurde besonders vom Freundschaftsbund des **Göttinger Hains** gepflegt. Den Höhepunkt deutscher Odendichtung im 18. Jahrhundert bildete jedoch die Lyrik Friedrich Gottlieb Klopstocks. In den Umkreis der Ode gehören die beiden verwandten Gedichtformen der **Hymne** und der **Elegie**. In der klassisch-romantischen Epoche ragt das lyrische Werk Friedrich Hölderlins heraus, der alle drei Formen beherrschte. Späte Ausläufer der Odendichtung finden sich in der ekstatischen Lyrik des Expressionismus.

Die Ode „Die Sommernacht“ von **Friedrich Gottlieb Klopstock** (1724–1803) zeigt das lyrische Ich in der Situation nächtlichen Naturerlebens, das den Anstoß gibt, über menschliche Vergänglichkeit nachzudenken. Einsamkeit ist die Grundstimmung in der Ode „Abendphantasie“ von **Friedrich Hölderlin** (1770–1843), die in gefühlsstarken Bildern das menschliche Leben in seiner Vielfalt und in seinen Gegensätzen einfängt.

Die Sommernacht (1766) | Friedrich Gottlieb Klopstock

Wenn der Schimmer von dem Monde nun herab
In die Wälder sich ergießt, und Gerüche
Mit den Düften von der Linde
In den Kühlungen wehn;

So umschatten mich Gedanken an das Grab
Der Geliebten, und ich seh’ in dem Walde
Nur es dämmern, und es weht mir
Von der Blüte nicht her.

Ich genoß einst, o ihr Toten, es mit euch!
Wie umwehten uns der Duft und die Kühlung,
Wie verschönt warst von dem Monde,
Du, o schöne Natur!

Klopstock, Friedrich Gottlieb, Die Sommernacht, in: Klassische deutsche Dichtung, hrsg. von Fritz Martini und Walter Müller-Seidel, Bd. 18: Lyrik, Freiburg, Herder Verlag, 1969, S. 155

Abendphantasie (1799) | Friedrich Hölderlin

Vor seiner Hütte ruhig im Schatten sitzt
Der Pflüger, dem Genügsamen raucht sein Herd.
Gastfreundlich tönt dem Wanderer im
Friedlichen Dorfe die Abendglocke.

Wohl kehren itzt die Schiffer zum Hafen auch,
in fernen Städten, fröhlich verrauscht des Markts
Geschäft'ger Lärm; in stiller Laube
Glänzt das gesellige Mahl den Freunden.

Wohin denn ich? Es leben die Sterblichen
Von Lohn und Arbeit; wechselnd in Müh' und Ruh'
Ist alles freudig; warum schläft denn
Nimmer nur mir in der Brust der Stachel?

Am Abendhimmel blühet ein Frühling auf;
Unzählig blühn die Rosen und ruhig scheint
Die goldne Welt; o dorthin nimmt mich
Purpurne Wolken! und möge droben

In Licht und Luft zerrinnen mir Lieb' und Leid! –
Doch, wie verscheucht von töriger Bitte, flieht
Der Zauber; dunkel wirds und einsam
Unter dem Himmel, wie immer, bin ich –

Komm du nun, sanfter Schlummer! zu viel begehrt
Das Herz; doch endlich, Jugend! verglühst du ja,
Du ruhelose, träumerische!
Friedlich und heiter ist dann das Alter.

Hölderlin, Friedrich, Abendphantasie, in: Klassische deutsche Dichtung, hrsg. von Fritz Martini und Walter Müller-Seidel, Bd. 18: Lyrik, Freiburg, Herder Verlag, 1969, S. 294

Analysieren Sie den Zusammenhang der Sinneseindrücke und emotionalen Reaktionen in beiden Gedichten.

4 Erlebnislyrik

War das lyrische Ich vom Mittelalter bis zur Aufklärung fast ausnahmslos ein konventionelles, gesellschaftliches Ich, beginnt mit dem **jungen Goethe** und seiner Erlebnislyrik eine neue Entwicklung. Das lyrische Ich verliert seinen Rollencharakter und wird zum **subjektiv erlebenden Ich**, das seine individuellen Stimmungen, Erlebnisse und Gefühle ausdrückt. Obwohl damit autobiografische Züge stärker Eingang in die Lyrik finden, erschöpfen sich Erlebnisgedichte keineswegs in der Darstellung ihrer zugrunde liegenden realen Erlebnisse, sondern werden auch zum künstlerischen Ausdruck allgemeingültiger überpersönlicher Erfahrungen. Diese Art von Lyrik entstand in der Epoche des **Sturm und Drang**, weil in dieser Zeit die Vorstellung vom Dichter nicht mehr von der Ausrichtung auf Vernunft, traditionelle Bildung und künstlerische Regelhaftigkeit bestimmt war, sondern von leidenschaftlichem Gefühl, kraftvoller Genialität und schöpferischer Originalität.

Natur und **Liebe** sind in der Erlebnislyrik wie in allen früheren Epochen Hauptthemen, nur hat sich im Sturm und Drang der Ausdruck des Natur- und Liebeserlebens entscheidend geändert. Das lyrische Ich, bislang der von Gott geschaffenen Natur gegenüberstehend, versteht sich jetzt als Teil einer Ganzheit, die Mensch und Natur einschließt. Liebeslyrik ist nicht mehr in erster Linie Rollenspiel, sondern subjektiver Gefühlsausdruck echter Glücks- und Leidenserfahrung.

Von Anfang an ist die **Nähe zur Volkspoesie** eine wesentliche Komponente der Erlebnislyrik, die aber andererseits auch offen ist für eine Vielzahl betont künstlerischer Formen – von der gewollten Schlichtheit des Liedes bis hin zum Pathos der Hymne. In der **Romantik** werden in Natur- und Liebesgedichten vor allem innere Sehnsüchte, Stimmungen und Fantasien ausgedrückt. Das konkrete Erlebnis wird umgewandelt in Bilder, Klänge und Gedanken, sodass das Gedicht als künstlerisches Endprodukt weiter vom unmittelbaren Erleben entfernt ist als im Sturm und Drang. Bei Heine gibt es lyrische Beispiele der ironischen Distanzierung und Desillusionierung romantischer Poesie, mit der er den Gegensatz zwischen Traum und Wirklichkeit bloßstellt.

In **Goethes** (1749–1832) Straßburger Zeit 1770/71 fällt die Entstehung des Zyklus „Sesenheimer Gedichte". „Willkommen und Abschied" gilt als erstes bedeutendes Zeugnis für Erlebnislyrik, in der sich der Ausdruck spontaner Gefühle gegen die Konvention durchsetzte. In seiner Hymne „Prometheus" wählt der junge Goethe den gleichnamigen griechischen Halbgott, der Menschen schuf und für sie den Göttern das Feuer raubte, um anhand dieser Figur sein eigenes Rebellieren auszudrücken.

Willkommen und Abschied (1770/71) | Johann Wolfgang von Goethe

Es schlug mein Herz, geschwind zu Pferde!
Es war getan fast eh' gedacht;
Der Abend wiegte schon die Erde
Und an den Bergen hing die Nacht;

Schon stand im Nebelkleid die Eiche,
Ein aufgetürmter Riese, da,
Wo Finsternis aus dem Gesträuche
Mit hundert schwarzen Augen sah.

Der Mond von einem Wolkenhügel
Sah kläglich aus dem Duft hervor,
Die Winde schwangen leise Flügel
Umsausten schauerlich mein Ohr;

Die Nacht schuf tausend Ungeheuer;
Doch frisch und fröhlich war mein Mut:
In meinen Adern welches Feuer!
In meinem Herzen welche Glut!

Dich sah ich, und die milde Freude
Floß von dem süßen Blick auf mich;
Ganz war mein Herz an deiner Seite
Und jeder Atemzug für dich.

Ein rosenfarbnes Frühlingswetter
Umgab das liebliche Gesicht,
Und Zärtlichkeit für mich – ihr Götter!
Ich hofft' es, ich verdient' es nicht!

Doch ach, schon mit der Morgensonne
Verengt der Abschied mir das Herz:
In deinen Küssen welche Wonne!
In deinem Auge welcher Schmerz!

Ich ging, du standst und sahst zur Erden,
Und sahst mir nach mit nassem Blick:
Und doch, welch Glück, geliebt zu werden!
Und lieben, Götter, welch ein Glück!

Goethe, Johann Wolfgang von, Willkommen und Abschied, in: Klassische deutsche Dichtung, hrsg. von Fritz Martini und Walter Müller-Seidel, Bd. 18: Lyrik, Freiburg, Herder Verlag, 1969, S. 195 f.

Prometheus (1774) | Johann Wolfgang von Goethe

Bedecke deinen Himmel, Zeus
Mit Wolkendunst!
Und übe, dem Knaben gleich,
Der Disteln köpft,
An Eichen dich und Bergeshöhn;
mußt mir meine Erde
Doch lassen stehn,

Und meine Hütte,
die du nicht gebaut,
Und meinen Herd,
Um dessen Glut
Du mich beneidest.

Ich kenne nichts Ärmer's
Unter der Sonn' als euch, Götter!
Ihr nähret kümmerlich
Von Opfersteuern
Und Gebetshauch
Eure Majestät,
Und darbtet, wären
Nicht Kinder und Bettler
Hoffnungsvolle Toren.

Prometheus, Gemälde von Gustave Moreau (1826–1898)

Da ich ein Kind war,
Nicht wußt', wo aus, wo ein,
Kehrt' ich mein verirrtes Aug'
Zur Sonne, als wenn drüber wär'
Ein Ohr, zu hören meine Klage,
Ein Herz, wie mein's,
Sich des Bedrängten zu erbarmen.

Wer half mir
Wider der Titanen Übermut?
Wer rettete vom Tode mich,
Von Sklaverei?

Hast du's nicht alles selbst vollendet,
Heilig glühend Herz?
Und glühtest, jung und gut,
Betrogen, Rettungsdank
Dem Schlafenden da droben?

Ich dich ehren? Wofür?
Hast du die Schmerzen gelindert
Je des Beladenen?
Hast du die Tränen gestillet
Je des Geängsteten?
Hat nicht mich zum Manne geschmiedet
Die allmächtige Zeit
Und das ewige Schicksal,
Meine Herren und deine?

Wähntest du etwa,
Ich sollte das Leben hassen,
In Wüsten fliehen,
Weil nicht alle
Blütenträume reiften?

Hier sitz' ich, forme Menschen
Nach meinem Bilde,
Ein Geschlecht, das mir gleich sei,
Zu leiden, zu weinen,
Zu genießen und zu freuen sich,
Und dein nicht zu achten,
Wie ich!

Goethe, Johann Wolfgang von, Prometheus, in: Klassische deutsche Dichtung, hrsg. von Fritz Martini und Walter Müller-Seidel, Bd. 18: Lyrik, Freiburg, Herder Verlag, 1969, S. 216ff.

1. Formulieren Sie die gedankliche Hauptaussage des Goethe-Gedichts „Prometheus" vor dem epochenspezifischen Hintergrund des Sturm und Drang.
2. Informieren Sie sich über den biografischen Hintergrund des Gedichts „Willkommen und Abschied".
3. Interpretieren Sie den Erlebnischarakter des Gedichts „Willkommen und Abschied".

5 Gedankenlyrik

Mit dem Übergang vom Sturm und Drang zur Klassik gesellt sich zur Erlebnislyrik eine Lyrik, deren wesentliches Merkmal die gedanklichen Inhalte sind. Aus einzelnen Beobachtungen und Überlegungen ergibt sich meistens eine resümierende Aussage. Diese Lyrik verbindet die philosophische Gedanklichkeit der Lehrdichtung mit dem Gefühlsgehalt der Erlebnislyrik und führt damit zum **gedanklichen Erlebnis** in lyrischer Form.

Friedrich Schillers (1759–1805) Gedicht „Die Worte des Glaubens" verkündet moralisch-appellativ klassische Ideale. Das Gedicht „Nur zwei Dinge" von **Gottfried Benn** (1886–1956) ist dagegen ein Beispiel moderner Gedankenlyrik, die dem Existenzgefühl einer veränderten Zeit Rechnung trägt.

Nur zwei Dinge (1953) | Gottfried Benn

Durch so viele Formen geschritten,
durch Ich und Wir und Du,
doch alles blieb erlitten
durch die ewige Frage: wozu?

Das ist eine Kinderfrage.
Dir wurde erst spät bewußt,
es gibt nur eines: ertrage
– ob Sinn, ob Sucht, ob Sage –
dein fernbestimmtes: Du mußt.

Ob Rosen, ob Schnee, ob Meere,
was alles erblühte, verblich,
es gibt nur zwei Dinge: die Leere
und das gezeichnete Ich.

Benn, Gottfried, Nur zwei Dinge, in: Benn, Gottfried, Sämtliche Werke, Bd. 1, Gedichte 1, Stuttgart, Klett-Cotta Verlag, 1986, S. 320

Die Worte des Glaubens (1797) | Friedrich Schiller

Drei Worte nenn ich euch, inhaltsschwer
Sie gehen von Munde zu Munde,
Doch stammen sie nicht von außen her,
Das Herz nur gibt davon Kunde.
Dem Menschen ist aller Wert geraubt,
Wenn er nicht mehr an die drei Worte glaubt.

Der Mensch ist frei geschaffen, ist frei,
Und würd er in Ketten geboren,
Laßt euch nicht irren des Pöbels Geschrei,
Nicht den Mißbrauch rasender Toren.
Vor dem Sklaven, wenn er die Kette bricht,
Vor dem freien Menschen erzittert nicht.

Und die Tugend, sie ist kein leerer Schall,
Der Mensch kann sie üben im Leben,
Und sollt er auch straucheln überall,
Er kann nach der göttlichen streben,
Und was kein Verstand der Verständigen sieht,
Das übet in Einfalt ein kindlich Gemüt.

Und ein Gott ist, ein heiliger Wille lebt,
Wie auch der menschliche wanke,
Hoch über der Zeit und dem Raume webt
Lebendig der höchste Gedanke.
Und ob alles in ewigem Wechsel kreist,
Es beharret im Wechsel ein ruhiger Geist.

Die drei Worte bewahret euch, inhaltsschwer,
Sie pflanzet von Munde zu Munde,
Und stammen sie gleich nicht von außen her,
Euer Innres gibt davon Kunde,
Dem Menschen ist nimmer sein Wert geraubt,
Solang er noch an die drei Worte glaubt.

Schiller, Friedrich, Die Worte des Glaubens, in: Klassische deutsche Dichtung, hrsg. von Fritz Martini und Walter Müller-Seidel, Bd. 18: Lyrik, Freiburg, Herder Verlag, 1969, S. 279 f.

1. Benennen Sie die drei Ideale in Schillers Gedicht „Die Worte des Glaubens" und diskutieren Sie deren aktuelle Bedeutung.
2. Analysieren Sie das moderne Lebensgefühl des lyrischen Ich in Benns Gedicht „Nur zwei Dinge".

6 Ballade

Gilt Lyrik in der Regel als die Gattung, die im Vergleich zu Prosa und Drama ohne Handlung auskommt, so nimmt die Ballade eine Sonderstellung ein. Sie hat **dramatische**, manchmal auch **erzählerische** Züge; gemessen an ihrem Umfang zählt sie zu den längeren Gedichtformen. Die Dramatik liegt in einem spannenden Geschehen, das auch dialogisch vorangetrieben werden kann. Aufgrund relativ ausführlicher Schilderungen wirken Balladen erzählerisch. Sie geben oft eine unheimliche, gespenstische Atmosphäre wieder, die Handlung kann tragische und dämonische Züge enthalten. Ihre Stoffe stammen aus Geschichte, Sage, Mythos; neben zwischenmenschlichen Konflikten wird der Kampf zwischen Mensch und Natur thematisiert.

Goethes (1749–1832) „Erlkönig" verkörpert exemplarisch den dramatischen Grundzug der Ballade und verdichtet atmosphärisch die Unheimlichkeit der Natur. Von **Wolf Biermann** (geb. 1936) stammt die „Ballade vom preußischen Ikarus", ein Beispiel für das Weiterwirken der Textsorte Ballade in der Nachkriegsliteratur.

Erlkönig (1782) | Johann Wolfgang von Goethe

Wer reitet so spät durch Nacht und Wind?
Es ist der Vater mit seinem Kind;
Er hat den Knaben wohl in dem Arm,
Er faßt ihn sicher, er hält ihn warm.

„Mein Sohn, was birgst du so bang dein Gesicht?" –
„Siehst, Vater, du den Erlkönig nicht?
Den Erlenkönig mit Kron' und Schweif?" –
„Mein Sohn, es ist ein Nebelstreif." –

„Du liebes Kind, komm, geh mit mir!
Gar schöne Spiele spiel' ich mit dir;
Manch bunte Blumen sind an dem Strand;
Meine Mutter hat manch' gülden Gewand."

„Mein Vater, mein Vater, und hörest du nicht,
Was Erlenkönig mir leise verspricht?" –
„Sei ruhig, bleibe ruhig, mein Kind;
In dürren Blättern säuselt der Wind." –

„Willst, feiner Knabe, du mit mir gehn?
Meine Töchter sollen dich warten schön;
Meine Töchter führen den nächtlichen Reihn
Und wiegen und tanzen und singen dich ein."

„Mein Vater, mein Vater, und siehst du nicht dort
Erlkönigs Töchter am düstern Ort?“ –
„Mein Sohn, mein Sohn, ich seh es genau;
Es scheinen die alten Weiden so grau.“ –

„Ich liebe dich, mich reizt deine schöne Gestalt;
Und bist du nicht willig, so brauch' ich Gewalt.“ –
„Mein Vater, mein Vater, jetzt faßt er mich an!
Erlkönig hat mir ein Leids getan!“ –

Dem Vater grauset's, er reitet geschwind,
Er hält in Armen das ächzende Kind,
Erreicht den Hof mit Mühe und Not;
In seinen Armen das Kind war tot.

Goethe, Johann Wolfgang von, Erlkönig, in: Klassische deutsche Dichtung, hrsg. von Fritz Martini und Walter Müller-Seidel, Bd. 19: Balladen, Freiburg, Herder Verlag, 1967, S. 139f.

1. Bereiten Sie eine Rezitation vor (siehe S. 48f.). Tragen Sie die Ballade in verteilten Rollen vor.
2. Sprechen Sie die erste und letzte Strophe chorisch im Klassenverband. Verteilen Sie die Rollen des Vaters und des Kindes an jeweils gleich große Gruppen, die die jeweiligen Textstellen gemeinsam vortragen. Diskutieren Sie anschließend die Wirkung der unterschiedlichen Vortragsformen.

Ballade vom preußischen Ikarus (1978) | Wolf Biermann

1. Da, wo die Friedrichstraße sacht
Den Schritt über das Wasser macht
da hängt über der Spree
Die Weidendammerbrücke. Schön
Kannst du da Preußens Adler sehn
wenn ich am Geländer steh
dann steht da der preußische Ikarus
mit grauen Flügeln aus Eisenguß
dem tun seine Arme so weh
er fliegt nicht weg – er stürzt nicht ab
macht keinen Wind – und macht nicht schlapp
am Geländer über der Spree

2. Der Stacheldraht wächst langsam ein
Tief in die Haut, in Brust und Bein
ins Hirn, in graue Zelln
Umgürtet mit dem Drahtverband
Ist unser Land ein Inselland
umbrandet von bleiernen Welln
da steht der preußische Ikarus
mit grauen Flügeln aus Eisenguß
dem tun seine Arme so weh
er fliegt nicht hoch – und er stürzt nicht ab
macht keinen Wind – und macht nicht schlapp
am Geländer über der Spree

3. Und wenn du wegwillst, mußt du gehn
Ich hab schon viele abhaun sehn
aus unserm halben Land
Ich halt mich fest hier, bis mich kalt
Dieser verhaßte Vogel krallt
und zerrt mich übern Rand
dann bin ich der preußische Ikarus
mit grauen Flügeln aus Eisenguß
dann tun mir die Arme so weh
dann flieg ich hoch – dann stürz ich ab
mach bißchen Wind – dann mach ich schlapp
am Geländer über der Spree

Biermann, Wolf, Ballade vom preußischen Ikarus, in: Biermann, Wolf, Preußischer Ikarus. Lieder, Balladen, Gedichte, Prosa, Köln, Verlag Kiepenheuer & Witsch, 1978, S. 104

1. Analysieren Sie die Bildhaftigkeit der beiden Balladen.
2. Vergleichen Sie Sarah Kirschs Gedicht „Watt III“ (siehe S. 523) mit Goethes Ballade „Erlkönig“.

7 Politisches Gedicht

Von Walther von der Vogelweide, der als großer Minnesänger gilt, stammen auch Gedichte, die nichts mit Natur und Liebe zu tun haben, sondern sich zu politischen Themen äußern. Damit ist er der erste bedeutende Vertreter einer Lyrik-Tradition, die in unterschiedlicher Breite bis in die Gegenwart reicht. Politische Lyrik hat immer dann Hochkonjunktur, wenn die Zeiten zu politischer Einmischung herausfordern. Auf der einen Seite kann dies in Form einer bestätigenden Lyrik erfolgen, die den politischen Verhältnissen und ihren Leitfiguren zustimmt und sie feiert, was bis zum Personenkult führen kann. Auf der anderen – wohl wichtigeren – Seite handelt es sich um kritische Stellungnahmen, die der Unzufriedenheit und dem Wunsch nach Veränderung Ausdruck geben. Zwar müssen politische Gedichte von Natur aus **Partei ergreifen** und damit parteiisch sein, doch ist dabei in manchen Fällen die Gefahr blinder Parteilichkeit und linientreuer Propaganda nicht auszuschließen. Das Spektrum politischer Lyrik reicht von eher reflektierenden bis hin zu appellierenden und agitatorischen Gedichten, von längerfristig gültiger **Gesellschaftskritik** bis hin zu ganz konkreter tagesaktueller Einmischung. In Form, Inhalt und Umfang sind politische Gedichte variabel; Kriegs- und Vaterlandsgedichte zählen ebenso dazu wie proletarische und revolutionäre Lieder und kabarettistische Chansons. Der Tonfall kann ernst oder pathetisch sein, aber auch ironisch oder polemisch.

Das Gedicht „Die schlesischen Weber“ von **Heinrich Heine** (1797–1856) bezieht sich auf den historischen Weberaufstand im Jahr 1844 (vgl. G. Hauptmann, „Die Weber“). In dem Gedicht „Kennst du das Land, wo die Kanonen blühn?“ greift **Erich Kästner** (1899–1974) auf Goethes Gedicht „Mignon“ zurück und macht aus einem Natur- und Liebesgedicht ein antimilitaristisches Gedicht. **Hans Magnus Enzensberger** (geb. 1929) provoziert in dem Gedicht „ins lesebuch für die oberstufe“ seinen Leser mit einem Antilyrik-Aufruf, um ihn vor einer unpolitischen Flucht in die Poesie zu warnen.

Die schlesischen Weber (1844) | Heinrich Heine

Im düstern Auge keine Träne,
Sie sitzen am Webstuhl und fletschen die Zähne:
Altdeutschland, wir weben dein Leichentuch,
Wir weben hinein den dreyfachen Fluch –
Wir weben, wir weben!

Ein Fluch dem Gotte, zu dem wir gebeten
In Winterskälte und Hungersnöten;
Wir haben vergebens gehofft und geharrt,
Er hat uns geäfft und gefoppt und genarrt –
Wir weben, wir weben!

Ein Fluch dem König, dem König der Reichen,
Den unser Elend nicht konnte erweichen,
Der den letzten Groschen von uns erpreßt
Und uns wie Hunde erschießen läßt –
Wir weben, wir weben!

Ein Fluch dem falschen Vaterlande,
Wo nur gedeihen Schmach und Schande,
Wo jede Blume früh geknickt,
Wo Fäulnis und Moder den Wurm erquickt –
Wir weben, wir weben!

Das Schiffchen fliegt, der Webstuhl kracht,
Wir weben emsig Tag und Nacht –
Altdeutschland, wir weben dein Leichentuch,
Wir weben hinein den dreyfachen Fluch,
Wir weben, wir weben!

Heine, Heinrich, Die schlesischen Weber, in: Heine, Heinrich, Historisch-kritische Gesamtausgabe der Werke, hrsg. von Manfred Windfuhr, Bd. 2, Neue Gedichte, bearb. von Elisabeth Genton, Hamburg, Hoffmann und Campe, 1983, S. 150

Kennst Du das Land, wo die Kanonen blühn? (1928) | Erich Kästner

Kennst Du das Land, wo die Kanonen blühn?
Du kennst es nicht? Du wirst es kennenlernen!
Dort stehn die Prokuristen stolz und kühn
in den Büros, als wären es Kasernen.

Dort wachsen unterm Schlips Gefreitenknöpfe.
Und unsichtbare Helme trägt man dort.
Gesichter hat man dort, doch keine Köpfe.
Und wer zu Bett geht, pflanzt sich auch schon fort!

Wenn dort ein Vorgesetzter etwas will
– und es ist sein Beruf etwas zu wollen –
steht der Verstand erst stramm und zweitens still.
Die Augen rechts! Und mit dem Rückgrat rollen!

Die Kinder kommen dort mit kleinen Sporen
und mit gezognem Scheitel auf die Welt.
Dort wird man nicht als Zivilist geboren.
Dort wird befördert, wer die Schnauze hält.

Kennst Du das Land? Es könnte glücklich sein.
Es könnte glücklich sein und glücklich machen!
Dort gibt es Äcker, Kohle, Stahl und Stein
und Fleiß und Kraft und andre schöne Sachen.

Selbst Geist und Güte gibt's dort dann und wann!
Und wahres Heldentum. Doch nicht bei vielen.
Dort steckt ein Kind in jedem zweiten Mann.
Das will mit Bleisoldaten spielen.

Dort reift die Freiheit nicht. Dort bleibt sie grün.
Was man auch baut – es werden stets Kasernen.
Kennst Du das Land, wo die Kanonen blühn?
Du kennst es nicht? Du wirst es kennenlernen!

Kästner, Erich, Kennst du das Land, wo die Kanonen blühn?, in: Gesammelte Schriften für Erwachsene, Bd. 1: Gedichte, München/Zürich, Droemer Knaur, 1969, S. 56

ins lesebuch für die oberstufe (1957) | Hans Magnus Enzensberger

lies keine oden, mein sohn, lies die fahrpläne:
sie sind genauer. roll die seekarten auf,
eh es zu spät ist. sei wachsam, sing nicht.
der tag kommt, wo sie wieder listen ans tor
schlagen und malen den neinsagern auf die brust
zinken. lern unerkannt gehn, lern mehr als ich:
das viertel wechseln, den paß, das gesicht.
versteh dich auf den kleinen verrat,
die tägliche schmutzige rettung. nützlich
sind die enzykliken zum feueranzünden,
die manifeste: butter einzuwickeln und salz
für die wehrlosen. wut und geduld sind nötig.
in die lungen der macht zu blasen
den feinen tödlichen staub, gemahlen
von denen, die viel gelernt haben,
die genau sind, von dir.

Enzensberger, Hans Magnus, ins lesebuch für die oberstufe, in: Enzensberger, Hans Magnus, Verteidigung der Wölfe, Frankfurt am Main, Suhrkamp Verlag, [2]1981, S. 90

1. Analysieren Sie die konkrete und soziale Wirklichkeit in Heines Gedicht „Die schlesischen Weber" und dessen sprachliche Gestaltung.
2. Interpretieren Sie das Gedicht „ins lesebuch für die oberstufe" von Hans Magnus Enzensberger im Hinblick auf seine Überschrift.

8 Dinggedicht

Römischer Brunnen im Garten der Villa Borghese

Die politische Lyrik steht oft unter dem Vorzeichen einer außerliterarischen Wirkungsabsicht, das Dinggedicht dagegen konzentriert sich auf den **poetischen Ausdruck** einer äußeren, konkreten, meist optischen **Wahrnehmung**. Das lyrische Ich in seiner Subjektivität tritt dabei hinter das gesehene Objekt zurück, das in seinem Wesensgehalt vom Leser symbolisch verstanden werden kann und soll. Das äußere Bild verknüpft sich mit dem inneren Gedanken zur **symbolischen Bedeutung**. Bevorzugt werden als Gegenstand des Dinggedichts Alltagsdinge, Kunstwerke, Pflanzen oder Tiere. Während die Erlebnislyrik Gefühle und Empfindungen ausdrückt, geht es im Dinggedicht um eine objektive und distanzierte Erfassung des betrachteten Gegenstandes, zu dem keine gemüthafte Beziehung mehr besteht. Damit ergibt sich eine gewisse Nähe zur bildenden Kunst (**Bildgedichte**), während andere Gedichte oft der Musik näherstehen. Die wichtigsten Dinggedichte stammen von dem Realisten C. F. Meyer, im Biedermeier zeigt sich in den Dinggedichten Mörikes der Rückzug ins Private.

Unter den vielen Gedichten von **Conrad Ferdinand Meyer** (1825–1898), die das Motiv des Brunnens gestalten, ist „Der römische Brunnen" das berühmteste. Zwar ist **Rainer Maria Rilke** (1875–1926) in seinem Gedicht „Römische Fontäne Borghese" vom gleichen Gegenstand fasziniert, doch sind seine Aussagen rätselhafter, verschlüsselter, weil er über die Dinglichkeit des Brunnens hinausgeht. In dem Gedicht „Der Brunnen" von **Rose Ausländer** (1901–1988) wird dieser zum Symbol des Schicksals der Juden im „Dritten Reich".

Der römische Brunnen (1882) |
Conrad Ferdinand Meyer

Aufsteigt der Strahl und fallend gießt
Er voll der Marmorschale Rund,
Die, sich verschleiernd, überfließt
In einer zweiten Schale Grund;
Die zweite gibt, sie wird zu reich,
Der dritten wallend ihre Flut,
Und jede nimmt und gibt zugleich
Und strömt und ruht.

Meyer, Conrad Ferdinand, Der römische Brunnen, in: Sämtliche Werke, Bd. 1, hrsg. v. H. Zeller u. a. Zäch, Bern, Benteli, 1963, S. 170

Der Brunnen (1975) |
Rose Ausländer

Im verbrannten Hof
steht noch der Brunnen
voll Tränen

Wer weinte sie

Wer trinkt
seinen Durst leer

Ausländer, Rose, Der Brunnen, in: Ausländer, Rose, Hügel aus Äther unwiderruflich. Gedichte und Prosa 1966–1975, hrsg. v. Helmut Braun, Frankfurt am Main, S. Fischer, 1984, S. 235

Römische Fontäne Borghese (1907) | Rainer Maria Rilke

Zwei Becken, eins das andre übersteigend
aus einem alten runden Marmorrand,
und aus dem oberen Wasser leis sich neigend
zum Wasser, welches unten wartend stand,

dem leise redenden entgegenschweigend
und heimlich, gleichsam in der hohlen Hand,
ihm Himmel hinter Grün und Dunkel zeigend
wie einen unbekannten Gegenstand;

sich selber ruhig in der schönen Schale
verbreitend ohne Heimweg, Kreis aus Kreis,
nur manchmal träumerisch und tropfenweis

sich niederlassend an den Moosbehängen
zum letzten Spiegel, der sein Becken leis von
unten lächelnd macht mit Übergängen.

Rilke, Rainer Maria, Römische Fontäne Borghese, in: Sämtliche Werke, hrsg. von Ernst Zinn, Bd. 1, Frankfurt am Main, Insel Verlag, 1955, S. 529

1. Beschreiben Sie die formale und sprachliche Ausgestaltung von C. F. Meyers Dinggedicht.
2. Interpretieren Sie die beiden letzten Verse in Rose Ausländers Gedicht.
3. Vergleichen Sie den Schwierigkeitsgrad der drei Brunnengedichte.

II Lyrik der Moderne

1 Symbolistisches Gedicht

In allen bis zur Jahrhundertwende auftretenden Gedichtformen lassen sich trotz der lyrischen Verdichtung und symbolischen Bildhaftigkeit fast immer Bezüge zur Wirklichkeit außerhalb des Gedichts ablesen: Lehrgedichte stellen die Welt als Gottes Schöpfung dar, romantische Erlebnislyrik besingt Natur und Liebe, die klassische Gedankenlyrik setzt sich mit zeitlichen und überzeitlichen Ideen und Werten auseinander und politische Gedichte kritisieren gesellschaftliche Missstände. Somit sind Anlass, Absicht, Thema und kulturell-geistiger Hintergrund relativ leicht zu erschließen.

August Macke, Mädchen vor dem Springbrunnen, 1913

Mit dem Dinggedicht kündigt sich ein Wandel in der Lyrik an, denn hier konzentriert sich der Wirklichkeitsgehalt nur noch auf den einzigen Ausschnitt, das Dingsymbol. Dadurch wird zwar der Blickwinkel enger, was den äußeren Inhalt betrifft, dafür erhöht sich die „Tiefenschärfe" für all das, was unter der Oberfläche der sinnlichen Erscheinungen verborgen liegt. Die Gedichte werden somit abstrakter, ihr Charakter verlagert sich vom Abbildhaften zum rein Sprachlichen. Trotz dieser

Tendenz zur Abstraktion bleiben jedoch Wirklichkeitswahrnehmung und Gefühlsreaktion unverzichtbar, wenngleich zunehmend nur noch in Fragmenten (Bruchstücken). Diese Wirklichkeit setzt sich im **impressionistischen** Gedicht aus Stimmungen, Eindrücken, Bildern – Impressionen – zusammen.

„Symbolismus" meint die Verwandlung von Realitätselementen in **Bildzeichen (Symbole)**, von wirklicher Welt in eine **Welt der Kunst und Schönheit**. Für diese Dichtung werden deshalb auch die beiden Bezeichnungen **Poésie pure** (reine Dichtung) und **L'art pour l'art** (Kunst um der Kunst willen) verwendet. Artistische Formbeherrschung, Musikalität und Klangschönheit, Bilder des Traumes und der Fantasie, metaphorische Rätselhaftigkeit und Eindringlichkeit der Sprache zeichnen diese Lyrik aus, die sich einer eindeutigen Interpretation meist entzieht.

Im Gedicht „Der Panther" von **Rainer Maria Rilke** (1875–1926) wird der Zustand der Gefangenschaft geschildert, indem das Tier zuerst von außen und am Schluss dessen Inneres beschrieben wird. Dabei können sich beim Leser vielfältige Assoziationen im Hinblick auf verschiedene Möglichkeiten des Gefangenseins von Menschen entwickeln. Das neoromantisch anmutende „Reiselied" von **Hugo von Hofmannsthal** (1874–1929) enthält zwar noch romantische Einzelmotive, doch erzeugen diese kein abgeschlossenes Gesamtbild einer Reise mehr. Das Gedicht „Rückkehr" von **Stefan George** (1868–1933) hingegen trägt deutliche Züge des Jugendstils. Die Umgebung des heimkehrenden Ich wirkt sehr kunstvoll stilisiert.

Der Panther (1903) |
Rainer Maria Rilke

Im Jardin des Plantes, Paris

Sein Blick ist vom Vorübergehn der Stäbe
so müd geworden, daß er nichts mehr hält.
Ihm ist, als ob es tausend Stäbe gäbe
und hinter tausend Stäben keine Welt.

Der weiche Gang geschmeidig starker Schritte,
der sich im allerkleinsten Kreise dreht,
ist wie ein Tanz von Kraft um eine Mitte,
in der betäubt ein großer Wille steht.

Nur manchmal schiebt der Vorhang der Pupille
sich lautlos auf –. Dann geht ein Bild hinein,
geht durch der Glieder angespannte Stille –
und hört im Herzen auf zu sein.

Rilke, Rainer Maria, Der Panther, in: Sämtliche Werke, Bd. 1, hrsg. von Manfred Engel und Ulrich Fülleborn, Frankfurt am Main, Insel Verlag, 1996, S. 469

Reiselied (1898) |
Hugo von Hofmannsthal

Wasser stürzt, uns zu verschlingen,
Rollt der Fels, uns zu erschlagen,
Kommen schon auf starken Schwingen
Vögel her, uns fortzutragen.

Aber unten liegt ein Land,
Früchte spiegelnd ohne Ende
In den alterslosen Seen.

Marmorstirn und Brunnenrand
Steigt aus blumigem Gelände,
Und die leichten Winde wehn.

Hofmannsthal, Hugo von, Reiselied, in: Sämtliche Werke, Kritische Ausgabe, Gedichte 1, hrsg. v. Eugene Weber, Frankfurt am Main, S. Fischer 1984, S. 84

Rückkehr (1897) | Stefan George

Ich fahre heim auf reichem kahne –
Das ziel erwacht im abendrot.
Vom maste weht die weisse fahne
Wir übereilen manches boot.

Die alten ufer und gebäude
Die alten glocken neu mir sind –
Mit der verheissung neuer freude
Bereden mich die winde lind.

Da taucht aus grünen wogenkämmen
Ein wort – ein rosenes gesicht:
Du wohntest lang bei fremden stämmen –
Doch unsre liebe starb dir nicht.

Du fuhrest aus im morgengrauen
Und als ob einen tag nur fern
Begrüssen dich die wellenfrauen
Die ufer und der erste stern.

George, Stefan, Rückkehr, in: George, Stefan, Sämtliche Werke in 18 Bänden, hrsg. von der Stefan-George-Stiftung, Stuttgart, Band 4: Das Jahr der Seele, bearb. von Georg P. Landmann, Stuttgart, Klett-Cotta Verlag, 1982, S. 59

1. Stellen Sie die Wirklichkeitselemente der drei Gedichte dar.
2. Interpretieren Sie den Zeichencharakter dieser Wirklichkeitselemente.
3. Interpretieren Sie die Symbolik.

2 Expressionistische Lyrik

Ein neuer **Ausdruckswille** kennzeichnet die Lyrik der Jahre von 1910 bis 1925. Die Gedichte bestehen nicht mehr aus feinfühligen, melancholischen und resignativen Impressionen, sondern enthalten grelle Farben, starke Töne, energiegeladene Wörter und schockierende Bilder. Anstelle von Ästhetisierung und L'art pour l'art tritt der Wunsch, auch mit Gedichten den Weg für Veränderungen im Denken und Handeln der Menschen zu bereiten. Wie Drama und Prosa der Zeit übt auch die Lyrik heftige Kritik an der überlebten bürgerlichen Welt, der sie den neuen „wesentlichen" Menschen gegenüberstellt.

Häufige Themen expressionistischer Lyrik sind: Krieg und Weltende, Großstadt und Technik, Natur und Liebe, Gott und Mensch. So wie in der Malerei der Zeit die Wirklichkeit deformiert, zerstückelt und in Abstraktion aufgelöst wird, zeigen auch Sprache und Stil der expressionistischen Lyrik Züge provozierender **Verfremdung**, chaotischer **Zerrissenheit** und fratzenhafter **Verzerrung** der Realität. Diesem künstlerischen Gestaltungswillen in Malerei und Dichtung liegt die Erfahrung einer aus den Fugen geratenen Welt der Krankheit, des Todes und des Untergangs zugrunde. Die große Vielfalt expressionistischer Gedichte zeigt sich in der Spannbreite von engagierter pazifistischer Antikriegslyrik über die visionäre Verdichtung persönlicher und gesellschaftlicher Krisen bis hin zu irrwitzigen Absurditäten des Dadaismus.

Das Gedicht „Der Gott der Stadt" von **Georg Heym** (1887–1912) stellt die Dämonie der Großstadt dar, deren Ende in einer Untergangsvision geschaut wird. „Vorstadt im Föhn" von **Georg Trakl** (1887–1914) kontrastiert Bilder des Unheils und der Gefährdung mit verklärten Bildern der Vergangenheit.

Der Gott der Stadt (1910) | Georg Heym

Auf einem Häuserblocke sitzt er breit.
Die Winde lagern schwarz um seine Stirn.
Er schaut voll Wut, wo fern in Einsamkeit
Die letzten Häuser in das Land verirrn.

Vom Abend glänzt der rote Bauch dem Baal,
Die großen Städte knien um ihn her.
Der Kirchenglocken ungeheure Zahl
Wogt auf zu ihm aus schwarzer Türme Meer.

Wie Korybanten-Tanz dröhnt die Musik
Der Millionen durch die Straßen laut.
Der Schlote Rauch, die Wolken der Fabrik
Ziehn auf zu ihm, wie Duft von Weihrauch blaut.

Das Wetter schwelt in seinen Augenbrauen.
Der dunkle Abend wird in Nacht betäubt.
Die Stürme flattern, die wie Geier schauen
Von seinem Haupthaar, das im Zorne sträubt.

Er streckt ins Dunkel seine Fleischerfaust.
Er schüttelt sie. Ein Meer von Feuer jagt
Durch eine Straße. Und der Glutqualm braust
Und frißt sie auf, bis spät der Morgen tagt.

Heym, Georg, Der Gott der Stadt, in: Dichtungen und Schriften, hrsg. von Karl Ludwig Schneider, Bd. 1: Lyrik, Hamburg, Verlag Heinrich Ellermann, 1964, S. 192

Vorstadt im Föhn (1911/12) | Georg Trakl

Am Abend liegt die Stätte öd und braun,
Die Luft von gräulichem Gestank durchzogen.
Das Donnern eines Zuges vom Brückenbogen –
Und Spatzen flattern über Busch und Zaun.

Geduckte Hütten, Pfade wirr verstreut,
In Gärten Durcheinander und Bewegung,
Bisweilen schwillt Geheul aus dumpfer Regung,
In einer Kinderschar fliegt rot ein Kleid.

Am Kehricht pfeift verliebt ein Rattenchor.
In Körben tragen Frauen Eingeweide,
Ein ekelhafter Zug von Schmutz und Räude,
Kommen sie aus der Dämmerung hervor.

Und ein Kanal speit plötzlich feistes Blut
Vom Schlachthaus in den stillen Fluß hinunter.
Die Föhne färben karge Stauden bunter.
Und langsam kriecht die Röte durch die Flut.

Ein Flüstern, das in trübem Schlaf ertrinkt.
Gebilde gaukeln auf aus Wassergräben,
Vielleicht Erinnerung an ein früheres Leben
Die mit den warmen Winden steigt und sinkt.

Aus Wolken tauchen schimmernde Alleen,
Erfüllt von schönen Wägen, kühnen Reitern.
Dann sieht man auch ein Schiff auf Klippen scheitern
Und manchmal rosenfarbene Moscheen.

Ernst Ludwig Kirchner, Nollendorfplatz, 1912

Trakl, Georg, Vorstadt im Föhn, in: Trakl, Georg, Gedichte, Kurt Wolff Verlag, Leipzig 1913, S. 43

1. Zeigen Sie auf, wie sich Angst und Untergangsstimmung in der Zeit vor dem Ersten Weltkrieg in den beiden Gedichten widerspiegeln.
2. Erläutern Sie den besonderen Ausdrucksgehalt von Farben und Geräuschen.
3. Analysieren Sie, wie Technik und Zivilisation in die Gedichte einfließen.

Der **Dadaismus** hatte Spaß an Lautgedichten und spielte mit der grafischen Gestaltung, was sich z. B. am Gedicht „Karawane" von **Hugo Ball** (1886–1927) zeigt:

Karawane (1917) | Hugo Ball

KARAWANE

jolifanto bambla ô falli bambla
grossiga m'pfa habla horem
égiga goramen
higo bloiko russula huju
hollaka hollala
anlogo bung
blago bung
blago bung
bosso fataka
ü üü ü
schampa wulla wussa ólobo
hej tatta gôrem
eschige zunbada
wulubu ssubudu uluw ssubudu
tumba ba- umf
kusagauma
ba - umf

Ball, Hugo, Karawane, in: Adler, Jeremy und Ernst, Ulrich, Text als Figur. Visuelle Poesie von der Antike bis zur Moderne, Wolfenbüttel, Herzog August Bibliothek Wolfenbüttel, 1987, S. 265

1. Bereiten Sie eine Rezitation des Gedichts vor (siehe S. 48 f.). Probieren Sie unterschiedliche Sprechweisen aus (schnell, langsam, laut, leise usw.). Diskutieren Sie die Unterschiede in der Wirkung des Vortrags.
2. Tragen Sie das Gedicht chorisch vor. Jeweils zwei Schüler sprechen gemeinsam einen Vers. Die Verse 10, 15 und 17 können von allen Schülern vorgetragen werden. Nehmen Sie dazu unterschiedliche Positionen im Raum ein.

3 Zwischen Expressionismus und Gegenwartslyrik: Gottfried Benn und Bertolt Brecht

Gottfried Benn (1886–1956), in seinen frühen Gedichten ganz Expressionist, galt während der Weimarer Republik und noch in den ersten Nachkriegsjahren als der große Repräsentant der modernen deutschsprachigen Lyrik. Seine vorübergehende Nähe zu nationalsozialistischem Gedankengut hat er bald als Irrtum erkannt und sich als Militärarzt in die innere Emigration zurückgezogen. Im Gedichtzyklus „Morgue" (franz. *morgue* = Leichenschauhaus) stellte der junge Arzt Benn bis dahin gültige Vorstellungen von Lyrik durch seine „medizynischen" Verse radikal infrage. Der schonungslos sezierende Blick auf Sterbende und Tote schockierte ebenso wie der in dieser Form bisher ungewohnte nüchterne bis sarkastische Tonfall. Bereits in dieser expressionistischen Phase entzog sich der Lyriker Benn jedem moralisch-ethischen Anspruch an die Dichtung. Diese Verweigerung gegenüber der gesellschaftlichen Verantwortung des Autors behielt Benn während seines ganzen Schaffens bei. Seine nachexpressionistische Lyrik bleibt **subjektivistisch**, d. h., im lyrischen Ich und dessen Kunstvermögen erkennt Benn die einzige Chance zur Rettung vor zunehmender Sinnentleerung und Ich-Verlust. Seine Gedichte gelten als Bündelung vieler Impulse der europäischen Moderne; seine artistische Sprachkunst und abstrakte Reflexion, die resignativ-elitäre Künstlerhaltung und die geheimnisvoll verschlüsselten Fantasiewelten machen ihn zum großen **Vorbild der deutschsprachigen Nachkriegslyrik**.

Auch **Bertolt Brecht** (1898–1956) begann als Expressionist; aber seine Gedichte stehen von Anfang an volkstümlichen Formen wie Ballade, Moritat, Bänkelsang oder Chanson näher. Wie Benn **provozierte** auch er die bürgerlichen Leser, jedoch mehr durch Vitalität, Frechheit und politische Radikalität. Den gesellschafts- und zeitkritischen Themen blieb er sein Leben lang treu; seine Gedichte wurden zu den bedeutendsten lyrischen Zeitzeugnissen deutscher Geschichte im 20. Jahrhundert. Brechts Engagement und seine Fähigkeit zur pointierten Argumentation in lyrischen Formen machen ihn zum Vorbild späterer Generationen – inhaltlich und formal. Neben Gedichten zu den beiden Weltkriegen, zu Revolution und Klassenkampf, zum „Dritten Reich" und zum Exil gibt es noch den ganz anderen Lyriker Brecht mit seinen **Liebes-** und **Naturgedichten,** die mitunter sehr autobiografisch und privat sind. Ihre leisen und poetischen Töne stehen in deutlichem Gegensatz zum reflektierenden und lehrhaften Tonfall der politischen Gedichte.

Selten ist Lyrik so schockierend und provozierend wie in „Schöne Jugend", dem zweiten Gedicht aus dem „Morgue"-Zyklus von **Gottfried Benn**. Im Gedicht „Leben – Niederer Wahn" zeigt sich Benns elitärer Rückzug aus der Vielfalt des Lebens in die Formvollendung der Kunst. Die beiden kurzen Liebesgedichte von **Bertolt Brecht** repräsentieren zeitlose und existenzielle Erfahrungen des Menschen.

Schöne Jugend (1912) | Gottfried Benn

Der Mund eines Mädchens, das lange im Schilf gelegen hatte,
sah so angeknabbert aus.
Als man die Brust aufbrach, war die Speiseröhre so löcherig.
Schließlich in einer Laube unter dem Zwerchfell
fand man ein Nest von jungen Ratten.
Ein kleines Schwesterchen lag tot.
Die andern lebten von Leber und Niere,
tranken das kalte Blut und hatten
hier eine schöne Jugend verlebt.
Und schön und schnell kam auch ihr Tod:
Man warf sie allesamt ins Wasser.
Ach, wie die kleinen Schnauzen quietschten!

Benn, Gottfried, Schöne Jugend, in: Sämtliche Werke, hrsg. von Gerhard Schuster, Bd. 1: Gedichte 1, Stuttgart, Klett-Cotta Verlag, 1986, S. 8

Leben – niederer Wahn (1936) | Gottfried Benn

Leben – niederer Wahn!
Traum für Knaben und Knechte,
doch du von altem Geschlechte,
Rasse am Ende der Bahn,

was erwartest du hier?
immer noch eine Berauschung,
eine Stundenvertauschung
von Welt und dir?

Suchst du noch Frau und Mann?
ward dir nicht alles bereitet,
Glauben und wie es entgleitet
und die Zerstörung dann?

Form nur ist Glaube und Tat,
die erst von Händen berührten,
doch dann den Händen entführten
Statuen bergen die Saat.

Benn, Gottfried, Leben – niederer Wahn, in: Benn, Gottfried, Statische Gedichte, hrsg. von Paul Raabe, veränd. Neuausgabe, Zürich, Arche Verlag, 1983, S. 134

Ich will mit dem gehen, den ich liebe (1939) | Bertolt Brecht

Ich will mit dem gehen, den ich liebe.
Ich will nicht ausrechnen, was es kostet.
Ich will nicht nachdenken, ob es gut ist.
Ich will nicht wissen, ob er mich liebt.
Ich will mit ihm gehen, den ich liebe.

Brecht, Bertolt, Ich will mit dem gehen, den ich liebe, in: Die Gedichte von Bertolt Brecht in einem Band, Frankfurt am Main, Suhrkamp Verlag, 1981, S. 1203

Morgens und abends zu lesen (1937) | Bertolt Brecht

Der, den ich liebe
Hat mir gesagt
Daß er mich braucht.

Darum
Gebe ich auf mich acht
Sehe auf meinen Weg und
Fürchte von jedem Regentropfen
Daß er mich erschlagen könnte.

Brecht, Bertolt, Morgens und abends zu lesen, in: Die Gedichte von Bertolt Brecht in einem Band, Frankfurt am Main, Suhrkamp Verlag, 1981, S. 586

1. Erläutern Sie die Provokation des Gedichts „Schöne Jugend“ von Benn.
2. Untersuchen Sie den Kontrast von Leben und Kunst in Benns Gedicht „Leben - niederer Wahn“.
3. Analysieren Sie das Selbstverständnis der beiden weiblichen Rollen in den Liebesgedichten von Brecht.

III Lyrik nach 1945

1 Hermetische Lyrik: Paul Celan und Ingeborg Bachmann

Nach 1945 wurde in Deutschland wiederholt der Ausspruch des Kulturphilosophen Theodor W. Adorno diskutiert, dass es nach Auschwitz barbarisch sei, Gedichte zu schreiben. Kein anderer Lyriker hat diese These so nachhaltig widerlegt wie **Paul Celan** (1920–1970), der als Jude selbst nur knapp dem Tod entkam, aber Eltern und Heimat durch die nationalsozialistische Verfolgung auf furchtbare Weise verlor. Celan stellt sich in seinen Gedichten dem schweren Erinnerungsdruck des Holocaust, jedoch in einer Sprache, die Erfahrung und Realität nicht mehr abbildet, sondern sie höchstens noch in geheimnisvollen Bildern erahnen lässt. Das Dunkle und Rätselhafte dieser hermetischen Lyrik entstammt der rigorosen Sprachskepsis Celans, die ein allgemein verständliches Aussprechen und Kommunizieren nahezu unmöglich macht, sodass nur noch **Chiffren** (andeutende Verweise) bleiben. Neben diesen schwer entzifferbaren Einzelmetaphern verstärken häufig Gegensätze, paradoxe Wendungen, Wiederholungen oder Kreisbewegungen von Worten und Sätzen sowie kunstvolle Beziehungsgeflechte von Leitmotiven die Intensität der Gedichte. Ein weiterer Versuch zur Überwindung der Sprachverzweiflung liegt im indirekten Sprechen mit Worten oder Zitaten schicksalsverwandter Autoren. Hermetische Lyrik ist also durchweg eine sehr belesene und intellektuelle Lyrik. Diese Eigenschaft zeichnet auch die Gedichte von **Ingeborg Bachmann** (1926–1973) aus, die ein sehr intensives Studium der Sprachphilosophie absolviert hat. Wie bei Celan ist ihre Lyrik von Trauer und Schmerz bestimmt, die vor allem aus dem Bewusstsein der geschichtlichen Katastrophe des „Dritten Reiches" erwachsen, und wie Celan thematisiert sie die Zweifel an der Berechtigung lyrischen Sprechens.

Paul Celans „Todesfuge", eines der berühmtesten Gedichte der Nachkriegszeit überhaupt, gestaltet das Grauen der Konzentrationslager. Mit seinem Gedicht „Sprachgitter" spielt Celan deutlich auf das symbolistische Gedicht „Der Panther" von **Rainer Maria Rilke** an (siehe S. 508). Im Gedicht „Alle Tage" stellt **Ingeborg Bachmann** ein neues Heldentum der Zivilcourage vor.

Todesfuge (1948) | Paul Celan

Schwarze Milch der Frühe wir trinken sie abends
wir trinken sie mittags und morgens wir trinken sie nachts
wir trinken und trinken
wir schaufeln ein Grab in den Lüften da liegt man nicht eng
Ein Mann wohnt im Haus der spielt mit den Schlangen der schreibt
der schreibt wenn es dunkelt nach Deutschland dein goldenes Haar Margarete
er schreibt es und tritt vor das Haus und es blitzen die Sterne er pfeift seine Rüden herbei
er pfeift seine Juden hervor läßt schaufeln ein Grab in der Erde
er befiehlt uns spielt auf nun zum Tanz

Schwarze Milch der Frühe wir trinken dich nachts
wir trinken dich morgens und mittags wir trinken dich abends
wir trinken und trinken
Ein Mann wohnt im Haus der spielt mit den Schlangen der schreibt
der schreibt wenn es dunkelt nach Deutschland dein goldenes Haar Margarete
Dein aschenes Haar Sulamith wir schaufeln ein Grab in den Lüften da liegt man nicht eng
Er ruft stecht tiefer ins Erdreich ihr einen ihr andern singet und spielt
er greift nach dem Eisen im Gurt er schwingts seine Augen sind blau
stecht tiefer die Spaten ihr einen ihr andern spielt weiter zum Tanz auf

Schwarze Milch der Frühe wir trinken dich nachts
wir trinken dich mittags und morgens wir trinken dich abends
wir trinken und trinken
ein Mann wohnt im Haus dein goldenes Haar Margarete
dein aschenes Haar Sulamith er spielt mit den Schlangen
Er ruft spielt süßer den Tod der Tod ist ein Meister aus Deutschland
er ruft streicht dunkler die Geigen dann steigt ihr als Rauch in die Luft
dann habt ihr ein Grab in den Wolken da liegt man nicht eng

Schwarze Milch der Frühe wir trinken dich nachts
wir trinken dich mittags der Tod ist ein Meister aus Deutschland
wir trinken dich abends und morgens wir trinken und trinken
der Tod ist ein Meister aus Deutschland sein Auge ist blau

er trifft dich mit bleierner Kugel er trifft dich genau
ein Mann wohnt im Haus dein goldenes Haar Margarete
er hetzt seine Rüden auf uns er schenkt uns ein Grab in der Luft
er spielt mit den Schlangen und träumt der Tod ist ein Meister aus Deutschland

dein goldenes Haar Margarete
dein aschenes Haar Sulamith

Celan, Paul, Todesfuge, in: Gesammelte Werke, hrsg. von Beda Allemann und Stefan Reichert, Bd. 1, Gedichte, Frankfurt am Main, Suhrkamp, 1983, S. 41 ff.

Sprachgitter (1959) | Paul Celan

Augenrund zwischen den Stäben.

Flimmertier Lid
rudert nach oben,
gibt einen Blick frei.

Iris, Schwimmerin, traumlos und trüb:
der Himmel, herzgrau, muß nah sein.

Schräg, in der eisernen
Tülle, der blakende Span
Am Lichtsinn
errätst du die Seele.

(Wär ich wie du. Wärst du wie
ich. Standen wir nicht
unter e i n e m Passat?
Wir sind Fremde.)

Die Fliesen. Darauf,
dicht beieinander, die beiden herzgrauen
Lachen:
zwei
Mundvoll Schweigen.

Celan, Paul, Sprachgitter, in: Gesammelte Werke, hrsg. von Beda Allemann und Stefan Reichert, Bd. 1, Gedichte, Frankfurt am Main, Suhrkamp, 1983, S. 167

Alle Tage (1953) | Ingeborg Bachmann

Der Krieg wird nicht mehr erklärt,
sondern fortgesetzt. Das Unerhörte
ist alltäglich geworden. Der Held
bleibt den Kämpfen fern. Der Schwache
ist in die Feuerzonen gerückt.
Die Uniform des Tages ist die Geduld,
die Auszeichnung der armselige Stern
der Hoffnung über dem Herzen.

Er wird verliehen,
wenn nichts mehr geschieht,
wenn das Trommelfeuer verstummt,
wenn der Feind unsichtbar geworden ist
und der Schatten ewiger Rüstung
den Himmel bedeckt.

Er wird verliehen
für die Flucht von den Fahnen, für
die Tapferkeit vor dem Freund,
für den Verrat unwürdiger Geheimnisse
und die Nichtbeachtung
jeglichen Befehls.

Bachmann, Ingeborg, Alle Tage, in: Werke, hrsg. von Christine Koschel, Inge von Weidenbaum, Clemens Münster, Bd. 1: Gedichte Hörspiele Libretti, Übersetzungen, Neuausg., München, Piper, [2]2010, S. 46

1. Informieren Sie sich über den Begriff „Fuge" und weisen Sie seine Angemessenheit für Paul Celans Gedicht „Todesfuge" nach.
2. Diskutieren Sie anhand des Gedichts „Todesfuge" die Aussage Adornos über Lyrik nach Auschwitz.

3. Setzen Sie sich mit den verschiedenen sprachlich-stilistischen Mitteln Celans auseinander, vor allem mit der Chiffre „Schwarze Milch der Frühe“.
4. Vergleichen Sie inhaltlich die beiden Gedichte „Sprachgitter“ von Paul Celan und „Der Panther“ von Rainer Maria Rilke (siehe S. 508).
5. Interpretieren Sie für Bachmanns Gedicht „Alle Tage“ das „Unerhörte“.

2 Konkrete Poesie: Eugen Gomringer und Ernst Jandl

Mit konkreten Gedichten entstand in den Jahren um 1960 eine neue Form von Lyrik, die Sprache als **Experimentierfeld** versteht. Dabei wird das Sprachmaterial oft in kleinste Einheiten zerlegt, die Silben werden in rhythmische Abfolgen gebracht, die Konstruktion des Gedichts wiegt mehr als die einzelnen Wörter. Der **konstruktive Charakter** wird entscheidend verstärkt durch die **grafisch-optische Gestaltung** des Textes, wobei auch unbeschriebene Stellen auf dem Papier durchaus zu Bedeutungsträgern werden können.

Eugen Gomringer (geb. 1925), der als Begründer der konkreten Poesie gilt und vom Design kommt, spricht von dieser Lyrik als „Gebrauchsgegenstand“. Er befreit sie weitgehend von den Zwängen der Syntax und will mit dieser **formellen Vereinfachung** dem modernen Lebenstempo einer technisierten Welt Rechnung tragen. Die Sprache insgesamt zielt nicht mehr auf Vermittlung von komplexen Zusammenhängen, sondern begnügt sich mit **raschen Impulsen** ähnlich denen der modernen Werbegrafik.

Ernst Jandl (1925–2000), der sich wie Gomringer aus den Fesseln der traditionellen Sprache befreite, steht in der Tradition des Dadaismus. Seine Gedichte wirken vor allem durch **Sprachspiel, Sprachwitz** und **Parodie**. Klang- und Lautmalerei spielen eine ebenso große Rolle wie Elemente der Verfremdung oder überraschende Konfrontationen von Bekanntem und Unbekanntem. Einfallsreichtum trifft zusammen mit berechnendem Kalkül, das scheinbar Unsinnige erhält seine Bedeutung als Provokation und Infragestellung des Gewohnten.

ottos mops (1963) | Ernst Jandl

ottos mops trotzt
otto: fort mops fort
ottos mops hopst fort
otto: soso

otto holt koks
otto holt obst
otto
horcht
otto: mops mops
otto hofft

ottos mops klopft
otto: komm mops komm
ottos mops kommt
ottos mops kotzt
otto: ogottogott

Jandl, Ernst, ottos mops, in: poetische werke, 4: der künstliche Baum, hrsg. von Klaus Siblewski, München, Luchterhand Verlag, 1997, S. 60

3 variationen zu >>kein fehler im system<< (1969) | Eugen Gomringer

1

kein fehler im system
kein efhler im system
kein ehfler im system
kein ehlfer im system
kein ehlefr im system
kein ehlerf im system
kein ehleri fm system
kein ehleri mf system
kein ehleri ms fystem
kein ehleri ms yfstem
kein ehleri ms ysftem
kein ehleri ms ystfem
kein ehleri ms ystefm
kein ehleri im ystemf
fkei nehler im system
kfei nehler im system
kefi nehler im system
keif nehler im system
kein fehler im system

2

kein fehler im system
kein fehler imt sysem
kein fehler itm sysem
kein fehler tmi sysem
kein fehler tim sysem
kein fehler mti sysem
kein fehler mit sysem

3

kein system im fehler
kein system mir fehle
keiner fehl im system
keim in systemfehler
sein kystem im fehler
ein fehkler im system
seine kehl im fyrsten
ein symfehler im sekt
kein symmet is fehler
sey festh kleinr mime

Gomringer, Eugen, 3 variationen zu „kein fehler im system", in: konkrete poesie. deutschsprachige autoren, anthologie von eugen gomringer, Stuttgart, Reclam Verlag, 1972, S. 63 f.

1. Schreiben Sie selbst ein „ottos-mops"-Gedicht auf a, e, i oder u.
2. Erklären Sie den Zusammenhang von Inhalt und Form anhand von Gomringers Gedicht.

3 Engagierte Lyrik: Erich Fried und Hans Magnus Enzensberger

Gerhard Richter, Stukas, 1964

Im Gegensatz zur konkreten Poesie, die Sprache als Material, auch zu rein spielerischen Zwecken verstand, rückte in der engagierten Lyrik die **politische Wirkungsabsicht** in den Vordergrund. Die gesellschaftskritischen Gedichte reflektieren und kritisieren, sensibilisieren und appellieren, polemisieren und agitieren im äußersten Fall. Dahinter stehen das Bemühen um Hinterfragung, der Wunsch nach Veränderung und die Wahrnehmung einer politischen Verantwortung des Schriftstellers. Waren die zentralen Themen in den 1950er-Jahren die restaurativen Tendenzen der Nachkriegsgesellschaft und die unterbliebene Auseinandersetzung mit der nationalsozialistischen Vergangenheit, so galt das Engagement seit dem Umbruch der 1960er-Jahre zusätzlich neuen Themen: Rüstungswettlauf, Ost-West-Konflikt, Neoimperialismus, Rassismus, Terrorismus, Unterdrückung, Ausbeutung, Umweltzerstörung, Fortschrittsgläubigkeit, Medien. In formaler Hinsicht stehen der engagierten Lyrik alle Spielarten lyrischen Sprechens zur Verfügung.

Einer der produktivsten, aber gleichzeitig umstrittensten Vertreter der engagierten Lyrik war **Erich Fried** (1921–1988), der den einen als subversiver Staatsfeind galt und den anderen als unbestechliche moralische Instanz. Seine entschiedene Parteilichkeit war oft Stein des Anstoßes, seine **nachdrückliche Parteinahme** für Entrechtete, Benachteiligte und Ausgestoßene ist bis heute für viele ein Zeichen seiner Humanität.

Frieds Schicksal war geprägt von seiner jüdischen Herkunft, die ihn über die Emigration hinaus zum Heimatlosen machte. Seine Lyrik zeichnet sich stilistisch aus durch Wortspiele und Ironie, Verwendung von Redensarten und Zitaten und durch den gedanklichen Kontrast von Spruch und Widerspruch.

Als intellektueller Zeitgenosse, der aufgeschlossen und wandlungsfähig wie kaum ein anderer auf die verschiedenen Stationen der deutschen Nachkriegsgeschichte reagiert hat, gilt **Hans Magnus Enzensberger** (geb. 1929). Der Lyriker, Essayist und Herausgeber hat geistreich und pointiert die gesellschaftlichen und politischen Zustände hinterfragt und kommentiert. Er setzt die Tradition der Aufklärung mit ihrer **lehrhaften Absicht** fort und vertritt gegen Tendenzen deutscher Provinzialität und Sattheit eine weltoffene und dynamische Position. Seine politische Lyrik enthält oft den Ausdruck jugendlichen Zorns, kann zynisch und attackierend werden, ist aber nie bloße Propaganda, sondern immer Sprachkunst. Enzensberger verarbeitet, auch in Montagetechnik, Alltags- und Umgangssprache, rhetorische Figuren, Bilder, Chiffren und witzige Anspielungen.

In seinem Gedicht „Die Abnehmer" thematisiert **Erich Fried** die Gefahr der Entmündigung des Menschen. „Über die Schwierigkeiten der Umerziehung" **von Hans Magnus Enzensberger** verdeutlicht die Kluft zwischen Utopie und Wirklichkeit.

Die Abnehmer (1964) | Erich Fried

Einer nimmt uns das Denken ab
Es genügt
seine Schriften zu lesen
und manchmal dabei zu nicken

Einer nimmt uns das Fühlen ab
Seine Gedichte
erhalten Preise
und werden häufig zitiert

Einer nimmt uns
die großen Entscheidungen ab
über Krieg und Frieden
Wir wählen ihn immer wieder

Wir müssen nur
auf zehn bis zwölf Namen schwören
Das ganze Leben
nehmen sie uns dann ab

Fried, Erich, Die Abnehmer, in: Fried, Erich, Warngedichte, Frankfurt am Main, Fischer Taschenbuch Verlag, 1992, S. 107

Beim Nachdenken über Vorbilder (1966) | Erich Fried

Die uns
vorleben wollen

wie leicht
das Sterben ist

Wenn sie uns
vorsterben wollten

wie leicht
wäre das Leben

Fried, Erich, Beim Nachdenken über Vorbilder, in: Gesammelte Werke. Gedichte, Bd. 1–3, hrsg. von Volker Kaukoreit und Klaus Wagenbach, Berlin, Verlag Klaus Wagenbach, 1993, S. 379

Über die Schwierigkeiten der Umerziehung (1970) | Hans Magnus Enzensberger

Einfach vortrefflich
all diese großen Pläne:
das Goldene Zeitalter
das Reich Gottes auf Erden
das Absterben des Staates.
Durchaus einleuchtend.

Wenn nur die Leute nicht wären!
Immer und überall stören die Leute.
Alles bringen sie durcheinander.

Wenn es um die Befreiung der Menschheit geht
laufen sie zum Friseur.
Statt begeistert hinter der Vorhut herzutrippeln
sagen sie: Jetzt wäre ein Bier gut.
Statt um die gerechte Sache
kämpfen sie mit Krampfadern und mit Masern.
Im entscheidenden Augenblick
suchen sie einen Briefkasten oder ein Bett.
Kurz bevor das Millenium anbricht
kochen sie Windeln.

An den Leuten scheitert eben alles.
Mit denen ist kein Staat zu machen.
Ein Sack Flöhe ist nichts dagegen.

Kleinbürgerliches Schwanken!
Konsum-Idioten!
Überreste der Vergangenheit!

Man kann sie doch nicht alle umbringen!
Man kann doch nicht den ganzen Tag auf sie einreden!
Ja wenn die Leute nicht wären
dann sähe die Sache schon anders aus.
Ja wenn die Leute nicht wären
dann gings ruckzuck.
Ja wenn die Leute nicht wären
ja dann!
(Dann möchte auch ich hier nicht weiter stören.)

Enzensberger, Hans Magnus, Über die Schwierigkeiten der Umerziehung, in: Enzensberger, Hans Magnus, Gedichte 1955–1970, Frankfurt am Main, Suhrkamp Verlag, 1971, S. 40

1. Bestimmen Sie die in Frieds Gedicht umschriebenen drei „Abnehmer"-Instanzen und ergänzen Sie diese auf die angesprochenen „zehn bis zwölf Namen".
2. Konkretisieren und veranschaulichen Sie das Wortspiel Frieds in seinem Gedicht „Beim Nachdenken über Vorbilder".
3. Untersuchen Sie die Komik in Enzensbergers Gedichts „Über die Schwierigkeiten der Umerziehung".

4 Alltagslyrik: Rolf Dieter Brinkmann und Wolf Wondratschek

In den 1970er-Jahren trat eine neue Lyrikergeneration in Erscheinung, die sich entschieden von der hermetischen Lyrik absetzte und gleichzeitig die Phase der Politisierung der Literatur überwand und deren Theorie vom Ende der Literatur widerlegte. Zentrale Themen dieser Gedichte sind Subjektivität, Privates und Alltägliches. Mit **Momentaufnahmen** und **Alltagsnotizen**, Mut zu fast Banalem und Trivialem, dem erzählenden und lakonischen Plauderton knüpfen die Autoren an eine Tradition an, die Tucholsky und Brecht mit einem Teil ihrer Werke begründet haben.

Als ein typischer Repräsentant der Alltagslyrik gilt **Rolf Dieter Brinkmann** (1940–1975), der bei einem Verkehrsunfall in London ums Leben kam. Er stand der Pop- und Undergroundszene nahe; die Faszination der angloamerikanischen Kultur vermischt sich bei ihm mit Formen des Protests gegen den heimischen Kulturbetrieb. Die Umwelt taucht in seinen Gedichten in banalen Gegenständen auf, häufig enthalten die Zeilen – oder bereits die Titel – konkrete Orts- und Zeitangaben. Beliebt ist das Milieu der Kneipen und Bars – der „coole" Ton der „Szene" ist unüberhörbar. Mit seinem Gedicht „Einen jener klassischen" erfasst Rolf Dieter Brinkmann spontane Vorgänge und Bewegungen und registriert scheinbar Belangloses.

Bei **Wolf Wondratschek** (geb. 1943), der als einer der wenigen deutschsprachigen Rock-Poeten gilt und sich dem Literaturbetrieb weitgehend verweigert, ist vor allem in seinen frühen Gedichten ebenfalls eine radikale Opposition zur Lyrik der Nachkriegszeit zu beobachten. Einzelne Werke haben als sogenannte Selbstverständigungsgedichte die Desillusionierung der Studentenbewegung der 1960er-Jahre zum Inhalt und setzen sich mit deren verlorenen Visionen und Träumen auseinander. Im Gedicht „In den Autos" bringt Wondratschek die Resignation dieser 68er-Generation zum Ausdruck, die sich in einer kritischen Selbstreflexion das Scheitern ihrer Lebensentwürfe eingesteht.

Einen jener klassischen (1975) | Rolf Dieter Brinkmann

schwarzen Tangos in Köln, Ende des
Monats August, da der Sommer schon

ganz verstaubt ist, kurz nach Laden
Schluß aus der offenen Tür einer

dunklen Wirtschaft, die einem
Griechen gehört, hören, ist beinahe

ein Wunder: für einen Moment eine
Überraschung, für einen Moment

Aufatmen, für einen Moment
eine Pause in dieser Straße,

die niemand liebt und atemlos
macht, beim Hindurchgehen. Ich

schrieb das schnell auf, bevor
der Moment in der verfluchten

dunstigen Abgestorbenheit Kölns
wieder erlosch.

Brinkmann, Rolf Dieter, Einen jener klassischen, in: Westwärts 1&2, Gedichte, Reinbek, Rowohlt, 1975, S. 547

In den Autos (1976) | Wolf Wondratschek

Wir waren ruhig,
hockten in den alten Autos,
drehten am Radio
und suchten die Straße
nach Süden.

Einige schrieben uns Postkarten aus der Einsamkeit,
um uns zu endgültigen Entschlüssen aufzufordern.

Einige saßen auf dem Berg,
um die Sonne auch nachts zu sehen.

Einige verliebten sich,
wo doch feststeht, daß ein Leben
keine Privatsache darstellt.

Einige träumten von einem Erwachen,
das radikaler sein sollte als jede Revolution.

Einige saßen da wie tote Filmstars
und warteten auf den richtigen Augenblick,
um zu leben.

Einige starben,
ohne für ihre Sache gestorben zu sein.

Wir waren ruhig,
hockten in den alten Autos,
drehten am Radio
und suchten die Straße
nach Süden.

Wondratschek, Wolf, In den Autos, in: Das leise Lachen am Ohr eines andern, Gedichte/Lieder 2, Frankfurt am Main, Zweitausendeins, 1976, S. 10

1. Beschreiben Sie, wie Brinkmann in seinem Gedicht „Einen jener klassischen" die Spannung zwischen Augenblick und Dauer gestaltet.
2. Stellen Sie die gescheiterten Ideale dar, wie sie Wolf Wondratschek in seinem Gedicht thematisiert.

5 Irritierte Naturwahrnehmung: Jürgen Becker und Sarah Kirsch

Gerhard Richter, Ohne Titel, 1992

Naturlyrik, die wie Liebeslyrik die längste Tradition hat, erfährt nach 1945 schwerwiegende Veränderungen. Das hängt mit einer **gebrochenen Wirklichkeitserfahrung** zusammen, die von einer zunehmend zerstörten Umwelt ausgelöst wird. Noch bevor ökologisches Bewusstsein Allgemeingut wurde, empfanden Dichter die verletzte Harmonie zwischen Ich und Natur, spürten die gestörte Idylle als Folge einer immer rasanter um sich greifenden Urbanisierung und technischen Zivilisation. Im Vergleich zu früher verweigert eine so misshandelte Natur die jahrhundertelang gesicherte Sinnerfahrung für die sie beobachtenden und erlebenden Lyriker. Das sind die zeitbedingten Voraussetzungen, die die irritierten Wahrnehmungen erklären und den oftmals bedrohlichen Charakter der Naturlyrik nach 1945 ausmachen. Auch die Kriegszerstörungen hatten nicht nur die Landschaft, sondern auch die Innenwelt der Menschen verletzt und trugen zu einem dissonanten Bewusstsein angesichts der unwiederbringlichen Einheit von Natur und Mensch bei.

Jürgen Becker (geb. 1932), der seine Heimat um Köln kantig und widerständig erfährt, schafft durch die Verschmelzung äußerer und innerer Wahrnehmungen unwirkliche Bilderräume, die die **verlorene Naturidylle** ersetzen müssen. An die Stelle der Abbildung ganzheitlicher Natureindrücke rücken bruchstückhafte Notizen und vielschichtige Bewusstseinsfetzen, deren Simultaneität (Gleichzeitigkeit) den ungeglätteten Eindrücken und Reflexionen Rechnung tragen.

Sarah Kirsch (1935–2013), im Vergleich zu Jürgen Becker weniger reflektierend und stärker visuell ausgerichtet, überrascht mit Bildern, die herkömmlicher Wahrnehmung widersprechen und in denen Unvereinbares zusammengefasst wird. Enttäuschung, Verzweiflung und Einsamkeit sind darin ebenso enthalten wie kindliche Erfahrungen und Märchenelemente. Das lyrische Ich kennt die Sehnsucht nach Nähe, die Schwierigkeiten des Sich-Zurechtfindens, die Allgegenwart des Schreckens, aber auch die magische Ausstrahlung der Natur. Sarah Kirschs Lyrik verrät bei aller Sprödigkeit und Verschwiegenheit ihre tiefe Zuneigung zu einer gefährdeten Umwelt auf unsicherem Grund. Ihre Bildersprache vereint originelle Naturmetaphern und individuelle Chiffren, deren expressive Wirkung noch gesteigert wird, wenn syntaktische Strukturen durch das Fehlen von Satzzeichen nur schwer zu erkennen sind.

„Ende Februar“ und „Ungewisses, Februar“ sind zwei Gedichte von **Jürgen Becker**, in denen derselbe Monatsname für unterschiedliche Empfindungen steht. Im Gedicht „Die Luft riecht schon nach Schnee“ stellt **Sarah Kirsch** die Kälte des Winters der Wärme der Liebe gegenüber. „Watt III“ aus dem Gedichtband „Erlkönigs Tochter“ (1992) konfrontiert eine Balladenfigur Goethes mit Elementen moderner Zivilisation.

Ende Februar (1971) | Jürgen Becker

Der Himmel fließt ab. Ein Flecken, was
die kalte Sonne war. Zwitschernd fliegt
ein Fenster auf. Stimmen, Flucht hinaus
in den Hof, wo der Holunder überlebt.

Becker, Jürgen, Ende Februar, in: Becker, Jürgen, Gedichte 1965–1980, Frankfurt am Main, Suhrkamp Verlag, 1981, S. 365

Ungewisses, Februar (1975) | Jürgen Becker

Von irgendwo kommt ein Luftzug; alle
Fenster sind zu. Das Geräusch
einer alten Maschine entfernt sich,
in diesem überraschenden Winter.
Was kommt denn noch?
Ein Kranichschwarm dreht wieder ab;
ein Rinnsal wird still.
Es gibt keine Geschichte des Schnees,
zu viel ist vergessen in wenigen Wochen;
man hat wieder Hoffnung, daß man
nichts spüren wird bis zum Sterben.

Becker, Jürgen, Ungewisses, Februar, in: Becker, Jürgen, Gedichte 1965–1980, Frankfurt am Main, Suhrkamp Verlag, 1981, S. 281

Watt III (1992) | Sarah Kirsch

Ich Erlkönigs Tochter hab eine
Ernsthafte Verabredung mit zwei
Apokalyptischen Reitern im Watt ein
Techtelmechtel auf unsicherem Boden
Jetzt ehe der Morgen sich rötet.
Drehender Nebelqualm bemerkenswert
Eiliger Schneefall stellen ne schöne
Verbindlichkeit her das legt sich
Auf Möwenkadaver Colabüchsen der
Abgeblaßte Mond auf der Hurtigroute
Zwischen kopulierenden Wolken bezeugt er
Dem Albatros höchste Bewunderung wie der
Von Süden herüberkömmt während Jupiter
Über dem Kuhstall später der Bohrinsel glänzt.
Happy Neujahr! rufen die Seenotraketen
Und der Jung aus Büsum wird niemals
Gefunden es fallen die Krähen
Schwarze Äpfel vom einzigen Baum.

Kirsch, Sarah, Watt III, in: Kirsch, Sarah, Erlkönigs Tochter. Gedichte, Stuttgart, Deutsche Verlags-Anstalt, ²1992, S. 50

Die Luft riecht schon nach Schnee (1967) | Sarah Kirsch

Die Luft riecht schon nach Schnee, mein Geliebter
Trägt langes Haar, ach der Winter, der Winter der uns
Eng zusammenwirft steht vor der Tür, kommt
Mit dem Windhundgespann. Eisblumen
Streut er ans Fenster, die Kohlen glühen im Herd, und
Du schönster Schneeweißer legst mir deinen Kopf in den Schoß
Ich sage das ist
Der Schlitten der nicht mehr hält, Schnee fällt uns
Mitten ins Herz, er glüht
Auf den Aschekübeln im Hof Darling flüstert die Amsel

Kirsch, Sarah, Die Luft riecht schon nach Schnee, in: Rückenwind, Gedichte, Ebenhausen bei München, Langewiesche/Brandt, 1977, S. 12

1. Vergleichen Sie die beiden Februar-Gedichte Beckers und untersuchen Sie den unterschiedlichen Stimmungsgehalt.
2. Nennen Sie mögliche Assoziationen in Sarah Kirschs Gedicht „Die Luft riecht schon nach Schnee".
3. Zeigen Sie an Inhalt und Sprache auf, wie mythische und zivilisatorische Elemente im Gedicht „Watt III" von Sarah Kirsch aufeinandertreffen.

6 Aufgesplitterte Erinnerung: Durs Grünbein und Kerstin Hensel

Paul Klee, Bewegte Landschaft mit Kugelbäumen (bewegte stark farbige Flächen), 1920, 31,5 cm · 39,5 cm, Öl auf Karton, Privatbesitz, Schweiz

Eine Tendenz in der Vielfalt der Lyrik der 1990er-Jahre zeigt sich in Gedichten, die **poetische Erinnerungswerke** darstellen. Kindheit und Jugend, Erlebnisse und Begebenheiten des Alltags, aber auch der Wandel politischer Systeme können sogenannte Erinnerungsvorräte darstellen, derer sich die Lyriker bedienen. Das Gespür der Lyrik für die „kleinen Dinge des Lebens" ist dabei gekoppelt an Verse, die diese oft banalen Dinge des Alltags unspektakulär und skizzenhaft zu fassen bekommen und ihren „Herzrhythmus" festhalten. Im Bemühen um eine Verdichtung werden dabei von Autoren auch traditionelle lyrische Formen wie Oden oder Elegien in lockeren Alexandrinern und Blankversen gestaltet.

Die Elegie dient als Ausdruck lyrischer Subjektivität und zeigt sich als hilfreiche Form der Differenzierung und Nuancierung des Erinnerns. Lyrik soll in dieser Funktion die Sicherung von Erinnerungsspuren übernehmen, diese verdichtet zum Ausdruck bringen und die Herstellung von Bezügen zur Gegenwart anregen. Formen eines überlieferten Versmaßes werden mit zeitgenössischem Bewusstsein verbunden. Dies kann inhaltlich z. B. über Reflexionen und Szenarien, sprachlich in Bild- und Sprachfragmenten erfolgen. Auch mythologische Anspielungen können im Prozess der Erinnerung Material liefern für **gegenwartsbezogene Assoziationen** und neu zu interpretierende Metaphern. Lyrik kann in diesem Literaturverständnis eine Erinnerungshilfe sein und Erfahrungen mit Zeit, mit dem Vergessen und Wiederfinden von Dingen, Gedanken etc. reflektieren.

Im Reisegedicht „Kosmopolit" von **Durs Grünbein** (geb. 1962) zieht das lyrische Ich ein kritisches Fazit im Hinblick auf heutige Mobilitätserfahrungen. Das Gedicht „Hochmoorsommernachtstraumreise" von **Kerstin Hensel** (geb. 1961) lässt Anklänge an eine Fantasie- und Traumwelt erkennen.

Kosmopolit (1999) | Durs Grünbein

Von meiner weitesten Reise zurück, anderntags
Wird mir klar, ich verstehe vom Reisen nichts.
Im Flugzeug eingesperrt, stundenlang unbeweglich,
Unter mir Wolken, die aussehn wie Wüsten,
Wüsten, die aussehn wie Meere, und Meere,
Den Schneewehen gleich, durch die man streift
Beim Erwachen aus der Narkose, sehe ich ein,
Was es heißt, über die Längengrade zu irren.

Dem Körper ist Zeit gestohlen, den Augen Ruhe.
Das genaue Wort verliert seinen Ort. Der Schwindel
Fliegt auf mit dem Tausch von Jenseits und Hier
In verschiedenen Religionen, mehreren Sprachen.
Überall sind die Rollfelder gleich grau und gleich
Hell die Krankenzimmer. Dort im Transitraum,
Wo Leerzeit umsonst bei Bewußtsein hält,
Wird ein Sprichwort wahr aus den Bars von Atlantis.

Reisen ist ein Vorgeschmack auf die Hölle.

Grünbein, Durs, Kosmopolit, in: Nach den Satiren, Frankfurt am Main, Suhrkamp Verlag, 1999, S. 85

Hochmoorsommernachtstraumreise (1988) | Kerstin Hensel

Wir lassen schnell zurück die weißen Betten
Und unsre Schritte schmatzen durch die Nacht.
Ein gelbgereifter Bovist raucht und kracht.
Nach unsren Knöcheln gieren die Mofetten.
Und etwas pfeift mit rotgespitzter Zunge
Und leckt uns girrend über Hals und Rücken.
Wir gehen und vergehen im Entzücken –
Ein Puck springt ab, ein zartgewachsner Junge!
Die späten hohen Blumen wanken leise
Und röten manches schon verblaßte Tier,
Und die betagten Farne stehen grau Spalier.
Wir sind am Ende unserer Reise
Hier wo der Augenblick gerinnt zum Glück
Und wo das Glück vergeht im Augenblick.

Hensel, Kerstin, Hochmoorsommernachtstraumreise, in: Stilleben mit Zukunft, Halle/Saale, Mitteldeutscher Verlag, 1991, S. 103

1. Vergleichen Sie das lyrische Ich und den lyrischen Gedankengang beider Gedichte.
2. Interpretieren Sie die Bedeutung des Reisens in den Gedichten.
3. Erörtern Sie den Stellenwert des Erinnerns in den Gedichten Grünbeins und Hensels.

7 Fragmentarisierte Wirklichkeit: Thomas Kling und Bert Papenfuß-Gorek

Sprachkritik und **Sprachreflexion** sowie die Bereitschaft zum Experiment kennzeichnen Tendenzen der Lyrik der 1990er-Jahre. Der Wechsel vom emotional gehaltenen Betroffenheits- zum intellektuellen, reflektierenden Panoramagedicht ist ein zentraler Veränderungsprozess. Deren Inhalte wie deren **fragmentarisierte** und **collagierte Formen** entfalten ihre kritische Aussageabsicht gerade vor dem Hintergrund eines grundlegenden Wandels in der heutigen Zeit. Autoren setzen ihre Erfahrungen mit den fundamentalen Veränderungen als Schreibimpuls für ihr literarisches Schaffen ein und nutzen die immer vielfältigeren Möglichkeiten des Literaturbetriebs und der literarischen Medieninszenierung. Die inhaltliche Reflexion, zum Beispiel von medialen Phänomenen, vollzieht sich dabei im Nachsprechen, Zerlegen, Verfremden. Lyrik durchdringt somit die (Medien-)Wirklichkeit, indem sie deren Sprache sowie Denk- und Kommunikationsmuster demontiert, die Fragmente neu zusammensetzt und damit eine neue, veränderte Wahrnehmung provoziert. Der experimentelle Charakter der Lyrik kann einerseits zu Sprachinstallationen aus verformten Wort-und Satzgebilden führen, auf der anderen Seite zu einer Konzentration des Verses, der alles Überflüssige ausspart und nicht nur Gedanken und Assoziationen auf ihre wichtigsten Wortspuren reduziert, sondern diesen Prozess des Weglassens von Vokalen, Silben, Konjunktionen, Satzgliedern und Satzzeichen den Lesern buchstäblich vor Augen führt.

Thomas Kling (1957–2005) gestaltete u.a. Sprechtexte, die sich insbesondere auch für Performances eignen; diese stellen oftmals Experimente mit medialen Sprach- und Geräuschfetzen dar. Lyrik in Form von Performances will starre traditionelle Auffassungen von Kunst aufbrechen und dabei auf die Chancen interessanter Wechselwirkungen von Inhalt, Sprecher und Publikum verweisen.

Dass trotz unterschiedlicher Sozialisierung Lyriker in Ost und West gleichermaßen mit Sprache zu experimentieren beginnen, zeigt sich am Beispiel von **Bert Papenfuß-Gorek** (geb. 1956). Seine Verse, die eine orthographische Verfremdung und Aufsplitterung von Wort- und Satzeinheiten widerspiegeln, zeigen dabei Parallelen zur Lyrik Klings.

In **Thomas Klings** Gedicht „Leipzig im Schummer" wie auch im Gedicht „Erleben Wirklich Erleben" von **Bert Papenfuß-Gorek** spielen Elemente wie Wortklang und -melodie eine wichtige Rolle; der Leser oder Zuhörer begegnet aber auch einer Fülle an Details, z.B. in Form von Chiffren, spontan entstanden wirkenden Sprachfetzen, aber auch ausgeklügelten Sprachexperimenten.

LEIPZIG IM SCHUMMER (11.3.1990) | Thomas Kling

koks-installazionen, die abbruch-
reife, bergeberge; heizkörper ap-
geschaltet: mützn auf!, die stadt
ist reif:
        koksinstallationen berge
berge, weltn dazwischn. bei scher-
bnbeknirschtm bodn; was ich sonst
gehört?: wasserrohrbruch, tosende
heraustosende wasser in fensterlo-
sem miezhauskeller; da brachs raus
graugelb gardinenschlappe wo keiner
sich noch mehr gekümmert hat. ja schei-
bnlos ja wasserbruch. die wessiband
hat alkohol hat >müngersdorfer stadion<
gegebn, drei-stücke-repertoir wovon
herr zeltinger aus köln mir wohlbekannt.
da hat in connewitz und überall die
straßenbahn so menschlich aufgeheult;
so menschlich (auch hier connewitz), so
enschlich-menschlich hat am nebentisch
ex-stasi zugehorcht – und suhrkamp, tja,
wir wärn fast rausgeflo. + alkohol +
alkohol + alkohol +++
[connewitz: Stadtteil von Leipzig.]

Kling, Thomas, LEIPZIG IM SCHUMMER (11.3.1990), in: Brennstabm, Frankfurt am Main, Suhrkamp Verlag, 1991, S. 154

Erleben Wirklich Erleben (1977) | Bert Papenfuß-Gorek

Als Erleben Wirklich Erleben Meinte Weil Blosses Erleben
Mehr Bedeutete Als Nur Erleben Als Man Sich So Zwischen
Himmel & Erde Traeumen Liess Als Die Tueren Offen Standen
Als Man Fom Nachhausegehen Sprach Doch Nicht Wusste Wohin
Als Man Keinen Schritt Ruekkwaertz Ging Wohin Denn Auch
Es Erlebte Als Nach & For Erleben & Nach Mehr Licht Schrie
Es Erlebte Als Nach & For Erleben & For Dem Licht Sich Wand

Die Rosen Ferrosteten Damals Man Stand Abseits Im Diesseits
Als Die Zeit Zerpulwert Wurde Im Kirchgarten Unten Am Fluss

Komm Mich Bexuchen Wie Gruen Du Auch Seist Find Meinen Stein
Dann Reden Wir Drueber Wir Werden Diesem & Jenem Nachtrauern

Papenfuß-Gorek, Bert, Erleben Wirklich Erleben, in: Gesammelte Texte 3: harm. Arkdichtung 1977, hrsg. v. Gerhard Wolf, Berlin, Janus press, 1993, S. 11

1. Sammeln Sie die wichtigsten Abweichungen von der regulären Sprache.
2. Beschreiben Sie Schwierigkeiten beim Verständnis experimenteller Gedichte.
3. Analysieren Sie die Intentionen der Autoren beider Gedichte.

8 Gedichte über Gedichte

Markus Lüpertz gehört mit seinen großformatigen Arbeiten zwischen Realismus und Abstraktion zu den meistdiskutierten deutschen Malern der Gegenwart.

Schon seit den mittelalterlichen Anfängen der Lyrik gibt es Gedichte, in denen der Prozess des Schreibens, die Rolle des Dichters und der Stellenwert lyrischen Sprechens thematisiert und reflektiert werden. Diese Tendenz nimmt in der modernen Lyrik zu, vor allem nach 1945. Das hängt sicher damit zusammen, dass sich Zweifel an der Wirksamkeit lyrischer Texte verstärken, was bis zur sprachskeptischen Infragestellung des Wortes führen kann. Dahinter stehen die Krise des modernen Bewusstseins und die Gefährdung der Identität, bedingt durch die geistigen, technischen und sozialen Umwälzungen seit der Jahrhundertwende. Weil Wirklichkeit zunehmend als nicht mehr adäquat ausdrückbar erfahren wird, reduziert sich lyrisches Sprechen immer wieder auf die Beschäftigung mit der Kommunikation, den Worten und ihrem Sinn. Schreiben ist nicht mehr selbstverständlich – das ist das Thema und eventuell auch eine autobiografische Erfahrung.

Wer ich bin (1994) | Rose Ausländer

Wenn ich verzweifelt bin
schreib ich Gedichte
Bin ich fröhlich
schreiben sich Gedichte
in mich
Wer bin ich
wenn ich nicht
schreibe

Ausländer, Rose, Wer ich bin, in: Ausländer, Rose, Regenwörter. Gedichte, Stuttgart, Reclam Verlag, 1994, S. 47

Unaufhaltsam (1962) | Hilde Domin

Das eigene Wort wer
holt es zurück, das
lebendige
eben noch ungesprochene
Wort?

Wo das Wort vorbeifliegt
verdorren die Gräser,
werden die Blätter gelb,
fällt Schnee.
Ein Vogel käme dir wieder.
Nicht dein Wort,
das eben noch ungesagte,
in deinem Mund.
Du schickst andere Worte
hinterdrein,
Worte mit bunten, weichen Federn.
Das Wort ist schneller,
das schwarze Wort.

Es kommt immer an,
es hört nicht auf, anzukommen.

Besser ein Messer als ein Wort.
ein Messer kann stumpf sein.
Ein Messer trifft oft
am Herzen vorbei.

Nicht das Wort.

Am Ende ist das Wort,
immer
am Ende
das Wort.

Domin, Hilde, Unaufhaltsam, in: Domin, Hilde, Gesammelte Gedichte, Frankfurt am Main, S. Fischer Verlag, 1987, S. 170 f.

Sprache (1966) | Johannes Bobrowski

Der Baum
größer als die Nacht
mit dem Atem der Talseen
mit dem Geflüster über
der Stille

Die Steine
unter dem Fuß
die leuchtenden Adern
lange im Staub
für ewig

Sprache abgehetzt
mit dem müden Mund
auf dem endlosen Weg
zum Hause des Nachbarn

Bobrowski, Johannes, Sprache, in: Gesammelte Werke, Gedichte, 1. Band, hrsg. von Eberhard Haufe, Stuttgart, Deutsche Verlags-Anstalt, 1987, S. 177

Meine Wörter (1981) | Ulla Hahn

Meine Wörter hab
ich mir ausgezogen
bis sie dalagen
atmend und nackt
mir unter der Zunge.

Ich dreh sie um
spuck sie aus
saug sie ein
blas sie auf

spann sie an
von Kopf bis Fuß
spann sie auf

Mach sie groß
wie ein Raumschiff zum Mond
und klein wie ein Kind.
Überall suche ich die Zeile
die mir sagt
wo ich mich find.

Hahn, Ulla, Meine Wörter, in: Hahn, Ulla, Herz über Kopf, München, Deutsche Verlags-Anstalt, [16]2009, S. 80

Blätter (1985) |
Marie Luise Kaschnitz

Wer Blätter herabgeweht
Auffängt
Fügt den Sommerbaum
Doch nicht zusammen
Die vom Steinwurf zerbrochene Scheibe
Stellt sich nicht wieder her
Nur ein Wort und ein Wort und ein Wort
Wahllos aus dem Sprachnetz gerissen
Zueinandergeschleudert
Umarmen sich
Sind sogleich eine
Sind eine Welt.

Kaschnitz, Marie Luise, Blätter, in: Kaschnitz, Marie Luise, Kein Zauberspruch. Gedichte, Frankfurt am Main, Suhrkamp Verlag, 1986, S. 47

Joseph Beuys, Blitzschlag mit Lichtschein, 1958

1. Zeigen Sie auf, in welchem Verhältnis Schreiben und Identität des lyrischen Ich in Rose Ausländers Gedicht „Wer ich bin" zueinander stehen.
2. Untersuchen Sie das Verhältnis der ersten beiden Strophen zur dritten in Bobrowskis Gedicht „Sprache".
3. Interpretieren Sie die Sprache Ulla Hahns im Gedicht „Meine Wörter".
4. Vergleichen Sie Domins und Hahns Gedichte.
5. Analysieren Sie das Verständnis lyrischen Schaffens, das sich in Kaschnitz' Gedicht „Blätter" ausdrückt.

IV Projektideen zu Lyrik

Die Vorschläge eigenen sich für arbeitsgleiche und arbeitsteilige Gruppenarbeiten gleichermaßen. Die Ergebnisse können nach der Erarbeitungsphase dem gesamten Plenum präsentiert werden und dienen damit als Diskussionsgrundlage für die spezifische, auch kreative Auseinandersetzung mit Lyrik.

In der Rolle von Goethe, Schiller, Benn, Kirsch ...

1. Üben Sie den ausdrucksstarken Vortrag eines Gedichts (siehe S. 48 f.) Ihrer Wahl unter Berücksichtigung einer gezielten persönlichen Interpretation.
2. Welche inhaltlichen und sprachlichen Beobachtungen bleiben unmittelbar nach dem Vortrag den Zuhörern noch in Erinnerung?
3. Geben Sie als Mitglied einer Jury ein strukturiertes Feedback zum Vortrag auf der Basis von selbstgewählten Kriterien.

Schreibgespräch zu motivgleicher Lyrik

1. Recherchieren Sie im Internet die Planung eines Schreibgesprächs.
2. Die zwei motivgleichen Gedichte „Rückkehr" (siehe S. 509) und „Kosmopolit" (siehe S. 524 f.) werden als Kopien auf einem großen Papierbogen gegenübergestellt.
3. Führen Sie als Gruppe das Schreibgespräch durch, vor allem im Hinblick auf die inhaltliche, formale und sprachliche Gestaltung des Motivs.
4. Diskutieren Sie im Plenum die Ergebnisse und fertigen Sie Notizen an als Hilfestellung für den folgenden Schreibprozess.
5. Arbeiten Sie schriftlich einen Gedichtvergleich aus, nutzen Sie dabei auch die Aussage der Grafik und wenden Sie Strategien der Überarbeitung im Rahmen einer Schreibkonferenz an (siehe S. 44 f.).
6. Die Ergebnisse werden als Hilfestellung und Vorbild für künftige vergleichende Lyrikinterpretationen, auch als Hilfe zur Prüfungsvorbereitung, digital archiviert.

Gattungsformen der Lyrik im Vergleich

1. Stellen Sie die prinzipiellen Intentionen von Gedanken- und Erlebnislyrik anhand der Gedichte „Willkommen und Abschied" (siehe S. 497 f.) und „Nur zwei Dinge" (siehe S. 500) gegenüber.
2. Recherchieren Sie im Internet einige Beispiele für Lyrik des 21. Jahrhunderts. Inwiefern spiegeln sich in diesen modernen Gedichten jeweils Elemente von Gedanken- und Erlebnislyrik wider?

Vergleich von Lyrik und Dramatik

1. Informieren Sie sich im Internet über historische und gesellschaftliche Hintergründe des Weberaufstands in Schlesien und den historischen Kriminalfall Woyzeck.
2. Analysieren Sie die Gesellschaftskritik in Heines Gedicht „Die schlesischen Weber" (siehe S. 504) und in der Dramenszene „Woyzeck" von Büchner (siehe S. 444 f.).
3. Recherchieren Sie die Autorenbiografien von Heine und Büchner. Verknüpfen Sie die Ergebnisse mit Bezügen zum Gedicht bzw. zur Dramenszene.
4. Vergleichen Sie anhand der beiden Texte lyrische und dramaturgische Gestaltungsmittel im Hinblick auf prinzipielle Absichten und mögliche Wirkungen.

Vergleich von Lyrik und Epik

1. Wo zeigen sich im Gedicht „Hochmoorsommernachtstraumreise" (siehe S. 525) und im Romauszug „Die letzte Welt" (siehe S. 427 ff.) Anklänge an eine Traumwelt?
2. Analysieren und vergleichen Sie die Bildhaftigkeit beider Texte. Welche Assoziationen können beim Leser entstehen?
3. Nutzen Sie Ransmayrs Romanauszug (siehe S. 427 ff.) als inhaltliche Grundlage für ein selbst verfasstes Gedicht. Wählen Sie adäquate Stilmittel aus und reflektieren Sie selbstkritisch deren Einsatz.
4. Diskutieren Sie die Ergebnisse der Gruppe im Blick auf den Inhalt und Aufbau sowie die sprachliche Kreativität.

Lyrik als Impuls für szenisches Spiel

1. Planen Sie in der Gruppe ein szenisches Spiel, z. B. zu den Gedichten „Willkommen und Abschied“ (siehe S. 497 f.), „Erlkönig“ (siehe S. 501 f.) und „Ballade vom preußischen Ikarus“ (siehe S. 502 f.).
2. Präsentieren Sie die Ergebnisse unter Einsatz von ausgewählten Requisiten und filmen Sie die szenische Interpretation als Grundlage für ein anschließendes Feedback.
3. Diskutieren und bewerten Sie als Mitglied einer Jury das szenische Spiel.

Bildende Kunst und Lyrik

1. Erschließen Sie zum Motiv des Brunnens die Botschaft der Texte, des Fotos (siehe S. 506) und des Gemäldes (siehe S. 507).
2. Vergleichen Sie mögliche Assoziationen, die durch die Texte bzw. das Bild geweckt werden.
3. Gestalten Sie als kreative Umsetzung ein Bild oder eine Collage zu einem Gedicht Ihrer Wahl.

Verfilmte Lyrik

1. Informieren Sie sich über filmische Gestaltungsmittel (siehe S. 49 ff.).
2. Sammeln Sie Ideen, um ein Gedicht Ihrer Wahl filmisch zu inszenieren.
3. Gestalten Sie einen Videoclip zum Gedicht. Diskutieren Sie in Ihrer Gruppe unterschiedliche Varianten.
4. Präsentieren Sie Ihre Ergebnisse und regen Sie das Publikum zur Reflexion über Stil und Ästhetik an.

Anhang

I Checkliste für die gezielte Vorbereitung auf die Abschlussprüfung

Anforderungen	Auswahl prüfungsrelevanter Kompetenzen
Aufgabenformate	• Habe ich einen Überblick über die drei bzw. vier verschiedenen Prüfungsformate? • Habe ich die Methodik aller Aufgabenarten gründlich geübt? • Bei welchen Aufgabenarten fühle ich mich bereits sicher, wo gibt es noch methodische und inhaltliche Defizite?
Aufgabenstellungen	• Welche Hilfen bietet mir die Aufgabenstellung z. B. aufgrund der Operatoren der Prüfungsfragen? • Was muss ich für die Bearbeitung dieser Aufgabe jeweils können bzw. wiederholen? • Kann ich die einzelnen Aufgaben mit meinem erworbenen Fachwissen und meinen Kompetenzen gut bearbeiten?
Aufgabenauswahl	• Wie lange benötige ich, um mir einen Überblick über die Anforderungen einer Prüfungsaufgabe zu verschaffen? • Nach welchen Kriterien gehe ich bei der Wahl der Aufgabe vor?
Grundlegende Kompetenzen	• Welche Methoden der Lesetechnik, Textarbeit, Stoffsammlung und Strukturierung beherrsche ich? • Weiß ich, wie mit den beigefügten Materialien (z. B. Zusatztexten, Tabellen, Grafiken, Bildern etc.) umzugehen ist? • Beherrsche ich die Regeln einer korrekten Zitiertechnik? • Habe ich das gezielte Überarbeiten eigener Texte hinreichend geübt?
Literarische Epochen (insb. 13. Jahrgangsstufe)	• Habe ich mir einen Überblick über die einzelnen Epochen verschafft? • Kann ich Zusammenhänge zwischen Epochen herstellen, diese inhaltlich fundiert voneinander abgrenzen und für einen Vergleich nutzen?
Lektürekenntnisse	• Welche Themen und Motive wurden im Unterricht anhand von Ganzschriften und Textauszügen vergleichend analysiert? • Welche weiteren Motive und Themen wären für eine Aufgabenstellung ergiebig?
Zeitmanagement in der Prüfung	• Wie viel Zeit plane ich für die Aufgabenauswahl, die Stoffsammlung und Strukturierung ein? • Wie viel Zeit soll für die jeweilige Teilaufgabe eingeplant werden? • Wie viel Zeit benötige ich für die inhaltliche, sprachliche und formalsprachliche Überarbeitung meines Aufsatzes?

II Einige ausgewählte Beispiele zu Grammatik, Zeichensetzung und Rechtschreibung

Fachbegriffe	Beispiele					
Wortarten	Pronomen	Adjektiv	Nomen	Verb	Numeral	Nomen
deklinierbar bzw. konjugierbar	Sein	letztes	Buch	erfreute	Tausende	Leser.
Verb (Zeit-/Tätigkeitswort)	essen, sein, sollen					
Person (1./2./3.) Numerus (Zahl),	1. 2. 3. Singular	1. 2. 3. Plural				
	ich du er/sie/es wir ihr sie					
Genus der Verben (Aktiv/Passiv)	schlagen/werde geschlagen					
Modus (Aussageweise)						
Indikativ	er schreibt	er rief				
Konjunktiv	er schreibe	er riefe				
Imperativ	schreib! schreibt!	ruf! ruft!				
Tempus (Zeit)						
Präsens/Präteritum	schlagen, schlug					
Perfekt/Plusquamperfekt	habe geschlagen, hatte geschlagen					
Futur I/Futur II	werde schlagen, werde geschlagen haben					
Nomen/Substantiv (Hauptwort)						
Nominativ Singular Plural	das Haus	die Häuser				
Genitiv	des Hauses	der Häuser				
Dativ	dem Haus	den Häusern				
Akkusativ	das Haus	die Häuser				
Adjektiv (Eigenschaftswort)	klein, blau, wichtig					
Numeral (Zahladjektiv)	fünfte, viele					
Artikel (Geschlechtswort)	der, die, das	ein, eine				
Pronomen (Fürwort)	er, sie, es wir, ihr, sie					
Adverb (Umstandswort)	dort, heute, gern, sehr, hoffentlich, deshalb					
Präposition (Verhältniswort)	an, auf, in, vor, nach, während, wegen, ohne					
Konjunktion (Bindewort)	und, aber, denn, als, dass, weil					
Interjektion (Ausrufewort)	ach! oh! au! bitte?					

Fachbegriffe	Beispiele
Satzglieder	Subjekt Prädikat Objekt Adverbiale
	Sein letztes Buch erfreute tausende Leser weltweit.
Objekte	
Genitiv-Objekt (wessen?)	Ich gedenke der Toten.
Dativ-Objekt (wem?)	Ich glaube ihm.
Akkusativ-Objekt (wen? was?)	Ich singe ein Lied.
Präpositional-Objekt (auf wen?)	Ich hoffe auf gutes Wetter.
adverbiale Bestimmung	
der Zeit (wann?)	vor Sonnenaufgang, später
des Ortes (wo?)	in der Schule, hier
des Grundes (warum?)	wegen des Unfalls
der Art und Weise (wie?)	mit Freude
Satzlehre	
Parataxe (Satzreihe): Hauptsatz und Hauptsatz	Peter gießt Blumen und Anna jätet Unkraut.
Hypotaxe (Satzgefüge): Hauptsatz und Gliedsatz	
Attributsatz	Das Haus, das brannte, war neu.
Adverbialsatz	Sie freute sich, als er zu Besuch kam.
Temporalsatz (Zeit)	während, als, bis, sobald, nachdem, bevor
Kausalsatz (Grund)	weil, da, zumal
Konsekutivsatz (Folge)	dass, sodass
Finalsatz (Zweck, Absicht)	dass, damit, auf dass
Konditionalsatz (Bedingung)	wenn, falls, sofern
Konzessivsatz (Einräumung)	obwohl, obgleich, obschon, wenngleich
Modalsatz (Art und Weise)	dadurch, dass; indem, soweit, ohne dass
Adversativsatz (Gegensatz)	anstatt dass, während
Komparativsatz (Vergleich)	wie, als, als ob, wie wenn, als wenn

Kommasetzung	Beispiele
Gleichrangige Hauptsätze	Hans spielt Fußball, Klaus fährt Rad.
Verknüpfung von Haupt- und Gliedsätzen	Er wusste, dass es morgen regnen wird.
Gliedsätze unterschiedlichen Grades	Er wusste, dass der Regen, der vorhergesagt wurde, bald kommen wird.

Kommasetzung	Beispiele
Aufzählungen von Satzgliedern oder Satzgliedteilen	Regen, Schnee und Eis führten zu Problemen.
Apposition	Hans, der siegreiche Reiter, ist stolz.
Direkte Rede	„Wo ist das Buch?“, fragte er. „Ich kenne“, antwortet sie, „den Ort genau.“
Infinitivgruppen	Sie ruft, um auf den Unfall aufmerksam zu machen.

Schreibung der s-Laute	Beispiele
Bei kurzem Vokal: ss	Kuss, Schuss, dass (als Konjunktion) Ich wusste, dass die Sonne wieder scheint.
Bei langem Vokal und nach Diphtong (z. B. au): einfaches s	Gras, Haus, das (als Pronomen) Das Haus, das (welches) gestern brannte, war neu.

Indirekte Rede und Konjunktiv

Die indirekte Rede verlangt den richtigen Gebrauch der jeweiligen Konjunktivform. Mithilfe dieser Aussageform (Modus) wird kenntlich gemacht, dass die Äußerung eines Dritten wiedergegeben wird. Die indirekte Rede wird häufig zum Beispiel in Berichten, Inhaltsangaben, Protokollen etc. verwendet. In Bezug auf den Konjunktiv I sind drei Zeitformen zu unterscheiden. Als Bezugspunkt für die Beurteilung dieser Vor-, Gleich- und Nachzeitigkeit ist der Zeitpunkt der Äußerung durch den Dritten maßgeblich.

Gleichzeitigkeit von Geschehen und Wiedergabe durch den Dritten Wenn die Formen des Indikativs und des Konjunktivs I gleich sind, wird auf die Formen des Konjunktivs II zurückgegriffen.	Klaus sagt: „Ich gehe heute ins Hallenbad.“ (direkte Rede im Indikativ Präsens) Klaus sagt, er **gehe** heute ins Hallenbad. (indirekte Rede im Konjunktiv I) Sandra sagte gestern: „Ich gehe ins Kino.“ (direkte Rede im Indikativ Präsens) Sandra sagte gestern, dass sie ins Kino **gehe**. (indirekte Rede im Konjunktiv I Präsens)
Sind auch die entsprechenden Konjunktiv-II-Formen identisch mit den Indikativformen, so kann als entsprechende „Ersatzform“ der Infinitiv mit „würde“ benutzt werden.	Der Lehrer kündigt an: „Wir gehen in die Turnhalle.“ (direkte Rede) Der Lehrer kündigt an, dass sie in die Turnhalle **gehen würden**. (indirekte Rede mit Infinitiv und würde)

Indirekte Rede und Konjunktiv

Vorzeitigkeit des Geschehens in Bezug auf die Wiedergabe durch den Dritten	Hans erzählt: „Wir waren gestern im Kino." (direkte Rede im Präteritum) Hans erzählt, dass sie gestern im Kino **gewesen seien**. (indirekte Rede mit Konjunktiv I, die sich am Indikativ Perfekt orientiert)	
Nachzeitigkeit des Geschehens in Bezug auf die Wiedergabe durch den Dritten	Maria berichtete: „Daniel wird gleich in die Schule gehen." (direkte Rede im Futur) Maria berichtete, dass Daniel gleich in die Schule **gehen werde**. (indirekte Rede im Konjunktiv I Futur)	
Der **Konjunktiv II** wird vom Präteritum abgeleitet. kommen → kam → käme singen → sang → sänge backen → buk → büke sterben → starb → stürbe	**direkte Rede** **Indikativ Präteritum** Ich war zu Hause. Ich ging hinaus. Ich schlief. **Indikativ** **Perfekt** Wir haben gut geschlafen.	**indirekte Rede** **Konjunktiv Perfekt** Er sei zu Hause gewesen. Er sei hinaus gegangen. Er habe geschlafen. **Konjunktiv II** **als Ersatzform** Sie hätten gut geschlafen.
Der Konjunktiv II wird eingesetzt, um unmögliche und unwahrscheinliche Bedingungen auszudrücken. Er wird sowohl im Hauptsatz als auch im Nebensatz verwendet.	Wenn ich ein Vöglein wär' und zwei Flüglein hätt', flög' ich zu dir. Wärest du früher aufgestanden, hättest du deinen Termin nicht verpasst.	
Der Konjunktiv II dient außerdem als **Höflichkeitsform**.	Hätten Sie einen Moment Zeit? Ich hätte gerne ein Glas Wasser.	

Personenverzeichnis

Sachwortverzeichnis

Bildquellenverzeichnis

akg-images, Berlin: 304, 358, 371.1, 373, 374.1, 374.2 (Fototeca Gilardi/Dariush), 376, 507, 529
Animal Rights Watch e. V.: 130
Büro für Berufsstrategie GmbH, Hesse/Schrader 2015, www.berufsstrategie.de: 69
Beowulf Sheehan, New York: 411
Bos, Wilfried/Eickelmann, Birgit u.a. (Hg.): ICLIS 2013. Computer- und informationsbezogene Kompetenzen von Schülerinnen und Schülern in der 8. Jahrgangsstufe im internationalen Vergleich. Münster 2014: 326, 327
Bundeszentrale für politische Bildung, Bonn (bpb)/Prof. Dr. Rainer Geißler: 272
Bildarchiv Preußischer Kulturbesitz, Berlin: 361 (Kupferstichkabinett, SMB/Jörg P. Anders), 369.1 (Hermann Buresch), 369.2 (Staatliche Kunstsammlungen), 371.2 (Nationalgalerie, SMB), 377 (Nationalgalerie im Hamburger Bahnhof, SMB/Jörg P. Anders), 380 (Museum der bildenden Künste, Leipzig/Ursula Gerstenberger), 445 (Willi Saeger), 457 (Peter Fischer), 498 (RMN/René-Gabriel Ojéda), 517 (Bayerische Staatsgemäldesammlung), 521 (Hamburger Kunsthalle, Elke Walford)
Bundesministeriums für Umwelt, Naturschutz, Bau und Reaktorsicherheit: 127.1
Carlsen Verlag GmbH/Fotograf: David Finck: 431
Constantin Film AG, München: 52, 53 (2), 54
das veganmagazin, Hamburg: 117.2
David Ebener, Osnabrück: 335.2
Deutsche Welthungerhilfe e. V., Bonn: 134.1
dpa infografik GmbH, Hamburg: 42, 133, 175, 339
dpa Picture-Alliance GmbH, Frankfurt: 90, 120 (APA/picturedesk.com), 131.1, 190 (maxppp), 218 (KPA), 312, 335.1 (Thomas Hosemann, Stadtwerke Augsburg/dpa), 336 (AP Photo), 343, 354, 355 (imagestate), 356, 359, 360, 363, 364 (IMAGNO), 372, 375, 379, 381, 382 (Uli Deck), 383 (picture alliance/Eventpress Hoensch), 386, 388 (Eventpress), 400, 416, 418 (ZB), 421, 424, 427, 434, 456.1 (radio tele nord), 456.2 (Eventpress), 460, 463, 465, 467 (Eventpress), 473 (Eventpress), 475 (ZB), 510, 524, 527
Dr. Bernd Seydel, Gotha: 76
Ena Klopp, Hamburg: 108
Fotolia.com: U1 (Thomas Bethge), 11 (Gajus), 12 (carballo), 13 (tpx), 18 (Rawpixel.com), 21 (Lumina Images), 29 (contrastwerkstatt), 55 (contrastwerkstatt), 58 (johnwilhelm), 65 (phirakon jaisangat), 66 (WavebreakmediaMicro), 87 (Rawpixel.com), 95 (schab), 104 (dima_pics), 112, (lantapix), 185 (puje), 284 (mikemols), 311 (alphaspirit), 324 (Anastassiya), 333 (rodjulian), 347 (Andrea Izzotti), 357 (Felix Pergande), 389 (Kara), 391 (Veli Özenc), 436 (fotomek), 437 (shapovalphoto1), 489 (Mercedes Fittipaldi), 506 (murasal)
Friedemann Schulz von Thun, Miteinander reden 1. Störungen und Klärungen. Allgemeine Psychologie der Kommunikation. Copyright © 1981 Rowohlt Taschenbuch Verlag GmbH, Reinbek bei Hamburg: 63
Helmut Karg: 33
Hiltl AG, Zürich: Werbekampagne von Ruf Lanz für Hiltl in Zürich, dem ältesten vegetarischen Restaurant der Welt gemäss Guinness World Records: „Da isst jeder gern vegetarisch.“: 131.2
Istockphoto: 49 (rawpixel)
Katharina Behling/Random House GmbH: 430
Kersten Reich, Köln: 23
mauritius images: 47 (Simon Turner/Alamy)
Presse- und Informationsamt der Bundesregierung/Henning Schacht: 82
REUTERS: 71 (Jonathan Bachmann)
Sallys GmbH, Waghäusel, www.sallyswelt.de: 127.2
SCHAUSPIEL KÖLN/Tommy Hetzel: 258
Sonja Rothweiler/Theatermuseum der Landeshauptstadt Düsseldorf: 486
SPIEGEL ONLINE GmbH/IfD Allensbach: 316
SPIEGEL ONLINE GmbH/IVW: 316
Theater Bremen/Jörg Landsberg: 384
ullstein bild, Berlin: 479 (Lieberenz), 482 (Lieberenz)
Volker Wenzlawski/ BEEF!: 117.1
Wikimedia Commons-PD: 268
www.blitzrechner.de: 136
www.zellux.net: 241, 242
ZDF, Mainz: 320

Karikaturen/Zeichnungen

Beckmann, Max: Die Synagoge in Frankfurt a. M./VG Bild-Kunst, Bonn 2017: 369.1
Beuys, Joseph: Blitzschlag mit Lichterschein, 1958/VG Bild-Kunst, Bonn 2017: 529
Dix, Otto: Sehnsucht 1918/VG Bild-Kunst, Bonn 2017: 369.2
Estate of George Grosz, Princeton, N.J./VG

Bild-Kunst, Bonn 2017: 371.2
Frank Speth, Quickborn: 72
Howard McWilliam Illustration/McBill: 282
Jan Rieckhoff, Hamburg: 329
Klaus Stuttmann, Berlin: 134.2
Lüpertz, Markus/VG Bild-Kunst, Bonn 2017: 527
NEL, Erfurt: 43
OL Schwarzbach, Berlin: 72 (3), 341
Oliver Wetterauer/Bildungsverlag Eins GmbH: 49 (3), 50 (5)
Münter, Gabriele: Nach dem Tee, 1912/VG Bild-Kunst, Bonn 2017: 370 (4x)
Pepsch Gottscheber, München: 332
Rauch, Neo: Fell, 2000 – courtesy Galerie EIGEN + ART Leipzig, Berlin und Zwirner, New York, London/VG Bild-Kunst, Bonn 2017: 380
Roth Cartoons Grafik-Design Illustration: 111
Thomas Plaßmann, Essen: 243

Literaturverzeichnis

[o.V.], 7 Pro- und Kontra-Argumente zur Digitalisierung, in: Kulturzeiten.de 2014, online unter: www.kulturzeiten.de/7-pro-und-kontra-argumente-zur-digitalisierung.html, zugegriffen am 10.03.2017

Ausländer, Rose, Der Brunnen, in: Ausländer, Rose, Hügel aus Äther unwiderruflich. Gedichte und Prosa 1966–1975, hrsg. v. H. Braun, Frankfurt am Main, S. Fischer, 1984, S. 235

Ausländer, Rose, Wer ich bin, in: Ausländer, Rose, Regenwörter. Gedichte, Stuttgart, Reclam Verlag, 1994, S. 47

Bachmann, Ingeborg, Alle Tage, in: Werke, hrsg. von Christine Koschel u. a., Bd. 1: Gedichte Hörspiele Libretti, Übersetzungen, Neuausg., München, Piper, [2]2010, S. 46

Bachmann, Ingeborg, Die große Fracht, in: Die gestundete Zeit, Gedichte, München, Piper Verlag, 1961, S. 13

Ball, Hugo, Karawane, in: Adler, Jeremy und Ernst, Ulrich, Text als Figur. Visuelle Poesie von der Antike bis zur Moderne, Wolfenbüttel, Herzog August Bibliothek Wolfenbüttel, 1987, S. 265

Bauersima Igor, norway.today, Frankfurt am Main, Fischer Taschenbuch Verlag, [11]2012, S. 85–93

Becker, Jürgen, Ende Februar, in: Becker, Jürgen, Gedichte 1965–1980, Frankfurt am Main, Suhrkamp Verlag, 1981, S. 365

Becker, Jürgen, Ungewisses, Februar, in: Becker, Jürgen, Gedichte 1965–1980, Frankfurt am Main, Suhrkamp Verlag, 1981, S. 281

Beisenherz, Micky, „What the Fuchs" – die schreckliche Wahrheit über Kinderlieder, in: Stern Online, 17.02.2017, online unter: www.stern.de/kultur/micky-beisenherz/micky-beisenherz-die-schrecklichewahrheit-ueber-kinderlieder-7324684.html, zugegriffen am 30.03.2017

Benn, Gottfried, Leben – niederer Wahn, in: Benn, Gottfried, Statische Gedichte, hrsg. von Paul Raabe, veränd. Neuausgabe, Zürich, Arche Verlag, 1983, S. 134

Benn, Gottfried, Nur zwei Dinge, in: Benn, Gottfried, Sämtliche Werke, Bd. 1, Gedichte 1, Stuttgart, Klett-Cotta Verlag, 1986, S. 320

Benn, Gottfried, Schöne Jugend, in: Sämtliche Werke, hrsg. von Gerhard Schuster, Bd. 1: Gedichte 1, Stuttgart, Klett-Cotta Verlag, 1986, S. 8

Bernhard, Thomas, Der Theatermacher, Programmbuch 68, hrsg. vom Schauspielhaus Bochum, Bochum, 1985, S. 86–105

Bertolt Brechts Dreigroschenbuch, Texte Materialien Dokumente, Frankfurt am Main, Suhrkamp Verlag, 1960, S. 60–63

Biermann, Wolf, Ballade vom preußischen Ikarus, in: Biermann, Wolf, Preußischer Ikarus. Lieder, Balladen, Gedichte, Prosa, Köln, Verlag Kiepenheuer & Witsch, 1978, S. 104

Bilkau, Kristine, Die Glücklichen, München, Luchterhand, 2015, S. 194–198 [bitcom], Studie zu Kindern und Jugendlichen in der digitalen Welt, 11.01.2015, online unter: www.bitkom.org/Presse/Presseinformation/Studie-zu-Kindern-und-Jugendlichen-in-der-digitalen-Welt.html, zugegriffen am 04.04.2017

Bobrowski, Johannes, Sprache, in: Gesammelte Werke, Die Gedichte, 1. Band, hrsg. von Eberhard Haufe, Stuttgart, Deutsche Verlags-Anstalt, 1987, S. 177

Böll, Heinrich, Ansichten eines Clowns, München, Deutscher Taschenbuch Verlag, ²1967, S. 175 ff.

Borchert, Wolfgang, Draußen vor der Tür, Hamburg, Rowohlt Taschenbuch Verlag, 1956, S. 22–26

Brecht, Bertolt, An die Nachgeborenen, in: Brecht, Bertolt, Die Gedichte von Bertolt Brecht in einem Band, Frankfurt am Main, Suhrkamp Verlag, 1981, S. 722–725

Brecht, Bertolt, Balkankrieg, in: Brecht, Bertolt, Gesammelte Werke in 20 Bänden, Bd. 11, Frankfurt am Main, Suhrkamp Verlag, 1967, S. 3

Brecht, Bertolt, Herr Keuner und die Flut, in: Brecht, Bertolt, Geschichten vom Herrn Keuner, Frankfurt am Main, Suhrkamp, 1971, S. 76

Brecht, Bertolt, Ich will mit dem gehen, den ich liebe, in: Die Gedichte von Bertolt Brecht in einem Band, Frankfurt am Main, Suhrkamp Verlag, 1981, S. 1203

Brecht, Bertolt, Morgens und abends zu lesen, in: Die Gedichte von Bertolt Brecht in einem Band, Frankfurt am Main, Suhrkamp Verlag, 1981, S. 586

Brecht, Bertolt, Mutter Courage und ihre Kinder, Frankfurt am Main, Suhrkamp Verlag, 1963, S. 58

Brinkmann, Rolf Dieter, Einen jener klassischen, in: Westwärts 1&2, Gedichte, Reinbek, Rowohlt, 1975, S. 547

Brüder Grimm, Sterntaler, in: Kinder- und Hausmärchen, gesammelt durch die Brüder Grimm, München, Winkler Verlag, 1949, S. 666 ff.

Büchner, Georg, Woyzeck, in: Büchner, Georg, Woyzeck, Leonce und Lena, hrsg. und mit einem Nachwort versehen von Otto Carl August zur Nedden, Stuttgart, Reclam Verlag, 1980, S. 24

Büchner, Georg, Woyzeck, in: Büchner, Georg, Woyzeck, Leonce und Lena, hrsg. und mit einem Nachwort versehen von Otto Carl August zur Nedden, Stuttgart, Reclam Verlag, 1980, S. 4 f.

Celan, Paul, Sprachgitter, in: Gesammelte Werke, hrsg. von Beda Allemann und Stefan Reichert, Bd. 1, Gedichte, Frankfurt am Main, Suhrkamp, 1983, S. 167

Celan, Paul, Todesfuge, in: Gesammelte Werke, hrsg. von Beda Allemann und Stefan Reichert, Bd. 1, Gedichte, Frankfurt am Main, Suhrkamp, 1983, S. 41 ff.

Claus, Uta; Kutschera, Rolf, Sterntaler, in: Claus, Uta; Kutschera, Rolf, Total tote Hose. 12 bockstarke Märchen, Frankfurt am Main, Eichborn Verlag, 1984, S. 80 f.

CUS, Mit dem Teh-Scheh-Weh zur Ei-es-es, in: SZ Magazin, 04.11.16, online unter: http://sz-magazin.sueddeutsche.de/texte/anzeigen/45196, zugegriffen am 30.03.2017

Dalai Lama (Tenzin Gyatso), in: mio – Magazin Online 02-2013, online unter www.mio-magazin.de/archiv/mio-022013/detail/aufbruchstimmung/aufbruchstimmung/417588203c1c596a5a82a503ed42fd47.html, zugegriffen am 09.07.2018

Dalkowski, Sebastian, Ich will Verbote!, in: ZEIT online, 23.02.2017, online unter: www.zeit.de/2017/07/konsumverhalten-nachhaltigkeit-vernunft-verschwendung-bequemlichkeit, zugegriffen am 08.04.2017

Daston, Lorraine: Bauchgefühl ist nicht Wahrheit. SZ-Interview mit David Hesse, in: Süddeutsche Zeitung, 07.03.2017, S. 14

Döblin, Alfred, Berlin Alexanderplatz, München, Deutscher Taschenbuch Verlag, [21]1979, S. 364 ff.

Domin, Hilde, Unaufhaltsam, in: Domin, Hilde, Gesammelte Gedichte, Frankfurt am Main, S. Fischer Verlag, 1987, S. 170 f.

Dürrenmatt, Friedrich, Der Besuch der alten Dame, Zürich, Diogenes Verlag, 1985, S. 30–32, 35

Ebitsch, Sabrina: Bye-bye, Bio, in: Süddeutsche Zeitung, 03.03.2014, online unter: www.sueddeutsche.de/wirtschaft/oekologische-landwirtschaft-bye-bye-bio-1.1897839, zugegriffen am 30.03.2017

Eckert, Till: Was wir durch unsere Mimik bewirken können, in: Ze.tt, 25.02.2017, online unter: www.ze.tt/was-wir-durch-unsere-mimik-bewirken-koennen/, zugegriffen am 30.03.2017

Eich, Günter, D-Zug München – Frankfurt, in: Gesammelte Werke. Band I. Die Gedichte – Die Maulwürfe, hrsg. von Horst Ohde, Frankfurt am Main, Suhrkamp Verlag, 1973, S. 81 f.

Ende, Michael, Momo oder Die seltsame Geschichte von den Zeit-Dieben und von dem Kind, das den Menschen die gestohlene Zeit zurückbrachte, Stuttgart, Thienemann, 1973, S 15 f.

Enzensberger, Hans Magnus, ins lesebuch für die oberstufe, in: Enzensberger, Hans Magnus, Verteidigung der Wölfe, Frankfurt am Main, Suhrkamp Verlag, [2]1981, S. 90

Enzensberger, Hans Magnus, Über die Schwierigkeiten der Umerziehung, in: Enzensberger, Hans Magnus, Gedichte 1955–1970, Frankfurt am Main, Suhrkamp Verlag, 1971, S. 40

Erpenbeck, Jenny, Gehen, ging, gegangen, München, Knaus Verlag, [8]2015, S. 196 ff.

Esslinger, Detlef: Seit wann schreien wir uns an? Essay über Anstand, in: Süddeutsche Zeitung, Nr. 231, 07./08.10.2017. S. 45 (E-Paper)

Fähnders, Till: Kleine Mathesoldaten, in: FAZ.net, 14.12.2016, online unter: www.faz.net/aktuell/politik/ausland/singapur-hat-die-besten-schueler-14568962.html, zugegriffen am 18.10.2017

Fleming, Paul, An sich, in: Klassische deutsche Dichtung, hrsg. von Fritz Martini und Walter Müller-Seidel, Bd. 18: Lyrik, Freiburg, Herder Verlag, 1969, S. 25

Fried, Erich, Beim Nachdenken über Vorbilder, in: Gesammelte Werke. Gedichte, Bd. 1–3, hrsg. von Volker Kaukoreit und Klaus Wagenbach, Berlin, Verlag Klaus Wagenbach, 1993, S. 379

Fried, Erich, Die Abnehmer, in: Fried, Erich, Warngedichte, Frankfurt am Main, Fischer Taschenbuch Verlag, 1992, S. 107

Friedmann, Jan/Kleinhubbert, Guido/Wiedmann-Schmidt, Wolf: Auf Handy-Entzug, in: DER SPIEGEL 51/2014, online unter: www.spiegel.de/spiegel/print/d-130878597.html, zugegriffen am 04.04.2017

Frisch, Max, Andorra, Frankfurt am Main, Suhrkamp Verlag, 171982, S. 59–65, 104–105

Gammelin, Cerstin/Öchsner, Thomas, Deutschlands Arme werden immer ärmer, in: Süddeutsche Zeitung, 25.01.2016, online unter: www.sueddeutsche.de/wirtschaft/soziale-ungleichheit-deutschlands-arme-werden-immer-aermer-1.2833313, zugegriffen am 11.04.2017

George, Stefan, Rückkehr, in: George, Stefan, Sämtliche Werke in 18 Bänden, hrsg. von der Stefan-George-Stiftung, Stuttgart, Band 4: Das Jahr der Seele, bearb. von Georg P. Landmann, Stuttgart, Klett-Cotta Verlag, 1982, S. 59

Glattauer, Daniel, Gut gegen Nordwind. Roman, München, Goldmann Verlag, 92008, S. 90 ff.

Goethe, Johann Wolfgang von, Die Leiden des jungen Werthers, in: Klassische deutsche Dichtung, hrsg. von Fritz Martini und Walter Müller-Seidel, Bd. 1: Romane und Erzählungen, Freiburg, Herder Verlag, 51964, S. 315, 382 ff.

Goethe, Johann Wolfgang von, Erlkönig, in: Klassische deutsche Dichtung, hrsg. von Fritz Martini und Walter Müller-Seidel, Bd. 19: Balladen, Freiburg, Herder Verlag, 1967, S. 139 f.

Goethe, Johann Wolfgang von, Prometheus, in: Klassische deutsche Dichtung, hrsg. von Fritz Martini und Walter Müller-Seidel, Bd. 18: Lyrik, Freiburg, Herder Verlag, 1969, S. 216 ff.

Goethe, Johann Wolfgang von, Wilhelm Meisters Lehrjahre, Klassische deutsche Dichtung, hrsg. von Fritz Martini und Walter Müller-Seidel, Bd. 2: Romane und Erzählungen, Freiburg, Herder Verlag, 51965, S. 35 ff.

Goethe, Johann Wolfgang von, Willkommen und Abschied, in: Klassische deutsche Dichtung, hrsg. von Fritz Martini und Walter Müller-Seidel, Bd. 18: Lyrik, Freiburg, Herder Verlag, 1969, S. 195 f.

Goisern, Hubert von: Brenna tuats guat, Musik: Hubert von Goisern. Text: Hubert von Goisern. Published: 2011 Blankomusik (Sony Music)

Gomringer, Eugen, 3 variationen zu „kein fehler im system", in: konkrete poesie. deutschsprachige autoren, anthologie von eugen gomringer, Stuttgart, Reclam Verlag, 1972, S. 63 f.

Görz, Martina, Schüler unter Leistungsdruck, in: RP ONLINE, 08.03.2010, online unter: www.rp-online.de/nrw/staedte/ratingen/schueler-unter-leistungsdruck-aid-1.920019, zugegriffen am 03.05.2017

Grass, Günter, Die Blechtrommel. Danziger Trilogie 1, Darmstadt und Neuwied, Luchterhand Verlag, 1979, S. 94 f.

Grimmelshausen, Hans Jakob Christoph von, Der Abenteuerliche Simplicissimus Teutsch. Mit e. Einl. u. Anm. von Hans Heinrich Borcherdt, Stuttgart, Reclam Verlag, 1961, S. 56 ff.

Grünbein, Durs, Kosmopolit, in: Nach den Satiren, Frankfurt am Main, Suhrkamp Verlag, 1999, S. 85

Gryphius, Andreas, Abend, in: Der ewige Brunnen. Ein Hausbuch deutscher Dichtung, hrsg. von Ludwig Reiners, München, Verlag C. H. Beck, 21979, S. 326

Gryphius, Andreas, Abend, in: Freuden vnd Trauer-Spiele auch Oden vnd Sonnette sampt Herr Peter Squentz Schimpff-Spiel. Sonnette. Das Ander Buch. Breslau, Verlag Johann Lischke, 1658, S. 30

Gryphius, Andreas, Es ist alles eitel, in: Klassische deutsche Dichtung, hrsg. von Fritz Martini und Walter Müller-Seidel, Bd. 18: Lyrik, Freiburg, Herder Verlag, 1969, S. 38

Hackl, Erich, Abschied von Sidonie. Zürich, Diogenes Verlag, 1989, S. 100 f.

Hackl, Erich, Auroras Anlass. Zürich, Diogenes Verlag, 1987, S. 7 ff.

Hahn, Ulla, Mit Haut und Haar, in: Gesammelte Gedichte, Stuttgart, DVA Belletristik, 2013, S. 21

Hahn, Ulla, Meine Wörter, in: Hahn, Ulla, Herz über Kopf, München, Deutsche Verlags-Anstalt, [16]2009, S. 80

Handke, Peter, Prosa, Gedichte, Theaterstücke, Hörspiel, Aufsätze, Frankfurt am Main, Suhrkamp Verlag, 1969, S. 182–189

Hauptmann, Gerhart, Vor Sonnenaufgang, Frankfurt am Main, Ullstein Verlag, 1959, S. 91–93

Haushofer, Albrecht, Schuld, in: Moabiter Sonette, hrsg. von Amelie von Graevenitz, Langewiesche-Brandt Verlag, Ebenhausen 2008, S. 43

Hebel, Johann Peter, Unverhofftes Wiedersehen, in: Schatzkästlein des rheinischen Hausfreundes, Tübingen, Cotta Verlag, 1811, S. 292 ff.

Heine, Heinrich, Das goldene Kalb, in: Heinrich Heine, Historisch-kritische Gesamtausgabe, Bd. 3/1, Romanzero, bearb. von Frauke Bartelt, Hamburg, Hoffmann und Campe, 1983, S. 40

Heine, Heinrich, Der Brief, den du geschrieben, in: Heinrich Heine, Historisch-kritische Gesamtausgabe, Bd. 2, Neue Gedichte, bearb. von Elisabeth Genton, Hamburg, Hoffmann und Campe, 1983, S. 26

Heine, Heinrich, Die schlesischen Weber, in: Heine, Heinrich, Historisch-kritische Gesamtausgabe der Werke, hrsg. von Manfred Windfuhr, Bd. 2, Neue Gedichte, bearb. von Elisabeth Genton, Hamburg, Hoffmann und Campe, 1983, S. 150

Heine, Heinrich, Nachtgedanken, in: Heinrich Heine, Historisch-kritische Gesamtausgabe, Bd. 2, Neue Gedichte, bearb. von Elisabeth Genton, Hamburg, Hoffmann und Campe, 1983, S. 129 f.

Henning, Peter A., Informatik als Kulturtechnologie? Kompetenz im Cyberspace, in: L.A. Multimedia MAGAZIN FÜR DIDAKTIK UND DIGITALE MEDIEN, Ausgabe Februar, Heft 1/2007, S. 6–9

Hensel, Kerstin, Hochmoorsommernachtstraumreise, in: Stilleben mit Zukunft, Halle/Saale, Mitteldeutscher Verlag, 1991, S. 103

Heym, Georg, Der Gott der Stadt, in: Dichtungen und Schriften, Gesamtausgabe, hrsg. von Karl Ludwig Schneider, Bd. 1: Lyrik, Hamburg, München, Verlag Heinrich Ellermann, 1964, S. 192

Heym, Georg, Louis Capet, in: Dichtungen und Schriften. Gesamtausgabe, hrsg. von Karl Ludwig Schneider, Bd. 1, Hamburg, München, Verlag Heinrich Ellermann, 1960, S. 82

Heym, Georg, Robbespierre, in: Heym, Georg, Dichtungen und Schriften, hrsg. von Karl Ludwig Schneider, Bd. 1, Hamburg, München, Verlag Heinrich Ellermann, 1960, S. 88–91

Heym, Stefan, Collin. Frankfurt am Main, Fischer Taschenbuch Verlag, 1979, S. 5 f.

Hofmannsthal, Hugo von, Reiselied, in: Sämtliche Werke, Kritische Ausgabe, Gedichte 1, hrsg. v. Eugene Weber, Frankfurt am Main, S. Fischer 1984, S. 84

Hölderlin, Friedrich, Abendphantasie, in: Klassische deutsche Dichtung, hrsg. von Fritz Martini und Walter Müller-Seidel, Bd. 18: Lyrik, Freiburg, Herder Verlag, 1969, S. 294

Horváth, Ödön von, Geschichten aus dem Wiener Wald, hrsg. von Traugott Krischke, Gesammelte Werke 4, Frankfurt am Main, Suhrkamp Verlag, 1986, S. 143 ff.

Horváth, Ödön von, Kasimir und Karoline, hrsg. von Traugott Krischke, Frankfurt am Main, Suhrkamp Verlag, 1979, S. 12–16

Hübner, Lutz, Frau Müller muss weg, in: Hübner, Lutz, Frau Müller muss weg und andere Stücke, Berlin, Theater der Zeit, 2011, S. 147–155

Huchel, Peter, Gedichte, Frankfurt am Main, Suhrkamp Verlag, 1989, S. 23

[irb/dpa], Nur vier Prozent der Menschen in Deutschland leben vegetarisch, in: Spiegel Online, 02.01.2017, online unter: www.spiegel.de/gesundheit/ernaehrung/vegetarier-nur-vier-prozent-der-menschen-in-deutschland-leben-fleischlos-a-1128290.html, zugegriffen am 30.03.2017

Jakubetz, Christian, Digitale Demenz – Computer machen dumm und das Leben endet tödlich, in: CICERO Online, 27.02.2017, online unter: www.cicero.de/salon/computer-machen-dumm-und-das-leben-endet-toedlich/51564, zugegriffen am 04.04.2017

Jandl, Ernst, ottos mops, in: poetische werke, 4: der künstliche Baum, hrsg. von Klaus Siblewski, München, Luchterhand Verlag, 1997, S. 60

Jin Chong, Claire: Plädoyer für die Dummheit, online unter: www.leuphana.de/fileadmin/user_upload/college/Leuphana_Semester/files/Essay-Chong.pdf, zugegriffen am 13.05.2017

Kafka, Franz, Eine kaiserliche Botschaft, in: Kafka, Franz, Sämtliche Erzählungen, hrsg. von Paul Raabe, Frankfurt am Main, Fischer Taschenbuch Verlag, 1972, S. 138 f.

Kaiser, Georg, Gas, Frankfurt am Main, Ullstein Verlag, 1978, S. 25–27

Kaschnitz, Marie Luise, Blätter, in: Kaschnitz, Marie Luise, Kein Zauberspruch. Gedichte, Frankfurt am Main, Suhrkamp Verlag, 1986, S. 47

Kästner, Erich, Kennst du das Land, wo die Kanonen blühn?, in: Gesammelte Schriften für Erwachsene, Bd. 1: Gedichte, München/Zürich, Droemer Knaur, 1969, S. 56

Kaube, Jürgen, Die Kinder sind schuld, in: Frankfurter Allgemeine Zeitung, 18.11.2005, online unter: www.faz.net/aktuell/feuilleton/debatten/medienkonsum-die-kinder-sind-schuld-1277166.html, zugegriffen am 06.04.2017

Kazim, Hasnain, Schlechtes Gewissen oder schlechter Geschmack, in: Spiegel Online, 27.05.2015, online unter: www.spiegel.de/stil/kochmagazine-beef-und-vegan-magazin-der-vergleich-a-1035736.html, zugegriffen am 08.04.2017

Kehlmann, Daniel, Die Vermessung der Welt, Reinbek, Rowohlt Verlag, 52005, S. 31 ff.

Kemmann, Ansgar, Raus aus der Blase, rein in die Debatte, auf: Jugend debattiert, 06.12.2016, online unter: www.jugenddebattiert.de/service/aktuelles/single/raus-aus-der-blase-rein-in-die-debatte/, zugegriffen am 30.03.2017

Kerner, Charlotte, Blueprint Blaupause, Weinheim und Basel, Beltz und Gelberg Verlag, 2001, S. 11 ff., 44 ff.

Kipphardt, Heinar, Bruder Eichmann, Schauspiel und Materialien, Reinbek, Rowohlt Verlag, 1987, S. 29–35, 80

Kirsch, Sarah, Die Luft riecht schon nach Schnee, in: Rückenwind, Gedichte, Ebenhausen bei München, Langewiesche/Brandt, 1977, S. 12

Kirsch, Sarah, Watt III, in: Kirsch, Sarah, Erlkönigs Tochter. Gedichte, Stuttgart, Deutsche Verlags-Anstalt, 21992, S. 50

Kleist, Heinrich von, Der neuere (glücklichere) Werther, in: Kleist, Heinrich von, Anekdoten. Kleine Schriften. Gesamtausgabe in acht Bänden, Bd. 5, München, Deutscher Taschenbuch Verlag, 1964, S. 20 f.

Kleist, Heinrich, Anekdote, in: Heinrich von Kleist. Sämtliche Werke und Briefe in vier Bänden, hrsg. von Helmut Sembdner, Bd. 3, München, Wien, Carl Hanser Verlag, 1982, S. 268

Kling, Thomas, LEIPZIG IM SCHUMMER (11.3.1990), in: Brennstabm, Frankfurt am Main, Suhrkamp Verlag, 1991, S. 154

Klopstock, Friedrich Gottlieb, Die Sommernacht, in: Klassische deutsche Dichtung, hrsg. von Fritz Martini und Walter Müller-Seidel, Bd. 18: Lyrik, Freiburg, Herder Verlag, 1969, S. 155

Koeppen, Wolfgang, Tauben im Gras. Das Treibhaus. Der Tod in Rom. Drei Romane, Frankfurt am Main, Suhrkamp Verlag, 1986, S. 274 ff.

Kohlmaier, Matthias, „Raus mit den Computern“. SZ-Interview mit Gerald Lembke, in: SZ Online, 24.03.2015, online unter: www.sueddeutsche.de/bildung/digitalisierung-in-der-schule-raus-mit-den-computern-1.2404056, zugegriffen am 04.04.2017

Kozubek, Felix, Was wir von Wanda, Sargnagel und Co lernen können, in: Alpenfeuilleton, 23.02.2016, online unter: www.alpenfeuilleton.at/2016/02/band-wanda-stefanie-sargnagel-erfolgreich-davon-lernen, zugegriffen am 08.04.2017

Kroetz, Franz Xaver, Mensch Meier/Der stramme Max/Wer durchs Laub geht ... Drei neue Stücke, Frankfurt am Main, Suhrkamp Verlag, 1979, S. 50–52

Krumbholz, Martin, Gesundheitsdiktatur als Zukunftsvision. Juli Zeh: „Corpus Delicti. Ein Prozess“, in: Deutschlandfunk Online, 20.05.2009, online unter: www.deutschlandfunk.de/gesundheitsdiktatur-als-zukunftsvision.700.de.html?dram:article_id=84085, zugegriffen am 08.04.2017

Kuhla, Karoline/Vogt, Sylvia, Fake News. „Eine Gefahr für die Demokratie", in: Der Tagesspiegel Online, 09.10.2017, online unter: www.tagesspiegel.de/berlin/schule/fake-news-eine-gefahr-fuer-die-demokratie/20432980.html, zugegriffen am 01.06.2018

Lenz, Siegfried, Deutschstunde, München, Deutscher Taschenbuch Verlag, [24]1991, S. 17 ff.

Lessing, Gotthold Ephraim, Die Pfauen und die Krähe, in: Fabeln, Parabeln und Gleichnisse. Beispiele didaktischer Literatur, hrsg. von Reinhard Dithmar, München, Deutscher Taschenbuch Verlag, 1970, S. 191

Loerke, Oskar, Blauer Abend in Berlin, in: Loerke, Oskar, Gedichte und Prosa, Bd. 1, hrsg. von Peter Suhrkamp, Frankfurt am Main, Suhrkamp Verlag, 1959, S. 29 f.

Loriot, Das Ei, in: Loriot, Loriots dramatische Werke, Zürich, Diogenes, 1981, S. 118

Loriot: Feierabend, in: Loriot, Menschen, Tiere, Katastrophen, Jubiläumsausgabe, Stuttgart, Reclam, 2017, S. 42–45

Mayenburg, Marius von, Feuergesicht, Parasiten, Frankfurt am Main, Verlag der Autoren, [2]2003, S. 62 ff.

Meyer, Clemens, Als wir träumten, Frankfurt am Main, Fischer Taschenbuch Verlag, 2007, S. 7 f.

Meyer, Conrad Ferdinand, Der römische Brunnen, in: Sämtliche Werke, Bd. 1, hrsg. v. H. Zeller u. a. Zäch, Bern, Benteli, 1963, S. 170

Mörike, Eduard, An die Geliebte, in: Mörike, Eduard, Sämtliche Werke in vier Bänden, hrsg. von Herbert G. Göpfert. Erster Band: Gedichte. München, Carl Hanser Verlag, 1981, S. 124

Mörike, Eduard, Er ist's, in: Eduard Mörike's gesammelte Schriften. Erster Band. Gedichte, Stuttgart, G.J. Göschen, 1878, S. 32

Mosebach, Martin, Der Mond und das Mädchen, München, Hanser Verlag, 2007, S. 22 ff., S. 31 ff., S. 40 f.

Mrożek, Sławomir, Auf hoher See. In: Mrożek, Sławomir: Striptease. Satiren. München, dtv, [5]1971, S. 8–12

Nachhaltigkeit im Deutschlandtourismus. Anforderungen, Empfehlungen, Umsetzungshilfen, hrsg. vom Deutschen Tourismusverband e. V., Berlin 2016, S. 5

Nadolny, Sten, Die Entdeckung der Langsamkeit. München, Piper Verlag, 1983, S. 138 f.

Naturland ÖKUHvision, in: Naturland Online, online unter: www.oeko-pioniere.de/799.html, zugegriffen am 10.03.2014

Novak, Helga, Abgefertigt, in: Novak, Helga, Palisaden, Erzählungen 1967–1975, Darmstadt u. a., Luchterhand, 1980, S. 41 ff.

Papenfuß-Gorek, Bert, Erleben Wirklich Erleben, in: Gesammelte Texte 3: harm. Arkdichtung 1977, hrsg. v. Gerhard Wolf, Berlin, Janus press, 1993, S. 11

Plenzdorf, Ulrich, kein runter kein fern, Frankfurt am Main, Suhrkamp Verlag, 1984, S. 7 ff.

Pollesch, René, INSOURCING DES ZUHAUSE. MENSCHEN IN SCHEISS-HOTELS, in: Masuch, Bettina (Hrsg.), Wohnfront 2001–2002, Berlin, Volksbühne am Rosa-Luxemburg-Platz und Alexander Verlag, 2002, S. 43 ff.

[Porträt Miss Blueberrymuffin], in: Kuchenkult Online, online unter: www.kuchenkult.de/suesse-mandel-toertchen-von-miss-blueberrymuffin/, zugegriffen am 05.03.2017

Ransmayr, Christoph, Die letzte Welt. Mit einem Ovidischen Repertoire, Nördlingen, Greno Verlagsgesellschaft, 1988, S. 259 ff.

Redaktion t-online: Die Netiquette auf t-online.de, online unter: www.t-online.de/community-netiquette-auf-t-online-de/id_63215958/index, zugegriffen am 30.04.2017

Reich-Ranicki, Marcel, in: Fabelhaft! Aber falsch! Marcel Reich-Ranicki in Anekdoten, hrsg. von Franz Josef Görtz, Köln, DuMont 2013

Rilke, Rainer Maria, Römische Fontäne Borghese, in: Sämtliche Werke, hrsg. von Ernst Zinn, Bd. 1, Frankfurt am Main, Insel Verlag, 1955, S. 529

Rottmann, Kerstin, Was wirklich gegen „Helikoptereltern" hilft, in: Welt N24, online unter: www.welt.de/vermischtes/article135393251/Was-wirklich-gegen-Helikoptereltern-hilft.html, zugegriffen am 05.03.2017

Rückert, Friedrich, Amaryllis, ein Sommer auf dem Lande, in: Rückert, Friedrich, Lyrische Gedichte, hrsg. von Karl-Maria Guth, Berlin, Edition Holzinger, 2013, S. 96

Sargnagel, Stefanie, Fitness, Wien, redelsteiner dahimène edition, [2]2015, S. 6–31

Schalansky, Judith, Der Hals der Giraffe, Berlin, Suhrkamp, 2011, S. 7 ff.

Schaumann, Tobias, Warum die Göttin Google für uns gefährlich werden kann, in: Augsburger Allgemeine, 21.08.2015, S. 2

Scheuermann, Gabriele, Die wahre Geschichte, in: Und wenn ich dich liebe, was geht's dich an? Gedichte und Geschichten, hrsg. von Helga Häsing u. Ingeborg Mues, Frankfurt am Main, Fischer Taschenbuch Verlag, 1995, S. 147

Schiller, Friedrich, Die Räuber, in: Klassische deutsche Dichtung, hrsg. von Fritz Martini und Walter Müller-Seidel, Bd. 12: Tragödien, Herder Verlag, Freiburg 1962, S. 553 f.

Schiller, Friedrich, Die Worte des Glaubens, in: Klassische deutsche Dichtung, hrsg. von Fritz Martini und Walter Müller-Seidel, Bd. 18: Lyrik, Freiburg, Herder Verlag, 1969, S. 279 f.

Schiller, Friedrich, Don Carlos, Infant von Spanien, in: Klassische deutsche Dichtung, hrsg. von Fritz Martini und Walter Müller-Seidel, Bd. 13: Geschichtsdramen I, Freiburg, Herder Verlag, [5]1963, S. 116–119

Schnitzler, Arthur, Leutnant Gustl, Fräulein Else, Frankfurt am Main, Fischer Verlag, 1961, S. 16 ff.

Schnurre, Wolfdietrich, Politik, in: Fabeln, Parabeln und Gleichnisse. Beispiele didaktischer Literatur, hrsg. von Reinhard Dithmar, München, Deutscher Taschenbuch Verlag, 1970, S. 252 f.

Schulte von Drach, Markus C., Mörderische Medien. Was sagt die Wissenschaft?, in: SZ Online 20.11.2006, online unter: www.sueddeutsche.de/wissen/418/326282/text/, zugegriffen am 04.04.2017

Schulte von Drach, Markus C., Weniger Fleisch, mehr Mitgefühl, in: SZ Online, 07.03.2014, online unter: www.sueddeutsche.de/wissen/menschen-tiere-und-moral-weniger-fleisch-mehr-mitgefuehl-1.1890793, zugegriffen am 30.03.2017

Schulz von Thun, Friedemann, Miteinander reden: Störungen und Klärungen. Psychologie der zwischenmenschlichen Kommunikation, Reinbek, Rowohlt Taschenbuch Verlag, 1986, S. 30

Sebald, W. G., Die Ausgewanderten. Vier lange Erzählungen, Frankfurt am Main, Fischer Taschenbuch Verlag, [9]2002, S. 30 ff.

Sentker, Andreas, Frankensteins Traum wird wahr, in: ZEIT Online, 16.05.2013, online unter: www.zeit.de/2013/21/wissenschaft-klonen-mensch/seite-2, zugegriffen am 10.04.2017

[o.V.], Shoppen ohne schlechtes Gewissen: So kaufen Jugendliche fair ein, in Süddeutsche Zeitung, 16.04.2014, online unter: www.sueddeutsche.de/news/leben/familie-shoppen-ohne-schlechtes-gewissen-so-kaufen-jugendliche-fair-ein-dpa.urn-newsml-dpa-com-20090101-140326-99-03284, zugegriffen am 08.04.2017

Stangl, Werner, self-fulfilling prophecy, in: Online-Enzyklopädie für Psychologie und Pädagogik, online unter: http://lexikon.stangl.eu/829/self-fullfilling-prophecy/, zugegriffen am 10.04.2017

Starlay, Katharina: „Die Turnschuhgeneration betrügt sich selbst um Komplimente". SZ-Interview von Larissa Holzki, in: SZ Online 10.03.2017, online unter: www.sueddeutsche.de/karriere/karriere-die-turnschuhgeneration-betruegt-sich-selbst-um-komplimente-1.3411466, zugegriffen am 30.03.2017

Stöcker, Christian, Smartphone-Etikette. Fünf Handy-Regeln für ein besseres Leben, in: Spiegel Online 05.03.2017, online unter: www.spiegel.de/wissenschaft/mensch/smartphone-etikette-fuenf-handy-regeln-fuer-ein-besseres-leben-a-1137257.html, zugegriffen am 04.04.2017

Strauß , Botho, Groß und klein, in: Strauß, Botho, Trilogie des Wiedersehens/Groß und klein. Zwei Theaterstücke, München, Deutscher Taschenbuch Verlag, 1980, S. 191 f., 259 f.

Strohmaier, Brenda, Wenn Veganismus zur Essstörung wird, in: Welt Online, 21.08.2013, online unter: www.welt.de/lifestyle/article119234920/Wenn-Veganismus-zur-Essstoerung-wird.html, zugegriffen am 30.03.2017

Thiede, Lara, Leben ohne Smartphone. Wie mich das Leben ohne Handy stärker gemacht hat, in: Jetzt.de, 03.01.2017, online unter: www.jetzt.de/meine-theorie/leben-ohne-smartphone, zugegriffen am 04.04.2017

Trakl, Georg, Verfall, in: Trakl, Georg, Historisch-Kritische Ausgabe, hrsg. von W. Killy u. H. Szeklenar, Bd. 1, Salzburg, Otto Müller Verlag, 1969, S. 59

Trakl, Georg, Vorstadt im Föhn, in: Trakl, Georg, Gedichte, Leipzig, Kurt Wolff Verlag, 1913, S. 43

Troll, Thaddäus: Rotkäppchen auf Amtsdeutsch, in: Die Zeit 52, 21.12.1984, online unter: www.zeit.de/1984/52/rotkaeppchen-auf-amtsdeutsch, zugegriffen am 30.03.2017 [max/dpa/AFP], Unicef – 1,4 Millionen Kinder vom Hungertod bedroht, in: Spiegel Online (SPON), 21.02.2017, online unter: www.spiegel.de/panorama/gesellschaft/unicef-1-4-millionen-kindern-droht-hungertod-a-1135521.html, zugegriffen am 08.04.2017

Vonhoff, Anna: Internetsucht: Woran Sie erkennen, dass Sie krank sind, in: FOCUS Online, 20.09.2013, online unter: www.focus.de/gesundheit/ratgeber/psychologie/krankheitenstoerungen/tid-33361/die-neue-sucht-krank-im-netz-wenn-das-internet-abhaengig-macht_aid_1091802.html, zugegriffen am 04.04.2017

Walser, Martin, Verteidigung der Kindheit, Frankfurt am Main, Suhrkamp Verlag, 1991, S. 74ff.

Watzlawick, Paul, Menschliche Kommunikation, Bern, Verlag Hans Huber, 1969, S. 17

Weiffen, Michael/Hillebrand, Ingo, Forschungsklonen. II. Rechtliche Aspekte, online unter: www.drze.de/im-blickpunkt/forschungsklonen/rechtliche-aspekte, zugegriffen am 10.04.2017

Weiss, Peter, Die Verfolgung und Ermordung Jean Paul Marats dargestellt durch die Schauspielgruppe des Hospizes zu Charenton unter Anleitung des Herrn de Sade, Frankfurt am Main, Suhrkamp Verlag, 1964, S. 67–73, 78–81

Werfel, Franz, Als mich dein Wandeln an den Tod verzückte, in: Werfel, Franz, Wir sind, Leipzig, Kurt Wolff Verlag, 1913, S. 19

Windmüller, Gunda: Warum Online-Dating nichts für Männer mit geringem Selbstbewusstsein ist, in: ze.tt, 01.11.16, online unter: www.ze.tt/warum-online-dating-nichts-fuer-maenner-mit-geringem-selbstbewusstsein-ist/?utm_campaign=zonteaser&utm_medium=teaser&utm_source=zon, zugegriffen am 04.04.2017

Wohmann, Gabriele, Das Leben ist kurz, in: Süddeutsche Zeitung vom 11.03.1995, S. 907

Wolfangel, Eva, Nur wer von Frauen spricht, meint sie auch, in: Stuttgarter Zeitung Online, 14.01.2015, online unter: www.stuttgarter-zeitung.de/inhalt.gleichberechtigung-in-der-sprache-nur-wer-von-frauen-spricht-meint-sie-auch.39a3ca8e-d760-4eac-a9ad-c50ca1e64966.html, zugegriffen am 01.06.2018

Wondratschek, Wolf, In den Autos, in: Das leise Lachen am Ohr eines andern, Gedichte/Lieder 2, Frankfurt am Main, Zweitausendeins, 1976, S. 10

Zeh, Juli, Corpus Delicti. Ein Prozess. Frankfurt am Main, Schöffling & Co., 2009, S. 7f.

Zeh, Juli, Unterleuten, München, Luchterhand Verlag, 2016, S. 200ff.